JN440449

교회와 민족

민경배 지음

연세대학교 출판부

■ 저자약력

연희대학교, 영국 애버딘대학교, 장로회신학대학교, 영국 런던대학교,
일본 경도 동지사대학, 신학박사
연세대학교 신과대학 교수, 서울장신대학교 총장,
현 백석대학교 석좌교수, 연세대학교 명예교수,
한국교회사학연구원장, 시민문화학회 회장, 동북아교회사학협의회 상임의장

• 저서

한국기독교회사, 한국민족교회형성사론, 한국크리스챤 아카데미10년사
새문안교회80년사, 경동교회사, 대한예수교장로회백년사, 순교자 주기철목사,
한국기독교사회운동사, 알렌의 선교와 근대한미외교, 역사와 신앙,
일제하 한국기독교민족·신앙운동사, 서울YMCA운동100년사, 한국교회찬송가사,
韓國キリスト교회사, アジア キリスト教史, 神の栄光のみ,
A History of Christian Churches in Korea 등.

• 역서

존 녹스의 생애와 사상(J. S McEwen), 에큐메닉스(J. A. Mackay),
세속도기(H. Cox)(공역), 목회신원론(S. Hiltner), 세계의 종교들(H. Smith)(공역)
세계기독교회사(W. Walker)

교회와 민족

지 은 이 민 경 배
펴 낸 곳 연세대학교 출판부
주 소 서울특별시 서대문구 신촌동 134
전 화 392-6201, 2123-3380~2
팩 스 393-1421
E-mail ysup@yonsei.ac.kr
홈페이지 http://www.yonsei.ac.kr/press
연세대학교 출판부
등 록 1955년 10월 13일 제9-60호
본 문 리앤정디자인그룹
인 쇄 (주)태화인쇄

2007년 4월 20일 1판 1쇄
ISBN 978-89-7141-770-6 (03230)

값 30,000원

머리말

우리가 한국교회에서 "민족"을 말할 때에는, 그것이 교회사의 주도적 에너지이기 때문에 그러는 것인가, 아니면 작업 테마로서 선택한 내용으로서, 설사 시종일관 할 체계적 전개가 없다고 할지라도, 요소(要所) 요기(要期)의 관련들을 추출해서 엮어보는, 그런 형식의 것인가 하는 점을 미리 결정하고 지나가야 하리라고 본다. 이 중 어느 경우에든지, 한 가지 판단 기준은 서 있어야 하기 때문이다. 곧 민족, 그것이 기독교의 수용자(收容者)로서는 가장 활발했던 주체요, 그만큼 기독교가 그들에게 호소될 수 있는 "메시지"를 전할 수 있었던가, 그리고 민족, 그것이 우리나라 교회 신앙의 성격과 방향을 특별하게 결정하는 주동력으로 작용하였던가 하는 규준에 의해서 기독교회와 민족과의 관계 천명이 진행되지 않으면 안 될 것이다.

이러한 전제에서 살펴보았을 때, 우리 교회사에서의 "민족"은 1880년대에서 1960년대까지 그 역사 해석을 주도하는 한 주제로 계속되 온 사실을 발견하게 된다. 다시 말하면 "민족"이란 것이 우리 교회 신앙의 구성 전개 과정에서 접수와 거부라는 측면을 통해 그 주류 형성의 확고한 주체로 작용한 사실이 밝혀진다.

이러한 전개 과정은 18세기 천주교의 전교 때부터 벌써 현저한 현상으로 나타나기 시작하였던 것이다. 천주교는 그 본래의 울트라몬타니즘(Ultramontanism)이 초국가적 신앙 유형의 정착을 시도하였다. 시기적으로 그 다음에 들어오게 된 예수교(耶蘇敎: 개신교)가 우선 천주교와는 다르다는 호교적(護敎的) 관심을 보이지 않을 수 없었던 까닭이 여기 있었다. 적어도 반민족은 아니고, 오히려 친민족이란 존재 양식을 시위하여야만 했다.

한데, 이러한 민족과의 필연적인 접속은 조선교회 구형기(構形期)와 일제침탈기와의 중복 상황 때문에 가속해서 굳게 다져지며 발전할 수밖에 없었다. 민족의 주체적 에너지가 동원되는 통로로서의 조직체가 그때만 해도 전국적으로는 교회라는 유기체밖에 없었다. 이러한 에너지의 동원체제로 교회가 기능을 하게 된 내력은 밝혀져야 하겠지만, 일제가 이러한 사실을 공식으로 거론

해서 압박하기 시작한 것이 1905년부터의 일이었다.

여기서 우리는 교회사에서의 민족과 민중의 문제를 일단은 역사적 시각에서 언급하고 지나가야 할 것이다. "민족"이란 우선 그 어의(語義)에서는 한 동일성과 일치의 관념 쪽이 강하다. 반대로 "민중"은 어떤 형태로든 지배층이란 상층을 전제하고, 그 아래 피해 피치의 하층을 규정하면서 쓰여진 말로, 결국 양분 개념을 가지게 된다.

이렇게 본다고 하면, 일제치하 조선교회 이해 역시 불가피하게 민족이란 상관관계에서 수행해야 한다는 것을 알게 된다. 물론 민중의 처지에서는 일본상인과 조선 부르주아가 한 단위로 된 계층에게서의 착취라는 구조에서 겪어야 하는 시련이 있었을 것이다. 하지만 우선 현실적으로 피치의 민족이란 단위가 먼저 실재하였다. 따라서 그것은 조선민족이란 하나의 포괄적 단위로서 일제 식민통치하의 피해 대상이었지 그 피치 계층의 양붕이란 있을 수 없었다. 이런데도 불구하고 민족 내의 양분 개념을 도입하는 것은 일제의 포악에 대한 민족적 저항은 말할 것도 없고, 그 생존권에 대한 영감과 희망을 무산(霧散)시켜 내적 허탈까지 초래하는 치우(癡愚)라고 보지 않을 수 없다. 민족 내의 민족적 반동이 없었다는 말이 아니다. 문제는 일제하의 사회경제 조직 자체가 이미 식민통치 관료체제(官僚體制), 바로 그것이었다는 데 있다. 민중의 문제가 역사상 1950년대 이후로 나중에 취급되어야 할 이유가 여기 있다고 본다.

다음은 한국교회에 있어서의 민족, 선교사, 일본의 아주 독특한 역학(力學) 함수 관계이다. 이를 도해하면 다음과 같다.

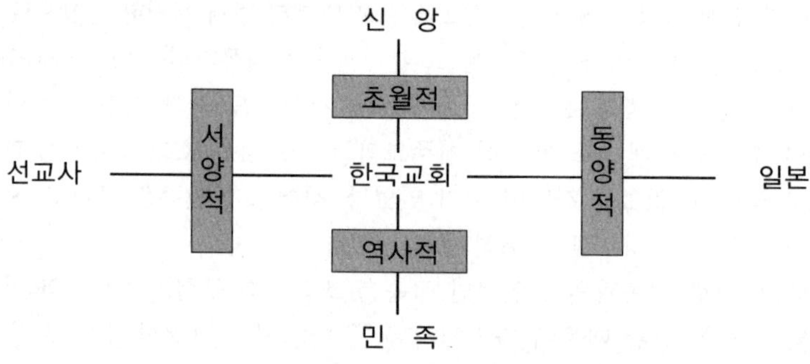

이상과 같은 함수관계는 두 가지 결론을 내리게 한다. 첫째, 신앙은 초월적 차원에서만 이해하도록 구형되어 있어서, "민족"과의 상반된 방향을 지향했다

는 사실이다. 그 접속의 촉매는 역사적으로나 신학적으로 적출되지 않고 있었다. 둘째로, 초기 선교 상황이란 실정 아래서 친선교사적 구조는 반일을 전제하게 되고, 반대로 1930년대 후반부터 나타났던 바와 마찬가지로 동양적 기독교는 일본적 기독교의 형성을 지향하면서 반드시 반(反)서양선교사적 경향을 나타냈다는 사실이다. 이때 반선교사 자체만 의식하고 친일을 기도하지 아니하였다 손치더라도 그 역학관계는 그렇게 작용하였다. 1930년대의 종파 운동이 그러한 역학권 안에서 기복하였다. 그래서 친일의 함수 속에 쉽게 빠졌다.

따라서 문제는 탈서양선교사(脫西洋宣敎師)하되 친일로 경도(傾倒)되지 않고, 친동양(親東洋)하되 반선교사로 기울지 않는, 강력한 탈권(脫圈)에너지가 참된 의미의 "조선민족의 교회"를 형성해가는 저력으로 역사를 이끌어야만 했다. 그러한 에너지는 이런 함수 견인권에서 초탈할 수 있는 교회나 종파에서만 가능하였다.

하지만 교회와 민족은 한국사에서 초월적인 신앙 차원에서도 묘하게 그 긍정적 교섭이 확인되었다. 여기 보수 경건주의의 민족사적 공헌이 있다. 일제 말기 일본법원의 조서(調書) 기록에는 이들 보수군(群)이 "신앙 상 이유"로 신사참배를 거부한 언급이 없다. 다만 국체변혁(國體變革) 음모라는 반역으로 치죄(治罪)되고 있었다. 여기 뭔가 이들 보수군의 체험 지수가 달랐다는 근거가 엿보인다. 이들 경건주의의 성서적 신앙이 핵심을 찌른 민족 저항 최후의 형태였다는 증좌가 여기 있다. 기독교 신앙의 원점, 하나님께 대한 충성 그 자체가 역학상 일제의 국체에 대한 민족의 저항 에너지와 동일시 되었다는 특수성이 우리 교회에 유산으로 남겨진 것이다.

해방 이후의 한국교회에 대해서는 비록 긴 세월이 흘렀지만, 퍼스펙티브의 거리가 너무 짧아서 명료한 윤곽을 잡기가 아직은 힘들었다. 오히려 그 당시에는 민족과 민중의 문제가 초미의 관심사였다. 민중신학이란 말까지 한동안 기세가 하늘을 찌르고 있었다. 그런데 민중이란 말 자체는 겨레 내부의 양분 갈등을 조장하는 개념이었고, 실제로 우리는 그 영향으로 사회 전체의 대결심리 구도 작용의 기나긴 실험에 지쳐왔다. 이들에게서 나온 화합이라든가 협력이란 수사(修辭)는 한국사회 그 깊이의 불신을 더 증대시키는 결과만 낳고 말았다.

하지만 그 민중 시대도 간 것 같았다. 민족의 문제가 북한과의 분단 현실을 정통사(正統史)에서 취급하지 않을 수 없게 만들지만, 공산주의자들의 반민족성과 6·25의 전쟁 체험 때문에 그들과 적으로 대치된 상황이기 때문이다.

최근에 이르러 남 북 문제에서 세계 생존보다는 민족생존이란 변수에 훨씬 더 가깝게 견인되어 가는 인상을 주는 것은 북한의 전략적 "우리 민족끼리"라는 감상적 슬로건 때문이다. "민족"의 문제가 우리 대한민국 생존의 우방인 미국과의 관계까지 동요시키는 듯한 인상은 짙다. 이런 정황은 다시 한번 우리에게 있어서 민족주의와 세계주의의 관계의 문제가 무엇인지 심각하게 다루지 않을 수 없게 만들었다. 우리는 민주주의의 세계 공동체와 하나가 될 것인가. 아니면 세계의 기대를 저 뒤에 두고 "우리 민족끼리"의 명분으로 북핵 사태의 위협 속에서 남북의 접근과 화해 그리고 마침내 그 통일을 지향할 것인가. 이런 것이 우리 사회의 운명적인 결단의 문제로 떠올라 억누르고 있다.

그러나 다들 알고 있지만, 이런 민족문제가 사실은 민중 문제만큼 우리 사회를 양분시키고 있다는 현실을 아무도 부인하지 못한다. 이른바 보수 진보의 문제이다. 보수는 민주주의 쪽이고 진보는 민족주의 쪽이다. 보수는 세계주의 쪽이고, 진보는 내향(內向)주의 쪽이다.

교회 형편에도 이런 사태가 감지되었다. 우선 해방 이후의 교회 분열이 신사참배의 결과인데도 불구하고 민족 양심의 차원에서 논의된 일이 없다. 다만 경건의 차원에서만 문제시 되어 1970년까지의 대세를 결정해 왔다. 이것은 어떤 의미에서는 일제하의 신사참배 반대가 신앙 동기에서만 나왔지만 "현상적"으로 가장 핵심적인 "민족"운동이었다는 역사의 확증이 문제가 된다. 한국 민족과 일제와의 대결이란 양상 전개가 그 필연이었기 때문이다.

이러한 상황은 결국 민족의 교회사적 시대는 지나갔는가 하는 질문을 남긴다. 교회에서 민족은 천황제나 신사참배와 같은 우상숭배적 체제에 예속하거나 혹은 이민족과의 대결이란 상황 아래에서만 등장되었던 실체에 끝나고 마는가 하는 질문도 제기된다. 그러나 우리는 지난 60년의 역사(1885-1945)에서 교회가 민족을 위해, 혹은 민족에 대해서 한 일의 성격이 각각 달랐던 점을 살펴보아야 한다. 다 "일제 하" 라는 조건부이기는 하였지만, 초기에는 민족 고난 속에서 그 위신과 긍지를 생존의 차원에서 확보하게 하였고, 다음에는 민족문화의 발굴과 창달을 통한 민족 주체의식의 조성을 자극하였다. 3·1운동에서는 민족의 얼과 힘의 통로로 소임하여 피해도 컸지만, 아울러 민족정신과 그 얼의 외연(外延) 채널, 그리고 꺼지지 아니한 민족 미래에의 희망으로 민족을 이끌어 갈 수 있었다. 그리고 사회 변혁기에는 기독교의 원점적 저항을 통해 결국 최후로 일제의 국체 기축(基軸)인 천황제에의 저항으로 수난을 당하였고, 그것은 신앙과 민족의 순수한 차원에서의 접속을 수행한 사례로 기억되는 공헌을 남겼다.

이러한 다양한 교회의 민족사적 기능 수행은 그 여러 단계의 단속(斷續)이란 관점에서 판단하지를 말고, 오히려 향후 교회의 전혀 새로운 국면에서의 "민족" 발견을 예시하게 하는 선례라 보아도 좋으리라 믿는다. 그것은 앞서 살펴본 것과 마찬가지로 공교회가 할 때도 있겠고, 소종파(小宗派)에서 수행할 수도 있을 것이다. 교파의 다양성이나, 혹은 참여 보수의 신앙 표현의 다원성은 그래서 제동되어서는 안 될 것이다.

교회사에서의 "민족", 그것을 위해 교회는 구원을 선포하였고 또 심판도 선포하였다. 장차도 그러할 것이다. 교회만이 민족 절대화나 그 폐쇄성을 깨고 그 주술화(呪術化)를 막으면서, 하나님 나라의 건설에 동원되도록 하며, 그 민족에게 신부(神賦)의 사명을 천명해줄 수 있겠기 때문이다.

이 글은 이러한 관점, 여러 각도에서 이 교회사의 산맥을 더듬어 보았다. 이미 발표했던 글들도 섞어 그 시각과 방법의 주도(周到)를 꾀하였다. 하지만 흠과 단견(短見)은 피하지 못했다. 본서는 본래 대한기독교출판사에서 1981년 간행되어 3판을 거듭하였으나 이제 다시 정리할 필요가 있어서 간행하게 되었다.

이 책을 출판하도록 허락하여 주신 연세대학교 출판문화원에 감사를 드리며 언제나 격려해주시는 최호선 부장님과 전일용 주임님 그리고 교정에 땀 흘리신 김성수 선생님과 신유경 선생님께 여기 진심으로 감사의 말씀을 남기고 싶다. 더구나 이 원고 정리를 위해서 오랜 기간 동안 컴퓨터 작업을 하여 주신 권평 박사님께 아울러 감사의 말씀을 남긴다. 항상 힘이 되어 주는 온 가족들에게 그리고 아내에게 여기 치사의 글을 적는다.

2007년 2월
연희동에서 저자 씀

※ 부기:

본서에서는 될수록 한문(漢文) 쓰기를 피하였다. 그러나 다음과 같은 경우에는 일부 사용하였다.

1. 인명(人名)이 처음 나오는 경우.
2. 옛날 글로서 인용구로 사용된 경우. 그러나 될수록 토를 달도록 하였다.
3. 고유한 명사의 경우.
4. 한글로서는 그 이해가 힘든 경우.
5. 일본어(日本語)와 중국어의 경우.

목 차

2. 개화기의 기독교 수용 과정
- 민족기독교 여부의 문제 -

제3부 한국 근대화와 기독교

1. 한국 근대문화와 기독교의 형태 및 그 영향 범위

2. 초기 서울지방교회에 대한 한 분석적 고찰
- 그 상대적 부진의 원인에 대한 한 시도적 분석 -

3. 초기 윤치호의 기독교 신앙과 개화사상
- 1883년에서 1905년까지를 中心으로 -

4. 기독교와 동학의 접촉사 - 1893~1896 -

5. 한국교회 찬송가의 변천 과정 - 한 역사적 고찰 -

제4부 1930년대의 교회와 민족

1. 1930년대 종교계에 있어서의 국학진흥운동

2. 한국교회의 사회운동과 그 붕괴 과정
- 1930년대의 저항과 전향 -

3. 이용도의 신비주의적 경건

4. 김교신의 무교회주의와 “조선적” 기독교

5. 김인서의 에큐메니즘
- 1932~1938년을 중심으로 -

제6부 해방과 한국

1. 한국교회에서의 세계성과 민족성 상관사(史) - 해방 30년의 교회사적 성격 -

2. 북한의 기독교

찾아보기

1

한국기독교와 그 민족교회의 성립

제 1 부
한국기독교와 그 민족교회의 성립

1. 한국기독교와 그 민족교회의 성립

1-1. 서 언

한국교회사 백년을 보는 데 있어서 최근 두 가지의 커다란 새 조류가 있다고 본다.

그 하나는 한국교회사를 민중의 역사로 보려고 하는 입장이다. 다시 말하면 조선 말의 권력체제에서 소외된 농민층의 저항이었던 동학농민전쟁의 계승운동으로 간주하려고 하는 경향이 바로 그것이다. 이러한 입장에서는 일제 통치하에서의 교회의 역사가 길어서, 역시 그 소외(疏外)의 이미지 전환이 쉬웠고 따라서 모름지기 그 역사를 하나의 저항 패턴으로 범주화하려고 하는 노력이다.

현재에 있어서도 그 상황 구성이 비슷하다고 하여 한국기독교의 사명과 역사를 이 민중 저항의 한계에서만 값있다고 보는 견해가 퍼져 있는 것이 사실이다. 결국 이러한 추세는 기독교사를 동학사(東學史)의 보완으로까지 보려고 하는 심각한 문제를 제기할 뿐만 아니라, 민중 저항력 결속의 한 에너지에 기독교가 오히려 동원된다는 주객전도(主客顚倒)의 설정을 초래할 위험마저 있다. 이때 기독교는 저항적 민족주의의 한 유형 속에 정지해버리고 말거나, 아니면 아나키즘(Anarchism)적인 적대의식의 기폭제로 전용되는 것으로 해석되기도 한다. 이러한 계통의 인사들은 남아메리카의 "해방의 신학"을 많이 말하는 층(層)의 기독자들로서 백인과 흑인의 2백 년에 걸친 비참한 갈등과 백인의 범죄를 그러한 상황과는 무관한 한국 속에 그대로 투영(投影)함으로써, 한 겨레 안의 분기적 문제를 그만한 악의 구조만큼 확대하여 도전하려는 경향을 가지고 있다. 우리의 소중한 교회사 백 년이 이러한 증오와 적대 의식, 특수계층 중심적 발상에 의해서 오염될 수 없다.

다른 하나의 잘못된 견해는 근대주의적 신신학자들의 입장에 나타나 있다. 이들은 한국교회 전통의 신앙이 보수주의라는 사실, 그리고 경건주의적 정통주의라는 점을 오히려 강조한다. 까닭은 그들 딴의 다른 목적이 있기 때문이다. 그들 딴의 다른 목적이란 이런 것이다. 곧 이들 근대주의적 신신학가들은 소위 "조선적 신학"의 성립 모색을 말하면서, 신사참배 저항으로 교회가 닫히고 평양신학교가 폐쇄되던 때, 그리고 수많은 순교자들이 피를 흘리는 바로 그 현장에 조선신학교를 경성(京城- 현 서울)에 세우면서, 그 이전의 한국교회가 선교사들의 사주(使嗾)에 놀아났으니 우리들 주체의 한국교회가 아니었다고 단언하고, 한국교회사 그 이전 전부를 "부재(不在)"로 처리해버렸던 것이다.[1] 그리고 이 단절된 교회사의 새 시작을 다짐하면서 그 주역으로 자처하였던 것이다. 우리는 교황무오설(敎皇無誤說) 논쟁 중, 추기경 맨닝(Cardinal Manning)이 하였던 그 악명의 말을 여기서 다시 듣는 듯하다. 맨닝은 말하기를 "교리는 역사(적 사실)를 극복해야 한다"[2]고 했던 것이다. 역사를 좌우할 수 있다고 본 것은 이 로마 가톨릭의 추기경만이 아니었다.

우리 한국교회사 백 년은 하나님의 역사요, 그 백성들의 역사이다. 그것은 저기 있어서 우리들에게 구원과 섭리, 사랑과 십자가를 가르치고 지시하고 보여 주기 위해서 있었고 있는 것이지, 우리의 선행된 이데올로기나 운동의

---

1) 김재준, 한국신학대학의 역사적 위치, 『한국신학대학보』, 제3집, 1957, p. 5. 1960, p. 253.

2) J. S. Whale, *The Protestant Tradition*, Cambridge University Press 1960, p. 253.

보증용으로 이용될 자료를 제공하기 위해 있는 것이 아니다. 우리는 이 역사 속에서 하나님이 이 백성을 사랑하시고, 이 겨레의 구원을 위해 하신 역사(役事)를 살피고, 다른 한편 이 교회가 민족 선교의 정도를 걸어온 형극의 길을 살펴야 하리라고 믿는다. 그런 의미에서 그것은 우리의 소중한 역사로 그 가치를 아끼고 보존해야 할 것이다.

옛날 한 선교사는 *Gold In Korea*[3] 라는 책을 하나 냈다. 한국에 있는 금! 한국교회 안에는 역사적으로 "금"이 있다는 것이다. 금은 소중한 것이고 희귀한 것이다. 다들 소유하고 싶은 보물이다. 우리 교회 안에 그런 것이 있단다. 우리는 이 금덩어리를 찾아 닦고 아끼고 간수하고 자랑하여야 한다. 그래서 세계 사람들이 그들이 가진 것을 팔아서 이 귀중한 보물을 와서 "사도록"하여야 한다. 우리의 자랑거리를 우리가 소중히 여기지 아니하면 그것은 폐기물이 되고 값싼 흙덩어리가 되고 만다.

1-2. 민족교회로서의 형성 과정

1) 그 선교 상황의 특수성

구미 여러 기독교국들의 근대 선교가 식민 제국주의의 함포(艦砲)와 함께 진행된 사실을 부인할 수 없다. 비록 19세기 초에 이르러서는 동기의 불순성이나 제국주의와의 가능한 접속 기피에 진력하였다 할지라도, 선교 침투의 길이 서구의 힘의 배경 없이는 불가능하였다. 세계에 나갈 수 있는 길은 포함 아니면 상선을 탑승하지 않을 수 없었다. 그러면서 심지어 그 무력과 자본의 섭리적 차원까지 명상되었다. 그래서 선교와 식민 확장 제국주의의 결정적 단절은 용이하지가 않았다.[4]

그러나 극동의 3국, 곧 한국과 일본 및 중국의 경우에 있어서는 사정이 달랐다. 일본과 중국은 선교를 직접 서구에서 받았으나 식민의 대상이 되지 아니하

---

3) W. N. Blair, *Gold in Korea,* Presbyterian Church in the U.S.A., 1957.

4) A. Williamson, *Journeys in North China, Manchuria, and Eastern Mongolia; with some Account of Corea and Loo-Choo Island,* London, Smith Elder & Co., 1870, Vol. Ⅱ, p. 131.

였고, 한국의 경우에 있어서는 식민적 제국주의가 오히려 일본이었고, 기독교는 이 침략 일본에 대한 저항적 민족 에너지와 결탁하는 양상으로 전개되었다는 특수성이 있다. 다시 말하면 기독교는 한국에서 이 일제의 식민 세력에 대한 민족적 동일성의 보존 충동에 동맹하는 형식으로 토착화하기 시작했다는 사실이다. 따라서 한국 기독교의 역사적 발전은 1876년의 한일수호조약이나 1885년 선교 착수의 시간과는 관계없이, 이 일제의 침략적 본체가 노출되고 거기 따라서 민족의 무력감이 통감되던 1895년(乙未事變)을 전환점으로 한다는, 대단히 중요한 의미를 가지게 된다. 한국교회의 외형적 성장사를 분석적으로 연구한, 로이 쉬어러(Roy E. Sheare)는 "1895년부터 세례 교인수가 폭발적으로 증가되었다"고 단언하면서, "교회는 선교사들보다 앞장 서서"[5] 선교를 하였다는 말을 남기고 있었다. 여기 1895년이란 사실과 함께, 한국기독자의 주체적 신앙 활동이란 사실이 주목을 끈다. 이제 그 구체적 경로를 살펴보자.

2) 민족교회 형성의 몇 경로들

우선 동학도들의 움직임 속에서 문제의 실마리를 포착할 수 있겠다. 동학농민전쟁은 그 제1기(1894. 5.)에 있어서는 반봉건 투쟁이 그 특징이었으나, 제2기(1895. 10.)는 항일구국 투쟁으로 이해될 수 있다. 그런데 이 항일의 기치는 1895년 음력 11월에 낸 "고시(告示) 경군여영병이교시민(京軍與營兵而敎示民)"[6]에 이미 그 움이 터질 듯 보이고 있었다.

> 됴션ᄉᆞ람기리라도 도ᄂᆞᆫ 다르ᄂᆞ 척왜(斥倭)와 척화(斥和)는 그 의가 일반이라 … 됴션으로 왜국(倭國)이 되지 안이케 하고 동심합력ᄒᆞ야 ᄃᆡᄉᆞ를 이루게 하올시라.

이것은 이들에게서 척양(斥洋)의 글귀가 빠진 것 이상의 심원한 변화를 시사

---

5) 서명원(徐明源)(Roy E. Shearer), 『한국교회성장사』, 이승익 역, 대한기독교서회, 1966, pp. 131.

6) 동학농민군이 당시 서울에 주둔하고 있는 관군 및 시민들에게 보낸 일종의 방(榜: 알림, 혹은 선언문).

하고 있었다. 물론 이것은 경군(京軍) 등에게 보낸 것이었지만, "도는 다르나"라든가, 척왜(斥倭)에서의 결속을 다짐한 것이 기독교를 의식했던 것이라고 해서 과언은 아니라고 본다.

이것을 입증할 사실을 제시할 수 있다. 곧 1894년 9월부터 황해도 서북 지방에서 선교하던 한 미국 선교사가 직접 목격하고 쓴 보고문 속에서 필요한 것만 발췌해 본다. 그것은 일본군이 동학농민군들을 뒤쫓을 때의 이야기이다.

> 일본의 작은 포함이 부락 가까이 나타나서... 부락민들은 모여들어 선교사의 집문 앞에 기독교의 깃발를 내어 달겠다고 하였습니다. 신앙을 가릴 것 없이 반란자나 충성된 자거나 그 깃대를 다는 것을 모두 진심으로 원하는 것 같았습니다. 그것은 십자가가 그려진 것이었습니다. 부락민들은 이 부락에 대한 일본군의 침범을 내가 막아 준 것같이 여기는 것 같았습니다.
>
> 많은 수의 반도(叛徒) 동학도가 와서 기독교도가 되기를 원한다고 하였습니다. 그러나 그들의 목적은 외국인이 그들을 보호해 줄 것이라는 기대 때문이었습니다. 지방 관리도 내가 그러한 사람들을 교회 안으로 받아들인다는 사실을 들어 알고 있었습니다.[7]

이론적인 것은 여하하든지, 동학도들이 서양 선교사들에게 동정과 구원을 실제로 기대하고, 더 나아가 기독교도가 되기를 원하고 있었다는 사실이 실제 있었다는 증언이 여기 있다. 이 선교사는 이들 입교 동기의 순수성을 문제 삼기는 하였지만, 문제의 분석을 동학군 쪽에서 한다면 단순한 피난처로서 회심만이 아닌 어떤 정서적 전향(轉向)을 여기서 찾아볼 수 있고, 아울러 동학이 기독교 속에서 그때까지는 개념화가 뚜렷하지 못했던 어떤 민족적 항일 에너지의 접속 단면을 발견했다는 말도 될 수 있을 것이다.[8] 기독교가 민족적 기상으로 굳혀간 모습을 이들이 보았다면, 실제로 그런 전환점을 기독교는 언제

7) 한우근, 『동학농민봉기』, 교양국사총서 19, 세종대왕 기념사업회, 1976, pp. 262-3에서 인용.

8) 이런 일이 있고 나서 12년이 지나 천도교주 손병희(孫秉熙)가 다음과 같은 말을 한 사실이 있었다. 곧 "아국종교(我國宗敎)가 필경 야소교가 될 터이니 오제(吾儕)는 불가불 야소교를 신종연후(信從然後)에 내유진취지망(乃有進就之望)이라." 그리고 그 교도 1인이 야소교인을 만나 "야소교의 원인(源因)을 채문(採問)"하더라는 보도가 있었다. 『대한매일신보』, 1907년 6월 28일자. 자동향서(自東向西) 잡보(雜報)란.

겪었던가. 우리는 그것이 청일전쟁과 을미사변을 겪으면서 진행되었다고 믿을 만한 자료들을 몇 가지 가지고 있다. 좌옹(佐翁) 윤치호(尹致昊, 1865-1945)는 청일전쟁이 끝날 때 참의(參議)로 있다가 그 해 7월에는 외무협변(外務協辨)에 영전되고 있었다. 그가 남긴 일기를 통해서 이 점을 추적해보자.[9)]

민비(閔妃) 시해는 1895년 10월 8일 새벽에 일본 낭인(浪人)들에 의해서 자행되었다. 그것은 충격이었다. 그런데 이 시해가 몇 가지 중대한 사실을 노출시켜 주는 구실을 하였다. 그 하나는 일제가 이제 조선에 대해서 침략적 야욕을 가졌다는 사실의 노출이었다. 이와 동시에 유길준(兪吉濬, 1856-1914)이나 김홍집(金弘集)을 비롯한 개화파의 친일계가 드러났다는 사실이요, 이들은 민비 족벌(族閥)의 소위 악정을 들어 그 시해를 당연하게 보고 있었다는 점도 밝혀졌다. 이와 함께 유신계(儒臣系)의 김윤식(金允植) 역시 민비시살(弑殺)에 일단 환영하는 눈치를 보였다고 한다.[10)] 그리고 또한 미국, 영국, 러시아의 공사관에서도 이 비극의 가능한 접근을 미리 눈치채고 민비의 피난을 선교사가 알선함이 어떠냐고 권고했을 때, 일본을 꺼려 방관 무심하였다는 비정(非情)이었다.[11)]

반면에 윤치호를 비롯한 몇몇 기독교인들과 언더우드(H. G. Underwood, 1859-1916)를 중심한 선교사들은 충군적(忠君的)이요, 따라서 민비의 참살에 견딜 수 없는 비탄을 느껴, 나라의 위기를 염려하다가 필경 춘생문(春生門)을 통해 국왕을 피신케 하려던 일을 계획까지 하였다는 사실이다. 좌옹은 결국 이 모든 상황의 진행을 보다가, 조선은 민비의 피 때문에 일본과는 "건너뛸 수 없는 깊은 골"[12)]을 그 사이에 가지게 되었다고 피력하고, 한 걸음 더 나아가 모살을 계획한 장본인인 주(駐) 조선 일본공사 다케조에 진이치로(竹添進一郎)[13)]는 유교인이고, 일본 공사 미우라 고로(三浦梧樓, 1847-1926)[14)]는 불교인임을 지목하여,

9) 좌옹(佐翁)은 국내에 있을 때도 이미 언더우드와 친숙하였으나 1885년 4월 3일에 22세 때에 중국 상해(上海)에서 감리교인으로 피세(彼洗).

10) 『윤치호일기』, 국사편찬위원회. 1975, Vol. 4, pp. 71, 103.

11) *Ibid.,* p. 107.

12) *Ibid.,* p. 101.

13) 다케조에는 1884년(고종 21년) 갑신정변 당시의 일본공사.

14) 1895년 제 3차 갑오개혁 당시에 이노우에 공사의 뒤를 이어 일본 공사로 부임하여 민비를

은근히 기독교는 충군적이며 애국적이라는 사실을 시위하려 하였던 것이다.[15] 이런 사실이 밝혀지는 과정에서 동학이 "척양(斥洋)"의 표방을 지양했음이 확실하고, 비탄과 격분 속에서 나라와 겨레를 지킬 수 있는 방도가 필경 기독교로의 전향밖에 없다고 하는 소신들이 확대되어서 저 폭발적 증가의 신비로운 현상으로 이끌었던 것이 분명하였다. 이때 "겨레"와 "나"와의 동질적 연속감이 아주 구체적으로 진행되었고, 나라 없으면 나 없고, 나 없으면 나라 없다는, 전혀 새로운 근대적 의식이 굳혀간 사실을 밝히 알 수 있다.

이렇게 본다면 한국 초대교회 신앙의 영적 순례를 겪어가면서 종교적 회심에 이른다는 경로는 거의 없었고, 대개 이 민족적 시련의 위기에 개인과 민족의 동일성 보존이라는 충동과 자극에 의해서 동원된 현상이었음을 짐작할 수 있다. 한국교회의 전통에 민족 교회적 구조는 이래서 그 첫 날부터의 성격으로 그 색채가 체질적으로 굳혀진 셈이고, 그 변신(變身)은 장차 결코 쉽지 않다는 판단이다.

이런 의미에서 이 교세 확장의 현상은 자기와 민족의 현실적 해방을 추구하는 그치지 않는 소원의 좌절된 표현이라 해서 과언이 아닐 것이다. 우리는 이 국면을 좀 더 자세하게 분석해야 할 것이다.

1-3. 포수민족(捕囚民族) 해방의 메시아주의

1) 근대적 국민국가 형성의 거대한 에너지

1895년을 경과하면서 조선의 기독교는 국민적 자각을 촉구하고 개화의 진행을 촉성하기 시작하였다. 1896년 8월 20일자의 『독립신문』 논설에는 다음과 같은 말이 실리고 있었다. 곧 예수교가 다만 바라는 것은,

> 불샹한 죠션백셩들! ... 국즁에 올흔 법률이 싱기고 죠션에 잇는 대소 인민이

시해하는 을미사변을 일으킨 장본인. 廣島裁判所에서 민비 시해 협의로 기소되었으나, 증거불충분으로 전원 무죄. 한 때 일본 學習院 원장. 樞密院 의원.

15) *Ibid.,* p. 83.

흡심ᄒᆞ야 나라를 보존ᄒᆞ고 인민이 정돈이 되야 규모가 잇게 만ᄉᆞ를 힝ᄒᆞ며 샹인 히물지심이 업서지고 젼국 인민이 서로 싱각ᄒᆞ기를 형뎨와 갓치 ᄒᆞ며 구셰쥬 예슈 크리시도를 밋고 그 셩쥬의 ᄀᆞ르치심을 본 밧으라 홈이니...16)

신앙을 통해서 보국개화(保國開化)하는 길이 열린다는 확신은 그때 편만해 있었다. 가령 『ᄆᆡ일신문』에 이런 글이 1898년에 실려 있었다.

오늘날 문명ᄀᆡ화라 ᄌᆞ쥬독립이라 ᄒᆞᄂᆞᆫ것 시 다 이 교(耶蘇教) 속에서 나온 말이오. ... 그럼으로 사ᄅᆞᆷ마다 예수교만 실노히 밋을 디경이면 군신과 부ᄌᆞ와 부부와 장유와 붕우 사이에 의리와 정의가 잇셔 일국이 텬화셰계가 될 터이니 우리 나라 동포들은 힘써 예비당을 차져가셔 젼도ᄒᆞᄂᆞᆫ 말도 ᄌᆞ세히 듯고 셩경도 만히 보아 모두 진정으로 밋ᄂᆞᆫ 교우들이 되어셔 나라흘 영미국과 ᄀᆞᆺ치 문명부강케 만들기를 우리ᄂᆞᆫ 진실노 ᄇᆞ라노라.17)

이렇게 기독교는 자주적인 문명국의 형성을 지향해 나가면서 아울러 천부(天賦) 인권론과 민권사상을 높은 차원에서 수립하여 나갔다. 1899년의 『독립신문』을 다시 살펴보자.

하ᄂᆞ님이 셰샹만물을 내신 때에 사ᄅᆞᆷ의게 ᄌᆞ유ᄒᆞᄂᆞᆫ 권리를 쥬시고 만물을 임의로 다ᄉᆞ리며 일용 산업에 취ᄒᆞ여 쓰게 ᄒᆞ셧스니, 하ᄂᆞ님의 도를 존경ᄒᆞᄂᆞᆫ 사ᄅᆞᆷ이라야 릉히 ᄌᆞ유의 권리를 남의게 샛기지 아닐 것이오, 사ᄅᆞᆷ마다 ᄌᆞ유의 권을 닐치 아니ᄒᆞ면 나라이 반다시 ᄌᆞ주 권세가 단단홀지라. ᄇᆞ라건ᄃᆡ 나라의 근본을 힘쓰시오.18)

기독교 신앙이 있는 곳에 천부의 자유권이 부여되고, 자유 있는 곳에 국가의 자주가 보장된다는 신앙, 그것이 "나라의 근본"이라는 확신이었다. 이러한 의식은 1905년에 이르면서 점점 뚜렷한 전개를 보게 되었던 것이다. 을사늑약(乙

16) 『독립신문』, 뎨일권, 오십구호(1896. 8. 20.) 논셜.

17) 『ᄆᆡ일신문』, 뎨일권, ᄉᆞ십삼호(1898. 5. 28.) 논셜(二).

18) 『독립신문』, 뎨사권, 이백팔호(1899. 9. 12.), 나라의 근본(논설).

巳勒約) 체결의 검은 구름이 뒤덮던 날, 곧 1905년 10월에 『대한매일신보』는 다음과 같은 글을 실었다.

> 야소신교(耶蘇新敎)가 출(出)ᄒᆞ야 평등과 자유의 주의를 창론(倡論)ᄒᆞ니...
> 대저(大抵) 방국(邦國)은 인민지적(人民之積)이라 인민이 유자립지권연후(有自立之權然後)에 방국(邦國)이 역유자립지권(亦有自立之權)이니 인민의 지식이 발달치 못ᄒᆞ면 엇지 자립지권(自立之權)이 유(有)ᄒᆞ리오... 명명상천(明明上天)이 일시동인(一視同仁)ᄒᆞ사 생명과 자유의 권리를 세계인민의게 각각 비여(畀與)ᄒᆞ시니 차(此)는 자기가 기(棄)홀비 아니오 타인이 또ᄒᆞᆫ 탈(奪)치 못홀 자어늘 피타인(彼他人)이 차권리(此權利)를 침탈(侵奪)홈은 곳 자기가 포기(抛棄)ᄒᆞᆫ 연고(緣故)라.
> 유독 대한인민은 엇지 상천(上天)의 비여(畀與)ᄒᆞ신 권리를 부득(不得)ᄒᆞ얏스리오. 신성ᄒᆞᆫ 종교중에 평등과 자유주의를 체념물실(體念勿失)ᄒᆞ야 천부(天賦)ᄒᆞ신 고유권을 각기 극복ᄒᆞ면 국가의 자립지권(自立之權)을 유지키 불난(不難)ᄒᆞ리니 일반인민은 염지면지(念之勉之)ᄒᆞ라.[19]

이를 풀어보면, 개신교가 우리나라에 들어와서 평등과 자유를 널리 퍼트렸는데, 우리나라는 일반 인민이 모여서 되었으므로 일반 인민이 먼저 자립권을 가진 후에야 비로소 나라도 자립권을 가지게 되므로 인민의 지식이 발달하지 못하면 어떻게 자립권을 가질 수 있겠는가. 밝고 밝은 하늘이 생명과 자유의 권리를 세계 인민에게 각각 부여해 주셨는데 이것은 자기가 버릴 수 있는 것이 아니고 또한 다른 사람이 빼앗을 수도 없는 것이니, 만약 다른 사람이 이 권리를 침탈하는 것은 곧 자기가 먼저 포기한 까닭이다. 유독 우리 대한 인민만 어찌 하늘이 부여하신 권리를 받지 못하였겠는가. 그러므로 신성한 종교(개신교) 가운데 들어가서 평등과 자유주의를 체념(體念)하고 결코 잃어버리지 않고, 모두가 천부의 고유권을 회복하면 역시 국가의 자립권을 유지하는 것도 어렵지 않으리니 일반 인민은 이를 염두에 두고 이에 힘쓰라는 내용이다.

한데 을사늑약(乙巳勒約)은 맺어졌고, 따라서 "국가의 심륜멸망지경(沈淪滅亡之境)[20]에 함입(陷入)"함에 비도감상(悲悼感傷)에서 죄의 고백이라는 깊은 신앙

19) 『대한매일신보』, 광무9년(1905) 10월 11일), 잡보, "종교개혁이 위정치개혁지원인(爲政治改革之原因)."

20) 선박이 점점 더 깊이 물에 잠기게 되어 멸망하게 된 위급한 지경을 표현한 말로서 국가가

의 경지에 인도되지만, 역시 나라에 대한 독립 보존의 희망은 더욱 굳혀져 갔을 뿐이었다. 이제 기독자의 수는 총인구 1천만 명 중 10만 명에 달한 것으로, 인구당 1%로 보도된 1905년 11월 전국의 장로교와 감리교 및 침례교는 연합해서 나라를 위한 위국기도회를 연일 개최하였는데, 그때의 기도문이 아직 우리들 손에 전수되고 있다. 그 글 속에 이런 대목이 있었다.

> 만왕의 왕이신 하나님이시여, 우리 한국이 죄악으로 심윤(沈淪)에 드렷스믹 오직 하나님 밧게 빌딕 업사와 우리가 일시(一時)에 기도하오니... 한국을 구원하사 전국 인민으로 자기 죄를 회개하고 다 천국 백성이 되어, 나라이 하나님의 영원한 보호를 밧아 지구상에 독립국이 확실케 하야 쥬심을 예수의 일흠으로 비옵나이다.[21]

이러한 기도회의 소식에 대해서 『대한매일신보』는 12월 1일자 논설 "신교자강(信敎自强)"에서 종교사회가 형성하는 "무형지강(無形之强)"을 논급하며, 그것이 바로 "대한에 독립 근기(根基)"라고 단언하며, 그 효력이 "몇 년이 지나지 않아서 반드시 나타날 것"[22]이라 전망했던 것이다. 왜냐하면 이런 "무형"의 신앙, 그것이야말로 "자국(自國)의 종교와 역사를 능히 보전하며 독립정신이 전멸에 이르지 아니하고 필경 국권을 회복"할 수 있다고 보았기 때문이다.

이러한 신앙의 구조력(構造力)은 강렬한 충군(忠君)애국의 에너지를 동반하였다. 1896년 "달셩" 예수교회당 교인들이 지은 "애국가"의 2절에는 이런 글이 있었다.

> 하ᄂᆞ님의 셩심기도 국티평과 민안락을
> 님군봉측 정부ᄉᆞ랑 학도 병정 순검사랑
> ᄉᆞ람마다 ᄋᆡᄌᆞ품어 공평뎡직 힘을 쓰오.
> 륙신셰상 잇슬때에 국티평이 뎨일죠타
> 국긔잡고 밍세ᄒᆞ야 대군쥬의 덕을 돕세.[23]

그 만큼의 위급한 형편에 처해 있음을 비유하였다.

21) 『대한매일신보』, 광무9년(1905) 11월 19일, 잡보, "셩문건천(聲聞乾天)."

22) *Ibid.*, 12월 1일자, 논설, 신교자강(信敎自强).

이런 유형의 애국가는 수없이 많았고, 더구나 1905년 편찬 윤치호의 『찬미가』 속에는 애국송과 황제송(皇帝頌)이 실로 반수 가량 차지하고 있는 형편이었다.

한데 기독자들의 애국적 열심은 결사적인 열혈(熱血)을 동반하는 데까지 이르고 있었다. 1894년 4월 서울의 독립협회에서 상소와 연설로 의리에 죽기로 동맹한 소식을 들은 평양의 예수교인들이 결의한 일이 있었다.

> 우리도 빅셩이 되어 이러ᄒᆞᆫ 충의잇ᄂᆞᆫ 일에 엇지 수수방관만 하리오. 서울 사람들이 올ᄒᆞᆫ 일과 츙졀만 자기고 죽을 것 ᄀᆞᆺ흐면 우리도 그 뒤를 좃차 ᄒᆞᆷᄭᅴ 죽음이 빅셩된 즉분의 맛당하다" 24)

그해 3월 29일의 『독립신문』에도 이 독립협회의 결사적 투쟁에 호응하기 위한 인천 용동교회의 결의가 보도된 일이 있었다. "우리 회원들도 귀 회원들의 결단ᄒᆞᆫ ᄆᆞᄋᆞᆷ을 ᄉᆞ랑ᄒᆞ야 ᄀᆞᆺ치 죽기를 원ᄒᆞ노라." 이것이 그들의 결의였다. 1905년 보호조약 체결 때 민영환(閔泳煥, 1861-1905)이 자결하자 11월 30일 예수교인 김하원(金河苑), 이기범(李基範), 차병수(車炳修), 김홍식(金弘植) 등이 사수국권을 쓴 경고문을 들고 종로 네거리에서 통렬한 구국 연설을 하던 중, 이를 제지하는 일본경찰의 칼을 무릅쓰고 "국가 독립을 위하여 죽는 것이 아(我)의 영광이니 쾌속살아(快速殺我)"라고 대들어, 치명적인 부상을 입은 일도 있었다.25)

2) 기독교에의 전향 및 입교의 동기 문제

1895년과 1905년을 두 정점으로 한 기독교에의 대거 입교의 동기를 한국측 문헌에서 살펴보면, 그것은 대개 생명과 재산의 보호, 그리고 나라의 자주독립, 이 두 범위로 잡을 수 있는데, 한결같이 "의뢰할 곳이 없다"는 무력감이 그 동기의 핵심이었다고 볼 수 있다.

우선 1899년 8월의 『독립신문』에 의하면, "민정가긍(民情可矜)26)"이라 해서

23) 대됴션 달셩회당 예수교인 등 ᄋᆡ국가, 『독립신문』, 1896년 7월 23일자 게재.

24) 『협셩회보』, 1905년 12월 2일자

25) 『대한매일신보』, 1905년 12월 2일자. Cf. 정교(鄭喬), 『대한계년사(大韓季年史)』, 하. p. 91.

다음과 같은 글이 실려 있는 것을 볼 수 있다.

> 셔도 관장들은 히 디방 빅셩의 싱명과 지산을 엇더케 보호들 ᄒᆞ야 주ᄂᆞᆫ지 그 디방 빅셩들의 말이 관장의 보호를 밋다가ᄂᆞᆫ 큰 랑픽를 보겟스니 다시는 관장을 밋지 말고 외국교에나 들어셔 각기 싱명과 지산을 보호 밧게 ᄒᆞ자 ᄒᆞ고...

이러다가 1905년에 이르면서 교인들이 "구름ᄀᆞ치"[27]모여 들기 시작했던 것이다. 『대한매일신보』는 이들의 전향 동기를 다음과 같이 분석하고 있었다.

> 근일 한성(漢城-서울) 내외 인민들이 국사일비(國事日非)와 외모일심(外侮日甚)홈을 목격ᄒᆞ고 의뢰무처(依賴無處)ᄒᆞ야 자연 우구심(憂懼心)을 난감(難堪)키로 야소교에 투입ᄒᆞᄂᆞᆫ 자 매일 오십명 이상이라 ᄒᆞᆫ즉, 약차불일(若此不日)ᄒᆞ면 불기년(不幾年)에 팔역인민(八域人民)이 태반이나 교도될이라더라.[28]

서울의 인민들이 나라의 위급함이나 외국이 한국을 업신여기는 것이 날마다 더해 감을 보고, 달리 의뢰할 곳이 없어서 기독교에 들어가는 자가 매일 오십 명 이상이니 만약 이렇게 계속된다면 불과 몇 년 안에 인민의 절반 이상이 기독교인이 될 것이라는 전망이었다.

그런데 같은 해 9월 29일자에 가서 그 신문은 전향의 2기를 구별하여 그 제 1기에는 "하등(下等) 인민이 관리의 침어(侵漁)를 불감(不堪)ᄒᆞ야 교회를 의뢰"했다고 하고, 그 제 2기에는 청년 유지와 열혈의 청년들이 "외인의 학대가 비상홈으로 교회를 의귀(依歸)"했다고 보았다. 그리고 이 제 2기에 이르러 애국심과 동포상애(同胞相愛)의 단체력이 특별히 자립한 것으로 분석하였다. 여기 민족 해방과 보존의 메시아주의가 그 거대한 발길을 옮기고 있었다.

한데 선교사들도 이와 비슷한 분석을 내리고 있었다. 기독교를 찾는 사람 중에는 그 중요 동기가 보호와 힘의 획득인 경우가 많다.[29] 이것이 그들의

---

26) 백성들의 형편이 가히 불쌍하다는 뜻

27) 『대한매일신보』, 1905년 2월 13일자.

28) *Ibid.*, 8월 30일자.

판단이었다. 그것을 불순으로 지목하는 자세가 여기 보인다. 이와 같은 해석을 일제도 내리고 있었다.

> 입교의 동기는 대개 기 세력(其勢力)을 빙자하여 권위자에게 대항코져 함에 있거나 혹은 관리의 주구를 면코자 함에 있어서 천차만별이라 하나 ... 선교사[30]들은 조선이 장래 일본에 병합되리라는 구실로써 기 재액(其災厄)을 면코자 욕(慾)하면 야소교에 입(入)하야 기 보호(其保護)를 수(受)함에 불여(不如)하다고 교묘히 배일적 언동을 하여 ... 차설(此說)이 통절히 조선인의 환영하는 바 되었다.[31]

사방을 둘러보아도 의뢰할 곳 없었던 역사의 현장에 기독교는 이처럼 국권과 인권, 그리고 기본적 생존권의 유일한 지탱자, 그 방파제로 거대한 에너지를 제공하면서 우리 민족사의 그 중추 속에 뿌리를 내려가고 있었다.

3) 근대적 책임 시민층의 형성

기독교는 조신의 위기에 도입되면서 수용되었기 때문에, 고백적 주체적 신앙의 결단을 거친 사람들에게서 신앙되었다는 다른 하나의 특성을 가지게 되었다. 그것은 의식분자 형성의 과정이 여기 있었다는 말이 된다. 그러한 신앙에 신부인권(神賦人權)의 긍지와 인간에 대한 딴 데서 얻지 못한 보람, 한 민족으로서의 자존이 움솟을 수 있었다. 가령 『독립신문』에 나타난 글이 그 근황을 설명해 줄 것이다. 곧

> 크리스도교 ᄒᆞᄂᆞᆫ ᄇᆡᆨ셩은 교 아니 ᄒᆞᄂᆞᆫ ᄇᆡᆨ셩보다 ᄆᆞ음이 강ᄒᆞ고 용ᄆᆡᆼ이 잇서 쥭ᄂᆞᆫ 것은 두려워 아니ᄒᆞᄂᆞᆫ 의리가 ᄉᆡᆼ기니 그것은 다름이 아니라 교를 참으로 밋기드면 언졔든지 올코 공변되고 의리 잇ᄂᆞᆫ 일을 ᄒᆞ거드면 하ᄂᆞ님이 보아 주시

---

29) C. E. Sharp, Motives for Seeking Christ, *The Korea Mission Field.*, August 1906, p. 182.

30) 여기서 이 말은 반드시 외국인을 의미하지 않는다. 가령 초기 여러 한국 신문에도 기독교 전도인을 선교사라 칭한 경우가 많았다.

31) 조선 현시에 있어서의 지방 인심 상황, 기록, 1909년, 『한국독립운동사』Ⅰ, 국사편찬위원회, 1970, p. 963.

는 것을 밋는 연고요, 셜령 올흔 일올 ᄒᆞ다가 죽드리도 영혼을 하ᄂᆞ님이 영싱불멸 ᄒᆞᄂᆞᆫ 복음을 주실 것을 밋는 연고라.[32)]

윤리적 판단력이나 섭리적 신앙의 경세적(經世的) 희망 같은 것들은 실로 기독교가 근대 조선인에게 줄 수 있었던 강력한 새 가치의 비전이었다.

그런데 기독교는 1890년 관서지방에서 적용하기 시작한 "네비우스 선교방법"에 의해서 이러한 의식화 활동을 사회적으로 수행한 것이었고, 이러한 과정을 통해서 근대적 책임 시민, 곧 경제적 지식인 중산층을 형성해 낼 수가 있었던 것이다.[33)] 물론 예수교 자체가 이미 "근대화의 경향을 강하게 지녔던 자립적 중산층에 의해 수용"[34)]된 사실을 지적할 수 있을 것이고, 더구나 그 지방민들의 개방적인 성격이 새로운 조류의 사상을 흡수하는 데 기민하고, 또 신분적으로 사회 진출의 기회가 봉쇄되어 있었기 때문에 양반정치체제에서의 탈출을 열망하고 있었다는, 그 나름대로의 적극적인 여건이 있었던 것이 사실이다.

그러나 이 지역의 하류층 서민층을 서구 기독교의 금욕윤리(禁慾倫理)에 의해서 교육하고 훈련해서 책임 시민으로 형성해 가며, 계층의 상향적 이동을 수행해 나간 것이 바로 교회였다. 이 "네비우스 방법"은 자립, 자급, 자립선교와 같은 강력한 자립적 주체의식을 사회 하류층과 근로층을 상대로 한 선교에서 북돋아주었다. 이것이 곧 바로 이들을 교육하여 한국적으로 틀을 잡게 한 후, 자립하고 공헌하고 인도하는 개인으로 발전시킬 수 있었으며, 이제까지 없었던 근대적인 의미의 시민, 곧 의식과 책임의 주체로 나라와 겨레에 관여하는 창조적인 인간상을 꾸며 낼 수 있었던 것이다. 이 상향적 계층 이동의 강력한 에너지가 바로 기독교회였다. 이렇게 해서 형성된 중산층을 통하여 민족 교회의 정치적 참여가 체계화할 수 있었을 뿐만 아니라 토착적 신앙고백의 형성이 촉성되고, 다른 한편 민족산업의 강력한 의지가 표현되고 구체화 되기도 하였던 것이다.[35)] 일제하 민족산업의 마지막 교두보는 실로 서북(西北) 기독자들의

32) 『독립신문』, 1898년 12월 23일, 논셜.

33) 여기 대한 분석적 연구로서는 이광린, "개화기 관서지방과 개신교" 참조. 『논문집』 제 5집, 제 1편, 인문사회과학, 숭전대학교, 1974.

34) *Ibid.*, p. 443.

고무와 메리야스 공업에 제한돼 있었을 정도였다. 교회가 한국 근대화에 끼친 공헌을 여기서 또 하나 찾아볼 수가 있다. 그것은 기본적으로 인간 존엄과 그 책임에 대한 복음의 빛에 의해서만 가능했던 것이다.

서울에서도 이런 의식화의 작업은 진행되었다. 곤당골의 천민층이 그 입는 옷의 신분적 표식을 제할 수 있게 했다거나,[36] 상동계(尙洞系)로 알려진 하류층 기독자들이 관신사회(官紳社會[37])의 신앙인들과 함께 YMCA를 중심으로 해서 활동할 수 있었다는 것들이 그 현저한 몇 실례들일 것이다.

그렇지만 이 지방에 대한 기독교의 공헌은 시민들로 하여금 "생각"하게 하는 의식에의 자극, 윤리적 심각성의 자극에서 시작되었다고 봄이 마땅할 것이다. 교회가 황제(高宗)의 탄신에 즈음하여 경축 기도회를 처음 가진 것이 기록상으로는 1896년 9월 1일이었는데, 이들 회집의 의의에 대해서 『독립신문』은 대개 다음과 같은 분석을 내리고 있었다.

> 죠션 님군과 ᄇᆡᆨ셩을 ᄉᆞ랑ᄒᆞᄂᆞᆫ 사ᄅᆞᆷ들이 모혀 연셜을 ᄒᆞ야 이런 쇼견이 업던 사ᄅᆞᆷ들이 새 ᄉᆡᆼ각이 나게 말을 ᄒᆞ야 들녀 주고, ᄋᆡ국가를 지여 각 교회 학교학도들이 노릐들을 ᄒᆞ야, 악ᄒᆞ고 더러운 ᄆᆞᄋᆞᆷ을 어질고 착ᄒᆞ고 의롭게 감동을 식히며...
> 이 대회가 죠션 사ᄅᆞᆷ을 여러가지를 ᄀᆞ르치ᄂᆞᆫ거시 잇스니 쳣지ᄂᆞᆫ 위국위민ᄒᆞᄂᆞᆫ 뜻시요. 둘지ᄂᆞᆫ 이런 ᄆᆞᄋᆞᆷ이 잇스면 다만 ᄆᆞᄋᆞᆷ에 먹어 둘ᄲᅮᆫ이 아니라 세계에 광고ᄒᆞ야 이런 ᄆᆞᄋᆞᆷ 잇ᄂᆞᆫ 것을 알게 ᄒᆞ며, 이런 ᄆᆞᄋᆞᆷ 업ᄂᆞᆫ 사ᄅᆞᆷ을 잇도록 감동을 시키며, 셋지ᄂᆞᆫ 야소교를 ᄒᆞ여 젼국인민이 충동이 업시 모도 형뎨 ᄀᆞᆺ치 ᄉᆞ랑ᄒᆞ고 도와주어, 나라히 잘 되어야 올코 곳은 풍쇽과 벌률이 셩ᄒᆞ게 ᄒᆞ며, 강ᄒᆞ고 귀ᄒᆞ고 부요ᄒᆞ고 지혜잇ᄂᆞᆫ 사ᄅᆞᆷ이나 약ᄒᆞ고 쳔ᄒᆞ고 무식ᄒᆞᆫ 하ᄅᆞᆷ이나 하느님 압헤ᄂᆞᆫ 다 일반이라.
> 죠션 안에서 교회는 불샹ᄒᆞ고 어리석은 동포 형뎨들을 모도 ᄉᆞᆱ을 ᄭᆡ게 ᄒᆞ야 다만 셩경만 말홀ᄲᅮᆫ이 아니라 엇데케 ᄒᆞ여야 ᄎᆞᆷ 올흔 ᄇᆡᆨ셩 되ᄂᆞᆫ 법을 ᄀᆞᄅᆞ치ᄂᆞᆫ 거시 교 하ᄂᆞᆫ 직무로 우리는 ᄉᆡᆼ각ᄒᆞ노라.[38]

---

35) 조기준, 『한국기업가사』, 서울, 박영사, 1973, pp. 305ff.

36) R. E. Shearer, *Church Growth in Korea*, p. 106.

37) 관리와 신사사회, 곧 상류사회라는 뜻.

38) 『독립신문』, 뎨일권, 뉵십오호 건양원년(1896) 7월 3일, 논셜.

이에 의하면 나라나 임금에 대한 충군애국적 의식의 구체화와 윤리적 훈련, 정의의 구현과 신부적(神賦的) 자유평등의 이념, 그리고 이러한 새로운 세계에 대한 각성, 이런 것을 교회가 담당한 것으로 풀이되고 있다. 이러한 의식화 작용의 담당층은 확실히 교회에 의한 상향적 계층 이동의 결과에서 비롯되었던 것이다.

4) 우상 파괴의 잠재역

근대적 시민 형성의 동력에 의해서 신분제적 윤리를 극복할 수 있었던 교회는 전술한 항일적 국권론에서 새로운 차원의 강력한 잠재력을 행사할 수 있었다. 그것이 포괄적이고도 핵심적인 항일의 민족윤리적 투쟁을 전개시킬 수 있었던 원류의 에너지였다. 그것이 바로 우상 파괴의 잠재력에서 발로되었던 것이다. 그 사정은 이렇다.

일본은 1886년 메이지(明治)헌법을 반포했는데 이토오 히로부미(伊藤博文, 1841-1909)는 그 "기안(起案)의 대강(大綱)"에서, 유럽의 헌정이 역사적으로 기독교의 기축(機軸)에 근거하였지만, 일본에서는 그 기축이 바로 "황실(皇室)"에 있다고 선포하고, 따라서 곧장 기독교의 거부를 필연적인 것으로 만들어 버리고 말았던 것이다. 여기 주권의 천황 시은론(施恩論)까지 겹쳐서, 자연 기독교 신앙의 천부인권론은 논리상 극복을 강요당하지 않을 수 없게 되었던 것이다. 1890년의 교육칙어(教育勅語)는 이 윤리와 기축의 전개 실천의 보장 구실을 하였고, 일제는 이 "대강(大綱)"을 1908년의 통감부의 "사립학교령"에서 실현하여, 기독교 교육을 정면 위협했으며, 기독교의 존재마저 위태롭게 하였던 것이다.

여기 한국 기독교와 일제와의 대결은 불가피한 것이 되고 말았던 것이다. 이런 의미에서 일제의 정치적 이념의 중핵을 향해서 도전했던 한국의 민족적 저항이 기독교에서 가장 원리적이고 예리한 이데올로기로 굳혀져서 전무후무하게 구체화 되었다 해서 결코 과언이 아니다. 곧 천황기축의 체제에 우상파괴의 막강한 신앙으로 도전하였다는 말이다. 이것은 창조자 섭리 주재의 유일신론에서 비로소 가능하였던 것이다. 어떠한 정치적 체제도 하나님 앞에서는 굴복하고 심판을 받아야 한다는 이 유일신론적 우상파괴의 저력 때문에 일제는 1905년에 벌써 조선 통치의 최대 장해가 기독교라는 사실을 공언하고 있었던 것이다.[39] 실상 일본 기독교의 결정적 결함이 있었다고 하면, 그것은 이러한 우상파괴적 신앙동력을 갖추지 못하고, 천황제에 굴복하여 선교 도상에서 심각하게 논의되는 바, 매판적 타이포로지에서 상당 분량의 핵심적 근본신앙을 포기한 데 있었다고 볼 수 있겠다. 저 에비나 단조(海老名彈正, 1856-1937)와 같은 이는 "신도적(神道的) 기독교"를 제창하였을 정도였고, 따라서 일본 기독교는 천황제에 포섭된 채 청일(淸日), 로일 양 전쟁을 통해, 스스로 반국가적 종교가 아님을 입증하기 위해 전쟁에 봉사했을 뿐만 아니라, 로일 전쟁(1904-1905) 때에는 일본사회의 동요 속에서 체제 유지를 위해 협력하면서 천황체제 재건과 옹호를 위해 적극적 활동을 하기에 이르렀던 것이다.

문제는 체제의 "종교화"에 있었다. 그것은 우상이란 것이 한국교회의 확신이었다. 박종홍(朴鐘鴻)은 민족주의 세미나에서 대중에 침투하여 그들을 결속하여 어떤 지향적 동원에 자극할 수 있는 힘은 신앙이라고 말하면서, "오늘날 정치가 좀 이상한 표현이지만 종교와 결탁할 수 있을까" 하는 문제를 제기한 일이 있었다.[40] 이러한 판단과 발상은 잘못하면 체제에 대한 종교성 부여에 오도되기 쉽고, 따라서 우상화 될 수 있는 것이다. 한국 기독교의 전통적 우상파괴력의 계승은 그 민족 교회사에서 영광이오, 아울러 사명이다.

민족구원의 현실적 실현을 이처럼 기독교의 성서적 복음에 의해서 기약하던 찰나에 소박한 성서적 신앙에 대하여 과학적 해석 방법의 적용을 시도하며, 당시 유행하던 신신학설을 자유채택해야 한다는 목사가 나타났다. 그런데 여기 주목할 만한 중대한 사실이 하나 있었다. 포수 민족 구원의 메시아주의는 대개 그 비전이 모세오경(五經), 특히 출애굽기와 신명기, 그리고 천년 왕국설의 비전에 그 전거(典據)를 뿌리박고 있었다. 바벨론 포수에서의 귀향을 서술한 시편이나 예언서들도 영감을 주고 있었다. 그런데 이 목사 김장호(金庄鎬 1881-?)는 하필이면 바로 이 2대 근간에 대해 소위 과학적 비판을 자행하여 홍해 도하(渡河)를 간조현상으로 합리화시킴으로써,[41] 가공하게도 민족 구원의 근거를

39) 『日本公使館記錄』, 1905년, pp. 69-70.

40) 이용희(李用熙), 『한국민족주의』, 노재봉 편, 서울, 서문사, 1977, p. 197.

미망(迷妄)으로 무산시키는 모역(謀逆)을 감행하였던 것이다. 그리고 한 걸음 더 나아가 "조선적 기독교"를 표방하면서 반선교사의 감정을 충동하고 마침내 동양적, 그래서 일본적 신앙의 수립이라는 사악한 논리에 흐르고 말았던 것이다. "아등(我等)은 절대로 천사(天賜)하신 일본인으로 태어난 권리와 복음을 한층 발휘"[42]하여 "조선기독교회"를 창설한다는 것이었는데, 김장호는 공공연하게 3·1운동의 "모순을 갈파하고... 내선(內鮮)[43] 민족의 불가분리를 주장"하기에 이르렀던 것이다.[44] 필경 그는 1922년 4월, 사이토 마코도(齊藤實, 1858-1936) 총독의 방문까지 받았고, 1928년에는 어대전기념장(御大典記念章)까지 수여받은 일이 있었다.[45] 기가 막히는 일이었다. 한국에서의 신신학이 처음 구약성서를 문제 삼더니,[46] 포수 민족 구원의 에너지 공급처를 "자유비판"의 미명으로 무산시켰을 때, 조선총독의 훈장 수여는 지극히 당연하였다. 민족교회사에서의 신신학의 위치가 이러하였다. 물론 그 자신의 친일의도 유무의 문제는 중요하지 아니하였다.

5) 전국적 자발적 민족조직체로서의 교회

한국의 기구적 교회 조직은 북감리교의 1905년의 선교사 연회, 남감리교의 1904년의 한국 선교지방회, 그리고 장로교의 1907년 독노회(獨老會), 1912년의 총회 조직 등으로 정리할 수 있다. 그러나 민족조직체로서의 기독교회는 그 결합 원리가 이러한 교권적 구조원리와는 다르다는 입장에서 살펴보지 않으면 안 될 것이다. 이 전국적인 민족적 조직체는 신앙을 통하여 자립한 개인, 그들의 인간적이요 시민적인 자각 및 규율적인 금욕적 생활태도, 새로운 정의(正義)의 역사에 대한 확고한 희망, 그리고 구원에 대한 감사의 생활과 같은

41) 박성겸, 『황해노회 100회사』, 황해노회 100회사 편찬위원회, 1971, p. 214.

42) 『조선기독교회소사』, 조선기독교회 전도부 발행, 1941. p. 15.

43) 일본 본토와 조선

44) *Ibid.,* p. 51, 58.

45) *Ibid.,* p. 60.

46) 1930년대의 김재준(金在俊)도 그러했다.

계기에 의하여, 그들을 계통적으로 분리해 냄으로써 가능하였던 것이다. 그것은 소수였고, 그런 한도에 머무를 수밖에 없었다. 하지만 이러한 자치 자립에 알맞는 인격의 성장과 그들의 자립적 인간상을 창조함으로써 교회는 시민사회를 향하여 민족을 이끌어 가는 조칙체로서의 기능을 다할 수 있었다. 그때에는 공동 목표를 지향하는 협회 형성의 모든 결사나 집회가 금지되고 있었다는 조건이 첨부되지만, 어쨌든 이러한 상황이었으니 만큼, 억눌린 민족의 에너지는 교회를 매개로 해서 지표에 나타날 수밖에 없었다. 그것은 민족성의 강력한 성격을 가지고 있었지만, 기독교의 세계성, 그것이 근본적인 보장이었음은 두말할 것 없었다.

이것이 바로 교회가 3·1운동 당시 전 민족적인 봉기의 거점이 될 수 있었던 소지(素地)였다. 전통적인 사회의 구정 패턴과는 이질적인 교회가 없었다면, 이러한 전국적 규모의 봉기는 가능하지가 아니하였을 것이다. 3·1운동에 대해서 교회가 기여한 면에 대해서는, 그 세계사적 운동의 민감한 포착이라든가, 의사 표현 통로의 제공 및 그 이념의 언어화 같은 덕목을 지적할 수 있을 것이다. 그러나 교회가 전국적 조직체였기 때문에 "동원"을 맡아 민중의 동시적 참여와 그 행동의 일률성을 지도할 수 있었다는 점이 그 역사적 공헌의 정점이었다고 해서 과언이 아니다. 이것이 바로 그 피해에 있어서, 비록 수적 정밀을 기할 길이 없다 하더라도 그 현상적 기록의 빈도(頻度)에서 알 수 있듯이, 기독교가 실질적인 인원 및 재산에서의 손해를 십중팔구 받아야 했던 까닭이었다. 소요 진압자의 처지에서는 소위 "소요"의 핵심, 그 동원 정점에 대한 집중타로 전체를 와해시킬 수 있다는 전략이 세워지는 것은 당연하기 때문이었다.[47]

결비기독교회개체(決非基督教會個體), 독위창시야(獨爲倡施也), 후일인이차위박멸교회지일기회(後日人以此爲撲滅教會之一機會), 수선촉후기관보(首先囑後機關報), 지척기독교위사교(指斥基督教爲邪教), 차위독립운동(且謂獨立運動), 내교회소주창(乃教會所主倡), 사헌병경리(使憲兵警吏), 담총기마(擔銃騎馬), 일여임적(一如臨

47) 박은식, 『한국독립운동혈사』, 上海, 1920, 상권, p. 150.

敵), 횡행각군(橫行各郡), 사행학살(肆行虐殺), 소무고기(少無顧忌), 기박해지사실(其迫害之事實), ... 사상과십여만인(死傷過十餘萬人), 구집어뇌폐자(拘縶於牢狴者), 위삼십여만인.

요약하면, 기독교가 이런 독립운동을 하기로 홀로 결정한 것은 아니지만 이것을 퍼뜨린 것은 기독교가 혼자 한 것이며, 일제는 이것을 기독교 박멸의 가장 좋은 기회로 삼아 먼저 언론을 통해 기독교가 사교이므로 배척해야 한다고 하고서 독립운동에 대해 비로소 언급하였다. 이에 각 교회에 총과 칼을 든 헌병과 경찰들을 파견하여 마치 적을 무찌르듯이 각 지역에서 아무 거리낌 없이 학살을 자행하였고 이렇게 박해한 것은 틀림없는 사실이다. 이렇게 해서 죽거나 다친 사람이 십만 명을 넘고, 구속되어 짐승같이 감옥에 갇힌 사람은 삼십만 명이 넘는다는 내용이다.

이러한 의미에서 당시 미국교회협의회의 동양문제위원회가 작성한 *The Korea Situation* 가운데에서 성명한 다음과 같은 말은 그 핵심을 찌르고 있었다.

예수교인의 이와 같은 박력 있는 행동과 의의 있는 존재 양식이 없었더라면, 이 백의가 호소하려고 하고 수호하려고 하는 이념이 총을 쏘듯이 전국에 무섭게 작용하지는 못했을 것입니다. 예수교인만이 참혹한 식민정책에서 소망을 포기하지 아니하였던 유일한 부류의 한국인이올시다.[48]

나라를 상실한 겨레의 신앙 심리에 작용한 이 유기적 소속처 의식에서 희망의 불길이 타올라 온 것은 당연하였다. "희망을 상실하지 않았던 유일한 부류의 한국인!" 당시 거리에 나붙은 격문(檄文) 가운데 이런 것이 있었다. 곧

우리는 아침에 기도하고 낮과 밤에 기도하며 주일(主日)에 금식(禁食)합시다. ... 나의 겨레여, 우리 강토는 어떻게 될 것입니까. 희망을 잃지 마십시오. 우리는 목석이 아닙니다. 골육입니다. 외칩시다. 죽음을 두려워하지 마십시다. 우리가 죽더라도 우리의 먼 후손은 자유의 축복을 받을 것입니다. 만세.[49]

---

48) 이 귀중본은 백낙준박사의 소장본으로, 그 일부가 "삼일운동비사(三一運動秘史)"로서 『기독교사상』, 1966년) 1월-12월호에 연재.

1-4. 상황 돌파의 이데올로기: 신앙의 외연력

『독립신문』은 1899년 말에 벌써 동도서기(東道西器) 유형의 논리에 반발하고, 문명 개화와 함께 그 서양문명의 근기(根基)인 기독교의 내적 신앙을 수용해야 할 것을 주장한 일이 있었다. 곧

> 근본 이치를 궁구ᄒᆞ며 보지도 아니ᄒᆞ고 다만 태셔 각국의 병긔와 뎐보션과 젼이 긔와 뎐기차와 화륜션과 우체법과 각항 긔계ᄂᆞᆫ 취ᄒᆞ여 쓰고져 하니, 이것은 그 근본은 바리고 ᄭᅳᆺ만 취ᄒᆞᆷ이라. 나무 ᄲᅮ리 비양ᄒᆞᆯ ᄉᆡᆼ각을 아니ᄒᆞ고 나무의 가지와 입ᄉᆞ귀만 무셩ᄒᆞ기를 ᄇᆞ라니 실노 우스은지라.[50]

이러한 생각은 1906년에 이르러 다시 굳혀졌다. 곧

> 유아대한(唯我大韓)이 ... 야소교리ᄂᆞᆫ 목이서학이(目以西學而) 불취(不取)ᄒᆞ고 단취서인지병(但取西人之兵)긔 여기계(與機械)ᄒᆞ야 설전화여어학(設電話與語學)ᄒᆞ니 차(此)ᄂᆞᆫ 불무기본이취기말(不務其本而取其末)이라.[51]

이를테면, 우리나라가 서양의 가장 근본이 되는 기독교는 취하지 않으면서 다만 그 힘과 기계만 취하여 전화 같은 것 등을 설치하고 어학을 가르치지만 이는 본질은 갖지 못하고 그 말단만 취하는 것이라는 비판이었다.

그런데 이런 생각은 기독교가 민족적 에너지의 동원체제라든가, 민족 해방이나 자립의 메시아주의적 갈망 구현의 적격으로 소임(所任)하는 사이에, 내적 신앙의 빈곤에 시달리게 되는 모순을 지적하면서, 교회 내 반성에로 눈을 돌리게 하였다. 이 새 물결을 처음 주도한 것은 서양 선교사들이었지만 민족교회의 비역사화나 비정치화라는 것이 목전의 동기는 아니었고, 그때의 신문에서 나타난 것과 같은 신앙 원류에의 회귀라고 하는 순수한 의도가 작용하고 있었다.

---

49) F. A. Mckenzie, *Korea's Fight for Freedom*, London, 1920, Yonsel University Press, 1969, pp. 269-270.

50) 『독립신문』, 1899년 9월 12일자, 나라의 근본, 논셜.

51) 최병헌(崔炳憲), 종교여정치지관계(宗敎與政治之關係), 잡보(雜報), 『대한매일신보』, 1906년 10월 9일자.

그러나 일제도 한국교회를 그 정치적 행태의 과열을 힐난하며 입교 동기의 불순을 고발하는 식으로 교회의 비정치화(非政治化)를 단행하려 했을 때, 선교사들의 한국교회 입교 동기분석 결과와의 등식이 있었기 때문에, 마침내 한국교회의 처지에서는 미국 선교사들과 일제와의 행동 동조를 우선 의심의 눈길로 바라보지 않을 수 없었다. 이것이 바로 한국 기독교회가 1921년을 피크로 반선교사의 감정을 드러내지 않을 수 없었던 내력이기도 하였다.

어쨌든 이런 동기에서 선교사들은 "한일 양국민 간의 악화되어 가는 관계가 전국적인 거사라도 지향하고 있음을 절실히 느끼고"[52] 한국교회의 비정치화(非政治化)를 단행할 생각으로 "선교협의회"가 결의하였던 바 단일 민족교회 형성 안을 폐기하는 한편,[53] 그들이 본래 가지고 들어왔던 경건주의적, 청교도적 엄격 규율의 열정적 신앙을 "부흥"하려고 일대 운동을 전개하였던 것이다. 그것이 1905년 원산에서 시작하여 1907년 평양에서 성공하였던 "대부흥회"이다. 이 부흥회가 비신자에 대한 전도운동이 아니고 신자에 대한 정화운동이었다고 하는 점이 주목할 만하다. 민족주의계의 안창호(安昌浩, 1878-1938)가 여기 혹평을 가하고,[54] 『대한매일신보』가 『런던 타임즈』에서까지도 계속 주목하며 보도하였던 1907년의 평양대부흥에 대해 일언반구의 언급이 없는 냉담한 반응을 보인 까닭을 짐작하기 어렵지 않다. "국가 사정에 상심한 사람들이 마음을 돌이켜서 주님과의 개인적인 관계에"[55] 되돌아오게 하려는 노력이 몰역사성으로 비쳐졌기 때문이다.

그러나 이 대부흥은 민족교회 형성 과정에서 중요한 특징 하나를 그 교회가 갖추어 가지게 하는 결정적인 공헌을 남겼던 것이다. 그것은 내연(內燃)의 신앙이 있고 나서 그것이 뿜어 나오는 외연력(外延力)에 의하여 확장되어 역사 속에 참여하는, 그런 절차 논리의 확립이었다. 그래서 결국 종교와 윤리에 우선 귀착해서, 거기서부터 새 가치 체계를 이루고, 이 내적 변화에 의해 구질서와의

---

52) 백락준(白樂濬), 『한국개신교사』, 연세대학교 출판부, 1973, p. 386.

53) 여기 대해서는 졸서, 『한국민족교회형성사론』, 연세대학교 출판부, 1974, 제 1장 참조.

54) 주요한, 『안도산전서(安島山全書)』, 서울, 삼중당, 1971, p. 28.

55) W. N. Blair, *Gold in Korea,* 3rd ed., Presbyterian Church U.S.A., 1957, p. 64.

차질을 경험하면, 그 차이감에서 생성되는 에너지가 외연되어 마침내 상황 돌파의 이데올로기가 된다는, 그러한 고귀한 체질의 형성이었다.

한국교회에서 종교적 동기가 제 1의적으로 구조력을 가지게 된 때가 바로 이때였던 것이다. 그때 윤리적 변혁을 동반한 심각한 종교적 회심이 교회 전체에 망라되어 "세(勢)"를 떨쳐 갔고, 도처에 죄의 참회, 그리고 죄과의 통회가 현상적으로 퍼져 갔던 것이다. 이러한 종교 심리적 충격이 1907년의 애절한 국정(國情)에 울먹이던 백의의 비탄에 위로와 안식을 준다는, 그래서 이제 옛 죄를 씻고 절대자 앞에 서는 길밖에 없다는, 막다른 정경의 모습이기도 하였으리라. 그러나 그것으로 되었던 것이다. 이제 신앙, 그 문이 열리고 민족교회의 영적 차원이 구축되었던 것이다.

여기 심원한 윤리적 변혁이 수반되었던 것이다. 그것은 공교롭게도 1907년의 국채 보상운동이 제시한 단연(斷煙)의 호소와 그 지향이 같았다.[56] 한국사회의 도덕적 정화와 그 엄격성이 구원의 표징이라는 신앙의 윤리와 병행했다는 느낌이다.

> 아문(我們)이 작죄(作罪)가 다(多)ᄒᆞᆷ으로 천주끠셔 사아망(使我亡)으로 타인권하(他人權下)의 진압케 ᄒᆞ셧스니 제반악행(諸般惡行)과 희학(戱虐)을 물사(勿事)ᄒᆞ고 애매히 재산을 물허기(勿虛棄)ᄒᆞ며 이주취망(以酒取亡)ᄒᆞᄂᆞᆫ 사(事)가 무(無)케 ᄒᆞ며 무식ᄒᆞᆫ 행위와 나태(懶怠)ᄒᆞᆫ 기습(氣習)을 다 포각(抛却)ᄒᆞ며... [57]

우리들이 지은 죄가 많으므로 하나님께서 다른 사람들을 보내어 우리를 망하게 하고 진압하게 하셨으니 여러 악행과 희롱과 학대를 다 버리고 재산을 어리석게 허랑방탕하여 버리는 일이 없도록 하며 술로써 망하는 일이 없도록 조심하고 무식한 행위와 게으른 습관을 다 버림으로써 새로운 윤리적 삶을 살도록 하자는 각오였다.

---

56) 국채보상기성회(國債報償期成會) 취지서, 『대한매일신보』, 1907년 2월 27일자 잡보.

57) 『대한매일신보』, 1905년 12월 9일자, 경고한민(警告韓民).

또 한 선교사는 언명하였다. 곧

> 우리는 교회가 이번 자복(自服)의 물결을 통하여 정화되었고, 원죄의식(原罪意識)이 확고하여졌고, 보편화된 사랑의 정신으로 교회를 더 높은 수준에 오르게 한 줄로 믿습니다. ... 이번 부흥시기는 많은 사람들이 그 신앙생활에 있어서 신생(新生)하는 기회였습니다.[58]

다른 한 선교사는 이 부흥의 결과로서 신자들 사이의 의(義)와 죄의 의식이 심화된 사실을 들고, 이제 교회는 죄의 심각성을 깨닫는 동시에 의(義)에 살고 행하는 것이 우리의 평생 책임이 된다는 인식을 하게 되었다고 지적한 일도 있었다.[59]

여기 신앙의 외연력이 현저히 눈에 띄게 된다. 독실한 신앙이 선행하면 그것이 한 에너지로 상황 돌파력이 된다는 것이었다. 1906년의 저술로 알려지고 있는 구당(矩堂) 유길준(兪吉濬, 1856-1914)의 『사경회취지서(査經會趣旨書)』에도 이런 절차 논리가 현저히 의식되고 있다.

> 고(故)로 아 친애(我親愛)ᄒᆞᄂᆞᆫ 동포형제자매ᄂᆞᆫ 제휴(提携)ᄒᆞ고 아 구주(我救主)의 종문(宗門)에 회귀ᄒᆞ야 박애지선(博愛至善)한 도덕의 감화로 무의(無依)ᄒᆞ던 영혼올 진제수련(振濟修練)ᄒᆞ야 청신(淸新)ᄒᆞ며... 수정숭의열(粹正崇毅烈)ᄒᆞᆫ 독확(篤確)ᄒᆞᆫ 기백과 역량으로 국가의 쇄운(衰運)을 만회(挽回)ᄒᆞ어 사회의 퇴속(頹俗)을 교구(矯救)ᄒᆞ기로 상천(上天)에 소(訴)ᄒᆞ야 ...[60]

유길준의 이 말은 친애하는 동포들이 기독교에 입교하여 넓은 사랑과 지극히 착한 도덕의 감화를 받아 의지할 데 없는 영혼들이 깨끗함을 받고 수련을 하여 새로워지며, 이런 신실한 믿음과 확신을 가지고 기울어 가는 국가의 운명을 만회할 수 있도록 우리 사회의 잘못된 풍속을 고치고 구할 수 있도록 하늘에

---

58) *North Presbyterian Report for 1908*, p. 302. 백낙준, *op.cit.*, p. 393-4에서.

59) 백낙준, *op.cit.*, p. 94.

60) 『유길준전서(兪吉濬全書)』, Ⅱ권, 서울, 일조각, p. 403.

호소해야 한다는 내용이다.

1908년의 『대한매일신보』 역시 이 이행(移行) 절차의 논리를 중요시 하고 있었다.

> 동포는 거개구주(擧皆救主)를 독신(篤信)ᄒᆞ야 일신의 죄와 일국의 죄를 속ᄒᆞ고 주은(主恩)을 감복ᄒᆞ야 능히 구제창생(救濟蒼生)도 하리니 동포를 애(愛)ᄒᆞ는 범위가 차(此)에 불외ᄒᆞ니라.61)

뜨거운 신앙과 예민한 죄의식, 그리고 속죄의 감격과 찬미, 그것이 있고 나서 그 다음에 구제창생(救濟蒼生)의 터전이 마련되고 그때 비로소 민족에 대한 참여의 범위가 열린다는 이 논조는, 1907년의 한국교회 신앙 운동의 내적 지향 목표와 그 구조(構造)를 투시한 정견(正見)이요, 그 감격이었다. 이런 신앙이 바로 한국 민족교회의 정통으로 정착한 것이다.

이런 신앙 구조가 웅장하게 시위된 것이 1930년대 이후의 일제(日帝) 최후 저항이었던 신사참배 거부에서였다. 참배 거부한 이들의 대개는 엄격한 십계명적 신앙과 천년 왕국설의 철저한 신봉자들이었다. 이들은 조직적인 민족주의적 항거란 염두에 두어 본 일도 없고, 해방 후에도 이 점은 자인 되었다.

그런데 일제는 이들에게서 최후의 저항을 느꼈고, 그들 국체(國體)에 대한 도전을 직감하지 않을 수 없었다. 여기에 문제의 핵심이 있었다. 가장 보수적 신앙인군(群)으로 일괄되는 이들에게서 일제가 저항의 "현상"을 보고, 역사 참여의 표어가 그 체질의 하나인 신신학자군(群)에서는 오히려 모세 오경(五經)과 천년 왕국설을 비판함으로써 "저항 현상론"의 중핵을 허탈케 하는 일부 부역군(群)을 획득할 수 있었다는 점이 간과되어서는 안 될 것이다. 가령 일제는 김형락(金瀅樂)에 대한 예심종결서(豫審終結書)에서 이런 말을 한다.

> 일본제국의 국체변혁(國體變革)을 필연 초래할 그리스도 재림 후 천년왕국 실현을 망신기망(妄信冀望)하여, 이 건설에 협력하기 위하여 신사참배 등 반계명정책(反戒

61) 1908년 3월 10일자.

命政策)에 반대하고 그 독선적 성경관에 기본한 주의사상 선명(宣明)에 노력 ...[62]

여기서 "필연"이란 말의 배후가 얼마나 강력하게 풍기는지 이를 느끼지 않을 사람이 없을 것이다. 또 일제는 이기선(李基宣, 1878-?)에 대한 예심 중에서 그가 성경을 "끝까지 진리대로 믿어야 한다"고 말한 사실을 독선으로 정죄하고, 그의 죄목을 아래와 같이 장황하게 흐려 놓았다.

여호와 신(神)은 천지만물(天地萬物)을 창조하고 또한 지배통괄(支配統括)하는 최고유일절대(最高唯一絶對)의 전지전능의 신(神)이라 하는 반면에 다른 신(神)이라고 칭하는 것은 모두가 위신(僞神) 내지(乃至) 우상이라고 속단하여 천조대신(天照大神)을 위시(爲始)하여 역대천황(歷代天皇)은 여호와 신(神)의 피조물인 아담 하와의 자손으로 필경 불완전한 인간 불과하여 ... 이를 제사예배(祭祀禮拜)하는 것 같은 것은 모세 십계명중(十戒命中)에 소위 타신숭배(他神崇拜) 혹은 우상숭배로 최대한 계명위반(戒命違反) 행위라고 하여 이를 전면적으로 부정하고 ...

아조국이래(我肇國以來)의 국가관념 국민감정을 소란시켜 현존질서의 혼란동요를 유발(誘發)하면서 궁극에 있어서 현질서를 붕괴하야 만세일계(萬世一系)의 천황이 다스리는 아 일본제국 국체(國體)변혁까지도 필연 초래할 기독독재의 소위 천년왕국 건설을 실현시키도록 기망(冀望) ...[63]

이 종결서의 문장 구성의 졸렬과 그 장문의 애매성과 더구나 신학적 어의의 심각한 몰지식(沒知識)을 차치하고라도, 여기 성경에의 밀착과 십계명, 천년왕국설이 이들 일제에게 치안 혼란과 국체 변혁에까지 "비쳐진" 그런 "현상"에 우리의 관심이 기운다. 내연적(內燃的) 신앙의 외연력, 그래서 상황 돌파력으로서의 이데올로기의 소임이 바로 이것이라는 납득이다. 그리고 또 하나의 측면은 내연적 신앙은 그것 그대로 "현존"할 때에도 적대적 상대방에게는 역학상 도전하게 된다는 막강한 "세(勢)"로 작용한다는 사실이다. 저쪽에서 느끼게 되어 있는 이쪽의 "현존", 그것이 참 신앙의 형태라는 정통이 우리 민족교회사에 세워진 남다른 유산인 것이다.

---

62) 안용준, 『태양신과 싸운 이들』, 서울, 세종문화사, 1973, 부록, p. 274.

63) *Ibid.*, pp. 256-7.

1-5. 해방 후의 기독교회

해방된 교회는 1945년부터 1965년, 20년 사이에 별다른 표면상의 기복이 없었다. 그 내적인 감격과 자성(自省), 그리고 종말론적 신앙을 당연한 것으로 알고 지낸 인상이다. 그런 의미에서 그것은 어느 때보다도 소박한 신앙에 머물러 있었음이 사실이다. 물론 일부의 정치 편승이 없지 아니하였으나, 그것은 초기와 마찬가지로 본래 의도가 민족주의 운동으로 입교하였던 기회주의자들의 자연 도태라는 현상으로 이해함이 더욱 타당할 것이다.

한데 1965년부터는 사정이 달라지기 시작하였다. 교회는 그 변전에 민감하였다. 교회는 체제에서 점차 소외되어 간다는 사실을 감지하기 시작하였고, 재래종교가 민족문화의 재흥이라는 거대한 슬로건 아래서 커다란 비호를 받으며 솟는 모습을 응시하게 되었다. 이때 어떤 민족적 민중적 동력의 좌절된 표현에 끌리는 혁신계의 신학자들과 일부 교회인들에 의해서 다시 서민운동의 한 범주적 통로로 교회가 쓰여지고 있다는 위험이 보이기 시작했다. 그곳에서는 계층 심리에 강하게 호소하는 증오의 멘탈리티가 깊이 젖어 있었고, 그 과격한 투쟁 방법은 흑백 200년의 비참한 역사에서 삶의 깊숙한 바탕에 깔려 이제 그 심판이 불가피한 이방(異邦) 곧 남미의 정황에서 방법론을 그대로 도입하는 잘못이 있었다. 이런 데까지 이르게 한 신학사(史)를 정직하게 이해한다면, 이 저항적 기독교의 모습은 외래적, 몰 민족사적 착오인 것을 당장 살피지 않을 수 없다. 역사적으로 이들의 논리대로 한다면, 4·19 이전의 정교(政教)밀월기에 오히려 투쟁했어야 한다는 결론에 이르게 될 것이다. 우리는 이 교회를 저항적 기독교로 환원시켜서 좌절된 심리의 거친 표현에 동원하려는 기도를 민족 교회사에 대한 일대 도전으로 받아들여야만 할 것이다. 이제 우리는 주체적 역사의 무대 위에 서 있고, 따라서 앞장서서 창조적인 이념과 지도 원리를 민족을 위해 제시하고 이끄는, 보다 적극적인 자세로 임해야 할 것이다.

1-6. 결언

우리는 수많은 문제들을 다루지 못하고 이 글을 맺게 되었다. 선교사와의 관계에서 따로 처리해야 했던 민족교회 형성의 산적한 문제에 대해서 취급 못한 것이 그 하나요, 기구적 민족교회 확립 과정을 다루지 못한 것이 역시 다른 하나이다. 해방의 감격을 안은 교회가 6·25 전란이 가장 혹독하던 1952년에 이르기까지 찬송가 하나 짓지 않았던 이유에 대한 검토가 역시 없었다. 그리고 여러 형태, 특히 종파적 형태에서 민족교회론을 반교권(反教權)의 구도에서 구현코자 했던 몇몇 웅대한 기도(企圖)들도 여기 다루지 못한 것 역시 아쉽기 그지 없다. 그러나 이러한 문제의 부분적 연구는 필자의 다른 글들 속에 이미 취급되고 있다고 보아[64] 거기서 소홀했던 문제의 치중을 여기서 대신하려고 하였더니 이런 미급에 이르고 만 것이다.

한국의 기독교회, 그것은 근대 한국의 형성에 있어서 고차적 구성력을 발휘하고 있었고, 따라서 그런 의미에서 그것은 민족교회로 구형되어 갈 수가 있었고, 그 나름대로의 신학도 구성할 수가 있었다. 그래서 이 글에서는 형성기를 집중적으로 탐색하지 않을 수가 없었다. 다만 그러한 조명 아래에서 다른 시기의 교회도 연결하여 그 인과(因果)를 검색하려고 하였던 것이다.

그래서 밝혀진 것이 몇 가지 있었다. 한국의 교회는 민족교회로 그 첫발을 내딛기 시작하였으며, 조선 말 종교적 신앙의 공백기와 전통문화의 쇠퇴기에 그것을 넘치게 채워주며, 한편 문화 주체 의식을 자극하여 그 발굴과 계승, 그래서 긍지에로 이끌어 간 공로를 남겼다. 그리고는 사회계층의 상향적 이동을 수행하여 근대적 책임 시민을 형성하고, 관신(官紳) 사회에서는 의식화의 격류를 몰게 함으로써 사회 운동의 커다란 효소(酵素)로 기운을 뿜어낼 수 있었다. 이런 것이 기조가 되어서 민족의 전진적 동일성을 확보하여 신선한 신앙윤리를 경로로 한, 새 가치 체계와 그 에너지로 상황 돌파의 이데올로기를 제공할 수가 있었다.

그러나 한국 민족교회 성립사는 일제의 침략사와 묘하게 중첩하고, 바로

---

64) 졸서, 『한국민족교회형성사론』(1974) 참조.

그러기에 민족 에너지의 동원 체제로 굳혀진 내력을 가지지만, 포수민족 해방의 메시아주의의 비전으로 민족적 좌절의 위기에서 구원과 현실적 해방을 기약하는 희망의 선포자로 그 책임을 감당해 나갈 수가 있었다. 이것은 교회가 전국적인 최초의 근대적 자립 조직체였다는 다른 하나의 거대한 현존 양식 때문에 가능하였던 것이다. 200년대의 한국이 세계적 위상으로 도약하는 과정에서 이러한 기도교의 힘이 은연 중 작용하고 뒤밀어 주어던 사실을 절대 간과해서는 안 될 것이다.

하지만 가장 아름다운 근본적인 유산은 이 모든 에너지가 내연적 신앙의 선행(先行) 구성 이후의 단계에서 역학상 외연(外延)된다는, 이 이행(移行) 과정의 필연성에 그 궁극적 구조원리를 두게 하였다는 점이다. 한 인간, 한 교회가 경건한 종교적 경건에 깊이 젖어 그의 불타는 신앙이 그의 인품에 고루 퍼져서 외연되게 될 때, 세상도 교회도 역사적으로 의미 있는 변화를 초래할 수 있다는, 이 전통이다.

2

초기의 선교와 수용(受容)

제 2 부
초기의 선교와 수용(受容)

1. 로버트 토마스: 한국 초기 선교사의 한 유형과 동서 교섭의 문제

1-1. 문제의 소재와 연구 재료 및 방법

로버트 토마스(Robert Jermain Thomas, 1840-1866)는 한국최초의 프로테스탄트 선교사로, 역시 최초로 여기서 순교한 인물이다. 그런데 그는 몇 가지 심각한 문제를 남기고 갔다. 따라서 그에 대한 정확한 사실적(史實的) 규명이 아쉬운 상황이었다.

우선 그에 대한 오해가 꽤 오랫동안 계속돼 왔다. 하나는 물론 역사적 불확실성에서 왔다. 백낙준(白樂濬)이 1927년 미국 예일대학교 사학과에서 『한국개신교 선교사』로 학위를 취득할 때, 그 논저 속에서 로버트 토마스를 스코틀랜드인으로 잘못 기록했을 뿐만 아니라, 그의 출신교를 에딘버러의 뉴 칼리지로 잘못 판단한 이래, 실로 1970년 본 저자가 런던에서 귀중한 사료를 발견하여 이를 수정하기까지 40여 년, 명확한 연구 없이 그대로 방치돼 왔다는 사실이 중요하다.[1] 향후 한국교회사학계는 이 정설(定說)을 그대로 수용해 왔던 것이다.[2]

다른 하나, 토마스에 대한 역사적 부실이 북한의 역사가들에 의해서 조작되어, 그 본상(本像)이 와해되고 있다. 1969년 12월 납북되었던 KAL의 귀환자들의 담화에 의하면 “김일성(金日成)의 증조부는 대동강에 들어온 미국상선 제너럴 셔먼(The General Sherman)호[3]를 일격에 격침시킨 장본인이라고, 역사를 해괴하게 날조하여 선전”[4]했다는 것이다. 더구나 1977년 10월에 열렸던 국토통일원의 “남북 이질화” 심포지움에서, 북한에서는 모든 가치관의 기조를 “김일성우상화”에 둔다는 판단이 그들의 역사 조작의 실제를 보아 불가피하다고 보았다. 곧 “북한은 김일성을 부각시키기 위해 사실 자체를 날조해서, 병인양요(丙寅洋擾) 때 샤만호를 격침시킨 것은 김일성의 조부[5] 김응우(金膺禹)”[6]라는 거짓 사실을 만들어내고 있다는 것이다.

국내에서 뿐만 아니라, 국외에서도 로버트 토마스에 대한 평가는 상반되고 있다. 가령 방대한 『런던 선교회사(宣教會史)』의 저자인 리처드 로베트는 토마스에 관해서 단 한 줄, 다음과 같은 글을 남기고 있을 뿐이었다. 곧 “1866년 문학사 토마스가 북경 선교지에 임명돼 왔으나 거기 정착해서 일할 생각은 않고, 한국에 갔다가 빠져 죽은 것 같다.”[7] 또 한때 런던선교회 사서를 지낸 바 있는 프레처 여사는 짧은 논문을 써 토마스에 관한 연구를 하였는데, 그 제목이 *The Naughty Missionary* 였다.[8]

하지만 스코틀란드 사람으로 토마스와 같은 시기에 동북 중국 지역에서 일하

---

1) L. G. Pailk, *The History of Protestant Missions in Korea, 1832-1910*, Pyong Yang, Union Christian College, 1929, pp. 42-45.

2) 가령 C. A. Clark, *The Korean Church and the Nevius Method,* New York, Fleming H. Revell, 1930, p. 64 유홍렬, 『한국천주교회사』, 서울, 가톨릭출판사, 1930, p. 689.

3) 물론 이 상선(商船) 속에 토마스가 타고 있었다.

4) 제너럴 샤만호와 김일성의 증조부. 『새나라』, 서울, 대한공론사, No. 347, (1970년 3월 15일호), p. 5.

5) 『새나라』에는 증조부라 돼 있고, 우리로서는 그것을 따질 필요도 없다.

6) 남북 이질화(南北異質化) 심포지움, 통일원, 『한국일보』, 1977년 10월 20일자.

7) R. Lovett, *The History of The London Missionary Society, 1795-1895,* Vol. Ⅱ, London, Henry Frowde, 1899, p. 570.

8) J. M. Fletcber, *The Naughty Missionary.* 타이프로 찍은 논문, 일자미상. c. 1965. 본 저자 소장.

던 스코틀랜드국립성서공회 파송 선교사 알렉산더 윌리엄슨(A. Williamson)은 토마스를 가리켜 "그렇게도 젊고 전도가 촉망되며, 남달리 재간이 많던 사람"[9] 이라고 하면서 그의 갑작스러운 순교를 아쉬워하고 있었다. 이외에도 당시 유관한 사람들의 평 중에서 적극적인 평가를 한 사람들이 많이 있었다. 그러나 우리의 눈길은 그에 대한 평은 좋은 경우, 그의 순교에서 받은 정서적 충격 때문에 크게 좌우되었다는 인상이 깊고, 그것은 그의 선교사적 기질이나 종교적 동기에 대해서 그렇게도 흔한 미담적 가사(佳辭) 하나 없었다는 사실에서 방증되고 있다. 우리는 토마스가 이 나라에서 피를 흘려 순교의 면류관을 쓴 우리 겨레의 구원의 사자로 그를 높이면서도, 그에 대한 냉철한 연구와 분석을 소홀히 할 수 없다는 충동을 억제할 수 없다. 그의 선교에 순수한 동기만이 있었던가. 선교라는 것은 런던선교회 본부 이사들이 생각했던 것처럼 사려 깊게, 기운(機運)의 성숙을 타기까지 기다려야만 하는 그런 것이었을까. 그의 선교의 조급한 발걸음이 결국 한국에서 천주교가 남긴 대역부도의 인상을 개신교에도 전이(轉移)시킬 수 있는 졸렬을 범한 것은 아니었던가. 그는 한국에서의 동서 교섭 첫날에 문호 개방의 결단을 미루게 만들지는 않았던가. 선교 방법에서 그의 개신교는 천주교와 무엇이 달랐던가. 우리의 문제 감각이 더듬는 숨겨진 영토는 넓다.

크게 둘째로, 토마스는 한국에 소개되어야 마땅할 것으로 간주되는 소위 서구적 교회형의 신학을 전래시킬 수 있었던 사람이었다. 물론 그 보다 앞서 1832년 서해안에 왔던 귀츨라프(K. F. A. Gutzlaff, 1803-1849) 역시 서구형의 교회론을 전통으로 한 선교사였다. 한국교회가 1885년 결국 미국적 교파교회의 수용에 따라 그것이 묘하게도 체계적으로 정착하고 따라서 경건주의 부흥회적 열정, 그리고 청교도주의, 그래서 필경 교회론이 약한 신학을 그 토양으로 형태가 굳어져 왔다고 볼 때, 토마스에 대한 검토는 실제 그의 복음 전파가 이 땅에 있어 왔던 사실 때문에 절실한 것이 되지 않을 수 없다. 그의 선교는 교파교회론의 그것과 어떤 점에서 달랐던가, 이런 것이 우리의 연구 대상이다.

---

9) A. Williams' *Letter* (1867. 11. 18. Chefoo), *Annual Report of the National Bible Society of Scotland*, Glasgow, 1868, p. 42.

로버트 토마스에 대한 자료는 역시 영국 소재의 직접적인 것들이어야 할 것이다. 본 논자는 1970년 영국 런던대학교, 뉴 칼리지에서 기왕에 품었던 문제들을 밝힐 계획으로 연구하던 중 그곳 도서관장 나탈 박사(G. Nuttal)와 담론하다가, 우연히 토마스에 관한 언급을 하게 되었고, "토마스"처럼 보통 명(名)으로 쓰이는 것이 성(姓)으로 쓰이는 인명의 경우 그것이 다 웨일즈계라는 사실을 알게 되었다. 우리 2인의 흥미는 점고하여, 결국 『웨일즈 인명사전』을 열람하게 되었고, 거기서 우리는 놀랍게도 토마스에 관한 긴 항목을 발견할 수 있었다. 그리고 거기에서 결정적으로 중요한 문제를 찾게 되었고, 따라서 기왕의 토마스 정설(定說)을 대폭 정정해야 하는 자료들을 가지게 되었다. 곧 그는 뉴 칼리지(New College) 출신이지만, 그 뉴 칼리지는 에딘버러대학교의 것이 아니라, 바로 본 논자가 연구하던 런던대학교의 뉴 칼리지임을 알게 되었다. 우리의 흥분은 충천하였다. 교회사 교수인 나탈 박사는 즉시 교수회의록을 찾아보자고 제의하였다. 우리는 문서 창고에 들어가 먼지가 뒤덮인 1850년대의 교수회의록을 겨우 찾아냈다. 가죽 장정 금박의 옛 문서가 거기 있었다. 그리고 필경 1856년 7월 21일자(133차 교수회의록), 동 9월 15일자(134차), 1857년 9월 7일자(159차), 동 9월 28일자(160차), 1859년 10월 3일자(192차), 동 11월 7일자(193차), 동 12월 5일자(194차), 1860년 1월 2일자(195차), 동 4월 30일자(199차), 동 6월 26일자(201차), 동 9월 17일자(202차), 1861년 4월 29일자(208차), 동 6월 3일자(209차), 1862년 2월 3일자(218차), 동 3월 3일자(220차) 등이 여러 곳에서 이 토마스에 관한 논의, 결의 사항들을 읽을 수 있었다. 한 학생으로 이만큼 교수회의록에 자주 오른 것은 그가 그만큼 문제의 학생이었다는 사실이 될 것이다. 이것이 중요한 자료인 것은 여기 재론할 필요도 없다.

얼마 후 본 논자는 그의 고향 웨일즈 아버가버니의 하노바교회를 찾았다. 뉴 칼리지에서 목회자 연구원에서 이수하던 아베르시칸(Abersychan) 읍의 회중교회 목사 트레버 와츠(Trevor Watts)씨가 하노바교회를 알고 있고, 그것이 그의 교회 근처라고 일러 주었기 때문이다. 하노바(Llanaver-Hanover)교회는 두 말할 것 없이 토마스의 아버지가 오래 목회하던 곳이요, 또 그가 중국에 올 때 선교사로서 목사 안수를 받았던 곳이다. 1970년 3월 27일, 이렇게 해서 토마스의 고향에 발을 들여 놓을 수 있었다.

당시 그 교회의 목사이던 윌리암 모리스(Wm. Morris)는 단구(短軀)의 노인이었으나, 그의 가족들이 벌써 와츠 목사의 기별로 대단한 환영을 준비하고 있었다. 그 목사관에는 우리가 잘 알고 있는 토마스의 큰 사진이 바람벽에 걸려 있었다.

여행을 계속하여, 그의 낳은 고향 라야다(Rhayader)에 이르렀고, 그곳에서 역시 해리스 사무엘(Harris Samuel) 목사를 만나 재료를 수집했다. 다음 간 곳은 뉴 실로(New Siloh) 회중교회의 케네트 존즈(Kenneth E. Jones) 목사댁이었다. 그에게서 그 지방에 관한 자료들을 많이 수집할 수 있었다.

런던에 돌아온 본 논자는 런던선교회 본부를 방문하여 그곳 리빙스톤 하우스(Livingstone House)도서관의 고문서관을 열람하고, 사서 프레처 여사의 도움으로 마침내 토마스의 자필 편지 서간집을 다 망라해 보고 그리고 특별히 허락을 받아, 그것들을 복사할 수 있었다. 그 서간함에는 그가 중국에서 선교하기 시작하던 때부터 그가 한국을 찾아 마지막 떠나면서 쓴 친필의 편지들이 누레진 종이로 남아 있었다. 그의 손길이 오래 머무르다가 간, 체온이 담기고 숨결이 배인 이 편지를 보았을 때의 감격은 형언할 수 없었다.

이러한 자료들에 겹쳐서 아주 자세히 기록한 『일성록(日省錄)』과 『고종실록(高宗實錄)』이 있다. 그의 한국 연안 항해와 평양에서 순교할 때까지의 정황을 비록 적의를 가지고 썼다 할지라도 그만큼 정확하게 남긴 사료가 없을 것이다.

이러한 원초적인 자료들을 우리는 스스로 말하게 함으로써, 그날의 역사와 선교의 경로, 그리고 동서 교섭의 문제들을 함께 살펴볼 생각이다. 이것은 문헌학적 역사 연구의 방법이고, 따라서 현재의 어떤 가치에 의해서 그때를 판단하려는 시도를 처음부터 제거한다. 1850년대 60년대의 역사가 스스로 무대와 대사를 전개하도록 할 것이다.

1-2. 로버트 제르메인 토마스의 성장배경

1) 그의 성장

로버트 제르메인 토마스는 1840년 9월 7일[10] 웨일즈의 라드노(Radno-Shire)주(州)의 라야다(Rhayader)읍에서 목사인 로버트 토마스의 아들로 태어났다.

여기서 그의 아버지 토마스에 대하여 살펴보아야 하겠다. 그는 1810년 5월 22일 우렉스함(Wrexham)의 로슬라노크러그(Rhosllanerchrug)읍에서 태어났다. 그는 그곳 교회 목사에게서 벌써 18세부터 설교 부탁을 받을 정도의 신앙과 총명을 구비한 청년이었다.[11] 그 이후 곧 그는 몽고메리(Montgomery-Shire)주(州)의 뉴톤시에 있는 브레콘대학(Brecon College)에 입학하여 이를 수료하였고, 졸업 후 곧 스완시 (Swansea)시의 란더르(Lander)에 있는 뉴 실로 (New Siloh) 회중교회의 목사로 초빙되어, 1837년 4월 19일에 안수를 받았다.[12] 건강의 악화로 시달리던 그 내외는 1839년 라야다교회에의 청빙을 수락하여 부임하였고, 다음 해에 로버트 제르메인을 낳았던 것이다. 이곳 목회는 대성공이었고, 9년간에 2백 여 명의 새 교인을 확보할 정도였다.

아들이 8세 되던 해, 곧 1848년에 그는 다시 아름다운 전원의 하노바 회중교회 목사로 이전[13]하였고, 아들 토마스는 런던대학교에서 공부하기 전까지 이곳에서 그의 신앙과 교육의 성장기를 보냈던 것이다.

다섯 자녀를 기르면서 수입의 절약으로 근근 살아가던 아버지에게 행운의 횡재가 있었다. 세상을 떠난 그의 친척이 막대한 유산을 남겨 주었기 때문이다. 부유하게 된 토마스 목사는 당시 막대한 액수인 500파운드를 모교인 브레콘대학에 장학금 기금으로 증정하였고,[14] 이것은 현재에도 활용되고 있다. 그러나

---

10) J. W. Whitehouse, *A Register of Missonaries and Deputations, from 1796 to 1877*, London. Yates and Alexanders, 1877, p. 237. 인명번호, 599.

11) Norman L. Thomas, *The Story of Swansea Districts and Villages,* n.d., n.p (Pt. i-iii), p. 179.

12) S. Williams, Eglwys Seilo, Glander: 1823-1923, *The History of New Siloh, Glandwr*(Swansea), Chap. IV

13) T. Gwin Thomas, J. Jones, *Brecon and Radnor Congregationalism* 1662 Commemoration Volume, Merthyr Tydfil, 1912 (Joseph Williams & Sones) p. 125. Cf. *The Congregational Calendar and the Family Almanac for 1840*, p. 106.

이들은 1866년 늦게 "런던선교회가 파송한 선교사 가운데 가장 학덕이 높고 능률이 높은 선교사가 되었을"[15] 아들 토마스 제르메인의 순교 비보(悲報)를 듣자 건강에 충격을 받아 장차 내내 그 훼손의 흔적에서 벗어나지를 못하였다.

그는 1884년 2월에 필경 정든 하노바교회를 사임하고, 브리스톨(Bristol)에서 정양을 하였고, 몬마우스주(州)의 뉴포트에 있는 딸 스데반 여사의 집에서 1844년 10월 12일, 75세를 일기로 세상을 떠났던 것이다. "전형적인 기독교 신사인 로버트 토마스, 몸매가 단정하고 준수하며, 절제 있고 언제나 누구와도 친화로 사귀고, 언행에서 목사로 마땅한 수준을 지킨 사람, 설교는 평범하되 감미롭고 때에 따라 감동으로 가슴을 찌르는 복음적 설교를 하던 사람", 그 아버지는 이렇게 해서 떠났던 것이다.

2) 그의 교육의 곡절과 과정

하노바에서 고등학교를 마친 로베트 제르메안 토마스는 1856년, 곧 17세 되던 해에 은들(Oundle)에 있는 국민학교에서 반 년 가량 교편을 잡았고, 그해 7월에 런던대학교의 뉴 칼리지에 입학을 지원하였다.[16] 그러나 입학 사정에서 교수회의는(9월 15일, 제134차) 그가 너무 어리다는 이유로서 그의 입학 지원을 1년 연기해 달라고 말하기로 결의하였던 것이다.[17] 어쩔 수 없이 1년을 연기하였으나 그 이유가 어린 것 때문만이 아니라는 사실이 다음 해 9월 7일자 교수회의록에 나타나 있다. 곧

> 그에 대하여 인상 좋은 보고서들이 교수들에게서 들어왔다. 따라서 9월의 특별회기(特別會期)에 토마스씨가 와서 시험에 임하게 하기로 결의함.[18]

---

14) T. Stephens, *Album Aberhonddu Neu Gofeb-Lyer Darluniadol,* Merthyr Tydfil Glebland, 1868, p. 101.

15) *The Congregational Year Book for 1885,* London, p. 234.

16) Sir John E. Llyod, R. J. Jenkins, *The Dictionary of Welsh Biography down to 1940*, Oxford, B. H. Blackwells, 1959, 항목.

17) *Minutes of Council,* New College, London. Vol Ⅱ, 항목) 1132, 1133차, 『교수회의록』, 1856년 7월 21일.

18) *Ibid.,* 159th Meeting (1857. 9. 7.), 항목, 1456.

이 시험에 합격한 토마스는 40파운드의 조건부 장학금을 받고 입학이 허가되었다. 그런데 입학을 연기하게 되었던 이유가 1859년 10월에 일부 나타나기 시작하였다. 곧 1859년 9월 28일자 우렉스함의 킹 밀스 하우스에서 토마스가 대학 당국에 휴학원을 내는 사유의 서간을 보냈다.

> 건강이 나빠서 이번 학기는 휴학하여야 하겠습니다. 그러나 공부는 못하게 되었다고 할망정 불편없이 설교는 할 수 있어서 다행입니다. 우렉스함(Wrexham) 근처에서 잠시 기거(起居)할 터인데, 거기서 저는 내가 가지고 있는 설교의 능력을 연마하고 발전시킬 기회를 가지게 될 것입니다. 대학에 다니는 동안 저는 기독교 사역과 그에 수반되는 책임감에 대하여 견해를 넓히고 성숙시킬 수가 있었습니다. 내 비록 잠시 휴학한다 할지라도, 이를 허송치 않고 설교에만 전력을 다 기울일 작정입니다. 저는 자기 결함을 수치로 여기지 않는 사람이 아니라, 부끄러워할 결점이 없는 그런 인물이 되고자 합니다.
>
> 지난 방학 기간에 저는 B.A. 과정을 힘들여 자습하였습니다. 허락해 주신다면 다음 달에 학위청구를 하겠습니다.
>
> 토마스 올림[19)]

이 편지에 대한 교수회의의 반감은 착잡한 것으로 보인다. 왜냐하면, 그 항목에서 교수들은 토마스가 한 집의 가정교사로 일한다는 "믿을 만한 소식"을 접했기 때문이었다. 병약해 쉰다면서 설교에 전력하겠다든가, 가정교사를 한다든가, 심지어 속성학위 준비까지 하였다면 언필칭 그의 휴학 이유는 위장임에 틀림없었기 때문이다. 그래서 불가피했지만 두 가지를 결의하였다. 곧 하나는 교수회의 서기가 토마스에게 그 편지 내용이 진실한가의 여부를 문의하는 것이요, 다른 하나는 대학교 교무처에 토마스의 편지를 열람시켜 적절하다고 생각하면, B.A.학위시험에 임하게 할는지의 여부를 문의한다는 것이었다.

그해 11월 7일에 열린 제193차 교수회의는 서기에게서 그 어간의 경과를 보고 받고, 그의 문제를 다음 회기에서 재차 의논하여 그에게 마땅한 치리가 무엇인가를 결정하기로 하였다. 그런데 12월 5일 194차로 모인 교수회의는 인

---

19) *Ibid.*, 192차 『교수회의록』 1859. 10. 3.), 항목. 1963에 전기(轉記)되어 있음. 이 뉴칼레지는 교회대학으로 목사준비 코스를 밟는 곳이고, 학생들은 런던대학교에 동시 등록하여 그곳에서 학위를 받게 돼 있었다.

내의 극에 닿은 듯하였다.

> 회의는 토마스씨의 행동에 대하여 굉장한 불만을 느끼며, 아울러 그의 편지 속에 나타난 그의 정신을 강하게 정죄하지 않을 수 없다. 우리는 그가 대학의 재가없이 자의로 휴학해버린 사실을 실질상의 퇴학으로 간주할 생각이지만, 현재로서는 그래도 그 자신을 위해 결정만은 미루고 할레이 박사로 하여금 재차 토마스씨와 편지로 연락해서 그 결과를 보고키로 결의하다.[20]

1860년 1월, 할레이 박사는 그가 토마스에게 보낸 편지의 사본을 교수회의에 제출하면서, 곁들여 토마스의 회신을 열람시켰다. 토마스는 대학 복적을 원치 않는다는 것이었다.[21] 이런 일이 있는 사이에 토마스는 런던대학교의 학위시험을 치르게 된 것이 확실하며, 마침내 B.A. 학위, Second Division으로 졸업하고 있었다.[22]

그런데 1860년 4월 교수회의는 할레이 박사에게서 의외의 보고를 받게 되었다. 곧 토마스의 "형편이 아주 훌륭하게 호전"되었으며, 복교를 희망하는 편지를 보내왔다는 것이었다.[23] 토마스는 적절한 수속을 취함이 없이 경솔하게 학교를 떠난 사실과 태도를 사과할 마음이 있었던 것이다. 하지만 교수회의는 토마스에게서 공식적인 문서로 사과와 재입학원서를 내기 전까지는 아무 입장도 밝히지 않기로 했던 것이다.

그해 6월 교수회의는 토마스의 공식 문서를 검토한 다음, 그가 목사교육을 끝마칠 심사가 있음을 확인하였지만 신중을 기하기 위하여, 학장으로 하여금 더 자세히 알아보고, 만족하다고 여기면 다음 학기(10월)부터 복교하도록 조치하게 하였던 것이다.[24]

---

20) *Ibid.,* 194th Meeting. Council (1859. 12. 5.), at Radley's Hotel, Bridge Street, London.

21) *Ibid.*, 195th Meeting (1860. 1. 2.), p. 2013.

22) *Congregational Year Book,* 1860, p. 225. Cf. 1886, p. 296. 그때 영국대학 교육제도는 신학생인 경우 신과대학, 곧 Church College에 재학하면서 에 그 대학이 소속한 대학교(University)에서 학위를 획득할 수 있었다. 신과대학에서는 목사자격을 얻었다. 토마스는 런던대학교에 1856－59년 재학했다.

23) *Ibid.,* 199th Meeting (1860. 4. 30.).

그런데 학장이 얼마 후 받은 토마스의 편지는 만족할 만한 것으로 판단되었지만, 그 속에 그의 휴학 동기가 밝혀지고, 또 뉴 칼리지를 영구히 떠나려고 하던 이유가 판명되기에 이르렀다. 그 편지는 다음과 같았다.

> 교수 여러분!
>
> 지난번 교수회의에서 제기된 난처한 문제들을 해명하기 위하여 이 글을 씁니다. 저는 1857년에 입학지망하면서 제출하였던 저의 진술서를 다시 방금 읽었는데, 회중교회에 대한 제 견해는 달라진 바 하나도 없고, 지금은 오히려 더 굳어졌을 뿐입니다. 휴학기간 중 저는 다른 교파신학대학에 들어가거나 성공회에 이명(移名)하겠다는 생각은 추호도 한 일이 없습니다. 얼마 전 저는 북(北)웨일즈의 영국인회중교회 담임으로 청빙을 받았지만 뉴 칼리지에 복적하기로 이미 결심하고 있었기 때문에 이를 거절하였던 것입니다. 뉴 칼리지에서 받아주지 않았더라면 만체스터 칼리지(Manchester College)에 갈 뻔하였습니다.[25] 저는 뉴 칼리지에 복교가 허락된 것에 대하여 충심으로 감사를 드리는 바입니다.
>
> 아버가버니(Abergavenny)의 하노바 목사관에서
> 1860년 7월 20일 로버트 토마스[26]

토마스는 회중교회 자체에 대한 회의를 잠시 품어, 한때 교파 이적을 생각했던 것이 확실하다. 그의 방황하는 마음의 일단, 그리고 고정되지 못한 성품의 일단을 우리는 여기서 볼 수가 있다. 이러한 유동성과 방황이 얼마 후 또 나타났다. 곧 그는 복교하고 두 학기를 지난 다음 해(1861년) 4월에 교수회의에 엉뚱한 진정서를 하나 낸 것이다. 그 진정서에 나타난 일부 사실에 대해서 교수회의는 "거짓말"이라고 비고난에 자세히 명기하고 있다. 토마스의 진정서를 보자.

> 5년 전 입학지망 동기를 쓰는 난에 저는 중국선교사로 일하겠노라는 소지(素志)를 밝힌 일이 있습니다.[27] ... 그리고나서 그 대망은 가신 날이 없었습니다. 2년 전 이 말을 들은 나의 친구는 극력 이를 반대하였습니다. 그러나 저는 그 문제를

---

24) *Ibid.,* 201th Meeting (1860. 6. 26.).

25) 런던대학교 안의 것이라면 감이교계대학(監理教系大學).

26) *Minutes of Council,* 202th Meeting (1860. 9. 17.)에 전기(轉記)돼 있음.

27) *Ibid.,* 208th Meeting(1861. 4. 29). 그 시점에서 교수회의 서기는 그런 일이 전혀 없었다고 단언.

계속 심사숙고해 왔고, 지난 해 연말부터는 중국에 가는 것이 저의 의무라고 굳게 믿게 되었습니다. 3개월 여에 걸친 저의 진지한 기도는 그래서 하게 되었던 것입니다.

저의 결단을 굳히기 위하여서 티드만 박사(Dr. A. Tidman)[28]와 면접을 하게 되었던 것입니다. 재학기간 중에라도 "선교사 학생"으로 간주되고 싶어서였습니다. 티드만 박사는 뉴 칼리지 교수회의가 인정만 해준다면 이번 7월에 중국에 보내주겠다고 하였습니다. 언어의 장벽을 뚫는 데 2년이 소요된다 하였으나 나의 어학 능력은 이를 쉽게 극복할 것입니다. 물론 저는 귀 교수회의 인준 없이는 공식적인 지원을 하지 않겠습니다. 선교사들이 뜨거운 정열과 거기 수반하는 책임을 깊이 생각하면 할수록 마음이 약해집니다만, 그것이 저의 의무라고 생각하고 있습니다. 급속한 교수회의의 결의를 기다립니다.

1861. 4. 25. 뉴 칼리지.[29]

그는 4년간에 마쳐야 할 과정을 2년 반 만 끝낸 채 수료증을 요구하고 있었다. 그는 1861년 6월 3일자 교수회의에 제출한 서간에서 우렉스함에서 보낸 햇수가 신학교육 2년에 해당할 것이라고 짐짓 주장하고 있었다.[30] 그렇지만 교수회의는 그의 교육 단축 원서를 거절하기로 가결하고,[31] 이를 6월에 가서도 또 재확인하였던 것이다. 토마스는 성급하였다. 다음 해 곧 1862년 1월 31일 다시 선교사로 곧 중국에 가도록 허락하여 달라는 요청을 냈기 때문이다. 그의 편지의 서두에 이런 글이 있었다.

작년에 제 문제를 금년으로 연기해 놓았었습니다. 이번 여름에 중국에 가도 되겠습니까. 거기서는 사람이 없어서 야단입니다. 새 선교지 개발 때문이 아닙니다. 이미 시작한 일터에서 병과 자금난으로 선교사업을 지속하지 못할 형편입니다. 빨리 가야 합니다. 유럽 말들을 좀 하는 저는 교육받은 중국인들을 선교할 수 있다고 확신합니다. 선교사란 지적으로 설득을 시켜야 하는데, 이는 그 토착인들처럼 말을 할 때에만 가능합니다. ... 내 이 나라에서 일하려면 과정 단축을 바랄 이유가 없습니다. 언어의 어려움에 귀가 익숙해지려면 시간이 금과 같기

28) 당시, 그리고 로버트 토마스가 순교할 때까지 London Missionary Society의 총무(總務).

29) *Loc.cit.*

30) *Ibid.,* 209th Meeting (1861. 6. 3.), 전기(轉記).

31) *Ibid.,* 208th Meeting (1861. 4. 29.), 항목 147.

때문입니다.

학기 초에 이런 문제를 들추어 미안합니다. 티드만 박사는 교수회 쪽에서 제 신청을 봉쇄할 근거가 없다고 낙관하고 있습니다. 여러분, 중국은 이 땅에서 먼 곳에 있습니다.[32)]

교수회의는 할레이 박사가 런던선교회의 간사와 함께 토마스를 만나 자초지종을 검토하기로 결의하였으나,[33)] 그 이후의 사정을 탐색할 길이 없다. 그러나 우리는 여기서 토마스의 언어 능력에 대한 넘치는 자신을 발견할 수 있고, 따라서 그의 선교사로서의 자질에 대한 그 나름대로의 확신이 피력된 것을 살필 수가 있다.

토마스는 결국 신학교육 과정을 마치게 되었다. 1863년 1월의 뉴스 학장(Dean S. Newth)의 보고에는, 토마스가 모든 시험 과목에서 만족할 만한 성적을 얻었으며, 자연신학, 조직신학, 설교학, 고전문학, 목회학, 교회사 등에서는 우수한 성적을 획득하였고, 따라서 "밀스 장학금"(Mill's Scholarship)을 추천하고 있었다. 더구나 이사회에서는 뉴스 학장에 낸 보고에 토마스의 "바른 도덕적 종교적 품성과, 복음을 힘과 성실 및 영향력을 가지고 설교하는 최고의 재량"이 있다는 것을 알게 되어, 크게 칭찬도 하게 되었던 것이다.[34)] 결국 교수회의는 중국에 가게 된 로버트 토마스에게 10파운드의 "셀윈 장학금"(Selwyn Fund)과 함께 30파운드의 "밀스 장학금"을 지급하였던 것이다. 셀윈 장학금은 중국에 간다는 이유로 선불 형식으로 이미 타 쓰고 있었다. 이렇게 해서 그의 파란곡절이 얽힌 신학 교육이 끝을 맺게 되었던 것이다.

선교사가 되겠노라는 그의 확고한 의지, 그 하나를 위해서 그는 교수들의 오해를 받고, 때로 무례를 비난받으면서 시간을 써야 했고, 그것이 그의 휴학을 둘러싼 교수회와의 반목까지 초래하였던 것이다. 그는 이러는 사이에 유럽어를 대부분 익히고, 워타만 박사 아래서 의학을 18개월간 정성들여 배웠고, 그리

---

32) *Ibid.,* 220th Meething (1862. 3. 3.). 토마스는 친구인 Mr. Carmichael과 Mr. Wilson이 선교사로 떠날 때 함께 가고 싶었다.

33) *Loc.cit.,* 항목. 161.

34) *Ibid.,* 233th Meeting (1863. 1. 5.). *Evangelical Magazine,* 1863, p. 549.

고 도처에서 설교를 하며 그 재능이 경탄할 만한 정도라는 평가를 받기에 이르렀던 것이다.[35] 그의 준비는 다 돼 있었다.

그가 인격 파탄의 악평을 들으면서까지 중국에 갈 선교사가 되겠다고 생각하게 된 까닭이 어디 있었을까. 우리는 한 단서를 잡을 만한 곳이 하나 있다고 본다. 곧 그는 런던선교회와의 면접 과정에서 뉴 칼리지에 선교사들이 와서 귀국 보고를 여럿 하였는데,[36] 그들의 영향을 받은 것이 확실하다.[37] 하지만 하필 중국에 대한 선교에 발상한 까닭은 짐작컨대, 그리고 이것은 꽤 로맨틱한 것이지만, 뉴 칼리지 도서관에서 그가 귀츨라프에 관해서 읽었던 영향 때문이 아닌가 하는 생각이 든다. 귀츨라프의 『중국 조선 등지에의 항해기』(London, 1834)[38]는 뉴 칼리지의 전신인 호머톤 칼리지(Homerton College)에 비치된 날짜가 1836년이고 천진(天津), 조선 등에 대한 상당한 언더라인 자국이 그 책에 있었다. 로버트 토마스가 열심히 보았다는 가정을 해두기로 하자. 그 책 서문에서 귀츨라프는 신학생들의 심금을 울리는 글을 쓰고 있었다.

3) 목사 안수와 선교사로서의 출발

런던의 뉴 칼리지에 재학하는 동안 회중교회 웨스트민스터 채플에서 사무엘 마틴(Samuel Martin) 목사의 지도를 받으면서 신학교육을 받은 토마스는 1863년 5월에 신학대학을 졸업하였고, 중국에 갈 선교사로서 런던선교회의 이사들과 일련의 면접을 가졌다. 그때 선교사가 될 마음을 얼마나 오래 간직해 왔으며, 무슨 동기로 그런 소망을 가졌느냐는 질문에 대하여 다음과 같은 글을 문서로 적어 제출하였던 것이다. 곧

---

35) *The Congregational Year Book,* 1868, London, Jackson, Walford & Hodder, p. 297.

36) London Missionary Society는 1795年 회중교, 성공회, 장로교, 감리교인들이 함께 발족, 선교지에서도 각선교사 자유로 교회정체(敎會政體)를 선택하도록 하였으나, 역시 주도는 회중교회였고, 뉴 칼레지는 이 교파신학교였다. 따라서 뉴 칼레지와 L.M.S.와의 관계는 밀접하였다.

37) J. M. Fletcher, *The Naughty Missionary,* p. 1.

38) *Journey of Three Voyages along the Coast of China in 1831, 1832 & 1833 with the Notices of Siam, Corea and the Loo-choo Island, London, Frederick Westley & A.H. Davis, 1834.*

나는 지난 5년간(1858-1863) 선교사가 될 생각을 하여 왔습니다. 비교적 확고한 결단을 내리게 된 것은 뉴 칼리지에 선교사들이 찾아와 저녁을 함께 보내면서 환담을 할 때였습니다. 나의 결정을 끌고 간 첫째 동기는 이렇습니다. 곧 훌륭한 교육을 받고 강직한 품성을 구비하였으며, 외국어를 쉽게 습득할 수 있는 능력의 소유자가 선교 사업에 요구되고 있다고 확신하였으며, 자기 희생의 정신으로 나의 봉사를 바치고자 하는 정신을 가지게 되었기 때문입니다. 지난 3년간 열성을 다해 기도하면서 간절히 선교사가 되기로 결단하였으며, 이교를 몰락시키고 이교도들을 개심케 하여야 한다고 믿게 되었습니다. 나는 하나님께서 나를 선교사로 임명하였다고 확신합니다.

다음으로, 선교사의 자질 그리고 봉변할 위험이 무엇인가고 물었을 때의 대답은 이러하였다.

상기한 일반적 자격 이외에 선교사는 사려 깊고, 자기희생적이며, 무한한 인내력을 갖추어야 합니다. 더구나 그는 이교(異教)에 관하여 어리석고도 배우지 못한 질문을 해서는 안 되며, 교회에서나 거리에서는 소박한 복음만을 전하며, 매사를 조심하고, 시련을 끝까지 참으면서 전도자의 본분을 다해야 합니다.[39)]

그의 선교신학은 다시 명쾌하게 표명되고 있었다. 곧 교육과 품성, 외국어에 대한 습득력과 외국인과의 문화계수(係數)를 동반한 친밀관계 형성, 깊은 사려성, 이교(異教)에의 불필요한 관심의 삼제(芟除), 시련 극복의 강인한 정신력, 그리고 소박한 복음의 전도, 그것이었다. 그는 이 모든 자질들을 갖추었다고 23세의 나이로 판단하고 있었다. 그의 생애를 포괄해서 볼 수 있는 우리들은 그가 한 가지를 제외하고는 다 갖추고 있다고 말할 수 있다고 믿는다. 그 하나가 사려성이었다. 그는 순교의 비운을 피할 수도 있었다. 다만 동양의 물정에다가 병인(丙寅)의 난이 가진 여러 요인들을 분석할 수 있었다면, 그는 한국교회를 위해 다르게 봉사할 수 있었을 것이다. 그가 말한 깊은 사려, 그것이 없어 그는 대동강변에서 서몰(逝沒)할 수밖에 없었다.

중국 선교사로 엄명된 그는 고향 아버가버니의 하노바 채플에서 목사 안수

---

39) *The Record of the Rev. Robert Jermain Thomas,* London Missionary Society, Livingstone House Library 소장 Candidates' Paper-Extract.

를 받게 되었다. 1863년 6월 4일 목요일의 일이었다. 후에 광동(廣東)에서 일하게 된 홉손(Hobson) 박사가 토마스의 일할 곳의 사정을 소개하였다. 아버가버니의 번(H. J. Bann) 목사가 권고하고, 마침내 그의 아버지와 다른 여섯 목사의 안수를 받고 토마스는 목사가 되었던 것이다. "그날 교회는 사람들이 꽉 차 있었고, 그들의 흥미와 관심은 대단히 깊었다."[40)]

얼마 지나지 않아서 토마스는 그가 한때 교편을 잡은 바 있었던 은들(Oundle)의 처녀 캐롤라인 고드페리(Caroline Godfery)양과 결혼하였다.[41)] 1863년 7월 21일, 토마스는 마침내 그의 신부와 함께 지난 5년에 걸쳐 꿈꾸던 선교지 중국을 향해서 폴메이스(Polmaise)호로 떠났다. 그가 떠나는 부두에는 웨스트민스터 채플의 목사와 교인 12명이 환송하고 있었다. 다들 재회를 기약하였을 것이다. 하지만 아무도 그 길이 불귀의 길이 되리라는 것은 모르고 있었다. 토마스는 상해에서 일하도록 돼 있었다.

1-3. 한국에 대한 선교 전망의 촉진력

1) 중국에서의 계속적 불운

순결한 사명감에 불타던 토마스 내외는 그 해 12월 초 상해에 도착하여 그곳 선교부 책임자인 윌리엄 무어헤드(Wm. Muirhead)의 영접을 받았다. 무어헤드는 인력 보강에 벅차 있었고, 따라서 L.M.S.(런던선교회) 본부의 추천을 보고, 토마스에 대하여 기대를 크게 걸게 되었던 것이다.[42)]

한데 다음 해 3월 24일 갑자기 토마스의 부인이 유산(流産) 때문에 세상을 떠나게 되었던 것이다. 그때 토마스는 부인이 중국 도착 후 후 곧 병에 시달려 이를 기후 탓으로 여겨[43)], 온화한 한구(漢口)에 부인을 잠시 체재하게 할 생각으

---

40) *Evangelical Magazine,* 1863, p. 570.

41) J. O. Whitehouse, *A Register of Missionaries and Deputations,* 1877, p. 237. 그의 결혼 일자는 안수일(6월) 3일과 영국을 떠난 날 7월 21일 사이였음에 틀림없다.

42) Wm. Muirhead's *Letter.* 1863년 12월 9일자. *Evangelical Magazine,* 1864, p. 177에 전재(轉載).

43) 상해(上海)는 그 다습(多濕)으로 선교사들이 꺼리는 기후의 곳이었다. 가령 『윤치호일기』(1893. 1.), Ⅲ, p. 6

로 집을 구하러 가 있어서 부재중 이었다. 이 불행이 그에게 격동과 불안을 가져온 것이 분명하였다. 그가 이국에서 처음 런던에 보낸 편지에는 침통을 극한 비보가 실려 있었다.

> 내 처음 영국을 떠날 때는 여기서 처음 쓰는 편지가 내 운명을 흩기는 비보를 알려야 하게 되리라고는 조금도 생각하지 못하였습니다. 나의 사랑하는 아내가 지난 달 24일에 세상을 떠났습니다. 이 일로 나는 뼈마디에 힘을 잃게 되었습니다.
> 아내는 그가 알던 미국 선교사 부인이 세상을 떠나자 충격을 받고, 20일에 유산하였던 것입니다. 내 가슴은 깨져 고통이 큽니다. 나는 어디든 가서 완전한 한 변화를 찾지 않으면 안 되겠습니다. ...
> 더 이상 써내려갈 수가 없습니다. 하나하나 써 내려가려니 슬픔이 북받쳐 올라옵니다. 전보다 더 열심히 고귀한 선교사업에 정진하겠습니다. 그러나 현재로서는 일어날 기력이 비애로 진했습니다.[44]

아내와의 사별(死別)을 강요당한 상해(上海)에서 떠나야 하겠다는 마음이 굳혀진 상황을 우리는 여기서 볼 수 있다.

한데 또 하나 그가 상해를 떠나야 하겠다는 결의를 굳히게 된 선교론적인 이유가 있었다. 그것은 다분히 표면적인 이유였다. 곧 토마스는 상해에서의 선교가 그에게 적합하지 않다고 주장하기 시작한 것이다. 너무나 복잡한 도시 생활에서 선교사업이 자주 방해를 받기 때문이요, 또 국제적인 도시이니 만큼 중국적인 삶에의 접근이 어렵기 때문에 비교적 작은 도시, 곧 무창(武昌)이라는 곳에서 중국인과 함께 어울려 살아야 한다는 생각이었기 때문이다.[45] 무창에는 독신 선교사를 보내겠다는 L.M.S.의 계획을 그는 미리 알고 있었던 것이 확실하다. 무어헤드의 보고문에도 역시 유사한 판단이 내려져 있었다. 곧 토마스는 상해 선교부와는 관계없다는 태도를 가지기 시작하였으며, 그것은 그곳 사람이나 지방어 및 지방에 관심이 없었다는 말이 된다. 토마스는 그에게 만다린어를 가르치던 중국인 어학선생이 섬기는 지방 교회에 더 자주 드나들었고,

---

44) 1864년 4월 5일자. *Central China Letters.* A.2.3., Livingstone House Library. 향후 토마스의 편지는 일자만 부기(附記)할 것임.

45) *Central China Letter*, A.2.3. 1864. 5. 15.

선교사들 모임의 교회나 선교부 개척과 관할의 교회에는 전혀 나가지 않았다는 것이다. 그의 자유분방한 성품의 일단이 여기 엿보였다. 더구나 그는 일반 중국인과는 몇 시간씩 이야기하면서도 구도자나 개심자와는 이야기를 별로 하지 않았다는 것이다. "선교사업 그 자체"에 그의 관심이 없었다는 것이다.[46] 이것은 물론 고정된 전통적 관념의 선교에 혐오를 느꼈다는 말이 되겠으나, 무어헤드는 이를 선교 사업 이외의 일에 기호라고 비판하였던 것이다. 더구나 토마스는 어느 선교사든지 선교지에 오면 최소한 2년간은 복음을 그 서툰 말로 전할 생각을 말고, 다만 그 사람들과의 원숙한 인간관계가 형성돼 나가도록 삶의 정황에 우선 뛰어들어야 한다는 것이었다. 하지만 무어헤드는의 생각은 달랐다. 그는 선임자로서 런던선교회에 보고하면서, 토마스의 어학실력에는 경탄하면서도, 종교적 선교적 능력과 의지력에는 부정적인 판단을 내리고 있었다. 중국인이나 심지어 러시아인들과 아주 넓고 가깝게 지내는 토마스를 "세속사에의 관여"로 평가하고 있었다. 이런 의미에서 토마스의 선교신학은 때를 앞서는 현대적 요소를 충분히 가지고 있었다고 보인다. 성육신의 원리가 거기 있었다.[47]

셋째로는 실질적인 선교부와의 이탈을 불가피하게 한 토마스와 무어헤드와의 인간적인 갈등이다. 선교론의 차이나 인간성의 차이 중에서 어느 것이 선행하였는지는 알 수 없지만, 어쨌든 처음부터 이 양자 사이에 화해가 안 되는 간격이 지속되어 온 것이 사실이다. 토마스가 아내의 죽음을 런던선교회에 알리는 편지에서나, 그 다음의 편지에서, 계속 무어헤드를 지나치게 들고 나와, 도움을 많이 받았다느니, 한 때도 의견 충돌이 없었다느니 하는 두둔의 문구를 남용한 사실을 목격할 수 있다. 이것이 벌써 심상치가 않았다. 결국 무어헤드가 먼저 런던선교회에 토마스에 대한 비판을 발송하기 시작하고, 마침내 토마스도 "한 지붕 밑에서 사는 선교사들 사이에 화목을 깨치는 감정의 격발"[48]이 있음을 실토하면서, 무어헤드에 대한 공정하고 냉정한 비판을[49] 보고하게 되

46) Wm. Muirhead's *Letter,* 1894. 12. 8.

47) J. A. Mackay, *Ecumenics,* Prentice Hall, 1964, pp. 164ff.

48) 1864. 12.8. 上海.

었던 것이다.

우선 토마스는 무어헤드가 "권한 외의 독재권을 행사"하였다고 단언하였다.[50] 따라서 그와 더불어 "도저히 함께 일할 수 없다"고 판단하였던 것이다. 상사에 대하여 이런 말을 하게 되는 자기의 심정은 칼로 살을 베는 것 이상이라고 표현한 토마스의 자세한 내용은 다음과 같았다.[51]

우선 봉급에 관한 것이었다. 그는 그 당시로서도 배는 더 받아야 한다고 보았다.[52] 그러나 "돈벌이"를 하기 위해 선교사로 온 것은 아니었고, 따라서 황금에 대한 욕심은 추호도 없었다. 그런데 무어헤드는 이 낮은 급료에 미안해서인지 중서학원[53] 시간 강사로 나가서 연 5백 파운드의 돈을 벌라고 강요하고 있었다. 더구나 이 학원에서는 기독교 교육을 해서는 안 된다는 조건이었는데도 불구하고 계속 강요하였던 것이다. 토마스는 이런 유혹을 주는 무어헤드를 불결한 인물로 간주하였던 것이다.

그런데 무어헤드의 졸품이 또 나타났다. 그가 맡고 있던 영어를 쓰는 교회당의 예배를 때 따라 맡으라는 것이었고, 불연이면 "봉급을 안 주겠다"고 위협한 것이다. 토마스는 중국인의 교회가 아닌 "무어헤드의 교회"에는 불찬성이었다. 그 교회만으로도 무어헤드는 연 1,000파운드를 스스로 지급받고 있었다. 토마스는 중국인 목사를 써야 할 처지에 스스로 목사가 되고 또 영어로 예배보는 데 대한 선교론의 차이, 그리고 그의 자의대로 토마스를 사역하는 데 대한 불만이 컸다. 실제로 무어헤드는 토마스를 "선교나 자신 — missionary or myself"에 소용이 없다고 단언한 일이 있었다.[54]

다음은 주택에 관한 문제였다. 토마스에게는 맥고완(McGowan)이 신축한 집이 런던을 떠나기 전부터 부여되어 있었다. 그런데 토마스가 상해에 도착하자

---

49) 1865. 1. 31. 지푸(芝罘).

50) 1864. 12. 8. 상해(上海).

51) 1865. 1. 31. 지푸(芝罘). 이하 이 내용은 다 이 서간에 수록.

52) 연급(年給) 600파운드였다.

53) 이 중서학원은 윤치호(尹致昊)가 1885-1888년까지 유학한 학교.

54) W. Muirhead's *Letter,* 1864. 12. 8. 上海.

놀란 것은 무어헤드가 자기의 본래 집은 남에게 대여해주고 이 토마스의 집에 들어 살면서, 반씩 나누어 쓰자는 것이었다. 토마스는 참았다. 그러다가 아내가 세상을 떠나자 방 두세 칸을 무어헤드가 더 쓰겠다고 해서 할 수 없이 대여했지만, 그것은 늘 "대여"한 데 불과하다고 생각하고 있었다. 한데 토마스의 부재중 그의 방 일부를 그의 친구 우드 소령 가족들이 와서 잠시 지내게 하였을 때, 무어헤드가 이들 가족을 무례히 대접하면서 토마스는 그 집에서 방 두 칸밖에는 못 쓰게 돼 있다고 하더라는 것이었다. 토마스가 후에 와서 따졌더니 엉뚱하게도 무어헤드는 "이 집은 완전히 내 것이요, 내 마음대로 쓴다"고 잘라 말했다는 것이다. 토마스의 기분이 어떠했으랴 하는 것은 짐작이 간다.

셋째로 토마스의 아내가 세상을 떠날 때 무어헤드 부인이 잘 돌보지 않은 죄가 있고, 살았을 때에도 함부로 무례하게 대했다는 것이 토마스의 불평이었다.

이러한 여러 이유들이 엇섞여 작용하여서 1864년 12월 7일, 토마스는 그가 상해에 닿은 지 꼭 1년 만에 런던선교회에 사표를 제출하고 떠나게 되었던 것이다. 가장 직접적인 동기는 토마스가 한구(漢口)에 가서 일하고 싶었는데, 그곳에 주재한 존(Griffith John) 박사가 이를 거절하여 토마스는 결국 갈 곳이 없어 사임하게 된 것으로 보인다.

> 내가 이런 글을 쓰다니 마음이 터질 듯 괴롭습니다. 무어헤드의 월권과 다른 선교지로의 전임이 좌절된 까닭에 여기 사표를 제출합니다. 상해 주재 선교위원회에서는 벌써 이 사표를 수락하였습니다. 이제 런던선교회를 떠나야 한다는 것은 하나님께서 아시지만, 깊은 침통과 비애입니다.[55]

중국 선교사로 처음 부임할 때, "다만 주의 영광만을 위하여 일생을 헌신한다는 가장 순수하고 진지한 결단"[56]으로 왔던 사실을 회고하면서 실로 그는 비통과 눈물로 L.M.S.를 떠나지 않을 수 없었다. 순수한 동기도 형통하지 못할 때가 있고, 좌절은 있는 법이고, 따라서 하나님 섭리의 행방에 인간의 갈망과 기대는 초조할 때가 있는 것이다. 그는 스스로 어느 누구 보다도 선교사로서의

---

55) 1864. 2. 8. 上海.

56) *Loc.cit.*

소질을 빨리 발전시켜 일할 만한 때에 떠나야 했던 운명을 슬퍼하고 있었다.

2) 세속직과 선교사 의식

토마스는 1864년 12월 8일부로 지푸(芝罘) 소재의 중국 황립해상세관(皇立海上稅關)의 통역 연수관 (Student Interpreter)으로 취직하였고, "발레타"(Valetta)호 선편으로 1865년 1월 15일 경에 부임하였다.[57] 세관장직에 있었던 영국인 로버트 하트 경(Sir Robert Hart)은 오래 토마스와 친근한 사이였고, 또 당장 통역관이 절실히 필요하였기 때문에 어학의 천재인 청년 토마스를 기꺼이 채용하였던 것이다. 토마스는 여기에서 심령의 번민을 겪으면서 1865년 8월 31일까지 8개월여 봉직하였고,[58] 여럿의 촉망을 한 몸에 지고 살아갔다. 그의 탁월한 중국어, 러시아어 및 몽고어 실력에 더하여 인간관계가 사뭇 부드러웠기 때문이다.[59]

이러는 사이에도 무어헤드는 계속해서 토마스를 험구하였다. 중국 올 때부터 세상 구경하러 온 것이 확실하며, 그의 심중에 선교사업에 관한 생각이 조금이라도 있었더라도 그렇게 쉽게 선교사직을 사퇴하지 않았을 것이요, "세상 유혹과 정신적 위험이 대단한" 세속직을 취하지 않았을 것이라는 험구였다.[60] 한구(漢口)의 존이나 상해의 헨더손(J. Henderson) 박사도 그런 의견이었다.

토마스, 그는 실로 "선교사직"을 떠났던 것인가. 물론 그는 무어헤드에게서 떠났다. 따라서 무어헤드가 관련돼 있는 L.M.S.의 기관에서도 그 직함을 제거하였다.

그러나 토마스는 "선교사"로 계속 일할 것을 다짐하고 있었다. 그는 불행한 이 사직 사건에서 하나님의 손길을 보았고, 그의 교만을 꺾는 섭리의 경로로 보았다. L.M.S.에 낸 자세한 편지 속에서 그는 다만 상해(上海)가 아닌 타처로의 전직(轉職)만 허락된다면 언제라도 복직하겠노라는 입장을 수 없이 밝히고 있었다.

---

57) Alexander Williamson's *Letter*, 1865, 1. 25. 지푸(芝罘).

58) 그의 사임서는 7월 27일자로 발송하였고, 그의 편지 7월 28일자에 동봉돼 있음.

59) M. W. Oh, *Two Visits of the Rev. R.J. Thomas to Korea, a* transaction of the Royal Asiatic Society, Korean Branch. Vol. XXII. 1933. Seoul, p. 100.

60) *Central China Letters*, A.2.3. Extract from Wm. Muirhead, Shanghae, Dec. 20. 1864.

나는 언제나 선교사로 남아 있겠습니다. ... 이 시련을 통해 다만 더 신실한 종이 되기를 바랍니다. 언젠가 다시 귀 선교회(貴宣敎會)와 관련 맺기를 바라며, 그것이 나의 명예가 될 것입니다.[61]

따라서 그는 비록 세관에 있다 할지라도 "선교사로서의 위치를 고수"할 것을 다짐하고 있었다. 이때 25세 청년의 순정이 외국에서 시달리는 모습에 동정하고, 그의 진실을 믿는, 격려와 위로의 구미인(歐美人)이 없지 아니하였다. 그 중의 한 사람이 세관장 로버트 하트 경이었다. 그는 오히려 토마스에게서 더 넓게 열린 선교의 광활한 영역을 살펴볼 수 있었다.

나는 선교사의 정신을 가진 이런 청년에게 오히려 이 세관에서 간접적인 방법으로 대업을 수행할 기회가 열리며, 더구나 보통 방법으로는 접근하지 못할 계층의 사람들에게 영향을 줄 수 있는 길이 주어졌다고 생각합니다.[62]

또 최초로 1807년 중국에 선교사로 왔던 로버트 모리슨(Robert Morrison, 1782-1834)[63]의 아들 모리슨씨가 주중영사로 있었는데, 그 역시 토마스의 세속 직에서의 선교사적 기능 수행을 확신하고 있었다.[64]

선교사들 중에서도 리스(Jonathan Lees) 박사가 토마스를 두둔하는 글을 L.M.S.에 발송하였고, 토마스가 선교사들 사이에서 "황금과 같은" 호평을 받아온 사실과 어학의 천재성, 그리고 그의 선교 열의와 중국인과의 용이한 접촉 융통성에 언급하여, 자기들이 하는 일을 토마스는 정말 재미로 하고 있었다고 강조하고, 비록 그가 어디에서 일하든 다 훌륭한 결과를 가져올 것이라고 두둔하고 있었다.[65]

하지만 그에게 가장 동정적이었던 사람은 스코틀랜드 성서공회 지푸(芝罘)

61) 1865. 1. 31. 지푸(芝罘).

62) Inspector General's Office, 1864. 12. 8.

63) 1804년 L.M.S. 선교사가 되고, 1807年 廣東 착, 겨우 중국어를 습득할 허가를 받고, 1809년에 동인도회사의 통역관, 1814년에 『中國語文法』과 신약성서를 번역 간행. 그의 주저(主著)인 『중국어사전』 전 6권은 1821년에 간행. 1823년에는 신구약성서를 번역 간행.

64) 1865.1.31. 지푸(芝罘).

65) Extract of *Letter* from Jonathan Less, 1865. 2. 8. 천진(天津).

주재원이던 알렉산더 윌리엄슨(A. Williamson)[66]이었다. 그는 상해에 잠깐 체류한 일이 있고, 그때 토마스와 가깝게 지낸 일이 있었던 목사이다. 윌리암손은 L.M.S.에 긴 편지를 써서 토마스를 변호하여, 그의 선교사로서의 성실성, 언제나 L.M.S.가 다시 그를 받아 준다면 어디든 곧 달려와 일할 수 있는 약속이 하트 경과 돼 있다는 사실들을 제보하였다. 그리고 졸속한 사임을 나무라면서도, 그의 기독교적 인간성을 높이 찬양하고, 선교사업에 종신할 다짐의 영구성을 확인할 수 있다고 피력하였던 것이다. 그는 런던의 본부가 무어헤드의 말에 현혹되지 말고, "이 총명한 감각의 청년을 1급 선교사로" 스스로 능력을 발휘하게 현명한 처리를 해 달라는 간곡한 부탁의 서신을 냈던 것이다.[67] 이런 생각을 가졌던 사람으로는 다시 천진(天津), 북경(北京)에서 일하는 조셉 에드킨스(Joseph Edkins)도 들 수 있었다.[68]

이러한 사실들이 알려지고 또 무어헤드의 난폭함이 이 사건을 통해 알려지자 한구(漢口)의 그리피스 존(Griffith John) 박사 역시 토마스를 이해하기 시작하였고, 한 걸음 더 나아가 상해 선교사들이 그의 사표를 수리할 권한이 없다고 비난하기에 이르렀던 것이다. 그는 토마스가 어디 가든 스스로 선교사로 처신함에 감동하고 격려를 아끼지 않았으나, 필경 선교사직에 복귀할 것을 바라고 있었다.[69]

실상 지푸(芝罘)에 체재하는 동안 토마스는 할 일을 다 하고 있었다. 그는 북경 이북 지방의 러시아 선교 구역에 가기도 하였고, 매일 성서 연구반을 인도하여 수세자(受洗者)까지 냈으며, 중국인들의 주일 예배를 윌리암손과 함께 번갈아 가면서 인도하고, 또 영어를 쓰는 외국인 교회도 인도하는 수고를 하였다.

---

66) 그의 저서로는 *Journeys in North China, Manchuria and Eastern Mongolia with some Account of Corea*, London, Smith Elder & Co., 1870이 있다.

67) Alexander Williamson. 1865. 1. 25. 지푸(芝罘).

68) 그는 1894년 2월 21일 상해에서 윤치호를 만난 일이 있고, 그때 조선인의 문자나 그 민족성에 대하여 많은 지식을 피력. 『윤치호일기』, Ⅲ, 국사편찬위원회, 1974, p. 282.

69) Griffith John, 1865. 5. 5. 한구(漢口).

이처럼 내 손에는 할 일이 넘쳐 있습니다. 나는 점점 더 선교사업을 사랑하게 되었습니다. 내 마음은 거기서 돌이켜지지가 않습니다.[70)]

토마스의 신앙과 그의 선교에 대해서 중국 안의 서구인들은 선교사이든 비선교사이든 다 적극적 인식을 하기에 이르렀고, 누구나 다 앞장서 그를 위해 협조하겠다는 뜻을 공표하기에 이르렀던 것이다. L.M.S.를 떠나면서 신사로서 지난날의 모든 비용을 몇 년이 걸려도 다 보상하겠다는 그의 태도와,[71)] 세관직에 가면서도 아무 때고 선교를 위해 떠날 자유를[72)] 전제조건으로 제시한 양식(良識)은 그의 정직과 성실을 표명하기에 넉넉하였기 때문이다. 이제 다만 무어헤드[73)]와 헨더손만이 토마스에 대한 구원(舊怨)을 풀지 못하고 있었다.

런던선교회를 떠난 비통에 잠겨 사는 토마스에게 어느 날 새 선교 영역이 전개되는 일이 하나 생겼다. 런던과의 교신이 왕복 5개월 여 걸리던 때였으니 만큼 사직 이후의 런던 표정이 어떤 것인지 초조하게 기다리던, 1865년 5월 초의 일이다. 스코틀랜드 에딘버러의 스완(W. Swan) 목사에게서, 러시아 선교지에의 여행기 원고를 부탁받으면서, 몽고 선교의 가능성을 문의받았던 것이다. 토마스는 곧 회신을 내면서, 자기는 비록 L.M.S.의 회신을 기다리고 있는 중이지만, 몽고에 갈 생각이 있는데, 북경어가 거기서도 이해 통용되기 때문이라고 덧붙였다. 그리고 런던선교회에의 복직이 되었을 경우 몽고 선교사로 갔으면 하는 의사를 런던에 전하였던 것이다.[74)]

그러나 기다리던 런던의 편지는 와야 할 만한 날짜를 훨씬 지나서도 도착하지 않고 있었다. 그는 1865년 7월 28일 마침내 L.M.S.에 다시 편지를 내면서 그해 8월 31일부로 세관을 사임한다는 뜻을 전하고 그 사본을 하나 동봉하였다.

내 경망하게 선교 봉사에서 떠난 일을 탄회합니다. ... 만일 하나님께서 내 생명

---

70) 1865. 5. 15. 지푸(芝罘).

71) 1864. 12. 8. 상해(上海).

72) Alexander Williamson, 1865. 1. 25.

73) 그는 1865 4 27 토마스에게 장장(長長) 16,100자 정도의 반박, 변명문을 써 보냈다.

74) 1865. 3. 15. 지푸부(芝罘). 동년 5. 15.

을 아껴 다시 쓰신다면, 이제 시련 속에서 정정(精淨)되었으니, 하나님만을 위하여 이 몸을 헌신하겠습니다.75)

그해 8월 26일에 L.M.S.의 해외 총무 아서 티드만(A. Tidman) 박사의 편지가 지푸(芝罘)에 닿았다. 계속 배우고 있는 것이 훌륭하고, 또 유용한 일이라고 하면 당분간 무엇이든 하고 있으라고 하면서, 런던선교회의 조셉 뮬렌스(J. Mullens) 박사가 곧 동양을 시찰나갈 터인데, 그때 함께 만나 자세한 말을 하라는 내용의 것이었다.

그런데 우리의 주목을 끄는, 묘한 이신전심이 하나 여기 있다. 티드만 박사의 그 편지 속 글이 그것이다. "무엇이든" 하라고 하고 나서,

신(神)의 섭리가 당신이 이제 취해야 할 노정(路程)에 관해서 명료한 소식을 현시(顯示)하시리라 믿습니다. 그리고 주께서는 그 하는 일에 특별한 은사로 축복해 주시리라 믿습니다.76)

그리고 더 묘한 것은 이 편지를 받고 곧 회신했어야 할 토마스는 다음 해 1월 12일에 가서야 성급히 편지를 런던에 내고 있었다. "당신이 이제 취해야 할 노정"을 하나님께서 현시해 주시리라는 말은 토마스의 운명에 대한 말이었고, 그 노정(路程) 때문에 편지를 쓰지 못해 장기간 회신 못한 것이 되었다. 토마스가 간 "노정"은 무엇이었고, 그는 그 어간 어디에가 있었던가.

그는 조선에 갔었고, 거기를 다녀오느라 회신을 못했던 것이다.

3) 조선에의 제1차적 접촉

지푸(芝罘)에 머무르며 L.M.S.의 회답을 기다리고 있을 때, 토마스는 우연한 인연에 휘말리게 되었다. 곧 중국 올 때 동승하였던 것으로 여겨지는,77) 스코틀랜드 국립 성서공회의 알렉산더 윌리암손이 그곳에 있어서 다시 친숙하게

---

75) 1865. 7. 28.

76) *Outgoing Letter.* China. Book 6, p. 157, 1865. 8, 26.

77) M, W. Oh, *op.cit.,* p. 100. 이 기술(記述)에 있어서 오문환(吳文煥)은 아무 근거도 제시하지 않았고, 따라서 신빙성이 약함.

지냈던 것이 그 하나요, 다른 하나는 그곳에 왔던 조선 천주교도 두 사람을 만날 수 있었다는 사실이다.[78] 한데 어느 날 차를 들면서 윌리암손과 토마스는 조선에의 선교 여행을 논의하였고, 마침내 토마스는 윌리암손과 관련을 맺고, 다수의 한문 성서를 얻어 조선에 갈 용단을 내리게 되었던 것이다.[79] 그는 1865년 8월 31일 지푸(芝罘) 주재 영국 영사관에 북직예(北直隷) 여행을 구실로 패스포트를 신청하고,[80] 9월 4일, 중국 작은 범선에 몸을 싣고 미지의 나라 조선을 향해 떠났던 것이다. 그리고 동월 13일에 "조선 본토 연안"에 도착했던 것이다.[81] 『고종실록』에 이런 글이 있었다.

> 황해감사(黃海監司) 홍순목(洪淳穆) 이수편(以水便) 윤석구(尹錫九) 치보(馳報): 청선일척우도자라리근포(淸船一隻于到柴羅里近浦) 선중인(船中人) 구명구시청인(九名俱是淸人) 기중일인(其中一人) 신장오척(身長五尺) 자면청안(紫面靑眼) 수발세권(鬚髮細捲) 요패단총(腰佩短銃) 수집철추(手執鐵椎) 칭운(稱云) 영길리국인(英吉利國人) 일괴지속(一塊紙束) 척하사장(擲下砂場) 잉향남해(仍向南海) ...[82]

즉, 황해감사 홍순목이 물길 편으로 윤석구를 보내어 조정에 알리게 하니, 청나라 배 한 척이 자라리 근처의 포구에 도착했는데 그 뱃사람 아홉 명 가운데 한 사람은 키가 다섯 척이나 되었고, 붉은 얼굴에 푸른 눈을 가진 사람으로

---

78) 김양선(金良善)은 그 천주교인들이 김자평(金子平)과 최선일(崔善一)이라 썼으나 역시 증빙 없음.
김양선, 『한국기독교사연구』, 서울, 기독교문사, 1971, p. 43.
천주교회사가 유홍열(柳洪烈)은 윌리암손이 먼저 이들을 만나 묵주, 십자가, 성패 있음을 확인하게 되었다 함. 그의 『한국천주교회사』, 서울, 가톨릭출판사, 1962, p. 689,

79) 누가 먼저 제의했는지 기록 없으나, 기동선교형으로 보아 토마스임이 분명.
The Evangelical Magazine and Missionary Chronicles, 1866, Vol. VIII, London, Jackson Walford & Hodder, p. 480. 따라서 그가 조선에 올 때의 직함은 스코틀랜드 국립성서공회 선교사 직이었다.
Annual Report of the National Bible Society of Scotland, for the year of 1866. Glasgow, 1868, p. 41.

80) M. W. Oh,. *op.cit* p. 102. 이 때 토마스는 그 성명을 중국어로 탁마준(托馬浚)으로 표기.

81) 그의 착륙지점이 자라리(柴羅里)인 것은 확실하나 그것이 송천(松川-솔내), 아니면 옹진이란 설(오문환(吳文煥), *op.cit.,* p. 104), 역시 옹진군 창린도(昌麟島) 자라리설(柴羅里說)(김양선(金良善), *op.cit.*, p. 43), 백령도설(白翎島說)(유홍열, *loc. cit.*)이 각각 있다.

82) 『고종실록』, 2(을축-乙丑), 9월 20일자(음).

수염과 머리털이 작게 말려있는 모습을 가졌으며 허리엔 단총을 차고 손엔 철추를 들고 있었는데 칭하기를 영국 사람이라 하였다. (그는) 한 무더기의 책 꾸러미를 모래사장에 내려놓았으며 계속해서 남해로 가고 싶다고 요청하였다.

이 지속(紙束)이 "이단서 16권 역서(曆書) 1권", 곧 "이국사서(異國邪書)" 성서로서,[83] 이 자칭 영국인이 토마스임은 명백하다. 다만 우리는 그의 무장설에 당황할 따름이다.

토마스는 두 달 반에 걸쳐서 황해, 평안 양도에 걸쳐 선교활동을 하였으며,[84] 우선 접촉하기 쉬운 천주교인과 친해 조선어를 익히며, 가능한 한 많은 단어들을 수집하여 장래를 기했던 것이다. 이렇게 해서 처음에는 경계하던 본토인들에게 복음을 전하고 또 성서를 계속 나누어 줄 수 있었다.[85] 하지만 그의 한국에서의 생활에 대해서는 더 이상의 자료를 찾을 길이 없었다.

2개월 반의 체재 후 토마스는 서울을 향해 배를 탔지만, "20년 만의 대폭풍우"로 구사일생으로 살아나 12월 초 만주 해안에 표도(漂到)하게 되었다. 이제 토마스는 마적들의 위험에 시달리면서 항구 비자와(貔子窩-pitzwo)에 닿아 사흘을 보내면서 성서 반포와 복음 전파에 힘썼다. 그때 그는 한 회회교도와 친숙해져 그의 존경받는 식객이 되기도 하였다.

비자와를 떠난 토마스는 개주(蓋州-Kaichou)를 거쳐 영구시(營口市)와 우장(牛莊)에 이르러 영국 영사 메도우(T. Taylor Meadow)의 따뜻한 영접을 받고, 마침내 산해관(山海關)을 지나 무사히 안전한 중국 땅에 되돌아올 수 있었다. 북경에 도착했을 때 그는 런던선교회가 다시 그를 받아들이고 새 선교 활동지로 북경을 지정한 소식을 알게 되었다.

북경지역 선교 책임자는 에드킨스(J. Edkins)였다. 토마스는 그의 희망에 따라

---

83) 이 사서(邪書), 곧 성서는 소실(燒失)하였다고 보고.

84) 1866년 1월 12일자 북경(北京).
『고종실록』, *op.cit.*에 의하면 그 선박이 계속 북몰근양(北沒近洋)하여, 료망추포지의(瞭望追捕之意) 신식해수사(申飭該水使)하였다 함.

85) 토마스의 *loc.cit.* 서간.
Cf. *The Dictionary of Welsh Biography down to 1940*, 항목).

그곳 중서학원(Angro-Chinese College)의 원장직을 임시 맡았고,[86] 다시 서구인들을 방문하고 중국인들에게 선교하면서 정상을 회복한 생활을 시작한 것 같았다. 그러나 그의 조선 접촉에서 얻은 지식, 곧 조선인의 기독교에 대한 수용 자세, 그의 조선어 숙달, 만주에서의 공안 상태의 반란 세력화 한 마적들의 실태, 영국 영사관의 요처(要處) 진출, 러시아 남진 경향의 징조 등이[87] 그의 기동 선교론으로 하여금 북경에서의 안정을 영구화 시킬 수 없게 만들었다.

1-4. 토마스의 조선 선교와 그 순교

1) 조선에 대한 토마스의 선교 의욕 구형(構形)과 여러 문제

1865(乙丑)년 조선 동지사 일행[88]이 북경에 오래 체재하다가 떠난 것이 1866년 4월 4일의 일이었다.[89] 토마스는 이들과 아주 친숙하게 지낸 것이 확실하며, 그의 조선어와 조선에 대한 지식이 그들 소통의 첩경이었음은 두말할 것 없었다. 이 사실은 이 동지사단이 요하(遼河)의 전장태(田庄台)를 지날 때 알렉산더 윌리암손에게 한 말에서도 확인되었던 것이다.[90] 토마스는 조선행을 심각하게 생각하지 않을 수가 없었다. 동지사 일행 여럿이 런던선교회에도 왕래하고, 그 자신 동지 숙소에 자유로 출입하면서 그 결의는 자못 굳어지고 있었다. 하지만 그에게는 몇 가지 다른 요소들의 후원도 크게 작용하고 있었다.

우선 그는 조선에 갔을 때 천주교인들이 개신교의 교리에 대하여 그것이 이단이기에 경계하라는 신부들의 조짐을 받은 사실을 알았고, 따라서 "더 순수한 복음"을 반드시 전파하여야 한다는 사명감이 불타고 있었다.

다른 하나는 조선에 대한 동방정교나 천주교의 선교 시도가 맹렬하게 진행

86) 1866. 1. 12. 북경(北京). 당시 책임자는 미국선교사 마틴 박사.

87) *Loc.cit.*

88) 토마스와 접촉.

89) 1866. 4. 4 일자(日字), 북경발(北京發).

90) A. Williamson. *Journeys in North China, Manchuria and Eastern Mongolia, with some account of Corea,* 1870, Vol. Ⅱ, pp. 134-5.

되고 있는 것을 알고 있었으며, 더구나 정치적으로도 러시아나 일본의 조선 진출 기도가 현저하기 때문에 개신교의 선교를 늦을 수 없다는 초조감에서였다.[91] 토마스는 그가 그 전해 조선 서해안에서 뿌렸던 성서가 평양에까지 흘러 들어간, 놀라운 사실을 알게 되었고, 따라서 이 복음이 열정으로 읽혀지고 있다고 판단했던 것이다. 동지사 수행원 중 "박"이란 사람이 그 하나였고,[92] 그해 정월 역시 수행원 하나가 한문 쪽지를 몰래 토마스의 포켓에 넣었는데, 거기에는 조선 서해안에 지난 해 뿌려진 것과 같은 『마태복음』을 하나 구해 달라는 내용이 있어, 그것이 다른 하나였다.[93]

셋째로 그는 조선의 한글이 부서층(婦庶層)에까지 독해되고 있음을 알고, 선교가 급속히 발전할 수 있다고 믿었다는 점이다.[94] 그는 성서의 조선말 번역을 생각하고 있었음이 분명했다. 그것은 그가 배에 있을 당시 천주교에서 한글로 훌륭히 번역한 교리서 한 철을 얻어 가지고 와서 장차 "크게 쓰려고" 하였다는 것을 보아 추론할 수 있다.[95]

넷째로, 그는 조선에서의 불교 침체를 선교의 호기로 판단하고 있었다. 사찰의 도읍 내 부재라든가, 중국에서보다 더한 그 열세를 그는 알고 있었기 때문이다.[96]

하지만 그는 시세 판단에서나 자기의 위치에 대하여 몇 가지 커다란 오판을 내리고 있었다. 가령 그는 1860년 9월 천진조약(天津條約) 이래 조선에서도 천주교가 "상당한 영화"[97]를 누리고 있다고 믿고 있었다. 따라서 비록 1860년 초 사학박멸책(邪學撲滅策)으로 불란서 선교사들과 남종삼(南鍾三, 1817-1866) 등의 처형이 있었음에도 불구하고, 개신교 선교의 전망을 쉽게 낙관하고 있었던 것이 확실하다. "몇 주일 후"[98]에 귀환하리라는 그의 계획이 이를 뒷받침한다.

91) 1866. 4. 4. 북경(北京).

92) *Loc.cit.*

93) 1866. 8. 1일자. 지푸(芝罘).

94) 1866. 4. 4일자, 북경北京).

95) 1866. 8. 1일자, 지푸(芝罘).

96) 1866. 4. 4일자 및 1866. 8. 1일자 발신.

97) *Loc.cit.*

98) 1866. 8. 1일자 지푸(芝罘).

더구나 그는 이러한 선교 여행의 중요성에도 불구하고, 매사 저 혼자 결정했다는 인상이다. 그의 낙관 때문에 이러한 처사는 당연했을 것이다. 그러나 그가 선교 확장의 장해 요소들을 언급하면서, 선교사들을 지칭한 듯한 구절에 "패역한 마음의 맹목적 자만"[99]이 있다고 말한 사실은, 자신의 판단에 대한 과신이 없지 않았는가 보고 싶다.

그의 동기의 순수성은 천진할 정도였다. 그는 불란서 함대가 조선에 원정할 것을 알고는, "우리는 하나님 말씀을 전파하는 데 군사력을 동원할 필요가 없다"고 잘라 말하고,[100] 오히려 그 난중에도 조선인들의 환영을 확신하면서 떠났던 것이다. "인간의 오류와 혼합되지 아니한"[101] 선교의 발자국은 반드시 축복받고 성공하리라고 믿었던 것이다. 여기 그 자신의 인간적인 보람이 왜 없었으랴. 그는 조선에 도달했던 최초의 개신교 선교사임을 알고 그 영예에 감사하였던 것이다.

하지만 토마스는 너무 젊었고, 따라서 사태의 핵심을 투시하기 전에 떠났다는 인상이다. 그는 지푸(芝罘)에서 병인교난(丙寅敎難)을 피해 온 리델(F. C. Ridel: 李福明, 1830-1884) 신부를 만나 그 교난의 원인이 북변(北邊)에서의 로서아 사람들의 출몰이 있었고[102] 또 천주교도들의 반란 음모설이 있다는 사실을 알면서도, 신구교 구별이 되어 있지 아니한 곳에 서양인의 모습으로 떠났다는 사실이 그의 경망을 탓하기에 족하였다.

2) 제너럴 셔먼호의 출범

조선에서의 불란서 신부 처형에 흥분한 북경 주재 불란서 대리공사 앙리 발로네(H. Ballonet: 白羅呢)는 곧 불란서 인도지나함대(印支艦隊) 사령관 로즈(P. G. Raze: 魯勢)에게 명하여 문책 원정을 조선에 파견하기로 하였던 것이다.[103]

---

99) 1866. 4. 4일자 북경(北京).

100) 1866. 8. 1일자 지푸(芝罘).

101) *Loc.cit.*

102) 『고종실록』2 (乙丑) 11월 9일조, 함경감사 김유연(金有淵) 치계(馳啓).

103) 백라니(白羅呢) 대리공사의 난폭한 행실과 조선에 대한 모멸적 언행에 대해서는 F. A.

이 때 로즈 제독은 리델이 동승할 경우 소위 정치적 음모의 연장이라는 인상을 줄 것을 염려하였을 뿐만 아니라, 리델 신부를 불신임하였던 까닭에[104] 오히려 토마스가 통역으로 동행할 것을 요청했던 것이다.

조셉 에드킨스의 격려도 있고 해서 토마스는 곧 북경을 떠나 지푸(芝罘)를 향해 떠났다. 그러나 천진에 이르렀을 때 로즈가 인도지나 방면의 반란 진압을 위해 홍콩에 급파된 소식을 들었다. 여기 실망하지 아니한 토마스는 지푸(芝罘)에 막바로 당도하였고, 거기서 우연히 미국 프레스톤(Preston: 普來頓) 소유의 "제너럴 셔먼, The General Sherman"호[105] 가 조선에 향한다는 소식을 듣고 여기 편승하게 되었던 것이다. 이 배에는 호가트(Hogarth, 何葛特 영국인), 페이지(Page, 巴使 덴마크인), 월손(Wilson)과 프레스톤, 토마스 등 5명의 백인이 탑승하고 있었고, 19명의 말레이시아 및 중국인이 타고 있었다. 토마스는 이때 중국 섭정공(攝政公)의 특별 호조(護照)를 지참하고 있었다.[106] 그리고 에드킨스의 추천에 의하여 총명한 중국 기독청년 북경인 조릉봉(趙凌奉)을 수행하게 했다.[107] 토마스의 순수한 신앙은 곱기만 했고, 따라서 그의 눈앞에는 복음의 소식을 들은 일군(一群)의 조선인들의 행렬이 희망처럼 빛나고 있었다. 8월 9일 목요일, 이 배는 선수를 조선으로 향했다.

하지만 이 제너럴 셔먼호의 여행 목적은 처음부터 의심을 받아왔다. 상무선(商貿船)으로는 어울리지 않게 무장을 하고 있었기 때문이요, 그래서 그리피스(W. E. Griffis, 1843-1928) 교수는 평양에 있는 왕릉 도굴과 모종의 상관이 있었을 것이라는 당시의 소문들을 중요시하였다.[108] 에드킨스 역시 이 상선의 무장

Mackenzie, *The Tragedy of Korea,* London, Hodder & Stoughton, 1908, p. 5f. 참조.

104) Extract from Joseph Edkins, 1866. 7. 26일자, 북경(北京).

105) 제너럴 셔먼호는 천진영국상사 Messre. Meadows & Co.에 위탁되어 1866년 7월 천진착, 면의류(綿衣類), 초자(硝子), 사기 그릇 등(等)을 싣고 무역을 목적으로 조선에 가려하였음.

106) *The Congregational Year Book*, 1868, London, p. 296.

107) 오문환(吳文煥)은 이 사람이 조선 화폐에 능통한 회계(會計)라고 오기(誤記). M. W. Oh, *op. cit.* p. 108

108) W. E. Griffis, *Corea, the Hermit Nation*, New York, Charles Scribners, 1889, p. 392.

소식에 불안하였다.[109] 어쨌든 메도우 상사(商社)는 북경 주재 미국 공사 발링게임(Hon. A. Burlingame)에게 보낸 공문에는 "단순한 상역(商易)"이 그 항해 목적이라고 밝히고 있었다.[110]

3) 토마스의 순교노정

조선 측 사료에 토마스에 관한 기록이 나오는 것은 그해 7월 15일(양 8. 24)의 일이다. 평안병사(兵使) 이용상(李容象)이 용강현령(龍岡縣令) 유초환(兪初煥)의 치보(馳報)에 따라, 제너럴 샤만호가 용강 다미면(多美面) 주영포(珠英浦)에 7월 7일(양 8. 16) 닿았는데, 문정(問情)하였던 바 평양 가는 것이 목적이라 하였고, 그 중 한 서양인이 먼저 통성명을 하는 등 우리나라의 언어를 꽤 알지만 모호하고 질서가 없었다는 것을 보고하였다.[111] 한데 이 주영포(珠英浦)가 황해도 황주 건너편이어서 황해 감사 박승휘(朴承輝)에게서도 대동소이한 장계(狀啓)가 있었다. 곧 이양선(異樣船)(제너럴 셔먼호)이 황주의 삼전방외(三田坊外) 송산리(松山里)에 7월 8일(양 8. 17) 닿아, 형리(刑吏) 이기로(李耆魯)와 영리(營吏) 신몽진(辛夢辰) 등을 보내 문정(問情)하였더니, 상좌에 앉아 있는 최난헌(崔蘭軒)[112]이 "비단선위화어(非但善爲華語) 칭해아국어(稱解我國語) 혹가변(或可辨) 혹불가변(或不可辨)"[113]하고 대화할 때에는 중국인 이팔행(李八行)[114]과 조반량(趙半良)에게 맡겼다는 보고였다. 즉 토마스가 다만 중국어를 잘할 뿐 아니라 우리나라 말도 할 줄 아는데 어떤 것은 알아듣기도 하고 어떤 것은 알아듣지 못하기도 하였다는 것이다. 선원들은 이 때 제너럴 샤만호가 7월 초[115] 중국 산동(山東)을 떠나

109) Extract from the *Letter* of J. Edkins to J. Mullens, 1866. 9. 10. 북경(北京).

110) *The Letter* of Messrs Meadows & Co. to Mr. A. Burlingame, 1866. 10. 27.

111) 『고종태황제실록』, 병인(丙寅), 7월 15일조.

112) 로버트 토마스가 탁마준(托馬浚)이란 기명(記名) 이외에 최난헌(崔蘭軒)이란 글을 쓴 이유(理由)에 대해서 이능화(李能和)는 그 실명아 아니라 의심하고, 그 배 이름 곧 제너럴 셔먼의 음역(音譯)인 것 같다고 해석. 그의 『조선기독급외교사(朝鮮基督及外交史』 p. 143.

113) 『고종실록』, 병인(丙寅) 7년 15일조.

114) 최난헌(崔蘭軒)은 문정(問情)에 대해서 이팔행(李八行)이 선주(船主)라고 대답한 것으로 『일성록』 병인, 7월 18일에 기(記).

백령도, 숙도, 관석도(串席島)를 경유하여 평양에 가는 길이라고 대답하였다. 한데 그 배의 모습이 수상하였다.

> 선제칙내도회외도묵(船制則內塗灰外塗墨) 가유여칠(加油如漆) 상유백분(上有白粉) 사방판옥량처(四方板屋兩處) 일주관인(一住官人) 일주종인(一住從人) 이(而) 면면창공개감파려(面面窓孔皆嵌玻瓈) 량외구시송목(兩桅俱是松木) 정치도유(精治塗油) 상견백양목방기(上堅白洋木方旗) 범엽이백색양대릉위지량방각설대포일좌(帆葉以白色洋大綾爲之兩傍各設大炮一坐) 하가목륜(下架木輪) 상안철용(上安鐵筩) 이상협하광(而上狹下廣) 삼차시방(三次示放) 성약굉뢰(聲若轟雷) 경인이목(驚人耳目) 우유순경장총삼병(又有巡㝷長銃三柄) 혈단삽(穴端揷) 인가일척허(刃可一尺許) 조총즉소패대괘(鳥銃則小佩大掛) 난이매수(難以枚數) 운운(云云).116)

이를 간략히 살펴보면, 배의 모습이 안은 회색으로 칠하고 밖은 검은 색으로 도장되어 있는데 거기에 기름과 옻칠을 더하였으며 사방이 모두 널빤지로 만들어져 있고, 돛대는 두 개가 있는데 소나무로 만들어져 아주 세밀하게 기름을 먹여 칠해져 있었다. 위에는 아주 단단하게 깃발이 매어져 있고 배 양쪽에 각기 한 문씩의 대포가 설치되어 있었다. 세 차례 시범적으로 발사했는데 그 소리가 어찌나 큰지 우레 소리 같았으며 사람들이 모두 놀랄 정도였다. 또한 긴 장총 세 개가 이어져 놓여있고 배 위 쪽 구멍에는 족히 일척이 되는 칼과 조총이 수도 없이 붙어 있었다.

> 선양장십팔장(船様長十八丈) 광오장(廣五丈) 고삼장(高三丈) 양외일개고십오장(兩桅一個高十五丈) 일개고십삼장(一個高十三丈) 대삼위이대범(大三圍二大帆) 색백외승(色白桅繩) 우계이소범(又係二小帆) 역색백숙마줄(亦色白熟麻茳) 외범좌우각십이조(桅帆左右各十二條) 기여선용잡물(其餘船用雜物).117)

배의 모양은 길이가 18장이고, 넓이가 5장, 높이가 3장이며, 두 개의 돛대는 하나는 높이가 15장, 다른 하나는 13장이나 되었으며 큰 돛이 3면에 놓여 있었

115) 오기(誤記)다. 6월 30일(음)이 정확.

116) 『고종실록』 병인, 7월 15일조), p. 14.

117) *Ibid.*, p. 41.

고 흰 밧줄로 2개의 작은 돛과 연결되어 있었다는 것이다. 그리고 최난헌(崔蘭軒)에 대한 황주 목사(牧使) 정대식(丁大植)의 치계(馳啓)는 다음과 같았다. 곧

> 최난헌년삼십륙(崔蘭軒年三十六)[118] 장칠척오촌(長七尺五寸) 면철(面鐵) 두발황(頭髮黃) 권수흑복색즉회색(圈鬚黑服色則灰色) 전모흑백반융(氈帽黑白斑絨) 단반흑피화자(單斑黑皮靴子) 요유혁대(腰有革帶) 패소양총급환인(佩小洋銃及環刃) 문직사품(文職四品) 영길리인야(英吉利人也)[119]

최난헌은 36세로 키가 7척 5촌이요, 얼굴은 쇠판 같고 머리카락은 금색이요 수염이 나있고, 검은 색 혹은 회색 옷을 입고 검은 색과 흰색이 섞인 모자를 썼으며 검은 가죽신을 신었고 혁대를 차고 있었는데 여기에 작은 권총과 환도(칼)을 차고 있었다. 그는 문직 4품 정도의 영국사람이다.

그런데도 불구하고 최난헌은 우리의 배가 전투선의 모습과 흡사하지만 실제로는 그저 귀국과 통상을 하고 싶을 따름이며 상해(傷害)를 끼칠 마음이 전혀 없다고 역설하였다는 것이다.[120] 7월 12일(양 8. 21) 평안도의 중영리(中營吏) 김락주(金樂洙)에 대해서는 항해 목적을 평양성 관관공과 대인(大人)을 만나는 것[121]이라 말하고 있었다.

7월 11일(양 8. 20) 이 배는 평양 경내의 초리방(草里坊) 사포구(砂浦口)까지 올라갔고, 그날 늦게 본부(本府) 신장포구(新場浦口)에 이르렀다.[122] 12일 아침 문정(問情)하였을 때 최난헌(崔蘭軒)이 조선에서 왜 천주교인을 괴롭히느냐고 하면서,

> 금(今) 아야소성교(我耶蘇聖敎) 체천도정인심(體天道正人心) 이화사속(以化邪俗) 인의충효개비(仁義忠孝皆備) 편천하인민가종양선(便天下人民可從良善) 비동천주

118) 당시 토마스는 만 27세였다.

119) 『고종실록』 병인(丙寅) 7월 15일조 pp. 40-41.

120) 『일성록(日省錄)』, 병인(丙寅) 7월 15일조.

121) *Ibid.,* 병인(丙寅) 7월 18일조.

122) 『고종실록』, 병인(丙寅) 7월 18일조.

교(非同天主教)[123]

이제 우리 개신교(야소교)는 하늘의 길로 몸을 삼고 사람의 마음을 간사하고 속됨 것으로부터 바르게 하며, 인의와 충효를 모두 갖춘 종교로서 가히 천하인민들이 모두 즐겨 따를 만큼 선량한 종교라는 호교론적 선교의 첫 시도를 하였고, 그리고 기록상 그의 선교는 더 이상 살펴볼 수가 없다. 어쨌든 이에 평양 서윤(庶尹) 신태정(申泰鼎)은 우리나라 법이 양교를 다 금하고 있기 때문에 인민이 감히 접근할 수 없다고 경고하였다. 이 제너럴 셔먼호가 황주에서 구득하였던 양찬(糧饌)이 다하여 평양 서윤(庶尹)이 쌀과 고기 그리고 연료 등을 친절하게 급여하였고, 이에 최난헌(崔蘭軒) 등이 희색만면하였으나 불기이속접(不已而續接)이 통고되었다.[124] 조선 관원의 예의가 이만하였다.

한데 이 제너럴 셔먼호에서는 12일(양 8. 21) 소청선(小青船)에 선원 6명을 탑승시켜 수심을 측정하기 위해 상류로 거슬러 올라갔고, 이 소청선은 다음날 다시 여 만경대(萬景台) 아래 두로도(豆老島) 앞에서 정박하였다. 이 부근에서 한 댓새를 어떻게 지났는지 기록이 없어 알 길이 없으나, 18일(양 8. 27)이 되어 제너럴 셔먼호는 한사정(閑似亭)을 향해 올라갔고, 21일(양 8. 30)에는 다시 소청선을 상류로 거슬러 보냈다. 이 때 순영중군(巡營中軍) 이현익(李玄益)이 이를 살피고자 작은 배로 뒤따르게 했더니 이양선이 다가와 그를 잡아 집류(執留)하였다. 신태정(申泰鼎)이 중군(中軍)의 석방을 요청하였으나 헛수고였다. 22일 제너럴 셔먼호는 계속 상류로그슬러 올라가면서 이번에는 느닷없이 대포와 조총을 쏘아댔다. 그리고는 마침내 황강정(黃江亭)에 정박하였다.[125]

한데 이 돌변적인 방총(放銃)에 대해서 그 원인을 조금 밝혀 줄 문서가 하나 있다. 중군 이현익의 아들 홍근(興根)의 수기인 패강록(浿江錄)[126]에 의하면, 최난헌은 중군에게

---

123) *Loc.cit.*

124) *Loc.cit.*

125) 『고종실록』, 병인(丙寅) 7월 22일조.

126) 숭실대학교 기독교박물관 소장(所藏).

오등래의(吾等來意) 일즉전파성교야(一則傳播聖敎也) 이즉교역백미홍삼우피야(二則交易白米紅參牛皮也) 삼즉완상각처루대야(三則玩賞各處樓臺也)[127]

말하였다는 것이다. 즉 우리가 온 것은 하나는 성교(기독교)를 전파하는 것이고, 두번째는 쌀, 홍삼, 소 가죽 같은 것들을 교역하기 위함이며, 셋째는 (평양에 유명한) 각 처의 여러 건물들을 구경하고자 한 것이었다는 것이다.

한데 문정(問情)에 나섰던 진사(進士) 안상흡(安尙洽)이 중군보다 앞서 제너럴 셔먼호에 접근할 때 한 기밀문서를 휴대하고 있었다. 샤만호의 선원이 이 문서를 빼앗아 읽어 본 결과, 조선 관원들은 제너럴 샤만호의 선원 전부를 유인 상륙시킨 뒤에 참살(斬殺)한다는 음모를 찾아낼 수 있었다. 그래서 필경 제너럴 샤만호에서는 방포하게 되었다는 것이다. 『고종실록』이나 『일성록』에 이와 비슷한 상황을 지시하는 글귀가 전무하기 때문에 이를 가려 진부(眞否)를 단정하기는 어려우나, 어쨌든 이 당돌한 격변에 모종의 심각한 동기가 있었으리라는 것은 짐작하기 어렵지 않다.

어쨌든 이러한 방포(放砲)가 있자 평양성 사람들이 대거 강변에 운집하여 고성으로 중군의 석방을 요청하였다. 그러나 제너럴 셔먼호에서는 평양에 입성하고 나서 풀어 준다는 인질 형태의 집류 의사를 밝힐 뿐이었다. 이에 성민이 다들 분에 못이겨 돌덩어리들을 난투하고 교졸(校卒)들도 궁총(弓銃)으로 시위를 하였던 바 필경 소청선은 모선(母船)에 피난하고, 대선 역시 양각도(羊角島) 하단에 퇴박할 수밖에 없었다. 이때 퇴교(退校) 박춘권(朴春權)이 몸을 던져 배에 올라 돌입하여서 중군(中軍)을 구해 환귀할 수 있었다.[128]

평양 감사 박규수(朴珪壽)는 제너럴 셔먼호를 성민이 공격하게 된 까닭을 아래와 같이 장계(狀啓)하였다.

향이유원지의(向以柔遠之義) 시의유지(始意諭之) 원량자지(原糧資之) 내반유사기악(乃反愈肆其惡) 시야집류중군(始也執留中軍) 종우상해인민(終又傷害人民) 하

---

127) 김양선, *op.cit.*, pp. 44-45에서.

128) 이때 이익현(李益玄)이 중군(中軍)의 인신(印信)을 떨어트려 잃어서, 그 죄로 파출(罷黜)되고, 통진부사(通津府使) 양주태(梁柱台)로 대체됨.

가일임창궐호(何可一任猖獗乎).[129] 인심지공(人心之共) 분즉기이세지연(憤卽其理勢之然).[130]

처음에는 조정에서 보내준 유지대로 원하는 양식과 물자를 제공해주었으나 이들의 반응은 처음에는 중군을 붙잡아 구류하였으나 마침내는 인민을 상해하였기에 인민들 모두가 공분을 느껴 제너럴 샤만호를 공격하게 되었다는 내용이었다.

이런 긴장 가운데서 제너럴 샤만호는 닷새를 버티었으나, 그 최후의 시간은 다가오고 있었다. 우기 후 물이 빠져 선체는 좌초되고 행동의 자유는 완전히 잃고만 다음의 일이었다.[131] 7월 27일(양 9. 5)의 일이다.

평양소박(平壤所泊) 이양선(異樣船) 익사창광(益肆猖狂) 굉포방총(轟砲放銃) 살해아인(殺害我人) 기소제승지책(其所制勝之策) 막선어화공(莫先於火攻) 일제방화(一齊放火) 연소피선(延燒彼船).[132]

평양에 정박해 있던 이양선(제너럴 셔먼호)가 점점 더 미쳐 날뛰어 포와 총을 쏴대고 우리 인민을 살해함으로 이를 제압하고 이기기 위해 화공을 사용하여 배를 방화하였고 (결국) 배가 불타버렸다.

박제형(朴齊炯)의 『조선정함(朝鮮政鑑)』에 의하면 셔먼호에 불이 붙어 타게 된 경로를 다음과 같이 묘사하였다.

박계수(朴桂壽)... 노기불고이침입해구(怒其不告而闖入海口) 발적시선(發積柴船) 알기하류(遏其下流) 종화핍지(從火逼之) 불국선발포이거위화소핍(佛國船發砲以拒爲火所逼) 피지정벽루하(避至淨碧樓下) 각어천초(擱於淺礁) 수금주인살지(遂擒舟人殺之) 탈기기선(奪其汽船).[133]

---

129) 『고종실록』, 병인(丙寅) 7월 25일조.

130) 『일성록』, 상동 일.

131) 『한국사』, 최근세편, 서울, 진단학회, 1965, p. 281. 그러나 증빙불명.

132) 『일성록』, 병인(丙寅) 7월 27일 미계조(未癸條).

133) 朴齊炯, 『朝鮮政鑑』 운운은 물론 오인이었다. 심지어 토마스까지 불국전도사(佛國傳道師)

박계수가 ... (제너럴 샤만호가) 해안에 틈을 타 들어와서 알리지 않은데 대해 노하여 땔나무를 가득 실은 배를 보내고 하류를 막아 불로써 이 배를 위태롭게 만들었다. 불국선박(사실은 미국 국적의 제너럴 샤만호)이 발포하였으며, 불을 피하기 위해 벽루 아래에 정박하려 하였으나 암초에 좌초하였고 결국 배에 탄 사람들은 죽임을 당하고 배는 빼앗기게 되었다는 시말이었다.

최난헌(崔蘭軒), 토마스, 그의 시간은 이제 1초 2초 다가서고 있었다.

> 피인(彼人) 최란헌(崔蘭軒) 조릉봉(趙淩奉) 도출선두(跳出先頭) 시청구생(始請求生) 즉위금착(卽爲擒捉) 박치안상의(縛致岸上矣) 군민분념(軍民憤念) 제회타살(齊會打殺) 기여섬멸무유(其餘殲滅無遺).[134]

이 사람 최난헌은 살 길을 요청하기 위해 선두에 나와서 뛰어내렸지만 해안가에서 붙잡혀 관군과 인민들의 분노에 그만 타살 당하였고 모든 것이 섬멸되어서 남긴 것이 하나도 없었다는 것이다.

이것이 토마스의 최후의 장면이었다. 1866년 9월 5일이였다. 미담적 야기(野記)가 몇 없지 않지만, 이 무뚝뚝한 서술이 그의 순교를 강렬하게 전파해 준다. 이렇게 해서 그는 제너럴 셔먼호의 불근신 때문에 극동의 한 모퉁이 평양성 강가에서 순교의 피를 흘렸던 것이다. 저 멀리 산고수려(山高水麗)한 그의 고향 아버가버니의 하노바 교회 안 벽에는 그의 순교를 기념하는 기념패가 크게 걸려 있고, 거기 이런 글이 동판에 새겨 져있다.

> 나의 날이 지나갔고, 내 경영, 내 마음이 사모하는 바가 다 끊어졌구나.
> (욥기 17: 11)

하지만 우리나라는 우리대로 이 제너럴 셔먼호 때문에 사상(死傷)된 이들을 슬퍼하지 않을 수 없었다. 그래서 의정부(議政府)는 패강(浿江-대동강) 양이지요(洋夷之擾) 때문에 죽은 7인과 상해를 입은 5인에게 후히 보상하고 위가족들을

로 오기(誤記).

134) 『고종실록』, 병인(丙寅) 7월 27일조, p. 43.

위로하엿던 것이다.[135]

젊은 선교사 토마스와 우리 겨레 12명을 살상하게 한 제너럴 셔먼호, 그 참극 이후의 모습을 평안 감사는 이렇게 치계(馳啓)하였다.

> 몰수소화후(沒數燒火後) 철물등속모론(鐵物等屬毋論) 선장병기(船裝兵器) 불가임기소융(不可任其消融) 고적간증수(故摘奸拯搜) 저저목입어본영군기고(這這收入於本營軍器庫) 이위보용(以爲補用) 기입고수(其入庫數) 개록이문(開錄以聞). 대완구소완구각이좌(大碗口小碗口各二坐) 대완구환삼개(大碗口丸三個), 철정이개(鐵碇二個) 대소철련환색일백륙십이파(大小鐵連環索一百六十二把) 서양철일천삼백근(西洋鐵一千三百斤) 장철이천이백오십근(長鐵二千二百五十斤) 잡철이천일백사십오근(雜鐵二千一百四十五斤)![136]

(제너럴 셔먼호를) 불태워 버리고 남은 물품을 몰수하여 군영의 병기고에 들여 놓았는데 큰 대포와 작은 포 각 2개와 큰 대포 탄환 3개, 크고 작은 쇠사슬 162개, 서양 철 1천 3백 근, 기타 잡철 2천1백45근이었다. 인적은 가고 남은 것은 그런 물건들이었다.

---

135) 『일성록』, 병인(丙寅) 7월 27일조.

136) 『고종실록』, 병인(丙寅, 8월 8일조). 한데 파남(播南) 박제형(朴齊炯)은 『조선정감(朝鮮政鑑)』 p. 26에서 수상한 글을 하나 남겼다. 곧, 예선(曳船)(제너럴 샤만) 송지한강(送至漢江), 대원군사(大院君使) 금기두등(金箕斗等) 방기제(倣其制) 조갑철감(造甲鐵鑑) 이탄증기(以炭蒸汽) 운기륜(運機輪) 선체중대(船體重大) 기역미약(汽力微弱) 불능운동(不能運動) 훼이갱조(毁而更造) 함성귀(艦成貴) 삭십만(數十萬) 무고동철위지일공(武庫銅鐵爲之一空) 대원군(大院君) 자림시입수(自臨試入水) 령백성종관(令百姓縱觀) 함기입수(艦旣入水) 진수최기(進水催機) 이선항극지(而船行極遲) 일시분간(一時分間) 선이십여보(線離十餘步) 종이중소주(終以衆小舟) 계람유지(繫纜臾之) 관자개절소(觀者皆竊笑) 차물장용(此物將用) 어하처(於何處) 운운(云云) … 그리나 두 번째 다시 개조했을 때는 약간 성공한 것으로 돼 있다.

1-5. 토마스의 선교가 남긴 여러 문제

토마스가 탔던 제너럴 셔먼호가 패강에서 불타고 선원 전부가 피살된 까닭은 직접적인 불근신이나 방자함이 더한 것, 그리고 좌초나 공포에서 온 충동적인 적대 행위 때문이었다는 점들을 살펴보았지만, 표류해 온 외국 선박에 대한 수차의 호송과 간찬(看饌) 등으로 보아, 역시 병인교난(丙寅敎難) 때문에 침공할 불란서함대에 대한 조선의 긴장과 경계 때문이었다고 봄이 정확할 것이다. 이런 정황에 무장선의 출현이 준 자극을 경미화(輕微化)시킬 수는 없었다.[137] 따라서 토마스의 선교 노정은 동서간의 복잡한 문제선상에 위치하는 것이었고, 던지고 간 문제들도 많았다.

1) 런던선교회(L.M.S.)의 토마스 비판

이미 불귀(不歸)의 순교자가 된 토마스의 집 책상 위에는 조선 향발을 서두르면서 런던 선교회 본부에 보냈던 토마스의 편지에 대한 회답이,[138] 받는 이 없이 방치돼 있었다.

거기 의하면 토마스가 북경에 외국인을 위한 간이 선교처(宣敎處)를 마련한 사실을 알 수 있고, 거기 대한 런던선교회의 반응은 호의적이었다. 이 외국인들의 본국에까지 복음이 전파된다고 믿었기 때문이었다. 조선에 대한 선교 가능성의 문제에 대해서도 전망은 밝게 보고 있었다.

하지만 여기서부터의 런던선교회의 한 조직체로서의 한계가 나타나기 시작했다. 중국에 대한 선교 사업의 정식 확장이 있을 때까지는 그저 조선 선교사업에 착수할 수 없다는 것이었다. 따라서 북경 선교지가 토마스의 활동 경계라는 확인이었다. 토마스가 조선에 가는 것을 반대한 다른 이유는 불란서함대에 탑승함으로써 조선인과 불란서 사이에 아주 애매하게 끼어 들어갈 위험이 있기 때문에 절대로 가서는 안 된다는 고지(告知)였다. 더구나 무장선에 타고

137) 북경 주재 미국공사관의 W. Williams(위렴사-衛廉士)는 이 제너럴 셔먼호가 과격하고 거친 행동 때문에 불운을 자초다고 시인. W. E. Griffis, *op.cit.*, p. 394.

138) Joseph Mullens *Letter* to R. J. Thomas, 1866年 12月 10일 런던발.

간다는 것은 위험에 스스로 말려들고, 신성한 사명 때문에 와 있는 선교사로서의 위치를 완전히 훼손하는 것이기 때문에 반대한다는 것이었다. 그래서 L.M.S.의 이사회는 토마스가 북경을 떠나 지푸(芝罘)에 간 것을 하자로 보고, 외국의 정치적 문제에 휘말려 순수한 개신교 선교의 착수가 어렵다는 점을 밝혀 주었던 것이다.

> 이사회는 당신이 곧 지체 없이 북경(北京)에 되돌아와 자기 본분에 충실할 것을 바랍니다. 북경이야말로 당신이 일할 의무가 있는 곳입니다.[139]

토마스는 북경이 그가 일할 의무의 곳이라고 생각하고 있지는 않았다. 북경에서 함께 일하던 에드킨스는 일말의 동정을 처음 보였지만, 달포가 지나자 현지 선교회의 인허가 없이 떠난 것을 비판하였고,[140] 천진(天津)의 조나단 리스(J. Lees) 역시 매섭게 토마스를 힐난하였다. 그의 조선행과 불운은 그 자신의 비참이지만 아울러 선교사의 이름에 불명예가[141] 되기 때문이라는 것이었다. 더구나 그는 토마스가 런던선교회 직에 되돌아오도록 용서한 것이 실수라는 말까지 하면서 하나님께서 제 자리를 떠난 사람의 비참이 이런 것이라는 교훈을 주시기 바란다고 일언(一言)하였던 것이다. 런던과 북경과 평양에서 다 함께 비판으로 대했던 로버트 토마스, 그 이름은 하노바 교회와 아시아 굴지의 교회 한국교회에서 그 참 순수한 동기로 찬하를 받고 있어서 그 외타(外他)의 서러움을 넘고도 남게 하고 있다고 믿는다.

2) 동서 교섭의 한 원형

토마스가 탔던 제너럴 셔먼호가 미국 선적으로 영국 회사에 대여되고, 거기 영국 미국 덴마크 사람들이 함께 타고 중국인 마래인도 함께 있었다는 복잡한 사실 때문에 1887년경까지도 박제형(朴齊炯)은 토마스를 불란서인으로 보고 있었고, 또 미국공사의 윌리암스의 조회가 있을 때 조선정부는 영국 상선을 평양

139) *Loc.cit.*

140) J, Edkins, *Letter* to J. Mullens, 1866. 9. 10. 북경(北京).

141) J. Lee's *Letter* to L.M.S., 1867. 5. 13. 천진(天津).

성민이 불태운 일밖에 없다고 하여, 그것이 오전된 것이 분명하다고 더 이상의 조사가 필요 없다고 잘라 말한 일이 있었다. 이만큼 사태가 불명료하고, 아울러 복잡하였던 것이다.

한데 이 소위 최난헌(崔蘭軒) 사건은 한 미 일 외교의 한 초기 원형을 보여주는 사건으로 우리의 흥미를 끈다. 병인의 제너럴 셔먼호 소실사건 이후 조선은 일본에 대하여 쇄국의 방침을 천명하는 글을 띄운 일이 있었다.[142] 한데 일본은 오히려 조선에 대하여 종래의 쇄국퇴영(鎖國退嬰)의 잘못을 버리고 적극 외교에 나설 것을 종용하고 나섰던 것이었다.[143] 이때 일본의 도쿠가와 요시노부(德川慶喜)는 미국에 제너럴 셔먼호 문제로 서간을 보내, 스스로 조선과 미국 간 조정을 제안하였던 것이다. 이에 주일(駐日) 미국 공사 볼켄보르그(R. B. von Volkenbourgh)가 이 사정을 본국에 통고하였더니 국무장관 피시(H. Fish)는 제너럴 셔먼호의 소실(燒失) 및 그 승무원에 대한 살해 사건에 대해서 만사 일본의 호의 있는 조정에 일임할 것을 훈령하였던 것이다. 이를 볼켄볼그가 일본의 외국 사무집정(執政)에 알린 것이 1867년 12월 17일의 일이었다. 한미일 외교의 이렇듯한 형태 구성이 로버트 토마스 사건 때문이었다는 것은 실로 우연한 일이었다.

1-6. 결언

우리나라 최초의 개신교 선교사 순교자인 로버트 토마스의 선교 유형은 광범위한 문제들을 남겼다.

우리는 그 역시 하나의 소박한 한 인간이었다는 사실을 지금껏 살펴온 자료에서 알아내었다고 믿는다. 그리고 런던 선교회(L.M.S.)나 그 선교사들도 오류와 오만의 평범한 사람들, 판단의 오류, 자기의사의 고집 등으로 역사 속에 살다 간 사람들임을 알 수 있었다. 거기서 그저 최선의 것이 하나님의 뜻으로

142) 『고종실록』, 병인(丙寅) 10월 15일조.

143) 山口正之, 『朝鮮西教史』, 東京, 雄山閣, 1967, p. 178.

구성된다는 차원 다른 소득이 중요하다는 결론이 나온다.

토마스의 선교는 인간적 비극 때문에 전지(轉地)를 희망한 데서 비롯하여, 내내 한 기동적 선교의 범주 안에 있었다고 보여 진다. 이것은 동시에 그의 선교 신학에도 크게 영향을 끼쳐 토착인과의 계속적 접촉, 선교지역 밖으로 외연(外延), 그리고 세속 직에서도 "선교사"로 형태를 지속한다는 생각을 굳혀 갔던 것이다.

여기 런던선교회.와 토마스와의 선교 이론의 차이가 있었다. 조직과 규칙의 범위 안에서의 선교, 그것 이상 L.M.S.는 할 수 없다고 보았고, 그 의무가 지상(至上)의 것이라 보았다. 그러나 토마스는 사람 있는 곳에 곧 선교 있다는 광활한 생활선교의 이념을 가지고 있었다. 여기 낭만에 가까운 순수한 동기의 선교가 있었다. 이것이 국제 간의 긴장 와중에서도, 병인교난의 음험한 정황 속에도, 단신 선교로서 조선인에게 환영을 받을 수 있다는 생각에 동요를 허락하지 않고, 항해 목적이 모호한 무장 상선에까지 편승하게 한 까닭이었다.

그러나 그 순교의 씨앗이 한 미 일 외교의 싹을 내고, 이 나라 교회의 급속한 발전에 원동력을 끼친 사실을 누구도 부인하지 못한다. 한국교회에서 토마스의 이름이 잊혀질 날은 없을 것이다. 그의 보람은 바로 여기 있다.

한 가지 밝혀진 것이 있다. 로버트 토마스는 순교자이다. 그런데 순교자들이 다 천사와 같은 성자들이 아님을 우리는 보았다. 순교와 선교, 모두가 다 우리와 같은 인간이 하는 것이다. 사람들이 하는 것이다. 그런 이 질그릇 같은 사람들을 하나님께서 쓰시어 선교사로 순교자로 만드시는 것이다. 여기 기독교의 복음이 있는 것이다. 여기 우리가 힘을 얻는 근거가 있는 것이다. 로버트 토마스, 그는 이런 것을 보여주고 갔다.

제너럴 셔먼호의 조선 항해 약기(1866)

6월 30일 (양 8 9.)	중국 산동성(山東省) 지푸(芝罘) 떠남.
7월 7일 (8.16.)	평남도 용강현(龍岡縣) 다미면(多美面) 주영포(珠英浦) 도착.
8일 (8.17.)	황해도 황주현(黃州縣) 삼전방(三田坊) 송산리(松山里) 도착.
11일 (8.20.)	평양 초리방(草里坊) 사포구(砂浦口) 기착.
12일 (8.21.)	소청선(小青船)으로 수심 조사차 거스러 올라감.
	최란헌(崔蘭軒) 신 구교(新舊敎) 차이 논의.
13일 (8.22.)	만경대 (萬景台) 하 두로도(豆老島) 정박.
15일 (8.24.)	평안 및 황해 감사(監司)의 치보(馳报).
18일 (8.27.)	한사정(閑似亭)에서 정박.
	소청선(小青船) 계속 거슬어 올라감.
19일 (8.28.)	중군(中軍) 이현익(李玄益) 억류.
	제너럴 셔먼호 대포와 조총을 쏘아댐.
	황강정(黃江亭) 정박.
	평양성민(平壤城民) 모여서 난투석괴(亂投石塊).
	양각도(羊角島) 하단(下端)까지 피난.
	퇴교(退校) 박춘권(朴春權)이 중군 이현익(李玄益) 구출.
7월 22일 (8.31.)	상선에 불이 붙기 시작. 살상 조선인 피살 7인 중상 5인.
27일 (9. 5.)	제너럴 제너럴 셔먼호 소실, 최난헌 강변에서 순교.

로버트 토마스 목사의 선교 여행도

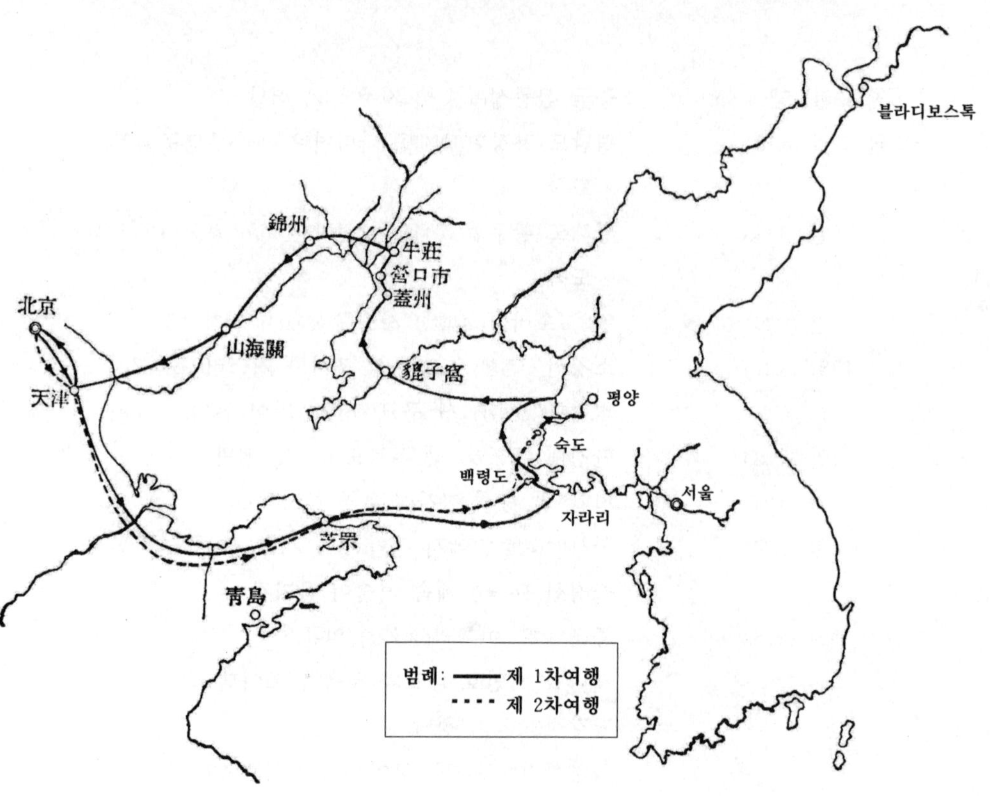

2.개화기의 기독교 수용 과정
- 민족기독교 여부의 문제 -

2-1. 문제의 소재

한국에서 천주교가 극심한 박해에 시달렸었기 때문에 그 전통이 다른 개신교의 수용은 훨씬 용이하였을 것이라는 생각을 가지기가 쉽다. 그러나 개신교의 경우도 그 초기에는 시련이 많았을 뿐만 아니라, 척사위정(斥邪衛正)의 대의명분에 저촉되어 그 전입이 무척 어려웠다. 더구나 개신교가 천주교와 꼭 같은 기독교회의 하나이며, 금수로 지목되던 서양의 종교, 그리고 당시는 벌써 일본에 들어와 널리 전파되고 있었다는 사실 때문에 개화기 일본에 대한 적대감이 그대로 기독교에 대한 경계로 전개될 수밖에 없었다.

그러나 기독교는 묘하게도 성서에 "포도나무"로 비유된 일이 있었던 것과 마찬가지로, 어디서나 언제나 이식되어 성장할 수 있는 성육적(成肉的) 적응성을 그 특징으로 하고 있다. 기독교는 한국에서 척양(斥洋)과 쇄국의 근본적인 동기를 헤치고 들어오면서 묘하게 그 동기에 박력을 주는 형태 변천을 하며 구형(構形)되어 갔고, 장차는 오히려 유일한 전국적 에너지의 동원체제와 그 동력원으로 현존하게 된다. 그 동기가 바로 "민족의 보안", 곧 보국(輔國)이었다. 그렇게 해서 반일충군(反日忠君)의 교회로 굳혀졌고, 항일(抗日)의 가장 구체적이고도 체계적인 조직체로 근대사의 비운 속을 겨레와 함께 대속(代贖)의 행렬에 선두 동행할 수 있었다.

여기 이 짧은 글은 이 과정의 곡절을 손닿는 데까지 문서를 더듬어, 그 신비를 풀어 헤치고 기독교의 만족사적 공헌을 천명하고자 하는 동기로 쓴다. 그것은 기독교가 한국에서는 민족 기독교로 형성되었다는 사실의 구명(究明)도 될 것이다.

2-2. 천주교와 야소교와의 차이 문제

기독교가 서양 오랑캐의 소산이라는 것이 물론 그 전파를 반대한 처음 이유였다. 정하상(丁夏祥, 1795-1838)이 일찍이 그의 『상재상서(上宰相書)』에서 이 점에 착안하여 설교하는 글에 중국 당나라 때의 기독교 치성을 언급하면서,

> 대현여위징현령(大賢如魏徵玄齡) 독신이무의(篤信而無疑) 대명만력년간(大明萬曆年間) 서사래유(西士來遊) 다유저술(多有著述) 지금류전어중국(至今流傳於中國) …

당시의 큰 학자였던 위징과 방현령 같은 학자들이 독실하게 믿고 아무런 의심을 하지 않았으며 명나라 때에는 서양 선교사들이 들어와 많은 저술을 남겼고 그것이 계속 중국에 전해져 내려오고 있었다는 말을 한다. 정하상은 이렇게 중국에서도 석학들이 믿어 의심치 않았던 사실을 들어, 기독교의 이적성(夷狄性) 비방을 반박하였던 것이다. 물론 이것은 경교(景敎 - Nestorianism)나 천주교에 대한 것이었으나 그 논리적 전개의 연장은 불가피하였다.

그런데 개신교가 예수교(耶蘇敎)라고 쓰여지는 과정에서 몇몇 오해도 없지 않았다. 가령 박지원(朴趾源)은 1780년, 사신을 따라 연경(燕京)에 갔다가 귀국 후 곧 『열하일기(熱河日記)』를 저술하였는데, 그 중에

> 야소(耶蘇) 일심경천립교입방(一心敬天立敎入方) 년삼십조극형(年三十遭極刑) 이국인애모설위야소지회(而國人哀慕設爲耶蘇之會), …기입회자(其入會者) 심체읍비통(心涕泣悲痛) 불기천주(不忌天主) 자유립사조신서단색념(自幼立四條信誓斷色念) 절환욕(絶宦慾) ...

하는 말이 있다. 곧 예수는 한 마음으로 하나님을 공경하다가 나이 30에 극형을 당하였는데 그 나라 사람들이 이를 애처롭게 여겨 예수회를 창설하였는데 거기 가입하는 자들은 천주를 꺼리지 아니하고 어려서부터 4조를 세워 서약하고 단색(斷色)을 하며 신앙을 지킨다는, 그런 말을 한다. 이것은 확실히 당시 중국에 와 있던 천주교의 "예수회"(The Society of Jesus)라고 하는 한 교단을 예수교로 오해한 글이었다. "예수회"는 종교개혁 이후 1534년 이그나티우스

로욜라(I. Loyola, 1491-1556)가 창설했던 엄격한 수도단으로 아시아 선교에 공이 컸었다.

그러나 미구에 천주교와 기독교 개신교와의 차이가 차차 알려지기 시작했다. 그것은 교리나 신학의 성찰에서 보다는 그 종교의 배경이 되는 나라의 차이, 그리고 천주교의 한국 전교 과정에서 박해의 원인으로 알려졌던 사실을 개신교 측에서 부인하는 그런 절차를 통해서 알려지기 시작했다.

우선 1836년에 저술된 최한기(崔漢綺)의 『명남루총서(明南樓叢書)』에 이런 글이 있다.

> 불교분위삼(佛敎分爲三) ... 천주교총명(天主敎總名) 위극력사돈교역분삼(爲克力斯頓敎亦分三) 일가특력교(一加特力敎) 내의대리아소행(乃意大里亞所行) 천주구교(天主舊敎), 일액리교(一額利敎), 일파라특사돈교(一波羅特士頓敎) 즉제국소후기자(則諸國所後起者).

곧 불교에 세 큰 파가 있듯이 기독교에도 큰 세 파가 있는데, 그 전체의 이름은 그리스도(克力斯頓)교이며, 가톨릭교(加特力敎,) 그리크교(額利敎) 그리고 프로테스탄트교(波羅特士頓敎) 그 세 분파라는 말이었다. 이 지식은 정확하였다.

1845년에 우리나라에 소개된 『해국도지(海國圖誌)』에도 이런 구분이 자세히 되어 있었다. 구교와 신교의 차이를 여기서는 천주교와 예수교라 하고, 천주교에서는 십자가상, 마리아상 등이 있으나 예수교에는 그런 것이 없고, 다만 안식일(主日)은 준수하는 것이 같다고 하였다.[1]

우리나라 최초의 예수교, 곧 개신교 순교자로 알려진 영국인 선교사 로버트 토마스(Robert Jermain Thomas: 崔蘭軒, 1840-1866)도 그 차이점을 시종 역설하고 있었다. 그가 두번째로 한국에 찾아와 미국 상선 "제너럴 셔먼"호로 대동강에 왔을 때, 만나는 한국 관리마다 자기는 천주교인이 아니고 예수교인이란 점을 재삼 강조하고 있었다. 그는 1년 전부터 한국 내의 천주교 수난에 상당한 지식을 가지고 있었기 때문이었다.[2] 그는 퇴거를 강요하는 관리들에게 예수와 천

1) 이광린, 『해국도지』의 한국전내(韓國傳來)와 그 영향, 개정판 『한국개화사연구』, 서울, 일조각, 1974, pp. 2-18.

주교의 차이를 다음과 같이 진술했던 것이다.

> 왈(曰) 귀지인하간축천주교인(貴地因何趕逐天主教人) 금아야소성교체천도정인심(今我耶蘇聖教體天道正人心) 이화사속(以化邪俗) 인의충효개비(仁義忠孝皆備) 개사천하인민가종양선(皆使天下人民可從良善) 비동천주교운(非同天主教云)[3]

한국에서 천주교인이 추방된 원인이 무엇인지 따진 다음, 예수교는 천도(天道)를 구현(俱現)하고 인심을 바르게 하며, 사속(邪俗)을 바르게 하고, 인의충효(仁義忠孝)를 다 갖추고 있기 때문에 천하 인민이 따라 배워서 좋은 교리라고 단언하고, 이것이 천주교와 다른 점이라고 천명했던 것이다. 여기 논리적 설득을 가능하게 할 만한 명석한 설명이 없었던 것 같았으나, 초면의 의구심이 피차의 자유로운 토론을 막은 것이 분명했다. 어쨌든 천주교와 예수교와는 천도(天道)가 인심 및 국민 된 자의 도리에서 보았을 때 기본적인 차이가 있다는 점을 밝히려 한 것이 확실했다. 왕조실록을 보면 그는 결국 순교하였고 그의 목적은 이루어지지 못하고 말았다.

그런데 토마스의 이 글 속에도 벌써 천주교가 한국에서 나라의 안전을 위협한 인상을 주었다는 전제가 분명히 나타나 있었다. 따라서 이 양교의 차이는 어느 종교가 한국의 보전에 대한 동맹으로 지면해 오되 그 이상의 것이 될 수 있는가 하는 문제와 상통했다. 다시 말하면 이때부터 기독교의 문제는 민족과의 운명적 혈맹은 값비싼 명분이 없이 전교될 전망이 전혀 없다는 말이 될 수가 있었다. 천하인민가종량선(天下人民可從良善), 천하 모든 인민들이 가히 따를 수 있을 만큼 선량하다는 말 뒤에 그 정열이 불타고 있었다.

이런 점이 더 분명하게 나타난 것이 황준헌(黃遵憲)의 『조선책략(朝鮮策略)』이다. 이것은 주일(駐日) 청국 공사관의 참찬관(參贊官)이었던 황준헌이 작성한 것이긴 하지만, 극동의 급변하는 정세와 소위 방아(防俄)의 실현을 위해 고심한 이홍장(李鴻章)이나 일본 조야(朝野) 및 주일(駐日) 청국 공사 하여장(何如章)의

---

2) R. *J. Thomas*, *Letter* to Dr. Tidman, Jan. 12, 1866, North China Letters, Livingston House Library, London 소장.

3) 『고종태황제실록』, 권지 3, 병인 7월 18일조. 국사편찬위원회.

긴박한 의사의 반영 형태였다. 그것은 조선이 그 난경에 함께 아라사 곧 러시아 남진의 책동을 봉쇄하는 전선을 형성하고 "친(親)중국, 결(結)일본, 연(聯)미국" 해야 한다는, 혁신적인 개방 정책의 제시를 골자로 하고 있었다. 1880년 일본에 갔던 수신사 김홍집(金弘集)이 휴대하고 귀국하도록 10여 일 내에 쓰여진 책이었다. 거기 이런 글귀가 특히 눈을 끌었다.

> 지어미국소행(至於美國所行) 내야소교야(乃耶蘇教也) 여천주교근원수동(與天主教根源雖同) 당파각이(黨派各異) 유오교지유주륙야(猶吾教之有朱陸也) 야소종지(耶蘇宗旨) 하불간예정사(何不干預政事) 기인역다순량(其人亦多純良) 중국자통상래(中國自通商來) 장살교사지안(戕殺教士之案) 층출첩견(層出疊見) 무일야소교자(無一耶蘇教者) 역가증기불위환야(亦可證其不爲患也) 피교지의(彼教之意) 역재권인위선(亦在勸人爲善) 고오중토주공지도승지하시(顧吾中土周孔之道勝之何啻) 만만(萬萬) 조선복습오교(朝鮮服習吾教) 점마기염(漸摩旣染) 즉유불초지도종지(卽有不肖之道從之) 만불지하교목이입유곡(萬不至下喬木而入幽谷) 연즉령기전교역부하해사우불필의야(然則令其傳教亦復何害斯又不必疑也).[4]

곧 미국에 대하여 말한다면 그 나라는 예수교를 믿는 나라로서, 그 예수교는 천주교와 다르다. 동방의 교에 주자학(朱子學)과 육상산(陸象山)의 양명학(陽明學)이 피차 다른 것과 마찬가지이다. 미국 사람들의 예수교는 정치에 관여하도록 돼 있지 않고, 사람들도 순량해 그 불충이 나타난 적이 없었다. 주공(周孔)의 도에 견주어 좋으면 좋았지 나쁜 점은 없다. 그러니 그 교가 전해진다 해도 해가 될 것이 없음은 의심할 필요가 없다는, 그런 대지였다.

이것은 대담한 주장이었다. 주자학이나 주공의 도까지 언급한 것은 주자학 정통의 오랜 보수에 예민한 감각을 지켜온 조야(朝野)에 노도같은 반감을 일으키지 않을 수 없었다.

그러나 그의 논지는 핵심을 찌르고 있었다. 미국인은 예수교를 신종하며 정치에 관여하지 않게 돼 있다는 점이 바로 그것이었다. 1853년 미국의 특사 페리(Commodore M. Perry, 1794-1858)가 일본에 수호 강화를 하려고 찾아 갈 때에도 당시의 대통령 필모아(M. Filmore, 1800-1874)는 미국이 헌법상 종교와 정치의

4) 『수신사기록』, 한국사료총서, 국사편찬위원회, 1958, p. 166.

혼합를 막고 있으니 만큼 국내외에서 종교 문제에는 간섭하게 돼 있지 않다는 점을 일본에게 확인시키라고 당부한 일이 있었다.[5)]

2-3. 수교와 기독교의 문제

쇄국(鎖國)이 깨어져 나가고 일본과 수호의 조약을 맺으려 할 때, 다시 말하면 1876년에 한국은 일본이 이미 미국과 수호관계에 있었기 때문에 기독교가 간접으로 전입될 것을 무서워하여 기독교의 금교 조항을 삽입할 것을 처음부터 주장해 왔다.[6)] 결국 조항문에 들어가지 못하고 각서 형식으로 교환하게 되었던 글 중에 아래와 같은 문구가 있었다. 곧 아편을 우리나라에서 막는 것과 마찬가지로 "서교 역시 국법지소엄금야(國法之所嚴禁也)"니 아편과 기독교의 반입을 막는 것을 명문화하자는 것이었다. 1881년 통상조약이 한일 양국 간에 보완될 때에도 한국은 이런 내용의 조항 삽입을 계속하였는데, 거기에 따르면 아편과 가독교의 서책이 반입되는 경우에는 그 자리에서 이를 태워 버리고, 벌금을 서책 한 권에 은(銀) 30원(元)씩 물게 한다는 것이었다.[7)] 그러나 이것 역시 한국이 바라는 대로 성사되지 못하고 말았다. 아편과 기독교를 함께 겸해 쓴 것은 그 동일시와 같은 인상을 준다.

그런데 1882년에는 미국과 수호조약이 체결된다. 그 과정에서 한국은 역시 기독교의 도입 가능성에 대한 가능한 처리를 그 조약문 속에 넣으려고 갖은 애를 썼음이 김윤식(金允植)의 『음청사(陰晴史)』에 잘 나타나 있다. 고종(高宗)은 영선사(領選使)[8)]로 파견해서 중당(中堂) 이홍장과 교섭케 한 김윤식을 통하여 반드시 "불립교당(不立敎堂)"이라는 구절을 조약문에 명시하도록 일렀던 것이다. 따라서 김윤식은 필담을 통하여 미국 예수교의 문제는 재미가 없다고 솔직히 말하고,

---

5) G.B. Sansom, *The Western World and Japan*, Alfred A. Knoff. New York, 1962, p. 488.

6) 여기 대해서는 이광린(李光麟), 개화파의 개신교관, 『역사학보』, 제66집 (1975. 6.), pp. 3f. 참조.

7) 여기 대한 자료는 이광린(李光麟)의 상게서에서 많이 도움을 받았다.

8) 청국에 신병기와 그 제조법을 배우기 위하여 파견했던 사절.

유불입교당일관(惟不立敎堂一款) 불용불력언(不容不力言) 타일문견점광(他日聞見漸廣) 흉차초활(胸次稍豁) 칙미가지야(則未可知也) 유금칙(惟今則) 실난허립(實難許立) 차폐방지망어미국자(且弊邦之望於美國者) 이기화평무괴벽지성(以其和平無乖僻之性) 욕보시종우의(欲保始終友誼) 이약이교당(而若以敎堂) 선실민심(先失民心) 실위가석(實爲可惜) 수운야소교(雖云耶蘇敎) 본불자사(本不滋事) 우민(愚民) 안지천주(安知天主) 야소지분(耶蘇之分)[9]

이라 하였다. 곧 교회당을 세우지 않겠다는 구절이 꼭 들어가야 하는데, 만일 교회당을 세운다고 하면 우선 민심을 잃게 되어 미국과의 우의 보존이 어려울지도 모른다. 천주교와 예수교가 다르다고 하지만 그 차이를 우리 백성이 잘 이해하고 있지도 못하다는 뜻이었다. 김윤식은 다음날 고종에게 보고하는 글 속에서 이홍장이

우왈(又曰) 제십관(第十款) 불립교당지난편(不立敎堂之難便) 신기이서(臣旣以書) 이담(以談) 력언불가(力言不可) 중당역이위연(中堂亦以爲然) 당종방력(當從旁力) 환운(歡云)[10]

하더라는 내용의 글을 썼다. 그 문제를 글로나 말로써 설득도 하였으나 힘닿지 않아 이홍장도 그러라고 하였다고 하였으니 그 어려움이 눈에 보이는 듯했다.

그러나 1882년 5월 인천(仁川)에서 신헌(申櫶)과 미국의 슈펠트(R. W. Schufeldt) 제독이 최종 수호조약에 서명할 때에는 역시 이 교회당을 세울 수 없다는 조문이 빠지고 말았다. 조약 체결 닷새 전, 곧 5월 17일 인천에서 청(淸)의 마건충(馬建忠)을 만난 자리에서 조선정부의 특명부사 김홍집은 "전에 준 통상장정(通商章程) 중 서교 책자는 엄금 징계한다"는 일절을 논의하였는데 원안에 그것이 빠진 까닭을 따진 일이 있었다. 여기 대해서 마건충은

서교일사(西敎一事) 약어약내제명(若於約內提明) 구미각방필치결열(歐美各邦必致決裂), 고부상재주(故傅相再籌) 유기약불심언명(維其若不心言明), 이어등십이관

9) 『음청사』, 국사편찬위원회, 1958, p. 53.

10) *Ibid.*, p. 56.

(而於等十二款) 내가응준조약기재자(內加應遵條約已載者) 선행판리여립약사(先行辦理如立約社) 우유교쟁(遇有敎爭), 즉가유귀국엄행지절(卽可由貴國嚴行止絶) 차약내역불재명준(且約內亦不載明準) 양인유입내지(洋人遊入內地) 약립약사(若立約社) 과유외양교사(果有外洋敎士) 재내지유응(在內地遊應) 즉가조약징변(卽可照約懲辨)11)

이라고 하여, 서교 문제를 표면애 계속 내세울 경우 구미 여러 나라와의 수호통상은 반드시 결렬되고 말 것이다. 그래서 이홍장(傅相)도 여러 방면으로 고려한 끝에 차라리 그 항목을 빼고 조약 체결 후에 귀국이 엄격히 금지할 수 있게 한 것이다. 하지만 비록 그런 입약(立約)은 없으나 서양 선교사가 개항지(開港地) 이외의 내지(內地)에 여행해서 전도를 한다든가 하면 그런 조약 역시 명시 안 되어 있기 때문에 그런 항목에 비추어 징책할 수 있다는 뜻을 해석해주었다. 분명한 것은 한미수호조약에도 전교의 문제는 언급이 전혀 없었다는 것이고, 기독교의 입장에서 볼 때는 그 전교를 막는 "불립교당(不立敎堂)"이라는 말이 들어가지 않았음을 우선 성공이라고 자위할 수밖에 없었다. 따라서 1885년 입국한 미국 선교사들은 문화나 의료사업을 위해서 왔다는 점을 외면에서 강조할 수밖에 없었고, 선교사의 신분을 숨길 수밖에 없었다.

그런데 1886년 한불수호조약이 체결될 때에 한국 관리의 경험 없는 외교의 틈을 이용해서 불란서 측에서 "학습혹교회어언문자(學習或敎誨語言文字)"란 구절을 제 9관(款)에 삽입한 것으로 돼 있다. 이것이 "교회(敎誨)"란 글자를 포함했기 때문에 전교 자유의 의미가 있다고 불란서에서는 해석하였던 것이다. 그러나 설사 그것이 그런 의미를 가지고 있었다손 치더라도 한국이 그런 의미로 서명하지 않은 이상 문제는 간단하지 않았다.12)

어쨌든 이런 문구가 조약문 속에 있다고 하는 것을 안 것은 1888년 4월 하순의 일이었다. 그런데 그것도 문제가 된 것은 개신교 선교사들의 활동 때문이었다. 교섭통상사무아문(交涉通商事務衙門)의 조병식(趙秉式)은 미국 공사 디시모아

11) 박일근(朴日權), 『근대 한미외교사』, 서울, 박영사, 1968, p. 293에서 인용.

12) 천주교회사가 류홍열(柳洪烈) 박사는 한국 측이 속았다는 말을 한다. 그의 『고종치하 서학수난의 연구』, 서울, 을유문화사, 1962, pp. 366, 370 참조.

(H. A. Dinsmore: 丹時謨)에게 조회문을 보내, 미국 전교사들이 조약에도 없는 포교(布敎)를 하는 데 이를 귀 공사가 타일러 그런 범법이 다시는 없도록 하라고 경고한 일이 생겼다.13) 여기 대해서 딘스모아는 죄송하다는 뜻을 밝히고 그런 일이 앞으로는 없게 하겠노라고 회신했던 것이다.

전교의 자유는 요원한 일처럼 보였다. 1889년 3월에도 불란서 공사 콜린 프란씨(Collin de Plancy: 葛林德)가 서리독판(署理督辦) 교섭통상 조병직(趙秉稷)에게 천주교의 전교 윤허를 간청했으나14) 역시 "불준전교(不准傳敎)"가 그 회답이었다.15) 그해 미국 선교사 언더우드(H. G. Underwood: 元杜尤, 1859-1916)와 헤론(J. W. Heron: 惠論, 1856-1890)이 "야소(耶蘇)를 불회(不誨)하고 교육 아동"만을 골자로 한 학교의 설립을 요구했으나 역시 거절을 당했던 것이다. 따라서 선교사들 초기의 전교가 만일 사기(史記)에 있듯이 사실이고, 교육도 1885년부터 한 것이 사실이라면 그것은 수교상(修交上) 하나의 불법이었음이 분명하다.

2-4. 척사위정파들의 기독교 배척의 명분

척사파가 1876년의 한일수호를 전후해서 들고 나온 기치가 왜양일체(倭洋一體)의 논박이었다. 이것은 동학의 척왜양(斥倭洋) 창의(唱義)와도 일맥상통하였다. 최익현(崔益鉉, 1833-1906)의 상소만 하더라도 "화사일성(和事一成)에 사학(邪學-기독교)이 전수되어 편만일국(遍滿一國)"16) 한다는 데 있었다. 일본과 미국이 수교한 마당에 일본과의 수교는 사교의 전파를 가능하게 한다는 것이었다. 그런데 이 왜양(倭洋)이 동일하다는 근거를 최익현은 다음과 같은 사실 하나에 두고 있었다. 곧

금왜지래자(今倭之來者)는 복양복(服洋服)하고 용양포(用洋砲)하며 승양선(乘洋

13) 『구한국외교문서』, 제 10권, 미안(美案) I, 고려대학교, 아세아문제연구소, 1888연 4월 28일자 (p. 353).

14) *Ibid.*, 제19권, 법안(法案) I, p. 53. 법(法)은 당시 불란서를 의미.

15) *Ibid.*, pp. 60-61.

16) 『승정원일기』, 고종 13년 1월 23일.조

船)하니 차(此)는 왜양지명증야(倭洋之明證也)라.[17]

오늘날 왜나라(일본)에서 찾아오는 자는 복장은 양복을 입고, 대포(총을 비롯한 무기)는 서양의 것을 사용하며 배도 서양 배를 타니, 이것이 바로 왜와 양이 일체라는, 그런 논박이었다.

그러나 기독교에 대한 본격적인 척사상소(斥邪上疏)가 빗발친 것은 『조선책략』이 소개된 1881년 이후의 일이었다. 우선 그해 3월 25일에는 "영남유생(嶺南儒生) 이만손(李晩孫)등(等) 만인연소(萬人聯疏)"가 제출되었다. 이들은 황준헌(黃遵憲)의 책략이 마침내 야소교의 홍포책략에 다름없다고 판단하고 다음과 같은 글을 썼다.

이불행유야소사교(而不幸有耶蘇邪敎) 출어해외이종(出於海外夷種), … 유오주륙지구(猶吾朱陸之句) 하등무성(何等誣聖) 하등회현(何等侮賢) 하등욕국(何等辱國) … 미국자아지소매야(美國者我之素昧也) 공연피타종용자아인특(空然被他慫慂自我引慝) 가풍도섭중험(駕風濤涉重險) … 아미일본동일이로(俄美日本同一夷虜) … 피준헌자(彼遵憲者) 자칭중국지산(自稱中國之産), 이위일본설객(而爲日本說客), 위야소선신(爲耶蘇善神) 감작란적지효시(甘作亂賊之嚆矢) 자흔(自欣) 금수지동과(禽獸之同科) … [18]

예수교는 해외에서 온 오랑캐 종자다. 주자학과 양명학을 언급해서 기독교의 상대성을 말한 것은 얼마나 성현을 모독하는 말이며 나라를 욕되게 하는 것인가. 미국을 들추어내어 말하지만 우리와 본래 아무 상관이 없는 나라를 공연히 건드릴 까닭이 없다. 러시아나 미국, 일본이 다 오랑캐다. 이 황준헌(黃遵憲)은 중국인이라 자칭하지만 일본을 위해 변설하는 놈이요, 예수를 선신(善神)이라 주장하는 것을 보아 장난치고는 심하니 금수와 다를 바 없다. 이것이 그 간추린 상소의 내용이었다.

상소는 잇달았다. 1881년 3월 23일에는 동재현(董載鉉)과 홍시중(洪時中)이 기독교를 아편과 같다고 공박하고, 일단 들어오면 염사(染邪)된다고 지적하였다.

---

17) 『고종실록』 13, 고종 13연 병자 정월 23일조 참조.

18) 『고종순종실록』, 상, 1881년 2월 26일(음)조.

하지만 해 7월 6일의 강원유생(江原儒生) 홍재학(洪在鶴)의 상소는 격렬하기가 비길 데 없었다. 그는 이제 전국에 의식생활이 양염(洋染)되어 서로 다투는 사실을 개탄하고,

> 전하지사신재집(殿下之使臣宰執) 비전하지사신재집(非殿下之使臣宰執) 내야소지복심(乃耶蘇之腹心) 구라파지내응(歐羅巴之內應) 하의삼천리기(何意三千裏箕)성고강(聖古疆) 지금일이함닉어견양(至今日而陷溺於犬羊) … 전하지력(殿下之力) 불득이제지의(不得以制之矣) 전하작비무전지과거(殿下作比無前之過擧) 이막연불오(而漠然不悟) 무야유(無也由) 불사학문(不事學門) 고지부족독이(故知不足獨理) … 전하무학(殿下無學) 기유타재(豈有他哉) 용기재상이하완둔기리무치지배(用其宰相以下頑鈍嗜利無恥之輩)[19]

하면서 임금의 사신이 실상은 예수의 복심(腹心)이고 구미(歐美)와 내통하는 자들이라 하면서 3천리 강토가 어떻게 나약해졌음을 통분히 여기며, 이는 다름 아니라 왕 자신이 학문을 하지 않고 이치를 알지 못하기 때문이요, 왕이 그러니 그 밑의 재상(宰相)과 고관들이 다 무식한 도배들이라는, 아주 험악한 격소(激疏)였다. 왕의 무식을 공공연하게 말한 과격함 때문에 곧 그는 체포되었다가 서소문 밖에서 능지처참의 혹형을 받아야 했다.

경기 유생(儒生) 신섭(申櫻)의 상소도 처절하였다. 그는 같은 날짜(1881. 7. 6.)에 올린 상소에서, 구미(歐美)와 통상을 맺으면 이교지원류(異教之願流)가 곧 도입될 것이고, 왕래가 밀접하면 예수교의 점염(漸染)은 필연지세(必然之勢)로, 이는 마치 "차이양호어정원(此異養虎於庭園)", 호랑이를 집안 뜰에서 키우는 것과 무엇이 다를 바가 있겠느냐고 반문하였던 것이다. 그는 김홍집이 이런 의미에서 "범인민외교지죄(犯人民外交之罪)"했다고 통박했던 것이다.

유생(儒生)들의 이 같은 상소에 대해서 고종은 수교가 반드시 예수교 전교허락을 의미하는 것이 아님을 누차 밝혔고, 마침내 1881년 음력 5월 16일에 "척사윤음(斥邪綸音)"을 반포한 바 있었던 것이다. 그러나 격렬한 상소는 그치지 않았다.

---

19) *Ibid.*, 1881연 7월 6일조.

척사파들이 예수교에 대하여 뚜렷한 저술 하나 분석해 볼 수 없었다고 한다면, 이들이 구 신교의 차이가 있다는 사실 외에 전혀 안 것이 없었다는 말이 되고, 따라서 결국 천주교에 대한 인상의 연장으로 예수교를 간주했다고 단언할 수밖에 없다. 그렇다면 이들이 기독교를 배척한 원인은 나라에 대한 안녕의 저해 가능성, 그것 하나밖에 없었다고 말할 수밖에 없다.

2-5. 기독교 수용 주장의 근거들과 그 문제

청국의 강력한 충고도 있고 해서 개국 개화의 물결은 이제 격류를 이루어 흘러 들어오게 되었다. 더구나 미국과의 수호나 그 접촉을 통해서 자강책의 직접 내지 간접적인 도움을 받고자 하는 운동들도 현저하게 대세를 지배하기 시작했다.

그러나 문제는 일부에서 미국과의 수교 뿐만 아니라 미국사람의 종교 곧 기독교를 수용해야 한다는 논의까지 발전한 것이 중요하다. 그 이유는 다름 아니라 그래야만 미국과 같은 부강한 나라, 진보된 나라가 될 수 있다는 데 있었다. 기독교가 국부민강(國富民强)의 원동력이라는 인식이었다.

가령 김옥균(金玉均, 1851-1893)은 1886년에 올린 상소에서 "외국의 종교를 도입하야 교화를 도와" 남부러운 나라로 만들어보자는 말을 하고 있었고,[20] 박영효(朴泳孝, 1861-1939)는 1884년의 상소에서 역시 "종교성즉국성(宗教盛則國盛)"이라 전제하고 "야소교지성(耶蘇教之盛) 구미제방최강성(歐美諸邦最强盛)"인즉 "범종교자(凡宗教者) 임민자유신봉(任民自由信奉)"[21]케 하자고 하였던 것이다. 곧 예수교가 치성한 구미 여러 나라가 가장 강성을 것을 보면 나라의 모든 종교자에게 그들 자유의사에 맡겨 예수교를 믿게 하여야 할 것이라는 것이었다. 그는 1885년 3월 일본 요코하마(橫濱)에서 한국 도상(途上)의 스크랜튼(W. B. Scranton: 施蘭頓, 1856-1922)을 만나 손을 잡고 한 말이 있었다.

---

20) 민태원(閔泰瑗), 『김옥균전기(金玉均傳記)』, 서울, 을유문화사, 1974, p. 125.

21) 『日本外交文書』, 第 21卷 참조.

우리 백성이 지금 필요로 하고 있는 것은 교육과 기독교입니다. …그래야 우리는 입헌정부를 수립하고 장래에 귀국과 같은 자유스럽고 개화된 나라를 만들 수 있을 것입니다.[22]

다른 한 사람의 경우는 유길준(兪吉濬)이다. 그는 미간행(未刊行)의 1906년 『사경회취지서』에서 다음과 같은 글을 남겼다. 곧

만방(萬邦)을 환시(環視)홀디어다. 아 구주(我救主)[23]의 종교(宗敎)를 신봉(信奉)ᄒᆞ는 자(者)되고 독립 못ᄒᆞ는 국민이 하처(何處)에 유(有)ᄒᆞᆫ가. 자유 못ᄒᆞ는 국민이 하처(何處)에 유(有)ᄒᆞᆫ가 … 고(故)로 사회의 근저(根柢)를 여차(如此)ᄒᆞᆫ 종교상(宗敎上)에 수립ᄒᆞ고 기 사회(其社會)의 다수인(多數人)이 기종교(其宗敎)의 진의롤 확신ᄒᆞ며 고수ᄒᆞ야 흡수침심(翕受浸深)ᄒᆞᆫ 도덕성령(道德性靈)이 국가에 향(向)ᄒᆞ야 발휘(發揮)ᄒᆞᆫ 즉(則) 써 정치되미 간결(簡潔)ᄒᆞ며 써 법률되미 공정ᄒᆞ며, 측자(惻慈)하고 써 군비되미 충의(忠毅)ᄒᆞ며 용감ᄒᆞ야 만세불발(萬世不拔)ᄒᆞ는 기초롤 가립(可立)홀디어니와 …[24]

윤치호(尹致昊)에게도 1888년 이와 비슷한 말이 그의 일기에 나타나 있다.[25] 이렇게 본다면 처음 개화파의 친기독교적 인사들은 그 종교적 차원의 개심(改心)에서 보다는 나라의 강성을 기독교의 유럽 여러 나라만큼 이루어 보고자 한 동기로 넘쳐 있었음을 볼 수 있다. 고종이 1884년 늦가을에 김옥균과 동행한 체일(滯日) 감리교 미국선교사 맥클레이(R. S. MacLay, 1824-1907)에게 "병원사업과 교육사업을 시작해도 된다"는 윤허를 내린 까닭은[26], 만일 매클레이 자신의 말을 신빙할 수 있다고 한다면, 이들의 생각과 같았기 때문이라고 단언할 수밖에 없다. 실제로 이런 사업의 구체적인 실현은 대지(垈地)의 확보조차 어려워

---

22) F. A. MacKenzie, *The Tragedy of Korea*, London, Hoadder & Stoughton. 1908, pp. 54－55.

23) 유길준(兪吉濬)은 그 정확한 일자는 모르나 우리나라 최초의 개신교 수세자(受洗者)로 전해지고 있다.
최거덕목사(崔巨德牧師)의 증언에 의함.

24) 사경회취지서, 『유길준전서』, 유길준전서편찬위원회, 서울, 일조각, 1971, I, pp. 400-403.

25) 『윤치호일기』, I, 한국사료총서, 제 19, 국사편찬위원회, 1973, p. 358.

26) R. S. MacLay, Korea's Permit to Christianity. *The Missionary Review of the World*, Vol. IX, No. 8(1895. 8.), p. 289.

착수도 못하였던 것이다.

민영익(閔泳翊, 1860-1914) 역시 보수파의 거물로 알려진 인물이지만, 야소교 도입에 누구보다도 적극적인 자세로 임하고 있었다. 그는 1883년 미국에 전권대사로 파견되었을 때, 11월 27일 뉴욕의 "빅토리아 호텔"에서 동양통 미국인 학자로 동경대학에서 교편을 잡은 바 있었던 그리피스(W. E. Griffis, 1843-1928)와 기독교 문제를 숙의한 바 있었고,[27] 또 그 해에는 우연히 열차 안에서 발티모아 소재 고우처 대학의 고우처(J. F. Goucher) 학장을 만나 그로 하여금 심중에 한국 선교를 다짐하게 한 일이 있었다.[28] 감리교의 아펜젤러(H. G. Appenzeller, 1858-1902) 선교사는 바로 이 고우처의 권유로 한국에 나왔던 것이다. 아직도 민영익의 구체적인 기독교 도입의 동기를 밝힐 한국 측의 문서가 발견되고 있지 않아서 그 성격을 규명하기 어렵지만, 그 윤곽을 더듬어 볼 서양인 측의 자료 하나가 있다. 캐나다 선교사 게일(J. S. Gale: 奇一, 1863-1937)을 처음 만났을 때 민영익은 이런 말을 호소하듯 하고 있었다.

> 한국을 위해 기도해 주십시오. 다른 아무도 우리를 도와줄 수 없겠으나, 하나님, 그분은 도와주실 수 있을 것입니다. 우리나라는 그 앞길이 불안합니다.[29]

입장은 정치적으로 달랐지만 개화파 일동과의 기독교에 대한 호의와 의지(依支)는 같았다. 그가 힘써서 광혜원(廣惠院)이 세워진 것은 1885년 초의 일이었다.

그러나 여기 문제가 있었다. 미국의 헌법이 신앙과 정치의 교섭을 막고 있었고, 미국 선교사들도 복음주의적 경건 신앙 유형에 서 있었기 때문에 국사나 정사에의 관여를 기어이 기피하는 실정이었기 때문이다. 한국 장로교의 신앙 형태 구성에 결정적인 영향을 미친 사무엘 모페트(S. A. Moffett: 馬布三悅, 1864-1939)의 글에 이런 말이 강조되어 있었다. 1890년 7월의 일이다.

---

27) W. E. Griffis. *Corea the Hermit Nation*, New York, Charles Scribners, 1889, p. 461.

28) A. J. Becker, An Educator's Visit to Chosen, *The Korea Mission Field*, February 1914, pp. 14-15.

29) J. S. Gale, *Korea in Transition*, New York, Laymen's Missionary Movement, 1909, p. 37.

서울은 정치적인 와중에 있기 때문에 우리 선교사업에 무슨 타협을 해서 어떤 정치적인 입장을 취해서는 안 된다고 생각합니다. 우리는 가다가 정신적인 어떤 근거에서 저항을 받을 수 있을 것입니다. 그러나 한국 사람들이 우리(基督敎人)들과 예수회 회원(Jesuites)들 사이에 있다고 생각하는 커다란 차이점은 우리가 정치에 휘말려 들고 있지 않다는 데 있다고 보고 있습니다.

따라서 알렌(H. N. Allen: 安連, 1858-1932) 박사가 주한미국공관의 외교관직에 나간 이상, 그와 선교회와의 인연은 완전히 끊어져야 한다고 믿습니다. ... 우리는 선교사들이면 순수하고, 소박한 선교사업, 거기에만 전심해야 한다고 봅니다.[30]

이것이 전형적인 초기 한국 선교사들의 태도였다. 이러한 비정치성의 확인이 묘하게도 개화파 인사들과 근본적인 의견의 일치를 초래할 수 있었던 바탕이었다. 그럼에도 불구하고 기독교의 수용을 주장하는 이들이 필경 기독교를 통한 독립의 보존이나 민보(民保)를 말하게 된 데, 한국 기독교사의 불가피한 곡절이 있었던 것이다.

이런 배경을 이해한다면 조약 중에 신교의 항목이 명기되어 있지 않음에도 불구하고 1898년 6월 10일에 미국선교사 스왈렌(W. L. Swallon: 蘇安論, 1859-1954)에게 "인전교사(因傳敎事)"로 호조(護照)를 정부가 발행한 내력을 짐작할 수 있다.[31] 이런 변화를 가져오게 한 사건의 성격이 흥미롭기 때문이다.

1893년 3월 말만해도 선교사 기포드(D. L. Gifford: 奇布, ?-1900)와 존스(G. H. Jones: 趙元時, 1807-1919)의 집 대문 앞에 동시에 거의 비슷한 "야소교배척격문(耶蘇敎排斥激文)"이 나붙어, 선교사들의 추방을 치토(致討)하는 험악한 공기가 뒤엎고 있었다. 그런데 1896년 10월에 미국 공관은 한국의 외무대신 서리 고영희(高永喜)에게 "유교 경위의 예수교 배척에 대한 항의문"을 엄중하게 제출했던 것이다. 학부(學部)에서 기독교를 "천박 사악으로" 공격한 데 대한 직접적인 항의였다. 이러한 강경한 자세가 선교사를 보내고 있는 나라의 공관에서 취하게 된 데 현격한 격세지감을 느끼지 않을 수 없다. 이런 일을 가능하게 한 사건이 무엇이었을까.

---

30) S. A. Moffett's *Letter* to Dr. Ellingwood, 1890. 7. 24일 및 25일자.

31) 『구한국외교문서』, 제 11권, 미안Ⅱ, p. 364.

1895년 맹하(孟夏)의 8월에 일어났던 을미사변(乙未事變)이 그 전환점을 결정적으로 초래한 계기였다고 보인다. 그때 기독교는 이 겨레의 비운에 운명을 함께 한다는 혈맹(血盟)으로 자리 잡아 갔으며, 춘생문(春生門) 사건을 통해 충군의 기상도 아울러 굳히면서 그 변모를 새롭게 하고 있었다. 이 때 부터 고종은 일제의 계속적인 침범과 침략에 대한 유일한 저항의 전력과 전초지로 기독교를 간주하고 사역하는 일에 나가게 되었던 것이다.[32] 동학도들이 척왜양(斥倭洋)의 구호에서 "양(洋)"을 뺀 것도 1895년 이후의 일이었다. 일제가 이 해를 기해서 한국에서의 기독교를 반일(反日) 충군의 연수(淵藪)로 지목해서 늘 그 삼제(芟除)를 꾀해 해서(海西)교육 총회사건이니 "105인사건" 등으로 한국 기독교의 민족성을 말살하려 하였다는 것은 잘 알려진 사실이다.

2-6. 결언

한국의 기독교는 실로 헌준한 길을 거쳐 수용되고 토착화 하였다. 그런데 그것이 곧 "세계사의 기적"이라고까지 격찬을 받게 된 동기는 그 민족 종교화에 있었다. 그것은 우리가 살펴 온 바와 마찬가지로 논리적으로는 전혀 성사될 수 없는 그런 것의 실현이라는 과정을 밟았다.

하지만 선교사들은 이런 형태 형성 과정을 불순과 혼잡으로 단죄하고 교회의 소위 정화운동을 전국적으로 전개하였고, 그리고 그것은 그들의 판단에 의하면 성공이었다. 1905-1907년의 대부흥이 그것이다. 일제가 이 부흥회 소식을 *The London Times* 등을 통해 세계에 광고한 이유가 왜 따로 없었으랴.

여기서 우리는 척사위정파(斥邪衛正派)들의 척왜양일체(斥倭洋一體)의 입장에 우리도 서게 되는 것이 아닌가 하는 생각을 하게 된다. 일본과 미국 선교사들이 함께 우리 기독교의 민족화를 타락이라고 정죄하였던 까닭에, 그들은 서로 같은 입장에 있었다고 해도 과언이 아니다. 민족교회의 입장에서라면 왜(倭)나 양(洋)과 함께 배척해야 했다. 하나는 국난의 위기에서, 그리고 다른 하나는 한국교회의 정치화를 막으려는 시도에서, 각각 우리는 힘을 겨루어야 했다.

---

32) 여기 대해서는 졸저, 『한국민족교회형성사론』, 1974, 제1장을 참조할 것.

어쨌든 한국 기독교의 이러한 모습은 실로 개화기, 그 수용 주장의 근거와 이유의 상반성이란 모순 속에 벌써 뚜렷이 나타나기 시작했고, 그리고 바로 그 까닭에 민족교회로 틀을 잡을 수 있었던 것이다.

3

한국 근대화와 기독교

1. 한국 근대문화와 기독교의 형태 및 그 영향 범위
2. 초기 서울지방교회에 대한 한 분석적 고찰 – 그 상대적 부진의 원인에 대한 한 시도적 분석 –
3. 초기 윤치호의 기독교 신앙과 개화사상 – 1883년에서 1905년까지를 中心으로 –
4. 기독교와 동학의 접촉사 – 1893–1896 –
5. 한국교회 찬송가의 변천 과정 – 한 역사적 고찰 –

제 3 부
한국 근대화와 기독교

1. 한국 근대문화와 기독교의 형태 및 그 영향 범위

1-1. 서언: 문제의 제시

한국에서 기독교는 개화기에 수용되어 개화 동력으로나 근대화, 그리고 선교의 성취에서 결정적인 소임을 다하였고, 그 흔적도 크게 남겼다. 하지만 전파된 기독교 신앙은 한국적 문화 전통 의식에서는 시종 이질적 외래 요소로 체험되었고, 또 도전의 형식으로 체계화 된 신학에 의하여 선교되고 있었다는 커다란 한계성을 가졌다. 따라서 한국을 주체로 해서 수용, 토착되는 과정에서 보았을 때, 서구의 기독교는 근대문화 구형(構形)에서 작용할 동력이나 근거 및 공간을 전혀 가지고 있지 않았다는 추리가 가능하게 된다.

그럼에도 불구하고 기독교는 근대화의 추진력에서나 수용 요청의 의식과 범위에서 독특한 형태의 응답으로 작용하였고, 이제 우리 생활의 일부를 형성한 문화유산과 그 정신을 남겨 놓을 수가 있었다. 문화 가치에 대한 역사적 의미의 창달과 긍지, 엄격한 윤리적 기조, 민권사상과 인간 존엄의 가치체계, 정의에 대한 예언자적 통찰, 이런 것들이 그 공헌의 모습이 될 것이다. 역사적으로는 항일의 에너지 동원 체제 및 그 이념적 저항의 논리 전개라는 사명 수행이 곁들여 지적되고 구명되어야 할 것이다. 다만 1920년대 중반기에서부터 공산주의나 사회주의 사상과 같은 좌익의 도전에 기독교회가 시달려야 했던 까닭이 이러한 역사의 긍정적 전제에서 분석되어 그 모순이 노출되도록 하지 않으면 안 될 것이다. 그런 피습(被襲)은 설상 기독교의 본래적 경건주의로의 회귀를 강요한 동기였을 것인가 하는 것이 규명되고, 따라서 좋게 보면 기독교의 참여 형식에 대한 자기성찰을 가능하게 했던 계기가 아니었던가 하는 점이 논구되어야 할 것이다. 초기 사회주의 사상가군(群) 속에 상당수의 거물급 기독교인이 있었다는 사실 때문에 이 분석은 후에 가서도 반드시 착수되어야 하리라고 믿는다. 다만 이들의 종교적 동기의 순수성 여부는 처음부터 가려내어야 할 것이다.

이렇게 본다면 우리는 선교 초기의 한국의 정신적 종교적 상황에 대해 분석하고, 동시에 선교사들이 전파한 기독교의 형태가 어떤 것이었는지, 선교 방법상의 신학적 제한성은 무엇이었던지, 그런 것을 설명하지 않으면 안 될 것이다. 그리고 나서 수용 자세의 성격을 지역과 계층에 따라 식별 규명하여 선교된 기독교와의 일치 여부를 검토해야 할 것이다. 이 일치가 실질상 성립되지 않았을 경우와 일치했을 경우와의 비교는 교회 쪽의 반응과 사회 쪽의 반응으로 나누어 그 전개 과정을 추적해야 할 것이다. 종교와 문화는 내용과 형식 관계로 개념화 할 수 있을 것이다. 그러나 그런 개념 밖에서 기독교가 한국 문화에 끼쳤던 영향은 없었던가, 하는 것은 지나쳐 버려서는 안 될 중대한 문제로 취급하여야 할 것이다.

사회주의 사조에 대한 1920년대 중반기의 기독교인의 전향이 그런 유형의 예증일 수 있다. 목적론적 전향의 한 형태가 거기 있었던 것은 부인할 수 없다.

따라서 그 다음의 문제는 선교의 순수한 종교적 위치에로의 "부흥"이 있었을 때, 기독교의 한국 문화에 대한 역동적 관계는 계속 유지될 수 있는 형태의 것이었던가 하는 문제가 남는다. 그 고민이 한국교회가 1920년대를 경과했던 시련이었다. 신비주의와 사회운동의 두 경향이 한쪽에서는 보수와 진보의 신학적 갈등으로 체험되고, 한쪽으로는 신앙과 양심의 갈등으로 체험되면서 진행되었다. 그때 비로소 신앙의 문화사적 의미에 대한 심각한 음미가 논의된 셈이었다.

한데 한국 기독교는 역사적으로 항일(抗日)이란 에너지의 시종일관된 "형상"으로 현존한 실체였다. 또한 일제 말기에 행동적 참여군이 저항보다도 전향에 기운 까닭은 지도층이란 신분 때문에 받는 핍박의 지수(指數) 때문이었을 것이다. 그러나 보수적 신앙군(群)이 오히려 더 최후의 저항에서 범주적으로 희생 순교한 사실이 주목된다. 이것이 바로 한국 기독교사(史)의 전통적 문화 공헌의 한 양식으로 기성화 해야 할 모형이리라는 강한 인상이다. 곧 신앙 내연(內燃) 이후의 자동적 현상외연(現象外延), 곧 사회 참여로의 필연 전개란 형식이다. 이러한 스킴(Scheme) 곧 도식의 성립까지 한국 기독교는 실상 수용 동기에 좌우된 접수였다는 비리에 남아 있었고, 그 순수성에로의 "부흥"이 계속 모색되었다는 말이 될 것이다. 따라서 한국 근대문화 형성과정에서 기독교의 공헌은 민족주체의식의 표현과 그 보존이라는 선행된 동기보다는, 성서적 역사이해, 그리고 유일신 하나님의 정의와 질서의 구현 내지 효용 범위가 이 민족에게서 일치한다는 기독교 복음의 보편성에서 외연(外延) 토착 형식으로 진행된 운동이었음을 지적하지 않으면 안 될 것이다. 여기 비로소 민족 역사에 대한 존엄한 사명감이 세계 공동체 안에서의 한 질서로서 공인되고, 편협한 자아 침잠에서 벗어날 수 있었다.

한국 기독교가 그 초기의 여러 황잡(荒雜)과 형극(荊棘) 속에서 계속 추진한 문화 공헌의 모형은 결국 신(神)의 섭리를 판독해서 스스로 도구나 통로로서 그 뜻을 펴는 구속공동체의 성립과, 그 신앙 내연(內然)에서의 표출 참여로서의 동력 동원 형이었다고 할 수 있다. 한국 문화의 정련(精練)과 함께 보편성에로의 지향이 기독교로 해서 자극되었기 때문이다.

1-2. 처음 선교 방법과 그 수용

19세기 이전의 서구 기독교 선교는 서구 식민주의와 제국주의의 확장과 병행했던 까닭에 성공할 수 있었지만, 아울러 식민화 유형의 선교로서 정치성을 띠지 않을 수 없었고, 따라서 강력한 서구화의 정치 경제적 압력이 수반될 수밖에 없었다.[1] 그때의 문화 변수는 수용국의 전통을 이교이질(異教異質)로 정죄하고 이를 타파 청산하는 강제로 일관되고 있었다.

하지만 19세기 이후의 선교는 서구 식민지권(植民地圈) 이외에로의 확장이 특징이었고, 그 동력도 세속권과의 단절을 전제로 한 경건주의 내지는 부흥운동이었기 때문에, 동기의 불순은 최대한으로 제거되고 문명 확대적 의도도 제한되면서 순수한 복음 전파의 목표만이 추구되었다. 이것은 그때의 선교가 전통문화의 문명권 곧 극동까지의 확장을 가능하게 한 계기가 되었고, 따라서 직접적인 문화 접촉의 갈등이나 그 수용의 문제들을 처음부터 격리시킬 수 있었다. 경건주의를 배경으로 한 근대 선교 역시 신비주의적 정서가 짙었고, 따라서 역사 참여적 전개에 냉담한 형태의 선교였다. 여기 초대 기독교인들의 신 구교 구별 논리에 대한 강력한 의지의 배경이 설명된다.[2] 천주교는 그 선교가 정교일체적(政教一體的) 문화선교의 수정을 고려하지 않고 수행하고 있었기 때문이다.[3] 언더우드(H. G. Underwood)도 천주교의 선교방법이 "이교와의 결탁"이라 비판하면서 그 비위를 다섯 들고 있었는데 두 가지가 정치 간여(干與)요, 세 가지는 선교하러 들어가는 나라의 고유문화 및 종교에 대한 마테오 리치적 접근과 현상수용, 그러고 나서의 가톨릭화라는 문제였었다.[4] 기독교인

---

1) J. Dillinger, & C. Welch, *Protestant Christianity*, New York, Charles Scribners' Son, 1954, p. 167. Cf. R. W. Weir, *A History of the Foreign Missions of the Church of Scotland*, Edinburgh, T. & T. Clark, 190o, p. 22.

2) 가령 H. G. Underwood의 보고문, *The Report, Alliance of the Reformed Churches Holding the Presbyterian System*, 5th Meeting, 1892, p. 410. 유길준(俞吉濬), 『西遊見聞』, 東京, 交詢社, 1895, pp. 346-347, 경인문화사의 영인본(1969). R. J. Thomas의 말. 『고종태황제실록』, 병인년 7월 18일조.

3) 가령 F. C. Ridel 신부(神父)의 태도를 보아 이를 알 수 있다. Ch. Dallet, *Historie de L Eglise de Coree Tome* Ⅱ, pp. 568-572. 『황사영백서(黃嗣永帛書)』도 그 한 예이다.

4) H. G. Underwood, *Romanism on the Foreign Mission Field*, Alliance of the Reformed Churches, 1892,

들의 이러한 인식은 한국에서의 선교형태가 어떤 것이 되어야 했느냐 하는 데 대한 명쾌한 지시가 되고도 남음이 있었다. 정치에서의 경원은 말할 것도 없었지만, 문화작용의 극소화가 그 지표가 되지 않을 수 없었다.

이러한 선교의 정황을 두고 미국 북장로교 해외 선교국의 총무였던 아서 브라운(A. J. Brown, 1856-1945)은 구한말에 찾아 왔던 선교사들의 유형이 청교도적 엄격성과 보수주의적 정통성이라고 규명하고 있었다.[5] 여기에 미국의 교파교회적 탈(脫)사회성과, 미국 헌법의 정교분리(政敎分離) 원칙이 함께 작용하여서 소박한 복음 전파 범위 한정이 처음부터의 입장이 되지 않을 수 없었다.

이러한 선교가 한국인의 수용에서 일부 여기 상응해서 진행되었다. 가령 한국 기독교인은 처음 비사회적이고 개인 구령적인 복음에 끌릴 심리적 바탕을 가지고 있었다.[6] 한국인의 신비주의적 정서적 경향도 선교 성공의 한 원인으로 분석되었다.[7] 구원의 이미지가 『필그림스 프로그레스』(天路歷程)에 나오는 방주적(方舟的) 개념, 곧 이 세계는 가라앉고 있고, 따라서 종말론적 둔세로 내세에만 기대한다는 생각으로 구성되어 간 심리, 역시 그런 선교 수행의 비옥한 토양이 되었다.

이런 유형의 종교적 회심은 서북(황해도 평안도)에서의 두 사람의 개종 기록이 입증해주고 있다. 1897년 이영만이란 선비 출신의 사람이 회심한 까닭은 이웃과 가족의 심한 박해를 받으면서도, 자신의 "죄 때문에 십자가에 달리신 그리스도"로 해서 평화를 얻었고, 따라서 선(善)에로 인도되었다는 확신 때문이었다.[8] 송인서란 사람의 경우도 1892년 자기의 죄과에서의 회개, 성서공부, 평화로운 마음, 그리고 복음 전파라는 소박한 경건주의 유형을 따르고 있었다.[9] 윤치호에

Toronto, pp. 409-411.

5) A. J. Brown, *The Mastery of the Far East*, New York. Charles Scribners', 1919, p. 540.

6) C. Osgood, *Koreans and Their Cultures*, New York, The Ronald Press, 1951, p. 339. A. J. Brown, *op.cit.*, p. 541.

7) H. Welch, The Missionary Significance of the Last Ten Years: A Survey in Korea, *The International Review of Missions*, Edinburgh, Vol. X1, 1922, p. 357.

8) R. E. Speer, *Missionary Principle and Practice*, New York, Fleming H. Revell, 1902, pp. 388-390.

9) *Ibid.*, pp. 390-391.

게서도 죄에서의 회개, 내세 신앙, 영적 인식과 같은 내면화의 회심이 현저하였다.[10] 1887년의 일이었다. 이런 것들은 실상 서북계 신앙 일반, 그리고 초기의 신앙 형태 결정에 크게 영향을 끼쳤던 모페트(S. A. Moffett, 1864-1939)의 신앙노선과 일치 상통하고 있었다. 그는 이런 말을 하고 있었다. 곧

> 처음부터 평범하고 소박한 복음의 진리 이외 전해진 것은 없었습니다. 이 복음만이 하나님이 우리로 하여금 구원에 이르게 하는 힘이고, 이 겨레들을 위해 작용하는 힘이어야 합니다. 재정이나 교육, 혹은 다른 어떠한 이득에 기초해서 호소하려고 하는 일은 필경 죄에서의 구원이란 중심적 진리에서 눈을 돌리게 하는 것이오, 따라서 영적 힘과 구속의 신앙을 삼제하고 맙니다.[11]

여기 문화적, 정치적, 경제적 차원에 대한 선교의 범주적 거부가 천명되고 있었다.

1-3. 한국인의 기독교 수용 동기 문제

선교사들의 선교신학과 한국인의 종교적 심성 바탕이 일치하는 바가 있어서 그런 유형에 따라 선교의 확장이 있기는 하였지만, 이 모든 전제에도 불구하고 한국에서 기독교는 강력한 문화 개진력, 정치적 에너지의 동원체제, 민족산업의 의식화 운동 등에서 무시 못할 광범위한 영향을 미쳐 왔다. 이 변칙의 원인을 우리는 역사적 요인과 선교정책적 요인에서 분석해보고자 한다.

1) 기적적 성장의 역사적 배경

한국 기독교의 성장은 근대사의 신비라고 불리어질 만큼 급격한 것이었다. 한데 1895년과 1905년이 그 통계에 있어서 다른 시기와 현저한 대조를 이루는 급성장을 기록하고 있다.[12] 그리고 그것이 청일(淸日), 노일(露日)의 양 전쟁 시기였다는 사실이 주목된다. 전란의 폐허와 위협 속에서 한국 민족은 "통렬하게

---

10) 『윤치호일기』, 국사편찬위원회, 1973, I, p. 254.

11) R. E. Speer, *op.cit.*, p. 66.

12) 가령 1908년에는 全人口 1%가 기독교인이 되었다. H. G. Underwood, *The Call of Korea*, New York, Fleming H. Revell, 1908, p. 148.

손을 뻗어 도움과 지도의 손을 더듬어 찾았다"는 것이다.[13] 더구나 이런 때를 전후해서 극렬한 빈곤, 압박, 좌절, 불의의 횡행, 가혹한 세징(稅徵)이 겹쳐 구제를 갈망하게 되었고, 그것이 기독교에서 해답을 얻을 수 있었다는 것이다. 국민적 개인적 불안에서 안정을 희구한 마음이 기독교에의 전향을 촉진했음이 확실하다.[14] 서북지방에서 교회가 더욱 흥성했던 까닭 역시 이 전란의 터였다는 사실에서 쉽게 설명된다.[15]

하지만 여기 심각한 문제가 하나 있었다. 그것은 전향 동기가 지극히 정서적이었다는 사실이다. 미국 해외선교국의 총무로서 여러 선교지의 정황을 객관적으로 검토할 수 있었던 아서 브라운은 한국교회가 소박한 구원 신앙에 전적으로 헌신하고 있으나, 그것은 "유아적"이고, 비논리적이고, "따라서 균형이 없고, 자치 능력의 저력 결여, 통찰력의 부재"라고 비판하고 있었다.[16] 신학적 성숙이 일본에 비해 낙후된 까닭이 여기 있었고, 따라서 그것은 항상 같은 상황의 모형적 연속이라는 구조를 필요로 하였다. 하지만 그 상황 단절은 신앙 단절과 통할 수 있었다. 한국 기독교의 성장은 한국 근대사에 있어서의 이민족의 압제, 동족 간의 살상, 체제 안에서는 갈등이라는 시련과 혼란에서 표현된 애절한 호소와 나누어 생각할 수 없게 돼 있다.

둘째로 급성장의 근거는 한국에서의 종교적 진공 상태를 들 수 있겠다. 유불(儒佛)은 종교 의식(儀式)이나 신앙에서 이미 생명력이 쇠진해 있었다. 거기 미신적 종교의 공포 조성 요소들이 다만 주술적(呪術的) 효험으로 군림하고 있었다면 문제는 더욱 암담하였다. 기독교가 이 종교적 영적 갈망에 충족감을 주고, 동시에 마술적 공포 분위기에서의 해방을 다짐한 것은 그 성공을 기약하기에 충분하였다.

그러나 기독교는 보다도 적극적 선교로 임할 수 있었다. 그것은 기독교가

---

13) A. J. Brown, *op.cit.*, pp. 516-524.

14) K. S. Latourette, *Christianity in a Revolutionary Age*, Vol. Ⅲ, London, Eyre & Spottiswoode, 1961, p. 449.

15) J. S. Gale, *Korean Sketches*, Edinburgh, Oliphant Anderson & Ferrior, 1898, p. 209.

16) A. J. Brown, *op.cit.*, pp. 516-517.

고차적인 도덕적 표준을 제시하면서 가능했다. 이 표준의 단면이 재래 윤리나 규범과 크게 격차가 생기면 생길수록, 그 낙차(落差) 공간에서 강력한 동력이 발생하고, 따라서 생활 기조의 신선(新鮮)을 부여할 수 있었다. 가령 가정의 신성을 위한 혁신적 조치들이 그것이다. 소실 있는 자에 대한 입교의 금지[17]라든가, 수양남매 관계 형성의 금지,[18] 솔서(率婿)나 예부(預婦)에 대한 강력한 치리(治理),[19] 혼인 연령을 남자 만 17세, 여자 만 15세 이상으로 한정한 일[20] 등이 그 한 예로서, 여성의 신분 향상에도 함께 자극을 줄 수 있었다. 남녀 칠세 부동석의 "건강에 극히 해로운" 관계를 없애고, "남녀를 ᄀᆞᆺ흔 학문으로 ᄀᆞᄅᆞ치고 동등으로 ᄃᆡ졉홈이 가ᄒᆞ다"[21]했을 때에도 이 정신은 강조되고 있었다.

"이마고 데이"(神像)로서의 인간의 존엄성에 대한 헌신적 사랑도 새로운 도덕적 표준으로 체험되었다. 1895년은 이러한 사실의 예증으로 기억될 것이다. 민비시해(閔妃弑害)에 대한 선교사들의 인도적 관여나 외교적 활동은 그들의 비정치성 강조에도 불구하고 한 비참한 여성에 대한 사랑 이상의 호소로 겨레 가슴에 터질 듯한 감동과 감격을 안겨다 주었다.[22] 더구나 그해 서울에 무서운 콜레라가 창궐해서 수많은 사람이 쓰러져 갈 때 언더우드와 새문안교회 교인들은 서대문 밖에 "프레데릭 언더우드 료소(療所)"를 마련하고 불철주야 그 전염의 위험을 무릅쓰고 헌신적 봉사를 다하였던 것은 지울 수 없는 깊은 인상을 남겼던 것이다.[23] 병마가 스치고 나서 조정은 감사의 글을 보내왔다.

> 목하(目下) 경성재사자상계(京城內死者相繼) 위지가민(爲之可悶) 귀국의사원두우설사설병원(貴國人醫士元杜尤私設病院) 연제구약(捐財購藥) 여기우 일이인불피

17) 조선예수장로회 독로회『회록』, 1908년, p. 15.

18) *Ibid*., 1915년, p. 33(4).

19) *Ibid*,, 1910년, p. 20.

20)『대한 그리스도인 회보』, 광무 3년(1899), 제3권, 제7호.

21) *Ibid*., 광무 2년(1895) 12월 29일자.

22) H. N. Allen, Things Korean, New York, Fleming H. Revell, 1908, 한역, 신복룡(申福龍), 박영사, 1979, p. 160f.

23) D. L. Gifford, *Every Day Life in Korea*, New York, Fleming H. Revell, 1898, p. 145.

위환(與其友一二人不避危艱) 광혜선시(廣惠善施) 전후소활다대(前後所活甚多) 문래심가가(聞來甚可嘉) 자용함포(玆庸函佈) 상망귀대신장비의전유기해원(尙望貴大臣將批意轉諭其該員) 이치아정무감사지침(以致我政府感謝之忱).[24]

지금 서울 안에서도 병으로 죽는 자가 계속해서 뒤를 잇는 가련한 상황 속에서 귀국의 의사 원두우가 사설병원을 설치하고 재물을 들여 약을 구매하여 자신의 친구 한 두 사람과 함께 위험과 어려움을 무릅쓰고 널리 은혜를 베풀고 치료를 시행하였는데, 그 후 다시 살아나는 사람이 심히 많아졌고, 그로 인해 기쁨의 소식이 심히 많아졌다. 이에 사람들이 우러르는 존귀한 대신의 편에 이 편지를 보내어 임금님의 치하를 여러분들(언더우드를 비롯한 의사들)에게 보냄으로 우리 정부의 깊은 감사를 표현하고자 한다는, 그런 감사장이었다.

인도(人道)의 강력한 동력이 거기 있었던 것이다. 이렇게 본다면 기독교는 조선의 봉건사회를 때려 부수는 힘으로 작용한 적극적인 면보다는, 도덕과 종교의 어떤 공간에서 흡인하는 요청 때문에 가속화된 현상으로 수용된 면이 더 컸다는 사실이 밝혀진다. 그것은 요구된 운동이었다.

2) 선교정책상의 문제

한국에 온 선교사들의 신앙 형태를 일괄해서 포괄적으로 정의하기는 어려울 것이다. 그러나 아서 브라운은 그것이 "청교도적"이라는 개념으로 압축할 수 있다고 보았다. 한데 이 "청교도"란 말 자체가 가진 신학적 의미도 애매할 정도로 광의(廣義)하다. 그리고 역사적 정확성을 가진 말로서의 그 용어도 1660년 이후에는 사용되지 않게 되었다. 하지만 그 정신은 미국 이주민을 통해 합중국에 이식되어 계승되었고, 그 성서 중심성, 윤리적 순결, 사회 건설의 박력, 중산층적 도덕, 그리고 칼빈주의적 경세관(經世觀)이 선교사들의 신앙에 그대로 반영되고 있었던 것이다.[25] 여기 대해서 한 선교사회사학자는 이런

---

24) 『구한국외교문서』, 제 11권, (미안 Ⅱ), (1895. 8. 22일부), p. 12.

25) W. Haller, *The Rise of Puritanism,* New York, Columbia University Press, 1957, pp. 15-18.

말을 남기고 있었다. 곧

> 복음만이 지금껏, 언제나 부패한 나라에서 혁명적 힘으로 작용하는 동력입니다. 그것은 인간에게 강인한 독립심을 구형(構形)하고, 도덕적 엄격성, 부정(不正)에 대한 두려움 없는 항거를 발전시킵니다. 이것이 바로 청교도들이 영국에서 한 바를 그대로 실천하게 하는 힘이었습니다.[26)]

다시 말하면, 성서 중심적인 교회정치 개혁과 도덕성이 외연(外延)되어서 시민 생활의 한 청교도적 모형 형성에로 발전할 수밖에 없다는 논리가 여기 분석되고 있다. "왜냐하면 청교도들에게는 차세적(此世的) 수고가 다 그 자체 성례(聖禮)가 되기 때문이고 그 외연(外延)하는 영력, 그것만으로 자신의 성품과 관습, 생의 방식을 개혁할 뿐만 아니라 가정과 교회, 산업, 시민행활, 정치적 기구, 사회적 질서를 혁신해 나가기 때문이다." 이것이 토니의 분석이었다.[27)] 이것이 칼빈주의의 "신의 영광 - Soli Deo Gloria"론적 예정론과 상통하는 것이요, 신에 대한 감사 찬양은 악의 세력에 넘겨진 이 세계 안에서의 활동을 통해서 구현된다는 확신이었다. 내연(內燃)에서의 외연이란 전개 논리가 여기 있었다.[28)] 이 논리에 위험이 없는 것은 아니었다. 그것은 이 세상적 축복과 환란을 직접 하나님의 경륜(經綸)으로 쉽게 간주해버리는 경박성이다. 이들에게 고난의 의미 파악이 취약했던 까닭이 여기 있었고, 따라서 "현실"에 직접적 의미가 그 배후의 역사성 없이 부여되었었기 때문에 일제하의 좌절과 전향(轉向)이 쉽게 도출될 수밖에 없었다. 물론 그 논리 전체의 건전하고 철저한 통달이 약했던 이들에게 위험은 더 컸고, 칼빈주의적 경세관(經世觀)이 긴가 민가 하던 이들에게 그 시련은 더 컸다.

그렇다면 우선 선교사들의 청교도적 외연의 선교 수행 경로를 살펴 볼 수

---

26) J. S. Dennis, *Christian Missions and Social Progress*, Edinburgh, Oliphant Anderson & Ferrior, 1899, p. 250.

27) R. H. Tawney, *Religion and the Rise of Capitalism*, a Pelican Book, Penguin Books, 1961, pp. 199-200.

28) 성서공회 보고문은 이것을 "신앙의 정치적 인간적 목적에의 전용"이라 오역하고 있다. *The Report of the British and Foreign Bible Society*, Vol. 96-97 (1900-1901), p. 275.

있겠다. 이사벨 비숍(I. B. Bishop, 1831-1904)은 한국에서의 선교 진전에 세 가지 근거가 있다고 지적한 바 있었다. 곧 활동 속에서 기독교를 보여주는 의료선교, 한국인 자신들의 전도, 그리고 선교사들이나 기독교 교사들의 따스한 사랑과 고귀한 영향이 매순간마다 느껴지게 하는 학교교육, 이런 것들이라고 하였다.[29] 둘째 근거, 곧 한국인 자신의 전도에 대해서는 다시 별항에서 논의하겠지만, 첫째와 셋째 이유는 다 기독교의 간접적, 사회적 영향과 선행의 자연스런 결과임을 알 수 있다. 알렌은 생전 선교사로 일한 일이 3년에 불과하였지만 그의 지적 도덕 성품이 존경을 받아 왔는데,[30] 그는 이론적 실증적 과정을 통해서 선교가 경제적 부요,[31] 새로운 문명의 기구 도입[32]으로, "환영을 받고 도움을 줄 수" 있었다고 갈파한 일이 있었다. 문명개화의 촉진력과 함께 한 형태의 자본주의 도입과정이 여기 암시되고 있었다. 실상 조선 주재 영국공사였던 힐리어 경(Sir W. C. Hillier)은 1897년, 선교사들이 아니었던들 서구에서 동양에 관한 정보를 얻을 길이 없었을 것이라 언급하고, 선교사들이 상업 및 탐험가로서도 유용하다고 평한 일이 있었다.[33] 영국의 신문 기자였던 해밀턴(A. Hamilton) 역시 약간 훼방조의 글이기는 하였지만, 이와 비슷한 말을 하고 있었다. 곧 이 선교사들의 특징 하나가 "상당한 상업적인 중요성"인데, 이들의 출신 자체가 미국의 상당한 수출 무역업자들의 집안이었다는 것이다. 이러한 배경이 한국에까지 연장되어, 서울에서도 굉장한 저택을 가지고 "사치스러운 생활"[34]을 하였던 것이라고 보았다.[35] 해밀턴이 영국인이었고, 따라서 영일동맹의 효력을 위해서 항일의 기맥을 보이던 미국 선교사들에 대해서 왜곡된 비난을 할 공산은 컸다. 하지만 "선교사들의 상업적인 경향"은 한국 보수주의

---

29) I. B. Bishop, *Korea and Her Neighbours*, London, John Murray, 1898, Vol. I, p. 68.

30) H. N. Allen, *op.cit.*, pp. 183-189.

31) *Ibid.*, p. 186.

32) *Ibid.*, p. 183.

33) I. B. Bishop, *op.cit.*, p. 4. 힐리어경의 서문.

34) A. Hamilton, *Korea*, London, William Heinemann, 1904, pp. 265, 166.

35) 가령, 배재학교 교사였던 A. D. Bunker도 운산금광(雲山金鑛)으로 전직하고 있었다. 『미일신문』, 광무(光武) 3년(1898) 4월 9일자.

신앙의 원조라고 할 수 있는 모페트나 리 (G. Lee: 李吉咸, 1861-1917)에게서조차 도 나타나고 있었다. 이들은 압록강 상류의 재목 토벌권 획득에 주목했고, 벌목한 재목의 세금 지불에 신경을 쓰면서,[36] 한참 시끄러운 러시아 남진의 정세아래서 선교의 진전에 골몰하고 있었다. 알렌이 "경제 외교관"이었고, 그의 이권을 위한 행적에 대해서는 해링톤(F. H. Harrington)의 혹렬한 비판이 있기 때문에 반복을 피하지만, 문제는 그가 선교사들에게서도 비난을 받던 외교관이었다는 사실이다. 게일은 "이 알렌의 이름을 선교사의 명부에서 아예 빼버려야 한다"[37]고 첫날부터 흥분하고 있었다.

하지만 초대 선교사들이 한국에서 호사스럽고 넉넉한 살림을 한 것은 일면 긍정적인 결과를 가져올 수 있는 계기가 되기도 하였다. 서구 기독교의 정신적 근간과 문명의 거대한 역량 때문에 서교를 수용할 용의를 보였던 조선 초기 선비들에게 불란서 신부들은 그 지하 전도의 불가피성 때문에 문명의 후광이 현실적으로 전파되지 못하였던 것이다. 한데 미국계 선교사들은 서구 문명의 기독교적 요소의 현현을 시위적으로 내보이기 위해서 생활의 "안락과 호사"를 주저없이 향유하고, 선망과 흥미를 가지고 조선인들이 바라볼 것을 내심 바라고 있었다는 기록이 있다. 까닭은 "인간생활의 현재를 좌우하고 그것을 더 즐겁게 해주는 종교, 다시 말하면 이 넉넉한 생활이 서양 종교의 결실이라는 것을 보여줌으로써 기독교의 현실적 가치를 그들에게 매력있게 느끼게" 해줄 수 있다고 보았기 때문이다.[38]

이러한 정신과 선교의 원칙을 맞물려서 1891년 한국 장로교가 채택했던 것이 바로 저 "네비우스 방법"이라는 것이었다. 런던선교회의 헨리 벤(H. Venn, 1796-1873)에 의해서 요식화 된 "자립 행정, 자립 부조, 자립 선교"가 그 원칙의 핵심이었다. 벤은 19세기 선교운동의 형성자요 그 동력자(動力者)로 알려진 인물인데[39], 근대 선교가 결국 강력한 근대적 책임 시민을 형성할 수 있었다는

36) F. H. Harrington, *God, Mammon and the Japanese*, 1944 (한역 - 개화기의 한미관계, 1973), p. 114.

37) J. S. Gale, *Korea in Transition,* 1909, p. 163.

38) G. W. Gilmore, *Korea from its Capital*, Presbyterian Board of Publication and Sabbath School Work, Philadelphia, 1892, p. 316.

사실을 입증하고 있었다.[40] 이 "네비우스 방법"은 강력한 자립성, 토착화, 성서에 대한 압도적 강조, 그리고 에큐메니칼 교회 일치의 정책 및 일상생활에서의 평범한 살림을 통한 교리의 실현과 참여를 그 기조로 가지고 있었다.[41] 선교대상을 하류층과 부서층(婦庶層)에 두면서 이러한 선교를 했을 때, 그것은 계층의 상향 이동이라는 사회적 작업을 수행할 수 있었고, 거기서 근대 시민의식이 자아의식과 함께 양성될 수 있었다. 자립성과 토착화는 통하기 때문이었다. 사실 해외선교의 가장 근본적인 이상은 "토착교회"의 성립이었다. 민족교회의 형성이었다.[42] 아서 브라운에 이어 미국 장로교 해외선교 총무를 지냈던 스피어(R. E. Speer)는 다음과 같은 말을 남기고 있었다. 곧

> 우리들의 기본적 이상은 각 나라의 전통에 뿌리박고 겨레의 생에 연결되되 그 관례에 적응하고, 민족성에 동역할 수 있는 민족교회의 성립에 있습니다. 아무런 외국의 간섭에도 영향받지 않는 민족교회가 형성되었을 때 선교는 그 진실한 사명에 충실했다고 말할 수 있습니다. 이것은 결국 선교지역에 서구의 교회적 조직을 투사(投射)하지 않는다는 것을 의미합니다. 다만 복음의 세계적 원리를 전해 그들 자신이 뿌리고 발육케 하되 서구 기독교가 그 민족화를 방해하지 않도록 할 만큼 도울 수는 있습니다.[43]

보편적 진리로서의 복음(The Catholic Principle of Gospel)이 민족 단위의 역사와 생에 실존적 의미를 가져야 한다는 것이 선교 본래의 이상이었다. 선교정책을 반성할 단계에 이르렀을 때, 헐버트(H. B. Hulbert: 訖法, 1863-1949)가 분석한 추론은 이런 문제에 대한 가장 경쾌한 판단이었기 때문에 이를 살피고자 한다.

---

39) W. R. Shenk, *Henry Venn, Anglican (CMS),* www.dacb.org/stories.

40) M. Warren, *Social History and Christian Missions,* London, S.C.M. Press, 1967, 참조.

41) C. A. Clark, *The Korean Church and the Nevius Methods*, New York, Fleming H. Revell, 1930, pp. 33-34.

42) R. E. Speer, *Christianity and the Nations*, New York, Fleming H. Revell, 1910, p. 119.

43) *Ibid.*, p. 121. 그러나 스피어는 민족교회에서의 적절한 신학 활동의 부재, 신(神)경험에 기초한 신앙고백적 문서화의 부재를 탄식하고 있었다. p. 73.

3) 헐버트 이론에서의 토착과 선교[44]

호머 헐버트(H. B. Hulbert: 訖法, 1863-1949)는 1906년 "Missionary Work in Korea"[45]라는 논문을 통해서 복음 선교의 필연적인 정치 외연을 갈파하였다. 때가 보호조약 체결 이후요, 또 자신이 직접 이 시련 속에 휘말렸던 인물이기 때문에, 자연히 문제는 선교와 정치의 문제에 압축되지 않을 수 없었다. 한데 그가 이러한 분석을 시도하게 된 직접적인 동기는 그 해 모였던 미국 북장로교 선교협의회가 "어떠한 경우에도 선교부는 정치문제에 간여하지 않는다"란 결정을 내렸었기 때문이다.[46]

헐버트는 1905년 이후 서북지방에서의 기독교인의 확고한 법의식이나 주권사상 때문에 한국인의 생명 재산에 대한 일본군의 압제를 극복할 수 있었음을 지적하여, 교회는 조선에서의 사회적 문제에 대하여 어느 만큼 관여하여야 하는가 하는 심각한 문제를 제시하였다. 그는 "정치적"이란 말의 광의성(廣義性)을 전제하였다. "백성들과 관련된 모든 것이 다 정치적이다."[47] 이것이 그의 입장이었다. 따라서 한 민족의 종교는 정치에 대하여 뚜렷한 입장과 관여의 관계를 성립하지 않을 수가 없게 되어 있다. 시민 한 사람 한 사람의 모든 행동이 다 정치적이요, 따라서 "로빈슨 크루소가 되지 않고서는 정치적 행동에서 벗어날 길이 없다"고 갈파하였던 것이다.[48]

기독교는 언제 어디서나 도덕과 청결, 정직과 애국을 가르치지 않을 수 없다. 환경 위생의 오염 만큼 도덕적 불미에 대해 혐오를 느끼게 하여야 한다. 여기서 사회혁명의 강력하고 지구한 작용력이 확장되고, 필경 정의와 공평의 질서를 약속하게 된다. 헐버트는 이것을 "정치 이상의 것이로되 거기 포함된 것"이라

44) 헐버트 (H. B. Hulbert)는 육영공원(育英公院)의 교사로 초빙되었다가 고종 밀사로 워싱톤, 헤이그에 다녀왔고, *The Korea Review*를 편집 간행한 감리교 목사. 저서로 *History of Korea, The Passing of Korea* 등이 있다.

45) *The Korea Review*, Vol. 6 (1906), 10월호, pp. 361-366.

46) 사실 이러한 태도는 1901년의 장로교공의회에서 이미 천명되고 있었다. 『그리스도인 회보』, 1901년 10월 3일자.

47) H.B. Hulbert, Missionary Work in Korea, *op.cit.*, p. 364.

48) *Loc.cit.*,

정의하였다. 이렇게 본다면 조선의 복음화가 정치적 의의를 가지지 않는다는 말은 역사적 기만에 불과하다. 정치란 것은 그 기초에 도덕적 동력을 가지고 있고, 그것 없이 기독교란 딴 것이 될 수밖에 없다. 따라서 정치에서의 단절은 곧 복음과 성서와 실천적 신앙의 모든 것을 조선에서 제거하자는 주장과 다를 바가 없다. 그렇다면 기독교 선교를 실시하면서 동시에 정치적 의미의 차원에서 복음을 단절시키고자 하는 것처럼 비논리가 없다는 것이다. 교회와 국가의 분리는 가능하다. 그러나 도덕이나 청결, 정직과 정의, 애국심이 바로 기독교에 의해서 고양되고 생성된 것이라면, 그것들과 국가와의 분리는 가능한 것이 못 된다. "조용한 기독교의 행진"[49]이 외연(外延)될 수밖에 없기 때문이다. 선교사들이 조선에서 그래도 권리의 보호를 받을 수 있는 것이 그 배후의 강력한 본국 정부라고 한다면, 조선인들도 그 배후에 의지할 "정의와 선(善)의 정부"를 가져야만 할 것이다. 여기 보편의 시간과 공간 안의 성육신(Incarnation)이란 과정을 보게 된다. 헐버트는 결국 이러한 것 때문에 조선에서의 선교는 기독자와 비기독자를 가리고서 진행될 수 없다고 설파했던 것이다.

여기 헐버트의 토착이론이 연결된다. 그는 *Korea Review*의 한 논설에서 일본의 "보호"와 기독교의 선교, 어느 것이 조선의 근대지향 개혁을 추진할 힘과 정신을 가졌는가 하는 유형의 대담한 대비를 암시한 일이 있다.[50] 그는 일제의 소위 "개혁 노력"이 조선인의 동감을 이미 상실했다고 지적하면서, 아울러 머지않아 강력한 구세주가 나타나 압박의 사슬에서 민족 해방을 가져올 것이라는는 비현실적 환상에도 단(斷)을 내렸다. 여기 한 선교사의 현실적 한계가 있지만, 이런 정치 내지 군사적 저항이 가져 올 참화에 대한 경고로서는 마땅한 것이었다. 그는 오히려 "민족교육"을 외치고 있었다. 이 교육을 통해서 "자신의 언어와 민족적 주체성"을 보존하라는 것이었다.[51] 책임 있는 입장에 맞는 자체 단련을 통해 일본을 극복할 수 있다고 보았기 때문이다. 민족의식의 강력한 함양과 그 영광에 상응하는 책임, 이것이 조선을 참으로 해방하고 구원하는

---

49) *Ibid.*, p. 365.

50) Editorial Comment, *The Korea Review,* Vol. 6 (1906), 7月號, pp. 266－271.

51) *Ibid.*, p. 269.

길이라 믿고 있었다. 더구나 그는 일본에 대하여, 조선인을 위해 일한다는 약속의 수행을 감시할 것이며, 그 비행은 즉시 세계 여론에 공각(供覺)될 것이라 경고하고,[52] 런던 *The Daily Mail*의 동양 특파원으로 계속 일제의 포악을 타전하였던 맥켄지(F. A. MacKenzie, 1869-1931)와 같은 이의 업적을 찬양하였던 것이다. 이처럼 교회는 민족의 역사적 유산에 대한 긍지와 주체의식을 통한 민족 구원을 제시하고 있었다. 복음이 그 기능이었다.

4) 기독교의 수용 단층 분화

1919년을 계기로 해서 한국의 민족운동이나 국권 회복운동이 존왕적(尊王的) 기축(機軸)에서 벗이나 국민 주권적 기축에로 서서히 굳혀져 갔다.

하지만 구한말에 있어서는 존왕지향성(指向性)과 국민주권 지향이 개념상의 명료성을 결여한 채 병존하고 있었다는 인상이 짙다. 기독교의 경우도 역시 그러했다. 한데 중요한 것은 선교가 역사적 배경이나 선교 신학상의 문제로 넓게 수용될 때 그 단층의 분화 현상이 생겼다는 점이다. 다시 말하면 서북의 황해도와 평안도, 그리고 기청(畿淸:경기 충청)의 경기도 충청도가 묘하게 경계선을 획(劃)하고 서로 다른 반응을 보였다는 사실이다. 물론 피차 넘나드는 몇 군데 교착이 있기는 했지만 대세는 뚜렷하게 잡히고 있었다.

a. 기청형의 신앙형태와 민족운동

가령 장로교의 도별 세례교인 통계에 의하면 1886년에서 1893년까지 기청에만 숫자가 있고 다른 지역에는 기록이 없는 것으로 돼 있다. 이것은 처음 모든 통계가 서울에서 집계되고 있었기 때문이다. 한데 1900년부터 서북에 비중이 크게 기울기 시작하고,[53] 1910년에 이르러서는 결정적인 차이가 나타난다. 그 형편을 다음 도표에서 보자

52) *Ibid.*, pp. 269-271.

53) 1901년부터 실상 이 경향이 현저히 나타나기 시작. 조선예수교장로회선교공의회 제7회 『회의록』 참조.

각 지역별 교세표

지역	평북	평남	황해	기청	경상	전라, 제주
교인 수	7,901	10,842	4,740	2,975	5,726	5,509

여기 보면 황평(黃平:황해 평안)이 23,483인데 반해서 기청이 2,975라는 對比가 된다. 8 : 1의 비율이었다. 1907년에도 그 비율은 거의 같았다. 1887년부터 1910년까지의 선교사들의 활동도 서북에 크게 치우치고 있었다. 서울에는 25명의 선교사가 활동한데 반해서 서북(평양, 선천, 정주, 재령)에는 45명이 상주하고 있었다.[54] 이런 것들은 다 기청지역의 상대적인 수적 열세를 입증하고 있었다.

사실 1892년에 이미 기포드는 서울 지방교회에 대하여 실망했고,[55] 1898년에는 언더우드가, 그리고 1934년 로즈(H. A. Rhodes, 1875-1965) 역시 실망을 감추지 못하고 있었다. 이 부진의 원인은 서울이 유교 전통사회를 지탱하는 관료군의 본거지라는 보수성, 그래서 전향한 신자들에게서도 그러한 의식이 있었다는 사실에서 적출된다. 그것은 홍문동교회의 경우와 곤당골교회의 경우에 아프게 예증되었던 것이다. 홍문동교회는 설립 연대가 기록에 없지만 철도부설에 얽힌 문제로 황(黃)씨네 집안과 배(裵)씨 네 집안의 반(反)선교사 감정이 터져 무어(S. F. Moore: 牟三悅 1860-1906), 애비슨(O. R. Avison: 魚丕信, 1860-1056) 및 밀러(F. S. Miller: 閔老雅, 1866-1937)를 구타 축출하려던 교회였기 때문에 해산시킬 수밖에 없었다고 한다.[56] 이들은 짐작컨대 독립협회계 인물들이 아니었던가 한다. 언더우드 부인의 글에 나오는 "독립협회의 활동과 독립의 기운을 타고 중앙교회(The Central City Church)가 선교사의 통제를 벗어나 스스로 독립교회로 선포"한 교회가 바로 홍문동교회가 아니었는가 하는 것은 다른 방증이 있어야 할 것이다.[57] 한데 무어의 곤당골교회 문제는 기독교의 근대화 노력이

---

54) 곽안련 편(郭安連編), 『장로교회사전휘집(長老敎會史典彙集)』, 京城, 조선야소교서회, 1918, pp. 176-192.

55) D. L. Gifford, 외지선교부에 보낸 『서간』 (1892. 11. 2일자).

56) 차재명 편(車載明編), 『조선예수교장로회사기』, 상, 京城, 신문내교회, 1928, p. 188. 홍문통교회 자체가 그런 목적으로 교인을 취집(聚集)하였던 곳임.

57) L. H. Underwood, *Underwood of Korea*, New York, Fleming H. Revell, 1918, p. 186.

조선의 개종 상류층에게서 겪은 심각한 갈등의 한 유형을 보여주었다. 무어는 박성춘(朴成春)이란 백정(白丁)을 개종시키게 되었고, 그는 곤당골교회에 나오게 되었다. 그를 따라 다른 백정들도 함께 출석하기 시작하였다. 무어는 애비슨과 함께 이노우에 가오루(井上馨, 1835-1915) 공사를 거쳐 고종(高宗)에게 백정 신분을 나타내는 복장의 해제를 건의하고 갓도 쓰게 진정서를 냈던 것이다. 이것이 성취된 것이 갑오경장(甲午更張) 때의 일이었다. 한데 문제가 터졌다. 거기 나오던 교인들 양반층이 교회를 떠나기 시작했고, 따라서 곤당골은 장차 해체될 수밖에 없었다. 이 백정들은 그래서 1904년에 신설된 승동교회에 몰려갔고, 그 교회 교인 중 3분의 1이 이들로 채워지게 되었던 것이다.[58] 서울의 교회가 이런 급격한 변화에 함께 부응하기 어려웠고, 따라서 침체는 불가피하였다.[59]

서울의 상류 유가(儒家)층 곧 양반 출신의 이러한 존재 양식은 기청교회의 한 독특한 성격을 형성하기에 넉넉하였다. 유가 출신 기독자들의 모습은 이능화(李能和)의 관찰로는 아래와 같은 것이었다.

> 광무오년(光武五年)(1901) 신축삼월(辛丑三月)에 선고부군(先考府君) 이원긍(李源兢) 호(號) 취당(取堂) 전한종이품(前韓從二品) 가선대부(嘉善大夫) 법무협판(法務協辨)) 급(及) 이상재씨(李商在氏) 호(號) 월남(月南) 전한종이품(前韓從二品) 가선대부(嘉善大夫) 의정부참의(議政府參議) 유성준씨(兪星濬氏) 호(號) 긍제(兢齊) 가선대부(嘉善大夫) 전한종이품(前韓從二品) 내부협판(內部協辨), 김정식씨(金貞植氏)호(號) 삼성(三省) 전한경무관(前韓警務官), 이승인씨(李承仁氏) 호(號) 죽사(竹史) 월남선생지(月南先生之) 차자(次子) 전한위부여군수(前韓爲扶餘郡守) 졸우궁(卒于宮), 홍재기씨(洪在箕氏) 호(號) 두정(斗庭) 전한개성군수(前韓開城郡守) 졸우궁(卒于宮), 이승만씨(李承晩氏)(철학박사(哲學博士), 안국선씨(安國善氏)(증경군수(曾經郡守), 김린씨(金麟氏)(관력미상(官歷未詳) 등(等)이 일시피구(一時被拘) ᄒᆞ야 … 삼개성상(三個星霜) … 제공(諸公)이 상여연구신약성서(相與硏究新約聖書)ᄒᆞ야 서심결지(誓心決志)ᄒᆞ야 영세수계(領洗守誡)ᄒᆞ니 시위 관신사회(是爲官紳社會)신교지시(信敎之始)라.[60]

---

58) S. F. Moore, The Butchers of Korea, *The Korea Repository*, April 1898, pp. 127-132.

59) H. E. Pollard, *The History of the Missionary Enterprise of the Presbyterian Church U.S.A. in Korea*, North Western University, 1927, p. 30.

1901년 광무 5년 신축년 3월에 이원긍(이 책을 쓴 이능화의 부친)과 월남 이상재, 유성준, 김정식, 이승인, 홍재기, 이승만, 안국선, 김린 등이 일시에 구속되어 3년이 흘렀다. 이 여러 인물들이 서로 신약성경을 연구하고 마음에 결심하고 서약하여 세례를 받고 계명을 지키니, 이것이 바로 관료층과 신사들이 기독교를 믿게 된 시초였다. 대개 이런 뜻이었다.

여기 좌옹(佐翁) 윤치호(尹致昊, 1864-1945)가 빠진 것이 이상하지만, 이 외에도 최병헌(崔炳憲, 1858-1927), 신흥우(申興雨, 1883-1959), 유길준(兪吉濬, 1856-1914), 이동휘(李東輝,1873-1935), 김필수(金弼秀, 1872-1948), 박용희(朴容羲, 1884-1959), 함태영(咸台永, 1873-1964) 등을 들 수 있겠다.[61] 이들 중에는 목사가 된 이들이나 기독교 사업에 투신한 사람들도 있었지만, 공통된 것은 종교적 신앙이 그 마음 심층(深層)에까지 닿아 영적 회심을 경과한, 그러한 극적 변화가 눈에 띨 띈다는 사실이다. 가령 목사가 된 최병헌은 이렇게 비판하고 있었다. 곧

> 야소교리는 목이서학이불취(目以西學而不取)ᄒᆞ고 단취서인지병(但取西人之兵)과 여기계(與機械)ᄒᆞ야 설전화여힐학(設電話與詰學)ᄒᆞ니 차(此)는 불무기본이취기말(不務其本而取其末)이라 기가성취문명재(豈可成就文明哉)아"[62] ... "개천도불한(蓋天道不限) 령방국진리(令邦國眞理) 가통발중외(可通發中外) 서양지천(西洋之天) 즉동양지천(即東洋之天) 이천하시동일(以天下視同一)"[63]

이라 하였던 것이다. 기독교의 교리는 취하지 아니하고 다만 서양인들의 병기나 기계나 전화 같은 것을 시설하되 그 본바탕은 취하지 아니하고 그 말미(末尾)만 취하고 있으니 어찌 문명을 이룰 수 있으랴 하는 걱정이었다. 하지만 천하의

---

60) 이능화(李能和), 『조선기독교급외교사』, 京城, 조선기독교 창문사, 1928, pp. 203-204.

61) 백낙준(白樂濬)은 서북 계에서도 길선주(吉善宙), 강규찬(姜奎燦), 한석진(韓錫晋), 김영훈(金永勳), 양전백(梁甸伯), 채정민(蔡廷敏), 김병조(金秉祚) 등을 들고 있으나, 이들은 유교조선의 체제 지탱 관료가 아니었고, 다만 유지계급이었다는 점이 부기되어야 한다. 『한국사』 20, 근대문화의 발생, 국사편찬위원회, 1974, pp. 245-247.

62) 『대한매일신보』, 잡보, 1906년 10월 9일자.

63) 『황성신문』, 기서(寄書), 광무7년(1903) 12월 22일자.

도가 다 한정이 없으니 서양의 천리가 곧 동양의 천리일 것이다라고 해서 기유(基儒)의 이념적 연결의 모색하고 있었다. 구당(矩堂) 유길준(兪吉濬)도 그랬다. 그는

유원아동포(惀願我同胞)는 인사교(人事敎)로는 공자를 송독(誦讀)ᄒᆞ야도 종교상에는 천신(天神)의 하(下)에 귀의(歸依)ᄒᆞ야 구주 야소를 신앙홀디이다.[64]... 후지유자(後之儒者)가 불사공자지본의(不師孔子之本意)ᄒᆞ고 수구성습(守舊成習)에 불긍택선종지(不肯擇善縱之)ᄒᆞ고 약유명론(若有明論) 고견자(高見者)면 필왈사문난적(必曰斯文亂賊)이라 오 고개지(嗚鼓改之)라 … 부득진선(不得進善)케 ᄒᆞ니 개실공자지죄인(皆實孔子之罪人)이라." [65]

원컨대 우리 동포들은 인사교로는 공자를 읽고, 종교상으로는 예수교를 믿어야 하는데, 최근에 유학자들이 공자의 본뜻은 따르지 아니하고 수구(守舊)에만 치우쳐 따로 명쾌한 이론을 개설하는 자가 있으면 이를 사문난적(斯文亂賊)이라 하니 이것이야말로 공자에게 죄를 짓는 것이 아니겠는가, 핀잔을 주었던 것이다.

이것 역시 기유(基儒)의 접속논리를 노출한 것이라 볼 수 있겠다.[66] 이런 것이 대개 『대한매일신보』에 어느 정도 명쾌하게 분석하고 있는 것으로 보인다. 가령,

근일(近日) 야소교(耶蘇敎)에 경향신사(京鄕紳士)가 다수이 입참(入參)한다니 대한에 인민이 단체하야 지식을 발달하야 국권(國權)을 만회(挽回)할 기초를 종차가기(從此可期)라.[67]

최근에 기독교에 경향의 신사들이 다수 참입한다고 하니 이는 대한의 인민이 단체로 지식을 발달시킴으로 국권을 만회할 기초를 만들려 하기 때문이라는 것이었다. 또

---

64) 유길준(兪吉濬), 『사경회』 서문

65) 최병헌(崔炳憲), 『대한매일신보』, 잡보 1906년 10월 7일자.

66) 『제국신문』, 논설, 1903년 7월 7일자. (이 신문은 이종일(李鐘一), 이승만(李承晩) 등이 간여). "교회를 의뢰하고 무삼 유조(有助)한 일을 얻고져 함이라, 운운."

67) *Ibid.*, 잡보, 1907년 8월 6일자.

현금(現今) 영미법덕(英美法德)이 야소교(耶蘇敎)롤 종교를 삼는 자(者), 기국보(其國步)와 영광이 과여하재(果如何哉)아. 오동포(吾同胞)도 차(此)를 선(羨)커든 기제국(其諸國)의 숭봉(崇奉)ᄒᆞ는 바 종교는 종(從)ᄒᆞᆯ지어라.[68]

이런 경향은 서북인 중에도 일부 개화파 인사에게 나타나 있었다. 가령

연즉(然則) 금일(今日)에 급무(急務)는 하(何)에 재(在)ᄒᆞ뇨. 종교교육을 확립ᄒᆞ야 주계(主界)에 경쟁력(競爭力)을 부실(不失)ᄒᆞ고 민족주의롤 확립ᄒᆞ야 구미열강(歐美列强)과 우이(牛耳)의 맹(盟)을 집(執)ᄒᆞᆷ을 시시(是視)ᄒᆞ노라.[69]

그런즉 이 시대에 있어서 가장 급한 일은 어디에 있는가. 종교교육을 확립하여 경쟁력을 잃지 아니하고 민족주의를 확립하여 구미열강을 우두머리로 동맹을 해야 함을 밝힌다는 것이었다.

기독교 문명의 우세와 그 합리성에 대한 견인, 그것에 기초한 민족 역사의 확보와 국권 회복이란 대망의 실현 통로가 이들에게 기독교에의 전향으로 작용하였음이 명백하다. 여기 유교적 교양은 그대로 남는다. 이것이 이들 기청(畿淸)형 기독자들로 하여금 "황제에 대한 현저한 충성", "실법(實法)에 대한 준행" 정신을 가지게 한 배경이었다.[70] 민비시해(閔妃弑害) 후 정동교회에서의 추모 예배라든가,[71] 1896년 9월부터 계속한 고종 황제의[72] 탄신 기념예배, 1897년의 조선 창건 505주년 기념예배, 고종의 아관파천(俄館播遷)에서의 환어(還御) 환영, 이런 것들이 그런 생각의 한 표현이었다. "대군쥬 폐하 탄일을 국즁에 경축ᄒᆞᆯ 날인쥴노 ᄀᆞᆯᄋᆞ쳐 주ᄂᆞᆫ것도 ᄯᅩᄒᆞᆫ 교즁 목ᄉᆞ들의 힘이요 쥬선ᄒᆞᆫ 것"[73]

---

68) 서호문답(西湖問答), 『대한매일신보』, 1908년 3월 10일자.

69) 『서북학회 월보』, 1권 8호 (1908, 1월호).

70) J. S. Dennis, *Christian Missions and Social Progress*, Edinburgh, Oliphant Anderson & Ferrior, 1899, Vol. Ⅲ, p. 250.

71) 『독립신문』, 1897년 11월 20일자. 론셜. Cf. 『그리스도신문』, 1897년 11월 25일자.

72) 1897년 10월부터 대한 제국(帝國)으로 국호개정. 따라서 고종은 황제로 개칭.

73) 『독립신문』, 1897년 8월 26일자 Cf. 18981년 7월 4일자.

역시 교회였다. 1897년 9월, 인천의 용동(龍洞) 예배당에서는 김기범(金基範)이 황제탄신 경축가를 지어 부르고 있었다.

> 남녀노소인민들은 경축가를 불러보세
> 우리 모두 일심으로 성상폐하 경축하세
> 충심으국ᄒᆞᄂᆞᆫ거슨 ᄇᆡᆨ셩마다 본분일세
> 국태민안부국강병 세계상에 영화로다
> 우리ᄇᆡᆨ셩 합심ᄒᆞ니 자쥬독립 만만셰라
> 만세만세 만만세 셩샹폐하 만만세[74]

이들의 존왕적 기상은 1907년 양주(楊洲)의 기독교 교사 홍태순(洪太順)이 대한문 앞에서 약을 먹고 자결할 때나,[75] 황해도 문화에서 활동한 의병대장 우동선(禹東鮮)에게도 나타나 있었다.[76] 우동선은 "아(我) 신앙동포여"란 글에서 참 신앙을 가진 충군적 인물의 빈곤을 슬퍼하며 선유위원(宣諭委員) 서상륜(徐相崙, 1848-1926)[77]을 한심하다고 힐난하고 있었다.

다른 한편 선교사들의 조정 친근도 존왕적, 체제 순종적, 기독교인을 낳는 계기가 되었다. 알렌은 말할 것도 없지만, 언더우드, 헐버트, 애비슨, 번커(D. A. Bunker, 1853-1932), 존스, 그리고 애니 엘러스(A. J. Ellers), 릴리아스 홀튼(L. S. Horton, 1851-1921)[78] 메리 스크랜튼(M. F. Scranton, 1832-1909)과 같은 여자들도 그 친밀이 두터웠다. 선교사들과 왕실과의 개인적 친근은 초대 한국교회의 신앙 형태 형성에 있어서 후속하는 몇 가지 결정적 영향을 끼칠 수밖에 없었다. 체제 시인적 신앙 참여형이 그것이다.

---

74) *Ibid.*, 1896년 9월 17일자. Cf. 윤치호 편, 『찬미가』, 1905年 초판에는 15장 중 애국충군송(忠君頌)이 3장 있었다.

75) 정교(鄭喬), 『대한계년사』, 하, p. 274.

76) 『한국독입운동사』, 서울, 애국동지원호회, 1956, pp. 55-56.

77) 이 인물이 황해도의 유관한 것을 보면 한국 최초의 성서 번역 및 서매인 서상륜(徐相崙)이었음에 틀림없다.

78) 1889 H. G. Underwood와 결혼. 민비 시의(侍醫)로 활동.

b. 서북형의 대중신앙 수용과 민족운동

앞서 살펴 본 바와 마찬가지로 서북 곧 황평(黃平)에서 기독교는 1895년과 1905년 그리고 그 이후 계속해서 압도적인 수적 성장과 내실찬 발전을 이룰 수 있었다. 그것은 실로 근대사의 신비로까지 불리어졌다.[79] 냉소적이던 이사벨 비숍(I. B. Bishop)까지도 평양에서의 선교 성공을 대서특필하지 않을 수 없었다.[80] 한국교회에 대한 신앙의 예찬이나 그 분석은 실질상으로 이 서북형 신앙을 대상으로 했다고 해도 과언이 아니었다. 자급교회로서의 확립, 놀랄만한 헌금, 자립선교나 자치적 교회의 확립은 그 처음부터의 특징이었다. 평양에서만도 1년의 헌금액이 314.95달러였는데[81] 이것은 비율로는 미국교회를 능가하고 있는 액수였다. 황해도의 식골 장연(長淵)의 한 교회는 보지도 못했던 인도의 기근에 대하여 84달러의 구제금을 송탁하고 있었다.[82] 이렇게 "믿지 못할 정도의" 선교 확장에 대한 원인이 몇 더듬어질 수 있을 것이다.

우선 그것은 만주를 드나들던 행상인들을 통해서 성서의 파급과 함께 민중의 초근에서 소박하게 진행되었다는 사실이다. 이것은 선교사와는 무관하게 진행된 독자적 주체적 회심 및 전도로서, 멀리는 1864년 4월 처음 한국인이 세례를 받은 것으로 돼 있고, 1876년에 서상륜(徐相崙), 이성하(李成夏), 김진기(金鎭基), 백홍준(白鴻俊, 1848-1894) 등이 세례를 받은 것으로 나타나 있다. 그리고 이들 중 두 사람은 곧 성서 번역에 착수하였고, 4복음서와 사도행전을 출판에 붙인 것이 1882년부터의 일이었다.[83] 실상 서울에만 해도 1887년 9월 새문안교회에서 처음 공개예배를 드릴 때 참석한 14명 중 13인이 서상륜의 전도의 결실이었던 것이다.[84] 선교의 자국민에 의한 자생성이 여기 눈에 띄인다.

그러나 중요한 것은 이 전도가 압도적으로 성서와 함께 진행되었다는 사실

---

79) J. N. Ogilvie, *The Presbyterian Churches of Christendom*, London, A.& C. Black, 1925, p. 243.

80) I. B. Bishop, *Korea and Her Neighbours*, p. 346.

81) G. Lee, Evangelistic Report of Pyeng-Yang Station, *The Korean Repository*, October 1897, p. 367.

82) I. B. Bishop, *op.cit.*, p. 347.

83) *The Report of the British and Foreign Bible Society*, London, Vol. 80-81(1894-1885), p. 248. 실상 누가복음은 1882년 간행임.

84) *The Annual Report of the Board of Foreign Missions of the Presbyterian U.S.A.*(1890), p. 124.

이다. 1885년 현재로 성서는 5,944권이 퍼지고 있었으며, 1888년에는 누가복음, 곧 보편적 세계적 특성을 가진 복음서가 5만여 부가 퍼지고 있었다.[85] 이것은 기청형의 개화지향적 기독교 수용과는 판이한, 내실(內實)의 신앙 형성을 가능하게 하였다고 벌 수 있는 국면이다. 더구나 성서번역 작업을 거치면서 정리해야 했던 한글에 대한 체계적 작업이 민족의식의 역사적 전형(轉形)에 끼친 영향은 실로 지대한 것이었다.

다음은 이 서북형의 신앙은 수평 이동이 용이하였던 행상인들에 의해 북한 지역 넓게 전파되었고, 따라서 그것은 서북인 일반의 개방성과 겹쳐져 교착적인 유교군(群)에서와 같은 선교의 폐쇄성을 극복할 수 있었다. 이것은 서북인의 상대적인 경제적 여유와 네비우스 방법의 자립정신 고양과 함께 병행해서, 전도 대상의 하류층을 신흥 중산층, 곧 근대적인 의미의 중산층에로 상향(上向) 등반(登攀)시킬 수 있었고, 따라서 기독교가 한국 근대사에서 시민의식을 각성시켜 정착케 한 경우로 이 서북 신앙이 지적되어야 할 것이다. 이러한 새 시민적 각성은 서북인이 역사상 유교 집행 관료군(群)의 서울 체제에서 항상 소외되어, 경제적으로도 억압받던 불만 때문에 전통적인 조선 양반사회의 변혁을 꿈꾸게 하였고, 서북 기독교인들 역시 보편적인 진리나 정의를 성서 자체에서 찾고 그것을 모든 가치의 최후 근거로 삼는 혁신적 윤리에 집착하게 하였으며, 따라서 기청형의 존왕적 신앙과 구별되는 신앙 유형을 발전시켜 나갈 수 있었다.[86] 그것은 목전의 거대한 문명개화라는 동기 성취 지향의 입신(入信)이 아니었다. 다만 성서에 기초한 인간의 존귀성, 정의와 윤리의 가치, 민주주의적 평등과 자유의 기본적 확립, 그것이 긴요함을 선포하고 있었다. 그것은 본질상 대중운동의 차원에서 구조적으로 작용하고 있었다.[87]

이러한 정의 자유 평등의 보편성과 대중운동적인 성격이 동학 접촉에서의

---

85) *The Report of B.F.B.S.*, Vol. 84-85 (1888-1890), p. 280.

86) 아쉬운 것은 기청 기독교와 달리 이들은 신앙고백적인 글들을 남긴 것이 별로 없고, 또 남겼다 하더라도 발표할 기관이 없었기 때문에 그들의 신앙 내용을 문헌상 밝힐 근거가 없다는 것이다.

87) R. E. Shearer, *Wildfire: Church Growth in Korea*, (이승익 역 , 『한국교회성장사』, 기독교서회 1966), p. 187.

상대적 우호를 한때 지니게 하였던 까닭이 아닐까 생각한다. 황해도 장연(長淵) 지방의 솔내에 1894년 10월부터 다음해 5월까지 체재했던 한 선교사, 곧 윌리엄 맥켄지(Wm. MacKenxie: 梅見施, 1861-1895) 는 1895년 1월 패주하던 동학군과의 만남에서 당장 신뢰할 수 있는 관계를 형성하였고, 법적 보호에 대한 선교사의 가능한 조치까지 약속할 수가 있었다. 패주하던 동학군은 만 여 세(勢) 인데도 불구하고 그 고을에의 진입을 포기한 바 있었고, 그 지휘관은 개종하여 착실한 신도로 활약함을 1896년 봄 언더우드 부인이 직접 가서 만난 일이 있었다.[88] 1904년 조직된 일진회(一進會)에서 처음 공개 회합을 가질 때 서상륜이 그 의장 일을 보았다는 사실은 여러 시각에서 검토되어야 할 사건이지만, 서상륜의 소박한 의도의 참여가 아니었던가 정설(定說)해 봄직도 하다.[89] 실상 이용구(李容九, 1868-1912)가 실권을 잡자 기독교인은 전부 여기에서 탈퇴하였던 것이다. 이런 것들은 경기 충청에서 기독교에 동학이 이만한 정도의 접촉도 전혀 없었다는 사실과 크게 대조를 이룬다.[90]

이런 민중 주도형 선교가 경기 충청과 또 대조된다. 서북교회는 선교사가 들어오기 전에 도처에 세워지고 있었고, 선교사들은 묘하게도 거기에 있어서는 목회(牧會) 형태의 방문을 하는 데 불과하게 되었던 것이다. 이것이 바로 선교정책 결정의 방향에도 심대한 영향을 미쳐, 네비우스 방법형의 정책 구상을 하지 않을 수 없게 하였던 것이다. 그것은 자립과 자급을 원칙으로 하고 있었다. 주체와 책임의 교회상(像)이 여기 구형(構形)된 것이다.

한데 이 자립 자급 원칙이 자치 이념에도 통했다. 서북의 교회들은 선교사 없이 조직 운영되었고, 전도와 교육, 그리고 지도력의 형성 자체까지 스스로 해냈다.[91] 유교적 신분제가 해완되어 있었고, 권력 구조에서 사회상 소외되어

---

88) L. H. Underwood, *Fifteen Years among the Top-Knots*, New York, American Tract Society, 1904, p. 128.

89) C. A. Clark *Religions of Old Korea* (1929 초판), 서울, 기독교서회, 1961, pp. 150-152.

90) 日本外交文書, 日本外務省, 제 26권(1906), pp. 413-417 및 『구한국 외교문서』, 제10권 (미안 I), pp. 718-720.

91) The Characteristics of the Korean Churches, *The International Review of Missions*, March 1912, pp. 416-419.

있었던 서북에서 이런 기회는 새로운 도전이 아닐 수 없었다. 실상 초대교회는 이런 개인의 신부적(神賦的), 사도적, 소명의식과 책임감의 표징 없이 세례를 베풀지 않고 있었다.[92] 서북교회의 발전은 바로 이런 의식분자들의 광범위한 편재(遍在) 때문에 가능한 것이었다. 그것은 투입(投入)된 것이 아니었고, 소산(所産)된 것이었다. 그런데 중요한 것은 이 개개인의 바탕에 심각한 도덕적 예민성, 영적 승화, 기도의 생활, 헌금에의 정성, 불타는 전도열의 기초가 돼 있었고,[93] 다시 이것들은 성서의 복음에 대한 초월적 권위감을 그 전제로 하고 있어서 그 신앙의 박력은 신선하고도 벅찼다. 성서를 통해서 사회 안에서의 인간화 작업이 수행되고, 그 깊은 심정 안에서 복받치는 새 생명이 양성되어 정신적으로 도덕적으로 지양될 때 비로소 전진과 개발의 뿌리가 마련될 수 있었다.[94] 내연에서의 자동적 외연의 과정이 여기 있었다.

서북에서의 교회는 이런 의미에서 사회정의의 구현을 현실적으로 다그칠 수 있었던 것이다. 토지문제에 대한 관여가 그 하나이다. 노일전쟁 후(1905) 일본군들의 토지 수용(需用)의 포악성에 대해 교회는 그 불의를 고발하고, 그 곡직(曲直)을 위해 헌신적 참여를 하였던 것이다. 1904년부터 평양 시민들은 23만 4천 정보(町步)의 토지와 180가옥의 파괴를 겪었고, 1905년 2월에는 58만 정보, 200가옥이 약탈 파괴되었다. 그리고 1905년 10월 전후 일본군은 계속해서 집들을 징발했는데, 1906년 7월까지의 전체 손해는 가옥 1,052동, 토지 340만 380 정보였던 것이다.[95] 이것은 다만 서북의 3대 손해 구역의 한지방 통계에 불과했다. 피해를 입은 한 사람이 『대한매일신보』에 기서(寄書)한 글에 이런 글이 들어 있었다.

---

92) M. P. Beach, *A Geography and Atlas of Protestant Missions*, Student Volunteer Movement for Foreign Missions, 1901, p. 250.

93) H. G. Underwood, *The Call of Korea*, New York, Fleming H. Revell, 1908, p, 13, 111.

94) Women's Right in Korea, *The Korea Review*, February 1906, pp. 57-59.

95) The Pyeng-Yang Land Case, *The Korea Review*, July 1906, p. 264. 한데 『대한매일신보』 1907년 2월 20일 잡보에는 평양 강동 상원(祥原)지방의 피해 통계가 다음과 같다. 가택 5,676호, 인구 22,750, 전답 결수(結數) 2,901결 73부 6속, 분묘 32,580총, 야소교당 15처, 학교가 73처였다.

기(其)(日本) 관헌(官憲) 군대 국민 간호활수단(奸好猾手段)과 압제행위(壓制行爲)가 개인도지소불인(皆人道之所不忍)이요 역사지소미문(歷史之所未聞)이라. 금(今)에 일본관리는 이기교험지수단(以其巧險之手段)으로 우매(愚昧)ᄒᆞᆫ 아국관리(我國官吏)를 대(對)ᄒᆞ야 시즉이감언유인(始則以甘言誘引)ᄒᆞ고 종내이위협결과(終乃以威脅結果)하야 흡취아고혈(吸取我膏血)하며 독해아생명자(毒害我生命者)를 하가승언호(何可勝言乎)아. ... 기곤박아인민(其困迫我人民)ᄒᆞ야 감절아인종지계(滅絶我人種之計)가 고이작연명심(固已灼然明甚)이니... 통의(痛矣)라[96]

그 일본 관헌, 군대, 국민의 간악하고 교활한 수단과 압제행위가 모두 사람으로서는 참지 못할 것이요, 역사 가운데서도 들어보지 못한 일이다. 이제 일본 관리는 교활하고 음험한 수단으로 우매한 우리나라 관리를 대하여 처음에는 감언이설로 유인하고 마지막에는 위협으로 결말을 맺어 우리의 고혈을 빨아먹고 우리의 생명을 해치니 이를 어찌 이루다 말할 수 있겠는가, 다만 통분할 뿐이라는 호소였다.

한 현지 선교사의 보고에 의하면 일본 관헌 군경의 폭압은 한국인 재산의 강탈뿐만 아니라 벌목과 강제 노동에도 이르고 있었다. 하지만 교회는 여기 항거해서 정당한 엄금의 지불을 하게 하기까지 피나는 투쟁을 하였으며, 벌목의 피해를 줄이기 위해서 재목들을 교회에 헌납하는 형태로 모아 이를 보호함으로써 일제에 저항하기도 하였던 것이다.[97] 선교사는 이런 글을 써 놓았다.

러시아에 이긴 일본이 평북도의 어린 교회에 진 것 같다.

함흥에서도 난폭한 일본군에 대한 기독교의 격렬한 저항이 있었다. 난폭한 일본군 기병(騎兵)이 좁은 거리를 말 타고 달리다가 한 행인을 밟아 발을 골절케 하고 한 사람은 죽게 하였다. 그때 마침 지나던 교인 김창보(金昌甫)가 참지 못하여 그 기병을 붙들고 말을 끌고 사령부까지 갔으나 오히려 당하고 나온 일이 있었다.[98]

---

96) 『대한매일신보』, 기서, 1906년 4월 29일.

97) The Japanese in the North, *The Korea Review*, August 1906, pp. 290－291.

98) 북민참상(北民慘狀), 잡보, 『대한매일신보』, 1906연 8월 21日字 .Cf. Japan in North East

일제의 경제적 침투에 대해서도 서북의 기독교인들은 강한 저항운동을 펼쳤다. 평양에서의 안창호(安昌浩) 지도하의 8일간 철시(撤市)[99], 지방세 저항운동, 순천(順川)에서의 시장세 철폐운동이 그 한 예이다.[100] 순천에서는 교인 최봉환(崔鳳煥)과 나학도(羅學道)가 주동이 되어 극렬한 일제 상인 배척운동을 전개했던 것이다. 이러한 기독자의 저항은 다만 항일민족운동이란 차원보다는 훨씬 깊은 정의에의 호소였으며, 그것은 성서적 신앙의 뿌리에서 가꾸어진 인간 존엄, 평등의 기본정신 발현에 있었다고 볼 수 있었다.

이런 의미에서 초대 한국교회는 서북형 신앙의 구조지향을 서둘러야만 했다. 문명 수용의 동기에 끌리던 개화류의 기독교관은 벌써 심각한 비판에 노출되고 있었고, 따라서 신앙 수용도 실제적 효과를 현실적으로 바라던 경기 충청형이 경계되기에 이르렀던 것이다.

1-4. 서북형 신앙에의 지향

서북형 내연(內燃)신앙에의 지향 작업은 두 방면에서 전개되었다. 하나는 한국교회 자체의 서북에 대한 경도(傾倒) 현상이었다. 미국 감리교회는 서울과 충청에서 서북에 앞지르는 성장을 기록한 것이 사실이다.[101] 그러나 선교정책상의 치중도를 보았을 때, 이 서남지방의 경미한 우세는 실상 별로 대단한 의미가 없었다. 교세가 전국의 80%를 차지하고 있었다는 장로교의 경우는 서북이 압도적으로 우세하였다. 다음에 그 비율이 드러난다.

Korea, *The Korea Review*, September 1906, p. 338.

99) 『日韓合邦秘史』, 黑龍會編, 上, 東京, 原書店, 1966, p. 172.

100) 『한국독립운동사』, I, 국사편찬위원회, pp. 505-515, 962-972.

101) 가령 감리교는 북지방, 서지방, 남지방으로 전국을 분할하고 있었다. 그런데, 남서는 경기, 강원, 충청을 망라했는데, 교회 수는 북이 29, 서남이 38; 입교인은 배이 418, 서남이 1,198; 학습교인은 북이 2,552, 서남이 2,747명이었다.

지역별 교세 대조표

교세 / 지역	목사	조사	교회당	입교인	소학교	헌금	비 고
서 북	14	72	333	12,383	256	65,327원	전라, 경상은 서울에 비(比) 1.8배 우세
경기, 충청, 강원	10	16	66	1,612	38	9,794원	

〈1907년 6월 30일 현재〉

더구나 1907년 독노회(獨老會)가 조직될 때까지 목사가 없었기 때문에 노회에 한국인은 장로들이 참여하였었는데, 서복지역에서 장로가 대표 참석한 곳이 25처인데 반해서 기청 이남은 8처에 불과하였다.[102] 독로회 장소로 전 5회 중 3번이 서북에서 모였고, 총회가 1912년 창립 소집될 때에도 평양이 그 장소였다. 이런 것은 한국교회 신앙이 서북의 우세에 끌렸다는 의미도 되겠지만 더 중요한 것은 그쪽 신앙 형태에서 받는 지도, 그리고 그 노선에의 형태 구축이라는 의미가 더 컸다고 볼 수 있다.

이것은 1907년 독노회 중 안수 받은 7인 목사들의 부임지를 보아도 알 수 있다. 이들 중 여섯이 서북에 배치되었고 이기풍(李基豊, 1865-1942)은 제주도에 선교사 형식으로 파송 받았을 뿐이었다. 경기 충청에는 한 사람도 부임하지 못하고 있었다.[103] 다만 1910년에 가서야 한석진(韓錫晋, 1868-1939)이 안동교회의 전도목사로, 그리고 서경조(徐景祚, 1852-1938)가 새문안교회의 동사목사로 부임하였던 것이다.[104] 새문안교회가 1911년 조사(助師)를 처음으로 한국인 중에서 임명하려고 했을 때 "남 조ᄉᆞ는 평북 선천교회에서 고빙하여 오기로"[105] 한 것 같은 것도 다 서북지향적 발상이 아닐 수 없었다.

서북형 신앙지향의 다른 하나는 1907년 대성(大成)한 평양대부흥회에서 그 모습이 드러났다. 이 대부흥에 대한 몇 가지 전 이해가 필요하다.

그 하나는 『대한매일신보』가 그 기독교 문명의 무형지강(無形之强)에 대해 일관해서 가졌던 논조에도 불구하고, 이 역사적 대사건에 대한 이렇다 할 논급

102) 대한 예수교 장로회 노회 『회록』(1907. 8.), p. 5.

103) *Ibid.*, pp. 18-19.

104) 예수교 장로회 죠션교회 뎨ᄉᆞ회 『회록』(1910), pp. 18, 20.

105) 신문내교회 『당회록』, 1911년 8월 31일자.

을 하지 않고 있다는 사실이 주목을 끈다.[106] 오히려 친일적인 영국의 『런던 타임스』가 대서특필하여 그 보도에 임하고 있었던 형편이다. 여기 뭔가 암시되어 있다. 그것은 이 부흥회가 영적인 종교적 차원의 심층(深層)으로 내려간 사실에 대한 애국적 언론과 친일적 언론의 상반된 반응양상이라 보아서 좋을 것이다. 요컨대 『대한매일신보』는 이것이 탐탁치 않게 보였다는 증좌이다. 다른 하나는 기청 계 장로교나 또는 감리교 전체에 대해서 이 부흥이 불신자를 향한 전도가 아니라 이미 믿고 있었던 신자에 대한 정화(淨化) 형태의 부흥(Revival)을 수행했다는 사실이다. 물론 이것을 계기로 하여서 한국교회의 전무후무한 급속한 성장을 초래하기는 하였지만 목표는 내향적이었다. 다음 이 부흥운동은 안창호[107] 최광옥(崔光玉, 1877-1910)[108]과 같은 민족주의 계 기독자들의 모진 반발을 받고 있었다는 점이다.

이 운동은 1905년 노일전쟁 말기에서부터 서북교회 지도자들과 선교사들에 의해서 착수 진행되었다. 감리교의 하디(R. A. Hardie: 河鯉泳, 1865-1949)와 장로교의 모페트, 리 및 전계은(全啓殷, 1869-1942), 길선주(吉善宙, 1869-1935), 채정민(蔡廷敏, 1872-1953) 등이 그 주동 인물들이었다. 이들은 "죄의 회개"란 통회에서 출발하였고, "사라져 가는 나라에 대한 현실적 수호"[109]에의 초극(超克)을 외쳤던 것이다. 그것은 『제국신문』의 비판과 마찬가지로 "무삼 유조(有助)한 일"을 목표로 교회의 문을 두드린 이들에의 회개 요청이었고, 아울러 교회의 정치기구화로 인한 일제의 교회 파괴 타당 근거 제공 가능성의 경고였다.[110] 이런 지도(指導)가 신학전통이 일천(日淺)한 한국교인들에게 주었을 충격은 상상하고도 남는다. 이 운동은 따라서 "위험한 모험"이었고 생명의 위험도 따랐던 것이다.[111] 그러나 교회는 위대한 결단을 내리고 있었다. 복음의 내적 동기가

---

106) H. B. Hulbert 역시 고종 황제의 밀사로 워싱톤, 헤이그에 다녀왔지만 그가 편집 하던 *The Korea Review* 는 여기 대한 언급을 피하고 있다.

107) 주요한 편, 『안도산전서』, 서울, 삼중당, 1971, p. 28.

108) 최이순(崔以順), 『최광옥(崔光玉), 략전과 유저문제』, 서울, 동아출판사, 1977, pp. 20, 32. 이 운동은 일반지식인 사이에도 반미운동의 열광으로 전개된 바 있다.

109) W N. Blair, *Gold in Korea*, 3rd ed., Presbyterian Church, U.S.A., 1957, p. 63.

110) *Ibid.*, p. 61, Cf. A. J. Brown, *The Mastery of the Far East*, p. 52.

구조적으로 작용하는 내실화, 그 확립이 급선무였기 때문이다.

> 기독교를 찾는 사람 중에는 그 중요 동기가 힘과 보호의 획득인 경우가 많습니다. 기독교국이 대개 다 강대국인 것을 보고, 그 고도의 문명과 문화에 끌려 전향해 오는 것이라 보겠습니다. 그러나 정신적인 본래의 기독교와 기독교가 결국 가지게 된 힘, 그것과의 차이를 이들은 반드시 알아야 합니다.[112)]

이 "차이"를 명시하고 "정신적인 본래의 기독교" 정착을 성취한 것이 이 때였다. 2년 반 여의 예열(豫熱) 기간을 거쳐서 1907년 1월 평양에서 "성신의 불길"이 떨어지고, 그것이 한 1, 2년 서북을 휩쓸고 일부 호남이 여기 부응하였던 것이다. 이 운동기간 중의 특별한 현상은 깊은 정서적 감정의 도도한 격류, 그래서 내적 변화와 회개의 교회 정착이었다.[113)] 영적 심도가 이제 교회생활의 맥박이 된 것이었다. 복음적 신앙상에의 회귀가 실현된 것이었다. 저항과 지탱의 힘은 막바로 공격하는 것보다는 초월적 정신의 범주적 현존에서 더 높은 목표 수행 과정에서 더불어 실현될 때 더 강력하다는 소신이 거기 빛났다. 한국교회는 이렇게 해서 이 대부흥을 통하여 당시 직면했던 심각한 민족적 시련을 극복할 근본적 태세를 갖추게 되었고, 그 내연(內燃) 충만 이후의 외연(外延) 참여라는 형식의, 건전하고 마땅한 신앙 표현 양식에 따라, 민족 역사 속에 현존할 수 있었다.

이 "정화(淨化)된 교회"[114)]의 외연(外延)을 통한 문화적 정치적 참여만이 보편성과 합리성, 그리고 정의의 세계적 수준의 인정(認定)으로 호소될 수 있고, 따라서 국혼적 절대 민족개념에서 출발한 신화적 충성과 비아(非我)의 일반적 적대관의 오류를 극복할 수 있었다. "105인 사건"과 "3.1 독립운동"에서의 기독교의 참여를 그런 각도에서 해명할 때, 그 참된 본래의 의미의 추상이 가능하

---

111) *Ibid.*, p. 62.

112) C. E. Sharp, Motives for Seeking Christ, *The Korea Mission Field*, August 1906, p. 182.

113) W. N. Blair, *The Korean Pentecost*, p. 403.

114) W. N. Blair, *The Korea Pentecost and Other Experiences on the Mission Field*, New York, Board of Foreign Missions, Presbyterian Church in the U.S.A., n.d., p. 50.

다. 가령 일제의 교육칙어(教育勅語)에 대한 핵심적 저항, 그리고 일제의 헌법이 천황을 기축으로 한다는 이토오 히로부미(伊藤博文)의 기안 서문에 대한 본질적 저항은 복음의 중심에 막바로 도전한 것이었고, 따라서 일제에 대한 저항은 한 민족의 식민국에 대한 의협적 투쟁 프로그램보다는 소위 신앙 보수군(群)의 성서적 진리에의 충성에서 "필연" 중추적 저항으로 "도전될" 수 있었다.115)

서울지방에서 일제치하 좌절과 전향이 많았다는 사실도 이런 의미에서 쉽게 이해가 간다. 현실적인 목전의 "힘"에 대해 가졌던 "실제적" 신앙은 필경 일제의 현실적 통치의 불가피성이나 그 실재 때문에, 경륜이나 섭리적인 신앙의 연속을 찾지 못하고 좌절했던 것이다. 신앙 내연의 철저가 없었기 때문이었다. 외연은 자동적이고, 그런 의미에서 특수한 대상 지향이란 형식도 없었다. 성서만의 준수로 민족주의자군(群)을 그 시무교회에서 축출 경고하던 주기철(朱基徹, 1897-1944)이 실상 우리 교회 민족 항일 저항의 최후의 모습이었다.

한 가지 특기할 만한 것은 한국근대사에서 서울이 그 수도임에도 불구하고 민족사에서 서북 기독교의 강세로 평양의 대세에 밀리는 현상을 감수하여야 했다는 사실이다. 특히 조선총독부의 청사 소재지로 그 위상이 역(逆)조선적 이미지를 굳힌 고장으로 그 "서울성(性)"이 대폭 훼손되고 있었음이 사실이다. 그래서 이제 조선조에서 경기 충청과 호남 및 영남이 주도하던 시대가 가고, 또 일제의 조선 통치 거점이라는 염치도 있고 해서, 이제 서북과 평양이 민족세력의 강력한 터전 그리고 일제치하의 민족적 정기의 저항 근거지로 근대사에 당당히 섰다는 점이다. 하지만 그것도 해방 후에는 물론 달라진다.

115) 신사참배(神社參拜) 반대 목사들에 대한 일제의 예심종결서(豫審終結書), 안용준, 『태양신과 싸운이들』, 서울, 세종문화사, 1972, pp. 279, 282, 284, 288.

1-5. 결언

구한말 소개된 기독교는 여러 교파 교회에 의해서 전파되었지만, 그 선교 신학이나 토착수용의 함수관계 때문에 크게 둘로 대별할 수 있었다. 그것이 반드시 지역적 구별에서 정밀하게 일치하지는 않았다손 치더라도, 대세나 배경의 작용계수가 그런 단위의 이분(二分)을 가능하게 하였다. 경기·충청형과 서북형, 이 두 가지가 그것이다. 청교도적 선교사들의 선교가 성서적 복음에의 고수와 함께 외연되는 자본주의적 함축 발전이나 민족사에의 관여라는 형태로 발전된다는 원칙을 가지고 있었지만, 그 반응은 이 두 형태에서 각각 상이하게 나타났다.

기청형에서는 유교 양반계층이란 체제를 지탱하려는 지식인과 관료군이 많이 교회에 찾아들었기 때문에, 기유(基儒) 보완 내지 연결식 수용이 특징이었고, 따라서 민족의식의 근대적 전개에서도 존왕적 충성, 그리고 거기 수반한 전통사회 주축을 따르는 수용이 그 특징이었다. 따라서 기독교의 현실적 동력, 곧 구미의 강력한 문명을 뒷받침하는 힘, 합리화에의 목적론적 접근이 교회에의 행렬을 성격 지었고, 그 근원에의 복음적 개심에는 거리가 멀었던 것이다. 이것이 바로 현실적 힘의 실재에 대한 제한된 인식 때문에 일제치하, 특히 말기의 전향이라는 좌절과 오욕을 피할 수 없었다. 이들에 의한 문화적 공헌이나 유산의 발굴 창달이라는 작업도 이러한 제한에서 제외될 수 없었다. 그런 의미의 기독교 공헌은 실제로 한 문화사적 공헌 정도에 끝나고 말았던 것이다.

그러나 대중 속에서 수용되고, 전통과 체제에서 소외되었던 서북에서의 선교는 처음부터 중하류층의 종교적 심정 차원에서 진행되었다. 복음의 약속된 가치, 곧 영의 평화, 인권, 만인은 하나님 앞에서 평등하다는 사상, 신부(神賦)의 사도적 사명, 자유의 절대적 가치, 민주주의적 개인의 권리, 이러한 기본 구조에서 목전의 어떤 동기와는 별도로 수행된 것이 서북형의 신앙이었다. 죄의 처절한 참회, 영적 번민을 거친 회개가 그 신앙의 형태를 처음부터 종교적으로 구성해 가고 있었다. 그러나 그것이 실상은 개인에 대한, 그 영혼에 대한, 적극적 교육이 된 것이고, 그것이 무르익어 필연적으로 외연(外延)되었을 때 편협한 민족주의적 독선에 자칫하면 빠지기 쉬운 국혼적 민족 보존의 범위를 극복하여 정의의 세계적 질서로 일제에 도전하는 내연(內燃) 동력으로 투입될 수 있었다. 일제에 대한 저항으로서 설명되는 한국 근대사에서 그 본질적 저항력의 근거야말로 천황제, 인간 존엄의 유린, 신명기적 경제 질서의 파탄, 이런 것들을 신의 정의 공도(公道)로 고발하는 데서 밖에는 따로 표출될 수 없었다.

따라서 이 서북형 신앙의 반성된 정립, 그리고 개화문명 주도형의 신앙 곡직(曲直)을 "본상" 회귀케 하는 "부흥"이 시도되었고, 그것이 민족주의 교회인의 위협과 그들 일부의 교회 이탈이라는 시련을 겪으면서 일단 대성으로 끝마칠 수 있었다. 신앙 차원에의 회귀, 도덕적 순결의 내적 확립, 영적 심도의 교양, 이런 것이 그 결과였다. 한데 그것이 내연(內燃)으로 움터, 밖에 터져 나오는 전개과정이 바로 한국 근대사에서의 기독교의 공헌의 성격을 결정하게 된 것이었다. 여기에는 탈자국적(脫自國的) 자학(自虐) 콤플렉스도 없고, 또 신화적 민족 신성화도 없었다. 여기 비로소 세계적 질서 안에 그 인정을 받는 민족으로서의 등장이 가능하였던 것이다. 이런 의미에서 기독교의 한국 내 현존은 단재(丹齋)의 한계나 공산주의자들의 한계를 극복하는 독특한 공헌을 할 수가 있었다.

2. 초기 서울지방교회에 대한 한 분석적 고찰
- 그 상대적 부진의 원인에 대한 한 시도적 분석 -

2-1. 문제의 제시

1882년에 벌써 한국말로 성서가 만주에서 번역되면서부터 한국교회의 발전은 처음부터 서북지방을 그 발전의 비옥한 토양으로 삼은 것 같았다. 서울지방의 교회가 묘하게 마땅한 성장을 보이지 않았기 때문이다. 가령 서울에 최초의 교회 새문안교회가 1887년 9월에 조직될 때, 거기 참여했던 14인 중 13인이 서북 계 인사로, 만주에서 황동하던 스코틀랜드 장로교 선교사 존 로스(J. Ross, 1842-1915)의 선교를 받았던 사람들이었다. 더구나 그 당시 비록 선교의 통계를 밝히기 꺼려한 외국 선교사들의 조짐이 있었다고 할지라도, 선교 정책상 그 통계를 1895년까지 서울에서 집계했던 사실을 생각한다면, 서울 교회들의 실질상의 침체나 그 부진(不振)은 훨씬 더 심각하였다고 보지 않을 수 없다.

1898년 언더우드(H. G. Underwood, 1859-1916)는 벌써 서울 지방 교회의 불모(不毛)를 지적하기 시작했고, 해리 로즈(Harry A. Rhodes, 1875-1965)는 1934년에 이르러서도 이 지역의 부진에 충격을 받고 있었던 것이다. 그는 다음과 같이 말했던 것이다.

> 이 지역에 프로테스탄트 선교부가 들어온 지 50년, 그리고 가톨릭 선교부가 들어온 지 150년이 지났고 또 다른 어떤 지역보다도 많은 선교사들이 파견되고, 보다 많은 노력이 경주되고, 보다 많은 돈이 소모되었는데도, 아직 형편없이 빈약하다는 인상을 받게 된 것입니다. 수도와 그 근처의 지방을 복음화하는데 있어서 그 성과는 지금까지 어느 정도 실망적인 것이었습니다.[1)]

1938년에만 해도 한국교회 교인 50만 명 중 35만이 장로교인이고, 그 중의 5분의 4가 평남에 편재해 있었다는 사실은[2)] 평북, 황해 양도를 다 참작했을

---

1) 외지선교부에 보낸 개인보고서 (1934), 서명원(徐明源), 『한국교회성장사』, 서울, 기독교서회, 1966, p. 110.

2) 松山常次郎, 『神社問題と基督教, 特高資料による戰時下のキリスト教運動』, 第二卷, 東京, 新

때, 그 대세가 서북에 완전히 기울어져 있었다 해도 과언이 아니었다.

선교사들의 분포만 하더라도 1918년까지 서울에 33인, 평양에 28인, 정주(定州)에 6인, 선천(宣川)에 20인, 재령(載寧)에 6인, 그리고 대구 12인, 안동 4인의 상황이었다.[3] 서울 33인에 대하여 서북 60인의 대비(對比)였다. 다시 말하면 선교 인력(人力)의 배치로 보아서는 결코 서울이 불리한 조건에 놓여 있었던 것이 아니다.

장로교의 경우 다른 한 가지 주목할 점은, 1910년까지의 교회 설립은 다음 도표에서 보는 것과 같았는데, 서울과 경기를 합쳐도 66개 소로 서북의 362개 소에 비해 5분의 1에도 미치지 못하고 있었던 것이다.[4]

지역별 교회 수

지역	평북	평남	황해	서울	함북	함남	경기	충북	충남	전북	전남	경북	경남
교회 수	98	162	102	11	3	24	56	23	2	30	45	83	42

종교학교의 경우도 그러한 대비가 그대로 적용되었다. 1910년 7월 현재로 서울 23, 경기 44, 평북 115, 평남 255, 황해 149개교로, 서울과 경기 대(對) 서북은 67 : 509로 거의 8분의 1 정도밖에 미치지 못하고 있었다.[5]

장로회의 총회 소집 장소만 해도 1930년까지 평양이 6회, 서울이 4회 정도였다. 서울이 수도였다는 점을 생각하면 이 불균형이 함축하는 의미는 심상하지 아니하다.

감리교의 경우는 수적인 성장의 지방적 분포를 분석하기 어려운 몇 가지 이유가 있다. 가령 감리교는 교육과 부녀사업 및 의료사역에 처음부터 선교의 방향을 잡고 있었기 때문에, 자연 서울을 중심해서 크게 활동하게 되었던 것이

敎出版社, 1981, pp. 99-104

3) H. E. Pollard, *The History of the Missionary Enterprise of the Presbyterian Church U.S.A. in Korea with Special Emphasis on the Personnel.* M.A. Thesis, Northwestern University, 1927, pp. 161-164.

4) 차재명(車載明), 『조선예수교장로회사기』 상권, 1928에 의함.

5) 관보 제4756호, 광희 4년 8월 13일간 휘보란, 이광린(李光麟), 개화기 관서지방과 개신교, 『숭전대학교 논문집』 (1974) 5호, p. 438에서.

다. 북감리교가 서북지방에서도 활약한 것이 사실이지만, 선교 정책의 비중은 복음 전파보다는 역시 문화선교적인 데 놓여 있었다. 가령 1893년 현재로 복음 전도에 있어서 장로교 : 감리교의 인력 배당은 8 : 1.5였고, 반대로 교육에서는 1 : 2, 의료에서는 2 : 3.5였다. 감리교는 여기에 출판 문서 선교에도 인력을 배당하였고, 여자 선교사는 의료사업에 2명을 더 배당함으로써 결국 장로교와의 비율은 5.5 : 2로 거의 3배의 우세를 보이고 있었다.[6] 따라서 감리교의 경우는 뚜렷한 지역적 성장의 현상적 특색이 장로교 만큼 두드러져 있지 않았고, 오히려 서울지방에 상당한 우세를 보이는 면도 있었다. 감리교의 경우, 그 성장의 역사적 분석이 복음전도와 문화선교의 두 범주로 진행하는 것이, 장로교의 경우 서울 지방과 서북 지방의 지역적 범주로 분석하는 만큼의 의미를 가진다고 할 수 있겠다.

여기 이제 우리들의 문제는 제시된 셈이다. 서북 발전의 연구가 곧 서울 교회 부진(不振)의 결론으로 도출될 것이다. 하지만 그 부진 자체를 신학적으로나 사회적 배경, 기타 문화적 차이의 상관관계에서 구명해야 할 다른 방법론이 채택되지 않으면 안 되리라고 믿는다. 이제 손이 닿는 데까지 이를 추적해 보자. 그러나 우리는 이 문제의 완결된 해석을 기대하지 못한다. 자료의 미수(未收)가 그 하나의 원인이겠으나, 우리는 우선 이런 연구의 방향, 아니면 한 시도로 그 출발을 한다는 미급(未及)으로 아예 시작한 사실을 밝혀 둔다.

2-2. 서울 교회 부진의 가능한 원인들

1) 사회적 배경의 문제

a. 서울의 관료적 중앙집권적 사회형태

서울은 조선 전기(全期)를 통하여 양반 곧 사대부니 사족(士族)이니 하는, 관료나 독서 인구를 비율적으로는 압도적으로 포괄하고 있어 온 곳이다. 이 양반 계급에서 일정한 절차, 다시 말하면 과거나 추천을 통해서 관료가 된 사람들을

6) C. D. Stockes, *History of Methodist Missions in Korea 1885-1930* (Yale University. Ph.D. Dissertation), p. 126.

관인(官人)이라 하였다. 관인들은 국왕 전제의 정치체제에서 실질적인 정책 설정자들이었을 뿐만 아니라, 국왕의 권위를 대행하고 왕권을 집행하는 소수의 선택된 집단이었다.

그런데 서울, 곧 한성(漢城)은 관인들이 주축이 된 거주지역이라고 할 수 있었고, 더구나 조선 정치이념의 중추 가치체계인 유교적 전통이 보존, 구현되는 여러 절차의 본원지이기도 하였다. 여기 대해서 목정배(睦禎培) 교수는 다음과 같이 쓰고 있다.

> 철저한 중앙집권하의 수도는 모든 정책의 입안 및 집행을 위해 지방 각 관아(官衙)에 배치된 관인의 총 수보다도 훨씬 더 많은 다수의 관인이 밀집해 있어야 했다. 왕권전제적(王權專制的) 중앙집권국가의 정책 결정 및 수행자였던 관인은 본질적으로 수도인 서울의 주민이었으며, 서울은 곧 관인들의 집합으로 이루어진 지역사회였던 것이다.[7]

이것은 물론 조선 전기(前期)의 형편을 말하는 것이었지만 조선 말, 곧 한말의 경우에도 해당되는 말이었다.

가령 한말 문과(文科) 급제자의 56.5%가 서울 출신이고, 무과(武科) 급제자 52.8%도 서울 출신이었다는 사실이 이를 증명한다.[8] 이것을 보면 서울의 문과 합격자들이 가문 좋고 입관(入官)의 기회가 많았다는 것을 의미하고, 따라서 지방의 극히 제한된 수의 중인(中人)을 제외하고는 조선왕조시대의 관료는 대부분 서울 출신이라 할 수 있었다. 김영모(金泳謨) 교수가 조사한 바에 의하면 한말(1903-1910)의 관료 지방 출신 수는 서울이 2,029명으로 전체의 63.2%를 차지하고 있었고, 다음이 경기의 202명(6.3%) 이었으며, 평북이 구품(九品) 11명과 무품직(無品職) 95명을 포함한 120명(3.7%), 평남이 무품직 92명을 포함한 145명(4.5%)으로 각각 그 다음이었다.[9] 무품직 관인이 전체의 44.2%를 차지했던 점을

---

7) 『서울6백년사』, 제1권, 서울특별시사편찬위원회, 1977年, (본항 목정배 집필) p. 622.

8) 김영모(金泳謨), 이조시대 과거급제자의 사회적 배경, 『김두종박사 고희기념논문집』, 1966, p. 144.

9) 김영모(金泳謨), 『한말지배층연구』, 한국문화연구총서 9, 한국문화연구소, 1972, p. 73 "표

감안한다면 유품자(有品者), 특히 상위 유품자일수록 서울 출신이 많고 무품자의 경우는 서울과 지방의 동율 점유가 눈에 띈다.[10]

그런데 서울과 경기를 제외하였을 경우 그 지방이 서북, 곧 평남북도에서 관료가 비교적 많이 등용된 사실이 약간의 주목을 끈다. 그것은 이 지역이 보수적인 영남이나 호남에 비하여 기독교적인 외래문화를 일찍 개방적으로 섭취하였기 때문인 것으로 판단된다.[11] 하지만 이들에게는 중앙 정계의 추천이 없었기 때문에, 과거에 합격했다 할지라도 실질상의 등용이 어려웠던 것이다. 따라서 이들에게는 양반이 될 기회가 막혀 있는 것이나 다름이 없었다. 결국 이 서북 지식인의 진로는 관료가 아닌 다른 길, 그 때로 말하면 기독교회 밖에 없었다는 말이 된다.

우리는 여기서 서북계 인사들의 개방적 진취성을 일견(一見)하고 지나가지 않을 수가 없다. 1906년 10월의 서우학회(西友學會)는 우리나라 최초의 학회였는데, 1908년 함경도인들의 한북(漢北)학회와 합하여, 서북학회(西北學會)로 발전할 때 운양(雲養) 김윤식(金允植)이 이런 글을 남겼다고 한다.

> 서북지방의 구름은 열리고 풍기는 날로 진보되여 삼남지방이 깊이 잠들고 있는 상태와는 다르니 심히 훌륭하고 감탄할 만하다.[12]

이렇게 서북인에 대한 새 기상의 발견은 『대한매일신보』에도 나타나 있었다.

> 차혹지리인사(此或地理人事)가 유성쇠이연여(有盛衰而然歟)아 길토지향(吉土之鄕)에 화기자계(和氣自溪)하야 수세지재(需世之材)가 종필발달(終必發達)은 이세지고연(理勢之固然)인즉 오제(吾濟)는 일언이폐지왈(一言以蔽之曰) 불과수십년(不過數十年)하야 한국진신지공업(韓國搢紳之功業)과 학문지종장(學問之宗匠)이 부

21" 참조.

10) *Ibid.*, p. 95를 참조할 것.

11) 여기 대해서는 Edward Wagner의 『조선시대과거합격자연구』를 인용한 이광린(李光麟), 개화기관서지방과 개신교, 『숭전대학교 논문집』 제5집, 1974, p. 411 참조.

12) 『속음청사(續陰晴史)』, 하권 12, 1908. 1. 10일조. 이광린(李光麟), *op.cit.*, p. 445에서 인용.

재어남토(不在於南土)하고 필출어서북(必出於西北)이라 하노라.[13]

어떤 지방이든지 그 지방이 성하고 쇠하는 데에는 다 그럴만한 지역적인 연유가 있는데, 이제 불과 수십 년 지나지 않아 한국 상류층 인사의 공이나 학문의 대가들이 남쪽에서 나오지 않고 반드시 서북지방에서 나오리라는 전망이었다.

우리는 여기에서 서북에서의 기독교 진흥과 그 기적적 발전의 한 원인을 살펴볼 수 있으며, 반대로 꼭 같은 근거에서 서울 지방에서 교회가 마땅한 성장을 하지 못한 까닭을 찾아볼 수 있겠다. 그것은 서울이 관료적인 조선적 정치이념 집행군의 활동 중심지였고, 따라서 정교(政教)가 일체이던 조선조에 그 이념 자체의 수정을 필연 요청하는 외래종교의 수용이 제어될 수밖에는 없었기 때문이다. 관료군(群) 과 전통적 유교이념의 중앙집권적 핵심이 관성(慣性)으로 남아 있는 곳에서의 기독교 정착은 처음부터 어려울 수밖에 없었다.

b. 서울 관료의 한 친일적, 무관적(武官的) 경향

한말 관료가 서울을 중심으로 밀집되어 있었다는 사실 외에도 그것이 출신 학교별로 살펴보았을 때에는 "기타"의 8.9%를 제외하였을 경우 무관학교 출신이 9.9%로 가장 높은 비율을 보이고 있고, 그 다음이 7.5%의 외국어학교였다.[14] 유학생도 7.5%를 차지하고 있었다.

그런데 이 때 유학생의 95%이상이 일본유학생이었고, 관료의 일어(日語)학교 졸업자는 기타의 외국어 학교 졸업자의 배 이상을 차지하고 있었다. 김영모(金泳謨) 교수의 조사에 의하면, 일본 유학을 원하는 학생 가운데에 일어가 아닌 외국어의 전공 요구도 컸다는 사실, 그리고 일어학교 졸업생과 일본 유학생이 관료로 진출할 기회가 많았다는 사실 때문에 일제의 이미 심각한 정치적 영향력을 절감케 할 뿐 아니라, 한말 관료들의 친일성을 여실히 보여 준다는 점이 지적되고 있다.[15] 물론 이 때의 "친일"이란 개념은 병합 때의 매국성을 말하는

---

13) 1906年 1月 19日 잡보란. 이광린, *op.cit.*, p. 446에서 인용.

14) 김영모(金泳謨), *op.cit.*, p. 39, "표 7."

것은 아니고, 개화에의 일본적 방법 전개라는 면에서 양해해야만 마땅한 개념이다.

다른 하나의 양상은 과시(科試) 합격에서의 무과(武科)의 높은 비율이다. 1903년에서 1910년까지의 무과 합격률은 문과의 3.8%에 비하여 5.1%로, 상당히 높았다.[16] 더구나 품계별 과시 합격도 문과의 122명에 비해 163명으로 역시 높았다. 물론 무품직자가 무과의 경우 47명인데 비하여 문과는 32명이라는 차이가 있었지만, 그 관료들의 배경은 쉽게 설명된다고 본다. 물론 이들 관료의 신분은 세대 내 전환이 가능했다는 사실을 간과해서는 안 된다. 중인 및 무관이 문관화한 경우가 많았기 때문이다.

이렇게 본다면, 한말 관료는 서울을 중심하여 무관 압도의 친일적 성향을 띤 유교적 관료군(群)으로, 일단 단위가 잡히리라고 본다. 물론 우리는 개화파들이 일부 일본 경유의 서양 문화 도입의 방법을 따르려 한 사실, 그래서 갑오경장(甲午更張) 및 갑신정변(甲申政變)의 강력한 운동으로 가게 했던 한 배경이란 점을 잊어서는 안 된다. 이 동기 자체가 김옥균(金玉均), 박영효(朴泳孝), 유길준(兪吉濬), 심지어 윤치호(尹致昊)에게서도 일본에 대한 개화동력의 원용(援用)과 함께 기독교에 대한 수용을 외치게 했던 까닭이었다.

그러나 우리는 바로 여기에 서울에서의 기독교 부진의 또 하나의 이유를 발굴할 수 있다고 본다. 종교적 동기의 순수성 부재(不在)의 문제가 그 하나이다. 이 점은 곧 다시 취급될 것이다.

2) 정치적 상황의 문제

서울에서 고종은 1895년의 을미사변 및 춘생문사건, 그리고 아관파천에서의 환어(還御) 때 보여준 교회의 충군성과 선교사들의 동고 관여에 고마운 마음을 금할 수가 없었다. 그 다음 고종황제 탄신기념일을 교회가 준봉(遵奉)해 준 것이나, 김홍목(金鴻睦)의 국왕 암살 음모에 대한 미연의 제보(提報) 및 청일(淸

15) *Ibid*., pp. 41-43, 84.

16) *Ibid*., p. 64.

日)전란 중의 교회의 헌신 등, 충헌(忠獻)에 대하여 왕실의 사념(謝念)은 깊기만 하였다.[17] 이런 통로의 제공이라면 교회 발전의 소지가 마련되고도 남음이 있었다고 판단할 수밖에 없다.

그러나 서울에서의 교세는 서북에 비해 지체만만이었다. 여기 작용했을 저해 요소의 발굴이 우리의 관심사다.

우선 선교사들의 판단에 의하면, 고종은 진취성이나 개혁의 의도를 전혀 보이지 않고 있었던 것으로 나타나 있다. 게일(J. S. Gale)의 말에 의하면, 고종은 성품이 비교적 유약하였지만 "개혁이란 암시를 하기만 해도 그 속에 있는 불길이 뒤집혀 나오고, 어제의 벗을 무참히 고문해서 아예 입을 막아 버리곤"했다는 것이다.[18] 입헌제를 실시해서 왕권을 제한할 것이라는 생각 때문에 고종은 자연히 수구 세력과 결탁하지 않을 수가 없었던 것이다. 독립협회를 해산시킨 까닭이 다 이런 데 있었다.

그런데 독립협회 주도 인물들이 감옥에 들어가서는 대개 다 기독교로 전향하여 석방된 후, 연동교회를 거쳐 YMCA를 중심해서 활동한 사실을 고종이 몰랐을 리가 없다. 이상재(李商在, 1850-1927), 이승만(李承晩, 1875-1965), 김정식(金貞植), 유길준(兪吉濬), 홍재기(洪在箕) 등이 그 일부였다. 이렇게 해서 서울에서의 관신(官紳) 사회의 기독교에로의 입교가 시작되었던 것이다. 이렇게 본다면 서울 기독교인들도 고종에 대한 겨레의 충성을 지니면서, 실상은 개혁의 운동을 멈추지 않았다는 것이 되고, 따라서 그 신앙 분포가 서민에게 광범위하게 파급되기 이전에 사대부 층에 퍼졌기 때문에 이념 정치적 갈등, 심지어 반역으로까지 다스릴 위험을 자초하고 있었던 셈이 된다. 윤치호의 저 유명한 "10대 개혁안"도 그러했지만, 그의 고종에 대한 불신은 그 오랜 인간적 애고(愛顧)에도 불구하고 끈질긴 데가 있었다.[19] 이런 일련의 현상은, 일반화시켜 말하기는 어렵지만, 서울 교인들의 반(反)왕권적 경향을 나타내는 것이었다고 추론할 수도 있게 만든다. 가령 런던 *The Daily Mail* 특파원 맥켄지(F. A. MacKenzie)의

17) 졸저, 『한국기독교회사』, 제5장 참조.

18) J. S. Gale, *Korea in Transition*, New York, Layman's Missionary Movement, 1909, p. 36.

19) 『윤치호일기』, 국사편찬위원회, 1973, Ⅲ, pp. 318, 323, 373; Ⅳ, p. 29.

글에 이런 귀절이 있었다. 곧

> 서울에서는 숱한 교인들이 정치적 활동 때문에 감옥에 갇혔고, 그들은 모진 매에 시달리는 절망과 암흑 속에서도 기도했고, 하나님을 찬송하면서 형장의 이슬로 사라져 갔습니다.[20]

이런 현상은 당장 이 지역에 있어서의 기독교 전향에의 동기의 순수성 문제를 제기하게 만든다. 선교는 실존적 상황에서 현실적으로 진행되기 때문에 당장에 고차적이고 정신적인 종교적 동기만의 색출을 밀고 나갈 수만은 없게 한다. 그러나 직접적인 목전의 개혁을 지향한 개화파들의 기독교 원용(援用)은 문제되지 않을 수 없었다. 더구나 정치적 상황 전개에서 반(反)왕권파들에 의한 교회 출입은 정치적 갈등에서 박해의 구실이 되지 않을 수가 없었을 것이다.

여기 비해 서북 계는 처음부터 그 신앙 전개에서 충군적(忠君的)인 데가 현저하였다. 가령 1907년 4월 고종의 신변 위급을 알자 평양 교인들은 매일 기도회를 열었을 뿐만 아니라 일본군이 왕궁을 포위했다는 말을 듣고는 결사대를 조직한 일까지 있었다.[21] 서울 교인들에게 이런 일이 없었다는 것이 아니다. YMCA나 상동교회 교인들의 충군성도 격렬한 바가 있었다. 다만 문제는 서북계에서 이러한 행동적 표현을 관계 진출의 길이 막혀 서민화 된 민중 속에 신앙이 침투하여 유교적 전통이 비교적 약한 토양에서 그 수용이 쉬워, 이미 체질화된 신앙이 자연스럽게 외연적(外延的)으로 표현되었다는 데 있었다.[22]

이처럼 서울에서의 기독교는 개화 및 개혁 추진파의 직접적 동력으로 사용됨으로써, 때에 따라 반왕적 색채도 띄게 되고, 개화 동력의 배후에 있었던 일본과의 가능한 정서적 연결도 때에 따라 수행되는 바람에, 엄격한 의미에서 그 시대 형편으로 저해 요소를 스스로 뒤집어쓰면서 자연 그 선교의 지체 내지 곤경을 초래하지 않을 수 없었다.

---

20) F. A. MacKenzie, *Korea's Fight for Freedom* (영인본), Yonsei University Press, 1969, pp. 75, 208.

21) 『한국독립운동사』, 국사편찬위원회, Ⅱ, p. 1016.

22) 여기 대해서는 졸고(拙稿), 한국초대기독교인의 신앙유형, 『신학논단』, 연세대학교 신과대학, 1977 참조.

더구나 이화학교니 배재학교니 해서 교육선교나 또 여성선교에 힘쓰던 감리교 선교사들은 이런 기관 때문에 조정과의 관계를 원만하게 가져야만 했다. 그런데 한국 감리교 선교사의 감독은 묘하게도 주일(駐日) 감독 해리스(M. C. Harris, 1846-1921)가 겸직하고 있었고, 그리고 그는 상당히 친일적 인사였다.[23] 한국교회사는 1895년부터의 통계가 가능하리 만큼 일제의 한국 침략이라는 형극에 대한 교회의 애국적 저항으로 신사참배 반대까지 이르는 데, 그 어간에 교회의 성격이 굳혀진 사실을 생각한다면, 그 감독의 친일 자세 역시 거리끼는 돌이 아닐 수 없었던 것이다.

3) 경제적 요소의 문제

교회 부진과 경제적 구조의 상관성 역시 무시 못할 것이다. 일본의 진출 때문에 서북의 농민들은 지하자원이 풍부한 땅을 팔아 부유해질 수 있었다. 가령 한 선교사의 글에 의하면, "자기 구역의 한국 농민들이 지금만큼(1918년) 많은 돈을 소유해 본 적이 없었기 때문에 그 구역 전체에 걸쳐서 목사와 조사들의 봉급이 인상되었다"[24]고 증언하고 있었다.

그러나 서울과 남선(南鮮) 지역에 있어서는 소작인들이 많아 보수적인 양반 지주들의 예속 아래 살았기 때문에, 그러한 전통적 사회 구속력에서 나와 전향한다는 것은 자멸의 자초나 다름없었던 것이다. 더구나 일본 식민 농업 경영자가 그 농지들을 점차 수탈함에 따라서 빈곤은 극에 이르고, 한 쪽에서는 이민을 집단적으로 해야 하는 시련 때문에 교회의 정착은 어려울 수밖에 없었다. 1914년에 언더우드는 서울 지역 교회 성장에 대하여 실망을 하면서, 그 까닭이 이민에 있다고 지적한 일이 있었다.[25] 이 지역에서 교회에 들어왔던 사람들은 세상이 어려워지면 먼저 해외로 이주해야만 했던 가난한 소작농들이었다.

그런데 이러한 정황은 거슬러 올라가, 합병 전후해서 이미 현상화 하고 있었

---

23) 金正明 編『日韓外交資料集成』, 東京, 1963, 第 8卷, p. 69.

24) The Editorial, *Korea Mission Field*, January 1918, p. 3.

25) 외지 선교본부에 보낸 언더우드의 서간, 1914, 서명원(徐明源), *op.cit.*, p. 108.

다. 한 선교사는 이 합병을 정치적인 측면보다는 경제적 측면에서 더 심각한 위기를 가져왔다고 지적할 정도였다.[26]

이런 농촌 및 경제적 상황 전개는 사실 전체적 현상이었다. 가령 1925년의 통계에 의하면, 빈농 호수는 남선의 경우 71%에 이르고 있었으나 북선의 경우에는 9%, 그리고 서울지방에는 20%였다.[27] 1927년의 통계에 의하더라도 평균적 농민경영의 다양도(多樣度) 지수는 서울 경기가 3.48%에 불과한 데 비하여, 서북은 6.1%에 이르고 있었다. 1925년 농민의 이농(離農)과 유랑만 하더라도 남선이 12만 1,329명에 비해서 북선은 2만 8,783명에 불과하였던 것이다.

이런 사정이 청일전쟁 이후 편만한 것은 사실이다. 그래서 1897년 윌리암 베어드(W. M. Baird: 裵偉良, 1862-1932)는 다음과 같은 글을 남겼던 것이다.

> 북쪽 지방 사람들은 남쪽 지방 사람보다 더 사람답게 보입니다. 그 원인을 살펴보건대, 소위 양반계급이라고 하는 것이 뚜렷하게 존재하지 않기 때문임을 알게 되었습니다. 남선지방에는 자립적인 중산층이 위세 당당한 양반과 허리를 굽히고 아첨만 하는 농노(農奴)들 틈에서 어쩔 줄 몰라 짓눌려 있기가 일쑤입니다. 북선지방은 자립적인 중산층이 우세하기 때문에 희망에 넘쳐 있습니다. 자립적 중산층은 자기들의 생계를 직접 꾸려나가야만 했기 때문에 보다 더 많이 육체와 두뇌를 쓰고 있었습니다.[28]

이것은 기독교가 가장 침투하기 쉬었던 계층이 서북에 많았다는 사실이 되고, 서울 경기에 이런 계층 부재가 결국 그 교회 발전의 저해가 되었다는 말도 될 것이다.

이렇게 본다면 자작농 수가 비율적으로 훨씬 많았던 서북에서 교회가 크게 발전할 사실과 함께 선교에서의 경제적 요소의 작용을 주목하지 않을 수 없다. 이들 자작농들은 무슨 일이든지 자기 의사에 따라 행동할 수 있었지만, 소작인

---

26) 서명원(徐明源), *op.cit.,* p. 67에서.

27) 久間建一, 『朝鮮農業の近代的様相』, 東京, 目黑書店, 1935, p. 287.

28) Notes on a Trip into Northern Korea, *The Independent,* Vol. 2, No. 59, (1897. 5. 20); 이광린(李光麟), "개화기관서지방과 개신교," *op.cit.* pp. 439－440.

들은 대지주의 생각이나 그들의 전통적 신앙을 거절하면서 기독교에 회심할 수는 없었던 것이다.

바로 여기에 저 "네비우스 방법"이 서북에서 성공할 수 있었던 까닭이 있었고, 따라서 "네비우스 방법"의 성공과 그 지역성과의 관계는 인과(因果)로서 간단히 분석하지 못할, 상호 작용적인 데가 있었다고 보지 않을 수 없다. 서울 같은 곳에서 "네비우스 방법"은 실용할 수가 없었던 것이다.

4) 선교정책의 문제

사회적, 정치적, 문화적 배경이 서울에서의 교회 성장을 둔화시킨 것은 사실이지만 선교정책이 이 서북과 서울 사이에 현격하게 차이가 있었다는 점은 역시 가장 결정적인 원인이 아니었던가 하는 생각을 가지게 한다.

a. 선교사들의 조심성

한미수호조약(韓美修好條約)에 선교 자유에 대한 명문이 없었고, 다만 선교의 시인 정도가 1898년 6월 10일 스왈런(W. L. Swallen, 1859-1954)에게 "인전교사(因傳教事)"로 호조(護照)가 발급됨으로써 현실화하였을 따름이었다.[29] 따라서 고종은 금교(禁敎)의 조치를 항상 다짐하고 있었고, 때에 따라 격렬한 박해도 없지 아니하였다. 서울이 우리가 전술한대로 조선정치 집행관료들의 중심지였다고 한다면, 이 금교의 법적 효용 범위는 서울에서 훨씬 심각했었다고 단언할 수가 있다.[30] 서울에서 알렌(H. N. Allen)과 선교사들 사이에 불화가 있었던 까닭 역시 이 국법을 어기면서까지 전도를 해야 하느냐하는 문제 때문이었고, 심지어 아펜젤러(H. G. Appenzeller)는 일본인을 상대로 전도해야만 할 정도로[31] 조선인 전도는 어려웠다.

---

29) 『구한국 외교문서』, 제11권, (미안 Ⅱ), p. 364.

30) F. A. MacKenzie, *The Tragedy of Korea*, pp. 20－22.

31) 서명원(徐明源), *op.cit.*, p. 209.

그런데 1890년 7월 22일에 모페트(S. A. Moffett)는 서울에서 아주 흥미로운 사실 하나를 공개하고 있었다. 곧 서울이 정치적 와중에 빠져 있고, 따라서 선교가 정치와 완전 절연되지 아니하면 심각한 도전을 받는다고 경고하고 있었다.[32] 그는 알렌 박사가 왕실과 친근한 사실을 들고 있었지만, 옛 천주교의 불행한 정치성을 조회한 것으로 미루어, 서울에서의 선교가 겪는 위험을 잘 분석했다고 할 수 있겠다. 반(反)왕실파도 있었다면, 선교는 정쟁(政爭) 때문에 희생될 공산이 컸기 때문이다.

b. 선교 대상자

서울에서 선교 대상을 사회 하류층, 곧 백정이나 부서층(婦庶層)에 잡은 것도 그 부진의 한 원인일 수 있었다. 문제는 이런 사람들을 통해서 파급될 기독교의 영향력이란 지극히 미소한 것이었기 때문이다. 가부장제의 사회에서 부녀자의 회심이 "빛" 노릇하기는 어려웠을 것이다. 부녀자를 통한 증언은 어려웠기 때문이다. 더구나 백정과 같은 이들을 회개시켜, 그들의 사회적 신분을 나타내는 의복의 철폐를 왕명으로 가능하게 했던 무어(S. F. Moore)나 에비슨(O. R. Avison)의 공로는 사회구조 개혁사상 획기적 공헌이었음은 틀림없었지만,[33] "백정들의 종교"란 인상을 주었고, 따라서 서울 민심의 생리에 혐오감을 일으켰을 가능성이 컸다. 서울의 승동교회가 바로 그런 곳이었다. 개종한 백정들의 윤리는 쉽게 정화될 수 없었고, 한 때 서울 교회의 큰 걱정거리로 남아 있기도 했다.

c. 기관사업의 문제

서울의 교회들은 처음부터 교육, 의료사업에 치중하여 왔다. 제중원이나 이화, 배재 등 기관 선교에 힘써 왔다. 그런데 쉬어러(R. E. Shearer: 徐明源)는 조선

32) S. A.. Moffett's *Letter* to Dr. Ellingwood (N.Y.C.), July, 22, 1890. Samuel A. Moffett 박사의 선교일지, 『교회와 신학』, Ⅶ, 장로회신학대학, 1975, pp. 89-90.

33) H. E. Pollard, *The History of the Missionary Enterprise of the Presbyterian Church U.S.A. in Korea with Special Emphasis on Personnel,* p. 30.

말기 선교의 대성을 순회 전도에 두고 있었다.[34] "그들(선교사)의 땀이 수천 마일에 떨어지지 아니 하였더라면, 그리고 만일 그들이 선교지부의 기관 사업에만 시간을 소비하였더라면 교회의 놀라운 성장을 가져오지 못했을 것이다." 이것이 그의 판단이었다. 그렇다면 기관이 많이 들어선 서울의 성장이 더디었던 까닭을 찾아내기 어렵지 않다. 가령 서울에서 일하던 감리교 선교부는 1895년 7명의 선교사 중 5명이 기관 사업에, 그리고 다만 한 사람만이 복음 전도에 힘써오고 있었다. 서북에서 기적적 성장을 이룩한 북장로교에서는 교육마저도 전도를 위해 있는, 한 보조 방법 정도로 간주하고 있었다.

그런데 이 교육 문제가 두 가지 면에서 직접적으로는 교회의 역량을 소모시킨 결과가 되었다. 그 하나는 결국 인문 및 실업교육을 함께 해야 할 교육과정이었기 때문에 막대한 인력과 재정을 요구하고 있었고, 따라서 전도에 기울일 힘의 소모가 컸다는 사실이다.

그러나 다른 하나는 일제의 가혹한 교육, 특히 미션계 학교교육에 대한 간섭이었다. 1908년 통감부의 "사립학교령"과 1915년의 "개정 사립학교령"을 통해서 기독교 교육 기관은 심각한 도전을 받고 있었다. 일본이 소위 제국(帝國)신민의 교육을 장악하고자 했을 때, 방해가 이 미션 교육이었기 때문이었다. 그런데 문제는 기왕에 설립한 이런 학교들의 간단한 폐교도 쉬운 일이 아니었고, 또 요구되는 기준의 시설 및 교육 방법의 정립도 쉬운 일이 아니었다는 데 있었다. 문제는 결국 이런 것 때문에 선교가 받아야 했던 막대한 정력과 시간의 경주(傾注)였다. 거기 힘을 다 쓰느라 전도 선교에 손을 쓸 길이 없었다. 그래서 이런 교육 선교에 힘쓰던 감리교가 더 큰 시련을 겪었다는 말이 되고, 또 그런 기관이 몰려 있던 서울의 교세 부진이 컸다는 설명도 된다. 감리교 목사 리이드(C. F. Reid: 李德, 1849-1915) 는 이런 말을 남기고 있었다. 곧

> 좋은 학교와 병원은 물론 훌륭한 기관사업입니다. 그러나 나는 그러한 사업 가운데 극히 적은 비율만이 교회 안에 보존되어 있는 것을 보아 왔으며, 또 복음전도사업에 치중하는 선교부가 수천에 달하는 신도들을 헤아리는 데 반(反)하여,

34) 서명원(徐明源), *op.cit.*, p. 150.

그러한 기관 사업에 치중하는 선교부는 겨우 수백의 신도를 헤아리고 있음을 보아 왔습니다. 이런 기관은 가장 유능한 사람들과 재력을 소모시켰습니다.[35)]

d. 기독교 공동체 의식의 문제

한국교회 성장에서 1895년을 그 첫 출발점으로 보아야 할 까닭들이 많이 있다. 한국교회의 실질상의 통계 보고가 이때부터 미국선교 본부에 보내지기 시작했기 때문이다.

이 전기(轉機)의 배경은 청일전쟁과 을미사변(乙未事變)이라 할 수 있다. 청국의 패전은 유교적 보수주의자들에게 충격을 주었고, 따라서 교회는 부국강병(富國强兵)의 서구 문명의 동력원으로 수용될 여지가 넘쳐 있었다. 그러나 그러한 충격파는 유교 관료군(群)의 중심지였던 서울에 더 컸으면 컸지 서북지역보다 더 적을 리는 없었다. 따라서 교회 발전의 근거의 문제는 딴 데 있었을 것이다. 그것이 교회에서의 공동체 의식 형성 여부의 문제였고, 그것이 서울에 약했다는 결론이 된다.

평안도는 더구나 전란의 피해가 컸다. 6만의 인구가 1만으로 줄었다는 사실이 이를 암시한다. 눈물겨운 참상이었다. 그런데 선교사와 교회는 이 전란 속에서, 비록 전쟁 와중(渦中)에 일시 피난하기는 했으나, 계속 수난의 겨레와 함께 머물러 상처에 함께 울고, 폐허에서 함께 시달리며, 인간애와 사랑의 시위(示威)로 지샜던 것이다. 그래서 그랬다. 평안도의 교회는 전란 후 3배의 성장을 보이고 있었다. 1905년의 노일전쟁 때에도 다시 급격한 성장이 기록되었는데, 그 때 역시 교회의 헌신적 봉사가 기댈 곳 없는 이들에게 위로와 안식의 거처의식(居處意識)을 마련해 줄 수 있었기 때문이다.

그런데 서울의 경우는 달랐다. 물론 전후 서울에 콜레라가 돌았을 때 새문안교회에서 지금의 충정로에 "프레데릭 언더우드 료소"를 마련하고, 가슴에 십자가 표를 달고, 전염의 위험 속에서 헌신적인 봉사를 한 일이 있었다.[36)] 고종이 이 일로 해서 들리는 소문 심히가상하여 포상한 일이 있고, 그 때 그 하사금

---

35) S. C. Chun, *Schism and Unity in the Protestant Churches in Korea,* Yale University, Ph.D. Thesis, 1955, p. 65에서.

36) D. L. Gifford, *Every Day Life in Korea,* New York, Fleming H. Revell, 1898, p. 145.

으로 교회당을 건축 완성시킬 수가 있었다.[37] 하지만 평안도만큼 사정이 간단하지가 않았다. 서울에서는 사랑의 공동체적 의식이 구성되기가 어려웠다. 독립협회 활동과 같은 정치에서 교회는 결국 보수층에 의해 고립되기 쉬웠고, 정치적 분쟁에서 파쟁의 희생이 되지 않을 수가 없었다. 그리고 그 수가 의미없을 정도의 소수였기 때문에 서울에서의 교회 공동체 의식은 지극히 미약할 수밖에 없었다. 1898년 정부가 독립협회 해산 후 외국 사관과 고문관을 해고하자, 서울에서 이를 성토하여 의리에 죽기로 동맹하였을 때에도 오히려 평양의 예수교인들이 "우리도 빅셩이 되여 이러훈 융의잇는 일에 엇지 수수방관ᄒᆞ리오. 서울 사ᄅᆞᆷ들이 올흔 일과 츙졀만 가지고 쥭을 것 ᄀᆞᆺᄒᆞ면 우리도 그 뒤를 좃차 ᄒᆞᆷᄭᅴ 쥭음이 빅셩된 즉분"[38]이라 호소하고 있었다. 서울에서의 반응은 그만한 것이 없었다. 서울에서는 고종 탄신축하예배라든가 하는 충군적 행사가 『독립신문』에 여러 번 게재되고 있었다. 그러나 그런 것들도 역시 전란 속에서 고난과 비극을 함께 체휼(體恤)하면서 굳혀진 한 몸의 피맺힌 결속감에까지는 끌어온 평양의 교회 공동체 의식은 일으키지 못하고 있었다.

e. 자조선교의 문제

1907년 평양신학교의 제1회 졸업생 7명 중에서 서경조(徐景祚, 1852-1938) 목사 한 사람을 제외하고서는 모두가 다 서북지역에 배치되었다. 한데 서경조 한 사람만이 서울에 부임되었다. 그러나 그도 새문안이나 경기지방에 걸친 여러 지역 순회 전도 목사의 성격을 가진 데 불과하였다.[39] 새문안교회가 원두우가(元杜尤家)의 의견과 대립되면서 한국인 전임목사를 초빙하는 데는 숱한 난관과 장구한 시간이 걸리고 있었다. 그것이 가능했던 것은 1920년 12월 차재명(車載明, 1887-1947) 목사 때의 일이다.[40] 연동교회의 경우에도 1929년 함태영(咸台永,

---

37) L, H. Underwood, *Fifteen Years among the Top-Knots, or Life in Korea,* New York, American Tract Society, 1904, p. 145.

38) 『협셩회보』, 뎨일권 뎨십ᄉᆞ호 (1898. 4. 2.).

39) 『조선예수교장로회사기』, 상.

40) 『새문안교회 85연사』, 새문안교회, 1973, pp, 119, 138.

1873-1964) 목사 때에야 가능하였고, 1916년 위임된 이명혁(李明爀, 1863-1930) 목사는 다만 동사목사에 불과하였던 것이다.[41]

이러한 사실은 서울에 기관사업체가 많았기 때문에 선교사가 여러 명 있었고, 따라서 설립된 교회에 겸임 형식으로 치리(治理)와 목회를 맡아왔다는 말이 된다. 이것은 그만큼 한국교회의 자치나 자립에 대한 의욕을 감소시킬 수 있었다는 말도 될 것이다. 자주교회 개념의 발상과 감정은 멀기만 했을 것이다.

실제로 1906년에 서울에서는 한 교회에 두 선교사의 배치 꼴이었다. 그런데 한국교회 성장의 상징처럼 돼 있었던 선천에는 선교사 한사람이 8개 처 교회를 돌봐야 할 형편이었고, 따라서 한국인 조사(助師)나 장로 및 영수(領袖)의 대거 기용이라는 절차를 통해, 자립적 토착적 교회신학을 정립해 나가지 않을 도리가 없었다. 선천에 있던 커언스(C. E. Kearns, 1876-1953)의 말을 살펴보자.

> 전체 선교사 인원은 전도사업의 4분의 3을 차지하고 있는 서북지방을 위해서 24명이, 그리고 4분의 1을 차지하고 있는 남부지방을 위해서는 44명이 배치되어 있습니다. 나는 수확이 없는 지역에 인원과 재력을 쏟고, 수확이 많은 곳에는 그것을 덜 배정하는 선교정책을 비판하지 않을 수 없습니다.[42]

세례 교인과 선교사들의 비례만 하더라도 서울에서는 160명의 세례교인에 비하여 1인의 선교사 비율이었지만, 서북에서는 880명의 세례 교인에 대해 선교사 1인의 비율이었다.

선교사의 후견이 부진의 원인이라고 곧장 판정하기는 어려울 것이다. 그러나 한국교회 성장의 원인 구명에서 자립 자치의 선교정책이 결정적이었다는 분석이 정설로 굳혀진 오늘, 이 자립 자치의 기능 수행이 뚜렷하지 않았던 곳에서는 교회의 발전이 느렸다는 논리가 된다. 한국교회 지도력의 미완(未完) 때문이었을 것이다. 자치개념이 1895년에서 1910년까지의 한국교회 성장에 결정적인 영향을 끼쳤다는 것은 백낙준의 탁견(卓見)이었다.[43] 서북교회 증가의

---

41) 『연동교회 80연사』, 연동교회, 1974, pp. 57, 87.

42) C. E. Kearn's *Letter* to the Board of Foreign Mission, Presbyterian Church U.S.A., 1906, 4. 10.; 서명원(徐明源) *op.cit.,* pp. 163-164.

원인 중 하나였던 사경회만 하더라도 역시 한국인의 지도, 강습으로 그 토착 지도층이 형성된 사실을 입증하고 있었다.

이런 것이 실증되었던 것이 바로 1911년 "105인 사건" 이후의 일이었다. 왓슨(A. Wasson: 王永德, 1880-1964)은 이 사건 때문에 "많은 수의 사람들을 교회에 들어오게 하던 물결이 흐르기를 그쳤고 교회 성장은 정지되었다"[44]는 판단을 내렸던 것이다. 그는 감리교 선교사였고, 따라서 이 말은 서울의 경우에 해당했던 말이라 이해할 수 있다고 본다. 왜냐하면 1911년부터 1919년까지의 평안도의 교회 성장은 "놀라운"[45] 것이었기 때문이다. 목사나 지도급 인사들의 투옥이 교회에 정규 지도자의 결핍 현장을 가져왔음에도 불구하고, 계속 지속적인 성장을 서북교회가 지탱할 수 있었던 것은 그 공백 상태를 메꿀 수 있는, 훈련받은 평신도 층 지도자들의 여유 있는 확보가 있었기 때문이다.

2-3. 결언

초기 서울 교회의 부진에 대해서 우리들은 몇 가지 외적, 내적 원인들을 현상적으로 구명하였다고 본다. 이 글은 이 방면에 대한 한 예비적 고찰의 성격에 자족하고 있고, 따라서 더 분석적인 철저한 연구가 속행되기를 바란다.

서울 교회의 문제는 자연히 서북과의 비교에서 탐색 되었고, 따라서 기적적 성장을 이룩한 서북의 결실이란 문맥에서 부정적이요, 소극적인 면의 대비 정도로 낙착된 듯한 흠을 이 글은 가진다. 그러나 그런 방법론은 우선은 불가피했다고 믿는다.

서울교회는 유교적 전통 정치이념 집행 관료들의 중핵지대였고, 따라서 비록 개화 동기에서 서구문명 수용이 용이하기는 했으나 동도서기(東道西

43) L. G. Paik, *The History of Protestant Mission in Korea,* Pyeng Yang, 1929, p. 284.

44) A. Wasson, *Church in Korea*, New York, I.M.C., 1934, p. 97.

45) 서명원(徐明源), *op.cit.*, p. 170.

器)의 묘한 방법 때문에 종교로서의 기독교 수용은 힘들었던 것이다. 이것은 이 지역이 조선 정치 보수의 핵심이었다는 점에서나, 유교 자체의 전통주의에 대해서 꼭 같이 할 수 있었던 말이라 여겨진다.

거기에 당시의 정치적 정황과 경제적 사정이 크게 작용하고 있었음을 보았다. 서울과 중부지역 농민의 상대적 빈곤과 소작업의 비율적 다수가 그들이 속한 경제구조 안에서의 유교적 지주층의 신앙을 떠나 개종하기는 어려웠다. 가족적 관계나 농업 구조의 특수성 때문에 인격적 자주적 회심(回心)의 표현은 힘들었고, 따라서 지역적 특수성에 제한받지 않을 수 없었다.

그러나 선교방법 자체의 원인도 크게 작용하고 있었다. 교육, 의료, 부녀, 문서 등의 기관 사업에 집중하다 보니 전도사역은 지체되고, 따라서 교세의 약화 부진은 불가피하였다. 더구나 서울에서의 그 나마의 전도도 부녀층, 하류층(백정 등)에 집중한 것 같아서, 영향력이 없는 계층, 사회적 백안시의 계층, 실제로 회심 후에도 도덕적 퇴폐의 시련을 그대로 가졌던 이들에 대한 전도는 파급 효과면에서는 지극히 부정적이었다. YMCA가 서울에서의 상류층 접근이 힘든 교회의 한계성을 극복하고, 양반층에 접근할 수 있었던 것은 교회사로서는 특기할 만한 사건이다.[46] 하지만 YMCA는 교회는 아니었다.

여기 덧붙여 전란 속에서의 형제감 형성과정의 부재, 그리고 선교사적 후견의 철저 및 장구성이 자립적이며 토착적 지도력을 광범위하고 실질적으로 구현하지 못했던 사실, 이런 것들이 서북에 비해 정체된 교회 상(像)을 낳게 된 한 원인이었다.

남과 북, 경기와 서북 교회의 신학적 신앙적 유형의 차이가 있었다. 그것 역시 따로 구명되어야 할 것이다. 1930년대 중반부터의 한국교회 분열사는 이 지역성과 무관하게 이해될 수 없는 사정에서는 더욱 그렇다.

하지만 우리는 해방과 6·25의 민족 이동기를 거치는 어간, 이러한 유형차이의 수평 교류, 그래서 그 개성들의 민족사적 보편화에 대해 섭리로 받아들여, 이를 감사하지 않을 수 없다. 그것은 보완, 보충, 보습(補習)의 과정으

46) 민경배 책임집필, 『서울YMCA운동100년사』, 서울, YMCA, 2004, pp. 65ff.

로 작용하여, 한국교회 영광의 유산을 훨씬 광역화 시켜 아울러서 그 선교의 역동성을 발휘할 기회로 주었기 때문이다. 부진한 곳이 있었으면 기적적 성장의 곳이 있어서 교회 성장의 주도를 잡게 하고, 전란으로 그 존재가 위협받자 이동 정착할 땅이 마련된 곳으로 와서 합칠 수 있었던 이 역사, 그 역사의 교훈이 왜 따로 없으랴!

3. 초기 윤치호의 기독교 신앙과 개화사상
- 1883년에서 1905년까지를 中心으로 -

3-1. 문제의 소재

조선 말의 기독교 수용은 위정척사파(衛正斥邪派)들의 과격한 반론에 시달려 그 선교가 어려웠다. 그 순수한 종교적 핵심의 전파 현상은 이루어짐이 없이 당시의 정치적 내지는 이데올로기적인 상황 구성에 따라 개화의 진행 동력과 함께 일괄 대응되었다.

물론 18세기 말부터 만주를 경유하여 침투된 개신교의 조용한 선교가 있었고, 그것이 서북지방에서 별다른 도전을 받음이 없이, 상당한 확보를 이룩한 일을 무시할 수는 없다. 그리고 그것이 장차 한국 기독교의 신학적 구성에서 실로 결정적인 요인으로 작용한 사실 역시 무시할 수 없다. 더구나 그 지방의 개신교 세력이 차라리 한국교회의 민족적 에너지 구성, 곧 항일(抗日)에서나 산업 및 교육 그리고 의식훈련의 거대한 작업 수행을 담당하였던 사실까지를 수긍하지 않으면 안 될 것이다.

한데 문제가 하나 떠오른다. 서울을 중심해서 개항기를 즈음하여 시론(時論)으로 문제된 개신교 수용의 형태 문제가 그것이다. 기독교와 조선말 상황과의 교섭과정을 자세하게 드려다 보면, 그 초기 신앙 구조의 성격 구성 과정을 직시할 수 있게 하는 것이 무엇인지 확실히 눈에 띄인다. 그리고 나아가서는 한국 기독교의 민족교회로서의 형성 추이과정에서 겪은 가능한 여러 시행과 착오를 정확하게 추적할 수 있는 몇가지 사건들이 요약된다. 거기 위정척사파의 입장이 천명되면서 그 방어의 한 형태로 진행된 한국교회의 선교 양상 전개의 실상이 노출된다. 더구나 기독교에 대한 대내적 접수 요청의 성격과 대외적 정세의 기운(機運) 조성이 전개되는 순서가 명확하게 나타나면서 그것이 근대 한국교회 신앙형태의 필연적인 구조로 형성해 가는 과정이 보인다. 이것은 스스로 한국의 기독교가 순수한 종교적 동기만을 경로로 한 회심의 유무에 문제를 던지게 할 뿐만 아니라, 그때의 역사적 요청, 다시 말하면 개화나 심지어 항일(抗日)의 추진력의 발원지 내지는 그 통로로서의 기능으로 기독교를 수용하려던 것이 아닌가 하는 문제 제기도 가능하게 한다.

만일 형편이 이러했다고 하면, 선교사들이 미국 교파교회의 출신들이고 따라서 경건주의나 부흥회적 유형의 신앙을 가졌을 경우, 이러한 교회의 발전에 의구심을 가지지 않을 수 없었을 것이고, 따라서 미력이나마 제동을 가할 수 있는 단계에 이르러서는 당연히 그 신앙의 재확인을 위한 정화작업을 하지 않을 수 없었을 것으로 볼 수 있다. 우리는 그것이 1905년부터의 착상이고 그 실현이 1907년 평양을 기점으로 한 대부흥운동으로 보고 있다. 묘하게도 을사늑약의 체결과 겹치는 시기였다.

이 글의 범위를 1905년까지 잡은 데에는 이러한 배경이 있었다. 윤치호(1865-1945)는 척사(斥邪) 논의가 한창이던 1881년에 17세의 소년으로 신사유람단의 한사람으로 일본에 파견되었던 인물이요, 1887년에는 22세의 청년으로 중국에서 감리교인으로 수세하였던 신앙인이었다. 다시 말하면 그는 조선말의 개화사상이나 기독교신앙이 연결되는 필연의 한 전형이었고, 더구나 1883년에서 1902년에 이르는 어간 자세한 일기를 남김으로써, 이 양자 간의 교섭을 체계적으로 구상화할 수 있는 자료를 남겨 놓았다. 초기 기독교인 중에 이만한 자료를 이만큼 남겨 놓은 이가 도대체 없었다.

1905년 이후의 한국기독교회는 민족사와의 교섭 단면이 "나라"에서 "겨레"로 이동되고, 따라서 그 때의 역사 이해는 시각의 이동도 불가피하게 돼 있다. 그래서 우리는 위의 이유에 덧붙여 이런 까닭에 우리의 연구 범위를 1905년까지 한정한다.

3-2. 한국교회 형성기의 몇 가지 문제들

한일수호조약 체결의 기운이 무르익던 1875년, 이항로(李恒老)는 벌써 왜양일체(倭洋一體)의 명분으로 척사(斥邪)의 대론을 폈고, 그 문하 최익현(崔益鉉, 1833-1906) 역시 도끼를 들고 대궐 앞에 나가 척화를 상소하여 왜(倭)는 사실상

양적(洋賊)이라는 변박을 하고 있었다. 한데 이러한 척사위정의 대의명분은 1880년 김홍집(金弘集)이 청국인 황준헌(黃遵憲)의 『조선책략』을 일본에서 가지고와 읽게 한 데서 과격하여졌다.

이 『조선책략』의 대의는 아래와 같았다.

> 설의문답론의지사(設疑問答論議之辭) 선고이방(先告以防) 선고이방아(先告以防俄) 이방아재(而防俄在) 친중국(親中國) 결일본(結日本) 련미국(聯美國) 이도자강(以圖自强).[1)]

논의하여 말하자면 먼저 방어가 있어야 하는데, 이는 러시아에 대한 방어이다. 즉 러시아의 남하를 막고 중국과 친교하며 일본과 결의하고 미국과 연합하면 이로써 스스로 나라를 부강하게 할 수 있다. 이런 내용이었다.

이 논의에서 청(淸)과의 친밀 어려울 것이 없었지만, 일본과 미국과의 연결은 용이한 명제가 아니었다. 더구나 왜양일체(倭洋一體)[2)]의 고정개념에서 그 해결의 실마리는 쉽게 잡히지 아니하였다.

한데 문제의 단서는 실로 의외의 곳에서 나왔다. 왜양일체(倭洋一體)의 관념은 실상 임진왜란의 후속 감정에서 온 왜(倭)에 대한 불신에 앞서서 왜(倭)가 양적(洋賊)의 향도(嚮導)라는 혐오 때문이었고, 그래서 미국에 대한 절화(絶和)가 그 근본이었다는 점이 중요하였다. 중암(重菴) 김평묵(金平默)에 의하면 오히려 왜(倭)가 전날의 인국(隣國)이었다는 사정을 말하고 나서, 왜(倭)가 양(洋)과 동심일체된 것을 한탄하는 어조로 일관하고 있다.[3)] 중암은 계속 양적 비판에 격렬하여 양(洋)은 주자학(朱子學)에서 말하는 금수요, 그들의 기기(奇技), 음교(淫巧), 요술, 사교(邪敎) 등은 독화살(毒箭)과 같이 해독을 끼치는 것이라고 해서 척화(斥和)의 정당성을 주장하고 있었다.

---

1) 『中國外交部朝鮮檔案』, 光緖六年十月六日, 박일근(朴日槿), 『근대한미외교사』, 박우사, 1968, p. 198.

2) 병자조약 체결직전(1876. 6, 1.)에 올린 면암(勉菴) 최익현(崔益鉉)의 "오불가소(五不可疏)"에 나타난 사상.

3) 홍순창(洪淳昶), 『한말의 민족사상』, 탐구신서, 서울, 탐구당, 1975, p. 241

여기 비로소 황준헌이 그의 저서 속에서 기독교에 두 커다란 계열이 있다고 변증한 까닭을 살필 수 있다.[4] 미국의 종교는 천주교와는 다른 개신교로서, 반드시 기독교 곧 야소교가 다 동일한 것이 아님을 힘써 식별하고자 한 것이었다. 황현(黃玹, 1855-1910) 정도의 식자조차도 김홍집이 "우선 서양의 제도(洋制)를 배우고 나서 그 서양의 기술을 익힌다" 고 하면서 말한 그 양제 가 "천주교"로 인식하고 있었다고 한다면,[5] 개화파들이 애써 신 구교의 차이를 밝혀 기왕의 천주교와 같은 사교(邪敎)를 수용코자 함이 아니라는 사실을 드러낼 필요는 화급한 것이 아닐 수 없었다.

이것은 위정척사파들이 서양의 기독교를 신 구교로 구별하지 아니하고 한데 묶어 사도(邪道)로 간주하고 순조(純祖) 이후의 천주교 탄압 이론을 방법론상 그대로 계승한 사실과 함께 고려되어야 할 것이다.

여기에서 우리는 개화파나 기독교의 수용자들이 왜양일체(倭洋一體)의 공식을 타파해서 "왜양이체(倭洋異體)"의 이론을 수립하고자 한 사실을 목격할 수 있다. 이것은 곧 미국 기독교와 일본과는 그 개화의 추진과정에 있어서 동일한 경로를 밟고 있는 것이 아니고, 실제로는 상이하다는 논리 형성의 그 싹을 보기 시작하는 것이다. 이것은 조선 근대사의 기독교 이해에 있어서 실로 결정적인 중요성을 가지는 사실인 것이다. 필경 한국의 기독교는 그 수용이 일본과의 상위(相違) 절차의 확인을 통해서 비로소 가능하였다는 이야기이고, 그 앞으로의 성격 구성에 불가피한 반일(反日)의 생리를 가진다는 논리의 근거가 된다. 이것은 다른 한편 한국의 기독교가 그 첫날부터 민족 교회화하였다는 증거도 된다.

왜양이체(倭洋異體)에 척왜친양(斥倭親洋)까지 이르는, 그 엄청난 변화는 1895년을 전환점으로 해서 저절로 수행되었다. 1892년부터 척왜척양(斥倭斥洋)의 기치를 높이 들었던 동학(東學)은 서학(西學)의 공격을 계속하고 있었지만,[6] 1894년 12월 8일(음 11월 12일) "고시경군여영병이교시민(告示京軍與營兵而敎示

4) 기독교 전통의 3대파에 대해서는 이미 1836年 최한기(崔漢綺)가 이를 명백히 해 놓은 일이 있었다. 『명남루총서(明南樓叢書)』, 제 2책, 권Ⅱ.

5) 『매천야록』, 국사편찬위원회, 1871, 권 상, p. 50.

6) 여기 대해서는 최석우(崔奭祐), 서학에서 본 동학, 『교회사연구』, 한국교회사연구소, 1977, pp. 113-147참조.

民)"에서 "척양(斥洋)"을 빼버리고 있었다. 곧

> 싱각컨딕 됴션ᄉ람 기리라도 도는 다르ᄂ 척외(斥倭)와 척화(斥和)는 기의(其義)가 일반이라 두어ᄌ 글로 의혹을 풀어 알게 ᄒ노니 각기 돌려보고 츙군우국지심(忠君憂國之心)이 잇거든 곳 의리로 도라오면 샹의ᄒ야 갓치 척왜척화(斥倭斥和)ᄒ야 됴션으로 왜국이 되지 안에케 ᄒ고 동심합녁ᄒ야 딕ᄉ를 이루게 ᄒ올시라.

그러나 일본의 조선 침략 야욕이 노출되기 시작한 것은 1895년 을미사변(乙未事變)(10월 8일) 때의 일이었다. 민비시해(閔妃弑害)의 비참함을 황현은 이렇게 통분으로 기록하였다.

> 후도벽의중(后逃壁衣中) 왜졸지출(倭捽之出), 소촌(小村)[7] 여심지(女審之) 후련걸명(後連乞命) 왜중인교하(倭衆刃交下) 이이흑거의(裏以黑裾衣) 관석유화(灌石油火) 지우녹산하수림중(之于鹿山下樹林中), 습기편해즉소지매지(拾幾片骸即燒地埋之) 후기경요권수(後機警饒權數) 우정이십년(于政二十年) 순치망국(馴致亡國) 수견천고소무지변(遂遣千古所無之變).[8]
>
> 후기복(後既復) 장구의빈감(將具儀殯歛) 이부득옥체(而不得玉體) 지오운각서봉하녹산수림중굴지(之五雲閣西峰下鹿山樹林中掘地), 유회사잡촌골(惟灰沙雜寸骨) 부위불가변(部位不可辨).[9]

이때 민비는 벽에 걸려 있는 옷 뒤로 숨어 있었으나 왜놈의 졸개는 민비의 머리를 잡아 끌어내었다. 고무라(小村室)의 딸은 민비를 보고 확인해 주었다. 민비는 연달아 살려줄 것을 빌었으나 왜놈들은 번갈아가며 민비를 칼로 내리쳤고 그를 검은 두루마기에 싸가지고 녹산(鹿山) 아래 수림 사이로 가서, 석유를 붓고 불을 질러 태운 후 그 타다 남은 유해 몇 조각을 주워 이를 땅에 매장하였다. 민비는 놀랄 만큼 권력을 더해 20년 동안 정치를 행하였고 나라가 망국을

---

7) 민비가 사랑하던 일본 여인. 일본인 고무라(小村室)는 딸이 하나 있었는데, 그는 매우 영리하였으므로 민후(閔后)가 사랑하여 항시 대궐로 불러들였다. 고무라(小村室)의 딸은 그 시살자들을 인도하여 곤녕전(坤寧殿)에 도착하였고 민비를 확인해 주는 그런 역할을 하였다.

8) 『매천야록』, 二, 을미(乙未), p. 184.

9) *Ibid.*, p. 189.

향해 달려가는 중에 천고에 없는 변을 당한 것이다. 빈(殯), 감(斂) 등의 의식은 갖추었지만 옥체를 발견하지 못하고 있다가, 오운각(五雲閣) 서쪽 산봉우리 밑에 있는 녹산(鹿山) 숲속으로 가서 그곳 땅을 파 보니 재와 모래(灰沙)에 뼈 몇 조각이 섞여 있어 몸의 어디가 어디인지 부위(部位)를 잘 분간할 수 없었다. 이런 내용이었다.

이 사변과 한 달 이후의 춘생문사건은 일본의 조선 침략의 의중을 노정시킨 사건이면서 아울러 이러한 경멸과 모욕 속에서 떨던 겨레가 기독교의 복음 속에서 겨레의 존엄, 그 최후의 근거를 찾아 혈맥을 맺 듯 그 역사적 접속이 실현된 사실을 보여준 사건이기도 하였다. 이때 선교사들, 특히 애비슨(O. R. Avison, 1860-1956), 언더우드(H. G. Underwood, 1859-1916) 및 윤웅열(尹應烈) 장군과[10] 같은 이들의 활동은 일본의 등장 때문에 그 무력감에 시달리던 종사나 백성들로 하여금 하나하나의 인간다운 긍지와 국권의 보존을 미국 기독교에 일단 의존한다는 상황 전개를 조명한 것이었다.

1895년이 이렇게 교회의 민족화 내지는 정치화를 구현하였다면, 교파교회의 선교사들이었기 때문에 정교 분리를 확인해야 했던 과정, 그리고 이러한 역사에서 자연히 종교적 역학의 구조력이 동기로서 작용하지 못한 "착오"를 정화해야 하겠다는, 신앙적 부흥이 더 예리하게 촉발되지 않을 수 없었을 것이다. 그것이 한국의 일제 피치가 현실로 냉엄히 찾아들던 1905년을 기해서 지체없이 실천에 옮겨지게 되고, 그것은 현실적으로는 한국교회의 비(非)정치화의 운동으로 인식되었던 것이다.

여기 개화나 민족 에너지의 현실적 운반 통로로서의 기독교의 소임 부정이 반(反)민족 내지는 민족 부재의 기독교, 그 초월적 둔세(遁世)로 보였고, 따라서 여기 대한 민족운동계의 극심한 반발이 하늘에 닿고 있었다. 그 반발이 신앙의 순수성에 기초한 것이었다고 보기보다는, 부국강병이나 자강과 같은 개화 지향 참여군의 환멸과 좌절에서 왔다고 할지라도, 또는 신앙과 참여의 신학적

10) 윤치호(尹致昊)의 부친(父親)

연결을 그 당시로서 벌써 원숙하게 수행한 이들의 도전이었다 할지라도, 초기 한국교회사에는 일대 시련이 아닐 수 없었다.

이러한 배경이 윤치호가 신앙에 인도되고 활동하던 시기로서, 우리가 한정한 범위와 겹치는 부분이다. 우리는 이 양자의 어느 한쪽이든, 그것이 다른 한쪽을 더 명백히 밝혀, 결국 한국교회사 전체의 조망도를 높여 주는 지형도가 된 사실을 알게 된다.

3-3. 초기 윤치호의 기독교 신앙 유형

1) 그의 입교 동기

전술한 바도 있지만 윤치호는 1881년 17세의 나이로 신사유람단의 수행원으로 일본에 다녀온 일이 있었다. 그때 그는 후쿠자와 유키치(福澤諭吉, 1835-1901)[11] 나 이노우에 가오루(井上馨, 1835-1915)[12], 야노 요시데츠(矢野義徹), 나카무라 마사나오(中村正直)[13] 같은 이들과 접촉을 가지면서 개화에 대한 방향을 모색하고, 아울러 김옥균과도 잦은 교섭을 가지고 있었다. 도진샤(同人舍)에서 기회를 얻어 수학한 것도 이때였다.

이러한 상황이 그에게 개혁주의적인 개화의 의식을 서서히 구성해 나간 것이 확실하였다. 그러나 방향의 설정은 혼미를 거듭하였다. 도진샤(同人舍)를 경영하던 감리교인 나카무라(中村正直)는 사족(士族) 출신의 일본의 초대 교인으로서 유교적 윤리주의에 익숙했던 사족 신도들에게 유교적 준거(準據) 로서 기독교 교리를 해석해 줌으로써 저들의 신앙을 독실하게 하도록 인도한 한학자였고, 일본천황에게도 세례를 받도록 권유한 걸물(傑物)이기도 하였다.[14] 그는 봉건적인 것을 광범위하게 존속시키려고 한 그의 스승 석유(碩儒) 야스이(安

---

11) 일본 慶應義塾 걸립자.

12) 일본 초대 주한국공사, 기독교인.

13) 同人舍, 및 お茶の水大學校 총장 역임. John Stuart Mill의 *On Liberty* 일역, 막대한 영향을 일본 지식사회에 미침.

14) 한배호, 한 초대교인의 근대화의지와 한말정치관, 『숭전대학교 논문집』, Ⅶ, p. 5.

井息軒)에게서 예수교도란 이유로 파문을 당한 인물이었다.[15] 하지만 나카무라(中村) 자신은 "한적(漢籍) 안에 교시된 인성과 천도와의 교리가 기독교 속에서 더 활발한 것을 보았고, 구미 기독교는 더 높고, 그리고 더 크게 공자의 교(敎)인 것을 보았기 때문에 기독교화 된 유교주의에 그 의론의 기초를 두었던"[16] 것이다.

다른 한편 일본에서 근대적 체제를 채용하려고 한 개명주의(開明主義)의 이데올로기는 메이로꾸샤(明六社)에 가입한 사람들에게서 대표되었지만, 그 일파였던 후쿠자와 유키치(福澤諭吉)는 광신적 복고사상이나 유교적 봉건주의를 부정하면서 진화론적 유물론과 영국적 공리주의의 영향을 받아 부르조아적 국권론의 입장에서 기독교를 논란하고 있었다. 윤치호가 이 양자 사이에서 그 논점을 파악하면서 정론(正論)을 결단하였는지는 알 수 없지만, 그 혼란이 컸음은 짐작하기 어렵지 않다.

윤치호가 체일하던 1881년에서 1883년까지는 일본의 기독교가 자유민권론자들과 함께 그 사회적 지반을 같이 하면서 그 운명을 결정하던 때였다. 까닭에 기독교는 세이난전쟁(西南戰爭) 이후의 인플레로 해서 관영사업을 군사공업에 집중하면서 전기적(前期的) 상업 고리대 자본가, 곧 미쓰이(三井)나 미쓰비시(三菱) 등의 거대 자본가를 창출하여 절대주의 통제하에 두려면 메이지(明治)정부와의 갈등이 심각할 수밖에 없었다. 메이지정부는 자유민권운동의 앙양과 기독교의 침투에 불만을 느끼고, "존왕 애국의 지기를 진기(振起)"하고 "국가의 안녕질서"를 유지하기 위해서 "소학교 교원심득(心得)"을 교시하여 교육의 지도 원리를 유교주의에 후퇴시키고 있었다. 신도(神道)나 불교의 위격 상승을 꾀해서 기독교 배격에 진력한 것도 이때였다.

한데 후쿠자와 유키치의 태도는 1882년 더 격렬해 갔다. 그는 게이오 기쇼구(慶應義塾)의 거두로서 그해 『時事新報』(지지신보)를 발간하였는데, 매호 기독교 공격을 실리지 아니한 때가 없었다. 가령 "야소 종교의 만연은 후세 자손 국권 유지를 위해서 큰 장해로 보아야한다. 금일의 신자로서 그 만연을 조성하는

15) 隅谷三喜男, 『近代日本の形成とキリスト教』, 新教新書, 東京, 新教出版社, 1966, p. 49.
16) 山路愛山, 現代日本教會史論, 『基督教評論』, 1906, pp. 31-33.

자는 스스로 국권을 감쇄한다고 볼 수 있다."[17] 이렇게 국권론을 가지고 기독교의 배격자가 된 후쿠자와는 그의 제자들로 하여금 불교도의 초청에 응해서 "야소 퇴치"의 이론을 정립하도록 하게 하고 있었다.

이러한 상황 하에서 기독교는 격심한 박해에 시달리고 있었다. "곳에 따라서는 교회당에 투석이 있었고 창은 깨지며, 또 때에 따라 부상자까지 생기고 있었다."[18] 메이지(明治) 18년, 곧 1885년 일본이 태정관(太政官)을 폐하고 입헌정치를 전제로 한 내각제도가 세워져 이토오 히로부미(伊藤博文, 1841-1909)가 총리대신이 되고 이노우에 가오루(井上馨)가 외무대신이 되면서, 이노우에가 선교사나 목사들을 향연(饗宴)하고 교회에 호의를 보이자, 후쿠자와는 시운(時運)의 동향에 민감하게 적응하여 『時事新報』에 기독교 국교론(國教論) 사설을 실리는 표변이 있었는데, 그때 윤치호는 이미 귀국했다가[19] 중국 상하이(上海)에 유학하고 있었다.

따라서 우리는 윤치호의 기독교 전향은 그의 일본 체재와는 무관하다는 사실을 쉽게 간취할 수가 있다. 다만 그는 변하는 세계, 강력한 근대화에의 박진력이 도도히 흘러가는 모습에 충격을 받고, 뭔가 손대야 한다는 의지를 가지고 돌아왔었음이 분명했다.

귀국한 윤치호는 미국공사 푸트(L. H. Foote: 福德, 1826-1913)의 통역을 맡아 왔고, 개화당과의 접촉도 잦았다. 까닭에 1884년 12월의 갑신정변(甲申政變)이 실패하자 신변의 위험을 느껴, 다음 해 1월 11일 외유의 인허를 받아 1월 19일 나가사키(長崎) 경유 상하이(上海)를 향해 떠났던 것이다. 그리고 1월 28일부터 그곳 중서학원(中西學院: Angro-Chinese College)에 입학하였던 것이다.[20]

그가 상하이에서 기독교를 접촉하게 된 것은 중서학원의 알렌(Young Allen: 林樂如) 선교사 때문이었고, 그와 같이 처음 교회에 나간 것은 1885년 2월 15일, 공교롭게 음력 정월 초하루의 일이었다.[21] 이런 생활 속에서 윤치호를 계속

---

17) 福澤諭吉, 『時事小言』, p. 282, 隅谷三喜男, *Ibid.*, p. 69.

18) Otis Cary, *A History of Christianity in Japan*, Vol Ⅱ, 1906, p. 178.

19) 1883연 7월 미국의 초대주한공사 L H. Foote와 동도귀국.

20) 『윤치호일기』, 국사편찬위원회, I, 1973, p. 134.

괴롭힌 것은 조국 조선의 비참이었다. 1885년 6월 20일의 그의 일기에는 이런 글이 있었다. 곧

> 조선집정지인(朝鮮執政之人) 하부도성몽보국(何不圖醒夢保國) 부안불망위(夫安不忘危) 내보민안(內保民安) 외찰린우(外察鄰憂) 시유지식문명정부지소항야(是有知識文明政府之所行也) 하감망호(何敢望乎) 금아정부재(今我政府哉) 연이내이도적봉기(然而內而盜賊蜂起) 민불안도(民不安堵) 외이강린호시(外而强鄰虎視) 지기현탈당차지시(地己見奪當此之時) 기국세지위(其國勢之危) … 이금아정부(而今我政府) 일사학감(日事虐歛) 민불료생(民不聊生) 전고도탄(轉苦塗炭) 이유불고염(而猶不顧念) 국가토지위인천식(國家土地爲人蚕食) 이상불성각(而尙不醒覺) 개불한재(豈不恨哉)[22]

조선에서 정치를 하는 사람들이 나라를 보호하여 지켜야 한다는 것을 깨닫지 못하여 아직도 꿈에서 깨어나지 못해 위기가 있음을 알지 못하며, 안으로는 백성들이 편안하고 밖으로는 여러 나라들을 잘 살펴서 근심이 될 소지가 있는지 살펴야 하는데, 이는 지식이 있고 문명이 있어야 비로소 행할 수 있는 것이니, 지금의 정부 형편에서 어찌 감히 그런 일을 바라리요. 도적들은 봉기하고 인민들은 불안과 도탄에 빠져있고 외국의 강국들은 호시탐탐 기회를 엿보고 있는 이 위험한 상황 속에서 지금 우리 정부는 날마다 백성들을 학대하고 빼앗고, 백성들의 삶을 돌아보지 않으면서도 아직 깨닫고 깨어나지 못하고 있으니, 이 어찌 한스럽지 아니한가. 이런 뜻의 탄식이었다.

한데 1887년 3월 9일 중서학원의 본넬(W. B. Bonnel) 교수가 밤늦게 찾아와 기독교 신앙에 대해서 어떻게 생각하는지 그 진심을 토로하라고 했을 때 윤치호는 이런 말을 남겼던 것이다.

> 자여도상하이(自余到上海) 청상제성명지시(聽上帝聖明之時) 대개무일부도기강복우아군부모양당(大槪無日不禱其降福于我君父母兩堂) 일가친우급아국인민(一家親友及我國人民) 자작연초(自昨年初) 소유천선지심(小有遷善之心) 수독성경(數讀

21) *Ibid.*, p. 137.

22) *Ibid.*, p. 15.

聖經) 지우금일(至于今日) 대유봉교지심(大有奉教之心) … 여수세례등사(如受洗禮等事) 능증신도지심(能增信道之心) 칙여소(則餘所) 원수야(願受也).[23]

이에 의하면 그의 신앙은 상하이에 올 때부터 눈 뜬 것이고, 그 이후 계속 나라와 민족과 가족들 위해서 하루도 빠짐없이 기도해 왔고, 1886년 정월부터는 성경을 읽으면서 내적 변화를 경과한 사실이 밝혀지고 있다. 세례식만이 남은 한 절차에 불과하였다.

1887년 4월 3일, 주일 오전 10시 이렇게 해서 윤치호는 근서봉교신주(謹誓奉敎信主: 삼가 하나님을 받들어 섬기는 교인이 되기로)하고 세례를 받아 남감리교인이 되었던 것이다. 그날의 감격을 그는 "可謂一生 第一大日也"(가히 일생의 가장 중요한 날이었다)라고 하였다.[24]

그런데 그의 회심 동기를 분명히 밝혀 줄 글이 하나 남아 있다. 그것은 세례 받기 전 3월 22일 그가 발에 난 종기로 와병(臥病)하고 있을 때 본넬 교수에게 원봉진교서(願奉眞敎書)를 보낸 내용 속에 있는 글이다.[25]

… 나는 1886년 초부터 그해가 저물 때까지 나의 추구하던 길이 아닌 딴 길을 걷고 있었다는 것을 깨달았습니다. 왜냐하면 나는 나의 죄악성과, 내세를 위하여 깨끗한 영혼이 될 준비를 해야겠다는 필요성을 깨닫게 되었기 때문입니다. 전에는 결코 내세를 믿지 않고 있었습니다.

나는 어떠한 인간의 힘으로도 진정한 의미의 무죄의 생활이란 절대로 불가능하다는 것을 발견하였습니다. 나는 과거에 유교의 4서를 정독하고 많은 교훈을 발견하였었습니다. 그러나 누구나 그 교훈에 복종해야만 될 까닭은 없었습니다. 영혼의 요구를 만족시켜 주지 못했기 때문에 거기서 나는 나의 추구하던 것을 찾을 수 없었던 것입니다.

나는 많은 고약한 행실을 떨어버리려 애썼고, 내가 단 꿀처럼 사랑하던 죄악을 어느 정도 없이하는 데 성공하였습니다. 이러한 결과는 성서와 기타 종교서적과 종교적인 강연의 힘으로 이룩되었습니다.

나의 회개를 방해하는 장애물들은 박해와 조롱에 대한 공포, 옛 친구들을 잃는

23) *Ibid.*, p. 253.

24) *Ibid.*, p. 256.

25) *Ibid.*, p. 254. 백낙준(白樂濬)의 『한국개신교사』에는 23일로 돼 있다.

손해, 종종 밀려드는 여러 의심과 유혹이었습니다.
나는 세례받기를 원합니다. 그 이유는 내가 가진 재능이 다섯 달란트이든지 한 달란트이든지 나의 시간과 재능을 다하여 기독교에 대한 지식과 신앙을 증진하여, 하나님의 뜻이라면 내 자신과 내 형제를 위하여 쓸모있는 생을 살려고 합니다.
인생의 황혼이 다가올 때에 다른 사람들처럼 죽음의 문턱에서 구원의 길을 찾는 일이 없게 하려 합니다.
그리하여 나는 옛사람과 달라진 사람의 증거를 드러내고, 또한 갈래길에 서서 방황할 때에 빠지기 쉬운 여러 가지 시험을 덜어버리려 합니다.
나는 하나님은 사랑이심과 그리스도는 구주이심을 믿습니다. 옛 선지자들의 현 세계에 대한 예언이 그처럼 사실로 이루어졌다면 내세에 관한 것도 필연적으로 그렇게 될 것을 믿습니다.[26)]

여기 나타난 윤치호의 신앙 유형은 지극히 내면적이고 도덕적이며, 경건주의적 기조가 짙고, 따라서 감리교적 신앙에 적응한 그런 것이었다. 계주신색(戒酒慎色: 술을 마시지 않고 여색을 삼가는 것)에 관한 글이 그의 상하이 생활에 여러 번 언급되고 또 반복되는 것만 보아도 그의 젊은 날의 신앙의 지향을 하나 더듬어 볼 수가 있다. 여기 구태여 어마어마한 구국보민(救國保民)의 빙거(憑據)로서의 신앙 추구는 없었다. 1887년 12월 17일 조선에 있는 아펜젤러(H. G. Appenzeller, 1858-1902) 선교사에게 편지를 내고, 성서 번역을 조용히 착수할 정도의[27)] 지극히 내면적인 종교적 회심이 그를 감싸고 있었다.

2) 조선적 신앙의 구형(構形) 과정

1888년 9월 13일 윤치호는 일본 도시샤대학(同志社大學) 유학이 실패하자 미국 유학을 결심하였고, 동 9월 28일 상하이를 떠나 미국을 향했고, 10월 26일에 상항(桑港, 샌프란시스코)에 도착하였다. 그리고 11월 6일에 밴더빌트에 도착해서 그곳 대학교에서 수학하기 시작한 것은 11월부터의 일이었다.

한데 그의 신앙생활의 가락에 변모가 오기 시작하였다. 상하이에서 3년을 보내고 다시 낯선 미국에서 멀리 조선을 생각할 때 모름지기 신앙과 사상이

---

26) *The Gospel in All Lands*, for June, 1887, pp. 274, 275. 백낙준, *op.cit.*, p. 177에서 인용.

27) 『윤치호일기』 I. pp. 305, 306.

그 "나라"와 떨어져 생각되지 않는 것이 없었다. 그래서 필경 그의 신앙도 "조선적 맥락"을 짙게 풍기지 않을 수 없게 된 것이다. 그는 1888년 12월 29일, 이런 말을 남기고 있었다. 곧

> 나넌 ᄂᆡ나ᄅᆞ ᄌᆞ랑ᄒᆞᆯ 일은 ᄒᆞ나도 읍고 ᄃᆞ만 흉잡힐 일만 만으ᄆᆡ 일변 ᄒᆞᆫ심ᄒᆞ며 일변 일본(日本)이 부러워 못견디것도ᄃᆞ.
>
> 그러ᄂᆞ ᄂᆡ팔ᄌᆞ 임의 됴션ᄉᆞ롬되여 ᄒᆞᆫ심ᄒᆞ여도 슬ᄃᆡ 읍고 탄식 통곡ᄒᆞ여도 무익ᄒᆞ미 아무주록 샹뎨(上帝)의 도우심을 입어 ᄂᆡ평ᄉᆡᆼ을 아국 조흔일의 진심 갈녁ᄒᆞ여 비록 ᄂᆡᄉᆡᆼ전의넌 ᄂᆡ나ᄅᆞ이 나뮈 나ᄅᆞ 갓치 번승ᄒᆞ넌 것을 못볼지ᄅᆞ도 ᄂᆡ 마음것 ᄂᆡ나ᄅᆞ를 섬기넌 것이 ᄂᆡ 직분이ᄅᆞ.
>
> 상뎨ᄂᆞᆫ ᄂᆞ의 약ᄒᆞᆫ 것을 도와 주ᄉᆞ ᄂᆡ 일ᄉᆡᆼ이 야소승국(耶蘇聖國)과 ᄂᆡᄂᆞᄅᆞ의 유용ᄒᆞ게 지도ᄒᆞ여 주시옵소서. 이 부운 갓튼 세상을 ᄯᅥᄂᆞ 텬상의 오르면 그것의넌 나뮈 만모도 읍고 걱정도 읍시 만세무궁이 극락으로 세월을 지날 터이니 읏지 반갑지 안으리요.[28]

그의 신앙이 조선에 대한 직분과 천국에 대한 종말적 사상, 그 이원성(二元性)을 함께 포함한 데 우리의 주목이 간다. 여기 바로 그의 신앙이 일생 갈등과 모순을 함께 느끼면서 지내는 까닭을 보게 된다. 이 이원적(二元的) 신앙 중 어느 것이 선행했는가를 현재로서는 단정하기 어렵다.

하지만 1889년 4월 30일에 이르러 그의 면목이 한층 분명해지는 글이 남겨지게 된다. 곧

> 일국 흥망승쇠ᄂᆞᆫ 그 인민 지각과 긔상의 달닌 것인ᄃᆡ 아국 ᄇᆡᆨ승이 여러 ᄇᆡᆨ년 남의 노예 ᄃᆞ 되여 지각과 ᄉᆞᄂᆡ다운 긔상은 일호도 읍고 ᄯᅩ 세상 무비ᄒᆞᆫ 악정부의 오ᄇᆡᆨ년 압게를 바ᄃᆞ 상ᄒᆞ 관민이 남의긔 ᄆᆡ여 구보승명ᄒᆞ기만 도모ᄒᆞ니 지금 아국 형세로 독닙의 웃지 바ᄅᆞ며 독닙ᄒᆞ기로 웃지 후폐를 방비ᄒᆞ며 국가를 보젼ᄒᆞ리료.
>
> 고로 당금 아국 급무난 국민의 지식 문견을 널니며 도덕 신의를 ᄀᆞ르치며 ᄋᆡ국지심을 길으넌ᄃᆡ 잇으ᄂᆞ 정부ᄀᆞ 그 ᄀᆞᆺ치 드럽고 썩엇으니 무슴 ᄂᆞᄅᆞ를 위ᄒᆞ여 장ᄃᆡᄒᆞᆫ 도략이 잇스리요. 아국 교육을 도와 주면 인민의 긔상을 회복ᄒᆞᆯ 긔계ᄂᆞᆫ 야소교

28) *Ibid.*, I, p. 355.

> 밧긔 읍스니 너ᄂᆞ랴를 위ᄒᆞᄂᆞ 일신 ᄉᆞ업을 위ᄒᆞᄂᆞ 승교의 일신심역을 ᄃᆞ드려 우흐로넌 구세주의 공덕을 갑고 아러로넌 너 영혼칭복을 온전이 ᄒᆞ미 너 디망이 로ᄅᆞ.[29]

여기 그의 신앙 논리는 백성의 도덕 신의(信義) 지식 문견 기상이 있어 비로소 독립이 있는데, 이러한 기상을 키워줄 수 있는 기계는 기독교밖에 없고, 기독교 신앙에 이르면 나라나 개인 영혼에 구원과 행복이 있다는, 그런 구도였다. "조선"에 악센트가 놓인 기독교상이었다. 그 역시 하나의 구화주의적(歐化主義的) 국권론자에 불외(不外)하였다는 인상이다. 김옥균이나 박영효, 심지어 민영익(閔泳翊, 1860-1914)도 이런 정도의 말은 하고 있었다.[30]

하지만 윤치호는 신앙을 고백한 세례교인이었고, 신앙이 기초로서 내연(內燃)된 외연(外延)의 민족 구원을 자연스럽게 본 종교인이었다. 그가 자신의 종교적 신앙을 부모에게 글 올릴 때 겪은 고민 끝에 내린 결단은 심각하였다.

> 이 상셔 보신후 웃지 싱각덜 ᄒᆞ실넌지, 너 일신ᄉᆞ는 설혹 족보의 도려너고 가산을 부탁 아니ᄒᆞ시더ᄅᆞ도 너 이 세상 부귀를 부운갓치 보미 앗굴을 비 읍스ᄂᆞ 양당의 마음을 불편이 흐여 혹 글노 생병ᄒᆞ시넌 념려 잇스면 웃지 답답지 안으리오.[31]

이만한 정도의 결단이 선행한 신앙이었다. 그는 때로 이런 경향을 따라 극한에까지 가서, 땅에 대한 실망과 천국에 대한 희망을 노래하는 일도 있었다. 그것은 비분강개가 종교로 승화되는 한 모습이기도 하였다.

> 됴션ᄉᆞ롬으로 무삼 세상 영광을 바라리오. 이 구름갓치 지ᄂᆞ넌 인싱과 물갓치 흐르넌 셰월을 쓸듸 읍시 보너지 말고 진심갈녁ᄒᆞ여 너 일싱을 유용흐게 써 사후 낙토의 가면 설마 거기야 이 세상 등분과 교만과 무정ᄒᆞᆫ 일 잇스리오.[32]

---

29) *Ibid.*, I, p. 370.

30) 졸고, 개화기 기독교수용과정, 『한국학』, 제7집, 한국학연구소, 1975 소수(所收).

31) 『일기』, I, p. 373

32) *Ibid.*, I, 1889年 5월 15일자. pp. 374-375.

그는 "조선"을 실존적[33]으로 의식하고 그 미래를 질의하고 있었다. 따라서 그의 신앙 섬유 조직 속에서 "조선"을 탈색해 낼 수는 없었다. 천국 열복을 바랐다면 그것도 조선의 현실에서의 동기 성취를 못하고, 나라를 제대로 발전하도록 하지 못한, 그런 순서에서였다. 1889년 망년을 보내면서 그는 이 사실을 직감하고 있었다. 하나님과 섭리가 지금까지 자기를 지키고 인도해 온 사실을 자문하고 나서 그는 외쳤던 것이다.

> 나는 이행(履行)해야 할 선교가 있습니다. 내 생은 이 의무에 어느 만큼 충실케 부응(副應)해 사느냐에 따라 성패가 가늠될 것입니다. 그 선교란 내 겨레를 위해 복음을 전파(傳播)하고 교육을 하는 일입니다.[34]

이러한 다짐은 밴더빌트대학교를 졸업하고 에모리대학교에 다니던 1892년 10월, 곧 귀국 1년 전에도 다시 확인되고 있었다. 에모리대학교 총장 캔들러(W. A. Candler, 1857-1941)[35] 박사가 조선 선교를 타진했을 때 그는 조선에 기독교 교육을 위한 선교사업을 시작해서 "유식하고 사내다운 교역자들을 배출하여 동포의 잠재 능력을 개발하고, 아울러 자급자조하는 교회를 세울 계획을"[36] 심중 구체적으로 짜고 있었다.

그러나 그 선교의 방법에는 몇 가지 차이가 있을 수 있었다. 1895년 2월, 10년 만에 모국에 귀환한 윤치호가 참의(參議)를 거쳐 외무협판(協辦), 학부협판, 그리고 로서아 황제 대관식의 민영환특사 수행원으로 로서아에 갔다가 불란서를 거쳐 귀국한 것이 1897년 1월이었는데, 바로 입국하기 한 달 전 상하이에서 옛 친구들을 만났을 때의 충고가 각각 달랐다. 남감리교의 리이드(F. C. Reid)는 "순수하고도 단순한 선교사업"을 하라고 일렀으나, 영 알렌(Young J. Allen: 林樂知)은 관직에 나갈 것을 종용하고 있었다. 까닭은 "설교자로 하는 말들은 직책

---

33) 여기서 실존적이란 말 등 S. Kierkegaard의 뜻에 따라 비극적 실존이란 의미로 쓴다. H. R. Mackintosh, *Types of Modern Theology,* London, Nisbet, 1955, p. 224.

34) 『일기』, I, p. 410 (1889년 12월 7일부터 일기가 영어로 쓰여진다).

35) 1914-1922 미국 Emory University 총장. 그의 형제 Asa Griggs Candler는 Coca-Cola 창업자.

36) *Ibid.*, Ⅱ, p. 388.

상 하는 말로 별무 효과나 관직에 있으면서 선교사업을 하면 주는 영향력은 훨씬 클 것이기 때문"이라고 보았기 때문이다.[37)]

그러나 윤치호는 한번도 "순수하고 단순한 선교사업"에 임한 일은 없었다. 관직 그리고 독립협회와 같은 민권운동을 통해서 자신의 신앙을 항상 투시(透視)하고 때로는 비판하면서 그 외연(外延)을 시도하고, 그래서 개화 에너지로서의 기독교를 실현하고는 있었지만, "선교자" 그것으로 직분을 삼았던 일은 한번도 없었다. 그것은 현대적 신학에서는 "하나님의 선교"(Missio Dei)로 이해할 수도 있겠지만, 그만한 신학적 형성이 아직껏 없었고, 따라서 우리는 그 까닭을 그의 신앙 자체의 구조에서 추구할 수밖에 없다.

3) 그의 기독교 신앙의 유형

1894년 윤치호는 5년만의 미국 유학(1888-1893)을 마치고 귀국 도상 상하이에서 설날(1894)을 맞이하면서, 자기처럼 건전한 신앙에 의해서 훈련되고 영·중·일어에 통달한 사람이 한국사람 중에는 없으며, 따라서 하나님의 영광을 위해서 이 나라에서 일할 날이 왔다고 자신있게 말할 수 있었다.

그러나 그는 곧 이어서 자기 속에 있는 "원죄"의 깊은 힘을 극복케 해달라고 기도한다.[38)] 여기서 우리는 새로운 차원의 종교적 영역이 그를 통해 한국 종교사상 속에 배태되되, 의지와 생활에서 정착하여 생의 새 가치로 등장한 모습을 볼 수 있다. 기독교라 해도 보유적(補儒的) 내지는 보불적(補佛的) 범주에서 인식하려던 조선 말 일부 식자와의 현격한 거리가 여기 눈에 띄기 때문이다.

이러한 보유론적(補儒論的) 태도는 감리교의 최병헌(崔炳憲) 목사에게서 전형적으로 나타나 있었다. 그는 1903년 "서양지천(西洋之天) 즉동양지천(卽東洋之天),[39)] 즉 서양의 하늘이 곧 동양의 하늘이라 단언하는가 하면, 1906년에는 "도지대원(道之大源)이 출어천(出於天)이라, 천불변(天不變) 도불변(道不變)하니 도즉상제(道卽上帝)라,"[40)] 도의 큰 근원은 곧 하늘에서 나오는데 하늘은 불변하고 도 역시

37) *Ibid.*, Ⅳ, pp. 348.

38) *Ibid.*, III, p. 242. Cf. p. 203, Ⅱ. pp. 106, 162.

39) 『황성신문』, 기서, 1903. 12. 22일자.

불변하니 이 도가 바로 상제이다 라고 역설했던 것이다. 심지어 1919년에도 “종교변증설”이란 논문에서 “도석(道釋)이 오교(吾敎)[41] 도리에 무이(無異)ᄒᆞ도다”[42]라는 글을 쓰고 있었다. 도교와 석가모니가 우리 기독교와 도리에 있어 하나도 다르지 않다는 것이었다. 유교와의 연속적 보완적 관련의 입증을 통해서 전통사회 안에서의 선교 수행을 기약하려고 그랬는지 모른다. 구당 유길준(兪吉濬, 1856-1914)의 입장도 대개 그러하였다. 그는 “인사교(人事敎)로ᄂᆞᆫ 공자교를 송독(誦讀)ᄒᆞ야도 종교상에ᄂᆞᆫ 천신(天神)의 하(下)에 귀의ᄒᆞ야 구주 야소(耶蘇)를 신앙ᄒᆞᆯ디어다” 하여 그 접속을 무리 없이 수행할 수 있다고 보았던 것이다.[43]

한데 윤치호에게는 죄의 깊은 자각이 있었다는 말이고, 그것은 보유적 신앙에는 결여되어 있었던 윤리적 심각성이었다. 실상 선교에 대한 확신, 그래서 헌신의 에너지는 종래의 종교에서는 볼 수 없었던, 전혀 새로운 본질이 기독교에는 있다는 질적 차이감에서 밖에는 생성되지 아니한다. 이 차이는 기독교의 우월성, 신부(神賦) 인격론, 섬세한 윤리의식, 신앙의 실천적 차원에 있다고 본 것이 윤치호였다. 그는 신학자는 아니었다. 하지만 가장 체계적인 신앙을 지니고, 심사숙고하며, 그 신앙 규범의 성실한 일치를 위해서 고민하고 투쟁한 기록을 남긴 유일한 초대 기독교인이었다.

우선, 그는 섬세한 원죄의식에 시종한 신앙인이었다. 그는 육욕의 끈질긴 죄가 회심 이후에도 계속 괴롭혀 “한 마디로 무섭다”고 하면서, 그것이 “한국 이교(異敎) 만큼”, 오래 되었다고 성찰하였다.[44] 그가 여럿의 권유에도 불구하고 끝내 “설교자” 곧 성직자가 되지 아니한 까닭이 그 언행일치의 내적 불가능성에 대한 불안 때문이었다.

어거스틴을 버금하는 이러한 체험적, 실제적, 주관적 신앙은 일생을 통해서 그를 육적으로 번민케 하였고, 필경 해방과 함께 그의 일제 말 친일의 오점

40) 『대한매일신보』, 잡보, 1906. 10. 5일자.

41) 기독교를 지적함.

42) 『신학세계』 감리회 협성신학교, Vol. Ⅳ, No. 2 (1919. 3.), p. 121.

43) 『유길준전집』」, 서울, 일조각, 권 2, p. 399.

44) 『일기』, Ⅲ, p. 319.

때문에 스스로 자결하는 비극에로 이끌었던 것이다.[45)]

한데 그는 죄의 심각성에다가 사죄의 은총이라는 교리를 연결시키지 못하고 있었다. 객관적 은총과 은사의 신앙 부재에 그 비극의 까닭이 있었다. "도덕적 품격 형성은 기독교 없이 불가능하다"[46)]고는 알고 있었지만, 신앙이 도덕을 초월한다고는 아직 믿지 않고 있었다. 그의 글 어디를 보나 속죄, 은총이란 글의 현상적 부재에 놀란다.

이런 의미에서 그의 신앙의 다음 특징은 항상 그것이 주관적, 체험적, 경험적인 데 국한돼 있다는 점이다. 그리스도의 십자가나 부활, 그 속죄의 행적, 그리고 하나님께 대한 신앙적 고백이나 의식도 이상할 만큼 없다. 그에게 기독교란 "이쪽"의 문제지, "저쪽"의 문제는 아니었다.

가령 그는 "심약(心約)"이란 글을 일기 도처에 쓰고 그 이행 때문에 희비곡절을 여럿 겪는다. 그가 밴더빌트대학교에 있을 때는 이것을 가지고 장장 고민한다. "최후의 결심"은 지킬 수 있을 때에만 한다든가, 이 결심을 수정해야 할 때에는 양심과 상식, 그리고 건전한 판단에 따라서 해야 한다든가 하는, 수신적(修身的) 성찰이 장황하였다.[47)]

이러한 태도가 그의 신앙에 그대로 이행된다.

> 참 종교란 다만 이것입니다. 곧 하나님을 내 심중(心中)에 모시는 일입니다. 우리의 마음을 열면, 그것으로 다 됩니다. "당신의 현존의 사랑의 경험을 언제나 주십시요. 그때 나는 다 채워집니다." [48)]

1891년 3월, 그가 밴더빌트대학교를 졸업할 때쯤 해서 그는 주관주의에 점차 기울고 있다고 자각하였고,[49)] 심지어 종교적 신앙에서 너무 감정 감촉(感觸)을

---

45) 그는 1945년 4월 일본귀족원 칙선(勅選) 의원에까지 이르고 있었다. 그해 연말 개성에서 자결 했다는 설이 있다.

46) 『일기』, Ⅱ, p. 277.

47) *Ibid.*, Ⅱ, pp. 9-10.

48) *Ibid.*, Ⅱ, p. 121.

49) *Ibid.*, Ⅱ, p. 160.

추구한다고 느끼기까지 하였다.50) 하지만 그것이 혁신되어야 할 것으로는 보고 있지는 않았다. 그해 가을 에모리대학교에 갔을 때에도 객지의 고독과 연상의 여인 아비 호스(Mrs. A. Hoss)에 대한 애절한 애모의 정서적 방황인지는 몰라도51) "현재의 구원 없이 천국의 구원은 없다"52)는 주관적 체험 신앙은 계속 유지되었고, "하나님이 바로 나 있는 이곳에 현존"하신다는 확신밖에 위로가 없다고 술회하고 있었다.53) 그는 자기의 이러한 상황을 "my torturingly sensitive soul" 때문이라고까지 부르고 있었다.54)

다음 그의 신앙은 구체적 실용성이 그 특징이었다. 20대 중반의 청년으로 기독교국 미국과 감리교적 신앙의 소양(素養), 그리고 조선인으로서의 그날의 고독과 수모(受侮), 이런 데서 형성된 고백적 주관적 신앙 생리는 자연히 뭔가 손잡히는 구체성이 그 진가가 아닐 수 없었다.

> 생 속에 실용된 기독교는 거대한 힘이요, 그 힘 앞에 대항해 설 것은 아무 것도 없습니다.55)

기독교에 대한 이러한 이해가 바로 기독교를 조선의 궁극적 구원의 비전이 되게 하였던 것이다.56) 그가 모든 종교, 교파 중에서 특별히 고백적으로 감리교인이 된 까닭도 바로 감리교가 "일을 해 내는" 종교였기 때문이다.

> 일을 못 해내는 종교는 무종교보다 훨씬 더 나쁩니다. 모든 종교 중에서 나는 기독교를 선택합니다. 일을 해내기 때문이올시다. 기독교 중에서 나는 개신교

---

50) *Ibid.*, Ⅱ, p. 162.

51) It seems to me I cannot live without loving somebody or even something, I love you. 1892. 1. 16.일자. *Ibid.*, Ⅱ, p. 217, Cf. p. 269.

52) *Ibid.*, Ⅱ, p. 247.

53) *Ibid.*, Ⅱ, pp. 250, 266.

54) *Ibid.*, Ⅱ, p. 296.

55) *Ibid.*, Ⅲ, p. 232 (1893. 12. 17일자).

56) *Ibid.*, Ⅲ, p. 55.

선별(選別)합니다. 일을 해내기 때문이올시다. 개신교 중에서 나는 삼위일체론을 우선합니다. 일을 해내기 때문이올시다. 삼위일체론교 중에서 나는 감리교를 신앙합니다. 왜냐하면 그것은 일을 해내기 때문입니다.[57]

역사적으로 구체적 효력을 발휘하도록 돼 있는 기독교 신앙의 입장에서 그는 세 가지의 견해를 피력하게 되었다.

그 하나는 조선의 근대화를 위한 과격할 정도의 개혁 추진이었다. 왕을 결단력 있는 인물로 고쳐 놓을 수 없다면, "현 정부를 온통 뒤집어 놓는 일"[58] 밖에는 조선 갱생의 길이 없다고 보았으며, "10항"에 이르는 개혁안까지 꾸며 놓고 있었다.[59] 그의 가족들이 동학란에 의해서 피해를 입는데도 불구하고, 그 혁명의 실패를 아쉬워했던 윤치호였다.[60] 이것은 실로 당시로서는 대담한 발언이요, 기독교인으로서 동학을 적극적으로 평가한 예언자적 통찰은 때를 앞서고 있었다.

삼남(三南)지방에서는 동학당이 정말 큰 소동을 일으킨 것 같다. 호재(好哉)! 악으로 세워지고 유혈이 낭자한 반도의 정체(政體)를 싹 씻어 낼 수만 있다면, 호재(好哉)!![61]

1894년 3월 그는 중국에서 일본 신문을 통해 동학란의 소식을 듣고 이런 글을 남기고 있었다. 더구나 그는 혐오로 비판하던 청국이 그 배후에 있다는 사실에 치가 떨렸던 것이다.

다음 하나는 하나님의 정의에 대한 근본적인 회의였습니다. 이런 부패 악덕의 정부가 그대로 행세를 하고, 동학과 같은 선량한 민중의 갈망이 죽음과 고문(拷問), 몰수(沒收)와 추방의 비극으로 끝나는 사실에 수긍이 가지를 않았습니다.

---

57) *Ibid.*, Ⅲ, p. 243.

58) *Ibid.*, Ⅲ, p. 349.

59) 본고 4. 1항 참조.

60) *Ibid.*, Ⅲ, pp. 318, 320, 323, Ⅳ. p. 29.

61) *Ibid.*, Ⅲ, p. 320.

또 세계 나라 중에도 나라 사이에 강약우월의 차이가 현격하게 실재해서 한 나라가 다른 나라에 비(非)와 욕을 보여도 그것이 방치되게 하는, 그런 하나님께 대한 깊은 회의가 떠나지 아니하였습니다.[62] 이 "방치"는 하나님의 불의로 간주되기 쉽다고 보았기 때문입니다. 그 방치 때문에 사람 사이에 판단이 흐려 악행이 제어받지 못한다고 보았기 때문입니다. 이것은 차라리 불공평하다고까지 보였습니다.[63]

전능의 하나님은 다만 그의 원대한 대섭리와 경륜의 최후 성취를 지향하신다고 말할 수 있습니다. ... 그의 정의와 사랑은 무한한 세계와 사물에 관계하고 개인과는 무관하다고 할런지 모릅니다. 확실히 그러한 지고자(至高者)는 위대하고 만세에 찬양을 받으시기에 합당하십니다.

하지만 그렇다면 그 분은 바로 이 나에게는 무슨 의미가 있는 것입니까. 어떻게 그런 분이 나의 작은 비탄과 희열에 동정으로 나를 붙잡을 수 있겠습니까. 없다면, 내 그에게 기도하고, 예배할 까닭이 어디 있습니까. 요컨대 세계, 그리고 조선에서 특별히 기세를 떨치고 있는 저 악은 하나님의 부성(父性)을 점점 더 의심하게 만들고 있습니다. 그가 사랑과 자비를 결여한 무정한 아버지가 아니라면 말입니다.[64]

독립협회 해산 이후 덕원(德原) 감리를 거쳐 진남포(鎭南浦) 감리로 좌천되어 처자식과 떨어져 살아야 하는 인간적 비애가 겹쳐 모든 열정적 개혁의 선의가 무산될 때, 그의 신앙이 이렇듯 동요된 까닭은 그의 감상(感傷)과 순진한 낭만에서도 추리가 된다. 하지만 이러한 회의가 그의 신앙 유형 때문이란 것은 곧 알 수 있고, 실제 이 섭리론 부재, 그리고 현실적 실재주의의 신앙 때문에 일제 말의 그의 친일도 설명이 되리라 믿는다.

이러한 의혹은 실제 구화주의자(歐化主義者)들이 다 한 번씩은 겪어야 했던 시련이었을 것이고, 따라서 1907년의 대부흥은 이런 시각의 신앙을 초월적 차원으로 획기적으로 전향시켜, 향후 교회 내 좌절군(群)의 수를 극소화 시킨 데 커다란 신앙사적 의의가 있었다고 보지 않을 수 없다. 구화주의자는 신앙의 문제 자체가 구미 여러나라와 일본의 문명 및 부강이라는 현실에서 기독교의

62) *Ibid.*, Ⅰ, pp. 414, p. 261, (1889-1900년대가 극심).

63) *Ibid.*, Ⅴ, pp. 260-263.

64) *Ibid*,, Ⅴ, p. 261 (1900. 12. 25일자).

에너지를 국한시켜 보고 있었기 때문에,[65] 그 구현의 "지체"는 "부재"로 보여졌던 것이다. 섭리와 경륜의 신앙은 개재할 틈이 없었다. 십자가와 부활의 연속은 낯설었고, 역사와 심판의 차원은 신학적 작업 가정이 무용(無用)하였다. 그러나 혁신과 혁명의 신앙은 항상 역사의식과의 절충이 반드시 선행하여야만 했다. "나"에게 인연 없는 하나님, 그 존재마저 의심할 만큼의 그의 구체적 주관적 신앙은 투시력이 협단(狹短)하였음에서였을까.

이런 시각에서 사회악에 대해서 책임을 지지 않는 종교의 오류성(誤謬性)이 지적되었다.[66] 귀국 도중 1894년 상하이의 중서학원에서 잠시 강사로 있었던 윤치호는 종교의 사회적 책임을 점차 강하게 의식하기 시작하였던 것이다. 한데 이와 관련해서 그는 동양의 재래 종교들, 곧 불교와 유교에 대한 기본적 불신을 토로하게 되었던 것이다.

그의 실용 지향적 신앙이 유불(儒佛)을 범주적으로 부정한 점을 자세히 살펴보자.

4) 타종교에 대한 그의 분석적 비판

귀국 직전, 곧 1893년 9월 시카고를 경유할 때 그는 만국종교회의에 2일간 참석한 일이 있었다. 그때 그는 미국의 목사들과 신학자들이 동양종교에 대해서 가지는 일종의 선망(羨望)과 매료에 대해서 분노를 금할 길이 없었다. "기독교의 우월성에 대해서 아무 자신과 긍지가 없다면 도대체 기독교인으로 남아 있을 까닭이 무엇인가."[67] 이것이 그의 솔직한 감정이었다.

이러고서 그해 10월에 일본에 기착했던 윤치호는 김옥균이나 박영효를 만나 함께 후쿠자와(福澤諭吉)를 방문한 일이 있었다. 그때 이런 말들이 오갔다.

---

65) 윤치호는 조선의 기독교화와 일본화가 민족구원의 길이라 보고 있었다. *Ibid.*, V, p. 47.

66) *Ibid.*. Ⅲ, p. 243 (1894. 1. 1일자).

67) *Ibid.*, Ⅲ, p. 186.

후쿠자와: 모든 종교는 가난하고 무지한 이들이 자기들 처지에 만족하게 하는 한 방법에 불과하지요.

김 옥 균: 그것 정말입니다.

박 영 효: 확실히 종교란 정치의 도구에 불과합니다. 그것 뿐입니다.

후쿠자와: 내 집에 선교사가 살았는데 아무에게도 해를 끼치지 않았고 거짓말도 안 했지요. 나도 역시 그렇습니다. 그가 도적질을 안 했다면 나도 안 했지요. 그가 신앙을 가지고 나은 것이 없었고, 내가 신앙 없이 나쁜 것이 없었다면 종교의 효과가 무엇이겠습니까.

윤 치 호: 그러나 당신처럼 비범한 인물과 평범한 기독교인을 비교하는 것은 정당하지가 않습니다. 신앙의 유용성은 그가 신앙 없을 때 더 악했을 것이라는 사실을 생각해야 합니다.

김 옥 균: 그것을 어떻게 압니까. 그가 신앙 없이 더 나빴다는 무슨 증거도 있습니까.

윤 치 호: 다만 나는 악인들이 개심한 이후에 선량하게 된 경우들을 들어 입증할 수 있습니다.[68]

그는 여기서 개화파 일부와의 소외(疏外)를 처절히 느꼈을 것이다. 더구나 박영효(朴泳孝)가 그 논의 중 사주론(四柱論)을 폈을 때는 더했을 것이다. 윤치호, 그는 새 정신이 그의 영혼 속에서 신앙으로 굳혀진 애국의 정신을 지니고 귀국 도중이었다. 그 골수의 개혁을 경과해야만 하는 조선의 자주와 번영은 험난한 길임을 그는 알기 시작했을 것이다. 종교와 도덕의 이만한 간격, 그는 그것을 동양의 비극으로 보고 조선의 어두운 단면으로 보고 있었다.[69]

도덕적 실제성, 그 부재의 근원을 그는 결국 유교 불교의 폐해에서 찾고 있었다. 1893년 11월 귀국 도상 상하이에 들렀을 때 그는 지운영(池運永)이라는 불교학자를 만난 일이 있었고, 그와 긴 토론을 가진 일이 있었다. 그해 12월 17일 진행된 토론 끝에 윤치호는 결국 자기가 기독교를 믿는 까닭은 기독교가 "명료, 적극, 소박, 고결"[70]하기 때문인데, 불교는 애매하고 불확실해서 삼장십

68) *Ibid.*, Ⅲ, pp. 199-100.

69) *Ibid.*, Ⅲ, p. 203.

70) *Ibid.*, Ⅲ, p. 231.

이부(三藏十二部)의 1,344권을 통독하고도 포착이 안 되는 허구와 신비주의가 특징이고, 따라서 "망할 종교"[71]라고까지 느꼈던 것이다. 지운영과 같은 학자조차도 긴 시간의 토론에서 불교의 핵심을 단언 못한 데 대해 윤치호는 실로 충격을 받지 않을 수 없었던 것이다.

유교의 경우에 대해서도 윤치호의 비판은 예리하였다. 그의 기청(忌淸)은 곧 기유(忌儒)에 통했다. "청국인이 유교적이면 그럴수록 더욱 그는 믿을 수 없습니다. 유교로서 얼마나 수치스러운 것입니까. 심·영·혼을 다스려오기 25세기 어간에 정직한 남녀를 만든 데 실패한 유교의 체계!"[72] 윤치호는 타기(唾棄)하는 데 서슴지 않았다.

> 유교는 무력하고 따라서 무용합니다. 그 기초가 효에 불과하기 때문에 그렇습니다. 그 교리의 부패의 싹은 여성 열등론, 충군사상, 그리고 영적(永續)하는 회고사상(懷古思想)에 있습니다. 거기에는 개진력(開陣力)과 개선 의욕이 생동하지 못하고 있습니다.[73]

그는 유교가 조선을 무능과 부패 속으로 몰아넣었는데, 그것은 정직의 결여, 내외부동(內外不同)의 허례 때문이었다고 맹격하였다.[74] "유교 불교에 대해서 과격하고 파괴적인 언사를 쓰는 데 대해서 두려워 말라."[75] 이것이 그의 투철한 입장이었다. 유교가 "조선을 회복하기 어려운 지경까지 망쳤다"[76]고 보았기 때문이다.

한 가지 흥미로운 것은 1895년 10월의 민비시해 때, 일본의 음모자들이 둘 있었는데, 다케조에 진이치로(竹添進一郎)[77]는 유교인이었고, 미우라 고로(三浦

71) *Ibid.*, Ⅲ, p. 240.

72) *Ibid.*, Ⅲ, p. 227.

73) *Ibid.*, Ⅲ, p. 229.

74) *Ibid.*, Ⅲ, p. 227.Cf. pp. 376, 379.

75) *Ibid.*, Ⅲ, p. 234.

76) *Ibid.*, Ⅲ, p. 373.

77) 竹添進一郎는 1882. 12. 26 - 1885. 1. 9. 주한 일본 변리(辨理)공사.

梧樓)는 불교인이었다는 윤치호의 관찰이었다.[78)]

다음은 그의 천주교에 대한 태도이다. 우리는 여기에서 온건 개화파들의 공통한 천주교 배척의 일관성을 볼 수 있는 데, 그것은 개화작업이 대개 자강의지를 중추로 해 진행되면서 매국 모반의 인상을 준 황사영(黃嗣永) 때부터 지속한 천주교가 기독교의 일파인 것을 의식하고 있었기 때문이었다. 그가 천주교에 대해서 처음 언급을 하게 된 관련은 동학혁명이었다. 처음 동학봉기에 대해서 동정적이던 윤치호는 그의 집안이 지방에서 위협받고 또 유혈로 양반계급들을 폭행한다는 소문을 듣고, 이를 난리로 생각하기 시작했던 것이다.[79)]

하지만 그는 그의 숙부를 통해서 충청도의 동학봉기는 1894년 "외국 사제들의 지지를 받은 서학도(천주교인)들의 겁탈과 폭력 때문에 시작"되었다는 사실을 알게 되었던 것이다.[80)] 이런 실례를 그는 원산과 안변(安邊)에서도 듣고 있었다. 착취에 지친 불쌍한 겨레가 보호를 받고자 천주교에 입교하고 나니, 관리의 손이 이 교회에 못 미치는 것을 보고, 도리어 난폭한 짓을 자행한다는 것이었다.[81)] 일종의 원수 갚기였다. 한(恨) 풀기였다.

윤치호는 이러한 유형의 입신 동기를 그가 덕원감리(德原監理)로 원산에 있을 때, 두 건이나 목격하고 이를 기록에 남겼던 것이다. "도래할 하나님의 분노를 피하기 위해서가 아니라 관리들의 분노와 억압을 피하기 위해서"[82)] 입교한 이들에게 기독교의 고매한 원칙은 알려지지도 않거니와 알려고도 하지 않고, 따라서 이런 사교배(邪教輩)들은 "악덕의 기독교인일 뿐만 아니라, 사악한 이교인"이 될 수밖에 없다고 지탄하였다. 윤치호의 양심이 괴로웠던 것은 "개인적으로는 지각 있고 능력 있는 천주교의 선교사들이 다만 자기들의 개종자라

三浦梧樓는 1895. 9. 1.- 1895. 10. 20 주한 일본 특명전권대사.

78) *Ibid.*, Ⅳ, p. 83.

79) *Ibid.*, Ⅳ, pp. 28-29.

80) *Ibid.*, Ⅳ, p. 31. 1895. 2. 22. Cf. Ⅲ, p. 373. 청국군이 아산, 공주 등지에서 불인 신부들과 조선 천주교인들을 학살했다는 소식을 듣고 동학도들도 천주교인들을 격렬히 박해한 것으로 보았다.

81) *Ibid.*, Ⅳ, p. 85 (1895. 11. 6일자).

82) *Ibid.*, Ⅴ, p. 346.

해서 불법의 만행을 저지르는 범법자들을 어리석게 감싸고 보호해 주는 위험"[83] 때문이었다. 이러고서 개종자의 통계수를 높이는 천주교의 선교를 그는 타기할 만하다고 여겼던 것이다. 그의 일기에는 1902년 12월 8일에 받은 한 편지 속에서 양경수란 그의 친구가 관리에게 늑탈당한 땅을 선교사의 권력으로 되찾고자 윤치호를 통해 개신교에 입교하고자 하였으나 실패하자, 천주교에 입교서 그 목적을 달성했다는 글을 읽었다는 기록이 있다. 그 후 그는 환락과 부귀로 첩까지 거느리면서 호사했다는 글이었다.[84] 그가 찾던 도덕적 심각성이 천주교에 없었기 때문에 유교에 대했던 것처럼 이를 건전한 종교로 보지 않고 있었다는 말이 될 것이다.

하지만 이 천주교는 윤치호가 독립협회운동에 몰두할 때, 시종 반독립협회적 입장을 취한 사실이 더욱 그의 혹평을 샀다. 더구나 조병식(趙秉式)이 엄비(嚴妃)와 공모하여 고종을 천주교로 개종케 하려한다는 소식에[85] 윤치호는 분노를 참을 수 없었다. 조병식은 만민공동회가 엄벌을 정부에 건의했던 오흉(五兇) 중의 하나로 찬정(贊政)으로 있다가 1898년 11월 내부대신을 거쳐 법무대신에 이르고 있었던 인물이다. 윤치호는 조병식의 모략 때문에 고종에게서 죽음까지 당할 뻔하고 자취를 잠시 감춘 일이 있었다.[86] 이런 조병식이 천주교를 싸고돈다는 데 놀라 결국 천주교가 반독립협회란 인상을 굳혔던 것이다.

이러한 그의 종교 분석이 역사적 현상이었고, 신학적 분석과 검토가 아니었다는 사실에 주목하여야 한다. 그것은 "나타난 대로의" 종교 현상 이해였지, "마땅한 본질과 구조로서의" 종교 이해는 아니었다. 그는 실상 이 "본질적 신학적" 종교에는 본래 관심이 없었기 때문이다.[87] 그 내력을 살펴보자.

---

83) *Ibid.*, Ⅴ, p. 347.

84) *Ibid.*, Ⅴ, p. 376.

85) *Ibid.*, Ⅴ, p. 183. 실은 엄비(嚴妃)가 고종을 개종하면 고종이 딴 여인과 결혼할 수 없기 때문에 시작을 모의.

86) 정교(鄭喬), 『대한계년사』, 상, p. 289.

87) 『일기』, V, p. 183.

5) 그의 신학적 무관심과 교회론

그의 신앙의 다른 한 특징은 신학과 교리에 대한 무시와 경멸이다. 이런 태도는 밴더빌트대학교에 있을 때(1890년)부터 나타나기 시작하였다. 곧

> 신학의 모든 과제란 불가지(不可知)의 것을 이해하고, 불가해의 것을 논리적으로 해석하려는, 약한 인간적 지성의 절망적 노력들을 조직적으로 기록한 것 이외 아무것도 아니다.[88]

이것은 그가 기본(E. Gibbon)을 비판 없이 읽고 받아들인 까닭이었으리라고 짐작된다. 왜냐하면 그는 그 책에서 초기 기독교인의 도덕적 기개에 감동하여 "한 나라는 군인이나 관리 없이도", 강렬한 도덕에 의하여 구제될 수 있다고 보았던 일이 있었다.[89] 그래서 곧 신학은 "인간을 더 현명하고 선량하고 행복하게 만드는 것이 못 된다"고 갈파하고 있었던 것이다. 하나님의 아들마저 "교리를 가르치고 율례를 훈계"하기 위해서 오시지 않고, 잃은 자를 구원하러 오셨다는 점을 강조하였던 것이다.[90]

그가 잠시 상하이에 가 있던 1897년 5월에도 이런 견해는 확인되었다. 감리교 신조의 "25항"을 읽고,[91] 신학만이 모순되는 말을 할 수 있다고 하면서 "나는 삼위일체론이니 영감이니 화해니 하는 교리적 진술에 대하여 아예 혐오가 간다"[92]고 까지 소리를 높이고 있었다. 대학 초기에도 그랬지만, 관리로 오래 지내고, 러시아까지 민영환(閔泳煥, 1861-1905)을 따라 함께 갔다 온 이후에도 꼭 같이 그가 이런 말을 하였다는 것은 확실히 기독교의 신앙적 깊이보다는 그것이 가진 어떤 "힘"의 현존적 확장을 위해서는 신앙이 필요하다는, 그런 소신에 더 끌렸다는 말이 된다. "교리가 아닌 신앙, 표준이 아닌 신령함, 규율이

---

88) *Ibid.*, Ⅱ, p. 53.

89) *Ibid.*, Ⅱ, p. 84 (1890. 7. 22일자).

90) *Ibid.*, Ⅱ, p. 105.

91) *Ibid.*, Ⅴ, pp. 57-58. 제1항에 하나님은 몸이나 지체(肢體)가 없다 했고, 제3항서는 그리스도가 참 신(神)으로서 몸으로 부활했다는 글이 있다. 그는 이것이 납득하기 어려웠다.

92) *Loc.cit.*

아닌 성품."[93] 이것이 기독교에 필요한 것이라고 보았던 것이다. 지(知)와 정(情)의 연속이 아닌 의(意)의 연속의 신앙이 그의 입장이었다.

이렇게 볼 때 그의 신앙에는 근대지향적 반봉건, 반체제적 의지가 전제가 되고 실천적 신앙이 그 골자였음을 알 수 있다.

다음, 그의 교회론은 그가 감리교회에 속해 있었는데도 불구하고 교파교회론은 아니었다. 선교를 의식한 그의 교회관은 교권적 조직과 그 정체(政體)가 식민적으로 이식되는 방법에 불만이었고, 최선의 길은 토착민의 신앙적 지도 세력이 형성되고 나서, 그들 자체의 결단과 선택에 의한 정체 형성이 바람직하다고 보고 있었다.[94] 이것은 민족교회론이고 최병헌(崔炳憲) 역시 동감이었다.[95]

이것은 단일민족으로서의 하나의 조선교회를 의미하였고, 따라서 교회일치론이 후속한다. 그는 남감리교 선교사 리드(F. C Reid)가 1897년 6월 20일에 북감리교의 스크랜튼(W. B. Scranton)이 먼저 세운 교회당 담장 너머에 다른 하나의 교회를 세울 때 실망과 분노를 금할 수 없었다. 교파적 분열과 경쟁은 자금과 힘의 낭비, 그리고 순정(純情)의 상실 이외에 아무 것도 아니라고 보았기 때문이다.[96]

그는 1892년 3월, 밴더빌트대학교의 학생 토론회에 참석할 때부터, 남북 감리교의 일치 연합, 나아가서 기독교회 전체의 통합을 역설하고 있었다.[97] 1893년 그는 필경 기독교회가 기구상 통합하지 못한다 할지라도, 그 정신에서는 일치해야 하고, 더구나 교회가 선교라면, 일치없이 그 성취는 어렵다고 갈파했던 것이다.

선교사업에 대한 가장 커다란 장애는 국내외에서의 교파적 경쟁의 흉한 광경이라 보았다.[98] 선교론과 교회 일치론의 이러한 연속은 그의 탁견(卓見)이었다.

---

93) *Ibid.*, Ⅱ, p. 184 (1891. 5. 30일자).

94) *Ibid.*, Ⅲ, pp. 56, 58.

95) 종교 변증열, 『신학세계』, Vol. I, No.2, p. 21.

96) 『일기』 V, p. 69.

97) *Ibid.*, Ⅱ, pp. 292-293.

98) *Ibid.*, Ⅲ, p. 173.

3-4. 개화 의지에 반영된 신앙

1) 그의 나라 사랑의 모습

1895년 2월 12일 그날은 그가 청국과 미국에서 10여 년을 보내고 귀향하는 길에 제물포에 닿았던 날이다.

> 오늘처럼 기뻐해야 할 날이 나에게는 다시 없으리라. 하지만, 오, 지금처럼 가슴이 비통한 때도 다시 없었을 것입니다. 백의의 지게꾼은 때묻은 옷에 얼빠져 보이고, 오막살이집들은 땅에 붙은 듯하고, 사방에서 방치된 오물의 역한 냄새가 풍기고 있는 내 나라. 찢는 듯한 빈곤, 무지, 헐벗은 산! 이것은 조선이 무방비의 상태에 있다는 증좌가 아닐 수 없습니다.[99]

이러고 나서 윤치호는 외쳤던 것이다. "오라, 누구든지 오라. 조선을 개선하려는 일을 할 사람은 오라. 기독교인도 좋고 비기독교인도 좋다."[100] 그에게 기독교는 이 정도의 것이었다. 조선을 위한 것, 그것은 무엇이든 좋은데 기독교가 구미 여러 나라의 부강이나 그 정신적 윤택의 원동력이 되어온 만큼 환영한다는 뜻이었다. 그에게 선행된 것이 조선이었다는 것은 여기 재론할 여지도 없었다.

그가 알고 있는 그날의 조선의 모습은 비참, 그것이었다. 1893년 10월 7일의 그의 일기.

> 천만의 생령이 자유로 생각하고 말하고 행동 못하는 나라. 능력이 인정되지 않는 나라. 야망이 실현될 여지가 없는 곳. 애국심이 표현 안 되는 곳. 지옥 같은 전제정치가 고혈을 깎고 삭세대의 예종(隸從)을 강요하는 나라, 살아도 죽고, 사는 것이 죽음인 고장. 도덕적 물질적 부패와 더러움이 수없는 생명을 매해 살상하는 곳. 얼마나 이 정치적 지옥이 계속될 것입니까.[101]

---

99) *Ibid.*, Ⅳ, p. 18.

100) *Ibid.*, Ⅳ, p. 19.

101) *Ibid.*, Ⅲ, p. 182.

이 조선을 구원할 것으로 그는 여러 생각들을 해보았다. 평화로운 개혁, 국내 혁명, 청국이나 일본에 지배되는 상태, 아니면 영국이나 러시아에 피치(被治)되는 상태 등이었다.[102] 영구 중립도 가누어 보았다.[103] 그러나 그의 한 가지 확신은 어떤 상대이든지간에 그것은 "현 상태"보다는 더 나쁠 수 없다는 것이었다.[104] 또 그는 1894년 9월, 귀국 직전 왕실, 군사, 언론, 정부직제, 우정(郵政), 지방행정, 재정, 고문(顧問)정치, 광산산업, 교육 및 선교사업에 관한 "10항"에 이르는 개혁안까지 마련하고도 있었다.[105] 그리고 이러한 개혁들은 자기에게 절대적 힘이 주어졌을 때, "10년 안에 단행할 수" 있는 것으로 확신하고 있었다.[106]

2) 민족 구원의 신앙

1892년 11월 6일, 그는 밴더빌트대학교에서 멀리 조국을 바라보면서 깊은 생각에 잠겨 기도하고 있었다.

> 여기 내 있습니다. 나는 내 겨레가 알지도 못하는 축복을 받으며 살고 있습니다. 나에게는 순수한 종교의 광명과 지적 자유, 그리고 정치적 자유를 누릴 기회가 있습니다. 한데 내 겨레는 미신(迷信)의 암흑과 무지, 정치적 예속(隷屬)에서 살고 있는 실정입니다.
>
> 하늘이여, 이런 축복의 분깃을 그들에게도 나누어주도록 나를 써 주시옵소서. 주께서는 이 도덕적 지적 리듬을 나 개인의 목적에 쓰지 말고 암흑 속에 헤매는 내 겨레를 위해 바치도록 이끄시옵소서.[107]

윤치호는 조선에 긴급하게 필요한 것이 효율적인 군사제와 군인, 애국적 언론, 완벽한 교육제도, 이 세 가지라고 보았고,[108] 따라서 관직에 나가게 되면

---

102) *Ibid.*, Ⅲ, p. 54(1893. 4. 8일자). Cf. Ⅲ, p. 369.

103) *Ibid.*, Ⅲ, p. 345.

104) *Ibid.*, Ⅲ, p. 369. Cf. Ⅲ, pp. 179, 182, 226.

105) *Ibid.*, Ⅱ, p. 380.

106) *Ibid.*, Ⅱ, p. 380.

107) *Ibid.*, Ⅱ, p. 405.

학부(學部)에 있었으면 하는 희망을 밝히고 있었다.[109] 겨레의 민도(民度)가 높아져야 한다고 본 그는 또 애국심과 정직을 우선 훈련시켜야 한다고도 보고 있었다.[110]

이런 내적 요청이 곧 실현 불가능한 것이라 여겨졌을 때에는, 외국인의 간섭과 심지어 그 통치까지도 그는 바란 형편이었다. 하지만 그는 미국에 대해서는 민비시해(閔妃弑害) 때의 비겁을 보고 실망하였으며,[111] 백인 일반을 그들의 고만과 부정 불공평으로 힐난하고 있었다.

일본에 대한 그의 자세는 일반적으로 우호적이었고, "안이하고 순진한 데까지"[112] 있었던 것이 사실이다. 그는 일본을 정치적으로나 인간적으로 사뭇 부러워하였으며, 한때 너무 괴로울 때 가능하면 일본 체제까지 생각하고 있었을 정도였다. 물론 그는 일본의 국제 정치무대에서의 어리석음과 민비시해와 같은 만행에[113] 대하여 치를 떨고, 또 일본인 관리들의 저급성과 악덕을 고발한 일이 여러 번 있었다.[114] 1885년 민비시해 전에 윤치호는 일본인들이 조선을 "진심을 가지고" 관여하지 않고 있다고 갈파하기 시작하였으며, 자국의 이익을 위해 조선을 희생하는 농락을 투시하고 있었던 것이다.[115] 또 1898년 11월, 독립협회가 해산당하기 직전, 그는 일본이 이 "조선의 마지막 희망"인 민권운동에 반대하고 있음을 간취(看取)하고, "일본인들은 조선인의 피 한 방울까지도 빨고 있다"[116]고 분개한 일이 있었다. 결국 독립협회는 11월 5일에 해산되었는데, 그것은 친일파 유기환(兪箕煥)과 친로파 조병식(趙秉式)의 관계 때문이었다고 보고 있었다.[117] 윤치호는 실로 이날 장차 노일(露日)의 전쟁을 예견하고 있었다.

---

108) *Ibid.*, Ⅲ, p. 362.

109) *Ibid.*, Ⅳ, p. 27.

110) *Ibid.*, Ⅳ, p. 35.

111) *Ibid.*, Ⅳ, pp. 100, 106, Cf. I, p. 9.

112) 한배호, *op.cit.*, p. 11.

113) 『일기』, Ⅳ, pp. 83, 88.

114) *Ibid.*, Ⅳ, pp. 4, 63.

115) *Ibid.*, Ⅳ, p. 54.

116) *Ibid.*, Ⅴ, p. 173.

하지만 그에게는 묘하게도 일본에 기울어지는 생리가 있었다. 1902년 5월 덕원감리(德原監理)로 재취임하고 격동이 심했던 옛날을 회상하면서 결국 일본에 대한 그의 진심을 이렇게 피력하고 있었다. 곧

> 일본과 조선 사이에는 인종, 종교, 문자의 동일성에 의한 관심과 감정의 공동체가 있습니다. 일본과 청(淸) 및 조선은 한 목표, 한 정책, 한 이상을 추구하여 황색인종의 영원한 향토인 극동을 지키고, 이 고장을 자연이 섭리해준 대로 아름답고 행복하게 꾸며나야만 합니다.[118]

이것은 백인에 대한 그의 울분과 함께 기록되고 있는데, 만일 "기독교화 다음에 일본화"[119]가 조선의 최대의 축복이라는 그의 일관된 입장에서 본다면, 이 일본에 대한 자세는 분석되지 않으면 안 되리라고 본다. 요컨대 이 태도는 일본이 "애국적인 행동에 겨레들을 촉진시키고 국민의 잠재력을 북돋아 주는"[120] 강력한 자극을 주는, 그런 유형의 나라이기 때문이었다고 봄이 그의 일기 전 편에서 얻은 심증이다.

어쨌든 우리의 관심은 그의 "기독교화 다음에"라는 데 있다. 여기 비로소 윤치호가 조선 말 근대화 과정에서 겪는 그만의 고독을 이해할 수 있다. 여러 개화파 인사들과의 근본적인 입장의 간격이 그의 "기독교화" 기치에 있었다. 까닭에 그는 박영효(朴泳孝, 1861-1939),[121] 김옥균(金玉均 1851-1893),[122] 유길준,[123] 서재필(徐載弼, 1863-1951),[124] 이승만(李承晩 1875-1965)[125] 등과 견해 차이

117) *Ibid.*, Ⅴ, p. 175.

118) *Ibid.*, Ⅴ, p. 327.

119) *Ibid.*, Ⅲ, p. 410.

120) *Loc cit.* (1894. 11. 27일자).

121) *Ibid.*, Ⅲ, pp. 198, 201, V. p. 120.

122) *Ibid.*, Ⅲ, pp. 26, 197, 330; Ⅳ, p 71.

123) *Ibid.*, Ⅳ, pp. 21, 75, 76, 84, 121.

124) *Ibid.*, Ⅲ, pp. 147, 149; Ⅳ, p. 111; V, pp. 80, 87, 154-160, 197.

125) *Ibid.*, Ⅴ, pp. 178, 198, 199, 206.

에 시달려 왔던 것이다. 그는 1889년 4월 30일, 우리가 이미 살펴온 대로 "인민의 기상을 회복할 기계는 예수교밖에 없다"는 입장을 견지하여 왔던 것이다.

그가 조국을 위해서 선교계획을 밴더빌트대학교 총장 캔들러 박사와 함께 의논한 것은 1892년 10월 4일, 그가 그 전 해 여름 방학 중 조선선교 모금여행에서 애써 508불을 마련한 다음의 일이었다.[126] 이 기금이 장차 남감리교 조선선교 개설기금으로 쓰여졌던 것이다.

그는 귀국 후 외부(外部)와 학부(學部)의 협판(協辦)을 거쳐 지방 감리(監理)까지 이르고 또 독립협회와 같은 민권운동에 참여하면서도, 기독교 선교사적 소임을 잊은 일이 없으며, 어떤 경로를 통해서든 복음의 전파에 영향을 주는 기능을 다하며 살아왔다. 1897년 1월 23일, 그는 러시아에서 돌아오는 길에 상하이에 들려 옛 친구 헤이굿 여사(Miss Haygood)를 만나, "선교사업이 나의 주무(主務)이고, 다른 것들은 다 방계적인데 불과"[127] 하다는 말을 회오(懷悟)와 결의로 실토한 일이 있었다.

1900년대부터 그는 구체적인 선교사업을 돕기 시작하였다. 1895년 10월에 헨드릭스 감독(Bishop Hendrix)에게 썼던 대로, 우선 송도(松都- 개성)에서 실업학교를 세우기로 하여, 리드와 함께 가서 교지를 마련하였고,[128] 1899년 2월 2일에는 남감리교 선교부에 이 일을 위해 시가 1,500불에 해당하는 정동소재 재산을 희사했던 것이다.[129] "실업교육이 선교부가 해야 할 유일한 교육"[130]이라 믿고 있었기 때문이다. 여성교육에 대한 남 감리교의 강조도 윤치호의 기선에 의한 것이었다.

1904년 그는 다시 외무협판에 임명되어 저 굴욕의 보호조약에 서명하는 치욕을 다시 겪었지만, 1905년까지의 그의 신앙 노정(路程)은 대개 이렇게 전개되고 있었다. 그때 그의 마음은 어떠하였을까.

---

126) *Ibid.*, Ⅲ, p. 382.

127) *Ibid.*, Ⅴ, p. 14.

128) *Ibid.*, Ⅴ, p. 26 (1897년 2월의 일).

129) *Ibid.*, Ⅴ, p. 218.

130) *Ibid.*, Ⅴ, p. 356.

1908년 12월 31일로서 그의 일기는 일단 다 끝난다. 그 최후의 말이 묘한 여운을 풍기고 오래 오래 남는다. 거기서 우리는 그의 구화주의적(歐化主義的) 신앙 수용이 일단 변모되는 한 과정을 본다. 곧

> 25년 전의 일입니다. 넓직한 춘당대(春塘坮)에서 과거 시험이 있어 전국의 선비들이 운집하여 들끓고 있었습니다. 그때 한 풋내기가 이 광경을 보고 큰 소리로 외쳤습니다. "이만한 떼라면 일본의 침략인들 무엇이 무서우랴." 나는 그때 너무 어려서 그 말이 어느 만큼 옳고 그른지를 판단하지 못하였었습니다. 하지만 내 나이 이제 지긋하고, 비록 더 행복해지지는 못했지만 그 풋내기 시골 선비보다는 더 현명해진 것은 확실합니다.[131]

여기 뭔지 모를 큰 변화가 무겁게 진행되는 모습을 간과할 수 없다. 기독교의 힘을 빌어서 조선을 근대화하려던 직접적 동기의 수정이 그 하나 눈에 띄는 변모이다. 현실적 신 관여(神關與)의 역학 없이 하나님 존재마저 의심했던 동기(動機)주도적 주관 신앙의 뼈아픈 반성이 거기 있었다. 그 신앙 제 1기는 이래서 고요히 닫히고 있었다.

3-5. 결언

윤치호! 그는 한국 초대교회의 신앙 유형을 체계적으로 표현하고 그것을 자료로 남긴 최초의 유일한 인물로서 우선 소중한 존재이다. 더구나 그것이 일기 형식으로 보존되었기 때문에 신앙고백적 기록이 많고, 그때 신앙인의 파란과 곡절을 생생하게 판독하게 해줌으로써 교회사 구성에서 빼놓을 수 없는 귀중한 업적을 남기고 갔다고 할 수 있다.

그는 구화주의적 개화의식을 가지고 자강(自強)과 독립의 구미적(歐美的) 확립을 기도하면서 그 첩경을 모색하며 등장하였다. 그는 위정척사파들이 밝혀준 바와 마찬가지로 우선 이 원동력을 일본에서 통과된 것으로 찾았고, 다음 구미(歐美)의 기독교에서 그 기축(機軸)을 발견할 수가 있었다. 이런 의미에서,

---

131) *Ibid.*, Ⅴ, p. 383.

그리고 여기까지는 개화파 인사들과 걸어온 길이 같았다.

그러나 그는 1887년 기독교회에 입교 세례를 받았고, 진지하고 깊은 내적 신앙의 순례를 거쳐 영적 안식과 도덕적 순화에 이르렀던 사람이다. 여기서 그는 개화파 일반과의 메별(袂別)이 불가피하였다. 조선의 근대화, 그것은 인간성의 선량한 개발, 신앙적 힘의 기초적 구성, 정직과 성실, 고매한 정신의 신부적(神賦的) 자각, 그리고 창조주 하나님에 대한 외경을 전제한 민주주의적 평등과 도덕적 심각성과 그 개진에서 비로소 가능하다고 보았고, 따라서 그 모든 작업에 기동력은 기독교 신앙밖에 없다고 확신했던 것이다.

하지만 그의 신앙은 감리교적 주관적 체험적 현실감이 특징이었고, 따라서 경륜과 섭리의 하나님-신앙 역사의식이 빈약하여 헤겔적 판단으로 하나님 정의의 지체를 그 부재로 간주하는 번민에 시달리기도 하였다. 까닭에 서구의 기독교 국가적 부강이란 현실에서 출발한 바로 그 작업 전제 때문에 역경과 모순을 극복하고 심판과 부활의 전환이 있다는 전망에서는 멀리 떨어져 살았던 것이다. 이것이 그의 비극이었고, 초기 한국교회 내 민족주의자들의 보편적 좌절의 배경이었다.

하지만 그는 기독교만이 오래된 민족의 불운과 체제의 부패 부정을 개혁 단행할 수 있는 유일한 감성과 생동력으로 소리 높이 외친 예언자로 근대 민족사에서 길이 빛날 자리를 남기고 갔다. 그것은 독립협회 후기의 과격한 혁신적 방법에 의한 것도 아니고, 동학(東學)과 같은 혁명적 절차도 아니란 것을 그는 알고 있었다. 복음의 선포, 그래서 하나님의 뜻이 전파되면 인간성의 회개가 있고, 그리고 도덕적 선의 힘이 촉진되는 곳에 현대화의 약속된 땅의 영광이 있다고 보았던 것이다.

그가 선교 본직에 나간 일이 없이 관직에 계속 머물러 있었던 까닭은 우선 신학적으로 교역자로서 철저한 언행일치에 자신이 없었기 때문이기도 하였지만, 한편 성직자로 봉급을 받아 생계를 유지한다는 관념 자체에 심각한 굴욕감을 느껴 교회를 봉사하되 돈 문제를 떠나려니 자연 생계 유지를 위해 관직에 머문다는 이유에서였다.[132] 여기 화려한 선교와 세속론적 연속은 아직 정량

132) *Ibid.*, Ⅳ, p. 200.

미달이었다.

그는 맑고 깨끗하게 지냈다. 나라 위해 눈물로 지낸 날이 한두 번이 아니었고, 나라의 초라함에 비통을 느낀 일이 비일비재하였다. 다만 이 나라가 복음의 빛에 인도되어 언젠가는 세상의 저 넓은 길 선두에서 긍지와 존엄으로 기를 펴고 살 날 만을 위해서 그는 헌신하다가 가고 싶었다. 1893년 4월 8일, 그는 이국 땅 대학 기숙사에서 먼 훗날 조선의 모습을 이렇게 그리고 있었다.

> 시간이 지나면 조선도 다른 나라들과 마찬가지로 문명한 나라가 될 것이다. 2천만의 겨레들도 어느 날엔가는 자유에 대해서 말하고 자유를 누릴 날이 올 것이다. 그리고 오늘의 세대가 당하던 예속의 아픔을 웃음으로 회고할 날이 올 것입니다. 고을마다 학교와 대학이 세워지고 아름다운 반도 도읍마다 궁전과 같은 집들과 깨끗한 거리 그리고 기념탑들을 자랑할 날이 올 것입니다. 그렇습니다. 이 모든 꿈은 꼭 실현될 날이 오고야 말 것입니다.

1900년 12월 30일 그날에도 그의 이러한 꿈은 변함이 없었다. 그날 그는 이렇게 썼다.

> 이제 다가 올 세기. 서기 2000년의 조선은 발전과 개선을 거듭해, 오늘의 조선과 비해 완전히 새로운 존재가 될 것입니다. ... 아, 300년 후 이 달라진 조선의 모습을 보기 위해, 이 조선에, 다시 되돌아오고 싶구나!

그는 이 꿈을 안은 채, 1900년 이후 1945년까지 계속되는 수많은 비운을 겪으면서 살아갔을 것이다. 그 꿈 때문에 그랬다. 그가 흠 없는 말년을 보낸 것은 아니었다. 하지만 그가 기독교를 통해서 이 나라를 빛과 번영의 나라로 변모시키려던 희망은 그가 심었으되 그만의 것이 아니요, 따라서 이제 우리들 전부의 유산이 된 것이다.

초기 尹致昊 연보(1865-1905)

1864년 12월 26일	충남 아산에서 윤웅열(尹應烈)의 장자로 출생
1879년	강씨(姜氏)와 조혼(早婚) (1886년 강씨 서거)
1881년 5월	신사유람단(紳士遊覽團) 수행원으로 도일(渡日) 同人舍에서 나카무라 마사나오(中村正直)에게서 수학
1883년 7월	미국공사 푸트(福德: L. H. Foote)의 통역으로 함께 귀국
1884년 12월 4일	갑신정변 우정국사건
1885년 1월 26일	출국, 상하이 도착
1885년 2월 15일	상하이에서 처음 예배당에 가서 예배
1885년 2월 27일	상하이 중서학원(中西學院 - Anglo-Chinese College)에 입학
1887년 4월 3일	남감리교인으로 수세(受洗)
1888년 9월 28일	상하이 떠나, 향미(向美)
1888년 10월 26일	미국 상항(桑港- 샌프란시스코) 도착
1888년 11월	미국 밴더빌트대학교에 입학
1891년 6월 17일	동교 신학부 졸업
1891년 11월	에모리대학교 입학
1893년 6월 7일	동교 졸업
1893년 10월 13일	시카고 떠나 캐나다 향발
1893년 10월 29일	일본 기착(寄着)
1893년 11월 14일	상하이 기착(寄着)
1893년 11월	상하이, 중서학원 강사
1894년 3월 21일	중국 여인 마수진(馬秀珍)과 결혼
1895년 2월 14일	10년 만에 귀국
1893년 2월	참의
1895년 7월	외무협판
1896년 2월	학부협판
1896년 4월 1일	러서아 황제 대관식에 민영환(閔泳煥) 수행으로 향로(向露)
1896년 5월 18일	로서아 도착

1896연 8월 18일	로서아 출발
1896년 8월 21일	불란서 파리 도착
1896년 11월 18일	파리 출발
1896년 11월 27일	상하이 도착
1897년 1월 17일	귀국
1897년 2월	선교사업으로 실업교육(實業教育) 착상
1897년 4월 2일	상하이로 향발
1897年 6月 12일	상하이 출발
1897년 6월 17일	제물포 도착
1897년 8월	독립협회 관여
1898년 2월 22일	언더우드의 편집의『그리스도인회보』발간
	독립협회 회장(會長)
1898년 2월 28일	배재학당(培材學堂)에서 지리학 강의
1898년연 5월	『독립신문』관여
1898년 10월 15일	만민공동회
1898년 11월 5일	독립협회 해산
1899년 2월	원산, 덕원감리
1900년 6월 25일	진남포 감리
1901년 7월 25일	다시 덕원감리
1904년	외무협판

4. 기독교와 동학의 접촉사
- 1893~1896 -

4-1. 문제와 접근방법

1906년 2월 8일의 『대한매일신보』는 이런 글을 싣고 있었다. 곧

> 대저(大抵) 천도교(天道敎)는 즉(卽) 동학야(東學也)니 기장위동방지종교여(其將爲東方之宗敎歟)아, 기취지(其趣旨)는 오제지미상심지야(吾儕之未嘗深知也)로되 지약(至若) 천도(天道) 이자(二字)ᄒᆞ야는 각문종교(各門宗敎)가 하상부경천지도재(何嘗不敬天之道哉)리오. 여유교(與儒敎)로 기위표리(旣爲表裏)ᄒᆞ고 여천주기독교(與天主基督敎)로 우위표리(又爲表裏) 즉기장동귀우일철(則其將同歸于一轍)일지...[1]

대저 천도교는 동학이니 이것이 바로 동방의 종교이다. 그 취지는 우리가 깊이 알지 못하는 고로 말하기 어렵지만, 말하자면 '하늘의 도', 이 두 글자에 있다고 할 것이다. 어찌 각 종교가 이 '하늘의 도'를 공경하지 않겠는가. 유교는 그 겉과 속을 '하늘의 도'로 하고, 천주교나 기독교 역시 겉과 속을 '하늘의 도'로 하니 장차 종교들이 하나로 귀일하는 것은 아닌지라고 하는 글이었다.

이것은 동학의 미래에 대한 전망으로서 기독교까지를 포괄한 위일(爲一)을 말하자면, 예언하는 것이었다.

그런데 다음 해 6월 28일에 가서 동지는 충격적인 보도를 하나 하고 있었다. 천도교주 손병희(孫秉熙, 1861-1922)가 실토했다는 형식의 글이었다. 곧

> 자동향서(自東向西). 천도교주(天道敎主) 손병희씨(孫秉熙氏)가 해교도(該敎徒)를 대(對)ᄒᆞ야 왈(曰) 아국종교(我國宗敎)가 필경 야소교(耶蘇敎)가 될 터이니 오제(吾儕)도 불가불 야소교(耶蘇敎)를 신종연후(信從然後)에 내유진취지망(乃有進就之望)이라 하얏ᄂᆞᆫ디, 해교도일인(該敎徒一人)이 야소교신복(耶蘇敎信服)ᄒᆞᄂᆞᆫ 인(人)을 대ᄒᆞ야 야소교(耶蘇敎) 원인(源因)을 채문(採問)한다더라.[2]

---

1) 동학론, 논설, 『대한매일신보』, 1906년 2월 8일자.

천도교주 손병희씨가 그 교도를 대하여 말하기를 우리나라의 종교가 필경 기독교가 될 터이니 우리도 불가불 기독교를 믿은 이후에야 진취(進就)할 희망이 있다고 하였다는데, 그래서 그 교도가 기독교를 믿는 사람을 만나 기독교에 대하여 캐물었다는 것이었다.

이런 일을 보도하고나서, 『매일신보』는 그 논설에서 교계의 경쟁을 주목하고 동학과 서학의 "무형의 경쟁"을 "개불위동서기운소장지기재(豈不爲東西氣運消長之機哉)," 곧 이것이 어찌 동서의 기운 소장의 기회라고 보지 않을 수 있겠는가 하는 말을 써 놓았다.[3]

우리는 여기에서 당시의 비판적 언론에서도 동학과 기독교와의 교섭의 성격에 대한 바른 이해의 결여를 당장 눈여겨 보지 않을 수 없다. 양교의 표리(表裏)에서 시작하여, 서학에로의 흡수(汲收) 곧 "신종연후(信從然後)"까지 언급했던 동학, 그리고 필경 양자 간의 갈등이 결국 동서 정신의 한 소장(消長)의 과정으로 전개된다는 시각, 이 모든 혼미 속에서 우리는 조선 말(末) 종교가 그때 사람들에게 남겼던 인상의 절묘(窃眇)를 지적하지 않을 수가 없다.

더구나 이러한 말들이 오가던 때는, 기독교가 그 신앙 부흥의 불길로, 언필칭 비정치화의 신앙 정화를 단행하면서 통계상 막대한 수적 증가를 보이던 때였으니 만큼, 한편 동학에 대한 민족적 기대를 걸어 보던 일부 지자층의 좌절된 표현의 하나로 볼 수 있을는지도 모른다.

우리는 여기서 동학과 기독교와의 교섭의 성격을 일단 규명하고 지나가야 하리라고 본다. 기독교가 민족사에서 남긴 민족교회로서의 구형(構形) 과정이 문제시된다면,[4] 민족 종교로서 그 기치를 높이 들고 정치적, 경제적 민족 구원 곧 보국안민을 외치던 동학과의 역사적 내지는 이념적 접속까지 생각해보지 않을 수 없는 형편이기 때문이다.

그런데 동학은 1864년 3월 그 교조(教祖) 최제우(崔濟愚 1824-1864)가 대구에서 효수(梟首)될 때에도 의정부로부터 "전습양술(全襲洋術) 이특이역명목(而特移易

2) 잡보, *ibid.*, 1907년 6월 28일.

3) 교계경쟁, 논설, *ibid.*, 1907. 7. 2日字.

4) 졸저, 『한국민족교회형성사론』, 연세대학교 출판부, 1974, 참조.

名目)"[5] 한 것이라 해서 치죄(治罪)되고 있었다. 그러니 동학이 서학으로 지목되고 그 명목을 바꾼다는 지탄 대하여서는 격렬한 반발을 보일 수밖에 없었다. 동학이 본래 "서교의 형세 침침만연(駸駸蔓延)하는 고로 도(道)를 동학으로써 이름해서 기실(其實) 리치의 부동(不同)함을 변명함이어늘 당세(當世)의 사람들이 서학으로 배척하여 여지를 불유(不有)"하였었기 때문이다.[6] 1892년 11월 교조 신원(伸冤)운동 때에도 동학의 정체가 유학조신(儒學朝臣)과 조정이 서학 동류라고 단죄한 점을 중점적으로 석명(釋明)하였던 것이다.

> 금야(今也)에 공학(孔學)이 아니라도 도(道)된 자 일재(一再)에 부지(不止)하되 전혀 거단(擧端)치 아니하고, 오직 오동학(吾東學)에 지(至)하여는 공척(攻斥)하며 배제(排制)하여 이칭(異稱) 서학(西學)이라 하나, 오사(吾師) 동(東)에서 생(生)하여 동(東)에서 학(學)하시니, 동(東)이 어찌 서(西)되며, 또 천(天)에서 학(學)함이요 인(人)에게서 학(學)한 바 아니거늘 어찌 천(天)올 구(咎)하여 오사(吾師)를 죄(罪)함이 가(可)하리오... 열읍수재(列邑守宰) 오도(吾道)를 서학여파(西學余派)로 지목(指目)하여 사즐첩수(査櫛捷囚)하에 전재(錢財)를 토취(討取)하여 사자상자(死者傷者) 연속부절(連續不絶)하고...[7]

요즈음 공자의 학(유교)이 아닌 학문(종교)가 계속 나오는데 여기에 대해서는 전혀 말하지 않고 오직 우리 동학에 대해서만 공격하고 배척하며 배제하여 동학의 다른 이름이 서학이라고 하는데, 우리의 스승은 동에서 일어났고 동에서 배웠으니, 동이 어찌 서가 될 수 있으며, 또 천(하늘)에서 배웠지 사람에게서 배운 바가 아니어늘 어찌 하늘을 책망하고 우리 스승을 죄 있다함이 가하겠는가. 각 고을의 벼슬아치들이 우리의 도를 서학의 한 갈래로 지목하여 샅샅이 세밀하게 조사하여 결국 옥에 가두고 돈과 재산을 빼앗아 죽는 자와 다친 사람들이 끊이지 않고 있으니 할 말이 왜 없겠느냐는 뜻이었다.

이런 반박은 1893년 복합상소(伏閤上疏)운동에서도 그대로 봉소(奉疏)되고 있

5) 『일성록』, 최복술(崔福述) 죄안(罪案), 갑자 3월 10일조.

6) *Ibid.*, p. 79.

7) 이돈화 편, 『천도교창건사』, 제 2편, pp. 47. 48.

었다.[8] 동학이 서학과의 무관을 밝히면서 아울러 기왕의 동일시를 규탄한 것은 당연했다.

우리는 여기에서 이 두 종교의 교리적 내지는 신학적 비교 연구라든가, 한 주제, 가령 민중운동의 관점에서 두 종교의 형태상의 접촉을 분석하는 방법을 보류하고, 다만 역사적으로 이 둘이 어떤 상황에서 그야말로 어떻게, 우연하게 접촉되었는가 하는 사실만을 추출해 내는 방법론을 택하기로 한다.

그것은 천주교와의 관계에서 동학을 의식하던 1860년 경신(庚申)에서[9] 1895년 말에 이르는 기간을 중심으로 연구의 범위를 잡아야 마땅할 것이다. 그러나 동학과 천주교와의 관계에 대한 사적 고찰은 최석우(崔奭祐)의 "서학에서 본 동학"[10]에 그 교리 접촉면을 치중하여 일단 훌륭히 수행되었기 때문에 이 기간(1860-1895) 중의 그러한 성격의 접촉사는 여기 다시 중복하지 아니하기로 한다.

4-2. 동학의 척왜양창의(斥倭洋倡義)

1) 척양의 근거-동학 투쟁 제 1기-

동학이 제폭구민(除暴救民)과 제세안민(濟世安民)을 위해 도탄 중에 있는 창생(蒼生)을 구하고 횡포를 거듭하는 외국 강적의 무리들을 구축(驅逐)하여, 나라를 반석 위에 두고자 한 동기는 1894년 4월의 격문에서 재삼 뚜렷이 천명되고 있었다.

그러나 우리는 전술한 바도 있지만 동학사의 분류를 척왜양(斥倭洋)과 척왜(斥倭) 창의(倡義)의 2기로 나누어 분석하고자 한다. 1894년 9월이 그 두 시기의 전환점인 것으로 나타난다. 우선 그 제 1기, 곧 척왜양(斥倭洋)의 투쟁기부터 살펴보자.

---

8) 『일성록』, 고종 계이 2월 26일조. "而當世人 謬斥以西學 蔑有余地."

9) 최제우의 득도(得道)는 1860년 4월 5일로 돼있다.

10) 『교회사 연구』, 제 I 집 소재(所載), 한국교회사연구소, 1977연 5월.

a. 동학의 성립과 천주교

동학이 처음부터 반(反)서학을 표방하면서 성립된 종교였던가 하는 문제는 새삼 검토되지 않으면 안 된다. 왜냐하면 최제우(崔濟愚)의 창교정신 중에는 겨레의 비운과 소위 잔반파낙자(殘班破落者)들의 좌절에서의 구원이라는 동기와, "만고(萬古) 없는 무극대도(無極大道) 여몽묘각(如夢妙覺) 득도(得道)"[11]라는 신비 경험에서 출발하였다는 단서가 잡히기 때문이다. 다만 그 창도 첫날부터 세상 사람들이 자기들을 "서학이라 이름하고, 온 동리 외는 말이 사망(邪妄)한 저 인물이 서학이나 싸잡힐까" 하면서 서학배로 간주한 데에 대한 분노가 하나의 특징을 이루어 왔음을 명기하는 것이 좋을 것이다.[12]

하지만 동학은 스스로 유불선(儒佛仙) 합일의 도임을 밝히고 있었다.[13] 서학의 영향 역시 적지 않았다. 그 교의의 천인합일(天人合一)과 포덕광제(布德廣濟) 보국안민(保國安民)이 이 융합을 시사한다고 볼 수 있겠다. 이런 신크레티즘(Syncretism)에는 당시의 사회적 사상적 정황의 다변성을 생각하지 않을 수 없다.

당시는 서학은 물론, 유불선(儒佛仙)과 참위적(讖緯的) 무복적(巫卜的) 잡신 신앙이 편만해 있었기 때문에, 새로운 교문(敎門)은 마땅히 이들 전부의 포괄을 지향하지 않을 수 없었을 것이다. 김상기(金庠基)는 여기에 덧붙여 조선인의 "삼교합일적(三敎合一的)" 신앙 유형을 동학 형성의 지질적 배경으로 주목하고 있다. 가령 연개소문(淵蓋蘇文)의 "삼교비여정족포함궐일불가(三敎譬如鼎足包含闕一不可)"[14]나 최치원(崔致遠)의 난낭비서(鸞郎碑序)에 나오는 "국유현묘지도(國有玄妙之道) 왈 풍류(曰風流) ... 실내삼교(實乃三敎)"[15]가 다 잡교의 겸행(兼行)과 통일의 이상(理想)을 말하고 있다는 것이다.[16] 『동경대전(大典)』이라든가 해서 기독교 성서를 방불케 하는 경전이라든가, 접(接)과 포(包)와 같은 조직이 천주

---

11) 용담가 (1860年 9월 작) 『동경대전』, 해월최시형선생기념사업회, 1970.

12) 안심가, 『동경대전』, 한국명저대전집, 대양서적, 1973, p. 315. Cf. p. 256

13) 이돈화(李敦化), *op.cit,* 서울, 천도교중앙종이원, 1970, p. 47.

14) 『삼국유사』, 보장봉로(寶藏奉老), 보덕이암(普德移庵).
곧 3교는 비유컨대 정족(鼎足)과 같아서 하나로 용해할 수 없다는 뜻.

15) 곧 나라에 현묘한 도가 있는데 왈 풍류(風流)라, 실제 그 3교를 말함이라는 뜻

16) 김상기(金庠基), 『동학과 동학란』, 서울, 대성출판사, 1947, pp. 50-51.

교의 본당이나 교구에 방불하게 조직했다는 점들은 또 서교와의 관련성을 따로 실증한다고 볼 수 있겠다. 다만 신론에서는 유일신을 말하는 듯 하면서 실상은 "내유신령(內有神靈)" 곧 내적 신령성을 말함으로써 무이내화(無而內化)의 신비주의적 신성론(神性論)에 기울고 있음은 지적할 수 없다.

b. 천주교에 대한 도전

1860년은 동학이 창도되던 해이면서 동시에 영불 연합군에 의해서 북경(北京)이 함락되던 해이다. 청국에 대한 낭만적 의존심이 근본적으로 동요된 것은 두말할 것 없었다. 그러나 정서적 반응은 곧 서양인에 대한 두려움으로 나타났다. 1801년 황사영(黃嗣永)의 백서(帛書) 중에 서구기독교국에서 군선(軍船) 수백 척과 군병 5~6만을 조선에 파견하여 이를 차지하고 전교(傳敎)의 자유를 획득하고자 했던 "사술지최심(邪述之最甚)"이 기억에서 사라지지 않았던 찰나에, 보국(補國)의 충정으로 서양인을 막아야 한다는 조짐은 번잡한 절차를 생략하고 요원의 불길처럼 퍼져나가고도 남음이 있었다. 최제우는 그 심문 과정에서 이런 말들을 남기고 있었다. 곧

> 이의관지유(以衣冠之類) 불인견양학지치(不忍見洋學之熾), 이경천순천지심(以敬天順天之心) 주출위천주고아정(做出爲天主顧我精) 영세불망사의(永世不忘事宜) 십삼자(十三字) 명지왈동학(名之曰東學) ...[17]

바른 풍속으로써 양학의 치성함을 차마 볼 수 없고, 하늘을 공경하고 하늘의 뜻을 따르는 마음으로써, 천주로부터 나온 것으로, 우리 자신을 돌아보고 영세에 잊지 않는 것, 이 13 자 곧 (出爲天主顧我精 永世不忘事宜)를 일컬어 동학이라 한다. 이런 말이었다.

17) 『일성록』, 김상기(金庠基), *op.cit.*, p. 23에서.

더구나 그는 서양의 침공 위협을

문양인선점중국(聞洋人先占中國), 차출아국(次出我國) 변장불측(變將不測)[18]

즉, 서양인들이 먼저 중국을 선점하고 이후에 우리나라에 진출한다는 말을 들어 장차 그 변화를 예측하기 어렵다고 보았다.

서양지인(西洋之人) 도성입덕(道成立德) 급기조화(及其造化) 만사불성(萬事不成) 공문간과(攻聞干戈) 무인재전(無人在前) 중국소멸(中國燒滅) 개가무진(豈可無脣) 망지환야(亡之患耶).[19]
서양전승공취(西洋戰勝攻取) 무사불성(無事不成) 이천하진멸(而天下盡滅), 역불무진망지탄(亦不無脣亡之歎) 보국안민(補國安民) 계장안출(計將案出)[20]

이라 하였던 것이다. 서양의 강력한 힘에 대한 두려움 그러나 부러움이 거기 있었다.

최제우(崔濟愚)는 그의 창교 동기에서 서학 박멸이라는 대의를 숨길 필요가 없었다.

우언(又言) 양인입일본건천주당(洋人入日本建天主堂) 출성동(出城東) 우건차당(又建此堂) 오당초멸(吾當 剿滅).[21]

서양인들이 일본에 들어와 천주당을 건립하고 또 우리나라에도 쳐들어와 세우고 있으니 마땅히 우리가 이를 때려 멸하여야 할 것인데 그것이 동학의 전법이라는 것이었다.

따라서 1860년의 동학은 여러 종교내적 요소의 발전을 차치했을 때, 척양(斥

18) *Loc.cit.*

19) 『논학문』, 대양서적 판, p. 264.

20) 『포덕문』, *ibid.*, p. 257.

21) 최제우 공안, 『일성록』, 김상기, *op.cit.*, p. 24..

洋)의 동기가 척왜(斥倭)의 동기보다 훨씬 더 현실적이었다는 사실을 부인할 수 없다.

그런데 우리는 여기에서 동학에서 뿐만 아니라, 조선인 전체가 가졌던 "서양"관(觀)에 대해서 한 마디 하지 않을 수 없다. 그것은 서양과 천주교에 대한 범주적 동일시이다. 일찍이 박제형(朴齊炯)도 『근세조선정감(近世朝鮮政鑑)』(1886)에서 다음과 같이 평하고 있었다.

> 고재박학지사(高才博學之士) 선입기교(先入其教) 여정유산이의(如丁酉山以醫), 이강환이수학(李康實以數學) 남오촌이농(南午村以農), 학개득기정묘무지지맹(學皆得其精妙無知之氓) 수이기제반학예(遂以其諸盤學藝) 개천주교서중(皆天主教書中), 이목격기기(而目擊其奇) 신지우확(信之尤確).[22]

재주가 높고 널리 공부한 선비들이 먼저 (학문으로서) 그 교(천주교)에 들어갔는데, 이를테면 정유산은 의학으로서, 이강환은 수학으로서, 오촌 남상조는 농학으로서 들어가서, 모두가 그 정묘함을 얻었고 어리석은 것을 알지 못했으며, 이런 여러 학예들을 공부하며 따라가보니 이 모든 것이 천주교의 책 가운데 있었고, 이를 통해 그 기이함을 목격하였으며 이로써 더욱 확실히 믿게 되었다. 이런 판단이었다. 그리고 말하기를 서양 여러 나라들의 문화와 예술의 발전이 다 그 교(천주교)와 무관한 것이 하나도 없다는 지적이었다.[23] 수운(水雲) 최제우가 서교 선교사들이 교회당을 짓고 필경 그 나라를 침략한다는 생각이나 서양문명이 곧 기독교라는 연결 논리가 서양을 배척한다는 명분에서 천주교를 척양(斥攘)하려 했던 까닭이다. 물론 수운은 서양인이 처음 그들의 종교 곧 서교에 이르러서 도를 닦고 덕을 세워, 마침내 그 조화가 이루어져서, 무기를 갖추게 되고, 또 싸움을 하면 거기 맞설 사람이 없다는, 아주 묘한 분석을 시도한 일은 있었다. 그것이 앞서 말한 바 있는 "도성덕립(道成德立) 급기조화(及其造化), 무사불성(無事不成)"이란 것이다. 바로 이때, 이 좌절과 긴장의 순간에 수운은 득도(得道)하는 신비 경험을 가지게 되었던 것이다. 곧 몸에 오한이

22) 박제형(朴齊炯), 『근세조선정감』, 상, pp. 31-32.

23) *Ibid.*, p. 33.

계속되고 밖에서 오는 것이 영혼의 기에 접하여 속에서 말을 해 알아들었으나, 그것은 보아도 보이지 않고 들어도 들리지 아니하는, 그런 경험을 한 것이다.[24)]

물론 서교가 조선에서 조상숭배 문제로 조야(朝野)의 지탄을 받아올 때, 동학 역시 이를 이념적으로 공박한 일이 있었다. 가령

> 우숩다 져 ᄉᆞ람은 져의 부모 둑은 후의 신도 업다 이름ᄒᆞ고 졔ᄉᆞ됴ᄎᆞ 아지히며 오륜의 버셔ᄂᆞ셔 유원속사(唯願速死) 무슴일고, 부모업ᄂᆞᆫ 혼령혼빅 져는 엇대 유독 잇셔 샹텬(上天)ᄒᆞ고 무엇하고, 어린 소리 마라서라.[25)]

그러나 무부무군(無父無君), 역륜패상(斁倫敗常)으로 알려진 서교를 서양과 동일시한 데서 "척양" 창의(倡義)한 사실을 다시 확인하지 않을 수 없다. 1894년 초에 전라감사가 외아문(外衙門)의 지시를 따라서 전령장(傳令章)을 내보내어 "성교인에게 행패를 금"하게 한 일이 조선유학 이념 집행의 관리에게서 나왔다는 점에서 동학난에서의 교리 투쟁의 여지를 제거하는 것이라 볼 수 있었다. 그 전령장(傳令章)에 의하면 "교민(敎民)도 또한 우리나라의 백성이니 우리 백성들이 능학(凌虐)하거나 모멸(侮蔑)하는 폐단을 각별히 금한다"는 글귀가 들어 있었다.[26)] 이 글은 불란서공사가 난을 당해 시련을 겪고 있는 교민들을 위해서 외아문(外衙門)과 교섭하여 내리게 한 것으로 판단되고 있다. 그렇다면 문제는 서교마저도 관군(官軍)편에 서 있는 것으로 보였다는 여운을 남기게 된다. 실제로 1894년 "금영내찰(錦營來札)"에 의하면, 그해 12월 14일(음력)에 불란서 신부가 동학에 피해를 입었다 하여 2천원의 배상 청구를 한 일이 있었다.[27)] 그리고 김윤식(金允植)이 덧붙여 권하기를,

> 금차교사지항(今此敎士之行) 행령가조호(幸另加照護) 무지실망(無至失望) 차기소주급한항부내지시(且其所住及閒行府內之時) 사병정호행(使兵丁護行) 이방의외

---

24) 『논학문』 p. 266,

25) 권학가, 『동경대전』, 1978.

26) 『Mutel 문서』, 1894-85(傳令章), 최석우(崔奭祐), *op. cit.*. p. 134.

27) 『동학란 기록』, 상, 국사편찬위원회, 1959, p. 98.

지우여하(以防意外之虞如何).

불란서 선교사들이 다니는 데 병사들을 보내어 호위하게 하였다는 것이다.[28] 천주교는 동학과 이 만큼 거리가 멀었다. 천주교가 서양, 그것으로 보이는 데 무리가 없었다.

한편 천주교의 불란서 선교사들은 동학에 대하여 사무치는 원한을 품고 그 섬멸을 바라는 정도였다. 전주에서 관군이 동학군을 철퇴시키면서(1894년 5월), 비교적 큰 싸움 없이 평정되었을 때, 선교사들은 그때야말로 "반도(叛徒)들을 전멸시킬 수 있는 절호의 기회였음에도 불구하고, 도리어 그들을 승리자로서 철수하도록 내버려둔 데 못내 아쉬움"[29]을 금하지 못하고 있었다. 전주에서 철수하던 동학군들이 천주교인들에게 커다란 피해를 입혔었기 때문이다.

동학도와 친주교도와의 사이는 시종 적대적이었던 것 같다. 청국군이 들어왔을 때 그 장군 섭지초(葉志超)가 아산에서 공주로 쫓겨가면서 불국 선교사들과 조선인 교민들을 학살(butchered)하였기 때문에 "그 본을 따라서, 동학군들이 전라, 충청 양도에서 천주교도들을 향해 가혹한 박해를 하기 시작"하였다는 것이 당시의 한 증언이다.[30] 섭(葉)장군 휘하의 청국군이 서교도들을 무참히 살육한 사실은 "Mutel 문서"에서도 역력히 나타나 있다. 가령 불란서 신부 죠시우(Jezeau)를 공주 강변에서 살해한 사실도[31] 윤치호의 말과 일치된다. 이런 사실들이 천주교회로 하여금 청국군과 동학군 사이에 모종의 합의를 거쳐 천주교도들을 전멸할 계획을 세웠음에 틀림없다고 믿게 한 근거였다.[32]

동학과 청국군과의 관계에 대해서 흥미로운 한 가지 사실은 1894년 7월 29일 성환(成歡) 전투에서 일본군에게 패퇴된 청군 총병(總兵) 섭공성(聶工成)이 동학의 대본영이 있던 논산에 이르러, 패잔병 500명과 함께 "부합(附合)하기를 애

28) *Loc.cit.*

29) 최석우, *op.cit.*, p. 137.

30) 『윤치호일기』, Ⅲ, 국사편찬위원회, 1974, p. 373.

31) 『Mutel 문서』, 1894-282 (8월 8일자). Mutel 보명(報命), 윤치호(尹致昊)의 일기(日記)는 1894년 9월23일자.

32) 『Mutel 문서』, 1894-263 (7月 13일자).

원"[33] 하였다는 오지영(吳知泳)의 글이다. "일본군과 싸워 많은 낭패를 보고 돌아갈 곳이 없어 도로혀 동학군 중에 들어와 애원하는 것이 그 정황(情狀)이 가긍(可矜)하고 ... 받아 드림이 가타 하여 군중(軍中)에 수용케 된"[34] 것이라는 것이다. 이 사실은 과장된 것 같다. 섭공성(聶工成)은 공주에서 섭지초(葉志超)와 합류하고 곧 평양으로 북상했기 때문이다. 다만 잠시 접촉한 일이 있은 것을 이렇게 "부합"했다고 한 것이 아닌가 한다. 그러나 여기서 간파할 수 없는 것은 이 양군 사이에 있었던 그만한 친근성이다. 동학 난정(亂定)을 위해 왔다면, 청국군이 비록 일본군과 싸워 패주한다 해도, 이렇게 대본영까지 군사를 대거 인솔하고 "부합" 운운한 것은 역시 이들 사이의 친근 가능성을 시사한다. 이 때 척왜척양(斥倭斥洋)의 동학 기치가 청군에게 척왜 하나의 경로로 접촉하다가, 필경 척양(斥洋)에까지 동행하여, 청국군 동학군의 부합, 천주교인에의 박해로 진전된 것이 확실하다.

천주교인의 동학에 보인 자세는 이상에서 대개 그 성격이 드러났으리라고 본다. 그 한 실례를 우리는 안중근(安重根, 1879-1910)에게서 찾아볼 수 있다. 동학혁명이 호남에서 패전할 때 황해도에서는 장연(長淵), 해주(海州), 등지에서 수만 명의 병력으로 동학도들이 취합(聚合)하고, 한 때 해주 감영(監營)을 점령한 바도 있었다.

한데 황해도에서는 민포군(民包軍)이라는 것이 처음부터 발동하여서 민간인들이 동학군의 난폭을 제압하는 형식으로 저항하고 있었다. 동학군의 입장에서 볼 때에는 이것의 일본군이나 관군을 도와서 자기들을 괴롭히는 세력으로 보였다. 그런데 해주의 민포 수령이 안태준(安泰俊)과 그의 아들 안중근이었다.[35] 안중근은 천주교 신자였다.

그런데 천주교도들과 동학군과의 관계나 그 대결에 대해서 제2자의 입장에서 전후를 살핀, 한 자료가 남아 있다. 윤치호의 일기가 바로 그것이다. 조선의 조정(朝廷)이나 관리들의 부패에 격분하여 혁명까지 불사하겠다던[36] 윤치호의

---

33) 오지영(吳知泳), 『동학사』, 1938, p. 144.

34) *Ibid.*, p. 145.

35) *Ibid.*, p. 152.

긴박감은 동학과 방불한 데가 있었다.[37] 그를 통해 단서를 더듬어 보자.

c. 윤치호의 증언

윤치호가 오랜 동안의 미국 유학을 마치고 귀국 도중 청국에 잠시 머물러 있을 때 동학란(1894)의 소식을 들었다. 조정에 대한 불신과 개혁을 표방하던 그로서는 이 격변에 대하여 처음 열광적인 반응을 보였다.

> 동학이 충청도와 전라도에서 조정에 대하여 위협적인 자세로 나온 모양입니다. 쾌재(快哉). 쾌재(快哉)![38]

그는 동학란 진행에 대한 일본신문의 보도에서도 그 처음의 성공에 거의 흥분된 반응을 보였다. "세 번 네 번 좋은 일이다. 불행한 반도의 피 낭자한 조정을 엎어 놓을 수만 있다면, 무엇이든 좋다."[39]

청국군이 동학군을 진압하기 위하여 온다는 소식을 듣고 그는 좌절마저 느낀다.

> 소위 저 반란은 성공하지 못할 것이다. 조선의 더 없는 원수인 청(淸)이 조정을 도와서 란을 진압할 것이다. ... 거사는 곧 끝나고 이 처참한 조선왕국의 연대기에 또 한 장(章)의 죽음, 고문, 투옥, 재산 몰수, 그리고 추방이 덧붙여질 것이다. 불쌍한 조선, 그 앞길은 어둡고 희망은 가리워졌구나.[40]

하지만 충청도 천안 지방의 윤치호 친척들이 동학도에 의해서 위협받고

---

36) 『윤치호일기』, Ⅲ, pp. 369, 378.

37) *Ibid*, Ⅰ, pp. 150. 151. 1885年 6月 (도미전). 금아정부(今我政府) 일사학렴(日事虐斂) 민부료생(民不聊生) 전고도탄(轉苦塗炭) 이유부고염(爾猶不顧念) 국가토지위인잠식(國家土地爲人蠶食) 이상부성각(而尙不醒覺) 기불한재(豈不恨哉)... 아국기부구이필유섭야(我國其不久而必有變也).

38) 『윤치호일기』, Ⅲ, 국사편찬위원회, 1974, p. 318.

39) *Loc.cit.*

40) *Ibid.*, p. 323.,

또 유혈(流血)과 잔혹으로 양반계급들을 포악으로 대한다는 소문을 듣고는 이를 란(亂)으로 생각하기 시작하였다. 그런데 윤치호는 이 동학도들이 천주교도를 박해한 까닭이, 최소한도 충청도의 경우 1894년 "외국 신부들의 지지를 받은 서교도들의 겁탈과 폭력" 때문에 시작되었다는 사실을 그가 숙부를 통해서 알게 되었던 것이다.[41] 이런 류의 서교도들을 원산이나 안변(安邊)에서 그 자신 스스로 목격한 바 있다고 말하고 있다.[42] 이것은 1890년대 천주교로 전향한 이들의 입신 동기에 대해서 또 하나의 치부(恥部)를 노정한 것이라 볼 수 있다.

윤치호는 1895년 2월에 귀국하자 그의 부친 윤웅렬(尹雄烈)과 숙부를 만나 동학에 대한 난변(亂變)을 듣고 얼마 후 부친이 난을 피해 산간에 숨어, 배고픔과 추위에 시달리게 되자, 동학에 대한 기대는 일종의 혐오와 정죄로 기울어지는 커다란 내적 병화를 겪는다. "동학도란 내 부친을 학대하되 돈을 뺏겠다는 동기 이외 무엇이 따로 있단 말인가."[43] 그는 동학도들의 양반 증오와 살육이 회회교도의 무력 사용이나 불란서 혁명 때의 공포 분위기와 방불하다고 직언하고 있었다.

2) 대원군과 동학과의 관계의 문제

1894년에 남접(南接)의 전봉준(全琫準)과 북접(北接)의 최시형(崔時亨)이 함께 재기포(再起包)할 때, 항간에는 그것이, 대원군과의 모종 상관이 있었을 것이라는 전문(傳聞)이 있었다. 이 전문의 핵심은 대원군이 동학과 만일 내통하였을 경우 서교도에 대한 동학란의 적의와 그 섬멸의 의지를 대원군의 기왕의 척양척화(斥洋斥和)의 열의와 연결해서 그 한 미문(迷問)을 해결할 수 있을 것으로 보인다.

그러나 이 상관설은 실상 대원군 거세를 위한 일본제국의 음계였음이 전봉준에 대한 재판과정에서 저절로 드러나고 말았다. 일본 공사관의 영사는 그

---

41) 『윤치호일기』, Ⅳ, p. 31. 그의 숙부(叔父)는 천안에서 민포군(民包軍)을 영도(領導)했던 윤영열(尹英列)일 것이다. 『동학란기록』, 상, pp. 413, 513 등 참고.

42) *Ibid.*, p. 85.

43) *Ibid.*, Ⅳ, p. 28 (1895. 2. 18일자.).

심문과정에서 전봉준이 대원군의 밀사인 주희옥(朱喜玉)을 만나 내통하였다는 증거를 잡으려 하였다. 이에 대해서 전봉준은 그가 부황지유(浮荒之類)라 단언하고, 그와는 생면부지(生面不知)라고 공(供)하였다.[44] 더구나 전봉준은 대원군의 인물됨에 불신하면서 이런 말을 하고 있었다.

> 이지어재기사(而至於再起事) 출어의등본심(出於矣等本心) 차수유대원군지효유문자(且雖有大院君之曉喩文字) 불가심신(不可深信) 고역도재기(故力圖再起).[45]

재기포는 본심에서 나온 것으로 비록 대원군의 효유가 있었다손 치더라도 이를 깊이 믿을 수가 없어서 우리들 스스로 힘내어 일으킨 것이라는 뜻이었다. 더구나 일본영사가 대원군이 동학과 교섭했다는 사실은 세상이 다 아는 바라하여 억지로 그의 고백을 받아내려 하여 별 수작을 다 해보았으나 전봉준은 단호하게 이를 부인하고 말았던 것이다. 대원군이 다른 동학도 백여 명과 교섭했는지는 몰라도 우리들에게는 당초에 아무 교섭이 없었다는 것이다.[46] 그러면 대원군이 그런 일을 했다는 소문조차 못 들었던가 하고 물었을 때, 역시 그의 대답은 분명하였다. "실로 그런 소문조차 듣지 못하였다."

우리는 이런 과정을 통하여서 동학거사에 일본이 깊이 말려들어와 있었다는 사실을 감지할 수 있고, 동학혁명을 일본영사가 심문하는 사태의 발전을 주목하지 않을 수 없다. 1894년 7월 23일 갑오경장이 서서히 진행되면서 대원군이 중대한 군무(軍務) 국무(國務)를 재결(裁決)하게 되는 권한을 가지게 되면서 전개된 정치 기류가, 동학과 일본과의 대결을 지시하는 사건들로 차 있는 것을 간과할 수 없기 때문이다. 이제 동학의 투쟁 목표는 척양(斥洋)에서 그 강도가 척왜(斥倭)로 옮겨지게 된 것이다. 그 사태의 추리를 더듬어보자.

44) 을미 2월 19일 전봉준(全琫準) 삼초문목(三招問目), 『동학란기록』 하, p. 541.

45) *Ibid.*, p. 548.

46) *Ibid.*, p. 556.

3) 1894년의 재 기포와 척왜(斥倭)

동학의 제1차 봉기는 고부(古阜)의 민란이었고, 그것은 반(反)봉건의 성격을 뚜렷이 하면서, 비록 척왜양(斥倭洋)의 기치는 높았었다 할지라도, 그 주요한 투쟁의 목표는 서교에 있었다는 사실을 우리는 살펴보았다. 그 뿐만 아니라 현실적으로는 일본제국이 천우협도(天佑俠徒) 같은 낭인(浪人)[47] 단체를 내세워, 남원 전주 일대에 웅거 중인 동학군 진영에 접융(接融)함으로 그들을 대청(對淸) 전쟁 도발을 도구로 이용한 일까지 있어서[48] 일제와의 관계는 실제 그렇게 험하지는 아니하였던 것이다. 사실상 일제는 동학군들을 부추겨 난을 일으킨 혐의가 도처 포착되고 있었다.[49]

물론 우리는 동학의 생성 자체가 척왜(斥倭)와 밀접한 관련이 있음을 부인하지 못한다. 사실 어떤 서양인은 동학의 배외(排外) 감정이 사실에 있어서는 반일 감정 하나에 귀착된다고 판단한 일이 있었다. 조선의 개항 전후 일본공사관에서 수행된 음모 정치가 조선 왕실을 30년간이나 분열시켜 유혈의 참극을 빚어냈다는 추론이었다.[50] 그러나 역시 동학혁명 초기에는 척양(斥洋)쪽이 훨씬 그 대결의식에서 정서적 반발이 크고 또 격렬하였다. 척양의 기치는 절실하고 치열하였다.

그러나 소위 동학 제2차 봉기로 알려진 재기포(再起包) 때에는 척양의 기치가 무산된 듯했고, 오히려 척왜창의(斥倭倡義)가 목전의 치닫는 구호로 굳혀졌던 것이다. 이것은 동학운동에서의 엄청난 격변을 의미하였다. 1894년 7월 23일

---

47) 랑인(浪人: 로닌), 일본의 關が原戰役 이후 특정 성주(城主)없이 떠돌아다닌 사무라이들. 근대화 과정에서 정식 군역(軍役)에 들어가지 못한 사무라이들까지 합쳐서 근대 일본 아세아 확장에서 일익을 담당했던 떠돌이 사무라이들.

48) 『한국사』 현대편, 진단학회, 1964, p. 341.

49) 일본 군부 大本營의 사실상의 두뇌였던 참모차장에 37세 나이로 진출하였던 육군중장(후에 男爵) 川上操六(1848-1899)는 玄洋社라는 단체를 조직, 낭인들을 대거 취합하여 한국에 침투시켜, 동학도와 합류하게 하여 동학난 발발을 부추겼다. 1894년 한국 정정(政情) 위기를 고조시킨 장본인.
R. Storry, *Japan and the Decline of the West in Asia 1894-1943,* London, MacMillan Press, 1979, pp. 25-26.

50) 한우근, 『동학농민봉기』, 서울, 세종대왕기념사업회, 1976, p. 233.

일본군이 느닷없이 왕궁을 포위 점령한 사실이 충격을 주었기 때문이다. 전봉준(全琫準)이 그 치욕의 소식을 들은 것은 7월과 8월 사이의 일이었다. 보국안민의 직접적 위협은 실질상 일제에게서 체계적으로 침략해 들어온다는 것을 이들은 당장 포착하였던 것이다. 이제 "제폭(除暴)"이란 이념까지 수정해서 항일 무력전쟁에 나설 만큼, 민족사적 동원 요청과 명분이 중차대한 것을 이들은 감지하고 있었다. 그러기 때문에 전라도 동학군이 대거 북상하는 모습을 본 호서관찰사(湖西觀察使)는 그 치계(馳啓)에서 이들을 감히 비도(匪徒)라고 부르지를 못하였던 것이다.[51]

이제 동학군은 민씨 일가의 타도나 내정의 반봉건적 개혁이라는 목표는 차치하고, 단 하나의 목표, 곧 진멸왜이(盡滅倭夷)를 위해 겨레의 생존이란 대의명분과 혈성으로 기포(起包)하지 않을 수 없었다.[52] 전봉준은 체포된 후 심문을 받는 과정에서 다른 외국인에 대한 구축(驅逐) 의사는 전무하였다고 공술(供述)하고 있었다.

> 문(問): 그런즉 일본 군사나 각 나라사람들로서 서울에 거주하는 자들을 모두 쫓아내려 했는가?
>
> 공(供): 그것은 아니고 각 나라사람들은 다만 통상만 하는데 일본인은 병사를 거느리고 서울에 진치고 있으므로 우리나라의 영토를 침략하려는가 의아하였기 때문이다.

그리고 기포한 이유에 대해서도 역시 이러한 그의 "의아(疑訝)"를 밝히고 있었다.

> 기후(其後)에 문(聞)한 즉, 貴國(日本)이 개화(開化)라 칭(稱)하고 자초(自初)로 일언반사(一言半辭)도 민간(民間)에 전포(傳布)함이 무하고 또 격서(檄書)도 없이 솔

51) 김윤식(金允植), 『續 음청사』, 상, p. 340. 갑오 9月 18일자

52) 1938年에 쓰여진 오지영(吳知永)의 『동학사』에는 이 양기포(兩起包)에 대한 의미 부여는 전혀 하지 않고, 다만 북접 최시형파와 남접 전봉준(全琫準)과의 싸움을 주로 다루고 있고, 따라서 반봉건운동으로 계속 간주. pp. 136. 141참고.

병(率兵)하고 우리 도성(都城)에 입하여 야반(夜半)에 왕궁(王宮)을 격파(擊破)하여 主上을 경동(驚動)하였다 하기로, 초야(草野)의 사민(士民)들의 충군애국지심(忠君愛國之心)으로 강개(慷慨)함을 불승(不勝)하야 의족(義族)을 반합(絆合)하여 日人과 접전(接戰)하여 차사실(此事實)을 일차(一次) 청문(請問)코저 함이었다.[53]

그후에 다시 들은 즉, 일본이 개화라 주장하였지만 처음부터 한마디도 민간에 전하거나 퍼뜨림이 없었고 또 격문도 없이 병사를 이끌고 우리 도성에 입성하여 야밤에 왕궁을 격파하고 임금을 놀라게 하였다 하기로, 초야에 사는 선비와 백성들이 충군애국지심으로 강개함을 이기지 못해 의로운 사람들을 규합하여 일인과 접전하여 이 사실을 일차 묻고자 함이었다는 답변이었다.

여기서 우리는 1894년 동학운동의 두드러진, 뚜렷한 목표와 지기(志氣)를 분간할 수 있게 된다. 그것은 척왜(斥倭), 충군, 그리고 초야와 사민, 곧 민중의 동력 동원이라는, 세 요소이다. 충군지성을 이처럼 뚜렷이 밝힌 동학의 입장은 일찍이 없었다.[54]

그러나 이보다도 더 결정적으로 중요한 것은 척왜양창의(斥倭洋倡義)의 본래 시위에서 척양(斥洋)이 빠졌다는 사실이다. 다른 외국인은 구축하지 않겠노라는 단언에서도 이 점은 확인되고 있었다. 1894년 11월의 일이었다. 동학이 기독교에 대한 적의를 씻어버리고, 이제 양반 척족의 부패불의, 그리고 천주교도들의 일부 탈선마저 설혹 있다 하여도 다 일단 차치하고, 목전의 민족생존에 가장 심각한 위협이 일제란 것을 간파한 것이 이 때였다.

이러한 척왜(斥倭)의 격한 목전의 수행은 신앙이나 계급의 차이선을 관통하는 민족의 단합과 그 의지로서 밖에는 성과를 볼 수 없는 것이었다. 1894년 12월 8일 동도창의소(東徒倡義所)가 낸 "고시 여영병이교시민(與營兵而敎示民)"에 이런 감동어린 글귀가 들어 있었다.

---

53) 개국 504년 2월 초9일 동도죄인 전봉준 초초문목(初招問目), 『동학란기록』, 하, p. 529.

54) 전봉준은 "임형대매(臨刑大罵) 박영효(朴泳孝), 서광범(徐光範) 역적이사(逆賊而死)"라 하였다.
『매천야록』 Ⅱ, p. 173. 그는 이들을 일제의 앞잡이로 보았던 것이다.

팔방이 흉흉호딕 편벽도이 샹전(相戰)만 호면 가위 골육샹젼이라. 일변 싱각컨딕 됴션ᄉ람기리라도 도는 다르ᄂ 척왜(斥倭)와 척화는 기의(其義)가 일반이라 ... 샹의호야 갓치 척왜척화호야 됴션으로 왜국이 되지 안이케호고 동심합력호야 딕ᄉ를 이루게 호올시라.

"도는 다르나" 했을 때 그 "도"가 무엇인지 당장 규명하기는 어려울 것이다. 하지만 척왜(斥倭)를 위해서라면 모든 겨레가 어떠한 종교나 생각을 가졌든지 함께 이를 성업(聖業)으로 알아 수행하며, 나라를 끝내 지키자는 호소임에는 틀림없었다. 강력한 민족주의의 정신이 이렇게 조선에서 구성돼 갔던 것이다.

우리는 여기에서 척양을 삭제한 동학도들이 다만 척왜의 강력한 동기 때문에 무시했을 정도의 삭제가 아니라, 오히려 좀 더 적극적인 면을 기독교에서 발견한 것은 없었던가 하는 질문을 금할 수 없다 전봉준 자신이 이런 점을 직접 말한 것이 있었다면, 자료로서의 가치는 더 말할 나위도 없이 정확하고 또 무게도 클 것이다. 하지만 동학 지도자들의 입에서 그러한 적극적 평가의 지목이 나온 것은 아직은 접하지 못했다.

서양인, 특히 미국인이라 할지라도 외교관이나 상인이나 실제로 다 일본과 밀접한 관계를 가지고 있었던 터이요, 더구나 워싱톤은 조선에서의 정치적 문제에 대한 미국인의 관여를 크게 제한하고 있었기 때문에[55] 일제가 득세하는 조선에서의 미국인 활동을 근신으로 통제하고 있었다. 따라서 동학도들에게 친밀하게 느껴지도록 무슨 일을 하였을 미국인은 없었다. 오히려 미국인들의 냉담에 더 매서운 분노를 느꼈을 가능성이 크다.

그렇다면 우리는 선교사들의 모습을 생각해보지 않을 수 없다. 한 가지 살피고 지나가야 할 것이 있다. 천주교의 경우에는 1894년 7월 이후에도 계속 동학의 박해가 있었던 것으로 나타나 있고,[56] 최석우(崔奭祐)도 1894년 8월 이후 동학도들이 "애국적 사명을 구실로 폭행을 자행하였고, 외국인을 침략의 공범자로 간주하여 그들에게 복수할 것을 외쳐마지 아니하였다"[57]고 하는 말을 쓰고

55) G. B. Sansom, *The Western World and Japan*, Alfred A. Knopf, New York, 1962, p. 388.

56) 『Mutel 문서』 1894-271(8월 6일자).

57) 최석우(崔奭祐), *op.cit.*, p. 142.

있다. 개신교의 경우 동학운동의 병화로 인한 여러 형태의 시련과 고난이 없지 아니하였다. 그것은 더구나 기독교의 세력이 비교적 넓게 퍼지고 있었던 서북 지역 특히 황해도 지역에서 심하였다. 동학병란이 심했던 호남지방에는 그때 기독교의 전파가 거의 못 미치고 있었다. 전라도에 선교부가 세워진 것 자체가 1896년, 곧 청일전쟁이 끝나고 동학군이 공주에서 패퇴한 지 2년 후의 일이었다. 물론 당시의 교세는 미약하였다. 가령 1895년의 장로교 통계는 조선 교인 수를 286명으로 보고 있었고,[58] 1896년 12월에는 평안도에만 예배, 학습 교인을 합하여 710명이었다. 이때 평안도는 교회 통계상 황해도까지 포괄하고 있었다.[59]

4-3. 기독교회와 동학의 접촉

『조선예수교장로회사기』에 의하면 동학혁명 때문에 받은 교회의 영향을 하나님 섭리에 의한 겨레의 각성, 그리고 피해 이 두 입장에서 분석하고 있었다. 곧

> 시년(是年)(1894)에 동학의 동난(動亂)을 인하여 일청양국(日淸兩國)이 교전케 되니 3백여년 승평(昇平)을 안형(安亨)하고 공상이론(空想理論)에 미취(迷醉)하야 외세소장(外勢消長)을 막구(莫究)하던 아족(我族)이 병화(兵火)를 첩조(輒遭)하니 현우(賢愚)를 막론하고 소조(所措)를 막지(莫知)하야 탱로첩유(撐老捷幼)하고 환산피란(渙散避亂)하니 자경지만(自京至灣)에 황량경색(荒凉境色)이 막불체영(莫不涕零)이라 연(然)이나 화(禍)를 전(轉)하야 복(福)을 지(支)하시난 상제(上帝)의 경영은 전능지대(全能至大)하샤 아족(我族)의 완몽(頑夢)이 포성중(砲聲中)에 시각(始覺)하고 미상(迷想)이 검광리(劒光裡)에 수소(隨消)케 하심으로 자아의 사상을 포기하고 진도(眞道)의 연원(淵源)을 탐구케 됨에 복음의 소치(所致)에 중혼(衆魂)이 시소(始蘇)하야 교회가 종차(從次)발전하니라.[60]

---

58) C. A. Clark, 『장로교회사전휘집(長老敎會史典彙集)』, 조선야소교서회, 1918, p. 210.

59) *The Korean Repository*, December 1896, pp. 482. 485.

60) 『조선예수교장로회사기』, 상, 서울, 신문내교회당, 1928, p. 29.

1894년 동학란을 인해 일본과 청나라의 청일전쟁으로 모두가 산산이 흩어져 피란을 떠났는데, 서울로부터 바닷가에 이르기까지 그 어려움은 대단하였으나, 전능하신 하나님께서 우리 민족의 완고한 어리석음을 전쟁의 포성 가운데에서 처음으로 보게 하시고, 칼날 아래서 깨닫게 하심으로, 지금까지의 낡은 사상을 포기하고 참된 진리의 연원을 탐구하게 하여 복음에 이르게 하셨고 이에 따라 교회가 발전하였다. 이런 판단이었다.

여기는 동학과의 직접 접촉이 없었고, 다만 그것 때문에 부수(附隨)된 청일전쟁의 병란이 자극이 되었다는 사실인데, 실로 이 말은 적중하여서 서북지방에는 이 전란 후에 크게 발전한 사실을 통계상 쉽게 찾아볼 수 있다. 그것은 실상 청국의 패퇴로 인한 유교적 세력의 동시 윤몰(淪沒)도 그 한 원인이었다. 1896년 교인의 수는 실로 그 전 해의 3배로 늘고 있었다.[61]

그러나 동학혁명에 의한 교회의 다른 한 영향은 피해였다.

> 1894년에 일청(日淸)이 실화(失和)하야 피차(彼此)에 교봉(交鋒)... 차(此)로 유(由)하야 경성(京城)으로부터 의주까지 병화가 경(經)한 연로(沿路) 각군(各郡)은 자연 안도키 불능(不能)한지라 선교사 등은 경성(京城)으로 피우(避寓)하고 아교도등(我教徒等)은 산협(山峽)에 도산(逃散)하니 당시 예배당은 혹훼파(或毁破) 차공허(且空虛)하야 자못 황량(荒凉)의 기색(氣色)을 대(帶)하였더라.[62]

청일전쟁의 여파로 서울부터 의주까지 각 고을마다 전쟁으로 인해 마음을 놓을 수 없었으므로 선교사들은 서울로 피하고 교인들은 산과 골짜기로 도망하니 예배당은 훼파되고 비었으며 황량하여졌던 것이다.

서북지방에 피해가 컸다는 말이었으나, 여기에서도 동학도들에 의한 직접적인 피해는 전혀 없는 것으로 서술되었음이 중요하다. 실상 동학도에 의한 기독교의 직접적 시련, 피해, 박해는 없었다고 단언할 수 있다. 우리가 지금까지 가지고 있는 자료에서는 이를 단정할 수 있다. 천주교가 실상 동학과의

61) 서명원, 『한국교회성장사』, 서울, 기독교서회, 1966, pp. 141-143,

62) 『조선예수교장로회사기』, 상, p. 75.

관계에서 뿐만 아니라, 황해도 지역에서 기독교에 핍박을 가하는 형식으로,[63] 여기 종교와의 관리가 불화하였던 점은 깊이 연구되어야 할 것이지만, 여기서는 다만 천주교가 1801년의 황사영백서(黃嗣永帛書) 사건 이후 계속 대역부도(大逆不道)의 종지(宗旨)로 나쁘게 인상을 남겨 왔었다는 점과, 또 불란서 선교사들의 가톨릭교회적 성교(聖敎) 개념과 그에 따른 강압적 선교 자세[64]가 개신교에 억압적 자세로, 그리고 동학도들에게는 혐오의 대상으로, 나타날 수밖에 없었다는 점을 지적하고 지나가고자 한다.

사실 갑오년(甲午年, 1894) 동학혁명 전후의 천주교의 민폐는 그때 다 알려진 사실로 일부 동학도들의 민폐와 다를 바 없었다는 말도 나돌고 있을 정도였다. 곧

> 근리에 무뢰잡류비들이 텬듀교에 신ᄌᆞ로 투닙ᄒᆞ야 향곡촌려로 다니며 불의힝사ᄒᆞᄂᆞᆫ 자가 만흔즁에 ... 비상하게 짓는 폐단이 젼일 동학군보다 더욱 심ᄒᆞ야 민심이 소동ᄒᆞᆫ다고들 ᄒᆞ니...[65]

동학의 전화가 지나가고 난 다음에도 이처럼 천주교인들은 "성교에 탁명ᄒᆞ고 외국사ᄅᆞᆷ의 세력만 빙자"하여 협잡과 범법이 있어도, "디방관이 감히, 엇지 못ᄒᆞ야 ... 졈졈 기강을 문란"[66]케 하고 있었던 것이다.

1) 동학의 기독교 접근

동학농민전쟁의 와중에서 "대개 그 기간 전부"를 황해도의 동학군들과 장연(長淵) 해주(海州) 등지에서 직접 접촉하여 지내다가, 그 체재와 접촉의 문제 및 동학과 기독교(개신교)와의 접근을 기록한 한 선교사가 있었다. 현재로서는 이러한 유형의 문서는[67] 이것이 유일한 것이 아닌가 하는 생각이다. 이 익명의

---

63) *Ibid.*. p. 79 참조. Cf. 유홍렬, 『한국천주교회사』, 서울, 가톨릭출판사, 1962, pp. 912, 913.

64) 유길준(兪吉濬), 『西遊見聞』, 東京, 交詢社, 1895, p. 346f.
L. H. Underwood, *Fifteen Years Among the Top·Knots,* American Tract Society, 1904, p. 131f. 등 참조.

65) 『독립신문』, Ⅱ, 32號 (1897. 3. 18일자).

66) *Ibid.*, Ⅱ, 26호 (1867. 3. 4 일자).

선교사[68]의 글에서 우리는 대개 다음과 같은 사실들을 밝혀 낼 수 있다. 우선 황해도 서북지역 곧 장연(長淵) 지방민들은 동학도들에 대해서보다는 일본군의 공략에 대해서 더 전율(戰慄)하고 있었다는 사실이다. 동학군과 지방관민의 관계는 비교적 평온하였다.

이 익명의 선교사는 윌리암 맥켄지(1861-1895)로 알려져 있다. 한데 그가 여기 도착했을 때, 그와 "친숙했던 사람들"[69]은 동학군들이 "서양인들과 예수교인들"을 다 살해할 것이라는 경고를 하였다.[70] 그때까지 맥켄지는 동학군을 만난 적이 없었다. 이 위협은 "척왜양창의(斥倭洋倡義)"의 구호 때문에 당연했다.

그런데 실제로 선교사와 동학군들이 마주쳤을 때의 사건이 흥미롭다. 묘하게도 선교사 맥켄지는 이 경고를 전부터 "걱정거리"로 여기고 있지도 않았다고 한다.

맥켄지가 동학군을 처음 만난 곳은 목회순방을 "늘" 하던 장연(長淵) 인근 마을이었다. 이들은 서울로 행군하고 있었다. 그런데 이들 모습은 "무명옷을 입었고", 그리고 "결코 무섭게 보이는 친구들이 아니었으며, 그들의 무장이란 없고, 다만 10일분의 쌀과 놋숟가락을 집어넣은 보따리" 뿐이었다.[71] 그런데 딴 곳에서 일단이 합류했을 때는 서양인을 육살(戮殺) 한다는 소문이 퍼졌다. 선교사는 죽음을 각오하고 집에서 두문불출하고 있었다.

그런데 조선인 신자 두 사람이 동학군 막사를 찾아가서 그 지휘관을 만나 "하나님의 말씀과 그 의미에 대해서 오래 담론"하였던 바, 그 지휘관은 그 가르침에 "감사"하고, "서양인과 기독교인들을 보호하는 데 그의 영향력을 다 행사하겠노라"는 약속을 하였다는 것이다.[72] 그는 딴 지휘관들에게도 그런

---

67) Seven Months Among the Tong Haks, *The Korean Repository*, 1895, June, pp. 201-208.

68) 그는 1894년 10일에서 1895연 5월 1일까지 체재했다. pp. 201, 207.

69) 이 "친숙했던 사람들"이란 말은 그 사건에도 이곳에 왕래가 있었다는 증좌. 목회순방을 하였던 모양이다. (Custom Visit) p. 202.

70) *Seven Months Among the Tong Hanks*, p. 201.

71) *Ibid*,, pp. 202, 203. 물론 후에 만난 지휘관 및 동학군은 창 칼 총으로 무장하고 있었다..

72) *Ibid.*, p. 203.

뜻의 전서(傳書)를 보내고 있었다. 십자군전쟁 당시 성 프랜시스가 회회교군 막사에 찾아가 술탄(Sultan)과 직접 만나 복음을 전한 세기의 선교와 다를 바 없었다. 다음 날 이들은 행군하면서 약탈과 살상을 했을 뿐만 아니라, 일본인들을 만나는 대로 죽이고, 좌초한 일본선 7척의 선원들도 다 몰살시켰다. 그러나 기독교인들은 무사하였다.[73)]

이러고 나서 교회와 동학군 지휘관들 거의 전부와의 관계는 "친밀"해지고, 지휘관들은 서양 선교사들이 혹시 동학군졸에 의해서 해를 받지나 않을까 해서, 군졸이 여럿 지나갈 때는 "존경"의 뜻을 표하기 위해서 선교사를 불러서 말을 오래 계속했다는 것이다.[74)]

1895년 1월에 이들 동학군은 처음으로 일본군과 접전하였다. 그러나 동학군은 마술적 승리를 기대했지만 다 수포로 돌아가고, 패퇴할 수밖에 없었다. 한데 이때 커다란 변화가 찾아 왔다. 이 내용을 자세하게 옮긴다. 그 맥켄지의 말이다.

> 나는 갑자기 인기가 높아졌습니다. 일본군이 이 마을에 들어오지 못하게 하는 데 내가 무슨 힘이 되리라 믿었기 때문입니다. 이런 일이 있기 얼마 전에 사실 이 동네 사람들은 내 집 문 앞에 기독교의 깃발을 세울 터이니 허락해 달라는 부탁을 하고 있었습니다. 종교의 차이가 그때는 없었습니다. 동학도들이든 기독교인이든, 악마를 믿든, 다 한 마음을 가지고, 정성 들여 이 그리스도 십자가의 깃발을 높이 세웠습니다. 이 깃발은 흰 바탕에 성 죠지의 십자가가 붉게 그려져 있었습니다. 이들은 다 함께 모여서 조선말로, 찬송가 **"주 예수 이름 높이어 다 찬양하여라, 금 면류관 드려서 만유의 주 찬양, 금 면류관 드려서 만유의 주 찬양"**[75)]을 소리 높이 불렀습니다. 그날이 있고 나서 순결과 또 남 위한 고난의 상징인, 이 십자가의 깃발은 찬란하게 나부끼고 동네 밖 몇 마일에서도 환히 보였습니다.[76)]

이런 일이 있고 나서 맥켄지는 두 가지 커다란 공헌을 동학군들에게 남길 수 있었다. 곧 그 하나는 관군과 동학군의 중재 조정에 나선 일이다. 일본군이

---

73) *Loc.cit.*

74) *Ibid.*, p. 204.

75) 『찬송가』, 1967판에는 제 31장.

76) Seven Months, *ibid.*. p. 205.

실제로 쳐들어오자, 다들 숨었던 동학도들이 밤중에 맥켄지를 찾아와서 "조언"을 해주기를 간청했다. 선교사는 칼을 버리고 질서에 따르라고 일러주었다. 그들 대부분은 성실로 이 충고에 따라 무기를 다 관가에 들여놓겠다고 하였다. 그러나 관가를 믿을 수 없으니 중간에 나서서 교섭하여 투항 이후의 안전을 확보해달라고 호소하였다. 이 일을 선교사는 해냈고, 그래서 여러 사람들의 생명이 지켜졌을 뿐만 아니라, 그렇지 않으면 일어났을, 다른 반란과 거기 따른 참화를 모면할 수 있었다.77)

그러나 관인들은 신실하지 않았다. 속았다고 생각한 동학군들이 장연(長淵)에 쳐들어가 400가호를 불태운 것은 얼마 후의 일이었다. 일찍이 관가에 투항했던 동학도들이 몇몇 희생당하였기 때문이었다.

맥켄지가 이룬 두 번째 일은 패퇴하는 동학군들의 입신(入信)을 받아들인 일이었다. 수색작전을 벌여 잔당 소탕을 하고 있던 일본군과 관군 때문에 쫓기던 이들이 그에게 기독교인이 되고 싶다고 말했던 것이다. "그러나 그들의 참 목적은 신앙보다는 외국인의 가능한 보호를 받는 데 있었다"78) 고 맥켄지 선교사는 보았다. 그럼에도 불구하고 관가에서 맥켄지가 그런 류(類)의 사람들을 교회에 받아들인다고 힐책하였을 때에는, 여기 크게 반발하고 "그 잘못된 생각을 고쳐주었다"고 술회하였다.

이 글을 맺으면서 맥켄지는 두 마디 결론을 내리고 있었다. 곧 기독교에 의해서 조선인들이 "자유의 관념"을 터득하게 되고, 따라서 관리의 착취와 그 오류에 쉽게 굴종할 수 없게 하였다는 것이다. 그리고 다른 하나는 동학과 천주교는 다 참 하나님과 참 예배의 교훈을 가르칠 수가 없었고, 따라서 민중들은 참으로 하나님을 예배할 수 있는 길이 무엇인가를 묻고 있었다는 것이다. 동학도들은 이러한 지식을 얻지 못해 실패하였음을 시인하고, 참된 길을 알고 있는 기독교에 돌아오고 싶어했다는 것이다. 그는 자기의 추론(推論)이 "추측 이상은 못 된다"고 하면서도 이런 말을 남기고 있었다. 곧

77) *Ibid.*, p. 206.

78) *Ibid.*, p. 207.

무엇보다도 고난과 불안에서 이 가련한 조선인들은 두 손 뻗어 하나님을 찾고 있었습니다.[79]

그의 추론은 선교사로서의 정신을 반영하고 있었다. 그러나 설사 그렇다고 할지라도 이 직접적인 목격의 서술은 진실하고, 따라서 기독교가 이 거대한 근대 조선의 전통 속에서 평화의 복음을 주고, 피난처로 따뜻하게 갈 곳 없는 이들을 맞으며, 필경 사람이 돌아와야 할 마지막 진리의 예치소(預置所)로 알려지게 되었다는 사실은 부인할 수 없을 것이다. 그리고 보국안민(保國安民), 곧 민족 생존의 강력한 지탱자로 알려져 호소해온 사실을 간과하기도 어려울 것이다.

그는 1895년 여름 열병을 앓다가 세상을 떠난 캐나다 출신의 선교사였다. 그는 한국교회의 요람지라고 불리어지던 장연(長淵)의 남해안 연촌(沿村) 솔내(松川)에서 선교하고 있었다. 그에 대해서, 후에 언더우드의 부인이 된 릴리아스 홀튼(L. Horton)이 인상적인 글을 남기고 있다.

홀튼에 의하면, 동학군은 황해도에서 "동방은 동방인이", 혹은 "조선은 조선인이" 하는 구호를 외치면서 출발하였고, 서양인과 그들의 이념, 그들이 가져온 개혁이나 개선은 다 꺾어버리고 옛 전통을 회복하겠노라는 열정에 차 있었다고 본 것은 정곡을 찌른 분석이었다.[80] 다만 이들의 봉기가 관리들의 주렴(誅斂)과 부패 때문에 만연된 불안과 격렬한 반발 때문에 촉진된 사실은 시인하였다. 하지만 그는 이 동학군들이 때 따라 민폐를 크게 끼치고 있음을 주목하고, 이들은 "강도떼나 다름이 없다"고까지 비판한 일이 있었다. 이러한 동학군들이 어떤 때는 만 여 병력으로 솔내 마을을 휩쓸 계획을 하고 있었다는 것이다.

한데 동학군이 세 번이나 침공한다는 소문이 자자했는데도 불구하고, 끝내 이곳을 침공하지 않았고, 따라서 "솔내는 이 지역에서 유일하게 동학군의 침략을 받지 아니한 곳"이 되었던 것이다.[81] 홀튼은 그 까닭이 맥켄지가 거기 "있있

79) *Ibid.*, p. 208.

80) L. H. Underwood, *Fifteen Years Among the Top-Knots*, p. 127.

81) *Ibid.*, p. 128.

기 때문"이었다고 단언한 것이다.

맥켄지의 헌신적인 삶을 아는 이들은 눈물을 흘리지 아니하는 이들이 없었다고 한다. 그는 1894년 가을부터 외따로 떨어진 솔내 벽지에서 오막살이 집에 살며, 조선 음식을 먹으면서 어렵게 살아갔다는 것이다. 그는 그리스도를 모방한 삶을 살아가고 있었고 한다. 그러나 언어는 쉽게 통하지 않았고, 따라서 고독과 영양 부족에 시달리며 몸은 허약해 갔다. 서울에 있던 홀튼이 그 해 크리스마스에 빵, 케이크, 깡통에 담은 과실, 차, 우유, 그리고 설탕을 한 상자 싸서 보냈지만, 이런 것을 입에 댔다가는 다시 조선 밥을 먹을 수 없으리라 여겨, 동네 사람들에게 다 나누어주고 말았던 것이다. 이런 일을 편지로 써서 홀튼에게 알리자, 그것을 받은 홀튼은 격해서 울지 않을 수가 없었다고 한다. 외롭고 가여운 서양 선교사들이 근대 조선에서 살아가던 모습이 하나 여기 그대로 보여지고 있다. 동네 사람들은 더 이상의 설교가 필요없었다. 사랑과 인정, 겨레와 함께 가난에 시달리는 서양인, 그 까닭이 무엇일까 묻지 아니한 사람이 없었을 것이다. 그의 소문은 이렇듯 감동과 기쁨으로, 이웃에서 이웃 마을로 퍼져갔다.

이런 맥켄지에게 동학군이 마을을 침략할 것이라는 말이 들려왔다. 그는 가지고 있던 총을 꺼내 부셔버렸고, 그리고 그 소식이 동학군에게 들어갔다. 하나님께 밖에는 기댈 곳이 없음을 알고 그렇게 하였던 것이다. 이 신앙이 동학군에게 전달된 것이다. "만일 그(맥켄지)가 그럴듯한 확신을 가지고 하나님을 믿고 있다면, 그를 공격하는 것은 무용하고 더구나 나쁘다"고 판단한 동학군이 만여 명 강세로되, 솔내 변방에서 퇴각하고 말았던 것이다.[82] 반달의 장군 아틸라(Atilla)가 로마의 주교 레오의 한 마디를 듣고 수만의 군사들을 이끌고 로마성 변두리에서 회군(回軍) 퇴각한, 세기의 낭만과 감격에서 다를 바 없었다.

한데 1896년 봄, 맥켄지가 세상을 떠나고 나서 언더우드 부부가 솔내에 찾아갔을 때, 여러 사람을 엄격하게 문답하고 세례를 주게 되었었는데, 그때 한 사람이 동학군 출신이었다. 본래 두 사람의 동학군이 그들 상관을 찾아가서

---

82) *Loc.cit.*

"그리스도를 따르는 사람이 되겠노라"했더니, 그는 관가에 자수해서 우선 법의 처벌을 받아야 할 것이라는 경고를 했던 것이다. 그런대 그때 그 경고를 들은 한 사람은 천주교에 가서 빌헤름 신부(Father Wilhelm) 밑에서 악명의 무법자가 되었고, 다른 한 사람은 개신교에 입신(入信)하여 참 신앙에 인도되었던 것이다. 개신교에 입신한 동학군은 그 때 이미 2년 여의 신앙으로, 벽촌에서 20리를 여름이나 겨울이나 걸어서, 밤도 지새고 다니던 그로서는 법의 준수를 피할 리 없었다. 결국 투옥되어 사형 언도를 받았으나 아관파천(俄館播遷) 때에 대사(大赦)로 비로소 석방되었던 것이다.[83] 그는 감옥 안에서 계속 감사와 찬송으로 빛을 드러냈고, 따라서 동학군의 기독교 전향 입신(入信)의 순수한 동기를 간증하고 있었던 것이다.

우리는 이러한 글들이 여인의 글이고, 따라서 미담적 과장이 전무하다고 보지는 않는다. 그렇지만 솔내가 동학의 침공에서 세 번씩이나 면했다는 사실은 부인하기 어려울 것이다. 또 그의 일기 속에 기록했던 수세 지원자명부에서 37번으로 이 전 동학군 회심이 상술된 점으로 보아 이 전향의 사실 역시 숨기기 어려울 것이다.

황해도 서남부에서의 기독교와 동학과의 많은 것을 시사해주고 있다. 인정으로 돌아설 곳 없는 이들에게 머물러 보명(保命)할 처소를 마련해준 기독교, 헌신과 사랑으로 겨레와 함께 동행하는 혈맥의 다짐, 그러나 종교적 회심과 척왜(斥倭)에의 제협의식, 그런 것도 없지 않았다는 점이 중요하다. 두 종교는 이처럼 이해와 공감의 틈 속에서 더러는 스쳐가고, 더러는 깊이 융화할 수도 있었던 것이다.

전봉준이 심문받을 때 심문관이 동학이 전국 팔도에 다 전교되었는가 물은 적이 있었다. 그 때 전봉준은 "5도는 전교하였으나 서북 3도는 알 수 없다"고 공술한 바 있다.[84] 체계적 전교가 없었다는 말이었다. 그래 기독교와의 접촉이 비파괴적이었던가, 이런 질문은 계속 남아 있을 것이다.

그 당시 미국장로교회 해외선교부 총무이던 스피어(R. E. SPeer)는 이런 말을

83) L. H. Underwood, *op.cit.*, pp. 195-196.

84) 을미 2월 11일 전봉준(全琫準) 재초문목(再招問目).

남기고 있었다. 곧

> 동학도들은 기독교를 박멸하거나 서양선교사들을 추방하지 않고, 오히려 기독교에 강력한 자극을 주고, 복음전파의 새 길을 열어 주었습니다. 우선, 동학이 봉기하였던 바로 그 불만과 불안의 상황이 기독교의 메시지 전파에는 비옥한 토양이 되었던 것이요, 동학 봉기가 실패했을 때, 그것은 수많은 군중들로 하여금 더 절실하게 기독교에 귀를 기울이도록 만들었던 것입니다.[85)]

스피어가 1894년(甲午) 동학봉기 이전에도 기독교가 굳건한 기초를 조선에 마련하고 있었다는 말은 동학과의 관계에서 본다면 과장처럼 보인다. 왜냐하면 동학은 처음 기독교에 반발한 일이 전혀 없었던 것이 아니었기 때문이다.

2) 동학의 기독교 반발의 내력

기독교(개신교)에 대한 동학의 반발은 실상 1893년 3월 16일에 시작한 저 복합상소(伏閤上疏) 때의 일이다. 그때 동학도들은 교조신원(敎祖伸寃)의 상소를 위해 광화문 앞에 봉소(奉疏)하고 삼 일 동안 주야에 호곡(呼哭)하였다. 그런데 이때 그 상소(上疏)가 얼마나 내외 민심에 자극을 주었던가 하는 것은 거기 참여했던 인원의 과장에서 나타난 것을 보아서도 짐작할 수 있다. 현재로서는 그 정확한 수를 결정하기 어렵지만, 어쨌든 일본 공사관에서는 그 인원을 80명으로 본 데 반해서[86)] 황현(黃玹)은 "수천 인이 대궐 앞에서 무릎을 꿇었다고 했으며,[87)] 한 걸음 더 나아가 동학측에서는 "수만의 도중(道衆)"이라 하였는데, 그 통곡이 "장안 천지를 진동하고 백악인왕(白岳 仁旺)이 명동(鳴動)"[88)]했다고 하였다. 이러한 숫자에 대한 산출은 그 입장에 따라 달랐던 것을 쉽게 알 수 있다. 그것은 동시에 이들이 남긴 사회적 영향력이 얼마나 컸던가 하는 사실을

---

85) R. E. Speer, *Missions and Modern History,* Vol. Ⅱ, p. 387. L. G. Paik, *The History of Protestant Missions in Korea,* Yonsei University Press, 1970, p. 260에서 인용.

86) 『日本外交文書』 第 26卷, 日本外務省, 1906, p. 413.

87) 황현(黃玹), 『매천야록』, 하, p. 123.

88) 이돈화, *op.cit.,*, 제 2편, p. 53

반증한다. 이 사회적 물의를 일으킨 것이 바로 이때 등장한 괘서(掛書)들인데, 그것들은 미국 공사관이나 기독교 예배당 및 서양인 특히 미국 선교사 주택 등에 나붙었던 것이다. 기포드(D. L. Gifford: 奇包, ?-1904)학당 문전에 나붙었던 "야소교배척방문(耶蘇敎排斥榜文)"에는 다음과 같은 글귀가 들어 있었다.

... 타교(他敎) 견기서(見其書) 심기학(審其學) 즉피소위자(則彼所謂者) 수왈경천(雖曰敬天) 기실패천(其實悖天) 수왈애인(雖曰愛人) 기혹즉적인야(其惑則賊人也) 천당지옥시하설호(天堂地獄是何說乎) 세인수유신선운(世人雖有神仙云) 연견자수야(然見者誰也) ... 금즉이단종횡(今則異端從橫) 혹무창생(惑誣蒼生) 차즉일란호(此則一亂乎) 이시충량보필지예(爾是忠良補弼之裔) 공궐현조(恭厥賢祖) 개불석재(豈不惜哉) 개불석재(豈不惜哉) 오도지대원출우천(吾道之大源出于天) 명천소소(明天昭昭) 감자도낭릉멸사도호(敢自跳浪凌蔑斯道乎) 일치지도(一治之道) 재어왕리지문지중(在於王里至文之中) 가불구재(可不懼哉) 가불계재(可不戒哉) 차차소자(嗟嗟小子) 해지대도(偕之大道) 인기인(人其人) 화기서(火其書) 서가소유만일지생 운운(庶可少有萬一之生 云云)

계사이년(癸巳二年) 일야반백운산인(日夜半白雲山人)
궁을생생불명서(弓乙生生不名書).[89]

기독교의 책을 보고 깊이 공부해보니 (기독교는) 오직 하늘을 섬긴다 하나 실제로는 하늘의 도리에 어긋나고 사람을 사랑한다고 하나 도적이 아닌지 의심스럽다고 기독교를 비난하는 백운산인이라 칭한 사람의 글이었다.

그런데 그 다음 동학인이 한 일이 분명한 "목사퇴거방문(榜文)"이 또 하나 미국인 감리교 선교사 존스(G. H. Jones: 趙元時, 1867-1919)의 집에 첨부되었다.[90] 거기 이런 말이 들어 있었다.

연이설관전교(然而設館傳敎) 화약중재소불허(和約中在所不許) 이배사연접종이내(爾輩肆然接種而來) 명목경상제(名目敬上帝) 지이기도위문(只以祈禱爲

---

89) 『구한국외교문서』, 제10권 (미안(美案) I), pp. 718-719. 미국공사 A. Heard에 의하면 이 방(榜)은 3월 31일자에 첨부(貼付)되었다. 『日本外交文書』, 第26卷, p. 417 소재(所載).

90) 『日本外交文書』, 第 26卷, pp. 416-417에는 그 문서번호가 이 존스 목사 집 첨부방문(貼付榜文)이 처음이고 기포학당 것이 나중된 것으로 돼 있다.

文) 칭이신야소(稱以信耶蘇) 저이찬미위법(但以讚美爲法) 절무정심성의지학(絶無正心誠意之學) 소무천언독행지실(少無踐言篤行之實) … 이배본개지유(爾輩本丐之類) 탐매어이회중(貪賣於爾會中) 례급지은(例給之銀) 치심어거처음식지화미(馳心於居處飮食之華美), 초이습영어교한문(初而習英語敎漢文) 초양가지자제(招良家之子弟) 구의입어이배교중(究意入於爾輩敎中) 차제반척의어학도지공급자변지군회(且除飯剔衣於學徒之供給刺辦之羣會) 하비루지약시호(何鄙陋之若是乎) … 이배사(爾輩斯) 속치장(速治裝) 귀거본국(歸去本國) 부칙당이아충신지갑주(否則當以我忠臣之甲冑) 인의지간노(仁義之干櫓) 성죄치토간래삼월초칠일(聲罪致討于來三月初七日) 이차지실(以此知悉).[91]

조약 중에도 없는 전교를 함부로 하고 있는 전교사들은 정심(正心) 성실이 없다고 하면서, 헌금 같은 것을 걷는 등 주식(住食)이 화미(華美)하고, 양가자제(良家子弟)들을 교육합네 하고 필경 개종시키고 있으니, 비루하기 짝이 없다고 하면서, 빨리 퇴거할 것을 기한부로 협박하는 글이었다. 미국공사 허드(Augustine Heard: 何德)는 그해(1893) 4월 5일에 글을 독판교섭통상사무(督辦交涉通商事務) 조병직(趙秉稷)에게 보내어 조속히 법을 만들어 범인들을 붙잡아 징치하라고 다그쳤던 것이다.[92] 조독변(趙督辨)은 외국인 보호에 만전을 기한다는 다짐을 하고 난 찰나, 동학의 봉기가 다음 해(1894) 2월 15일에 고부(古阜)에서 터졌던 것이다. 한 1년 반 만에 "척양(斥洋)"의 그 치닫던 치토(致討)가 없어지고 "척왜(斥倭)"에게만 보국(保國) 동기에서 동력 집중하게 된 데, 우여곡절이 없지 아니하였을 것이다.

3) 그 이후의 접촉 (1897년 이후)

1905년 을사늑약이 체결되기 전 일제는 친일적인 일진회(一進會)를 조직하게 하였다. 이것은 동학의 송병준(宋秉畯)과 이용구(李容九)가 중심으로 된 단체였다. 처음 이 회가 설립될 때에는 명분이 애국이요 부패 제거라는 것이었기

91) 『日本外交文書』, 第 26卷, pp. 416-417.

92) 『구한국외교문서』, 제10권 (미안(美案) Ⅰ), p. 719.

때문에 초창기에는 기독자들도 여럿 참여하였었고, 그 제 1차 공공집회 때에는 저 서상륜(徐相崙, 1848-1926)이 의장 일을 보았다는 말도 있다.[93] 하지만 이용구의 정치적 음모가 밝혀지면서부터는 기독자가 다 혐오를 느끼고 탈회(脫會)하였던 것이다.

합병이 있고 나서 1912년부터는 천도교가 일진회(一進會)의 정치적 색채를 단죄하면서 손병희(孫秉熙)가 주도한 동학 정통의 천도교는 기독교에서 종교 의식상의 여러 영향을 결정적으로 받는 듯하였다. 가령, 교회당이란 이름을 저들도 사용하며, 건축 양식도 대개 기독교회의 원형에 따라 지방에 세워나갔고, 일요일 역시 휴일과 성일(聖日)로 지켜졌으며, 『팔편사』라는 찬송가가 편집되어, 기독교의 가락과 같은 조(調)로 회중제창(會衆濟唱)되기도 하였다. 부녀자의 예배 참여는 말할 것도 없지만, 그들의 활동 역시 기독교의 실천에 따라 많이 강조되었다. 순회전도 양식도 그대로 모방되었고, 주일의 십자가 기(旗)의 게양도 답습되어서 그들 나름의 깃발이 성일이면 교회 게양대에 나부끼게 되었던 것이다.

그런데 3·1운동이 있고 나서 천도교 간부들이 대개 다 감옥에 갇히고, 일경(日警)들도 천도교의 근절을 계획한다는 소문이 퍼질 때, 한 천도교의 지도층이 미국 유학을 한 한 한국인 기독자를 중재(仲裁)로 해서 천도교와 기독교와의 병합을 제의해 온, 충격적인 사건이 있었다.[94] 이 제안은 선교사 클라크(C. A. Clark: 郭安連, 18780-1961)와 예수교장로회의 총회 임원들에게 꼭 같이 제기되었다. 그 때가 총회 기간이었기 때문이다.

그런데 클라크의 글을 보면 이 제의가 거절된, 네 가지 원인이 추출된다. 하나는 천도교인들의 도덕적 심각성의 결여였다. 축첩, 음주, 흡연이 그들 교회 안에서 용인되고 있는 실정이었다. 둘째는 그들이 기독교회의 교리에 무지하였다는 사실이요, 셋째는 천도교가 소위 자연종교적인 교리로서, 인간이 통절히 하나님의 세계를 찾는 한 정신의 표현으로, 계시종교인 기독교와 상반된다는 것이었다. 마지막으로는 천도교가 거(擧)교회적으로 정치 활동에 나서고

93) C. A. Clark, *Religions of Old Korea* (1921년 강연원고)., 서울, C.L.S., 1921, pp. 151-152.

94) *Ibid.*, p. 170.

있었기 때문에 겨레의 호응을 받고는 있었지만, 그것이 기독교와는 융합할 수 없다고 판단하였기 때문이다. 기독교가 "애국적"인 것은 확실하였다. 그러나 클라크는 "애국"과 "정치"는 같은 것이 아니라고 단정했던 것이다.[95] 이렇게 해서 이런 제의가 비록 공식적인 것은 아니었다손 치더라도, 그 정황을 설명했던 병합 의사는 거절되고 말았던 것이다.

천도교에서 기독교로 개인적 단위로 전향해 오는 사람들은 많았다. 그들이 쓰는 "하나님"이란 말이 기독교에서 쓰는 말과 꼭 같은 이유 말고도, 기독교는 이 말에 "다사함, 풍부함, 위로, 아버지 하나님의 인격성"을 더했기 때문에 회심의 채널이 더 넓게 호소될 수 있었기 때문이다. 하지만 천도교는 향후 계속해서 동학 본래의 역사적 의의, 다시 말하면 불유기(佛儒基)가 다 외국의 수입 종교인데 반해서, 유일하게 민족종교라는 긍지와 사명을 확인하면서 기독교와의 대응관계를 지켜왔던 것이다.

4-4. 결언

동학 농민혁명 혹은 봉기는 반드시 동학도 신자들의 종교적 운동만이 아니라, 민중도 함께 참여한, 대규모의 민족적 민중운동이었다.

그런데 여러 차례의 운동이 각각 기치와 투쟁 목표가 달랐다. 1860년의 봉기는 반(反)봉건적인 농민의 폐정(弊政)개혁 투쟁이었고, 1894년 고부(古阜)에서의 제 1차 봉기 역시 반(反)봉건적 민중운동이었다. 그런데 제 2차 남북접(接) 연합전선은 척왜(斥倭)의 의지가 주도한 민족적 투쟁이었다.

척왜양창의(斥倭洋倡義)는 동학운동 처음부터의 한국적 지성(至誠)의 한 표현이었고, 대외적인 투쟁의 목표는 이로써 명백히 천명된 셈이었다. 그런데 우리가 살펴온 바에 의하면 제 1차 봉기는 그 강조점이 척양에 더 놓여 있었고, 그것도 주로 천주교인과 불란서 신부들을 겨냥한 느낌이었다. 기포드나 존스의 집 대문 앞에 1894년 3월 말에 예수교인, 특히 선교사들은 곧 퇴각하라는 강력한 방(榜)이 붙기는 하였었다. 그러나 전라도 및 충청도에서 천주교회가

95) *Ibid.*, pp. 170-172. 클라크는 3.1 운동(運動)에의 기독교 참여를 공격하던 전형적인 선교사.

받은 실질적 피해에 견주면, 그것은 한낱 시위로 끝났다는 인상이다.

한데 제 2차 봉기는 전봉준(全琫準)이 공초(供草)에서 재삼 천명한 바와 마찬가지로 순전히 항일구국적(抗日救國的) "왜이축멸(倭夷逐滅)"이 그 목적이었고, 따라서 이견이 컸던 북접(北接)과도 연합할 수 있었을 뿐만 아니라, 동학 신도가 아닌 민중까지도 대거 참여하는 일대 민족투쟁으로 굳혀질 수 있었다. 그리고 필경에는 1894년 말에 관군에게도 동족으로 "척왜구국(斥倭救國)"을 호소하는 글을 보내는, 강력한 전국적 민족운동이었다. 민중에 의한 근대적 민족의식의 태동과 그 구형(構形)은 바로 이 제 2 동학운동에서 성취될 수 있었다.

한데 바로 이때에 "척양(斥洋)", 곧 서양인과 서양 기독교 및 기독교인들에 대한 배척의 구호가 빠지게 되었다는 사실이 결정적으로 중요하다. 민족의식이 형성되되 목전의 일제 침투를 겨냥한 보국구민(補國救民) 의지로 거보를 내딛던 바로 그 찰나에 동학 본래의 대외적 기치에서 이 "양(洋)"이 빠지게 된 데에는, 기독교의 현존에서 뭔가 동맹하고 지탱하는 동력과 그 의지를 판독하였기 때문이었다는 판단이 유보될 리가 없다. 황해도는 늦게까지 동학의 여력이 보존되던 곳이다. 그 상황에서 기독교와의 접근 두 경우를 우리는 살펴보았다. 기독교인이 있었기 때문에 동학군의 부정적인 면, 곧 민폐의 가능한 위협에서 구제됐다든가, 선교사에게 패퇴하던 동학군이 장차의 선후책을 의논하고 필경 입신하게 되었다든가 하는 사실들은, 동기의 순수성 검토라는 문제가 남겨지기는 하지만, 동학과 기독교와의 공통 치수(値數)에서의 친근, 결속, 동맹을 설명할 수 있는 명백한 경우였다고 본다. 그 공통 치수가 민족사였다. 여기 기독교회까지도 결국은 민족교회사로 굳혀져 간 경로의 방증이 하나 확실하게 주어졌다고 믿는다. 1907년의 대부흥은 이러한 구형력(構形力) 확대에 대한 교파 지향적 기독교 선교사군(群)의 강력한 제동이었다.

천주교의 경우는 특이하였다. 이 교회는 동학군과 계속 긴장 상태를 유지하게 돼 있었고, 심지어 기독교(개신교)와도 지극히 불화한 상태에 있었다. 저 불행한 재령(載寧)에서의 천주교의 신교(新敎) 핍박은 1890년에서 1903년까지 계속되고 있었다. 동학군 활동이 봉산군(鳳山郡)의 은파(銀波)를 중심으로해서 장연(長淵)까지 펴져있었다면, 재령(載寧) 역시 그 중심권 안에 있었다. 그 와중

(渦中)에 이런 포악과 시련이 진행되고 있었다는 것은 천주교가 역사의 수평에서 매몰되었다는 평으로밖에는 달리 대할 길이 없다. 윤치호(尹致昊)는 동학군이 천주교인들을 괴롭힌 까닭을 천주교인들 자신의 민폐에서 찾고 있었다. 윤치호가 이런 분석을 한 데 순수성이 있었다는 것은, 그가 동학혁명 초기의 소식을 듣고 희망을 걸었다가 후에 이들을 낭도군(浪盜群)으로 단정한 사실에서 쉽게 찾아 낼 수 있다. 그때 그는 천주교인들에 대해서 이런 분석을 하고 있었던 것이다. 그가 독립협회 운동을 할 때 천주교인들 때문에 얼마나 속을 썩였던가 하는 사실은 그의 일기속에 잘 드러나 있다.[96] 천주교인이 가졌던, 뭔지 반드시 민족적이 아닌, 그런 것이 동학과 기독교에 대해서 함께 반목불화했던 까닭이 아니었던가 본다.

여기서 한 가지 언급할 것이 있다. 당시 일본 내각총리대신 이토히로부미는 엄격하게 말해서 동학란에 일본군의 한국 파견을 "그렇게 부당할 정도로 조심스러워"[97]했다는 것이다. 사실 그는 문치파(文治派)로서 기껏해야 2천 미만의 병력을 파견하는 것을 재가(裁可)하였을 뿐이었다. 하지만 군벌의 수장(首長) 야마가다 아리토모(山縣有朋, 1838-1922) 원수(元帥)나 가와카미 소오로꾸(川上操六) 대본영 참모차장은 간교로 한국에 8천여 병력을 파견하였던 것이다. 이토오는 이 사실을 까맣게 모르고 있었다. 속고 있었다. 천황까지도 이 사실을 모르고 있었다고 한다. 일본 군벌은 천황의 눈까지도 가리고 있었다. 어쩌면 안중군의 이토오 사살을 일본 군부는 무대 뒤에서 소리 내 웃고 있었을 것으로 보인다.

이처럼 동학란은 아주 묘한 여운을 남긴다. 동학운동은 일제에 의해 일부 유도되기도 하였지만, 결국 일본의 강력한 간섭과 진압 때문에 실패로 돌아가고 말았다. 그러나 동학과 기독교는 민족보존이란 의지에서 연결되는 통로가 있었던 것이고, 필경 기독교에서 1945년까지 이르는 항일적 민족운동의 매체 소임을 다해 천도교를 아우르는 역사로 이어졌다. 그것은 처음 서북계의 강력한 기독교 시민층에 의해서 담당되고 있었다. 이토오 히로부미(伊藤博文,

---

96) 『윤치호 일기』, V, p. 183f. Cf. 정교(鄭喬), 『대한계년사』, 상, I, p. 289.

97) R. Storry, *Japan and the Decline of the West in Asia 1894-1943,* p. 25.

1841-1909)가 흑룡회(黑龍會)[98]의 주동자 우치다 료헤이(內田良平)를 서북에 밀파해서 정탐케 한 이유가 다 여기 있었다. 동학이 마지막에 기독교와 함께 척왜(斥倭)로 결말을 낸 것은 실로 민족사의 쾌거요 그 명쾌한 귀결로 다들 쾌재(快哉)를 외칠 사건이다.

패잔 동학군의 기독교 입교동기의 문제는 산사(山寺)로 피난한 경우까지 통합해 본다면 반드시 종교적으로만 동기 규정을 할 수 없을런지 모른다.[99] 그러나 그만한 신뢰를 할 수 있었던 마음이 없었다면, "척양"의 대상이던 선교사를 찾고 교회에 입교하지는 않았을 것이다.

동학과 기독교의 접촉, 그 문제는 민족종교로의 성장지향의 표식(標識)을 둔 곳을 시각(視角)으로 해서 살피도록 돼 있다.

98) 1901년 內田良平에 의해서 玄洋社 후속 단체로 조직한 극우(極右)민족주의 비밀단체. 흑룡강 이남으로의 러서아 진출을 막는다는 취지로 이름을 그렇게 붙였다. 정탐 사보타지 암살 등의 비밀단체로 한국에서의 을사늑약 합병 등에서 악명 높은 활동을 전개.

99) 본고 서언 참조.

5. 한국교회 찬송가의 변천 과정[1)]

- 한 역사적 고찰 -

한국교회 찬송가의 역사는 묘하게도 한국교회 안의 여러 신학적 문제들을 표면에 부각시키는 구실을 해왔다. 가령 토착화의 실현 여부나 그 깊이, 토착 신앙 표현의 언어 문제, 선교사들의 영향 범위와 그 성격, 교파 간의 협력 관계나 교파 안의 여러 상극된 문제들이 그런 것들이다. 더구나 1935년대 교회 분열의 위기 속에서 이 찬송가가 차지하였던 위치는 실로 막중하였다.

하지만, 찬송이 신앙인들의 경험과 감동의 시적 음악적 표현이란 점에서, 고백 문학과 토착 신경(信經)의 우수한 표현이나 신학의 노작과 버금가는 데도 불구하고, 한국 찬송가에서 그러한 면모를 직접 찾아볼 수 없는 것은 유감이 아닐 수 없다. 하지만 우리는 여기에서 찬송가의 음악적 분석이나 그 평가를 차치(且置)한다. 그것을 검토하는 것은 음악전문가에게 일임하고 여기서는 역사적 고찰에 무게를 두고자 한다. 이제 우리는 이러한 역사적 과정을 가능한 한 체계적으로 살피고, 문제의 성격을 노출하는 작업을 착수할 때가 왔다고 믿는다.

5-1. 초창기 한국교회 찬송가의 여러 문제

감리교의 존스(G. H. Jones: 趙元時, 1867-1919)와 로스와일러(L. C. Rothweiler, 1853-1921)가 공편(共編)한 『찬미가』가 1892년 수형본(手形本)으로 보급돼 있었다고 한다면, 그것이 한국교회 최초의 찬송가임에 틀림이 없다.[2)] 이것은 당지(唐紙) 39매, 총 30장의 감리교회 전용 찬송가였다. 또 백홍준(白鴻俊, 1848-1893)이 중국 찬송을 번역해서 불러 결국 서북지방에 유행하게 했던 몇몇 찬송들이 있기도 하였다. 그러나 역시 언더우드(H. G. Underwood, 1859-1916)가 1894년에

---

1) 한국교회 찬송가 역사에 대하여서는 졸저, 『한국교회찬송가사』, 연세대학교 출판부, 1897 참조할 것.

2) 여기에 대해서는 김양선, 한국기독교 초기 간행물에 관하여(1882-1900) 『김성식박사 화갑기염론총』, 고려대학교, 사학회, 1968, pp. 572ff. 참조.

펴 낸 『찬양가』가 한국 최초의 규모를 갖춘 찬송으로 간행되었다고 보아야 할 것이다. 거기 음곡(音曲)과 악보(樂譜)가 정식으로 함께 인쇄되어, 그것이 페이지 상반부 이상을 차지하고, 그 아래 가사가 함께 표기된 형태의 찬송가였기 때문이다. 이런 가사와 악보 공존의 노래는 이것이 우리나라 최초의 것이었고, 따라서 우리 한국 음악사에서도 결정적인 영향을 남겨 놓을 수가 있었다.

그런데 이 『찬양가』는 몇 가지 중요한 사실들을 그 배경에 가지고 있었고, 그런 의미에서 아주 묘한 역사적 흔적들을 남겼다. 그것은 초기 한국교회에서 장로교와 감리교가 합동 편찬하여 찬송가를 편정하기로 하였음에도 불구하고, 감리교의 존스가 체미 중(滯美中)이었다는 이유 때문에 언더우드가 단독으로 간행하되, 사전에 감리교와 아무 협의 없이 하였다는 사실이다. 이 불행한 장감(長監)의 불화는 장차 양 교회의 계속적인 불화의 한 단면이 찬송가였다는 구슬픈 결과를 남기고 말았다. 감리교가 이 『찬양가』의 사용을 거절하고 1895년 『찬미가』를 별도 편찬 사용한 것은 당연했다. 다른 하나는 "하나님"의 칭호 문제인데, 양 교회에서 합의를 보지 못한 채 변론 중이던 것을 언더우드가 아버지라든가 여호와로 대치해서 사용하였다는 점이다.

이런 몇 가지 난점이 있었음에도 불구하고, 이 『찬양가』가 남긴 특수한 공헌을 살피지 않을 수 없다.

첫째 그것은 죄의 심각성과 그리스도의 대속을 가능하게 하신 하나님의 사랑에 대한 감격과 기쁨으로 찬양의 핵심을 삼았다는 점이다. 이런 것은 당시의 다른 찬송가에서 찾아보기 극히 힘든 것이었다. 이런 점은 1912년에 간행된 동아 기독교, 곧 침례교 펜위크(M. C. Fenwick: 片爲益, 1863-1935) 편찬의 『복음찬미』와 견주어보면 더욱 뚜렷해진다. 펜위크는 자신을 "Pastor-General Emeritus"라고 칭하고 있었는데, 만일 찬미가 주님이나 성서 및 성신 이외의 것을 찬양하거나, 종교적 감정을 노래하거나 사람을 행여나 찬양하는 일, 곧 복음이 아닌 것의 찬양하는 일이 있으면 이를 다 빼버려야 한다고 하면서, 예수 보혈, 그것만이 찬미되어야 한다고 주장하고 있었다. 여기 기쁨보다는, 비록 감격의 비조(悲調)라 할지라도, 비통과 감사의 가락이 깊이 흐르고 있는 것은 두말할 것 없었다. 그는 한국의 다른 찬송들이 그런 의미에서 "덜 복음적"[3]이라고 단죄하고 있었다.

둘째로 『찬양가』는 언더우드의 장로교다운 교회론의 강조를 은연 중 표현하고 있었다. 그는 일찍이 세례 문제에 있어서도 건전한 신학을 나타내, 교회는 세례전(洗禮典)을 베푸는 곳, 그곳에 이미 있다고 말한 일이 있었다. 한데 그의 찬양가 101장은 "성회기지(聖會基址)"라 하여, 다음과 같은 노래로 돼 있었다.

성회긔지 하나뿐 오직 예수 그리스도,
물과 도로써 새로 조셩ᄒᆞᆫ 거실세.
성새아씨 차지랴 하놀서 ᄂᆞ렷네,
성희롤 피로 사고 명듸신 죽었네.

만국에서 쎈사롬 한 셩회된 거ᄉᆞᆫ,
오직 ᄒᆞᆫ쥬 ᄒᆞᆫ세례 ᄒᆞᆫ아버지 잇네.
ᄒᆞᆫ이름만 복 주고 ᄒᆞᆫ음식만 먹네,
다 ᄒᆞᆫ 은혜로 닙혀 ᄒᆞᆫ바롬만 잇네.

셋째로 그의 『찬양가』는 전 117장 중에서 7장의 한국인 작사 노래를 편입하고 있었다. 제 4장의 "이 세상을 내신 이ᄂᆞᆫ 여호와 ᄒᆞ나뿐일세", 제 29장의 "우리 쥬의 피를 보면 정신이 아득다", 제 38장의 "우리 예수 큰 공로가 ᄂᆡ 죄악을 모두 씻네," 제 61장의 "예수의 놉흔 일홉이 ᄂᆡ귀에 드러온 후로," 제 93장의 "어렵고 어려우나 우리 쥬가 구ᄒᆞ네," 제 113장의 "이 셰샹의 쥰ᄆᆡᆼ들은 주의 은덕 바이 몰나," 제 115장의 "나는 밋네, 나는 밋네" 등이 그것들이다. 감리교의 『찬미가』(1895) 53장에도 실렸던 『찬양가』 61장의 한국인 찬송은 다음과 같았다.[4]

예수의 놉은 일홈이
내귀에 드러온후로
젼죄악을 쇼멸ᄒᆞ니
ᄉᆞ후텬당 내거실셰

3) 『복음찬미』, 편위익 편, 1931년, 제7판 (1판은 1912년).

4) 『찬미가』, 1875, preface, "a Korean lady"로만 기록돼 있다.

사ᄅᆞᆷ육신 ᄉᆡᆼ긴 근본
ᄉᆡᆼ어토 귀어토 하네
가련ᄒᆞ다 쳔ᄒᆞᆫ 몸을
조곰도 ᄉᆡᆼ각지 말셰.

귀ᄒᆞᆫ 성령 예수 ᄯᆞ라
텬당에 곧 올나가셰
거기가 내 본향일셰
착ᄒᆞᆫ 령혼 다 모혓고나.

지성으로 밋던 덕이
됴흔줄을 ᄭᆡ닷겟네
여호와와 동락ᄒᆞ니
무궁무진 즐겁도다.[5)]

이런 한국인 작사의 찬송들이 다 익명으로 나타나 있어서 유감이지만, 단 하나 서북지방에서 쓰던 『찬셩시』(그래함 리 편(編), 1895년) 제 32장에 있는 것으로 『찬양가』 제 93장에 전재되어 있는 것이 있었다. 그것은 우리나라 최초의 신자 중의 한 사람인 백홍준(白鴻俊)의 것이었다.

어렵고 어려우니 우리 쥬가 구하네,
옷과 밥을 주시고 됴흔 것을 다 주네.
(후렴)　　어렵고 어려우나
　　　　　우리 쥬가 구하네.

우리 기도 다 듯고 항샹 갓치 잇고나,
우리가 자나 ᄭᆡ나 우리 쥬 도라 보네.
하늘에서 주직나 셰샹에서 괴로워,
욕을 보고 수심중 변기ᄒᆞᆯ 곳 업서도.[6)]

---

5) "큰 죄에 빠진 날 위해"의 곡(曲)으로.

6) "노래는 즐겁다"는 곡으로. 『찬셩시』와 1908년의 『찬송가』에는 후렴 후반 이 "젼능상뎨 구ᄒᆞ네"로 바뀌어져 있다.

다른 찬송가에 비해서 『찬양가』에는 그래도 이만한 수의 토착 신앙 고백이 들어 있었다. 『찬미가』에는 다만 하나만이 실려 있었다. 그 시적(詩的) 구성의 졸렬성이나 표현의 거친 흠은 말할 나위도 없었다. 하지만 신앙의 유형 분석에 이 이상의 재료가 따로 있을 수 없었다.

『찬양가』는 서상륜(徐相崙)이나 최명오(崔明悟)의 도움을 받아 가면서 편찬하기는 하였지만 언더우드가 지적한 비와 마찬가지로,

> 곡됴를 맛게 ᄒᆞ랴 ᄒᆞᆫ즉 글ᄌᆞ가 뎡ᄒᆞᆫ 수가 잇고, ᄌᆞ음도 고하 청탁이 잇서셔 언문자 고뎌가 법대로 틀닌 거시[7]

여럿 있었다. 찬송의 수려한 형성은 그 처음 단계에서 지극히 어려웠다. 신앙 초기의 성시(聖詩) 구성에 원숙미는 아득하였다.

감리교의 『찬미가』는 앞서 말한 바와 마찬가지로 언더우드의 단독 편찬에 동의할 수 없어서 1895년 북감리교 및 남감리교의 사용을 위해서 만들었었다. 하지만 언더우드의 『찬양가』에서 13장 (제 14, 21, 22, 23, 50, 52, 56, 58, 61, 65, 66, 67, 73), 장로교 베어드 여사의 노래가 10장(제 29, 31, 32, 33, 40, 41, 62, 63, 74, 80)이 들어 있었고, 노불 여사의 3장(제 39, 49, 77)만이 대한 감리교 선교사의 노래였다. 나머지는 직접 영어나 중국어에서 번역한 것이었다.

한데 이 『찬미가』의 목적은 복음의 주제를 망라해서 표현하고, 또 성탄과 같은 절기에 쓰일 노래를 충당해 주는데 그 목적이 있었다.[8] 한 가지 특이한 점은 찬송가의 곡조에 대한 시사를 하되, 미국의 감리교회나 기타 알려진 찬송가의 곡조 번호를 알려서 거기에 따라 신택해서 부를 수 있도록 편찬한 점이다. 『찬미가』 역시 번역과 그 한국말 표현에 고민한 흔적이 있다.

> 번역으로 적절하고도 가납될 만한 찬송가가 나타날 수 있겠습니까. 그럴 수 없습니다. 한 찬송가의 번역을 가지고 줄곧 며칠씩 골치를 앓으며 애쓰고, 겨우

---

7) 『찬양가』, 1894, 예수셩교서회, p. 2.

8) 『찬미가』, preface, p. 1.

한 줄 정도 해 놓고 불완(不完)에 끝인 경험들을 다 하고 나서 우리는 한 결론에 도달하였습니다. 곧 이 한국 백성들 틈에서 그들 마음 그대로 솟구치는 가락으로 노래할, 그들 자신의 찬송가 작곡 작사자들이 나와야 하겠다는, 그런 다짐이었습니다.[9)]

그래서 이 서양인 편찬의 찬송가는 다만 선구적 소임, 아니면 한국교회 자체의 아름다운 찬송이 나올 때까지의 중간자적 소임에 그쳐야 한다고 지적하고 있었다.

이러한 고민이 제임즈 게일(J. S. Gale: 奇一, 1863-1937)의 예민한 비판을 일으켰던 것이다. 그는 1895년 찬양가나 찬미가의 곡이나 가사들을 보고, 서양 음악조의 찬송가가 한국교회에 맞지 않는다고 비난하고, 말이나 번역에 나타난 글에 억지로 맞추어 놓은 조작된 가사의 인상이 가실 길 없고, 따라서 전인적 영혼의 감회가 결여된 공백 때문에 찬송 본래의 의미가 시든다고 탄식했던 것이다.[10)] 1897년에 가서 그는 한국교회의 토착의 고백이 기도와 찬양에 나타나야 하며, 거기에 이 겨레 본래의 소박함과 긍지가 감싸 있어야 한다고 주장하였다. 이러한 실례로 그는 경어의 개념이 약하거나, 혹은 제한된 스탄자(聯)의 수 때문에 "하옵소서" 하다가 곧 "해", "하게"가 나오는 곳이 있다고 공박하였다.[11)] 이때 지고자(至高者) 하나님을 찬양하는 교인들이 그 하나님께 대해서 가질 인상의 혼란이 얼마나 크고, 따라서 그런 미숙과 결함 때문에 끼칠 해독에 대해서 그는 심려하고 있었던 것이다. 따라서 번역 과정의 세련을 말하지 말고, 한국교회 찬송가의 자체 출현을 독촉하여야 한다고 강조하고 있었다.

그런데 초창기 교회의 찬송은 실상 영어에서보다는 중국어에서 더 많이 번역되어 있었다. 낯선 한문 투의 글이 관서지방의 평속(平俗)한 일상의 언어 속에 함께 끼워진 번역의 황잡(荒雜)은 막심하였다. 그래서 완전히 지방 사투리나 익숙한 한국말로 따로 만든 찬송가가 비록 몇 없었지만, 그래도 즐겨 익히

9) *Loc.cit*

10) R. Rutt, *James Scrath Gale and his History of the Korean People,* Royal Asiatic Society, Korea Branch, 1972, p. 24.

11) Korean Hymns-Some Observations, *The Korean Repository,* May 1897 p. 186.

불리어지는 것을 보고 토착 찬송가의 생성에 대한 요청이 깊어 갔던 것이다. 가장 난해하였고 힘들었던 것이 펜위크의 동아 기독교회 『복음성가』였는데, 가령 그 제 9장을 살펴보자.

홍암소아리와 쓴풀ᄯᅩ
귀ᄒᆞᆫ신향긔와 셕겨셔
불노온통 붓치온ᄌᆡ로
물만드옵네

(후렴) 그러신쥬일홈 그 - 놉흐신일홈
셰ᄯᅥ우세ᄯᅥᄒᆞ실동안 찬송돌니옴

평범한 상식으로는 도저히 해득이 안 되는 글귀이다. 초대교회가 이런 찬송가나 성서의 번역 난삽(難澁)으로 선교에 끼친 부정적 영향이 얼마나 될까. 확실히 따로 연구되어야 할 것이다.

5-2. 초대교회의 애국송

초창기 찬송가의 번역 졸잡(拙雜)에 대한 선교사들 자신의 비판은 결국 글자나 미터(박자)의 부조화와 같은 형식적이요 문학적인데 그치고 있었다. 내용의 선행이 있고 후에 글의 세련이 있어야 한다는 과정을 이해하고서 한 말 같지는 않았다.

한데 1905년에 와서 사태는 달라지기 시작하였다. 이 해는 을사늑약으로 한국이 일제에 강탈당하던 해요, 시일야방성대곡(是日也放聲大哭)하던 날이다. 그런데 『대한계년사(大韓季年史)』를 쓴 정교(鄭喬)의 말과 마찬가지로, 그 때 교회는 "울음바다"가 돼 있었다.[12] 교회의 애국 충성은 일제가 벌써 교회 안에 그 연수(淵藪)를 가지고 있다고 판단할 정도의 심각성을 띄우고 있었다.

이때 감리교회의 『찬미가』가 윤치호(尹致昊, 1864-1945) 역술, 김상만 발행으

12) 정교(鄭喬), 『대한계년사』, 하, 국사편찬위원회, 1957, p. 191.

로 간행되었다. 한데 거기 감리교회의 공식 간행이란 증거가 보이지 않았다. 그 제 1판은 1905년으로 돼 있고, 제2판은 1908년으로 돼 있다.

한데 여기 애국송(愛國頌)과 황제송(皇帝頌)이 여럿 들어 있다. 우리 애국가가 문서상으로는 여기 처음 실려 있다. 가령 그 귀절이 "하나님이 보호하사 우리 대한 만세"만 다른 애국가는 제 14장에 나타나 있고, 제 1장에는 황제 폐하송이 들어 있다. 곧

우리 황샹폐하 텬디 일월갓치 만수무강
산 놉고 물 고흔 우리 대한 뎨국
하나님 도우사 독닙 부강

길고 긴 왕업은 룡홍강 푸른 물 쉬지 안틋
금강 텬만봉에 날빗 찬란함은
태극긔 영광이 빗취난듯

비단갓흔 강산 봄꼿 가을 날도 곱거니와
오곡풍등하고 금옥 구비하니
아셰아 낙토가 예 아닌가

이천만 동포난 한 맘 한 뜻으로 직분하세
사욕을 바리고 충의만 압세워
님군과 나라를 보답하셰

제 10장에도 "승자 신손,[13] 천만 년은 우리 황실이오, 산고수려 동반도난 우리 본국일세" 하는 애국송이 실려 있다. 여기 독립협회, 만민공동회(萬民共同會)로 한말 풍운에 나라 건지려 애쓰던 지사(志士) 윤치호의 발행이 시사하는 바가 크다. 1907년의 대부흥이 한국교회에서 애국적 충성을 신앙의 탁염(濁染)으로 제거시켰다는 사실과 함께 이 『찬미가』의 출현이 1905년인 점으로 미루어, 여기 민족 주체의 교회와 선교 교회와의 한 대결, 그 분립의 한 면을 볼 수 있으며, 언필칭 토착 신앙의 표현이 참 찬송의 바탕이라고 하면서도, 그 당시

13) 성자신손 (聖子神孫).

이 서러운 겨레의 구원에 눈물짓던 교회의 솟는 신앙 언어를 그 겨레의 폐부에 외쳐진 그대로 그 찬양가에 싣지 않아 결국 따로 발행하게 하였던 선교사들 자세의 문제, 그것을 다시 검토하지 않을 수 없게 만든다. 찬송이 급변하는 세태의 일시적 자극의 심리 표현이어서는 물론 안 될 것이다. 하지만 그것이 승화된 애국과 겨레에 대한 사명의 선교적 확대의 의미가 노래로 불리어진다면 탓할 바가 없다고 믿는다.

5-3. 장감연합공의회의 찬송가 개편 과정

장로교공의회는 1902년에 벌써 "위원을 선정하여 타파(他派)와 교섭하여 연합해서 찬송가를 편찬하기를 경론(經論)하게" 한 일이 있었다.[14] 그리고 1905년에는 감리교와 합동해서 찬송가를 공동 편찬 발행하도록 결의하고 있었다.[15] 이해는 장로교가 1907년의 독노회(獨老會) 형성을 향해 그 신조나 정치의 결정에 바삐 서둘던 때인데도 불구하고 이러한 연합 정신을 피차 발휘하고 있었고, 따라서 찬송가의 보편성만은 확보해야 할 것으로 판단하고 있었다. 성서에 사용된 국문의 교정 문제 등으로 해서 확실히 1905년의 교회는 그 발전의 기운을 따라 그 기초를 공고히 하려던 때였다 이렇게 해서 1908년에 장감(장로교 감리교)연합으로 사용할 『찬송가』가 총 266장이 갖추어져 발행되었던 것이다. 예수교서회의 발행이었다. 장감 협력의 눈부신 한 이정표였다.

이 『찬송가』에는 대개 오늘날 우리에게 익숙한 곡조나 가사가 많이 실려 있었다. 가사의 문학적 세련도는 현저한 향상이 눈에 띄었다. 현재의 찬송가는 이 『찬송가』의 모습을 대개 그대로 받아들인 상태로 보존되면서 수정이 가해졌다는 인상이다.

그런데 이 찬송가는 우리나라 고유의 가락으로 노래 부를 수 있다고 단서를 단 찬송을 다섯 (제 10장-14장) 실었다. "높은 일홈 찬숑ᄒᆞ고," "하ᄂᆞ님이 텬디

14) 곽안연 편, 『장로교회사전휘집』, 조선야소교서회, 1918, p. 25.

15) S. F. Moore, Steps toward Missionary Unity in Korea, *The Missionary Review of the World,* Vol. 18, No. 12.

내고," "희가 가는 길과 깃치", "젼능하신 아버지의 크신 공덕 드러 보쇼," "여호와의 보좌 압헤"가 그것들이다. 이 찬송은 "인도자가 먼저 한 줄을 노래하면, 회중이 그 말과 곡을 반복하고, 그러고 나서 둘째 줄로 옮겨 가도록 노래를 불렀다"고 한다.[16]

하지만 장감의 이 드높은 연합 정신이 찬송가를 함께 부르면서 누려 왔던 기간은 14년에 끝나고 말았다.

5-4. 신정(新訂) 찬송가와 신편(新編) 찬송가

1924년에 예수교연합공의회는[17] 그 첫해의 사업으로 『신정(新訂) 찬송가』의 발간을 결의한 바 있어, 오랜 노력 끝에 1928년 그 편찬을 끝냈던 것이다. 하지만 화재로 인해서 그것이 다 소실되자 다시 편찬을 강행하여 마침내 1931년 그 출간을 보게 되었던 것이다. 역시 예수교서회의 간행이었다.

한데 여기 처음부터 심상치 아니한 불협화음이 노정되고 있었다. 연합공의회는 그해 실행위원의 보고 중, "찬송가에 대하여는 당분간은 형편대로 신구 찬송가를 사용케 하되, 할 수 있으면 속히 개정케 하야 출판하고"라는 부분에서 그 실상을 짐작할 수 있다.[18] 처음부터 사용상의 가부가 치열하게 논란된 흔적이 거기 암사되고 있다.

문제의 발단은 장로교가 총회에서 이 『신정 찬송』가의 사용을 거절한 데서 비롯되고 있었다. 장로교가 거절한 이유는 예수교서회가 장로교총회와 협의 없이 출판하였다는 점, 교열(校閱)이 없었다는 점을 들고 있었다.[19] 그리고는 총회가 구 찬송가에다가 『신정』에서 48장을 따서 그것들을 삽입하여 임시 사용케 하는 편법을 취하였던 것이다.[20] 연합사업에서 장로교가, 비록 정당한

16) 『챤숑가』, 뎨십, 각주.
권태희(權泰羲), 찬송가 재개편문제에 대하여, 『기독신보』, 1935. 2. 27일자에는 "그것이 비록 단순한 곡으로 되었을지라도, 조선심의 한 표현인 것만은 사실"이라 격찬하였다.

17) 장감연합협의회가 1924년부터 조선예수교연합공의회로 바뀌었다.

18) 조선예수교연합공의회 제 8회 『회록』, 1931, p. 23.

19) 조선예수교장로회총회, 제 21회 『회록』, 1932, p. 46.

이유에서였을런지는 모르나, 경원하기 시작한, 한 현상이 이 찬송가 문제였다.

이러한 행정적 절차의 복잡과 그 혼란 때문에 겪은 찬송가의 분열 이외에도, 음악적인 비판이 없지 아니하였다. 가령 평양신학교의 음악 강사였던 권태희(權泰羲)는 장수의 혼합, 곡의 변경, 그리고 "조선 구곡(舊曲)의 삭제, 비신앙적 찬송가의 편입, 지나친 제거" 등을 이유로 『신정 찬송가』의 결함을 비판하고 있었다.[21] 특히 그는 구 찬송가 제 10장에서 제 14장까지의 우리 곡조 찬송을 제거한 점을 비판하면서, "우리들의 심금을 울리울 곡, 우리들 청조(淸操)에 맞는 시가(詩歌)"가 이상적인 찬송이라 단언하고, 찬송은 "민족성을 초월한 동시에 민족성에 따라 특정이 있다"[22]고 주장하였던 것이다. 그러나 『신정』의 장점으로는, 우수한 가곡을 많이 편입한 것, 어구가 음악의 억양에 어울리는 것, 주조음(主調音)이 원곡대로 된 것, 가사의 번역이 훨씬 자연스럽게 된 것, 이런 것들을 들고 있었다.

김교신(金敎臣, 1901-1945) 역시 『신정 찬송가』에 반대하였다. 그는 토착 찬송의 제거가 아니라, 오히려 남궁억(南宮檍, 1863-1939)의 "삼천리 반도 금수강산 하나님 주신 동산"을 편입하면서 "영혼 속으로 심장 속으로, 아니 머리털 끝과 손톱 발톱 끝에까지 우러나오고 솟아 흐르는 눈물"의 찬송가 "샘물과 같은 보혈은 임마누엘 피로다"를 제거한 데 반발하였던 것이다. 그는 이 『신정 찬송가』의 흐름에서 한국교회 신앙의 가락이 사업으로 기울고, 신앙에서 멀리 가는 듯한 인상을 받았기 때문이라는 그의 생각을 처음 밝힌다. 그래서 그는 이 신정 찬송가가 "페이지를 늘리고 정가금을 높였다"고 혹평하였다.

> 이것이 과연 개정인가 개오(改誤)인가. 신앙 없는 음악가의 찬송가 편찬과, 조선말 모르는 "박사"[23]의 성서개역과 이런 것이 모두 조선서만 볼 수 있는 일이니 반도 영계도 탄식하지 않는가.[24]

---

20) *Ibid.*, p. 47.

21) 권태희, *loc.cit*

22) *Loc.cit.* 일반적인 반론에 대해서는, "신정찬송가에 대하여", 사설, 『기독신보』, 1931. 9. 30일자 참조.

23) A. G. Appenzeller를 지시.

김교신의 비판은 정곡을 찌르고 있었다.『신정 찬송가』가 선교사들 주도의 것이요, 따라서 민족 주체성을 무시하였다는 비판이었다. 실상 장로교가 선교사들에게 반발할 까닭이 전혀 없었는데도 이 찬송가의 사용을 기피했던 까닭은 사전 협의의 미비를 따지는 형태이기는 하였지만, 뭔지 이제 선교사들의 독주에 저항한다는 의지의 한 시위이기도 하였다.

하지만 찬송가를 둘러싼 장로교와 감리교의 불화는 그 배경이 훨씬 깊고 장구한 요인에 근거를 두고 있었다. 적극신앙단의 문제, 경성노회의 문제로 장감의 감정은 험악해 있었고, 전도 구역 철폐의 문제 등으로 그 대립은 예민해져 있었기 때문이다.[25] 1931년에 장감연합공의회가 찬송가의 개정을 다시 말하지 않을 수 없었다.

『신정 찬송가』를 발행하면서 곧 그 개정을 서둘러야 했던 한국교회는 그 장감연합공의회에서 1933년 찬송가 개정 편찬위원으로 14인 장감 양 교회에서 동수로 선정하였고, 기간을 5년으로 잡아, "전선(全鮮) 내 다수한 분의 신앙생활의 경험으로 결정(結晶)된 성가 성시 등을 될 수 있는대로 많이 편입"하기로 결의하였다.[26] 선교사연합협의회에 있는 판권도 교섭해서 양도 받아 자주성을 찾도록 하였고, 백낙준(白樂濬, 1859-1985) 외 3인을 그 교섭위원으로 선정하였던 것이다. 그 일은 성사되었다. 그러나 장로교총회는 1934년에 "찬송가는 종교교육부에 맡겨서 더욱 잘 편찬하도록 가결"[27]한다. 엉뚱한 일이었다. 느닷없이 장로교 단독의 찬송가라는 개념을 도입한 것이다. 그리고 이런 일이 있은 다음 한 달 후에 모인 연합공의회총회 석상에서, 장로교의 종교 교육부 총무 정인과(鄭仁果, 1850-1972)[28]와 그 부원 장홍범(張弘範) 양씨는 자기들이 장로교 대표로 정식 파송 받은 것이 아니라고 말하고, 단독으로 찬송가를 편집하고 있다고 선언함으로써 모든 것이 다 수포로 돌아간 듯하였다.[29] 정인과의 등장과 이런

24) 김교신, 찬송가의 변혁,『성서조선』, 1933연 6월호.

25) 여기 대헤서는 본서 IV 6 참조

26) 조선예수교연합공의회, 제 10회『회록』1933. 9., p. 24.

27) 조선예수교교장로회총회, 제 23회『회록』1934. 9. p. 49.

28) 실질상의 장로교 교권 주도자

일련의 사건은 확실히 관계가 있었다. 공의회는 이미 1934년에 "장감 양 총회에 청원하여 거기서 선택된 찬송가 위원들과 본회의 찬송가 상무위원들이 협의하여 앞으로 장감 양교파가 한 마음으로 함께 부를 찬송가를 준비할 방침을 세워 편찬에 착수하기를 청원"하였던 것이다.[30] 공의회는 다시 한번 1935년의 장로교 총회에 정식 대표 파송을 요구할 생각이었다.

한데 이번에는 감리교의 태도가 경화되고 있었다. 1934년 9월의 공의회 총회 보고에 의하면, 감리교는 "아직 찬송가를 다시 편찬할 필요를 느끼지 아니한다"는 것이었다.[31] 그 개정에 소요되는 경비의 어려움도 함께 그 조건으로 밝혔다. 장로교의 정인과(鄭仁果)는 언필칭 장감의 공동 찬송가가 나왔으면 한다고 하는 회답문 속에서, 장로교 찬송가의 판권을 이미 획득했다는 말을 하고 있었다.[32] 구 찬송가가 그 당시 약 3년에 걸쳐 6만 권 팔리고, 『신정 찬송가』는 다만 2만 부에 매상이 그쳤다는 예수교서회의 보고만 보아도, 이 장감 양교회의 알력 어간에 이권 개입의 틈을 전혀 무시할 수 없음도 사실이다. 한데 당시 장로교의 총회장 이인식(李仁植)은 장로교 단독 편찬의 『신편 찬송가』가 "시적 음악적 소양 뿐만 아니라, 신앙에 경험이 다(多)한 인사(人士)로 (편찬의) 임(任)에 당케 하야 가사만 낭독하여도 감동을 수(受)할 수 있는"[33] 획기적 찬송가가 되리라 다짐하면서, 그것이 "장감 공동용으로 편성됨을 희망"한다 하였는데, 이는 감리교도 이것을 써달라는 의미였다. 지나친 요구였다.

여러 장로교 안의 인사들도 이러한 정인과의 종교 교육부 독주에 비난을 하기 시작하였다. 김인서(金麟瑞, 1894-1964), 김종대(金鐘大, 1909-?), 권태희(權泰羲), 그리고 종교 교육부의 간사였던 구왕삼(具王三)이 더욱 심하였다. 이들은 한결같이 성급한 편찬이 졸속으로 더욱 불비한 찬송가가 나올 것을 경고하고, 그 중단을 호소하였던 것이다. 김종대는 이런 혼란 때문에 찬송가의 권위가

29) 『기독신보』, 1935. 1. 30일자

30) 별지 제 14호, 조선예수교연합공의회, 제 11회 『회록』, p. 40.

31) *Ibid.*, p. 21.

32) 『기독신보』, 1935. 2. 6일자.

33) 찬송가 재개편문제에 대하야, *ibid.*, 1935. 2. 13일자.

실추되는 데 상심하였고, 경비의 낭비, 그리고 교파 간의 친선 훼손 가능성을 염려하였다.[34] "우리에게 신앙의 덕을 터득한 음악가와 시인이 더 나올 때까지 찬송가 재개편은 보류하는 것이 마땅하다"[35]는 것이 중론이었다. 미구에 성악을 전공한 신앙가들이 배출될 것이요, 또 그때 있는 찬송가가 그해 가을 이전으로 시급히 개편할 만큼 결함이 있는 것도 아니란 입장이 널리 퍼져 있었다.

이러한 비판과 갈망에도 불구하고, 장로교의 종교 교육부는 1935년 6월『신편 찬송가』를 발행하고야 말았다. 총 400장의 찬송가였다. "내용은 구 찬송가 중 늘 부르지 않는 것 40장을 삭제하고,『신정 찬송가』중 조흔 것 70장을 선택하여서 너헛고, 새로히 백(百)장 가량을 너허서 찬송가의 장수를 찾는 데는 전과 갓치" 하였던 것이다.[36] 그리고 연합공의회에서 찬송가위원을 공식 파송해 달라는 청원에 대해서는, "본부가 편찬한 찬송가를 감리회에서도 사용케 되었으니 파송할 필요가 없다"고 가결하였던 것이다.[37] 정인과(鄭仁果)는 총회에서 감리교회가 이『신편 찬송가』를 사용하겠노라는 공문(公文)까지 보냈다고 했으나, 그것은 과장이었다. 민족 심리에 호소될 찬송, "조선 예수교인의 오묘한 신앙을 시적으로 발표"되어야 했을 찬송, 그것은 성취되지 못한 채, 장감의 교파간 권익 압력으로 상처와 불신만 커 가고 있었다.

그러나 정인과(鄭仁果) 자신도 여러 문제로 스캔들이 덮쳐, 총회의 문책을 받기에 이르렀다. 적극신앙단, 흥사단, 이런 문제의 와중에서 모든 문제가 다 노출되었기 때문이다. 구왕삼(具王三)은 "정인과 목사님이 찬송가 편집에 관하에 신자로서 도저히 용서할 수 없는 일을 저질러 놓았음"을 공박하고, 그 비행을 공개하였던 것이다.[38] 구왕삼은 종교 교육부 간사로, "자초부터 찬송가 상무위원으로 편집"을 맡아 오다가, 갑자기 사임하게 되었던 인물이다. 총무와의 불화 때문이었다. 이제 그 몇 가지만 살펴보자.

---

34) 찬송가 신편에 대하야 일언을 고함, *Ibid.*, 1925. 2. 13일자.

35) *Ibid.*, 1935. 2. 27日字.

36) 장로교총회, 제24회『회록』, 1935, p. 45.

37) *Ibid.*, p. 46.

38) 장로회총회를 보고서,『기독신보』, 1935. 10. 16일자.

우선 총회에 초고(草稿)를 보여 허락이 있어야 찬송가로 출판할 수 있는데, 6월에 가사만 출판하고 총회에는 광고 보고만 한 일, 감리교가 장로교 편찬의 찬송가를 쓰겠다는 공문 보낸 일이 없는데 보낸 것이라 위증(僞證)한 일, 이광수(李光洙, 1892-1950)에게 가사를 부탁했었다는 풍문이 불신자의 기용이란 비난을 받게 되고, 캐나다 선교사 안더손(M. P. Anderson: 安大善) 선교사가 대개 맡아서 편찬했다고 하는 것은 50년 역사 교회의 수치요, 또 아직 우리 자신이 우리 영감에 맞는 찬송가 하나 만들 수 없다는 인상을 준 점, 그리고 이권 판권 등에 대한 교회의 연루, 이런 것들이었다.

1935년 가을 연합공의회에서의 탈퇴를 가결하던 장로교총회는 어떤 구실을 내세우든지, 감리교와의 연합운동에서의 불화를 책임지지 않을 수 없게 된 것이다. 그해 장로교총회는 감리교의 유형기(柳瀅基)의 편찬의『아빙돈 단권주석』을 이단으로 규정하는 등, 반(反)감리교적인 처리를 여럿 하고 있었다.[39]

하지만, 다음 해 장로교총회에서는 문제가 하나 대두되었다. 함북(咸北)노회가 찬송가의 연합 사용책 강구안을 건의한 일이 있었고, 1937년에는 마침내 정인과 총무가 "사고로 얼마 동안 시무치 못하게" 되었다는 보고가 있었다.[40] 정인과는 이렇게 해서 물러났다.[41] 그러나 판권이 그의 개인 명의로 돼 있었기 때문에 해방 이후에도 여러 차례 인쇄하여 이득을 보았다는 소문이 있으나 확인된 바는 없다.

한국교회는 1938년 중반에 이르러 신사참배 가결 등 여러 내적 혼란과 갈등의 문제가 있었고, 찬송가 문제도 거기 중요한 위치를 차지하고 있었다. 교파간의 연합 정신과 그 활동을 말하지만, 찬송가 문제로 이만한 시련이 있었다 함은 교회 일에 이권의 개입이 있는 한, 그 정신적 고매함이 무뎌진다는 흔적이 여기 하나 남았다. 초기 한국교회가 한국말과 그 신앙 표현의 문제나 음악적 조음(調音)의 문제로 고민했던 것과는 커다란 대조를 이룬다.

---

39) 신편 찬송가에 대하야, *ibid.*, 1936. 1. 1일자.

40) 장로회총회, 제 25회『회록』, 1936. 9, p. 75.

41) 정인과에 대하여서는 졸저,『정인과와 그 시대』, 서울, 한국교회사학연구원, 2002 참조.

5-5. 해방 이후의 찬송가

1946년, 장로교, 감리교, 성결교는 찬송가를 하나로 만들어 써야겠다는 생각을 교단들의 자파환원 조치 이후 강력하게 가지기 시작하였다. 그것이 결실해서 1949년 『합동 찬송가』(586장)를 간행할 수 있었다. 우리 교회사상 처음으로 3대 교파가 동일한 찬양을 한 목소리로 부를 수 있게 된 것이었다.

그러나 1957년 장로교에서 번역이나 영감 문제 등으로 그 수정을 말하기 시작하였고, 또 이미 고려파 장로회(고신파)에서는 옛 『신편 찬송가』를 그대로 쓰는 등, 혼란이 일기 시작하였으며, 이러한 어려움은 1959년 장로교에서 통합파와 합동파로 분열함에 따라서, 찬송가마저도 에큐메니칼 사업적 성격을 띄었기 때문에 거절한다는 합동파의 발언 등으로 가중되어 갔던 것이다. 마침내 합동파와 고신파에서는 1960년 두 총회 기념사업의 하나로 새로운 찬송가의 편찬을 결의, 이를 진행시켜, 1962년 『새 찬송가』(671장)를 내놓기에 이르렀다. 이 찬송가는 『신편 찬송가』를 기초로 하였으며, 구미 각국의 찬송가에서 우수한 것을 새로 뽑아 원작에서 직접 번역하는 원칙을 가지고 편찬되었다. 보수신앙의 보존을 다짐하면서 발간한 이 찬송가에는 한국인의 시작(詩作)과 곡조가 현상적으로 결여되어 있었다.

다른 한편, 감리교와 기독교 장로교, 예장(처음에는 통합파만) 및 성결교에서는 기독교연합회와 함께 1957년 합동찬송가개편위원회를 결성해서 1963년부터 개편 작업에 착수하였다. 개편의 원칙은 중첩된 것의 단일화, 국가 및 민요 등 형태의 곡조와 가사의 재검토, 종류별 편찬의 유의, 예배용 찬송의 보강, 특정 예배용 찬송가의 보강, 한국 가사와 곡조의 보강을 통한 토착화 지향, 교독문의 보충, 가사의 전면적 검토, 이런 것들이었다. 이런 원칙을 가지고 한국인 작사 작곡 27편을 포함한 600장의 『찬송가』가 1967년 간행되었던 것이다.

한데 이 『찬송가』에 대한 불편한 비판이 곧 나타나기 시작하였다.[42] 그 비판 속에는 가사의 졸속한 변경 등이 언급되어 있었으나, 중요한 것은 찬송가를

42) 문익환, 개편찬송가 가사의 문학적인 분석과 평가, 『기독교사상』, 1974연 8월호.

"시간 맞추어 만들어내는 일"의 문제였다. 찬송가를 따로 만들기 위해서 한 두 사람이 만일 몇 편씩 맡아 써 냈다면 비판은 모면할 수 없다. 오래 맺혀 온 신앙의 감동, 그 남긴 흔적, 그래서 저절로 솟아나 밴 가락과 토착적 언어가 신경화(信經化)하고 편곡된 것이어야 할 것이었다. 편찬은 그런 것을 모으는 일이지 시간 맞춰 해내는 일은 아닐 것이다.

5-6. 결언

한국교회 찬송가는 교회사의 변천과 꼭 같은 과정을 걸었다는 내력이 있다. 찬송가사(史)에서 우리 교회사 변모의 한 형태론이 잡힐 수 있다. 그것은 다른 말로 하면, 찬송가의 역사에 나타난 여러 요소와 요인들이 그대로 한국교회사 속에서도 꼭 같이 작용했다는 말이 된다. 토착 신앙과 그 표현 가락의 현상적 결여, 개편을 위한 개편 작업, 이권(利權)의 개재, 그런 것이 그 하나이다.

그러나 뚜렷한 공로는 찬송가의 개편이 있을 때마다 부각된 발전의 모습이다. 거기 넓어진 신학의 건전한 소지가 엿보이고, 포괄성과 깊이의 포착이 역사적 신앙의 차원에서 진행된 흔적이 역력히 남아 있다.

한국교회 찬송가 계보

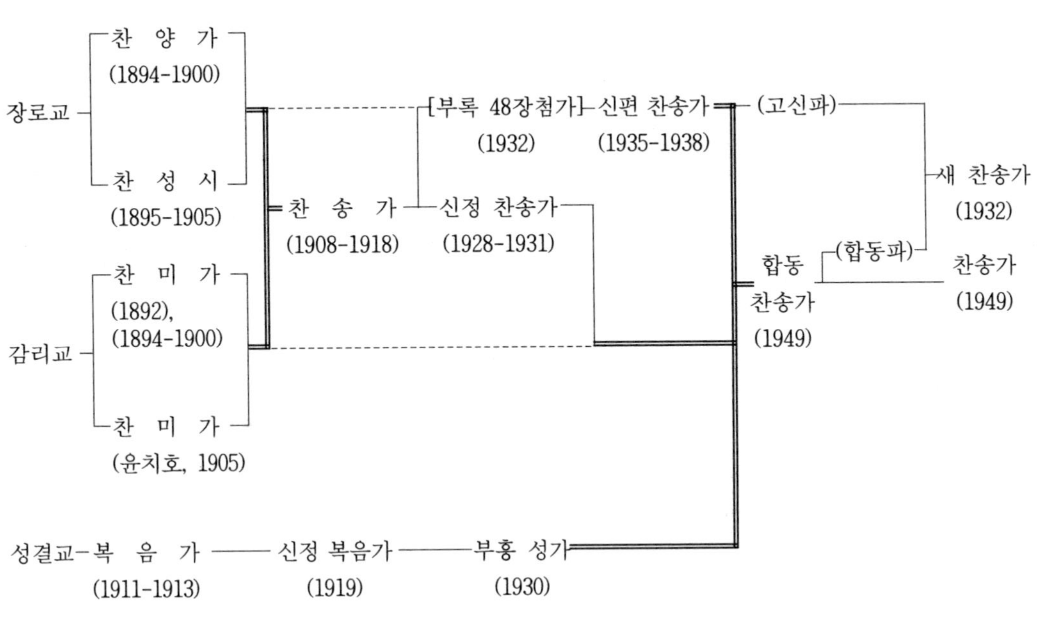

침례교-복음 찬미
(1900)

성공회-성회송가 -천도찬사 -찬미가 -성회송가 - 성회송가 (1924) / 성서신편 (1925) - 성공회송가 (1961-1962)
(1903) (1904) (1905) (1910)

안식교-찬미가
(1911)

구세군-구세군가
(1912)

천주교-죠션어 성가
(1924)

1930년대의 교회와 민족

제 4부
1930년대의 교회와 민족

1. 1930년대 종교계에 있어서의 국학진흥운동

1-1. 서언

국학이란 말은 한국 종교계의 경우에 있어서는 한국적 전통문화에 대한 종교적 입장에서의 이해 및 그 체계적 연구란 뜻도 있겠지만, 동시에 그 종교의 한국적 전개와 그 신앙 경험의 한국적 구현과 그 이론의 체계화로 이해할 수도 있다. 한국의 여러 전통 종교들은 이런 양면의 접근을 1920년대에서부터 착수하여 1930년대에 이르러 한 묶음의 결과를 내놓았던 것이다.

이러한 여건에 있어서 불교는 그 오랜 전통적 문화유산의 현존 등으로 해서 가장 포괄적인 광범위한 국학운동이 전개되었다. 우리는 이 당시의 정기 간행지 『불교』 및 『신 불교』에 주로 의존하여 그 진흥의 면모를 일괄해 보고자 한다.

그러나 천도교(동학)의 경우는 그 기원이 예민할 정도의 민족종교적 의식과 감각으로 차 있었는데도 불구하고, 그 발전과정에서 보편적 종교 이념의 형태를 굳혀 갔고, 비록 그 언어의 한국적 표현이 빈번한 데도 불구하고 형이상학적 교리로 굳혀져 가고 있었기 때문에, 그 자체 역사의 한 획기적 정리라는 성격에서 한국 종교로서의 모습을 굳혀 가려고 하였다.

기독교의 경우는 외국 선교사들에 의하여 그 선교 초기부터 활발한 근대적 학문방법론에 의한 한국학 연구가 거의 선구적(先驅的)으로, 그리고 독자적으로 광범위하게 진행되어 그들의 공로는 480여의 논문을 산출할 정도라는 것이 밝혀졌고, 따라서 그들이 한국에서 떠나야 했던 일제 말 1930년대에 이르기까지 그 노력은 쉬지를 않고 있었다. 한데 한국교회는 비교적 보수적 선교사군(群에 의해서 후견(後見)을 받아 왔고, 따라서 한국인 자신에 의한 어떠한 신학적, 체계적 연구도 격려를 받지 못해 왔던 것이다. 이것은 물론 교파의 차이에서 다를 수 있었다. 가령 감리교는 장로교에 비하여 훨씬 자유로웠고, 1930년 12월에는 독자의 한국 감리회를 설립하고, 선교사까지 그 치리 하에 두고, 아울러 우리 딴의 교리 선언까지 발표할 정도였다.

그러나 1930년대는 묘하게도 선교사들의 영향력이 일제의 강압 때문에, 그리고 자국 내의 경제적 시련 때문에 어차피 제거되기 시작하였고, 아울러 한국인에 의한 교회의 운영과 그 신학의 발전이 그 길을 열 수 있었다. 한데 이 과정의 초기는 일제의 소위 일본화, 동양화의 구호 아래 진행된 비극이 있었고, 따라서 분별력이 약했던 이들이 저도 모르게 거기에 휘말려, 일본적 기독교의 판도 안에서 조선 기독교를 구성하려고 하는 착오도 빈발하였다.

하지만 참된 의미에서 한국적 신학과 그 신앙 훈련의 토착화를 위한 노력이 줄기차게 진행된 곳도 있었다. 이들은 다 교회의 행정적 교권 테두리 밖에서 활동하였기 때문에 종파사의 범위에서 연구되도록 돼 있다. 이렇게 해서 기독교계에는 두 경향의 국학운동이 있었다고 볼 수 있겠다. 기독교의 경우는 선교사들에 의한 국학의 연구와 그 광범위한 결실, 그리고 한국 기독자에 의한 한국적 민족교회와 신학의 형성 모색이란 형태에서 각각 진행된 사실을 주목할 수 있다.

1930년대의 국학진흥은 시기적으로 아슬아슬한 경계선에서 진행되었다고 할 수 있다. 국체명징(國體明徵)과 내선일체(內鮮一體)의 소위 정신총동원이 휘몰아치기 시작하던 때, 국학의 연구라는 것이 그 이전에 이미 가지고 출발한 모순과 고통을 먼저 이해하지 않으면 안 될 것이다. 다시 말하면 일본 통치하의 한국연구라는 것이 일부 불가피하게 가지는 일본화 방향을 극복하는 데에서 오는 여러 시련과 착오를 충분히 이해하고 지나가지 않으면 안 될 것이다.

그런 의미에서 그것은 돌발적인 것이라고 보는 것보다는 오래 지속해 오던 운동의 구체적 갈등의 표현 양식이라고 봄이 마땅하며, 광복 이후의 국학도 결국 이러한 저력의 계속이 그 형태상으로 이루어졌다고 봄이 마땅할 것이다. 일본의 프레임(Frame) 곧 그 테두리를 벗어나기 위한 고투가 그렇게 어려웠다.

1-2. 불교의 국학진흥운동

1930년에의 조선 불교는 불교 신앙 자체에 대한 재흥의 동기와 함께, 그것이 가진 민족종교적 의미와 그 유산에 대한 자주성의 각성과 그 확보 및 보전이라는 동기를 가지고, 전환기적인 진흥기에 들어섰다고 할 수 있었다.

이것이 일제하의 시련 이후 처음 있었던 일이라는 것은 김태흡(金泰洽)이 1930년 1월에 새 사업과 혁신의 필요성을 고조하면서, 만일 그렇지 못할 경우, "다시 20년의 과거를 되풀이 하게 될 뿐더러 도저히 이대로 둘 수가 없으리라고 생각한다"[1]는 말에서 분석해 낼 수가 있다. "20년의 과거"란 여기서 합병의 기점을 지적하는 것이라 볼 수밖에 없기 때문이다.

1) 진흥의 동기와 배경

a. 일본을 의식한 동기

이러한 자각과 촉발력의 근거도 전술한 역사적 배후와 그 동력에 있다고 보겠지만, 그 목표가 조선 불교의 역사적 공헌과 그 독자적 발전의 고지를 발견하여 그것을 제대로 나타냄으로써, 일제에 대한 민족문화의 특수성을 과시하고, 아울러 일본화의 문화정책에 직접 대결하면서 한국의 민족사를 종교와 그 역사에서 정립 선도케 하는 데 있었다.

---

1) 김태흡, 구계획을 실시하고, 신계획을 세우라, 『불교』, 제 67호, 1930연 1월, p. 5.

이것이 사불산인(四佛山人)의 글에 여실히 드러나 있었다. 곧 그는 "조선 불교와 일제(日帝) 문화와의 관계"란 글에서,

> 천 수백 년 전(千數百年前)으로부터 명치유신(明治維新) 초(初)에 이르기까지 일본국민의 정신계(精神界)를 지배하고 물질계를 좌우한 일본의 문화는 조선 불교의 혜택이라 아니할 수 없습니다.
>
> 일본신도(日本神道)도 그 종교적 예술적이 되게 한 것은 바로 조선의 불교였던 것입니다.[2)]

여기서 정신계라 한 것은 고구려 승(僧) 혜자(惠慈)가 일본에서 쇼토쿠다이시(聖德太子)에게 결정적인 영향을 끼쳐 가람흥융(伽藍興隆)에 노력하게 한 것을 뜻함이었고, 물질계라 한 것은 일본 건축예술 발전에서 그 절정에 이른 사실을 의미하고 있었다. 이런 의미에서 사불산인(四佛山人)은 감격으로 이렇게 글을 맺지 않을 수가 없었다. 곧

> 조선 불교는 일본문화의 모(母)라고 아니할 수가 없습니다.[3)]

b. 동양에서의 조선 불교를 의식한 동기

다른 한편, 또 하나의 동기는 동양문화사에서 본 조선 불교의 공헌을 의식한 것이었다. 육당(六堂) 최남선(崔南善, 1890-1957)이 하와이에서 열리는 범태평양 불교청년대회에 대표로 참석할 도진호(都鎭鎬)에게 자료 제공 형식으로 발표한 글에, 이 사실이 처음 그 완벽한 모습으로 소개되었다. 이때의 상황은 차라리 선교적 열정이 짙었다고 봄이 마땅할 것 같다. 사불산인(四佛山人)의 경우도 조선 불교의 참 면목을 널리 알림이 그 사명이었지만, 육당(六堂)의 경우도 마찬가지였다. 물론, 그 역사나 그 유산의 포괄적 전개가 체계로나 선교에서 범주적으로 완결되기는 어려웠다. 다만 우파니사타분(優派尼沙陀分)의 일 정도에 불과하였던 것이다.

---

2) 『불교』, 70호, p. 2, 1930년 4월호.

3) *Ibid.*, p. 6

최남선의 정리한 바에 의하면, 조선 불교의 "진정한 자립과 독특한 지위"는 다음 몇 가지로 요약할 수가 있었다. 우선 그 신행(信行)의 일치였다.

> 불교(佛敎)의 진생명(眞生命)을 투철(透徹)히 발휘(發揮)하야 ... 불교의 구체적 기능을 충분히 발휘하야 이론과 실행이 원만히 융화하여진 조선 불교의 독특한 건립을 성취하였음에 있습니다.[4]

다른 하나는 "불교의 전적(典籍)을 구경(究竟) 철저히 집성"한 것이었다.[5] 밀교대장(密敎大藏)의 대사(大事)도 완성하여 90권에 이르렀던 일이라든가, 이것을 1228년에는 다시 40권을 새로 늘려서 130권으로 편집한 일, 그리고 그것을 경판(經板)으로 조성(雕成)한 일이 그 실례일 것이다.[6]

셋째는 일본 불교가 반도, 곧 조선을 모토(母土)로 하고 있었다는 사실 역시 지적되고 있다.

다음 육당(六堂)은 동방에 있어서, 그 교리에 있어서나 예술에 있어서나,

> 불교(佛敎)의 종합 표현(綜合表現)을 맨 먼저 실현한 조선 불교를 내놓고, 참으로 동방불교의 이름을 가질 수 있는 자가 다시 누구라 하랴[7]

이런 흥분으로 글을 맺고 있었다. 그는 이제 조선이 조선만의 조선이 아니라 전 동방의 조선, 아니 세계의 조선임을 불교사상(史上)으로 인식함이 "실상 동방의 비밀을 깨뜨리는" 일 만큼의 중요성을 가졌다고 간파하고 있었다.

도진호(都鎭鎬) 역시 하와이에 다녀온 소감을 술회하면서 이 점을 지적하고 있었다.

> 조선(朝鮮)서도 태평양(太平洋)을 일기(一氣)로 비약(飛躍)하야 아메리카의 관문(關門)되는 포왜소도(布哇小島)에다가 조선불교(朝鮮佛敎) 우(又)는 조선문화(朝鮮

---

4) 조선불교. 동방문화사상에 있는 그 지위, 『불교』, 74호, p. 12, 1930연 7월호.

5) *Ibid.*, p. 28.

6) 이것은 1424년에 일본에 양여되었다 함.

7) *Ibid.*, p. 51.

文化)의 등대를 뚜렷하게 세워 노코 돌아왔습니다.[8)]

인류 문화사상(史上)에 "육리(陸離)한 광채"를 비쳐줌이 커다란 조선 불교에의 긍지였다.

c. 진흥을 위한 반성과 각성의 촉구

그 반성은 묘하게도 기독교의 발전적 선교에서 자극받고 있었다. 1930년대에 들어와서 기독교회는 내적으로 갈등이 촉발되는 사태가 빈번하였음에도 불구하고 그 선교는 전례 없는 결실을 거두고 있었다. 이용도(李龍道) 목사계의 신비주의적 내세관, 열복의 초대를 내세운 부흥회에 의해서 그 열의는 실로 일제 압박하의 겨레의 심령 속에 파고드는 저력이 있었다. 이런 것이 자극이 된 것은 당연했다. 조선 전래 고유의 종교로 체질을 굳힌 것이라 다짐되던 불교의 침체나 그 미자각(未自覺) 상태를 무관하게 지낼 수는 없었다.

한데 이런 감각은 실상 쓰라린 고통의 한 면을 안고 있었다. 불교 자체 안에서 기독교의 영향 확대를 염려하지 않을 수 없었기 때문이다. 여기 그 일단이 이렇게 엿보였다.

> 사상(思想)이 이천 년(二千年)이나 감화시켜 온 조선의 국교인 불교를 가지고 언어감정(言語感情)과 민속습관(民俗習慣)이 동일한 조선 내(朝鮮內)에 잇는 우리 불교로써 그 교회망이 넓지 못하며 노력(努力)이 충분치 못하고...
>
> 심(甚)함에 이르러서는 사찰 내(寺刹內)의 승려로서 사찰을 내방하는 자에 대하여 마가복음이나 누가복음 같은 것을 분신(分信)하야 주는 자 있고, 사찰경내에 예배당을 세우게 하야 ... 그들의 찬미 소리가 산문(山門)을 떠나도록 높이 부르게 하는 곧이 잇다한다. 이 얼마나 언어도단인가.[9)]

그런데 석가여래의 정골(頂骨)이 조선에 비장되어 있다는 소문이 퍼져, 그 각성의 한 기동력을 준 것은 중요했다. 불행하게도 우리는 자료상 그 귀추를

8) 태평양대회 기여 『불교』, 80호, p. 27, 1931년 2월호.

9) 신년의 각성과 교화운동의 진출, *ibid.*, 79호, p. 6, 1931연 1월호,

더듬지 못했으나, 이러한 발설 때문에 "오만보살찬앙회(五萬菩薩讚仰會)"가 1930년 5월경에 조직되었고, 춘원(春園) 이광수(李光洙, 1892-1950) 역시 그 사업에 찬하를 보내 마지아니하였던 것이다.[10] 너무도 신성하고 무서운 비밀, 그것은 "무진장의 비밀을 가진 조선 불교"에 대한 다른 하나의 자극을 긍지로 주기에 넉넉하였다.

2) 국학 진흥, 그 몇 가지

> 조선 불교도여, 궁동(窮冬)이 지나가고 양춘(陽春)이 돌아 왓스며 장야(長夜)가 지나가고 새벽의 서광이 빗취니 보불은(報佛恩)을 생각하야 일치단결하고 압흐로 나아가기를 바란다.[11]

이것이 불교 진흥 첫날의 기개였다. 그러나 이런 적극적인 면도 있었으나 반성을 기저로 한 진흥의 자극을 추구하기도 하였다.

> 승가(僧伽)의 수효(數爻)가 줄어 가고, 사유(寺有)의 山林이 동탁(童濯)하여 가고, 유통(流通)의 재산이 고갈하여졌다. 뿐만 아니라 후진(後進)의 인재(人材)를 길우지를 못하고, 대중(大衆)의 신심을 고취(鼓吹)하지 못하고, 사원의 풍기가 문란하고, 교법(教法)의 유통(流通)이 정체되었습니다. 극단으로 말하자면 조선 불교는 조선 불교가 아니리만큼 되었습니다. ... 발분(發奮)하라. 맹성(猛省)하라.[12]

이런 자극과 배경을 뒤에 두고 국학의 진흥이 이루어지게 되었던 것이다. 이제 그 몇 가지 점들을 살펴보자.

우선 외적인 현상적 면을 들 수 있겠다. 불교전수학교의 승격 문제를 위해 백만 원 증자문제가 거론되기 시작하였고, 종헌발포(宗憲發布) 이후의 종회(宗會)의 유력화를 꾀하며, 교학부를 따로 설치함으로써 조선 불교의 획기적 진흥

---

10) 『불교』, 81호, p. 8. 1931연 3월호.

11) 김태흡(金泰洽), 조선불교의 신서광, *ibid.*, 71호, p. 7. 1930년 5월호.

12) 권두언, 맹성(猛省)하라, ibid., 78호, p. 1. 1930년 12월호.

을 구체적으로 꾀하기 시작하였다. 교정(教正)을 추대하는 일들도 다 체계적 발전을 위한 조직력의 집권화(集權化)로 볼 수 있었다.

이러한 강력한 힘의 동원을 위해서 만해(萬海) 한용운(韓龍雲, 1879-1944)은 1931년 "조선 불교의 개혁안"을 제시하게 되었던 것이다.[13] 이것은 그가 1915년 5월에 내놓은 바 있었던 『불교유신론(佛教維新論)』과는 현저한 논조의 차이를 가지고 있었다. 유신 논의에다 만해는 승려의 지식 수준, 교육, 스승의 자질, 교육방법에 있어서의 도그마티즘, 포교의 부재, 포교능력의 결핍, 참선(參禪)의 풍조, 선실(禪室)의 경제, 염불(念佛)풍조, 사원 내(寺院內)의 소상(塑像)과 회화(繪畵), 미신, 불교의 의식(儀式), 승려의 무사안일, 승려의 단결문제, 이런 여러 불교계의 실정을 서술 분석하여 필경 교육의 유신, 선학관(禪學館)의 집중적 운영, 사원의 시정 촌락 침투, 승니(僧尼)의 결혼문제와 같은 것들을 개선할 문제들로 제시하고 있었다. 물론 여기에는 "대담한 파격적인 제안을 내포하고 있고, 한국 불교 자체에 대한 철저한 자아반성을 시도"하고 있음이 사실이었다.[14]

하지만 1931년의 개혁안은 국학적 의식이 그 표면에 짙게 깔려 있었다.

> 불교는 조선과 조선인의 전적 생활에 대하여야 능히 분리할 수 없는 것입니다. 그런 고로 조선 민족의 정신적 동향과 생활의 형태를 개량(改良) 혹은 혁신하려면 그에 대한 역사적 영도권을 가지고 있는 불교의 혁명이 먼저 그 충(衝)에 당하지 안이 하면 안이 될 것입니다.[15]

이것이 그의 동기였다. 그는 이 불교 부진의 까닭이 주지(住持)들의 정부에의 아부, 적색운동자의 반종교운동, 무정부주의, 허무주의라고 분석하고, 조선불교 갱생의 도를 사찰과 종회교무원(宗會教務院)의 신질서의 통일, 사찰의 폐합, 교도의 생활보장, 불경(佛經)의 번역, 대중불교의 건설, 선교(禪教)의 진흥과 같은 데서 찾고 있었다. 조선적 불교의 다짐을 국학의 불교적 건설이라고 할

---

13) 『불교』, 88호, pp. 3ff. 1931년 10월호.

14) 이기영(李箕永), 불교사상, 『한국현대문화사대계』, I, 고려대학교 민족문화연구소, 1976년. p. 744,

15) *Ibid.*, p. 3.

수 있다면, 그는 이것을 불교의 대중화, 불경의 번역 등에서 찾았다는 말이 될 것이다.

이러한 진흥책의 종합적 추진을 위하여서 불교는 1933년 교정연구회(敎政硏究會)를 창립하기도 하였던 것이다.

둘째로, 불교의 국학진흥에서 괄목할 만한 발전을 이룬 것은 국악(國樂)의 연구였다. 안자산(安自山)은 "조선음악과 불교"라는 논문에서 말하기를,

> 음악의 전실(典實)한 모본을 만들기는 삼국시절에 닥쳐 와서야 그 체제가 성취된 것이니, 삼국시대하고도 신라의 등양(騰揚)하던 때에 안제(按濟)하야 완견(完見)함을 숙성(夙成)한 것입니다[16]

하여 신라 불교에 이르러 조선 음악의 전실(典實)이 이루어졌다고 단언하게 되었던 것이다.

신라 불교음악의 근원과 그 수용과정에 대하여서 안자산(安自山)은 그 이후 계속 5회에 걸쳐 착실한 연구를 발표하였다. 가령, 악기에 있어서도 당시 관악기가 20여 종, 현악기가 20종, 타악기(打樂器)가 10종임을 확인하고, 이것들이 인도 것은 희귀하고, 다 중앙아시아의 부근에서 내원한 것을 밝혀, "이는 무타(無他)라, 불교의 동점(東漸)한 결과라, 서역(西域)을 본(本)하야 넘어온 내맥(內脈)으로 인함이다"라고 맺고, 불교가 서역으로 들어옴에 따라 불교악기는 직접 인도에서 온 것이 귀하고, 서역 등지에서 온 것이 많음을 밝혀냈던 것이다.[17]

다음 셋째로는, 불교의 한글 보급에 끼친 공헌을 들지 않을 수 없다. 물론 우리는 불교가 역사적으로 끼친 공헌의 양적 측정보다는, 1930년대의 의식화된 불교계의 한글 연구를 한정해서 이런 말을 하고 있는 것이다.

최남선이 먼저 그런 의식의 자극을 주었다. 그는 이런 말을 남기고 있었다.

> 훈민정음(訓民正音)이 세계에서 가장 일출(逸出)하고도 가장 완전한 표음문자라

16) 『불교』, 67호, p. 19. 1930년 1월호.

17) 안자산(安自山), 『불교』, 68호, p. 32. 1930년 2월호.

고 하는 것은 다 잘 알려진 바이어니와 ... 그 자형(字型)이 많이 범서(梵書)로서 오고 ... 그 배열(配列)이 실담(悉曇)에 유사함을 가릴 수 없는 사실입니다.[18]

그리고 그는 계속해서, 이 정음(正音)의 기원을 소급하여 그것이 설총(薛聰)의 이두(吏讀)에 근거한다고 보고, 이 이두란 요컨대,

승려가 한자로서 국어를 기사(記寫)함에서 생긴 것으로 초에는 자음만을 차용하다가 그것으로는 불변부족(不便不足)하여 차차 자의 훈(訓)을 리용한 것이며, 또 차자(借字)도 초에는 전획(全劃)으로 쓰다가 차차 성획(省劃)을 쓰게 된 것이니, 대개 이 약자법(略字法)은 당대의 승려들이 사설(師說)을 필기할 제(際)에 속기하기 위하여 필획(筆劃)을 생략하매 ... 그러다가 결국 한글을 쓰기에 이르러....[19]

그는 계속해서 활자나 자기(瓷器) 등이 불교로 인하여 유발되고 조장되었음을 밝혀내기도 하였던 것이다.

그러나 이 1930년대 불교가 강조하고자한 것은 실상 한글의 사용과 그 획이 불교에서 근원했느냐 하는 문제가 아니라, 그 보급과 사용 범위의 확대가 불교로 해서 자극되고, 또 동원되었다는 사실을 밝히는 데 있었다. 그래서 만해(萬海)는 솔직하게 말하기를,

한글의 기원이 불교와 관련성이 잇고 업고는 고사하고라도 한글로 불경(佛經)을 번역하여 유포(流布)한 것만으로도 조선문학의 최초의 기원이 될 것이오, 그것이 지금까지 유존(留存)하야서 조선어문의 연구에 유일의 재료가 되는 것만 하여도 조선문학에 대한 불교의 공헌(貢獻)이라고 하나니. 보라, 조선문학인 이독문학(吏讀文學)과 한글문학은 불교에서 기원되어서 불교 때문에 존속(存續)되었다고 할 수 있나니...[20]

하였던 것이다. 물론 만해도 육당과 마찬가지로 한글 문형(文形)의 기원이 범어

18) *Ibid.*, 74호, p. 42. 1930년 7월호.

19) *Ibid.*, p. 43.

20) 한용운, 역경(譯經)의 급무, 『불교』, 신 3호, p. 7, 1937년 3월호.

(梵語)에서 나왔다는 설이 있음을 알고 있었고, 더구나 그것이 고승(高僧) 요의(了義)에게서 남상(濫觴)되었다는 학설이 유력함을 시인하면서, 그러한 문제보다도 더 착안해야 할 문제로서 한글 사용의 보편화를 들고 있었던 것이다.

그런데 이러한 한글에 대한 불교의 공헌 측면에 대하여 관심을 심화(深化)시킨 한 결정적인 계기가 있었다. 그것은 만해 한용운(韓龍雲)이 "한글 경판"을 발견한 사실이었다. 이 발견의 경로에 대해서 그는 『불교』 제 82호에 "국보적 한글 경판의 발견 경로"라는 감격적인 자세한 보고문을 싣고 있었다.

거기 의하면 10여 일 전[21] 김종래(金鍾來)가 한상예(韓相藝)에게서 만해는 전주 안심사(安心寺)에 한글 경판이 있다는 소식을 들었다는 것인데, 그것들이 한 50년 전(1880년경) 판전(板殿)에 봉안되었었지만 판전(板殿)이 헐린 뒤로 법당의 불분대(佛墳臺) 마루 밑 땅바닥에 숨겨져 있었고, 그것이 최근(1930년대)에 안전하게 옮겨져 마루 위에 보관되게 되었었다는 것이다.

이들을 찾아내고 그것들을 정리하면서 손끝에 경판이 닿을 때마다 "강반(强半)의 감개를 석긴 깃븐 마음을 움직이게" 되었었다는 그의 고백에서 그 감격의 심도(深度)를 쉽게 헤아릴 수 있다. 더구나 그는 그 잔판(殘板) 단목(斷木)들을 발견함으로써,

> 一生의 승평(勝平)을 삼는 나의 감개는 경판(經板)을 정리하고 최후로 법당(法堂)을 나오다가, 다시 돌아 서서 경판(經板)을 향하야 두어 줄기의 눈물을 뿌린 것으로 끗을 막앗다.[22]

발견된 한글 경판은 『원각경』(板二面)이 합 577판(板)이었는데, 그 중에서 2판이 결손되어 실제로는 575판이었다. 또 『금강경(金剛經)』은 판사면(板四面)인데 합 50판 중 결손이 둘이어서 실제는 48판이었으며, 『사중경(思重經)』은 일판이면(一板二面)으로 실(實) 11판, 『천자(千字)』가 일판 이면(一板二面)으로 합 9판(금),

---

21) 이 일자는 1931연 8월이나 7월 말로 보고 싶다. 그 해 9월호에 실린 원고이기 때문에 이렇게 추산해 둔다.

22) 국보적 한글 경판 발현의 경로, 『불교』 87호, p. 43, 1931년 9월호.

『유합(類合)』이 일판 이면(一板二面)으로 실(實) 11 1/2판이었다. 그래서 총합 662판, 7판 반결(半缺), 실(實) 658판이었다. 이것들은 실로 모든 의미에 있어서 조선의 국보적 가치를 가지고 있었다.[23)]

1933년에 이르러 만해는 그 경판의 인출(印出)을 다 마치고 감격하여 다음과 같은 술회(述懷)를 남겼던 것이다. 곧

> 조선의 문화에 잇서서 세계적으로 자랑할 만한 성적위업(聖蹟偉業)을 절무근유(絶無僅有)의 경애(境涯)에서 일세기연(一世奇緣)으로 발견하게 된 나로서는 그것을 인출(印出) 광포(廣布)하는 동시에 그 본내의 진면(眞面)을 손상(損傷)하지 안는 범위에서 ... 만난(萬難)을 배(排)하고 實行한 것입니다.[24)]

실로 이 한글 경판은 무상의 법보(法寶)인 동시에 세계적 연구자료였다.

다음 넷째로는, 민족문학에 끼친 불교의 공헌에 관한 연구의 진행이었다. 실제로 1930년대의 불교의 국학진흥은 그러한 방향에 대한 의식지향은 컸지만, 그 실질적 연구와 결실이 이 국민문학에 대한 불교사상의 관련에 대한 연구에서 그 정점을 볼 수 있다고 해서 과언이 아니었다. 여기에서도 괄목할 만한 업적을 남긴 사람이 바로 손진태(孫晋泰)였다. 그는 "조선불교의 국민문학", "불교도의 남긴 왕생(往生)문학"이란 논문을 발표하면서, 그 연구에 정진하게 되었던 것이다. 그는 경기 이남의 맹인, 무녀(巫女)에게서 그들의 무교(巫敎)가 불법(佛法)에서 발원한 것이며, 창작자 불교 그것은 잊어버렸지만, 그 무녀가 이를 금과옥조로 가전(家傳)한다는 사실을 알아내어 그 연구의 단서를 잡았던 것이다. 그는 맹인 무녀 최순도(崔順道)에게서 경남 동래 구포리 지방의 구전문학을 발굴하였는데, 이것들은 사회학상, 종교학상 귀중한 자료들이었다.[25)]

가령 그는 『용선가(龍船歌)』를 분석하면서 그것이 불교사상의 민중 속의 저변화로 단정하고, "고승대사(高僧大師)의 심오현묘한 설법보다 민중의 사회생

---

23) *Ibid*., p. 44.

24) 한글경 인출을 마치고, 『불교』, 103호, p. 67, 1933년 1월호.

25) 손진태(孫晋泰), 조선불교의 국민문학, 『불교』」, 86호, p. 27, 1931년 8월호.

활이며 신앙생활에 막대한 직접 관계를 가져온 것으로 실로 차종(此種) 무명승도의 창작한 불교문학이라"고 격찬을 아끼지[26] 않고 있었다.

손진태는 이외에도 『불교』 1931년 10월호, 11월호, 12월호, 그리고 1932년의 1월호에서 9월호까지 무려 13여 회에 걸쳐 각종 자료들을 대거 동원하고 이를 분석 평가하고 있었다. 그는 『서왕가(西往歌)』, 『자책가(自責歌)』, 『회심곡(悔心曲)』, 『권왕가(勸往歌)』 등을 그대로 자료로 제시하고 분석하였는데, 특히 『권왕가(勸往歌)』에 대하여 그는 다음과 같은 찬사를 남기고 있었다.[27]

> 종교적 국민문학으로서 나는 아즉 조선에 이만한 내용이며 분량을 가진 시가(詩歌)를 보지 못하얏다. 1,205行의 장편으로, 작자는 서방정토(西方淨土)와 유심정토(唯心淨土)를 서술하면서 기중(其中)에 생사(生死)의 철학이며, 종명지의 훈계, 사회적 훈계 등을 고구정녕(苦口叮嚀)히 설명하야 작자(作者)의 커다란 이상사회(理想社會)까지를 안출(案出)하고 ...
>
> 그는 심오(深奧)한 이 학설(學說)을 아무 난삽(難澁)업시 아미타경(阿彌陀經), 관무량수경(觀無量壽經), 화엄경(華嚴經), 열반경 등 제경(諸經)을 인용(引用)해 가며 명쾌(明快)하게 순순무애(順順無碍)하게 설파(說破)하야 듯는 자로 하야금 자성극악(自性極樂)의 세계를 눈 아페 황홀케 하얏다. 문학상(文學上)으로만 보드라도 이것은 조선민족의 대지보(大至寶)라 안이 할 수 업다.

그는 『농가월령가(農家月令歌)』가 조선 민중 외적 생활의 가장 보배로운 기록이라고 한다면 『권왕가(勸往歌)』는 조선 민중의 내적 생활의 지보적(至寶的) 기록이라고까지 격찬하였던 것이다.[28]

손진태 이외에도 현주(玄洲)는 이러한 연구의 진행을 보고 불교문학의 건설을 제창하고, "민중의 생활에, 관심에 침투되는 경향을 가지는 작품"의 성격까지도 구상하고 있었다.[29]

조윤제(趙潤濟)는 조선 불교문학에서 그 존재의 신비를 높이 평가하게 되었

---

26) *Ibid*., p. 31.

27) 『불교』, 90호, pp. 42-43, 1931년 12월호.

28) *Ibid*., p. 43.

29) 불교문학의 건설에 관하여, 『불교』」, 95호, p. 9, 1932년 5월호.

던 것이다. 조선이 유교체제의 규모로 훈련되고 통제된 사회임에도 불구하고 그 문학에서 농도 짙은 불교사상의 흐름을 찾아낼 수 있었기 때문이다. 하지만 그는 이러한 불교문학의 현존가치가 어떤 내적 의미와 기능을 가짐이 없이 가능하지 않다는 점을 착상하고 그 연구에 임하였던 것이다.

우선 그는 문학의 소재로서는 유교보다 불교에 더 다양하고 풍부한 옥토가 있다고 보았다. 까닭은 불교가 피안에서 인생의 구원을 실현한다고 보기 때문에 신비한 작용, 상상의 풍부, 조화의 무궁 등으로 해서 골격과 같은 유교에 비해 살과 같은 유연함과 광활한 생명력이 감돈다고 보았던 것이다. 물론 그는 유교문학이 전무했다고 말하지는 않았다. 하지만, 유교를 골격으로 하는 도덕적 소설일지라도 그의 살로서 불교의 힘을 빌리지 않을 수 없었다는 것이다.[30]

다음, 그는 불교가 조선인의 민중 신앙으로 굳혀온 사실을 찾아 낼 수 있었다. 그것은 두 가지 의미를 가지고 있었다. 하나는 그 신앙이 교리로서 계통적으로 설명되어 있지 않았다는 것이요, 다른 하나는 불교가 순전히 대중적으로 중류 이하와 여류계급에 발달하여 학자계급, 곧 유학자들을 떠나게 되었다는 것으로, 한 민속적 신앙의 모습으로 자연히 흘러 내려 온 것이라는 점이다.

이런 의미에서 그는 불교가 조선에서 민중 속 깊이 생동하였다는 사실과 함께 유교가 상류층의 학식으로, 필경 표면에 남아 있었다는 가설을 제시할 수 있었던 것이다. 유교와 불교의 상호 생존관계를 그가 암시했다고 해서 과언은 아닐 것이다. 그래서 그는 양면성을 조선조문학에서 보았다고 말했던 것이리라.

이러한 문학의 실례로서 그는 『춘향전』을 들고 있었다. "곧 유교 속에 침입하여 마음껏 발전한" 조선 불교의 교묘한 방책의 하나가 그 작품이었다는 것이다. 조윤제(趙潤濟)는 이 『춘향전』이 『장한절효기(張漢節孝記)』나 『당태종기(唐太宗記)』, 『소대전(蘇大傳)』, 『장봉운전(張鳳雲傳)』 등보다 이런 면에서 더욱 월등하다고 판단하게 되었던 것이다.

다음, 그는 조선에서의 불교의 이러한 저류와 그 에너지가 조선조의 핵심이념으로 유교체제를 지속해 온 정치가의 무력으로는 능히 움직이지 못할

30) 이조문학의 양면성, 『불교』, 103호, p. 50, 1933년 1월호.

위대한[31] 힘을 과시한 역사의 증거라고 보고, 종교와 문학이 강한 저항정신의 원류가 될 수 있다는 사실을 주목하였던 것이다.

이러한 연구 이외에도 고유섭(高裕燮)의 불교예술에 관한 연구 및 조선 탑파(塔婆)에 관한 연구가 계속 『불교』지에 실려 그 분야에 획기적인 공헌을 하였고,[32] 또 임석진(林錫珍)의 국사(國師)들에 관한 연구 및 원효대사(元曉大師)에 관한 연구들이 활발하게 진행되었다.

이 밖에도 당시에 진행된 몇 가지 연구의 분야들이 『불교』에 실린대로 살펴보면 다음과 같다. 곧 허영호(許永鎬)의 "조선 불교의 입교론(立敎論)(신 9호),[33] 김영수(金映遂)의 "조선불교의 특색"(100호), 이광수(李光洙)의 "불교와 조선문학"(7호), 김태흡(金泰洽)의 "세종대왕의 신앙과 월인천강지곡(月印千江之曲)"(69호), 박창두(朴昌斗)의 "신라불교대관"(78-82호), 적선자(赤禪子)의 "신춘 마저 나는 불교 유신의 새 운동"(100-102호), 권상로(權相老)의 "조선 불교사의 이합관(離合觀)"(62호), "조선불교에 대한 희망"(79호), 허영호(許永鎬)의 "조선불교의 본존론(本尊論)"(신 10호), "조선불교의 불성론(佛性論)"(신 11호), 윤해(潤海)의 "조선불교의 사법(嗣法)계통"(신 5호) 등 여럿 있었다.

외형적 발전으로는 불교전수학교가 1930년 중앙불교전문학교로 승격된 일들을 손꼽을 수 있을 것이다.

---

31) *Ibid.*, p. 54.

32) 고유섭(高裕燮), 불교가 고려 예술에 미친 영향의 고찰, 『신불교』, 25호, 1940년 7월호, 및 조선 탑파(塔婆)의 연구, *Ibid.*, 8, 9월호~1941년 9월호 신40호)까지.

33) 여기 삭자는 『불교』 및 『신불교』의 호수이다.

1-3. 천도교의 국학진흥운동

1) 그 배경과 활성력

천도교는 3·1운동에서 활발한 민족운동을 전개하였었기 때문에 최린(崔麟)을 비롯한 손병희(孫秉熙), 박인호(朴寅浩)와 같은 지도급 인사들이 일제에 의하여 검거도 되고, 또 일경(日警)의 교회 박멸 계획으로 여러 모로 피해가 엄청났다.

그러나 1923년 9월 2일에는 천도교의 전위단체인 천도교청년당을 창립하여 "지상 천국 건설을 그 주의로 하고 사인여천(事人如天)의 정신에 맞는 새 윤리 수립을 강령"으로 내세워 새 방향을 설정하였다. 창당의 주역들은 이돈화(李敦化), 김기유(金起由), 박사직(朴思稷), 조기간(趙基栞) 등이었다. 이때 당원은 3만여에 이르고 있었으며, 지방당부는 120여에 달하고 있었다.

그러나 이 청년당이 정치적인 성격을 띤 현대적 개념의 정당이 아니었음은 그 내력이나 당무(黨務)의 조직 형성으로 보아서 쉽게 알아볼 수가 있다.

우선 그 내력을 보면 1919년 9월 2일에 이돈화(李敦化), 정도준(鄭道俊), 김옥빈(金玉斌), 이두성(李斗星), 박래홍(朴來弘), 박달성(朴達成) 등을 중심으로 천도교 청년교리 강연부(講硏部)를 조직하였던 일이 있다. 한데 이 강연부는 그 목적이 "천도 교리를 연구 선전하며 조선문화를 향상 발전시키고자 하는" 데 있었다. 최동희(崔東熙) 교수는 이 목적의 근본 동기에 대해서, 일제의 눈치를 살피는 조심성도 잊지 않고 종교운동이라는 이름 밑에서 "조선 신문화의 향상 발전이라는 새로운 형태의 민족운동을 시도한 것"이라고 분석하고 있었다.[34] 국학의 진흥에 대한 한 에너지의 활력소를 여기서 볼 수 있었다. 정치적 민족운동의 직접적 계승이란 형태는 여기 없었고, 이제 새로이 조선문화에 대한 천도교의 공헌면을 심각하게 취급하게 되었다고 할 수 있겠다.

다음 이 청년당은 전당대회와 집행위원회가 그 최고 의결기관이었고, 당 본부 밑에 총무, 조직, 훈련, 선전, 이 4부가 당성적(黨性的) 사무를 처리하고 있었지만, 종교, 철학, 정치, 경제, 예술, 사회, 체육 등의 학술연구부를 두어

34) 천도교사상,『한국현대문화사대계』Ⅱ, 서울, 고려대학교, 민족문화연구소, 1976년, p. 690.

인내천주의(人乃天主義)의 문화 수립에 대한 연구를 하게하고 있었다.

이 청년당의 전신인 1920년 3월 발족한 천도교청년회[35]는 1920년 6월에 우리나라 최초의 본격적인 종합 잡지라고 할 수 있는 『개벽(開闢)』을 발행하여 1926년 8월까지 계속 발간하였던 것이다. 이 『개벽』의 창간호가 반포 금지 당했으나, 문제된 부분을 삭제하고 호외로 간행되었다. 그 창간사에 이런 말이 있었다. 곧

> 소리 있어 널리 세계에 전하니 세계 모든 인류 이에 응(應)하여 부르짖기를 시작하도다.
>
> 동서남북 사해팔방이 다 같이 이 소리 중에 묻혀 있도다.
>
> 개벽(開闢)하는 차제(此際)에 인민의 소리는 이 개벽(開闢)에 말미암아 더욱 커지고 넓어지고 철저(徹底)하여 지리라.
>
> 오호(嗚呼)라 인류의 출생 수십 만 년의 오늘날 처음으로 이 개벽(開闢) 잡지가 나게 됨이 어찌 우연(偶然)이랴.

이 소리, 이 인민의 소리에 대한 개벽(開闢)의 신비, 의미 부여의 뜻은 깊다. 겨레를 이런 세계의 역사권 속에서 보려고 하는 웅장한 다짐은 천도교가 민족 종교로 굳히면서도 상실하기를 거절한 보편성에의 강한 성향이었다. 하지만 이 보편성은 조선, 그 "개(個)"를 위한 합리성과 자립성의 근거로 제시되고 있음이 분명하였다.

그런데 다른 하나의 활성력은 "새" 것, "새 조선"에 대한 앙모였다. 『개벽』이 1926년 일제에 의해서 폐간되고 나서, 그것에 뒤이어 나온 천도교의 기관지가 『신인간(新人間)』이었다. 이것은 1945년 1월까지 속간되었다. 어쨌든 이 "새로움"에 대한 지향은 벌써 『개벽』 창간호에도 역력히 나타나 있었다. 이 글을 썼던 이돈화(李敦化)는 포부와 자신을 가지고 이런 말을 하였던 것이다.

> 나는 새것을 모앙(慕仰)하는 자로다. 새것을 동경(憧憬)하는 자로다. 새것이 있음으로 사람은 사람다운 가치를 나타내는 것이오, 새것이 있음으로 세계는 세계다운 광채(光彩)가 나는 것이다.[36]

---

35) 이것은 물론 강연부의 후신이다.

그는 계속해서 한국 역사의 오랜 길목마다 위대했던 "새 사람"들을 찾아낼 수 있었고, 따라서 "조선의 조선된 소이(所以)는 이들의 새 사람이 많이 있었음"[37]에 있다고 단언할 수 있었다. 이렇게 신문화운동을 우리 민족의 문화전통에 접근시키면서 그 기동력으로 "새" 것을 제시하였다.

이 새 것이 뚜렷하게 무엇인가를 지목하고 이런 말을 한 것은 아닌 것 같다. 그의 글에 서양 근대화에 관한 언급이 잦기 때문에 근대과학과 근대사상의 수용에서 민족적인 자각과 긍지를 일으키려고 한 일종의 연결 과제에서 이것을 생각한 듯한 인상도 주고 있다. 더구나 "조선 신문화 건설에 대한 도안"[38]이란 글에서, 누구든지 실지에 부합할 만한 보통 지식의 획득을 강조한 글이라든가, 또 "되든지 못 되든지 좌우간 무엇이든지 하여 보려는 신 현상"[39] 등으로 이해한 것을 볼 때 여기 포착하기 힘든 핵심의 문제가 있다고 보지 않을 수 없다. 하지만 여기서 우리의 주의를 끄는 것은 이 겨레가 이제 무엇이든지 해볼 때가 되었다는 기운에 대한 자각이다. 그것이 조선문화의 향상 발전과 관계있다는 점은 이미 살펴 온 것과 연결해서 곧 생각할 수가 있다.

한 가지 이 『개벽』에 대하여 반드시 하여야 할 말이 있다. 곧 이 잡지에는 조선 공산주의자들의 글이 엄청나게 많이 실리고, 더구나 기독교에 대한 공격의 줄기찬 독필(毒筆)이 계속되고 난무하고 있었다는 사실이다. 가령 김경재(金璟載), 배성룡(裵成龍), 이정윤(李廷允), 박헌영(朴憲永, 1900-1956) 등이 그렇다. 가령 박현영은 다음과 같은 독설을 서슴치 아니하였다.

> 계급의 종교가 된 기독교는 봉건사회에 잇서서는 제후(諸侯)와 영토를 옹호하고 자본주의 사회에서는 자본가 계급의 이익을 옹호하는 도구가 되고 말앗다.
>
> 기독교는 강자의 편리한 무기 ...
> 신(神)을 사랑하고 사람을 불상히 녀긴다는 청교도는 토인의 토지를 약탈하고

36) 『개벽』, 창간호, p. 39, 1920년.

37) *Ibid*., p. 41.

38) 『개벽』, 제 4호, p. 11

39) *Ibid*., 창간호, p. 14.

토인의 가옥을 태우고 토인을 죽이고 ...

조선을 횡행하는 져 미국선교사들의 언행을 살펴보라. 피등은 자기 나라의 자본가에게서 선전비를 어더가지고 철두철미 자국 자본가를 위하여 길을 개척하려고 그 민족적 세력 부식을 위하여 빠이불과 기도로써 포탄과 잠함정(潛艦艇) 이상의 무서운 악마적 침략을 발휘하고 잇는 것을 볼 수 잇다.

기독교는 현대 미국식 자본가적 대규모로써 미신의식의 잠재하엿음을 이용하야 그리스도의 미신과 허위를 선전한다. 그리하여 배후에 금력과 군벌의 권력을 의거코 조선민중에게 소위 도덕 양심이라 하여 인종과 유순을 장려 선전한다.[40]

배성용 역시 그랬다. 그의 말을 하나만 인용한다.

교회는 자본주의사회를 지지함에 잇서 절호(絶好)한 경찰기관(警察機關)이다.[41]

우리는 천도교가 이런 생각을 가지고 있었다고는 보지 않는다. 하지만 공산주의자들에게 기독교 공격의 포럼을 제공해 준 것만은 사실이다. 아니게 아니라 1925년대 이후에는 기독교에 대한 공격이 공산주의 계에서 뿐만 아니라 조선 지식사회 도처에서 밀물처럼 터져 나오고 있었다.

2) 한 진흥

1930년에 이르러 천도교는 이미 1920년대부터 대두되고 발전시켜 오던 조선문화 향상에 대한 여러 모색의 과장들을 정리해서 체계화했다고 할 수 있겠다. 그 하나가 1930년 간행된 『신인철학(新人哲學)』이요, 다른 하나가 『천도교창건사(天道敎創建史)』(1933년)인데, 이 양자가 다 이돈화(李敦化)의 저술 편집이었다. 여기서는 후자의 경우를 자세히 살펴보고자 한다. 그것이 이 방면에서는 당시 나타났던 유일한 자료이기 때문이다.

우선 천도교의 경우는 그것이 창건되고나서 74년 만에 그 창건시대의 창조

---

40) 박헌영, 역사상으로 본 기독교의 내면, 『개벽』, 1925년 11월호, pp. 64, 68, 69, 76

41) 배성용, 반종교운동의 의의, 『개벽』, 1925년 11월호, p. 58

적 시효(時効)를 실증하기 위해서도, 역사에 남겨놓아야 한다는 생각이 공교롭게 1930년대에 해당하였다는 사실이다. 이것은 한 세대의 간격을 의미했고, 따라서 대신사(大神師) 및 성사(聖師)와의 직접 교섭이 없는 후세 만대에 그 감로(甘露)의 혜택을 유전하기 위해서도 그 역사의 편찬이 불가피하였던 것이다. 그러나 본서 안에서도 역사 편찬의 중요성이나 동기에 대하여서 스스로 밝힌 것이 있었다. 곧

> 동학시대 40년은 비밀수도(秘密修道)로 잇든 관계상 사적(史蹟)의 기록이 사실로 불능(不能)하엿고, 천도교시대 30여 년에는 내와 외로 비상한 사정이 연속부절(連續不絕)하야 미류우미류(彌留又彌留)하야 금일에 지(至)하야 써 홀연(忽然)히 반성한 즉, 만약 우리 시대에 역사의 완성이 업시 지난다 하면 구비인상(口碑印像)으로 뿐 남아 잇든 후천생명(後天生命)의 실재료(實材料)가 점차(漸次) 민멸(泯滅)할 것이며, 따라서 창조시대의 창조적 실효(實効)를 유실(遺失)할 것을 생각할 때에 스스로 모골(毛骨)이 송연(悚然)함을 금치 못하든 중 시운이 일치하야 백만동덕(百萬同德)이 이구동음(異口同音)으로 차사(此事)의 기성(期成)을 촉망(促望)[42] ...

최석건(崔碩建)은 천도교 70년의 역사에 대하여, 그것이 "앞의 파도가 뒤에 계속하는 것과 같고 능히 동하고 능히 조용하고, 능히 나가고 능히 들어오는, 그런 장엄한 과정이라 보고, 그것은 "유독 우리 조선인의 자랑이 될 뿐 아니라 20세기 세계 인류의 일대 찬송이 될 것"[43]이라고 감상을 피력하였던 것이다. 곧 천도교는 처음의 파도가 끊겼다고 할지라도 다시 파도가 일며, 능히 움직이기도 하고 능히 조용하기도 하며, 능히 나가기도 하고 능히 들어오기도 한다는 것이었다.

그러나 이 『천도교창건사』가 수운대신사(水雲大神師)나 해월신사(海月神師) 및 의암성사(義菴聖師)에 대하여 자료를 정리하고 마지막에 중의제(衆議制)에 관하여 그 천도교의 정체(政體)를 부연한 것으로 끝나고 있음은 동학의 역사적 전개 과정과 그것이 민족사에서 가졌던 의의의 발굴이라는 외현사보다는, 그 내면적 교리사의 정리라는 한계에서 조금도 빗나가지 않고 있음을 보여 주었

42) 이돈화, 『천도교창건사』, 제 4편, pp. 18-19, 京城, 천도교중앙경리원, 1933年.

43) 『천도교창건사』, p. 4.

다.[44] 여기에는 해석사적 구성이 없고, 따라서 편저자 자신이 언급한대로 자료 수집식[45]으로 시종하였음이 그 특징이라 하겠다.

이런 의미에서 천도교의 국학진흥은 차라리 1920년대에 더 절묘한 방법론적 시도가 있었다고 봄이 옳을 것 같으며, 1930년대는 자체 역사에 대한 유전 기능 실현에서 그만한 저작을 남기게 되었다고 봄이 마땅하다고 믿는다. 물론 우리는 자체 역사에 대한 의식의 정리가 국학의 한 면이라는 사실을 부인해서는 안 된다.

1-4. 기독교의 국학진흥운동

기독교의 국학진흥의 역사는 실로 1890년대, 재한 선교사들에 의해서 그야말로 개척자적으로 훌륭히 진행되었고, 외국에 대한 한국 문화의 실상 전달도 자료로서는 이들에 의해 전담되었다고 해도 과언이 아니다.[46]

주한 영국공사를 역임한 바 있었던 월터 힐리어 경 (Sir W. Hillier)은 "한국에서 우리가 그 나라 백성에 대하에 아는 것이 있다고 한다면 그것은 모름지기 다 선교사들의 작업 때문"[47]이라는 말을 하고 있었다. 선교사들의 한국학 연구에 대한 양이나 그 질에 대한 언급이 아닐 수 없었다.

더구나 1892년에 창간되었던 *The Korean Repository* 나, *The Korea Review* 및 1896년 창간의 *The Korea Mission Field* 같은 정기 간행물들은 실상 선교사들의 한국학 관계 연구 논문의 발표 및 한국의 문화나 사회 및 역사에 대한 자료지(資料誌)로서의 사명이 전부라고 해도 과언이 아닐 정도였다. 근대적인 의미의 과학적 분석적 연구 방법론 역시 여기서 나타난 다른 하나의 기여가 아닐 수 없었다.

어쨌든 이렇게 해서 간행된 한국관계 단행본만 하여도 1910년까지 실로 100여 권에 이르고 있었다. 물론 우리는 이러한 연구과정에서 한국 내 자료를

---

44) *Ibid.*, p. 7.

45) *Loc.cit*

46) 여기 대해서는 홍이섭(洪以燮), 『한국사의 방법』, Ⅲ편, 1968, 서울, 탐구당.

47) I. B. Bishop, *Korea and Her Neighbours*, Vol. I, London, John Murray, p. ix.

처음 보게 된 데서 오는 가능한 판단 오도(誤導)와 그 수집 내지 해석에 이르는 여러 문제들에 대하여 한국인 자신의 방법론 미급과 그 체계 미비로 인한 협력 부재를 주목하고, 이들 외국인의 한국 관찰 능력의 제한성을 시인하지 않을 수 없을 것이다.

더구나 기독교의 선교라고 하는 시점에서 착수하였던 연구의 한계성도 아울러 감안하지 않으면 안 될 것이다. 그러나 이 모든 제한에도 불구하고 우리는 이들의 국학 연구의 착수와 그로 인한 그 의미와 가치의 전개라는 점에서 결정적인 중요성을 부여하지 않을 수 없으리라고 본다.

이러한 역사를 배경에 두고 1930년대 기독교계의 국학진흥운동이 이해되어야한다. 1930년대의 활발한 신학적 활동을 두고 한국신학의 만화기(滿花期)[48]라고까지 언급한 바 있는 유동식(柳東植) 교수는 이때의 진흥 원인으로 일제의 문화정책, 그리고 이때를 전후해서 미국과 일본에서 유학하고 귀국하는 신학도들의 수적 증가를 들고 있었지만,[49] 이보다 더 깊은 몇 가지 요소들이 있었음을 간과해서는 안 된다.

1) 국학진흥을 위한 기운의 양성

우선 백인 선교사들의 태도에 대한 반발을 들 수 있다. 1923년에 『동아일보』는 그 사설에서 날카로운 필치로 선교사들을 공박하는 글을 실었다.

> 만일 선교사 제군이 조선인을 이해하지 못하고 조선인의 정신적 발전에 오히려 장해를 끼친다면 ... 조선인 장래에 대하여 적지 아니한 손실이 유(有)할지니, 이는 그리스도에 대하여 제군의 실경(失敬)이오, 오족(吾族)에 대하여 죄악이 되리라.[50]

이만한 불만에는 상당한 근거가 있었다.

---

48) Tongshik Ryu, *Rough Road to Theological Maturity, in Asian Voices in Christian Theology*, p. 164. ed., by G. Anderson. New York, Orbis Books, 1976.

49) *Ibid.*, p. 165.

50) 사설, 『동아일보』, 1923년 4월 14일자.

이러한 선교사들의 태도는 1923년에서 1928년까지 현상적으로 폭발되었는데, 그 중에서 몇 가지 밖으로 나타난 사건만 치더라도, 허시모(許時模)사건, 서울동대문 부인병원의 간호원 자살사건, 성서학교(성결교) 학생들의 단식 투쟁사건, 구세군 조선사관들의 항명사건, 그리고 또 달리 대소 사건들이 조선교회와 선교사 간에 야기되고 있었다.

그러나 이런 현상 배후에 있는 선교사들의 인종적 편견이 신앙에도 잠재할 수 있다는 관측이 조선교회를 번민케 한 것이었다. 항일의 정신적 연수(淵藪)로 현존했던 교회가 그 정신적 실질적 지원의 근거였던 선교사들에게서 받는 모멸에서 느끼며 가지게 된 것은 실로 착잡한 저항의식이 아닐 수 없었다. 뭔지 모르지만 이제 자립적 자주적 교회에 대한 강렬한 충격이 복받치지 않을 수 없었을 것이다. 민족 교회적 이념이 구형(構形)되기 시작한 것이 바로 이 때였다. 그 정황을 『조선일보』가 묘하게 잘 나타내 주었다. 곧

> 조선인으로써 기독교에 대한 주밀명쾌한 비판을 시(試)하고 그로 하야곰 상당한 신기축을 지을 자 업섯고, 그리하야 그로 하야곰 조선적으로 사상적 심오한 근저를 이루게 한 바 업스니 ... 외인선교사도 조선인교도에 대하야 외경의 염을 가지지 아니하고, 때로 다만 전횡자자(專橫自恣)하는 태도에 나오는 리유이다.[51]

한국적 기독교, 그 자주적 민족기독교회 형성에의 바탕이 이렇게 해서 마련되기 시작하였던 것이다.

우리는 이러한 반선교사의 정서적 과열이 1926년 이후에 나타났다는 사실을 주목할 필요가 있다.[52] 그것은 국내에서 일본 경찰에 의하여 공산당이 불법화되면서 공산주의자들의 기독교 공격의 전략적 시기와 타이밍이 겹친다는 사실을 절대 간과하여서는 안 될 것이다. 특히 당시의 일간지 『동아일보』나 『조선일보』에 좌경 기자들이 많았다는 사실에서도 이런 스캔달들의 특정시기 집중식 과열 보다가 넘쳤다는 사실 역시 감안하지 않으면 안 된다.[53] 더구나

---

51) 사설, 『조선일보』, 1926년 3월 7일자.

52) 졸저, 『한국기독교사회운동사』, 대한기독교출판사, 1990, p. 211.

기독교의 이런 반선교사적 소위 비위(非違) 고발이 대개 일본 유학파들이 대거 진출하여 활동하던 교회 밖의 기독교 기관 곧 YMCA나 『기독신보』와 같은 곳에서 특출하고, 교회 안에서는 잠잠하였다는 사실 역시 감안하여야 할 것이다.

한데 공교롭게도 1930년대에 들어서면서 일제의 강압적 통치가 격화되고, 그 일환으로 선교사들의 세력 제거가 서서히 진행되기 시작하고 있었다. 여기에 미국 내의 경제적 공황(恐慌)이 겹쳐 미국 선교비의 대량삭감이 강행되고, 따라서 선교사들의 현상적 퇴장이 나타나기 시작하였던 것이다.

이제 역사 40년에 이르러 한국기독교는 그 나름대로 성숙한 독립을 선교사들의 후현에서 벗어나 구현(俱現)해야 하는 단계에 불가피하게 몰리게 된 셈이었다. 일제의 반기독교 정책이 신사참배를 통한 국민 의식(儀式)의 형식에서 그 악랄한 합리성으로 둔갑하면서 비(非)국민성을 교회에 대하여 시찰하고자 하는 기운이 성숙함에 따라서 민족 기독교로서의 구형(構形)은 실로 뒤로 늦출 수 없는 목전의 과제로 다가오지 않을 수 없었다.

다른 하나, 교회의 민족신학 구형을 위한 자극은 1920년대의 사회변화에서 찾아보아야 한다. 송창근(宋昌根, 1898-1950)은 이런 글을 남기고 있었다.

> 요즘에는 조선사회가 교회에 향하야 역(逆)도 않고 화(和)도 않고 그저 몰교섭(沒交涉)입니다. 오히려 박해(迫害)보다도 냉소(冷笑), 압박(壓迫)보다도 무둔착(無鈍着), 저항(抵抗)보다도 묵살(黙殺)이 현대 조선사회가 기독교를 대하는 태도입니다.[54)]

이러한 몰교섭과 냉소의 사회적 변화 이외에 더 심각한 문제는 사회주의 내지 공산주의의 새 기운과 그 박력이었다. 이러한 발전은 실상 이들 좌익사상 자체의 매력이나 그 신념 때문인 것보다는, 오히려 일본이 이러한 사상의 급격한 확장 때문에 곤궁을 겪게 되고, 따라서 그런 기회에 민족 운동의 표출을 시도한다는 우회적 수용의 자세가 더 짙었던 것이다.

그러나 이러한 사상의 확대에 대한 일반의 영합이 교회에는 곤궁과 시련을

---

53) D. S. Suh, *The Korean Communist Movement 1918-1948*, Princeton University Press, 1967, pp. 66ff
54) 졸저, 『한국기독교회사』, 서울, 기독교서회, 1972, p. 323.

가져올 수밖에 없었다는 사실이다. 반(反)기독교대회가 노골적으로 열리는가 하면 한 만(韓滿) 국경 지역이나 만주 그리고 시베리아 등지에서는 수많은 순교자들이 공산당원들에 의해서 피를 흘리게 되었던 것이다.[55] 교회는 확실히 제 딴의 설자리를 마련하지 않을 수 없었다. 선교사들에 대한 반감, 일제, 공산주의, 이 모두가 한국교회에는 심각한 위협으로 등장하였기 때문이었다. 그것은 자의지의 확립 과정을 거쳐 한국적 신학의 수립에로 재촉하는 자극이 아닐 수 없었다.

2) 조선학 연구의 한 연원

기독교계에 있어서의 국학 연구는 말할 것도 없지만, 대학(당시의 전문학교)에서의 국학 연구나 교수가 정식으로 시작되게 한 데 끼친 공로로나, 우리는 연희전문전문학교의 용제(庸齊) 백낙준(白樂濬, 1895-1985)을 우선 언급하지 않을 수 없다.

그는 1927년『한국개신교 선교사』[56]로서 미국 예일대학교에서 박사학위를 받았지만, 그것은 "국사의 한 분류사"[57]로 연구되어진 것이었고, 따라서 1832년에서 1910년 어간을 망라한 "한국근대사"로 평가되기도 하였던 것이다. 용제 자신도 서양 역사방법론에 의해서 국사 연구에 응용해 보겠다는 구상이 처음부터 있었음을 시인하였던 것이다.[58]

그가 1927년 가을에 연희전문학교에 봉직하면서부터 이 소박한 의지가 그 정열과 웅지(雄志)를 펴나갈 수 있었다. 외국에 있을 때 아쉽던 국내자료에 대한 접근이 가능했던 것이 그 하나요, 연희전문학교에 당시 민족주의자들이 여럿 모여 있었다는 비옥한 옥토가 다른 하나의 힘이었다. 그때 그곳에는 정인보(鄭寅普,1892-1950), 최현배(崔鉉培1894-1970), 이춘호(李春昊), 이원철(李源喆), 백

---

55) 졸저,『한국기독교사회운동사』, pp, 211ff.

56) 백낙준,『한국개신교사』, 연세대학교 출판부, 1973年, p. vii.

57) 최현배, 머리말,『백낙준박사환갑기염 국학논총』, 1955년, p. 3.

58) 백낙준,『시냇가에 심은 나무, 나의 인생관』, 서울, 휘문출판사, 1971, pp. 42-70. Cf.『학회기략(學誨記略)』,『용제 백낙준박사소전』, n.d., p. 16.

남운(白南雲), 조병옥(趙炳玉), 유억겸(兪億兼) 등 제씨가 교수하고 있었다.

1928년 용제(庸齊)가 문과 과장직에 있으면서부터 대담한 일련의 국한연구가 착수되었다. 곧 일제하에서 위험을 무릅쓰고 조선어학을 선택과목으로 교수하게 하였고, 아울러 조선사를 동양사 과목 속에 포함하게 하였으며, 또 한문학 속에 국문학을 함께 강의하게 하였던 것이다.[59] 처음부터 국학이란 말을 쓰고 싶었지만 "국(國)"자를 사용할 수 없어서 "조선학"이란 어휘가 연희전문학교에서부터 나돌기 시작하였던 것이다. 다만 연희전문학교에서는 유학, 불교학, 문화, 종교, 민속학에 대한 마땅한 연구가 역부족으로 착수하지 못한 흠이 있었다.

이 조선학의 연구 교수는 위당(爲堂) 정인보(鄭寅普,1892-1950)의 『조선문학원류초본(朝鮮文學源流草本)』과 외솔 최현배(崔鉉培, 1894-1970)의 『품사분류(品詞類別)』란 형태로 우선 그 결실이 맺혀졌던 것이다. 이 두 글이 실린 "조선어 문학연구"에서 용제(庸齊)는 그 심정을 이렇게 쓰고 있었다.

> 우리는 조선의 위업(偉業)을 계속하지 못하였을 뿐 아니라, 더우기 그 자취를 더듬을 길조차 묘연(渺然)하게 되었으니, 어찌 통한(痛恨)히 여길 바 아니리오. 오늘 우리 그 통한(痛恨)을 예제(刈除)하려면 그 위업(偉業)을 계속함에 있고, 그 위업(偉業)을 계속하려면 우리 조선(祖先)들의 생각하신 바와 감각하신 바와 및 행하신 바를 생각하고 느끼고 본받음에 있을 것입니다.[60]

실학에 관한 연구도 용제가 연희전문학교의 문과 연구원이었던 신부철(申埠徹)로 하여금 정인보의 지도 아래 연암(燕巖)을 연구하게 한 데서 그 꽃을 피워 가고 있었다. 이것은 실로 "우리나라 실학 연구에 싹을 트게 한" 계기가 되었던 것이다.[61]

물론 용제는 그의 귀국 당시 국내 신문들의 학예란에 실린 우리고유 문화에 대하여 많은 것을 배울 기회가 있었다. 그리고 이를 통하여 국학 연구에 대한 관심도 가지게 되었던 것이다.

---

59) *Ibid.*, pp. 42-43.

60) 『문과연구론문집』, 연희전문학교 제 1집 1930年 11月.

61) 『시냇가에 심은 나무』, p. 41.

그런데 용제는 그러한 계몽적인 국학 지식보다도 좀 더 깊은 연구가 있어야 한다고 믿고 있었다. 이러한 확신이 필경 전술한 바 조선학의 강의 개설로 구현해 나갔지만, 학술기관의 조직도 실현해 나가게 하였던 것이다. 최현배나 이윤재(李允宰)와 함께 철학회를 만들고자 하다가 이병도(李丙燾) 등과 함께 결국 진단학회(震檀學會)를 1934년에 발기하였고, 같은 해 송석하(宋錫夏), 그리고 전술한 바 있는 손진태(孫晋泰)와 함께 조선 민속학회를 조직 하였던 것이다.

이렇게 보았을 때, 조선학 연구를 연희전문학교에서 출발시켰다는 것이 "역사적 사실"이라고 말하는 용제의 단언을 이해할 수가 있게 된다.[62]

용제의 경우는 기독교의 입장에서의 국학 연구라 할 수 있었다. 그것은 역사적 연구와 밀접한 관련을 가지고 있었다. 그러나 다른 한편에서는 회고적인 것 보다는 실존적, 미래 지향적 형성성을 띤 국학진흥의 경향이 있었다. 이제 이러한 운동을 살펴보자.

3) 한국적 신학 형성의 모색

한국적 신학은 민족교회론의 대두에서 그 첫발을 내디디었다. 민족교회론은 선교사들의 교파교회가 억지로 이식된 사실을 공박하고 교파란 것이 민족이나 사회학적 특수성에서 형성되었다면, 그러한 배경에서 함께 성장하지 아니한 한국에서의 미국교파 이식은 불합리하다고 공박하면서 전개되기 시작하였던 것이다.

1926년에 신흥우(申興雨, 1883-1959)는 심지어 선교사들의 선교방법이 "제국주의의 식민지 통치 조직"에 유사하다고 힐난한 일까지 있었다.[63] 이래서 1933년 신후승(申厚承)은 그의 생각을 이런 말을 남긴다.

> 우리 조선내에 우리 교회는 백인의 피동(被動)이 되어 이해(利害)업시 동족(同族)

---

62) *Ibid.*, p. 43.
유진오박사는 1977년 10월 27일 백낙박사 연세봉사 50년 찬하연에서 행한 축사 속에서 국학연구와 교수가 용제(庸齊)와 연희전문학교에서 시작되었음을 증언한 바 있다. 당시 유진오는 소위 민족대학 고려대학교의 총장.

63) 종교개조와 우리의 자유, 『청년』, 1926, 4월호, p. 11.

끼리 불목(不睦)하지 말고 합동하야 거룩하고 유역한 조선기독교회가 탄생(誕生)하기를 절망(切望)합니다[64]

여기 나타난 경향을 분석하면, 일치와 민족교회론을 한 줄기 연속으로 보고 있다는 것이 나타난다. 한국적 교회는 교파적 다양성을 가질 수 없다는 것이었다. 최창남(崔昶楠)의 글 가운데 그 핵심이 잘 드러나 있었다. 곧

조선의 예수교회는 조선의 예수교회가 되어야 하겠습니다. 결코 모방성을 띄지 말아야 하겠읍니다. 조선이 특수한 환경에 처한 이 만큼, 우리의 민족성이 다른 이 만큼, 우리는 우리의 이상 위에 교회를 세워야 할 것입니다. 이 정신하에서 우리는 교리를 변론(辯論)하는 것이 아닙니다. 오직 통일을 기하여야 하겠습니다.[65]

이것을 한국적 전통의 연속성에서 필연이라고 본 것이 바로 백낙준의 탁견(卓見)이었다. 그의 다음 말이 이를 시사한다.

(合同이라 함은) 조선기독교회의 조직을 말하는 데, 조선예수교 장로회가 있지만은 그 신경(信經)은 조선사람의 신앙의 결정이 아닌 듯하고, 그 정치제도도 조선예수교도의 창작(創作)은 아니라고 합니다. 더우기 우리가 부르는 찬송가에는 조선예수교인의 오묘(奧妙)한 신앙을 시적(詩的)으로 발표한 것이 별로 없습니다. 성경해석은 배와서 아는 이와 스스로 연구하여 아는 이가 많으나 아직까지 그 결과를 집합한 주석(註釋)과 논문이 있어 기독교사상에 새로운 공헌(貢獻)은 없습니다 ... 이때는 조선교회의 형식을 만들려 하는 것보다 교회의 혼(魂)을 만들 때일 듯합니다.[66]

여기에 민족교회론의 국학적 성격이 짙게 풍기고 있음을 쉽게 포착할 수 있다.

백낙준이 국학 연구나 그 장려에서 우리 역사에 남긴 공헌은 이러한 생각이

64) 조선교회의 6대 운동, 『기독신보』, 1933년 5월 31일자.

65) 새 교역자와 조선의 통일, 『진생(眞生)』, 1929년 1월호, p. 28,

66) 『기독신보』, 1933年 5월 31일자.

있어서 가능하였다고 본다. 이것을 교회 내에서 끝까지 실현하려고 그 주춧돌을 놓았던 사람이 김인서(金麟瑞, 1894-1964)였다. 오랜 동안 『신앙생활』지(誌)를 거의 혼자서 내놓았던, 정력의 신앙인 김인서는 이런 말을 남겼던 것이다. 곧

> 번역신학(飜譯神學)과 고용(雇傭)신학에서는 조선의 영(靈)을 움직일 활력(活力)이 나오기 어렵습니다. 정통(正統)이라 할지라도 조선인 신앙정신에서 쏘다져 나오는 조선인 독창의 신학, 조선인의 손으로 발행하는 조선인 독립의 신학이래야 조선의 령을 움직일 수 있습니다.67)

교회와 그 정체(政體)에 있어서 이 때 커다란 민족교회로서의 발전이 있었다면, 그것은 남북으로 교파가 갈라져 있었던 감리교가 미국의 동계 교파에서 치리상 벗어나 완전한 "조선감리회"로 독립하고, 미국 선교사들까지도 여기에 부속케 했을 뿐만 아니라, 그 신경(信經)도 독자적으로 만들어 채택한 일이었다. 1930년 12월 2일의 일이었다. 그 교리 선언에는 다음과 같은 글이 들어 있었다.

> 우리 교회의 회원이 되어 우리와 단합하고자 하는 사람들에게 아무 교리적 시험을 강구(强求)하지 않는다. ... 우리의 입회 조건은 신학적보다 도덕적이오 신령적이다.68)

감리교회가 한국에서 최병헌(崔炳憲, 1858-1927)과 같은 국학계 신학자들을 1900년대에 벌써 배출하고, 최근에 이르러서는 윤성범(尹聖範, 1916-1979)이나 유동식(柳東植, 1922-)과 같은 이들이 한국의 종교적 민속적 전통에서 기독교를 애해 해석해서 그 선교의 방도를 추구하고 있는 대담한 실험들이 다 이러한 감리교 본래의 광활한 신학적 바탕에서 비롯된 것이다.

확실히 한국 기독교에서 감리교처럼 이 국학에 대하여 남다른 정열을 보이고 있는 곳이 따로 없었다. 감리교계 철학자였던 한추진(韓推振)이 1936년 "조선

---

67) 『신앙생활』, Vol. VI, No. 10, p. 10, 1935年 11月.

68) Doctrinal Statement, The Proclamation Regarding the Unification and Organization of the Korean Methodist Church, *The Korea Mission Field*, January 1931, p. 3.

에는 여러 기독교 교파들이 없어지고 유일한 기독교로 하나가되는 동시에 필경은 조선 안에 모든 종교가 합하야 조선정신을 포함한 조선종교"의 형성이 있어야 한다는 말을 했을 때, 그것이 한국 감리교의 강력한 민족적 기질을 보여 준다고 볼 수 있었다. 비교적 보수적인 장로교가 한국교회의 대세를 가늠하면서 감리교와 1930년대에 피차 협조의 기상이 없었던 까닭은 여기에도 그 한 원인이 있었을 것이다.

4) 선교사들의 국학연구

1930년대 선교사들의 한국학 연구는 특별한 시대성을 가지고 전개된 것은 아니었고, 다만 그들이 19세기 말부터 선교적 관심에서 우선 손댔다가 후에 전문화에로까지 진행된 오랜 노정(路程)의 연속 한 부분이었다.

우선 서지학(書誌學)에 있어서 언더우드(H. H. Underwood: 元漢慶, 1890-1951, 언더우드 초대선교사의 아들)의 *A Partial Bibliography of Occidental Literature of Korea*가 1931년 서울에서 왕립아세아학회에 의해 간행된 바 있었다. 이러한 서목(書目)의 출간으로 구미인의 한국 연구의 전모를 처음으로 포괄적으로 제시할 수 있었다.

그는 그 서문에서 한국관계 구문서목(歐文書目)의 형식을 논하면서 구미인의 그릇된 인식을 시정하려고 노력한 흔적이 보였다. 이어 콤퍼즈(E. Comperz)의 보유(補遺) *The Supplement to A Partial Bibliography of Occidental Literature on Korea* (H. H. Underwood, 1931) 이 1935년에 역시 왕립아세아학회에 의하여 간행되었던 것이다.

한국 종교에 관한 연구로서는 클라크(C. A. Clark, 1878-1961)의 *Religions of Old Korea*(1932)가 뉴욕의 프레밍 레벨 출판사에서 간행되었다. 여기에는 조선 재래의 불교, 유교 및 무격(巫覡) 그리고 기독교에 관한 연구가 망라돼 있었다. 저자는 한서(漢書) 몇 개를 제외하고는 조선 종교에 관해 쓰여진 책 전부를 읽었다고 하였으며, 그러노라 20년의 자료수집과 연구 끝에 이 저서를 내놓았던 것이라고 자처하였을 정도였다.[69] 그는 이 책을 통해 세계가 저자의 조선에 대한

69) C.A. Clark, *Religions of Old Korea*, p, 7, Seoul, n.d,. Christian Literature Society.

사랑과 존경을 알게 되기 바란다고 피력했던 것이다.

이외에도 수많은 한국여구가 있었다. 하지만 여기서는 대개 그 경향만을 짚고 지나가지 않을 수 없다.

1-5. 결언

1930년대의 종교계는 기독교가 선교 50주년을 맞는 1935년의 희년(禧年) 기념사업이 있었고, 또 천도교가 창건 74년에 그 역사를 한번 마무리하여 창건사를 1933년에 간행하였으며, 불교는 1930년 범태평양불교청년회의에 조선 대표가 참가하면서 조선적 불교의 독창성에 대한 자각으로 국학 연구에 임하는 등 활발한 자기 확인 작업을 진행하고 있었던 것이다.

그러나 그 접근 방법은 각기 다를 수밖에 없었다. 유교에서의 현상적 진흥 부재가 있었는가 하면, 천도교는 그 역사의 단천(短淺)으로 하여 한국적 형성의 체계화가 그 내적 교리의 정리와 그 자각에 끝났었다는 인상이고, 기독교는 외래 종교로서 가지는 어려움, 특히 구미선교사들의 오랜 후견인적 후원 때문에 걸머지게 된 어려움이 컸다. 이런 배경에서 오히려 선교사들의 국학 연구가 그 방법론의 근대적 정묘(精妙)로, 학문적 노작 자체의 신성(新醒)으로 자극을 주면서 선교 초기로부터 진행되어 오다가 1930년대에는 그러한 연구의 총정리 형식의 서지학적 업적을 큼직하게 남겨놓을 수 있었던 것이다.

반면 한국교회는 반선교사, 반교권적 저항에서 그 독자성과 민족성을 각성하면서 선교사들의 통제와 품안에서 떠난 조선적 기독교의 형성을 모색하는 미래 지향적 민족신학의 진흥을 꾀한 일도 있었다. 여기 일제 통치하라고 하는 묘한 정치적 함수 때문에 친일에 기울어진 경우의 종파가 있었으나, 본래 교회와 무관하게 출발했던 민족 기독교 지향의 훌륭한 운동도 있었다. 김교신의 경우가 그것이다.

그러나 불교는 워낙 오랜 역사 속에서 훌륭한 전통을 남겨 놓았던 종교였기 때문에, 그 국학진흥의 면모가 뚜렷하였고, 시운이나 그 자료에서 풍부한 역량과 조직으로 그 대업을 수행해 나갈 수가 있었다. 한국문화나 그 역사에 대한 고증이나 그 전개의 긍지가 불교에서처럼 떳떳하고, 또 광범위한 종교가 따로 없었다고 해서 과언이 아니었다.

이렇게 볼 때 1930년대의 종교계의 국학진흥은 각각의 특성을 지니고 진행되었다고 볼 수 있다. 곧 불교는 과거 탐색적인 역사성, 천도교는 그 현재성, 그리고 기독교는 미래 지향적 형성 모색, 이렇게 대별할 수 있지 않을까 생각한다. 까닭에 선교사들의 노작을 제외하고 볼 때 기독교는 그 국학진흥의 개념을 민족 기독교 형성 과정사로 바꾸어 이해하지 않을 때 가끔 빈약한 업적에 끝나고 만다는 제한이 있다.

그러나 우리의 고찰은 필경 어느 종교에나 강력한 한국적 형태의 구성 동기나 동력이 한결같이 컸고, 그것이 1930년대 각기 다른 자극과 방향에서 가장 찬란하게 꽃피며 수행되었다는 사실을 밝혀 놓았다고 믿는다. 그리고 그것은 1930년대에만 국한된 것이 아니라는 사실도 아울러 밝혀주었다고 믿는다. 그것은 시대가 문제가 아니라, 한국의 종교, 그들의 생태로 굳어진 민족사적 신학과 경건의 전개가 문제였다.

2. 한국교회의 사회운동과 그 붕괴 과정
- 1930년대의 저항과 전향 -

2-1. 문제의 소재

한국교회의 전통적인 신앙 유형은 선교사들의 평가에서나 그 선교 방향, 그리고 한국교회 자체의 체질 형성면, 어느 쪽을 보든지, 개인 구령(救靈)의 형태였다고 말할 수 있다. 그런데 여기에 사회 구원의 복음이 새로운 신앙 구성의 도전으로 발전된 때가 있었던 것이다. 물론 그 내적 구조의 분석 과정에서, 가령 부흥회와 같은 성서적 호소의 신앙 운동이 오히려 사회 개혁적 함축을 넓게 작용한 때가 없지 아니하였지만, 실상 이 사회적 기독교의 생성(生成)은 기왕의 신앙 형태에 대한 수정 내지는 도전으로 나타났던 것만은 확실하다. 이러한 과정이 몇몇 정확하게 논구되어야 할 것이다.

다음은 참여로서의 저항 곧 사회의식 표출 형식의 저항과 참여, 그리고 일본 국체에 협력 내지 용역(用役)하게 되었던 기독교, 이러한 구별은 상술한 개인 구원이니 사회 구원의 구별과 상통하는 것인가 하는 문제가 식별되어야 할 것이다.

신앙의 보수주의가 아울러 정치에서도 보수주의적 경향을 띤다고 보았을 때, 그러한 가설(假說)은 타당한 것 같다. 하지만 한국교회의 전통적인 민족 에너지 동원력이라든가, 일제의 천황 중심적 통치 구조의 제국주의적 연장 아래 신음하였던 역사 속의 교회라는 입장을 생각한다면, 위의 가설은 상당한 수정을 해야 하지 않을까 하는 생각이다.

다음 한 가지 더 문제가 되는 것은 이러한 기독교 사회 운동과, 그 당시 강세(強勢)를 몰고 가던 공산주의의 투쟁과의 관계가 어떠한 성격적 대비(對備)를 이루고 있었는가 하는 것이 밝혀져야 할 것이다. 기독교는 그 사회 개혁적 의식이 아무리 깊었다고 할지라도, 필경 기독교적인 방법론 때문에 처음부터 뚜렷한 제한을 받지 않을 수 없었다. 초기 거물급 기독교인의 공산주의에로의 전향이라든가, 또 일제 말기에서의 군국체제에의 전향, 심지어 1941년의 장로교총회가 일본의 군국주의를 시인하면서 적색(赤色) 사상과의 투쟁을 다짐한 것은 한국교회 사회운동 그룹의 양분형상을 시대적으로 노출시킨 것인데, 그것은 불가피하게도 일제에의 민족적 저항을 그것이 비록 사회주의계라 할지라도에 단죄(斷罪)한, 그런 시대착오에 기운 것이 아닌가하는 점도 토론되어야 할 것이다. 같은 사회 운동이나 투쟁이었지만 그 방향과 정신은 일치할 수 없었던, 이 양자의 관계가 일제하의 상황이란 조건에서 현존할 때의 모습은 훨씬 복잡하였기 때문이다.

2-2. 민족운동과 사회운동의 이념문제

1925년 9월 27일, 일경(日警)에 압수된 『동아일보』의 사설[1]에 의하면, 그 때 조선 사회에 큰 조류(潮流) 둘이 있었다는 것이다. 하나는 민족운동이요, 다른 하나는 사회운동인데, 후자의 경우는 그것이 세계적 조류라는 것이었다. 그러나 그 신문은 조선의 경우 사회문제는 다른 하나의 수입된 이데올로기 전개과정에 불과하고, 목전의 심각한 문제는 민족문제라고 갈파하고 있었다. 따라서 "세계 대세의 주류인 사회운동도 우리 사회에 한하여는 민족운동에 합류해야 실제적 세력을 완성할 수 있다"고 단언했던 것이다.

> 금일까지 생명 재산의 유린과 인권 자유의 압박이 자본력의 관계보다도 권력의 횡포에 단재(斷在)한 것은 누구든지 수긍(首肯)할 것이다. ... 이러한 점에 있어서 조선에 한하여는 민중의 생명과 자유를 창달(暢達)하는 근본적 방법이 자본 세력의 배제(排除) 보다도 권력 관계의 제한이 급선무인 것은 조연(照然)한 사실이다. 일례를 거(擧)하면 동척(東拓) 일본인 소작의 권력적 배경이 조선인 지주의 그것에 비하여 세력적 관계가 현수(懸殊)한 것은 항견례문(恒見例聞)하는 바가 아닌가.[2]

우리는 『동아일보』가 호남의 호농(豪農)에 의해서 발행되던 사실을 무시할 수는 없을 것이다. 하지만 "목하 사회문제의 분규가 근본적으로 민족적 쇠퇴에

1) 사설, 우리 운동의 방향, 『동아일보』, 1925. 9. 27일자.

2) *Loc.cit.*

중대한 관계가 있다는 것"은 부인할 수 없었고, 따라서 민족문제가 사회문제보다 정서작으로 자극이 훨씬 예민하였으리라는 것은 부정할 수 없다.[3]

한데 동 사설은 이러한 문제 때문에 피차 "해방의 근본적 정신"에 있어서 조금도 다를 것이 없는데도 불구하고, "골육의 쟁(爭)"을 야기케 하는 불행을 통탄히 여기고 있었다. 실제로 이때의 공산주의나 사회주의는 민족의 해방이나 구원의 내적 동기를 무산(霧散)시키고 민족운동의 투쟁 영감을 허탈케 하는 방향에 전력을 다하고 있었다.

사실 이동휘(李東輝, 1873-1935) 밑에서 공산주의 이론을 제공하던 박진순(朴鎭淳)은 1920년 7월 민족의 정치적 해방은 아무 것도 주지 못하고, 다만 사회적 해방만이 자유를 약속하고 또 부여한다고 단언하고 있었던 것이다.

물론 사회주의 계에서는 1927년 2월, 경제 투쟁에서 대중적인 정치 운동으로 일시적인 방향 전환을 한 일이 있었지만,[4] 1930년 신간회(新幹會)의 해산과 함께 그것마저도 적색 사회주의자들이 한 투쟁 방편으로 이용하려 한 전략적 계교였음이 노출되고 말았던 것이다. 그래서 이들은 결국 노농조합(勞農組合) 운동에 복귀해서 좌익 지하 운동을 수행한다는 다짐을 굳히게 되었던 것이다.

한데 조선총독부가 이러한 공산주의의 운동에 신경을 날카롭게 세우고 이들이 "의연 집요(執拗)하게 계속하고 있어... 단연 낙관을 불허하는 상태"[5]에 있다고 판단한 1934년에 코민테른에서는 묘한 지령을 하나 조선 공산주의자들에게 보낸 일이 있었다. 곧 지령 "조선공산당 행동 프랫트폼"에서 "피압박 노예상태에서 빠져 나오려면 민족해방혁명의 깃발을 들어야한다"는 지시가 전달되었던 것이다.[6] 이것은 민족주의자와의 행동규합이 계급적 투쟁성을 말

---

3) 이런 문제에 대해서는 『동아일보』의 다음 사설들을 참고.
일본의 인구정책과 조선의 생활부안, 1925. 6 1일자.
경제 파멸의 원인 현상 급(及) 대책, 1925. 8. 18일자.
궁민(窮民)의 가는 곳, 1926. 12. 13일자.
우리에게 밥을 다고, 1932. 3. 24일자 등.

4) 극비, 『조선고등경찰관계년표』, 조선총독부 경무국, 1930, p. 216.

5) 조선총독부 『시정년보』, 1934. p. 440.

6) Dae Sook Suh, *Documents of Korean Communism 1918-1948*, Princeton University Press, 1967, p. 333.

살한다고 본 1930년의 태도나, 더 멀리 박진순(朴鎭淳)의 "사회적 해방만이 완전한 자유를 보장" 한다는 1920년의 태도와는 현격한 차이를 이루는 극적인 전환이다. 그 이후의 공산주의 국내 투쟁은 이런 성질의 추이를 탐색할 자료가 입수되지 않아 아직 분명히 제시할 만한 논거가 되어 있지 않지만, 해방 때까지 특별한 변환은 없었던 것으로 보인다.

우리는 한국교회의 사회의식이나 그 운동에서 그 본래의 민족 교회적 전망이 사회 공산주의자들에게서와 마찬가지로, 그 바탕의 본질적 변화까지 겪었는가 하는 문제, 및 교회의 사회 운동이 기독교회의 한 변경(邊境)에서 진행된 섹타리안 성격의 것이었는가 하는 문제를 다루어야 할 것이다.

2-3. 한국교회 사회운동의 전개

1) 그 전개의 배경

한국교회가 사회적 관심을 가지도록 환기된 배경이 몇 있었다. 그 하나가 1917년 춘원(春園) 이광수(李光洙, 1892-1950)의 기독교 사회 관심 부재의 공격이다. "야소교는 조선 문명사에 큰 은인이라 합니다"[7]고 실토하였던 춘원은 이런 말을 남겼던 것이다.

> 지금 예수교인(耶蘇教人)들은 마치 전일(前日)의 사농공상(士農工商) 중에 농상공을 천히 여기는 모양으로 종교적 이외의 사업을 천히 여김이요. "하나님의 일" 이라 하야 교역만 신성하게 여기고 상공업 같은 사업과 교육, 문필, 예술 같은 것까지도 "세상 일" 이라 하야 말류(末流)로 여기오. ... 농상공업 어느 것이 "하나님의 일"이 아니리까.[8]

이 말은 물론 한국 기독교의 역사의식과 성례적 성육론의 빈곤을 탓한 말이었지만, 사회 전반에 걸친 참여 자세가 교회의 마땅한 입장이 되어야 한다는

7) 야소교의 조선에 준 은혜, 『청춘』 제 9호 (1917. 7월호).

8) 금일 조선 야소교회의 결점, 『청춘』 제 11호 (1917. 11월호), 『이광수전집』, 제 11권, 서울, 삼중당, (1962), pp. 22-23.

논박임에는 틀림이 없었다.

다음은 당시 언론의 비판이었다. 『동아일보』는 1922년 1월 7일, "종교가여 가도(街道)에 출(出)하라"라는 사설을 실었다. "신년 벽두에 조선 종교가에 대각 대오"가 있기를 문의한다고 한 이 글에 다음과 같은 말이 들어 있었다.

> 제군이 설하는 바 신(神)의 광채(光彩)는 살육(殺戮) 박탈(剝奪) 쟁투(爭鬪) 시기(猜忌) 모함(謀陷)하는 차세(此世)의 그 나변(那邊)에 재하여, 제군의 설(說)하는 바 신성한 애(愛)는 가도(街道)에서 아사(餓死)하고 누상(樓上)에는 동사(凍死)하고 철달하(鐵韃下)에 고사(苦死)하는 차세(此世)의 그 나변(那邊)에 존재하며, 아! 인자의 권위(權威)는 그와 같은 세계 어느 곳에서 발현 하리오. 제군은 언론을 능사(能事)로 지(知)하며 형식을 생명으로 오인(誤認)하여 변론가(辨論家)로 화하였도다.
>
> 제군아, 세계를 동하라. 천지를 동하라. 사회를 근본으로부터 혁신하고 인생의 모든 불의에 부월(斧鉞)을 가하라. ... 제군은 사회의 모든 전열적 의(衣)를 탈(脫)하고 적나나(赤裸裸)의 민중에 투(投)하라. 진개(眞個) 생명인 그 생명에 재(在)하여는 모든 사람이 평등이요, 따라 모든 사람이 가치의 절대 주인공인 그 민중의 광영을 위하여 분투(奮鬪) 하며 축복하라. ...
>
> 제군은 교단(敎壇)을 하(下)하여 가두에 출(出)하라. 부의에 포학(暴虐)에 읍(泣)하는 민중, 곧 참 인자를 위하야 생명의 화(火)를 투(投)하고 심판(審判)의 화(火)를 거(擧)하라.

이러한 류의 글들은 『조선일보』도 역시 대동소이 나타나 있었다. 기독교의 강력한 사회 참여에 대한 호소가 거기 있었다.

다음은 일제의 농촌 수탈에 의한 조선농촌의 피폐와 그 목록이다. 농민의 몰락과정은 다음 도표에서 여실히 나타난다.

한국 농민의 몰락 과정 (1923-1937)

농가별 / 호수 / 연대	자작농		자작농 겸 소작농		소작농	
	호 수	%	호 수	%	호 수	%
1923-27	529,000	20.2	920,000	35.1	1,172,000	44
1928-32	497,000	18.4	853,000	31.4	1,360,000	50.2
1933-36	547,000	19.2	732,000	25.6	1,577,000	55.2
1937	539,000	19.0	719,000	25.3	1,583,000	55.7

위 그림에서 소작농의 실질적인 몰락이 눈에 뜨인다. 1926년 11월 22일자의 『동아일보』는 그 사설 "조선의 소작 문제"에서 이런 글을 비통하게 싣고 있었다.

> 미구(未久)에 조선에는 자작농이 전멸하고 대지주와 소작인의 2대 계급으로 나뉠 것이다.
> 그리고 소작인은 조선인이요, 대지주는 일본인일 것도 면(免)할 수 없는 일이다. 이리하여 조선의 소작문제는 다른 곳의 것과 달리 일종의 민족 문제를 포함한 특종의 진로를 취할 것을 지적하고 만다.[9]

조선 농민의 궁핍화 과정은 불가피하였다는 통분이었다. 그것은 이미 "석일(昔日)의 지주 대(對) 소작인 관계"가 아니고, 민족적 비극이라 진단하였던 것이다. 실상 1930년에는 조선 농민 600만여 명이 절량(絶糧) 상태에 놓여 있었고, 다음 해 1931년에는 자작농 겸 소작농을 합해서 232만 5,707호 1,200만 명이 고율의 소작료와 기아에 시달리고 있었는데, 이는 전 인구의 반수에 육박하는 참상이었다. 더구나 1930년에는 173만 3,793호의 소작농 중 75%가 빚에 시달리고 있었는데, 평균 한 농가에 65원 꼴이었고, 총 1억 1백만 여원에 달하고 있었다. 채권은 식산은행이 39.2%, 동양척식(東洋拓殖)이 14.6%, 금융조합이 17.4%, 기타 26.5%였다. 다시 말하면 70% 이상의 채권이 일제 금융기관에 얽매어 있었던 실정이다.

이런 상황에 1927년의 국제적인 경제 대공황이 휩쓸었고, 세계 교회가 여기

---

9) 사설, 조선인의 소작문제, 『동아일보』,1926. 11. 22일자.

무관할 수 없어, 1928년 예루살렘에서 국제선교협의회(International Missionary Conference)를 열어 산업화, 도시화의 문제를 다루면서[10] 그 영향이 한국교회에도 파급되기에 이르렀던 것이다.

다음 이러한 자극을 결정적으로 교회에 준 것은 두말할 것도 없이 공산주의의 급격한 영향이다. 이러한 영향은 일본을 통한 지식 계층을 경과해서, 혹은 만주나 시베리아에 이민해 갔던 이들의 귀향 내지는 왕래를 통하여 반입되었지만, 통신이 자유로왔던 선교 기관을 통해 공산주의자들이 문서를 국내에 탁송하는 형식을 취해서도 상당량 유입되었다. 따라서 이러한 사상의 국내 영향 확대를 처음 감지했던 사람들이야말로 실상 기독교인이었다고 해도 과언이 아니다.

공산주의자들의 국내 침투가 대개 1920년경부터의 일이라고 하지만, 교회 안에서 그 도전이 심각한 위협으로 등장하기 시작한 것은 대개 1925년부터의 일이다. 그 이전에는 공산주의계의 활동에 교회가 일부 동조한 듯한 흔적이 눈에 띄었고, 심지어 1922년 봄에는 김규식(金奎植, 1881-1950)과 여운형 (呂運亨, 18885-1947) 등이 기독자동맹의 이름으로 모스크바 "피압박민족대회"에 참석한 일이 있고, 그해 가을 페트로그라드시(市)의 "극동피압박민족 제 1차 대회"에 참가한 일도 있었다. 이것은 공산주의에 대해서 민족주의계나 기독교계에서의 판단 부재의 일시적 경도(傾倒), 아니면 공산주의자들의 활동 근거 확보를 위한 전술적 타협이었다고 할 수 있겠다. 가령 1921년의 "조선공산당 프랫트폼"에는 사회개혁에 관한 종교 및 미신의 폐해를 비판하면서도, 신앙에 대한 공격적 활동을 피해야 한다고 강조하고 있었다. 그 파괴적 활동이 오히려 종교적 신앙을 강화하게 하는 동기가 될 수 있다고 보았기 때문이다.[11]

하지만 공산주의자들의 조직적 활동의 이니시티브를 민족주의자에게서 확보해 냈다고 판단한 1925년부터, 다시 말하면 조선청년회총동맹의 사회주의화를 기해서 (1925년 6월 10일), 기독교에 대한 정면 과격 공격에 나서기 시작한 것이다. 그 해 9월 만주의 길림성(吉林省)에서는 동아기독교(침례회) 파송의 윤

10) H. S. Weber, *Asia and the Ecumenical Movement, 1895-1961*, London, S.C.M., 1966, pp. 154ff.

11) Dae Sook Suh, *Korean Communism 1918-1948*, p. 33.

학영(尹學榮), 김이주(金二柱), 박문기(朴文基) 등이 공산당원들에게 순교하였고,[12] 1926년 3월과 5월에는 김익두(金益斗, 1874-1950) 목사에 대한 반격과 기독교 철폐운동이 간도 용정(龍井)과 전남 이리(裡里- 현 益山)에서 진행되었으며, 그 해 5월에 역시 경남 함양(咸陽)에서도 예배 도중 공산주의자들의 노골적인 기독교 공격이 자행되었다.[13]

교회의 공문서에는 대개 1924년부터 공산주의의 만연에 대한 경고가 나타나기 시작하여[14] 1926년과 1927년에 가서는 그 절정에 이르렀다는 인상이다. 가령 이런 글이 우리의 관심을 끈다.

> 현재 기독교의 확장을 저해하는 조직과 운동이 퍼져 있습니다. 국내신문에는 반기독교회적 언론들이 넘쳐 실리고 있습니다. 어떤 청년들은 예배 시간에 일어나서 설교를 방해하고, 신앙 저항 투쟁을 벌립니다. 이런 반대는 지금 대중 속에 퍼지고 있는 공산주의 사상에서 파생한 것입니다.[15]

노동층과[16] 학생층에 펴져 가고 있는 이러한 "가장 중대하고 심각한 문제"에 대하여 교회는 눈을 돌리지 않을 수 없었다. 대책의 성격은 어쨌든 일단은 크게 문제로 삼지 않을 수가 없었다. 교회의 사회운동은 우선 그 의식에서 강력한 시동을 받은 셈이었다.[17]

---

12) 김용해 , 『대한기독교침례회사』, 서울, 대한침례회총회, 1964, pp. 43-44.

13) 『동아일보』, 1926년 3월 5일; 5월 21일자.

14) *Report of the Committee on Christian Literature, Minutes of the Federal Council of Protestant Evangelical Missions of Korea*, 1924, p. 31.

15) *Report on the Korean Conference, Annual Report of the Board of Foreign Missions of the Methodist Episcopal Church*, 1926, p. 115.

16) *Report on the Chosen Mission, Annual Report of the Board of Foreign Missions of the Presbyterian Church in the U.S.A.*, 1927, pp. 95-96.

17) J. E. Fisher, *Democracy and Mission Education in Korea*, Teachers College Columbia University, 1925, p. 164.

2) 교회의 사회운동 전개 과정

a. 남감리교회의 사회신경 편입

넓은 의미의 사회구원운동은 1885년의 광혜원(廣惠院) 설립이라든가, 혹은 1903년의 평양 맹인학교 설립, 1909년 부산의 나환자(한센병) 수용소 등을 들 수 있겠다. 그러나 선교의 일환으로서가 아니라, 사회 자체에 대한 구원의 정신으로 실현한 사회운동은 남감리교회에서 착수하였다.

남감리교회는 1918년 미국교회연합협의회의 사회신경을 그 장정(章程)에 "편입"하고 있었다. 이것은 "채택"이 아니었다. 따라서 그러한 운동의 착수라고는 할 수 없었다. 그러나 그 신경의 내용이 1930년대 후반의 채택이 확실한[18] 기독교 조선 감리교회의 "사회 신경"과 미세한 차이 몇 군데만 남기고 전부 일치하고 있었다.[19] 그런 의미에서 감리교는 비록 그 채택 결정이 연합공의회의 "사회신조"(1932)보다 뒤늦게 되었다고 할지라도, 그 의식의 양성(釀成)은 빨랐다고 보는 것이 좋겠다.[20]

이 사회신경은 복음이 시대를 따라 적절하게 번역되어야 한다는 서문으로 시작하여, 가정의 신성, 아동의 보호, 금주와 같은 사회악 캠페인 스타일의 도덕적 항목들이 있고, 여자 노동, 빈궁 예방, 노동자들의 위험에서의 보호, 노후 복지문제, 노동 시간의 합리화와 휴식, 임금의 생활수준 보장, 그리고 노사간의 단체 구성권과 그 중재(仲裁) 및 화해에서의 동등권을 가져야 함을 "믿는다"고 하는, 그런 항목들이 있다. 이러한 것들은 결국 산업사회에서의 인도적 관심, 사회 절제적(節制的) 도덕에서 더 나가지 못하였다는 인상을 남긴다. 하지만 그 사회 경제 문제가 기독교의 복음이 대결해야 할 현실적 상황임을 천명한 점에서 획기적인 것이었다고 보지 않을 수 없다. 그 정신의 바탕이

---

18) 이 신경은 1939년의 기독교 조선감리회 교리와 장정에 나타나 있으나, 거기 대한 채택 일자 설명이 없다.

19) 항목 끝 마디를 "믿음"이라 한 것은 동일하다.

20) 『남감리교회, 교리와 장정』(1918년 원본), 서울, 남감리교회 조선매년회, 1919, 제 26장, pp. 60-62.

되는 서문에 이런 글이 있었다. 곧

> 하ᄂᆞ님의 교회가 밧은 사명은 예수 그리스도와 그 복음을 각시대에 합당ᄒᆞ게 번역(繙譯)ᄒᆞ고 사역(使役)ᄒᆞ야 내종(乃終)에ᄂᆞᆫ 만물이 그이의게 굴복케 ᄒᆞᆯ것이며, ᄯᅩ 이 시대의 절박(絶迫)ᄒᆞ게 된 경제상 정의와 사회상 구속ᄒᆞᆯ 문제가 교회의게 도전적(挑戰的)으로 예수 그리스도의 주되심을 사회적으로도 개인적과 갓치 주장케 ᄒᆞ라 ᄒᆞ며, ᄯᅩ 이 시대의 복음을 사회적으로 번역ᄒᆞ기를 개인적으로 ᄒᆞᆷ과 갓치 ᄒᆞ기를 요구ᄒᆞᄂᆞᆫ지라.[21]

복음의 사회화, 이것이 감리교 사회운동의 첫날 이상이었다.

b. 연합공의회의 사회신조

1918년 3월에 설립된 조선야소교 장감연합협의회는 1920년 그 제4차 회의에서 조선 선교사연합협의회의 결의 청구건을 받아들여 그것을 부록으로 회의록에 기재한 바 있다. 거기 의하면 "기독교가 사회적 봉사를 실행키 위ᄒᆞ야 하(下)와 여(如)ᄒᆞᆫ 사업을 권면ᄒᆞᆯ거신ᄃᆡ"[22] 정신병자의 보호원, 고아의 양육원, 걸아의 실업학교, 연로자나 불구자나 맹아 등의 양로원, 쇠약한 여자의 구호원, 나병(한센병)과 폐병 질환자의 병원 설립, 그리고 가난한 자들과 함께 공장에서 일하며 그들을 심방하고, 여자 노동자들을 위한 간호부 확보, 노동자들을 위한 복지 시설 및 자조사업을 위한 공장의 설비 등을 제안하고 있었다.

그런데 이 협의회가 1924년 "예수교연합공의회"로 되고 나서, 다음 해 곧 1925년에 공의회 안에 사회부를 설치하기로 동의 가결한 일이 있었다.[23] 그리고 1930년에는 농촌부를 설치하기로 하고, 조선기독교청년회 연합회의 협동농촌부와 타협하여 공의회와의 결합 제안을 가결한 일도 있었다.[24] 한데 1930년 연합공의회의 사회부가 한 일은 재경 남녀 유학생 기숙사 설치와 전도사 파송

---

21) *Ibid.*, pp. 60-61.

22) 조선장감련합협의회, 제 4회『회록』(1920), p. 7.

23) 조선예수교연합공의회, 제 2회『회의록』(1925), p. 9.

24) *Ibid.*, 제 7회『회의록』(1930), p. 11.

요청, 공창(公娼) 폐지 운동의 촉진, 금주 운동의 촉진, 그리고 구제 사업의 연합적 실행을 촉구하고 있는 데 지나지 않았다.[25] 백낙준이 1930년대 이전의 교회의 사회사업을 가리켜, "관념상으로도 여자 활동의 일부로 간주"한 데 불과했다는 판단은 핵을 찌른 말이었다.[26] 어쨌든 1925년 연합공의회 제 6회 회의록에 편입돼 있는 "헌법과 세칙"의 제 2장 제 5조 2항에는 "기독교의 원리로 사회문제를 해결코자 함"이란 목적이 천명되어 있었다. 그리고 1933년 제10회 회의록 편입의 "헌법" 제2장 제3조 2항에는 "긔독교훈에 의한 사회개선의 촉진"[27]이 확인되고 있었다.

그런데 장로교와 감리교는 1928년에 각각 농촌부를 상설기관으로 설치하고 있었다. 특히 장로교는 각 노회마다 그 지부를 설치하게 한다든가, 모범농촌농민학교 및 협동조합의 설립을 권장 실천했던 것이다.

이런 상황을 배경에 두고 1932년 9월 17일, 예수교연합공의회는 "사회신조"를 제정 통과시킨 것이다. 그 전문(全文)은 다음과 같다.

> 우리는 하나님을 부(父)로, 인유를 형제로 신(信)하며, 기독(基督)을 통하여 계시된 하나님의 애(愛)와 정의와 평화가 사회의 기초적 이상으로 사(思)하는 동시에 일체의 유물(唯物) 교육, 유물사상, 계급적 투쟁(鬪爭), 혁명(革命) 수단에 의한 사회 개조(改造)와 반동적 탄압(彈壓)에 반대하고 진(進)하야 기독교 전도와 교육급 사회사업을 확장(擴張)하여 기독속죄(基督贖罪)의 은사(恩赦)를 받고 갱생(更生)된 인격자로 사회의 중견(中堅)이 되어,㉮ 사회 조직체(組織體) 중에 기독정신이 활약(活躍)케 하고,㉯ 모든 재산은 신(神)께로 받은 수탁물(受托物)로 알아 신(神)과 인(人)을 위하여 공헌(貢獻)할 것으로 신(信)하는 자이다. 우(右) 이상(理想)에 기(基)하여 우리는 좌(左)와 여(如)히 주장한다.
>
> 1. 인유의 권리(權利)와 기회(機會) 균등(均等)
> 2. 인종 급 민족의 무차별(無差別) 대우(待遇)
> 3. 혼인(婚姻) 신성(神聖), 정조(貞操)에 남여 동등 책임

---

25) *Ibid.* (1930), p. 20.

26) 백낙준, 한국 기독교회의 사회신조, 『한국교회사학회지』, 한국교회사학회, I (1979), p. 17.

27) 조선기독교 연합공의회, 제 10회 『회의록』(1922), p. 36. 헌법은 1933년에 개정 통과되었다. *Ibid.*, p. 24.

4. 아동의 인격존중, 소년 노동의 금지
5. 여자의 교육 급 지위 향상
6. 공창(公娼) 폐지(廢止), 금주(禁酒) 촉진(促進)
7. 노동자 교육, 로동 시간 축소
8. 생산 급 소비에 관한 협동조합의 설치
9. 용인(傭人) 피용인간(被傭人間)에 협동조직(協同組織) 기관의 설치
10. 소득세 급 상속세의 고율적(高率的) 누진법(累進法)의 제정
11. 최저임금법(最低賃金法), 소작법(小作法), 사회보험법(社會保險法)의 제정
12. 일요일 공휴법의 제정(制定), 보건에 궐한 입법 급 시설[28]

우리는 이 사회신조에 대한 몇 가지 분석을 하고자 한다. 그런데 무엇보다도 먼저 이 "조선예수교"의 사회신조가 일본기독교연맹의 "사회신조"(1925)와 동문휘고(同文彙考)식의 복사라는 데 우리의 충격이 가라앉지 않는다. 다른 점을 든다면 우선

㉮ 밑줄 친 부분이 일본 신조에는 다음과 같이 표기되어 있다. 곧 "몸을 가지고 사회 문제의 해결에 당하려고 하는 사인(士人)이 아등(我等) 사이에서 보다 더 많이 출현하기를 기도하는 것이다."[29] 그리고

㉯ 다음에 "이에 의해서 당금(當今)의 고뇌는 구호된다고 주장하고"가 있는데, 그것이 우리 교회의 경우에는 빠져 있다.

주장의 항목들도 일본의 것은 14항인데 우리의 것은 12항 뿐이다. 이것은 공창(公娼)과 금주(禁酒)항을 일본 교회가 분리 주장했기 때문에 그렇게 되었는데, 일본 교회에는 있고 우리의 것에 완전히 빠진 것으로는 일본 신조 14항이 있다. 그 항목은 "군비 축소, 중개 재판소의 확립, 무전(無戰) 세계의 실현"이란 것이다. 국제적으로 주역을 상실한 식민지 민족에게 이 14항은 실로 무의미한 것이

---

28) 조선예수교연합공의회 제 9회『회의록』(1932), p. 52.

29) 일본 기독연맹 사회신조에 관해서는 佐佐木敏二, 社會信條の精神にもとづく實踐とその崩壞過程,
『戰時下抵抗の 研究』, 同志社大學, 人文科學硏究所 編, 東京, みすず書店, Ⅱ, pp. 135-195 참고.

었으니 삭제된 것은 당연하였다.

그러나 우리의 비탄은 피압박 민족, 식민지교회의 사회의식이 제국주의 식민 착취의 일본교회의 사회의식과 어떻게 동일시될 수 있었겠느냐 하는 안타까운 반문에 있다. 더구나 한 기록에 의하면, 우리 이 신조는 찬반 토론 없이 통과된 것으로 돼 있다. 사회부 위원회가[30] 채택 청원한 것을 다만 "허락하기로 가결하다"는 절차만 밟았던 것이다.[31] 한데 당시 공의회 평양총회에 참석하였던 인사의 한 증언에 다음과 같은 점이 지적되고 있었다. 곧

> 그렇게 쉽사리 통과한 이유는 그 신조(信條)의 성격이 일종(一種)의 이상적 문서요, 실천(實踐) 요항(要項)이 아니므로 그러한 것은 아니다. 그 신조(信條)의 공의성(公義性)에 반대할 기독교인은 없으리라는 공통한 신념하(信念下)에 취(取)하여진 결정이었다. 그 반면에 이 신조(信條)에 과잉 찬성을 강조하게 되면 일제(日帝)의 식민지정책(植民地政策)에 저촉될 것을 회피하려 함이었다. ... 같은 마음만 서로 통(通)하면 말 없어도 들어맞게 된다는 방식으로 통과되었던 것이다.[32]

만일 이 증언이 신빙할 만한 것이라면, 우리는 당시 한국교회의 역사의식, 심지어는 민족의식의 둔화까지 보고 놀라움과 비통을 금할 수 없게 된다. 그것이 민족 말살을 획책하던 일제 안의 교회가 내 놓았던 사회신조와 같았다는 것을 몰지각했다는 것 때문이다. 물론 우리는 일본 교회의 사회신조가 그 나름대로의 저항적 성격과 인도주의적 방향 때문에 1936년 군국적인 국민정신 진흥과 교육칙어적(教育勅語的) 사상 선도(善導)의 정신에 따라 강제 수정된 사실을 알고 있다.[33] 그렇다고 할지라도 신조 초안의 근원과 그 형식까지 몽매 속에 헤아리지 못하고, 오히려 민족적 양심의 발견(發現)으로까지 자처한 것은 실로 충격을 금할 수 없게 만드는 처사가 아닐 수 없다.

이런 경황에서 나타난 사회신조(社會信條)는 우선 우리 조선의 사회적 구조

---

30) 당시 사회부 위원회의 위원장은 김활란(金活蘭)이고 서기는 이효덕(李孝德)이었다.

31) 조선예수교련합공의회 제 7회 『회의록』 (1932), p. 16.

32) 백낙준, *op.cit.*, p. 19.

33) 『聯盟時報』, 東京, 1936. 12. 15일자

의 식민지 하 변천이나 그 조건에 대한 실존적 문제 포착이나 탐색의 노력이 전혀 없었다는 비판을 면할 수 없다. 우리 사회의 문제는 확실히 자본주의적 경제의 팟쇼화를 향해서 치닫던 일제 안의 교회가 품었던 사회의식과 같을 수가 없었다. "반동적 탄압"이란 문구의 삽입이 이를 입증한다. 우리네 문제는 반동적 탄압 정도가 아니었다. 민족 생존이 문제였다. 체제의 성격이 문제가 아니었다. "민족의 무차별 대우"란 것도 결국은 식민(植民)의 기존성을 시인한 문맥의 의미밖에 다른 것이 없다. 이 신조는 또 그런 의미에서 민족적 단위의, 피지배 피식민(被植民) 교회의 저항 영감을 무산(霧散)시켰다는 비판을 받을 수 밖에 없다. 교회가 그 민족의식의 약화를 경험하던 때가 사회의식을 계발하던 때와 병행한 사실은 주목해야 한다. 더구나 연합공의회계 교회군(群)의 행동 양식으로서 더욱 그것은 주목을 끈다. 이런 의미에서 한국교회의 역사는 1920년대를 전후해서 "민족의 교회사 시기"와 "사회의 교회사 시기"로, 해방 이전까지는 양분이 가능하다고 본다. 다만 이러한 시대 구분에 걸리지 않는 보수주의계 교회와 종파계 신비주의 신앙이 따로 있어서, 민족과 사회의 교회가 겪어야 했던 좌절과 전향의 수치를 밟지 않고, 한국교회 신앙의 주축을 일부 훌륭히 보존했었다는 사실은 지적되어야한다.

이 사회신조가 그 형식에서 명분이 당당한 사회정의의 주장임에도 불구하고 이상과 같은 결함에 시달렸다는 것은 다음 사실들을 보아서도 곧 이해할 수 있다. 곧 첫째로 교회에 대해 관심을 보이며 그 사회적 행동을 전망하던 『동아일보』나 『조선일보』에 이 사회신조에 대한 언급이 전혀 없었다는 사실이다. 둘째로는 이만한 혁신적 사회 행동에 나서면서 그 해설서 하나 발행하거나 강연회를 개최한 일이 없었다는 사실이다. 그것은 교회 안팎에서 숨겨진 채 지나쳤다는 인상을 준다. 마지막으로 이 사회 신조를 제정한 이후의 사회적 행동이란 것이 1933년 음력 정월 보름에 실시한 금주선전 행렬과, 각 시(市)나 고을에 뿌릴 선전 삐라 50만매의 발행이라는 것뿐이다.[34] 그것도 여자절제회(節制會)와의 협동 형식이었다. 금주운동은 실상 절제회가 1922년부터 해 오던 운동이었다.[35] 따라서 『사회신조』 공포 이후의 이렇다 할 사회운동 전개는

34) 조선예수교련합공의회, 제 10회 『회의록』 (1933), p. 25.

없었던 셈이다.

이런 데에 문제들이 있었다. 하지만 이 사회신조는 기독자로서의 근본적 전제, 다시 말하면, 유물론, 계급투쟁, 그리고 혁명 지향 사회 운동, 그리고 다른 한편에서는 군국적 체제에 대한 반대를 명백히 천명한 데에는 의미가 있었다. 그리고 기독교적 휴머니즘에 입각해서 인권의 존중과 일하는 자의 권리를 옹호하며, 사회악을 근절하고 산업을 인도화(人道化)하려고 하는 적극적 자세를 그 활동 강령으로 내세운 점도 도전적 의미가 있었다. 하지만 노동자의 권리를 그들 자신이 획득한다고 하는 적극적인 자세는 없고, 또 노동자의 단결의 힘에 의해서 사회정책을 실현해 나가려고 하는 방법론도 전혀 없었다. 다만 당국자의 이해를 구하는 정도의 극히 소극적 태도가 일관돼 있을 뿐이었다. 마르크스주의자들과의 단절 천명은 역시 일본 군국체제의 반공(反共) 정책의 반영일 수 있었겠지만, 사상적으로 기독교와 마르크그주의자들과의 활동 제협은 기대할 성질의 것이 아니었다. 이러한 전제의 제한 때문이었는지는 몰라도, 결국 이 『사회신조』는 기존(既存) 자본주의 체제의 시인이란 조건 하에서의 노동자의 복지 확보라고 하는, 자선적 인도적 관심에 끝나고 있는 데 불과하였다. 하지만 이 모든 논의는 일본 제국의 교회 신조 복사라는 범주적 비위(非違) 때문에 실질상 처음부터 무의미하다고 보아서 틀림이 없었다. 이러한 종류의 사회의식마저도 1937년 공의회의 강제 해산 때문에 더불어 단명(短命)에 그치고 말았다.

35) 금주운동은 감리교회에서 1923년부터 시작, 년회에 절제부를 설치한 것이 1930년.
장로교에서는 1928년 절제회 조직, 1932년 총회 승인.
장로교의 기독청년면려회는 1919년부터 계독부(戒毒部) 설치. 구세군은 1924년부터 착수하고 계속.

2-4. YMCA계의 사회혁신운동

1) YMCA 사회운동의 일반적 성격

조선중앙기독청년회의 헌법 제1장에 의하면 YMCA는 "기독의 성훈(聖訓)에 기(基)한 회원의 품성 계발과 영적 지적 신체적 사교적 행복의 도모"와 함께 "사회봉사의 정신 함양"을 목적으로 하고 있었다.[36) 한데 기독교의 사회봉사 기관으로서는 절제회(節制會)라든가 면려회(勉勵會), 구세군 등이 있었지만, 그 조직에서나 활동의 범위에서 영향을 끼친 면에서 우리의 경우 YMCA 만한 것이 다시없었다.

달리 하나 더 언급하면 SCM 운동이 있었다. 한데 조선의 경우는 SCM 운동의 창시자 가운데 하나였던 모트(J. R. Mott,: 穆德,1865-1955)의 빈번한 내왕에도 불구하고 그러한 운동이 해방 전까지는 소개되지 않고 있었다. 이것은 사회운동 성격 구성에서 결정적인 영향을 조선에 남긴 결과가 되었다. YMCA 중심의 사회 관심이 비록 사회주의적 경향을 띈 경우가 있기는 하였지만 SCM 만큼 과격한 사회 혁신 사상에까지는 이르지 않고 있었기 때문이다.

가령 일본의 경우 SCM운동은 시기적으로 약간 뒤에 된 일, 곧 1930년 이후의 일이기는 했지만, 종래의 사회적 기독교에 대립해서 계급적 투쟁에의 적극 참여를 주장하는 방향으로 급진전하고 있었다. 시미즈 요시기(淸水義樹) 같은 이는 가령 이런 말을 하고 있었다. 곧

> 프롤레타리아와 부르주아의 계급투쟁 속에 역사의 발전이 있기 때문에, 이 역사의 발전인 계급 투쟁의 운동 속에 신(神)이 현존하신다. 따라서 계급투쟁에 참가해야만 비로소 신(神)이 참으로 체험(體驗)된다.[37)

물론 이러한 헤겔 좌파적인 해석을 가능하게 한 사관(史觀)은 과격한 것이었고, 따라서 혼란과 분열 끝에 1931년 7월 실질상의 해체 상태에 들어갔던 것이다.

---

36) 조선중앙기독교청년회 헌법.

37) 『日本 YMCA史』, 東京, 日本 基督教青年會, 1980, p. 287.

2) YMCA 사회운동의 방향

YMCA 간행의 『청년』에 기독교의 사회 개혁적 요소를 주창하기 시작한 것은 김진헌(金鎭憲)이 "시대의 진보와 교회의 각오"를 발표했을 때부터이다.[38] 교회의 개인주의가 사회주의로 변해야 한다는 것이 그의 주장이었다. P.G.L.이란 필명(筆名)의 기고자도 계급 없는 세계 천국을 지향하는 사회 개조를 고조하였다.[39] 그러나 이들의 관념은 예수가 사회 속에서 일했다는 정도의 발상에서 "사회를 위한" 개인주의 이탈을 말한 데 불과하였다.

한데 이대위(李大偉, 1896-1982)가 글을 쓰면서부터 양상은 사회주의적 사상의 전개에로까지 진척하였다. 실상 1922년 10월에 벌써 김창제(金昶濟)는 마르크스나 레닌에 대하여 객관적인 이해의 자세로 소개한 일이 있었다.[40] 하지만 이대위(李大偉)는 1923년 5월에 "사회주의와 기독교"란 글을 발표하여 기독교와 사회주의와의 상동(相同)을 외쳤다. 그리고 "인류의 고통과 비애를 참극히 보고 측은심이 생겨 차(此)의 정형을 면구(挽救)코져"[41] 유물론과의 악수까지 불사한다는 입장을 밝혔다.

그의 이러한 입장은 여러 글을 통하여 계속 주창되었다. 그는 자선적 사업의 사익조득(私益釣得)을 비판하고,[42] 사회 혁명을 외치며 제도의 혁제(革除)를 역설하였다.[43]

> 교회가 사회를 위하여 봉사함에 비록 흡연(吸煙), 음주(飮酒), 축첩(蓄妾), 우상 숭배 등 악을 반대하는 것이 사회에 보익(補益)이 되지 안임이 업다. ... 그러나 방금 신사조(新思潮) 곧 사회 개조의 요구가 제4계급(第四階級)에까지 편만(遍滿)이 되엿으매 기독교회는 스사로 그 정책을 개혁하여 사회혁명에 대본영(大本營)이 되며 사회 진화에 선도자가 될 것이면 그는 참으로 신사회를 산출하는 자라 할 것이다.[44]

---

38) 『청년』, 1922. 3 월호, pp. 16ff.

39) P.G.L., 사회 개조와 기독교, 『청년』, 1923. 4월호, pp. 18, 21.

40) 『청년』, 1922년 10월호, p. 63.

41) 『청년』, 1923년 5月 호, p. 10.

42) 나의 이상하는 바 민족적 교회, 『청년』」, 1923, 6월호, p. 15.

43) 사회 혁명의 예수, *ibid.*, 1928. 6월호, p. 19.

한데 전술한 바 있는 것과 마찬가지로 공산주의 계에서 민족주의 계에 대하여, 특히 기독교에 대하여, 공격적 자세를 취하던 1926년에 이르러 심각한 일련의 사태 발전이 눈에 띄었다. 그 해 1월 17일 『조선일보』는 그 사세에서 "무산계급의 새 요구 주장과 기성 종교가 과연 합치되어 나갈까 못할까 하는 것은 매우 의문"[45]이라 하면서, 기독교의 사회 참여 방향을 질의하고, YMCA가 어제의 활기를 잃고 "보수적 상태"에 빠져 있다고 비판한 일이 있었다. 김창제(金昶濟)는 재빨리 기독교가 "고유한 민중적 종교"[46]라고 재삼 천명하고, 기독교가 바로 "사회주의자 제군의 종교였다"고 설득했던 것이다.[47]

그러나 YMCA는 그 때 이미 신흥우(申興雨, 1883-1959), 구자옥(具滋玉, 1891-1950), 윤치호(尹致昊, 1864-1945), 홍병선(洪秉璇, 1888-1967) 등이 중심이 되어 동양척식(東洋拓殖)의 사업이 "유해무익으로 공연히 조선인의 생산을 빼앗고 있다는 것을 세계 각국에 션뎐하야 여론을 일으키고자 비밀리에 그 비인도적 행위를 조사 중"[48]이었다. YMCA의 세계연맹 총무이던 모트(J. R. Mott)에게도 이것이 보고되고, 그 최종 조사서는 그 해 8월 핀란드에서 열리는 만국기독교청년회대회에 제출할 예정이었다. 조선사회 경제의 심각한 문제가 필경 일본 자본주의의 식민 정책에서 비롯되었다는 민족 수난에 대한 인식의 표현이 여기 있었다.

YMCA는 1926년에 들어서면서 농촌 사업에 진력하였다. 1925년에 "실행과 선전"에서 이미 그 사업을 착수할 때 서울 부근 농촌 20여 촌에서 상당한 진전을 보였는데, 그때 이미 광주(光州), 함흥, 신의주, 선천(宣川), 대구 등 9개 기독교 청년회와 평양 등 10개 학생청년회에서 이 사업에 착수 중이었다. YMCA는 1925년을 "착수의 준비 시대"로 보았고, 1926년을 "전선(全鮮)에 산재해 있는

---

44) 나의 이상하는 바 민족적 교회, *ibid.*, p. 15.

45) 사설, 『조선일보』기독교 청년회의 금일의 처지, 1926. 1. 17일자.

46) 김창제(金昶濟), 민중의 종교, *Ibid.*, 1926. 2월호, p. 12. 그는 이미 1922년 7월, 마르크스나 레닌의 입장이 안전한 노동주의" 라 밝히고, 예수의 본래 주장이 노동주의라고 말한 일이 있다.

47) 제9회 조선기독교학생하령회, 『청년』, 1922. 10월호, p. 63.

48) 기독교청년회 간부의 동척회사 구축(驅逐) 운동, 『조선일보』, 1926. 1. 17일자.

기독교청년회와 학생기독교청년회에서의 일제(一齊) 대거 성취"의 해로 잡았다.[49] 그렇지만 이 농촌사업은 "정신과 문화와 경제 향상"[50]이라는 복합적인 교양주의적 농촌 계몽사업 정도에 끝났다는 인상이다. 1924년 신흥우가 말한 기본 강령도 "경제적 향상, 사회적 단결, 정신적 소생"[51]이라는 포괄적인 것이었다. 그것은 사회과학적 인식 태도라든가, 식민경제에 대한 예민한 분석에서 추출해 내는 방법론과는 거리가 먼 것이었다. 1926년의 YMCA 농촌사업 진행 목표를 보아도 이를 알 수 있다. 곧 촌락에서의 문맹자에 대한 국문 교육, 간이한 수학의 가감법 교육, 촌락에서의 부업 장려와 농촌 개량, 물품 구매와 판매의 협동화, 농촌생활의 개선과 농촌 재정을 위한 노력 등이 그것이었다.[52] 농촌사업의 보고도 국문, 산술, 한문의 교육, 종돈(種豚), 종계(種鷄)의 배부, 강화회(講話會), 농촌교육문고, 수해지 위안 등이 중심이 되어 있었다.[53]

YMCA국제위원회로부터 파송을 받아 내한하여 농촌사회 조사를 실시한 브루너(E. S. Brunner)의 업적도 대개 이런 방향의 것이었다. 그는 그 해 *Rural Korea* 라는 조사 보고서를 발행하였고, 이것이 1928년의 예루살렘 국제선교협의회에 보고되었던 것이다.[54]

그 해에 신흥우는 조선농촌의 궁핍에 대한 조사 끝에 새로운 사회의식을 환기시켰다. 그는 조선 총독부 식산국(殖産局)의 1923년도 발표에 충격을 받았던 것이다. 그 통계에 의하면 전국 소작 농가(당시 전 농가의 3/4)의 수입은 1,650만 7,180원이었지만, 지출은 1,719만 4,449원으로 부족액이 68만 7,269원에 이르고 있었다. 따라서 그는 농토의 소유 문제보다는 소작료의 조정이 결국 조선 경제 문제에 대한 긴급한 해결 방안이란 것을 알았던 것이다.[55] 그는

49) 홍병선(洪秉璇), 일년간 청년회의 신사업, 『청년』, 1926. 1월호, p. 29.

50) D. W. Lyon's Notes of a Conference on YMCA, *Rural Work in Korea*, 1926. 4. 4-9.

51) 여기 대해서는 전택부, 『한국기독교청년회운동사』, 서울, 정음사, 1978, pp. 334-336 참조.

52) 홍병선(洪秉璇), *op.cit.*, pp. 29-30.

53) 동서남북 청년운동, 『청년』, 1926. 1월호, pp. 43-44; 1926. 5월호, p. 16

54) E. S. Brunner, *Rural Korea, a Preliminary Survey of Economic and Religious Conditions*, 1926.

55) 물적 생활에 우리 요구, 『청년』, 1926. 10월호, p. 5.

더 나아가 생산 증가와 분배 개선만이 농촌을 살릴 수 있다고 보고, 농민의 정신적 협동이나 경작 방법의 연구라든가 신용 금융 제도의 확립에 덧붙여, 정치 법률에 대한 이해가 있어야 한다고 갈파하였던 것이다. 이것은 어떤 의미에서는 식민지 농촌 경제에 대한 의식화의 작업을 의미한 말이었을는지도 모른다.

이때부터 YMCA의 농촌 사업에 때한 의식의 진작(振作)이나 운동이 대대적으로 진행되었다. 제2회 조선남녀학생기독교청년회 연합하령회가 1928년 8월 23일에서 30일까지 우이동에서 모였을 때에는, 기독교의 사회개조의 단계, 경제개론, 간이 실업 문제, 각종 조합문제, 소작인과 지주간의 관계가 토의되었고, 신흥우와 홍병선(洪秉璇)의 "농촌 문제와 금후(今後) 문제"가 강연된 바 있었다.[56] 특히 1929년 3월에는 덴마크 농촌 전문가인 미국인 클라크(F. C. Clark)가 "조선 농촌문제가 민족문제인 만큼" 여기 포부와 정력을 다하기 위해 YMCA 농촌부 간사로 부임하게 되었던 것이다.[57] 평양, 광주, 함흥, 원산, 순천 등 여러 지방에서 산업신용조합, 협동소비조합 및 농촌사업연구회 설립이나 농업강좌, 농사강습회, 농촌야학과 같은 사업은 이제 활발한 핵심적 프로그램으로 진행되었고, 거기 YMCA의 사회 운동이 집중한 듯한 인상이었다. 이순기(李舜基)는 원산(元山) 기독교청년회 총무로서 그해 일한 사람이었는데, 농촌 사업에 대하여 다음과 같은 말을 남기고 있었다.

> 이제 기독교 청년회의 회원 대중(大衆)은 총동원(總動員)을 하야 황폐(荒廢)하여가는 전야(田野)로 향하야 일천 오백만민의 문맹증(文盲症)을 징치(徵治)하야 그들 자신이 이해할 수 있는 농촌의 서류를 열람(閱覽)하며 연구케 하야 척박(瘠薄)하였던 토양(土壤)을 다시 옥토(沃土)로 화(化)케 하며 생활 능률이 부족하여 모든 것이 원시적인 그들로 하여금 손과 머리를 함께 활동케 하며 능률 증진(增進)을 도모하며 농자금(農資金)의 융통(融通)을 모(謀)하며 공동(共同) 구입(購入) 공동 판매 등 편의(便宜)를 도(圖)하야 농기(農機)를 이용하며 농산물을 가치(價値) 있게 판매하는 기관이 확입되도록 교양하야 하겠습니다.[58]

56) 『청년』, 1928. 9월호, pp. 95. 96.

57) 농업기사 클락씨를 마즘, 『청년』, 1929. 3월호, p. 7.

여기 YMCA 농촌사업과 그 사회적 관심의 목표가 일괄 요약돼 있었다.

이렇게 본다면 YMCA의 사회운동은 대개 사회주의적 경향을 띤 사회 혁신 운동과 농촌 운동으로 크게 이분(二分)할 수 있겠다. 그러나 농촌운동이 농촌 사회조사나 촌락에서의 실제적 분석에 의한 구체적인 농촌의 경제 향상이나 의식 개발에 전력하여 성과가 컸던 데 반해서, 사회혁신의 운동은 문제의 경향에 민감한 반응을 보인 듯 하기는 했지만, 공산주의에 대해서 너무 소박한 기대를 가지고 있었던 것 같고, 따라서 그 용어는 비록 과격할 만큼 공산주의적 사회혁신을 외쳤지만, 그 핵심을 체계적으로 포착하고 있었던가 하는 문제는 논문들이 너무 짧고, 또 항목 대지(大旨) 서술 형식이기 때문에 쉽게 단언을 할 수 없게 돼 있다.[59)]

2-5. 자본주의에 대한 기독교의 반발 양식

자본주의 제도에 대한 비판과 공격도 없지 아니하였다. 『기독신보』에는 1924년 1월 2일부터 3월 13일까지 7회에 걸쳐 "기독교가 현대 자본주의제도에 대하야 취홀 태도"라는 본격적인 논문을 연재하였다.[60)] 거기에 의하면 자본주의의 폐해는 한마디로 공가제도(工價制度)에 있다고 하였다. 그것이 "三종의 악렬(惡劣)"을 가졌기 때문이라고 보았다.[61)] 곧 첫째는 자본 그것이 인생의 행동을 지배[62)]한다는 사실이다. 관리인이 공인(工人)의 공작을 완전히 지배하기 때문이다. 둘째로 노동자들은 자본가의 지배 밑에서 그들의 농락을 계속 받게 되고, 공평한 대우도 받지 못하게 되는 것이라 보았다.[63)] 셋째로는 공자(工資)간

---

58) 조선농촌에 대한 기독교청년회의 사명, 『청년』, 1929. 5월호, p. 3.

59) 가령, 톨스토이나 레닌을 동일시한 것이 그런 예이다. 민중화할 금일과 농촌 개량 문제, 『청년』, 1924. 5월호, p. 5. 또 반자본주의를 부자의 영성 결핍 때문이라 한 것도 그런 예이다.
사회적 혁명의 예수, 『청년』, 1928. 6월호, p. 18.

60) 이대위의 기고였다. 당시 『기독신보』는 YMCA계 박동원이 편집인이었다.

61) 『기독신보』, 1924년 1월 23일자.

62) *Loc.cit*

(노동자와 자본가 사이)에 인간적 유대가 없어진다고 보았다. 언필칭 계급의식의 고정화를 초래한다고 보았다. 공자 피차 간에 장벽이 생겨 상호 대립이 생기고, 자본가의 불로소득과 노동자의 저소득 상태가 제도화 한다는 것이다. 따라서 거기 봉사의 진리가 이 제도에서는 망각된다고 보았다.[64] 상호복무(相互服務)의 정신은 사라지고, "공전빙접(工錢憑摺)의 상면만 잇슬쑨, 개인간의 무삼 감정과 인생 간의 상당한 우의(友誼)를 보존치 못함으로 노동자의 충동력(衝動力)이 극히 미소하고 개인의 인격거실(人格去失)"[65]이 나타나, 기계화 된 삶, 타인의 노예생활상태에 놓인다고 갈파하였다.

『기독신보』의 사설 역시 자본주의의 죄악을 지적하였다. 예수가 현대에 계시다면 "막쓰 이상으로 자본주의의 해악(害惡)됨을 책하셨으리라" 보고, 그것은 자본가의 불로 소득과 사회, 그리고 노동자의 생활고를 초래한 것 때문이라고 밝혔다.[66]

여기 교회의 자본주의 제도에 대한 투쟁이 불가피한 것이 되었다고 본 것이 『기독신보』이다. 기독교인 중에 "착취를 농(弄)하는 자본주의계급이 있음을 통탄히 여긴 교회는 교회 안에 사회개혁을 막는 세력이 있음을 지적하지 않을 수가 없었다.[67]

> 우리의 령적 주의의 종교를 반대ᄒᆞ는 현재사회조직(現在社會組織)을 ᄀᆞ쟝 선미(善美)ᄒᆞ게 생각ᄒᆞ고 종교와 경제행위(經濟行爲)와를 분리하야셔 개조를 기획(企劃)ᄒᆞ지 아니ᄒᆞ는 현실주의의 교회신자, ... 이러한 교회에셔는 경건(敬虔)을 구실삼아 엄숙한 사회적 죄의 지적을 게을리 하야 참 개조의 정신을 발휘(發揮)ᄒᆞ지 못ᄒᆞ고, ... 착취(搾取)는 그럿케 악ᄒᆞᆫ 것이 아니오 자본주의 당연히 취득(取得)ᄒᆞᆯ 것으로 생각ᄒᆞᆷ으로 죄악이 되지 아니 ᄒᆞᆫ다 ᄒᆞ야 회개ᄒᆞ기를 ᄇᆞ라지도 아니ᄒᆞ는도다.[68]

---

63) *Ibid.*, 1924년 1월 30일자.

64) *Ibid.*, 1924. 2. 6일자.

65) *Loc.cit*

66) 사설, 사회에 대ᄒᆞᆫ 그리스도교의 본질 (一). 『기독신보』, 1924. 2. 6일자.

67) *Loc.cit.*

이런 것이 기독교가 자본주의의 옹호자요, 계급주의의 지배자라는 비난을 받게 한 까닭이요,[69] 귀족적 종교라는 지탄을 받게 한 배경이었다고, 그렇게 『기독신보』는 예봉(銳鋒)을 세워 밝힌다.[70] 다시 말하면 교회가 죄의 회개를 소리친다면, 그것은 마땅히 "인류 사회의 근본적 착오"에 대한 회개의 촉구가 될 것이고, "자본주의의 근본적 오류되는 착취의 죄"를 회개하게 하여야 한다는 것이었다.[71]

> 진정훈 사회주의는 참말 교회로 더부러 서로 배치(背馳)되는 것이 적고 교회를 위ᄒᆞ야 준비ᄒᆞ는 것이라. ... 만일 진정훈 사회주의자가 잇스면 비록 기독교인이 아니더라도 나는 그를 기독인과 동일히 간주(看做)ᄒᆞ겟다.[72]

사회주의가 "그 일흠은 ᄆᆡ우 아름답고 그 주의는 심히 고상"하다고 판단했던 한 기독자의 말이었다. 여기 문제는 기독교가 주도가 되어서 이런 사화주의 이상까지도 포괄할 수 있다는 신념이다. 이것은 이대위의 생각과는 천양지차이가 있었던 말이다. 이대위(李大偉)는 유물론과의 악수를 마다하지 아니하고, 기독교와 사회주의가 "이면(裏面)으로는 동일한 목적"[73]을 품고 있다고 말할 뿐만 아니라, "사회주의와 교회는 전(專)히 동양(同樣)의 것"[74]이라고까지 주장하고 있었던 것이다.

그러나 여기 반해서 『기독신보』는 자본주의를 "개수(改修) 또는 파괴"[75]하는 방법론에 있어서는 역시 기독교적인 전제 안에 머물러 있었던 것이 확실하다. 가령 민중대회[76] 개최가 1924년 4월 20일 경운동 천도교회관에서 예정되었으

68) 사설, 사회에 대ᄒᆞᆫ 그리스도교의 본질 (二), 『기독신보』, 1924. 2. 13일자.

69) 김경하(金京河), 반기독교운동에 감(鑑)ᄒᆞ야 우리 교인의 자성을 촉ᄒᆞᆷ, *Ibid.*, 1926. 1. 13일자.

70) 김창제(金昶濟), 민중의 종교, 『청년』, 1926. 2월호, p. 12.

71) 『기독신보』, 1924. 2. 13일자 및 1926. 1. 27일자.

72) 사설, 기독교회와 사회, 『기독신보』 1924. 10. 15일자.

73) 사회주의와 기독교, 『청년』, 1923. 5월호, p. 9.

74) 민중화할 금일의 합작운동의 실현, *ibid.*, 1924. 4월호, p. 9.

75) 기독교가 현대 자본제도에 대ᄒᆞ야 취ᄒᆞᆯ 태도(二), *ibid.*, 1924. 1. 9일자.

나 일본 고등경찰에 의해 집회 금지된 사실에서 보듯이 교회는 그런 제재를 받은 일이 없고, 서울계의 공산주의자들의 총합체인 청년동맹[77] 창립(1924. 4. 21.)에 대하여 대대적인 보도를 하였던 『기독신보』[78]는 "기독교의 사회학과 사회의 사회학이 역시 대동소이"라 보고 있기는 하였지만 이 양자 간의 차이를 지적하고 지나간 곳에 그 신문의 기독교 정체성이 확인되고 있었다. 그 신문은 최고 이상의 사회를 조직함에는 복음이 필수라고 역설한다.

> 현재 우리 사회의 상태를 고찰ᄒᆞ건ᄃᆡ 그 무슴 주의던지 사회주의에 경향(傾向)되는 사(事)를 부인ᄒᆞᆯ 수 업도다. 그런즉 조선사회를 개조ᄒᆞ야 우리의 요구ᄒᆞᄂᆞᆫ 최고 이상의 사회를 현재에 잇ᄂᆞᆫ 엇더ᄒᆞᆫ 주의로ᄂᆞᆫ 도저히 성취하지 못ᄒᆞ리라 ᄒᆞ노라. 고로 최고이상의 사회를 조직ᄒᆞᆷ에ᄂᆞᆫ 구원의 능력을 요구하며, 구원의 능역은 예수 그리스도ᄭᅴ 잇스니 그의 일흠으로 이 사회는 구원되어 신(新) 이상적 사회가 실현ᄒᆞ리라 ᄒᆞ노라.[79]

더구나 교회가 "하나님의 진리를 표준하야 인생의 중생(重生)을 의(擬)"하는 데 반해서, 사회는 "사람의 지식을 표준하야 그 발전을 구"하는 데 피차의 결정적인 차이가 있다고 보았다.[80]

한데 다음 단계에 가서 교회는 자본가나 농지주에 대한 사랑의 실현을 호소하였다. 가령 지주에게는 그 이익을 소작인과 서로 꼭 같이 분배하라고 호소하였다. 인간애의 실현이 늦추어지거나 실현되지 않은 때, "우리 죠션에도 공산쥬의가 불원간 치성"[81]하리라고 경고하였던 것이다. 이런 정신이 바로 "사회문제에 대한 미국교회의 태도" 곧 미국예수교연합회의 결의 조항을 『기독신보』에 장장 소개하고[82] 캐나다 선교사 (C. A. MacDonald: 梅道捺, 1883-1938)가

76) 이종린(李鍾麟), 여운홍(呂運弘), 신태악(辛泰嶽) 등 좌파 민족주의자 주동.

77) 『조선고등경찰관계년표』, 조선총독부, 1930, p. 142.

78) 청년총동맹 창립, 『기독신보』1924. 4. 30일자.

79) 사설, 그리스도교의 사회성, 『기독신보』, 1924. 4. 2일자.

80) 기독교회와 사회, *ibid.*, 1924. 10. 15일자.

81) 사설, 소작인과 농쥬의 의무, *ibid.*, 1925. 6. 17일자.

82) 『기독신보』, 1925. 9. 9일자, "16개 항의 사회신조."

이 해설을 1925년 12월 9일부터 다음 해 1월 20일까지 5회에 걸쳐 연재하게 한 까닭이었다.

그런데 교회는 1925년 10월 21-28일, 조선주일학교대회가 제 2회로 서울에서 모였을 때 한양청년동맹이란 공산주의 단체에서 노골적인 반기독교운동을 전개한 데 충격을 받고, 사회운동의 본래적인 기독교화에 급진전을 보이기 시작하였다.

교회는 우선 사회개혁의 근본적인 목적이 "동포사랑"에 있음을 다짐하였다. 한데 교회는 이를 위한 공헌에 헌신해 온 것을 확인하였던 것이다.

> 보라. 조선의 현상에 대ᄒᆞ여 기독교가 그 왕란(往瀾)을 만회(挽回)ᄒᆞ기에 얼마나 노력(勞力)ᄒᆞᄂᆞᆫ가.[83]

가령 교회는 금주 금연운동에 앞장 서 있었다. 그 당시의 1년 통계로는 주초(酒草) 2억 원 소비인데 반해서 교육비는 단 1천만 원에[84] 불과하였다.

> 우리는 주초(酒草)를 자녀 보다 더 ᄉᆞ랑ᄒᆞᆫ다. 언념(言念)이 차(此)에 급(及)ᄒᆞᆷ에 방성(放聲)의 곡(哭)을 금(禁)키 난(難)ᄒᆞ도다.[85]

이런 절제사업의 성취가 사회생활 개선에 끼칠 폭은 광범위하다고 본 것이다. 다음은 가정의 신성성 확보로서 공창(公娼)의 퇴폐를 막고, 건전한 기백의 인간상 형성을 목표한 운동의 선도가 교회임을 내보였다. 그리고 마지막으로 우상타파운동을 통하여 숙명론을 극복하고, 국민 타성과 그 불충(不忠)을 쇄신하여 강인한 의지의 동적 인간을 구축함으로써, 사회적 빈곤을 혁제(革除)할 수 있다고 본 것이다. 따라서 교회는 이러한 사회 운동만이 결국 동포를 사랑하는 길이기 때문에, 기독교 반대는 "동포의 전도개척(前途開拓)을 저희(沮戱)ᄒᆞᄂᆞᆫ

---

83) 사설, 반기독교 운동을 보고, 『기독신보』, 1925. 11. 11일자.

84) 1925年 교육비는 총독부 예산이 533만 6,808원이었다. 『조선총독부시정년보』, 1926. p. 81. 그런데 주세(酒稅), 연초(煙草) 경작세(耕作稅)는 869만 7,802圓이었다. *Ibid.*, p. 96.

85) 반기독교 운동을 보고, *loc.cit.*

것"[86]이라고 단언하기를 마지아니하였던 것이다.

여기서 교회는 사회운동의 기독교화를 소리 높이 외쳤다. 사회는 제도나 구조의 혁신에 의해서 향상되는 것이 아니고, "내부적 쇄신"이 있어야 하며 "각개 인심을 성령의 화염(火焰)에 훈도(薰陶)ᄒᆞ야 신인을 작성"하는 구령사업에서 비로소 개선 건설된다고 역설하였다.[87] 더구나 기독교의 공형(共亨)과 사회주의의 공산(共産)과는 그 근본에서 다르며, 공형은 사상에서나 실행 방법에서도 사랑이라 다짐함으로써 교회의 계급투쟁 불신을 천명하였던 것이다. 그것은 교회가 사회나 인간의 내적인 병폐를 진단하여 도덕적인 혁신을 통하여서 비로소 사회 경제적인 모순을 제거할 수 있다는 복음의 선포를 의미하였다. 실상 경제 사회적 메시지 만큼 긴요한 것이 더 심원한 정신적 메시지였기 때문이다. 조선인은 어떤 경제적 독립에도 앞서 "영적 개조"를 경과하여야만 한다고 확신한 것이다.[88] 복음의 선포는 더욱 긴박하였다. 교회는 이처럼 "고막이 쭈러질만치 드른"[89] 사회개혁에 대해서 높은 차원에서 그 전책(全責)을 질 처지에 있었고, 따라서 "민족의 영고성쇠(榮枯盛衰)가 실로 기독교회의 활동여하[90]에 달렸다는 긴박감과 사명으로 전력을 다하고 있었던 것이다.

이렇게 해서 자본주의의 제도적 모순에 대한 예민한 분석과 비판에서 출발했던 일련의 사회운동은 예루살렘 국제선교협의회 이후 "산업문제의 인도화"와 "노동문제에 그리스도의 정신 실현"[91]이란 한계에 머물기로 방향을 정했던 것이다. 공산주의자들이 1926년 가을 부터 기독교에 대한 극렬한 반대 투쟁을 전개했을 때 그것은 결국 안일하고 소박한 기독교 사회주의자들에게 충격을 주고, 그들 사회운동을 철저한 기독교적 전제 안에서 복음적으로 수행하게 한 계기를 만들었다는 사실을 깨닫지 못하였을 것이다. 이것은 곧 공산주의가 기독교회를

---

86) *Loc.cit.*

87) 사설, 반기독교운동을 보고(二), 『기독신보』, 1925. 12. 9일자.

88) L T. Newland, Is the Church Meeting Korea's Economic Problems, *The Korea Mission Field*, April 1929. 4., p. 71.

89) 이건춘(李健春), 세계 개조와 종교의 직분, 『청년』, 1923. 5월호. p. 15.

90) 김락구(金洛龜), 조선사회 개량에 대ᄒᆞᆫ 기독교회의 처지, 『기독신보』, 1925. 6. 3일자.

91) 서상현(徐相賢), 조선 교역자의 생활 문제", 『진생(眞生)』, 1929. 5월호, p. 18.

하나의 민족주의적 기관으로 간주함으로써[92] 오히려 투쟁의 대상으로 삼고, 따라서 교회로 하여금 그 민족적 차원을 확인하여 천황제에 도전하게 한 동인(動因)의 하나로 작용하였다는 것을 의미한다. 실상 공산주의는 신간회(新幹會) 해체, 곧 1930년 이후에는 계속된 검거 탄압으로 국내에서는 명맥을 보존할 수 없었고, 다만 만주, 시베리아 등지에서 기독교인들을 학살하는 데 광분하였기 때문에, 교회는 그 신앙의 기축(機軸)에 저촉되는 천황제에 정면 도전하면서 민족 사회의 생존을 간접으로 확보하는 저항을 계속할 수가 있었다.[93]

2-6. 예루살렘 선교협의회(1928) 이후의 운동 방향

1) 사회구원 운동

1928년 3월, 예루살렘에서 회집하였던 국제선교협의회 (International Missionary Conference)는 세계적인 교회협의회로서는 전에 없이 현대의 문제들을 포괄적인 시각에서 취급한 회의였다.[94] 이 회의는 종교교육, 선교와 민족분쟁, 선교와 산업, 선교와 농촌문제들, 그리고 세속화의 문제들을 취급했지만, 역점은 아시아와 아프리카의 대다수 민중들이 농촌에 살고 있다는 점 때문에 농촌 문제에 놓여 있었던 것이다.[95] 이로 해서 사회경제연구협의체까지 구성하고 있었던 것이다.

이 회의의 영향은 거기 참석하였던 한국 대표들을 통하여 대개 세 방면에서 나타나고 있었다. 하나는 김활란(金活蘭, 1899-1970)에게서 기독교의 실제화와 사회화의 운동으로 나타났다.[96] 다음은 신흥우(申興雨)의 농촌사업 적극 추진으로 나타났다. 여기 대해서는 이미 상술한 바 있지만, 회의 후 귀로에 김활란

---

92) The Training of our Comrades, 1936. 3, Dae Sook Suh, *Documents on Korean Communism*, p. 205.

93) 이 점에 대해서는 Ⅶ에서 상술.

94) 한국에서는 장로교: 정인과(鄭仁果), S. A Moffett; 감리교: 김활란(金活蘭), 양주삼(梁柱三), 신흥우(申興雨), W. A Noble 목사(牧師)가 참석.

95) *A History of The Ecumenical Movement, 1517-1948*, ed., by R. Rouse & S. C. Neill, London, S.P.C.K., 1967, pp. 368-369.

96) 김활란, 예루살렘대회와 금후 기독교,『청년』, 1928. 11월호, pp., 3-5.

과 함께 홍병선(洪秉璇) 동도(同途) 덴마크를 시찰하고 귀국해, 클라크(F. O. Clark), 번스(H. C. Bunce)와 같은 농업 전문가들을 간사로 초빙하고, 또 서울, 대구를 비롯 19개 소에 농민강습소를 설립, 이를 "정신적 발전소"로 육성하고 있었던 데에서 나타나고 있었다.[97] 이런 광범위한 공헌 때문에 I.M.C.(국제선교협의회)의 경제 전문가였던 버터필드(K. L. Butterfield) 교수는 "조선(朝鮮) YMCA가 그 농촌 재건 사업에서 발휘한 훌륭한 지도력은 교회 봉사 사업 중 가장 찬란한 기록 중의 하나"라고 평가하였던 것이다.[98]

다른 하나의 영향 파급은 1929년 4월 18일부터 20일까지 개최되었던 예수교 연합공의회 대회였다. 모트(J. R. Mott)가 조선에 내방함을 계기로 소집되었던 이 대회는 동기가 물론 1928년의 I.M.C.였다. 이 대회는 네 분과에서 토의가 진행되었는데, 그 중에서 "경제적 파멸을 당하고 있는 조선"이 "비관점"으로 지적되면서, 농촌사업에 대한 심각한 논의가 진행되었던 것이다.[99]

이렇게 보았을 때, 1929년은 조선교회가 사회, 농촌 문제에 관해서 가장 활발한 의식화와 그 운동을 진행했던 때였다고 할 수 있겠다. 피셔(J. E. Fisher)는 이미 1928년에 선교에서의 경제 향상 프로그램을 설득하고, 농촌 사회조사와 시장조사, 생산성 조사 같은 구체적 활동, 그리고 산업교육의 진흥 등을 역설한 바 있었다.[100]

이처럼 1929년은 한국교회가 내적으로도 "코페르니커스 전회(轉廻)"[101]라고 할 만한 "경제적 물질적 방면에의 각성"을 가지게 되었던 해로 대서특필하게 된다. 이것은 "실로 시기에 적합한 운동"이 아닐 수 없었기 때문이다.[102] 그 까닭은 다음과 같았다.

97) 전택부, 『인간 신흥우』, 서울, 기독교서회, 1971, p. 217.

98) Rural Reconstruction Work in Korea, p. 6. 전택부, *ibid.*, p. 219에서 인용.

99) 전필순(全弼淳), 정신적 단합과 사업상 협동, 『진생』, 1929. 4월호, p. 14.

100) J. E. Fisher, *Democracy and Mission Education in Korea*, pp. 110-120.

101) 김준성(金俊星), 1929년의 기독교 대세를 평론함, 『진생』, 1929. 12월호, p. 6.

102) 이영한(李永漢), 조선교회의 신기운", *ibid.*, 1929. 5월호, p. 25.

오인(吾人)은 조선 내에서 최다수의 집단인 교회가 이 경제문제에 대하여 해결하기를 노력하는 것은 이 조선족에 행복증진(幸福增進)에 있어서도 필요절실(必要切實)한 운동이거니와 교회 자체에 대하여도 극히 중대한 영향을 가진 자라.[103]

2) 교회 안에서의 사회의식

위의 글 속에 벌써 사회운동이 교회 자체의 발전과 그 사명에서 필요하다는 사실이 지적되었다. 실상 그때 교회는 부진의 원인을 모색하면서, 그 대책이 중론화 되었는데, 거개가 경제적 타격이 교회 안에도 미치어, 교역의 부실, 사업의 제한, 그리고 사기의 저락이 수반된다고 보았던 것이다. 따라서 사회경제 운동의 교회 내 추진을 외치게 되었던 것이다.[104]

교회 안에 생산 기관을 설립하는 일 같은 것도 제안되었다.[105] 송도직물(松都織物) 같은 형식의 자조적(自助的) 산업체를 한 모델로 생각하기도 하였다. 이순기(李舜基, 1890-1948)는 도시 교회와 농촌을 연결하는 소비조합을 구상한 일도 있었다. "신도 협동의 산업운동"의 중요성을 알고 있었기 때문이다.[106] 실제 1929년 현재 YMCA 농촌부를 통해 조직된 산업신용조합만도 11개소, 소비조합 3개소, 삼각농우회(三角農友會) 18개소, 삼각 소년회 6개소 등에 이르고 있었다.[107] 서상현(徐相賢)은 심지어 교회 안에 산업 문제연구소의 설립을 제안하고 있었다.[108] 유재기(劉載奇)는 경북 칠곡(漆谷)에서 교회 시무할 때 400여 원을 들여 신용협동조합을 세웠는데, 그 목적은 교인의 것은 교인이 다시 그 이익을 회수할 수 있게 하고 또 교회의 이상을 경제생활에서 유기적으로 표현하고자 하는 데 있었다.[109] 그는 한 교회에 한 조합 설립 운동을 추진하고 있었다.

---

103) *Loc. cit.*

104) 전치화(田致禾), 경제생활의 궁핍과 교역자 결핍, 『진생』, 1929. 9월호, p. 40.

105) 박태일(朴泰一), 교회에 산업기관 설치로서, *ibid.*, p. 51.

106) 이순기(李舜基), 신도 협동의 산업운동과 생활 증진, *ibid.*, p. 36.

107) 지방청년회 활동, 농촌부, 『청년』, 1929. 12월호, p. 11.

108) 서상현(徐相賢), *op.cit.*, p. 18.

109) 유재기(劉載奇), 산업조합 이야기(三) 『기독신보』, 1935. 1. 30일자.
그는 『조선일보』에 협동조합론을 1933년 2월 2일부터 19회에 걸쳐 연재하였다.

이러한 운동이 감리교의 조민형(趙敏衡)으로 하여금 조선 농촌의 구원은 교회에서 비롯된다는 확신을 가지게 하였던 것이다.[110)]

2-7. 사회운동의 붕괴 과정

1) 교회 내의 비판

1935년 묘하게도 교회 자체 안에서 교회의 사회 농촌운동에 대한 강력한 비판이 일기 시작하였다. 더구나 농촌운동의 중심인물이었던 YMCA의 신흥우 총무가 적극신앙단(積極信仰團) 사건과 박인덕 여사와의 관계, 이 두 문제로 1935년 1월 사임하는 우연도 겹쳐서 그 비판 세력은 득세한 듯하였다.

일찍이 송창근(宋昌根, 1898-1950)은 1933년, 다음과 같은 글을 남긴 일이 있었다. 그가 오늘날의 "기독교 장로회"의 실질상의 신학적 선구자라고 한다면, 이 글의 의미는 더욱 심장하다.

> 교회는 결코 사회문제, 노동문제, 평화문제, 국제문제를 론(論)하는 곳이 아니외다. 복음, 즉 예수 그리스도의 복음, 중생(重生)의 복음이 우리 교회의 중심이 외다.[111)]

한데 1935년 1월 김인서(金麟瑞, 1894-1964)는 가장 체계적인 농촌운동 반론을 제기한 신앙인으로 기록되었다. 우선 그는 교회의 농촌운동이 그 지도원리에 있어서 그때껏 공언된 신학상의 정리가 없음을 비판하였던 것이다. 그리고 그 지도 방법에 있어서는 미산증식(米産增殖)이 쌀값 저락 때문에 어려웠던 때의 문제와 같은 난제(難題)에 대한 교회의 정책 부재, 그리고 소작문제에 대한 교회의 착안 부재, 신용협동조합의 경영 관리 부실문제, 이런 것들로 해서 방법론적 결함이 있기 때문에 실효가 없다고 갈파했던 것이다.[112)] 이러한 실행 부실의 사업은 "민중을 기만함이 되는 동시에 성회의 위신을 실추"시킨다고

---

110) 조민형(趙敏衡), 조선농촌의 구원은 기독교로부터, 『기독신보』, 1935. 1. 1일자.

111) 오늘 조선교회의 사명, 『신학지남』, (1933. 11), pp. 21. 22.

112) 총회 농촌부 폐지를 제언함, 『신앙생활』, 1935·1월호. 『김인서저작전집』, 1974, 2권, p. 158.

보았던 것이다.[113]

> 교인이 할 일과 교회가 할 일이 다릅니다. 교회 전체가 지도원리에 모순되는 농촌부와 지도방법이 없는 농촌운동, 실행 능력이 없는 무실한 농촌부를 두는 것은 크게 불가하다고 진언합니다.[114]

농촌운동을 개인이 자유로이 시도한다든가 이상촌을 건설한다든가 하는 일에 반대하지 아니한 그는 교회가 전도와 사랑에 충실할 것만을 역설하고 있었다. 그는 애소(哀訴)하듯 오치고 있었다.

> 농촌운동 등 세속 사업을 교회가 아니하여도 세인(世人)이 잘하는 일이거니와, 전도는 교인이 아니하면 할 사람이 없습니다" .[115]

채정민(蔡廷敏, 1872-1953) 역시 강경한 총회 농촌부 폐지론자였다. 당시의 농촌문제가 "정치상 중대문제"인데, 농촌부 때문에 총독부의 직접 지도와 간섭을 받지 않으면 안 된다고 판단한 그의 탁견(卓見)은 실상 일제 말 사회운동군(群)의 전향(轉向)을 예시하는 듯하였다.[116] 그는 동경(東京) 내각(內閣)의 운명을 좌우하는 농촌문제에 대한 총회의 정치적 능력을 따졌던 것이다. 교회와 총독부간의 농정(農政) 절충점이 없다고 보았기 때문이다. 그는 이 농촌사업이 "성신에게서 나온 것이 아니라"고 확신하고 있었다. 김성탁(金聖鐸, 1875-1939)은 조선인으로 농촌사업을 시비할 사람이 없다고 믿었다. 그러나 이러한 사업이 "신령체(神靈體)인 교회를 이용할 필요 없이, 독립기관으로 경영"할 것을 제안하고, 교회가 거기 보조하는 형식이 바람직하다고 보았다.[117] 한데 최혁주(崔赫宙, 1905-1977)가 "순복음 전도, 성신의 능력, 성령의 권위를 무시하고 농촌사업

113) *Ibid.*, p. 159.

114) *Ibid.*, p. 160.

115) 교회의 할 일과 교인의 할 일이 다르다, 『신앙생활』, 1936. 7월호, p. 1.

116) 교농(敎農) 운동의 가부, 『신앙생활』, 1936. 7월호, p. 9.

117) 총회 농촌부 존폐문제에 대하여, *Ibid.*, 1936. 7월호, p. 12.

이나 꾀하는 자 모름지기 조선교회를 파멸의 와중으로 도입"[118]한다고 힐난한 것은, 이런 비판 중에서는 가상 극렬한 것이었다.

"세상일과 성회 사업을 혼합"하는 것이 농촌사업이라 비판한 여러 사람들의 여론 때문인지는 몰라도, 장로교총회는 마침내 1937년 농촌부를 폐지하기로 가결했던 것이다.[119] 설립 9년 만의 일이었다. 공산주의 사회 혁명에 대해서 기독교의 사회 운동자들은 산업의 인도화와 윤리적인 사회복음으로 행동의 제한을 삼았고, 보수적 복음주의자들은 기독교 사회 농촌사업에 대해서 성신과 순수 전도의 전제로 그 간격을 그었던 것이다. 한데 묘하게도 이러한 교회의 사회 농촌 운동은 일제에게서도 탄압과 제지로 저해되고 있었다.

2) 항일 에너지로 저지된 사회운동

1933년경 신흥우는 총독부에 불려가서 농촌사업의 중지를 요청받고 나온 일이 있었다.[120] 그러나 YMCA 농촌사업은 계속 진행되었고, 1937년 10월에 가서 "종내 실행하던 농촌을 순행지도하든 것을 현하 시국의 다단(多端)함을 인하야 당분간 중지"[121]하는 사태가 벌어졌다. 그리고 같은 해 12월까지 사업 보고가 나오고, 1938년 1월부터는 농촌부 보고가 없어지고 만다. 사업이 중단되었기 때문이다.

한데 일제는 YMCA의 농촌운동을 1931년부터 경계했던 것이 확실하다.[122] 조선의 장래에 있을 일대 민중운동의 주력이 농민이라 보고, 그 확보 공작으로 농촌의 개발과 농민의 각성을 촉진하는 것이라 보았기 때문이다.[123] 이런 YMCA, 그 핵심 멤버들에게 탄압이 없을 수 없었다. 그것이 흥업구락부(興業俱

---

118) 『기독신보』, 1935. 11. 6일자.

119) 장로회총회 제 26회 『회의록』 (1937), p. 42.

120) 전택부, 『인간 신흥우』, p. 220. 전택부는 YMCA 농촌사업이 1933년부터 차츰 없어지고 말았다고 함.

121) 회무 일반, 농촌부, 『청년』, 1937. 10월호, p. 23.

122) 최근의 조선치안상황, 『한국독립운동사』, V, 국사편찬위원회, 1969. p. 241.

123) *Ibid.*, pp. 248, 249.

樂部) 사건이다. 1938년 3월의 일이다. 그뿐 아니라 일제는 금주운동도 경계하였다. 1937년 5월에는 기독교 청년면려회(勉勵會) 조선연합회 서기 이양섭(李良燮)이 금주운동의 기안문 중에 "멸망에 함(陷)한 민족을 구출하는 기독교인의 역할"이라 쓴 것을 정치적 저항 발언으로 책 잡아 보안법 위반으로 검거한 일이 있었다.[124] 그리고 같은 해 8월에는 선천(宣川)의 면려청년회 평북연합회와 기독교청년회 인사들이 금주 금연운동에서 불온문서와 불온노래를 인쇄 반포했다 하여, 강신명(姜信明, 1909-1985), 주덕균(朱德均) 등 6명을 보안법 위반, 출판법 위반으로 검거한 일이 있었다.[125]

농촌운동 자체 때문에 피검된 일은 1938년 6월의 유재기(劉載奇, 1905-1949)와 배민수(裵敏洙, 1896-1968)를 들 수 있겠다. 전술한 바 있는 유재기의 경우 기독교 사회주의 실현을 위해서 각지에 신용협동조합이나 소비조합을 결정하면서 "농민 각 계층에 투쟁의식을 주입"했다는 치안유지법 위반 혐의였다.[126] 장로교총회 농촌부 총무였던 배민수는 농촌연구회를 조직해서 독립운동 음모를 했다는 구실로 유재기와 함께 의성(義城) 경찰서에 피체되고 있었다.[127] 이렇게 해서 1937의 예수교연합공의회 해체로 인한 사회신조의 폐기 등과 함께 1938년까지 교회의 농촌 및 사회 운동은 대개 다 그 종막을 고하고 말았던 것이다. 1936년의 총독부 국체명징(國體明徵) 시책, 1937년의 중일전쟁, 1938년 일본 제국의회에서의 국가 총동원법 제정, 그리고 이로 인한 일제 정부의 독재권 확립, 이러한 소용돌이를 배경으로 그 종막은 이해되어야할 것이다.

하지만 이 때 교회가 남긴 큰 사회적 공헌이 있었다. 장로교회는 오랜 노력 끝에 "미성년 금주금연법"안(案)을 1936년 총독부 심의실에 제출하였고, 이것이 다시 1937년 내각(內閣) 법제국에 제출되었다가 1938년 3월 26일 일제의 칙령(勅令) 제 145호로 발령, 4월 1일부터 실시하도록 한, 그런 큼직한 업적을 남겼던 것이다. 송상석(宋相錫)이나 윤치호(尹致昊)의 노력이 컸다.

124) *Ibid.*, p. 487.

125) *Ibid.*, p. 488.

126) *Ibid.*, p. 313.

127) *Ibid.*, p. 307.

3) 전향의 문제

1938년 이후 조선 기독교회의 일제 황국(皇國) 체제 예속은 불가피하였다. 장로교의 1938년 9월 신사참배 총회 가결을 비롯해서, 감리교의 1940년 10월 4일 전시체제 확립, 그리고 장로교의 1940년 11월 10일 일본적 기독교로서의 지도원리 확립이 그런 것들이다. 천주교나 구세군도 같은 날짜에 장 감과 더불어 내선일체(內鮮一體), 국민정신총동원 및 충량(忠良)한 제국 신민(臣民)으로의 "새 출발"을 다짐하고 있었다. 따라서 무헌법 상태로 전시 체제를 굳혀 가던 일제 말기 교회의 생존은 공적 기구로서는 다른 길을 택할 수가 없었다. 전향 아니면 순교의 길 뿐이었다. 하지만 기구로서는 자폭(自暴)이나 순교가 자취될 수도 없었다. 그것도 개인 기독자의 경우에만 그런 선택이 가능하였다.

한데 YMCA 계에서 사회운동에 투신했던 개인들의 전향이 눈에 띄게 많았다는 데 주목이 간다. 그 전향 양상은 대개 네 가지로 분류할 수 있었다. 하나는 중일전쟁이 명백한 침략전인데도 불구하고 이를 "대이상(大理想)의 성전(聖戰)"[128]이라 찬양하고, 따라서 "황군(皇軍)의 위대한 공로"[129]를 감격해 한데 있었다.[130]

다음은 공산주의 배격에서의 일제와의 동조였다. 공산적화 사상이 인류 공동의 적이라 본 것은 옳았다. 하지만 그것이 "아국풍(我國風)과 절대로 불합"[131] 한다 해서 일제 군국체제와의 자기 일치에서 단죄한 자세는 전향의 모습이 아닐 수 없었다. 그 다음은 신사참배 찬양이다. 참배에 대하여 공적 교회의 시인이 없었던 것이 아니다. 그러나 이 전향군(群)에서는 참배에 이론(異論)이 있을 수 없다는 적극성을 띄고 있었다.[132] 그 반론이 오히려 불경죄에 해당한다고 위협하고 있을 정도였다. 마지막으로는 일본 국체에 대한 찬양과 국체 지상적(至上的) 예종이었다. "천황폐하의 적자(赤子)"임을 감격하고, 오히려 반도인 비하를 자행하며 "내지인(內地人- 일본 본토)의 수준에 달하자"[133]고 했을 때,

---

128) 홍병선(洪秉璇), 국민정신 총동원과 총후 후원, 『청년』, 1938. 6월호, p. 7.

129) 구자옥(具滋玉), 漢口 함락(陷落)에 제하야, *ibid.*, 1938. 7월호, p. 1.

130) 국민정신총동원 조선연맹 강연 실천요목 해설, *ibid.*, 1933. 7월호, p. 8.

131) 홍병선(洪秉璇), 기독교도와 시국, *ibid.*, p. 7.

132) 강백남(姜白南), 조상숭배는 우상이 아님, *ibid.*, 1939. 3월호, p. 8.

그것은 이미 민족의식의 매도 이상의 광란이었다. "우리는 종교인이기 전에, 조선인이기 전에, 제일로 일본인이란 것을 잊어선 안 된다"[134]고 했을 때, 여기 민족과 기독교의 침몰은 그 사람에게서는 불가피하였다. "우리 기독교도들은 국가가 있은 후에 종교가 있고, 종교만으로는 생을 완전히 못할 것을 깨닫고"[135] 황국(皇國) 비상시에 진충(盡忠)하자고 말한 이도 마찬가지였다. 이러한 전향자들에게 징병(徵兵)실시는 "동방을 복배(伏拜)하고 감루(感淚)로 흐느낄"[136] 정도로 시은(施恩)이라 느꼈다. 여기 일부 사회적 기독교의 변질, 그리고 체제의 하청기관으로 몰락한 과정이 현저하게 나타나고 있었다.

우리는 여기서 이 체제 용역으로 급속히 변모된 모습을 검토하지 않으면 안 되겠다. 우선 교계 중진 인물들이 소위 국민총동원의 전체주의 체제 아래에서 처신하기가 어렵다는 사실을 주목한다. 체제에서는 이런 인물들을 통한 사상지도의 수행을 자발적 충성의 모양새로 선양할 수 있었다. 그런 비극을 서울 인물의 경우 더욱 많이 찾아볼 수 있다. 중앙에서 거리상 먼 서북에서의 보수인사들의 순교는 현상적 대조를 이루고 있었다.

다음은 사회적 운동, 실생활에서의 기독교 운동이 항상 구체적이고 물리적 행동의 범위와 업무에서 너무 명백하고 현실적이기 때문에, 체제의 정책적 조작의 대상이 되기가 쉬었다는 사실이다. 왜냐하면 그러한 실제적 운동은 체제 쪽에서는 도전 아니면 협조의 어느 하나로 단정할 성격을 미리 가지고 있었기 때문이다. 다시 말하면 구체적 프로그램의 동계성(同系性) 때문에 정책 수행 방향에 "다른 저의 없다면" 협조를 거절할 수가 없게 된다. 더구나 기독교의 구체적 현실문제 해결 지향 운동은 항상 시간적 직접성에 끌려 그 실현의 측정이 가능한 목전의 성취가 기대되고, 따라서 경륜 섭리의 장구성이 무력감과 좌절을 주어 오히려 현실적 개혁 능력을 가지고 있는 정책 주무 체제에 끌릴 물리적 압력이 의외로 큰 것이다. 역사적 섭리의 경륜신학이 빈곤하기

133) 윤치호(尹致昊), 내선일체에 대한 사견, *ibid.*, 1940. 1월호, pp. 4-5.

134) 신흥우(申興雨), 조선 기독교도의 국가적 사명, 『동양지광(東洋之光』, 1939 2월호, p. 74.

135) 홍병선(洪秉璇), *op.cit.*, p. 22.

136) 박희도(朴熙道), 징병실시에, 『동양지광』, 1942. 6월호, p. 2.

때문이다. 윤치호(尹致昊)가 "일을 해낼 수 있기 때문에"[137] 기독교, 그것도 감리교에 입교하게 되었다는 신앙 동기가 실상 그의 일제말 좌절, 그리고 전향을 설명할 수 있다고 본다. 햄리트의 고민 "Law's Delay"가 윤치호에게도, 그리고 그런 유형의 신앙인에게 똑같이 제기되었을 것이다.

4) 저항의 원점 문제

사회적 기독교의 변질과 전향은 필연 저항의 원점 문제를 검토하게 한다. 변질해서 정책 수행 용역에 동원되지 않은 순수 신앙은 저항에서만 유지되었기 때문이다. 문제는 기독교가 지켜야 할 핵심적인 것, 기독교의 유일신 신앙과 같은 복음의 핵심적 내용은 사회 역사 안의 한 구체적 제도나 사상의 개선에서가 아니라, 원초적인 반기독교적 주술화(呪術化)의 체제에 대한 저항에서 비로소 보존된다는 데 있다. 따라서 일제하의 기독교회 현존은 필연적으로 일본 국체의 기축(機軸)인 천황(天皇)에 대한 저항을 하고 나서 가능했다. 이런 체제 하에서는 사회운동이나 그 도덕적 몰락도 실상은 부차적 문제에 불과하였다. 이런 의미에서 기독교회는 한 시대의 근본적인 저항의 원점을 정확히 포착하는 것이 중요하다. 그런데 사회적 기독교 운동은 체제 저항에는 착안도 안했을 뿐만 아니라, 오히려 그 운동의 현실성 때문에 협력 하청(下請)의 처지로 붕괴돼 갈 수밖에 없었던 것이다.

여기에 바로 천황제에 도전한 것으로 일제(日帝)가 느껴 박해한 소위 "국체(國體)변혁음모"의 보수적 신앙군(群)의 민족사적 공헌이 있다. 주기철(朱基徹, 1897-1944)과 그 이외 신사참배를 반대한 신앙인들은 일제 최후의 조선 민족의 저항으로 간주되고 있었다.

137) 『윤치호일기』, 국사편찬위원회, 1973, Ⅲ, p. 243.

2-8. 결언

1920년대 한국교회는 조선의 사회 변화에 따라, 민중의 요청, 그리고 시세의 자극 때문에 사회운동에 나서지 않을 수 없었다. 그러나 사회신조가 미국 교회나 일본 교회의 사회신조 복사물에 지나지 않았고, 따라서 운동의 긴박성은 자생적 촉박감을 동반하지 않고 있었다. 방향 감각의 실질적 마비가 거기 처음부터 도사리고 있었다. 그것은 운동의 지도 원리나 방법론의 체계적 구상 부재에서도 일부 그 결함이 노출되고 있었다.

한데 문제는 이러한 사회운동이 공산주의나 민족주의와의 대결에서 곡절과 전환을 겪으며 양태 변화를 경과했다는 데 있다. 처음은 공산주의와의 타협까지 발상했던 일부 기독교 사회운동자가 1925년의 공산주의의 기독교 공격 때부터 냉엄한 공산주의의 투쟁적 실체를 목도하게 되었고, 따라서 방향의 기독교화를 다시 다짐하는 조심을 보이기 시작하였다. 그것은 자본주의 제도상의 모순을 고발하면서 그것이 곧 일제의 식민주의 통치라는 전제 때문에 가혹해진 사실을 주목하여, 민족 해방의 전통적 영감을 확인하는 단계와 함께 진행되었다. 하지만 이런 것들은 그 성격상 산업의 인도화라든가, 경제 의식의 각성이라는 교양주의적 계몽 단계에 그치는 제한성을 내포할 수밖에 없었다.

다만 우리는 공산주의의 한국 존재 양상이 항상 초기에는 낭망적 민족해방의 매력에 유치(誘致)되지만, 일단 엉켜지고 난 다음의 단계에서는 가혹한 기독교 박해와 탄압의 시련에 몸서리치는 일이 있었다는 사실을 다시한번 확인하여야 하는 역사적 시점에 와 있다. 그런 생각을 지울 수 없다. 외견상 다사하게 뻗던 손길이 그렇게 냉혹하게 적대감과 살상(殺傷)으로 변모하는 그 형태 변화 구도, 그 가공할 만한 이데올로기를 우리는 역사상 두번 겪었는데 그 불행을 다시 겪어서는 안 될 것이다.

한데 일제 말기, 국민정신총동원령이 무헌법 상태의 정부 독재로 다져지던 1938년부터, 교회의 농촌 사회운동은 순교 아니면 전향, 둘 중의 하나를 선택해야 하는 강요를 받게 되었다. 절제운동까지 치안유지법 위반에 걸리던 때였기 때문이다. 따라서 1920년부터의 사회운동이 표방했던 형식은 일단 해체되고,

그 프로그램의 성격상 전시 체제의 하청기관으로 전락할 수밖에 없게 되었다. 그 전락의 과정은 비극적인 광란에까지 이르고 있었다.

여기 저항의 원점 문제가 제기된다. 일제 최후의 저항이 보수군(群)에 의해서 주도되었다고 하는 것은, 한 운동이 대결해야 할 최후의 문제 핵심은 체제의 신격화, 곧 천황제의 기축에 있었다는 말이 된다. 따라서 제도상의 개혁이나 개선보다도 기독교가 추구해야 할 것은 인간의 기본적인 내적 문제, 그리고 국가의 주술화(呪術化)의 파괴를 통한 하나님의 질서의 선포에 있다는 것이 명백해 졌다. 다시 말하면 기독교가 근본적으로 지켜야 하되 저항과 순교로 해야 할 핵심적 진리, 그것에 대한 충성이 운동과 참여의 원형을 이루는 것이지, 시대성을 띤 참여는 그 구체성 때문에 잘못하면 체제의 협조기관으로 둔갑할 수밖에는 없게 된다는 것이 그날의 교훈이었다. 1930년대의 사회운동이 전향한 반면에, 1970년대의 산업 선교와 같은 사회참여가 끝까지 저항으로 일관해 현존할 수 있었던 것은, 그것이 사회주의 방법론의 원용(援用) 때문이 아니라, 체제의 절대 가치 자처에 대한 도전 형식으로 나갔기 때문이었다. 그것은 수난의 길이었다. 수난과 저항이 함께 이해될 수 있었던 상태가 거기 있었다.

돌이켜 본다면 차라리 김익두(金益斗) 형의 부흥회가 사회 혁명적 파급도가 오히려 컸다고 볼 수 있다. 그 운동은 1920년대 서민층, 그 초근(草根)에 도달할 수 있는 독특한 메시지를 신유(神癒)에서 발휘할 수 있었고, 천년왕국의 종말론으로 현실 체제 부정적인 내세 질서를 희망하게 하였으며, 유일신에 대한 예배적 충성으로 세속적 가치의 초월을 지향하는 변수 개입으로, 필경 현세적 가치나 체제를 대폭 수정하거나 부정 내지는 포기하는 자세를 자극할 수 있었기 때문이다. 향후 이러한 분파주의적 형태의 부흥운동이 가지는 의미의 발굴이 착수되어야 할 것이다.

사회운동은 한국교회사에서 이데올로기의 수입성이라는 점, 그리고 자생적 사회 경제문제에 대한 내적 동기의 심각성 취약이라는 점, 이런 것들 때문에 철학적 빈곤에 시달렸다고 해도 과언이 아니다. 이런 취약성은 공산주의에도 그 나름대로 현상적이었기 때문에 코민테른 서기국이 조선 공산당의 지도층이 노농층과 격리된 사실을 비판한 것과도 상통하는 면이 있다. 이런 것은 결국 우리 교회의 사회 참여적 운동이 다시는 그런 외래 사도를 그대로 받아드리는 몽매로 시동될 수 없다는 점을 시사해 준다. 여기 근본적인 체험 지수의 차이가 있기 때문이다.

교회는 한 형태의 운동에서 1930년대와 같이 일본 군국체제, 공산주의, 그리고 사회의 제도적 악, 이러한 복잡한 인수들과의 동시 대결을 수행해야 할 때가 많다. 그 날의 실험은 시사하는 바가 많았다. 문제 자체의 연속이란 없다. 하지만 기독교가 저항할 원점의 문제, 그것은 밝혀졌다고 믿는다.

한국교회가 역사상 한 번이라도 하류층이나 대중 심층에 사회 구원의 메시지로 도달한 적이 있었던가 하는 문제가 남는다. 그런 것들은 오히려 부흥회가 일부나마 성취하였던 것이 아닐까. 이것이 바로 조선적 종파 생성의 이유가 아니었을까. 오늘날의 순복음교회 발전의 기반이란 역시 이런 것이 아닐까. 향후의 우리 교회 사회운동의 방향은 이런 점들을 심각하게 논의하고 나서 잡혀져야 할 것이다. 그러나 모든 기독교회의 참여는 성육신적 원리로서의 내연(內燃) 신앙, 외연(外延)의 신학을 기초로 해야 할 것이다.

3. 이용도의 신비주의적 경건

3-1. 한국교회와 신비주의

근대 선교에서 차지하는 한국 선교의 성공을 두고, 일찌기 1910년 에딘버러에서 회집하였던 "국제선교협의회"는 "근세사의 신비"[1]라고 격찬해마지 않았던 것이다. 그리고 이와 같은 성공의 비결은 무엇보다도 한국교회 "신앙의 소박함"[2]에 있다고 진단하고 있었다.

그 뒤 얼마 후 한국 감리교회의 감독을 지낸 바 있는 웰치(Herbert Welch: 越就, 1861-1969) 목사는 한국교회의 놀라운 성장의 근거로서 "이 백성의 신비적이요 정서적인 성품"[3]을 들고 있었다. 게일(J. S. Gale: 奇一, 1863-1937) 목사가 한국인의 성격을 가리켜 "세상에 맞지 않는 성품"(unfitness for the world)[4]이라고 했을 때도 그 의미는 대동소이했다.

한국의 기독교회에 신비주의적 요소가 있는가 없는가하는 문제는 우선 긍정적으로 보는 것이 좋겠지만, 그러한 판단을 내린 시대 사람들의 신학적 소질도 함께 이해하지 않으면 안 될 것이다. 신비주의와 예언자적인 "말씀의 종교"와를 날카롭게 대립시켜서 양자 하나만이 옳을 뿐이요, 따라서 이자택일을 강요했던 칼 바르트(K. Barth, 1886-1968)의 신학이 영미계를 비롯해서 대세를 이룬 것이 1928년 이후의 일이라고 한다면, 어떤 의미에서 웰치나 게일의 말들은 용어의 정확한 정의를 거치지 아니한, 종교심리학적인 정서적 의미의 발언들이라 볼 수도 있을 것이다.

에큐메니칼 운동의 거두인 나단 죄더블롬(N. Söderblom, 1866-1931)이 인도의

---

1) *Report of Commission I,* World Missionary Conference, 1910, Edinburgh, Oliphant Anderson & Ferrier,, p. 71.

2) *Ibid.*, p. 72.

3) H. Welch, The Missionary Significance of The Last Ten Years, A Survey in Korea, *The International Review of Missions*, Edinburgh, Vol. XI, (1922), p. 357.

4) J. S. Gale, *Korea Sketches*, Edinburgh, Oliphant Anderson & Ferrier, 1898, p. 193.

사두 선다싱(Sundar Singh, 1889-1929)의 신비주의를 예찬하면서, 요한복음의 진수에 이를 수 있는 길은 신비주의적 통찰력밖에 없다고 한 것도 그때요,[5] 세계적인 교회사가인 워커(W. Walker)가 요한복음의 신비주의를 추어주면서, 그 사상의 핵심을 그리스도와의 융합을 모색하는 사상과 생활이라고 말한 때도 이때였다.[6]

어떤 의미에서 이러한 용어의 구사가 종교의 정서적 면을 강조하는 사실을 보고 한 말과 같은 인상이 짙다.[7] 그러나 동양의 종교가 일반적으로 서양보다는 신비주의의 전제와 경건에 더 가깝다는 점을 생각하면, 반드시 이것을 부주의로 돌릴 수만은 없다고 본다.

우리는 한국의 기독교회 안에 신비주의가 그 가락도 아련하게 깔려있는 것을 시인한다. 그러나 사실 신비주의라는 말의 의미는 너무나 막연하고 광범위하기 때문에 신비주의 관계의 글을 쓰는 사람이면 누구나 한번씩 그 정의에 관해 한마디 남겨 놓지 않을 수 없다.

3-2. 신비주의, 하나의 정의

일반적으로 신비주의는 신적(神的) 존재와 인간 자아의 직접적인 교섭 내지는 합일을 지칭해서 쓰이는 말이다.

그런데 이 말은 숱한 전제를 경과하고서야 쓸 수 있는 말이요, 따라서 이 전제의 문제 때문에, 세상에서도 가상 애매하게 쓰이는 말이 된 것이다. 영국 런던의 성 바울성당 수석사제요 캠브리지대학교의 조직신학 교수를 역임한 잉그(W. R. Inge, 1860-1954) 박사가 그의 저서 *Christian Mysticism*이라는 거작 후기에 40여 가지에 이른 신비주의의 정의를 나열해 놓고 있는 것은[8] 이 부근의 사실

5) N. Söderblom, Christian Mysticism in an Indian Soul, *The International Review of Missions*, Vol. XI, 1922, pp. 226-238.

6) W. Walker, *A History of the Christian Church* (1918초판), New York, Charles Scribner's Son, 1959, p. 35.

7) R. D. Baird, Horace Bushnell, A Romantic Approach to the Nature of Theology, *The Journal of Bible & Religion*, Vol. XXIII, No.3, 1965, p. 229.

8) W. R. Inge, *Christian Mysticism*, London, Methuen, 1899, pp. 335f.

을 밝혀주는 것이라 할 수 있다. 그래서 조지(A. R. George) 교수는 신비주의라는 말은 우리가 제멋대로 써버리든가 아니면 완전히 쓰지 않든가, 둘 중의 하나를 선택해야 할 것이라고 단언했을 정도였다.[9] 신비주의라는 말이 얼마나 애매한 말인가 하는 것은 의심할 여지가 없다.

우선 신비주의라는 것은 신의 세계와 나의 세계와의 혈연적(血緣的) 연결을 전제하며, 그러한 연결과 합일이 있는 마음의 고향에서 떠난, 현실의 지상적 생을 비극적인 혹은 우연한 단절로 보고, 될수록 빨리 이 상황에서의 탈피와 본질적인 "나"의 근원과의 합일을 갈망한다.

다음, 신비주의는 중보자(仲保者 그리스도)의 실재를 필요로 하지 않는다. 나와 신과는 본질적 연속성의 관계에 있고, 더구나 에크하르트(M. Eckhart, 1260-1328)의 경우처럼 "하나님은 내가 내 자신에게 가까이 있는 것보다 더 가까이"[10] 있는데, 어느 틈바구니에 중보자가 낄 수 있겠는가. 이들이 "그리스도"를 입 밖에 내고 성육신의 교리를 운운하지만, 그 뉘앙스가 전통적 교리와는 천양지차이가 있다는 것을 잊어선 안 된다. 왜냐하면 이들은 예수 그리스도의 역사적 생과 죽음과 부활을 반복 가능한 하나의 모형으로 간주하며, 언제나 이 세상 어디서나 일어날 수 있는 영속적인 사건의 패턴으로 본다. 독일의 신비주의자 뵈메(J. Böhme, 1575-1624)가 "하나님의 아들은 사람이 되어 다시 당신 속에 탄생하지 않으면 안 된다"[11]고 했을 때, 그의 경건은 대담한 역사무시의 신앙에로 기울어지고 있었다. "당신은 그(그리스도)의 전 과정을, 성육신에서 승천까지, 그대로 경과하지 않으면 안 됩니다."[12]고 했을 때나, "그리스도는 결국 영의 마음을 의미합니다"[13]라고 했을 때, 그의 신앙이 얼마나 역사적인 기독교 신앙에 위협이 되고 있었다고 하는 것을 쉽게 간과해 버릴 수 없다. 이들에게는 기독론의 위치가 전무하다고 볼 수 있다.

---

9) A. R. George, *Communion with God in New Testament*, London, Epworth Press, 1954, p. 14.

10) E. Underhill, *Mysticism*, London, Methuen, , 1966, p. 101에서 인용.

11) J. Böhme, *The Threefold Life of Man*, Chap. ii, §31.

12) J. Böhme, *The Way to Christ Discovered*, 1656 (British Museum, 4410, a, 45.), p. 45.

13) *Ibid.*, p. 35.

셋째로, 신비주의는 우리 인간의 육체적 실재를 수치로 여기며, 비본질과 우연으로 단정하면서, 역사 안에서의 존재를 한갓 환상과 꿈으로 돌려보내고, 성실성 있는 사회 성원의 소임을 냉소와 경멸로 대한다.[14] 토마스 아 켐피스(Thomas à Kempis, 1380-1471)가 "가장 높은 예지(叡智)는 이 세상을 경멸함으로써 하나님의 나라를 찾아 올라가는 노력이라"[15]고 했을 때도 마찬가지이다. 19-20세기 최고의 교회사학자였던 아돌프 하르낙(A. von Harnack, 1851-1930)이 금욕주의를 동반하지 않는 신비주의가 없다고 한 말은 확실히 일리가 있다.[16] 골방과 뜰의 신앙이 신비주의요, 고독 속에 영혼의 안부에 집착하는 것이 그 경건이다. 기성교회에 대한 체질적 반발은 그래서 이들에게 없을 수 없다.

넷째로, 신비주의는 이 세상을 진세의 터라 단정하는 까닭에, 신비주의와 이 세상과의 통화는 단절된다. "신비"라는 글은 벌써 현묘불가사의(玄妙不可思議)의 경지를 상징하며, 언어화의 가능성을 거절하는 글귀이다. 가끔 신비적 체험을 한 사람이 그 사실을 전달해 보려고 하지만 실패하고 만다. 성 버나드(Bernard of Clairvaux, 1090-1153)는 이런 말을 했다. 곧 "나는 그러한 경험을 하도록 허락받기는 했으나, 그것을 표현하도록 허락받지는 못했다.[17] 이것이 러시아의 철학자 베르쟈예프(N. Berdyaev, 1874-1948)가 신비주의자의 그러한 노력은 항상 이단의 지목을 받게 한 원인이었다고 갈파한 근거이다.[18]

마지막으로, 신비주의는 본래 여성적인 종교의 형태라고 할 수 있다. 열정적인 순종, 정서의 섬묘한 감수 능력, 조용한 수동성 같은 것들이 대거 여성적 취향을 입증한다. 신비체험에서 영혼은 늘 여인의 위치에 선다. "아내"란 말은 에크하르트가 영혼의 최선의 상태를 표현할 때 쓰던 구절이요, 영국 청교도계(淸教徒系)의 신비주의에 넘쳐흐르는 빈번한 구절들은 "신비의 결혼(Mystical Marriage)"이라는 투의 말들이다.[19]

---

14) F. Heiler, *Prayer*, tr. by, Samuel McComb, A Galaxy Book, New York, 1958, pp. 160, 165f.

15) Thomas à Kempis. *De Imitatione Christi*, Libri Quatuor, Coloniae, 1622, p. 20.

16) A. von Harnack, *History of Dogma*, William & Norgate, 1899, vol. VI, p. 100.

17) Bernard of Clairvaux, *Canticle*, IXXV, 12-14.

18) N. Berdyaev, *Spirit and Reality*, London, Geoferey Bles, , 1946, p. 120.

신비주의가 체계나 논리를 제 딴에 가진 철학이 아니라는 점은 신비주의 이해에 있어서 중요한 위치를 차지한다.[20] 그것은 어떤 주어진 종교나 철학에 가붙어서, 거기 기생하며 살 수밖에 없는 생태를 가졌다. 베르자에프가 신비적 영은 그 자체의 고정된 전제가 없다고 했을 때 바로 그런 뜻을 말하고 있었던 것이다.[21] 그것은 종교적 신앙에 살아 넘치는 심미감(審美感)을 더해주고, 생동감을 주며, 확실감을 심화(深化)시키고 정서적 기동력을 발동시켜 준다.[22] 신비주의는 그래서 전기와 같다고 할 수 있다. 전기 자체는 어떤 내용과 가치를 가지고 있지 않다. 그것이 냉장고에 가면 차게 하고, 전열기에 가면 뜨겁게 한다. 전등에 가면 밝게 하고 발동기에 가면 돌게 한다. 이 말은 신비주의가 기왕의 종교에 대하여 체험적 현실감을 부여하는 "유도의 방법"[23]으로서의 기능을 다한다는 말과도 일맥상통할 것이다. 사실 이들에게는 무엇을 믿는가 하는 것이 문제가 아니다. 어떻게 열렬하게 믿을 수 있는가 하는 것이 관심의 전부이다. "신의 개념이 없는 곳에도 신비주의는 있을 수 있다."[24]는 말이 그런 말이다.

"하나님의 계시에 보다는 오히려 신적으로 흥분된 심적(心的)인 것에 대한 관심"[25]이 중심이 될 수밖에 없는 까닭이 여기 있다. 신비주의는 이처럼 본질상, 하나의 방법이요 기술이지, 목표나 내용은 되지 못한다.[26]

---

19) 가령 F, Rous *Mystical Marriage, or Experimental Discoveries of the Heavenly Marriage between a Soul and Her Saviour*, London, 1635.

20) E. Brunner, *Divine Human Encounter*, London, p. 25. 그는 신비주의가 "내용의 공허성" 때문에 틀렸다고 비난했다.

21) N. Berdyaev, *op.cit.,* p. 31

22) A. E. Haydon, The Significance of The Mystic's Experience, *The Journal of Religion*, ed. by G. B. Smith, Vol. II, (1922), pp. 182-188.

23) W. M. Thomas Jr., The Truth of Mysticism, *The Journal of Religion*, Vol. IV (1924), p. 63.

24) R. Otto, *Mysticism East and West*, tr. by B. L. Bracey, Living Age Books, New York, 1958, p. 142.

25) E. Brunner, 『辨證法的 神學序說』, 岩藤安雄 譯, 東京, 岩波書店 1940, p. 42.

26) Cf. F. von Hügel, *The Mystical Element of Religion*, London, J. M. Dent, 1909, vol. II, p. 47.

2-3. 이용도 이전의 신앙

한국교회사의 신앙 형태를 이용도(李龍道, 1901-1933)를 경계로 해서 서술하려는 것이 본장의 목적이다. 도대체 한국교회는 어떤 경로를 걸어왔는가.

1) 로마 가톨릭 교회

로마 가톨릭교회의 신앙 형태는 대개 형태적으로는 두 가지로 분석할 수 있겠다. 그 첫째의 것이 소위 황사영형(黃嗣永型)의 신앙이다. 여기 그 상세한 논의는 삼가지만 이것은 한 마디로 로마 가톨릭의 근대 선교를 근저로 해서 흘러 왔던 울트라몬타니즘(Ultramontanism)의 신앙이라 볼 수 있다. 백서(帛書)를 밀송해서 서양 기독교 국가들의 정병(精兵) 침공을 종용한, 천하 부도(不道)의 반역이라 해서 마침내 그는 참형을 당했으나, 이때 천주교는 불행하게도 조선인에게 매국 반역의 인상을 심어 놓고 말았던 것이다. 한데 이것은 당시 김대왕대비(金大王大妃)의 에라스티안적인 사상과 엇섞여 가히 피비린내 나는 외래 종교에의 박해로 나타났던 것이다.

그러나 둘째로 정하상형(丁夏祥型)의 신앙을 들지 않을 수가 없다. 그는 유교 조선인의 토착적인 기독교의 신앙을 표방해 『상재상서(上宰相書)』에서 "왕의 적자(赤子)"인 백성의 신앙을 칼빈의 『기독교강요』에서처럼 호소했으며, 윤리 기강에 있어서 교인이라 해서 패륜한 적이 없다고 밝혀, 그 국민다운 면을 강조하고 있었다. 조선 유교의 가치 정점이던 충효(忠孝)가 기독교에 있으되 아주 중요한 덕목이라고 설파한다. 더구나 그는 종래 척사론(斥邪論)의 근거가 불교 배척의 경우나 서교 곧 천주교 배척의 경우가 다 변함없이 그대로 해당됨을 통탄히 여겨, 호교(護教)의 방책과 그 변증의 묘로 불교를 내려 비판함으로써, 조선 유교가 불교를 배척하듯 기독교를 배척할 수 없음을 천하에 천명했던 것이다. 그러나 오래 오래 사무쳐 벌써 고정된 조선인의 서교 기피의 지난 관념을 수정하지는 못했던 것이다. 청국 주재 불란서 공사는 본국에서는 가톨릭 박해의 길을 걸으면서도 동양에서는 그 정치적 이해관계로 가톨릭을 옹호하는 양, 한국을 향해 서교 박해를 문책한다는 구실로 굴욕적인 외교문서를 발송해 왕의 존엄에 훼손을 주는 안하무인의 비례(非禮)를 저지르는데도, 정하상의 순수한 서교의 조선적 수용이 가능하다는 논리가 먹혀들어갈 정도로 역사의식이 없었던 민족이 우리 겨레는 아니었다.

또 하나 전형적인 조선 서교의 신앙은 그 비(非)교직적 (non-ecclesiastical)인데 있었다. 박해 아래에서 교회 설립은 쉽지 않았다. 1831년 조선교구의 설정은 주교의 임명을 실현하게 했으나, 조직된 교회의 성례적 기구는 아직은 미완의 것이었다. 여기 드문드문 펼쳐진 교인의 분포와 교직자의 수적 부족이라는 조건이 엇섞여 조선 서교는 지하적 성격을 띠게 되고, 그것은 자연히 서민적인 정서적 신앙으로 변천해 나가다가 가톨릭 신학에서는 쉬쉬하는 주관적 비교권적 신앙고백의 형태로 기울어질 수밖에 없었다. 거기에 신비주의적 신앙의 현상 아니면 토양이 비옥하게 깔려 있었다.

2) 프로테스탄트의 신앙

민족의 자의식과 빗나간 듯한 가톨릭과는 달리 프로테스탄트는 이 민족과 깊은 인연을 맺어 한 동맹 형식으로 들어 왔다는 것에 개신교 선교의 특색이 있었다. 물론 초기 척사위정계의 반발이 있었다. 하지만 동학 투쟁의 목표에서의 척양(斥洋) 구호 탈락이 잇닿았고, 그리고는 곧 척왜(斥倭)의 동맹으로까지 진전하게 되자, 개신교의 호응도는 하늘에 닿고 있었다. 그래서 마침내 조야를 막론하고 한국은 일본의 굴욕적인 침입에 항거할 유일한 의존처로 미국 선교사들의 인내 깊은 의지에 기대게 되었던 것이다. 그러나 이와 같은 한국의 신뢰도 금이 가고 있었다. 당시 미국 대통령 루즈벨트의 친일정책은 자연 한민족의 구슬픈 기대에 좌절감을 안겨다주었고, 따라서 미국정부와 미국선교사들과의 불편한 관계가 조성될 수밖에 없었다. 어쨌든 일본은 을사늑약(乙巳勒約)을 전기로 해서 조선의 병합을 실질화해가고 있었고, 한국은 이러한 근대사적 참화에서 기댈 소망의 대상을 복음의 말씀에서 찾았던 것이다. 민족의식(National Identity)에 손 뻗고 들어온 것이 기독교였다. 한데 병합이 있고나서 일본은 처음부터 한국교회를 민족의 유일한 전국적 조직과 그 정신적 중추로 간주해서 무거운 십자가를 지우게 되었던 것이다. 박해는 무서웠다. 신사참배 문제를 전후해서 사정은 질식할 정도였다.

거기에 세속적인 서양문명과 사회주의의 도입이라는 것이 병발한다. 경건주의적 폐쇄 현상이 교회의 삶이 되어 굳어가기 시작하고, 그것은 폭넓은 신학적 훈련을 배경에 두고 둔세적이요 탈출적인 신앙을 낳게 된 것이다. 때를 같이 해서 세계 전역에 경제 공황이 휩쓸고 한국도 그 예외가 아니었다. 유럽에서는 이 공황이 친교의 의식 강화, 선교의 공동성이라는 눈물어린 단결로 이끌어갔으나, 한국은 차라리 정치적인 압력 때문에 인간 상실, 민족의식 상실의 위기를 동반하면서 신앙의 내면화 내지는 몰현세적(沒現世的)인 신앙 형태로 바뀌어 갈 수밖에 없었다. 여기 필경 한국교회는 나와 하나님과의 고독한 내면을 갈망하고 "고독에서 고독으로" 비조하는 신비주의에로 기울어져 갈 처지에 놓이게 되었던 것이다. 이것이 이용도 바로 이전의 신앙 형태였다.

3) 이용도의 생과 신앙[27]

황해도 김천(金川) 시변리(市邊里), 때는 1901년 4월 6일, 이용도는 대주가(大酒家)인 아버지와 병약한 어머니의 아들로 태어났다. 이 두 극단적인 대조적 성품의 반영을 그에게서 꼭 찾아볼 수는 없을 것이다. 하지만 그의 우울증, 그래서 환상을 잘 보는 심리적 통로는 그의 이와 같은 가정에서 왔으리라. 그는 14세 때 하늘에서 천사의 날개가 내려 덮이는 것을 볼 만큼 환상을 잘 보았다. 그의 예민한 선병질적(腺病質的) 감수성이 다 여기 그 연원이 있을 것이라는 생각이 든다.

그의 나이 25세 되던 해(1925년 겨울), 그는 뜻밖에 각혈(喀血)을 했다. 그의 충격은 컸다. 감리교협성신학교 동기이던 이환신(李桓信, 1902-1984) 목사의 권유로 그의 고향인 평안남도 강동(江東)으로 정양의 길을 떠났다. 그 때의 폐질환은 회복의 약속 없는 병이요 죽는 병이었다. 그런데 그곳 작은 교회에서 하루

---

27) 이용도에 관한 자료는 변종호, 『이용도 목사전』, 『이용도 목사의 일기』, 『이용도 목사 서간집』 등이 있다. 최근 이용도 관계 저술로는 류금주의 『이용도의 신비주의와 한국교회』, 대한기독교서회, 2005가있다.

저녁 설교를 부탁받았다. 그리고 그것이 그의 일생에 잊을 수 없는 사건으로 오래 기억되게 된다. 설교하러 강단에 선 이용도는 아무 말도 못하고 목메어 흐느꼈다. 눈물이 줄줄 쏟아져 내려왔다. 이것을 본 교인들은 그 감동에 휘말려 다들 흐느껴 목메어 울었다. 그 설교의 제목은 없었다. 그리고 날짜도 없었다. 여기 말이 아닌 감정의 통로를 본 이용도는 "새 사람"이 되어 "주님께 다 맡기고" 살기로 다짐했다.[28)]

그런데 이 새 경건과 신비주의에 틀을 잡아 준 한 사건이 일어났다. 요양 후 다시 신학교에 복교한 이용도는 1927년 성탄절에 "십자가를 지는 이들"이라는 성극(聖劇)을 원작 연출하고, 그 주역을 맡았다. 그의 연기는 연기 이상의 체험을 준 것이다. 그는 "고난 받으시는 그리스도"의 모습을 자처하고, 그리고 그것이 그의 경건을 내내 다스리게 된다. 죽기 전 모 여인에게 보낸 글에서도 이용도는 스스로 "겟세마네 골고다의 그리스도"로 자처하고 있었다.

1928년 9월에 목사 안수를 받고 강원도 통천(通川)에 부임한 그는 기도에 열중해서 쉴 시간이 없었다. "주님께 미치게 ... 혼이 빠지게 ... 세상 사람이 아니게 사는 것"[29)]을 표방했다. 여기 상실되 아니하 자아에 대한 모멸이 있고, 신성의 대해에 매몰돼 의식되지 않는 신비적 환희에의 갈망이 새겨져 있다.

그의 이러한 발돋움은 곧 현대 교회에 대한 반발로 나타났다. 1929년 봄 평양에서 "그리스도의 죽으심", "십자가"와 같은 제목의 설교를 하면서부터 그는 교회와 대립하기 시작했다. 살과 피가 없고 고갈된 신조에 고착하는 형식적인 기성교회에의 반역 속에 은근히 표방된 경건은 자기를 고난 받으시는 그리스도로 자처하고, 이 세상은 필연 자기를 해할 것이라는 피해의식으로 발전했다. 시대적인 기상이 압축된 당시 신앙 형태의 원초적 표현을 여기서 관찰하기가 어렵지 않다. 그는 계속해 개혁자의 신학을 공격했다. 언필칭 신약성서에로의 향수를 내세웠으나, 그 신학과 신앙이 그때(1930년대)에는 적절한 것이 아니요, 건너가야 할 무엇이 있노라 외쳤다. 개혁신학에의 깊은 조예가 어느 정도인지 그것을 찾아낼 길은 없었으나, 그에 대한 불신의 이유가 "신앙"

28) 『이용도목사전』, p. 18.

29) *Ibid.*, pp. 26-28.

만의 원리라든가, 그 성서관 및 속죄관에 있었음은 확실하다.[30)]

여기서 우리는 하나하나 신비주의의 비정통성을 보기 시작한다. 이용도는 반종교개혁적인 것은 아니었으나 확실히 "비(非)"종교 개혁적이었다. 그러면 그의 신비주의는 어디에 근거하고 있었는가.

우선 "언(言)을 버리고 행(行)에 삽시다"[31)]는 말은 인상적이다. 구체적으로 분석할 기회가 뒤에 있을 것이다. 다음은 "주여, 당신의 현상을 보게 해주소서, 주의 현상에 미치고, 끌리게 해주소서, 잊을래야 잊을 수 없고, 안 볼래야 안 볼 수 없게."[32)] "신비의 사람은 하나님을 본다."[33)] "성경의 말씀이 성경에 있는 까닭에 진리가 아니라, 인간의 심령 생활이 사실이기 때문에 진리다."[34)] "신약과 구약(번역이)이 다 불만족함을 느꼈다."[35)] 여기 이용도의 대담한 도전이 있고, 그리고 그것이 한국교회의 신비주의를 설명하면서 동시에 한국교회의 비판 벽(癖)과 분립 감정을 설명해 줄 것이다. 그러나 이런 말들 배후에 깔려 있는 그의 중심적인 핵심은 아직 말하지 않았다. 그것은 그의 말 자체에서 찾아야 할 것이다. 그는 근본적인 새로운 생기를 현대 인류는 갈망하고 있다[36)]고 보았다. 이 "생기"는 그에 의하면 신약시대, 곧 그리스도의 사건과 같은 의미와 내용을 가진 것만이 초래할 수 있다. 이 신약 시대와 같은 사건이 무엇인지, 그것을 찾아 밝히기는 어렵지 않다. 그는 이 시대에 베드로나 바울이나 마리아와 같은 일을 할 사람은 얼마든지 있으나, 예수 자신의 일을 할 사람은 누구냐고 묻는다. 그곳에 이 열쇠가 있다. 그것은 곧 "예수의 형틀을 받아, 예수의 일을 할 자"[37)]가 생겨나야 하겠다는 것이다. 이용도가 자기 자신을

---

30) 『이용도목사의 일기』, pp. 127-128.

31) 『이용도목사서간집』, p. 3.

32) 『일기』, p. 64.

33) *Ibid.*, p. 66.

34) *Ibid.*, p. 18.

35) *Ibid.*, p. 104.

36) *Ibid.*, p. 128

37) *Ibid.*, p. 233.

두고 이런 말을 한 것은 재론할 여지도 없다.

> 나는 저들 손에 살이 찢기어지는 날에 장쾌하게 예수의 최후의 말씀 다 이루었다를 부르짖고 승천하겠지요.[38]
>
> 아, 나의 골고다는 가까이 왔는데, 그때는 아직도 보이지 않는구나. 제사장의 무리여, 나를 차거라. 빌라도의 무리여, 나를 채찍질하라. 그리하여 어서 속히 나로 하여금 나의 완성을 선언케 하라. 오오, 나는 다 이루었다. 어서 이날이 와지이다. 이는 나의 피가 땅에 떨어지는 거룩한 골고다의 날이로구나.[39]

여기 그의 그리스도 신비주의의 면목이 어쩔 수 없이 보인다.

그는 이 신비주의적 열정과 또 당시 "형해(形骸)만 남은 앙상한" 교회에의 불신으로 해서 시무 목사직을 사임하고, 기회 있을 때마다 어디든지 가서 주의 말씀을 전하는 선교의 길에 나서기로 했다. 목사를 사임할 때의 심정은 구슬펐을 것이다. 사실 그는 이때부터 "시무언(是無言)"이라는 말을 자주 쓰며 불립문자(不立文字)의 신비경을 찬양했다.[40] 그렇다면 여기 문제의 심각성이 하나 던져진다. 무언과 선교! 우리는 이 난해한 질문을 뒤에 미룰 수밖에 없다. 다만 여기서는 중세기 최고의 명예를 차지하고 가장 훌륭한 선교사 또는 선교신학자로 알려진 마조리카의 신비주의자 라몽 룰(Ramón Lull, 1232-1315)[41]을 여기 소개만 하고 지나가는 것으로 만족하려고 한다. 사실 어떤 의미에서 기독교회의 선교는 대개 "그리스도에의 사랑"에 끌린 신비주의자들의 손에 의해서 진행된 적이 많았다. 가령 근대 선교에도 경건주의의 신비주의적 요소를 무시할 수 없고, 더구나 근대 프로테스탄트 외국선교의 기지 노릇을 한 화란(和蘭) 최초의 선교 주창자는 윌리엄 틸린크(William Teelinck)[42]였다.

---

38) *Ibid.*, p. 63.

39) 『서간집』, p. 191.

40) 『전기』, p. 69.

41) 그에 관해서는 E. A. Peers, *Romón Lull*, 1929가 있다. 단편적으로는 J. A. Mackay: *Ecumenics*, 한역, 1966, pp. 91, 233. S. C. Neill, *A. History of Christian Mission*, 1964, pp. 134-138.

42) *The New Schaff-Herzog Encyclopaedia of Religious Knowledge*, 항목

어쨌든 교회는 그의 순회 부흥회를 곱게 보지 않았다. 그는 감리교 경성지방회의 지시를 불복하고 결별을 고했다. 그에 대한 제재는 먼저 장로교회에서 왔다. 그것도 『아빙돈 단권주석』 간행 문제로 벌써 그 보수성을 시위하기 시작한 황해노회가 앞장섰다. 이 노회는 1931년 8월 12일, 그를 처벌하기로 결의하고, 노회구역 내 이용도에 대한 금족령을 내렸다. 이어 1932년 10월 17일에는 평양노회가 입족(入足) 금지령을 내리고, 감리교 경성지방회는 사문위원회(查問委員會)를 설치하여 서슬을 세웠다. 따로 "새 교회"를 세우자는 벗들이 있었다. 그러나 그는 비록 자기가 공격하는 교회이지만 거기서 살다가 죽겠노라고 몇 번이고 다짐했던 것이다.[43] 김인서(金麟瑞)는 이와 같은 권유에 응하지 않는다 해서 그와 소매를 나누었다는 이용도계 인사들의 비판이 있었고, 송창근(宋昌根, 1898-1950) 박사와 이환신 목사는 그의 신비주의에 찬동할 수 없어 역시 떠나갔다는 말이 있다. 직접적인 이용도 불신의 계기는 세상에서 몰리는 신령주의파 원산의 한준명(韓俊明)을 옹호한 데서 나타나기 시작했던 것이다. 이용도는 "무차별의 사랑"을 표방하고, "신앙의 차이가 다소 있는 한준명은 고사하고, 도적이나 창녀나 살인강도라 할지라도 그 손을 잡고 눈물을 흘릴 것이며 ... 나는 세상이 버린 사람, 세상에서 쫓겨나거나 몰려 나가는 사람을 받아 그와 함께 눈물을 흘리면서라도 함께 살려 한다"고 말했다.[44] 쫓기는 이에 대한 피해의식의 교류에서 묘한 심리의 반발을 그는 경험한 것 같다.

1933년 초 해주에서 지극히 소수의 사람들 앞에서 설교를 하다가 과격한 몇 청년들에게 돌을 맞고 폭행을 당한 것이 그가 공식석상에 섰던 마지막 기회였다. 그는 이후부터 기도에 더욱 열중하고, 또 그리스도의 환상도 가끔 보면서, 자기는 그리스도와 같이 세상에서 고난에 살다가 십자가와 같은 아픔을 겪고 마침내 그렇게 죽을 것이라고 믿고 있었다. "아, 요란한 대로변(大路邊) 가시밭에 한 송이 백합화 ... 고요히 이름 없이 지나갈 고독한 야화(野花)! 이제는 소문 놓고 노방(路傍)에 찢길 이름 좋은, 그러나 역시 고독한 백합화!"[45]

43) 『전기』, pp. 250-251.

44) *Ibid.*, p. 193, Cf. p. 207.

45) 『서간집』, p. 213.

1933년 봄 감리교 중부년회에서 휴직 처분을 당한 이용도는 원산에 가서 2개월 남짓 정양을 하되, 자기 신앙의 확신을 잃지 않고 살다가, "아름다운 내 본향 목적 삼고 ... 거기 풍파 일지 않네"의 찬송 소리를 들으며 파란 많은 33세의 생애를 마쳤다. 1933년 10월 2일이었다.

3-5. 그의 신비주의

1) 고난 받으시는 예수 - 신비주의

그의 신비주의의 특징을 우선 "고난 받으시는 예수-신비주의"로 부를 수 있겠다. 그에게서 이해되고 체험된 예수의 모습은 어떤 것일까.

a. 고난의 예수

> 나는 주의 사랑에 삼키운 바 되고, 주는 나의 신앙에 삼키운 바 되는, 이 합일의 원리여, 오 나의 눈아, 주를 바라보라. 일심으로 주만 보라. 잠시라도 딴눈 팔지 말고, 오직 주만 바라보세. 나의 시선에 잡힌 바 주님은 나의 속에 안주(安住)하시리라.[46]

여기 예수와 하나가 되는 신비적 융합(融合)의 기쁨이 서리어 있다. 그런데 이 예수는 고난 받으시고 수치를 당하시는 분으로 묘사돼 있다. 권세의 주라든가, 더구나 성부, 성령으로서의 하나님의 모습은 찾을 길이 없다. 오로지 비운(悲運)과 고난의 그리스도가 있고, 견딜 수 없이 주님을 갈망하는 무한한 사랑의 마음 그 하나만이 여기 있다. 그러나 그가 애착을 가치고 늘 즐겨 읽으며 다른 분에 대해서도 권했던 요한복음에서, 우리는 그의 이와 같은 상념(想念)을 더듬어 보아야 할 것이다. 성서는 요한복음을 읽으라"[47]고 하면서, 주를 사랑할 수 있는 길이 여기 있기 때문이라고 한 적이 있었다. 그런데 "요한복음을 읽으라"고 하면서 계속해 써 나간 글들이 그 애착의 이유를 밝혀 준다. 곧

46) 『일기』, p. 140.

47) *Ibid.*, p. 230.

33세의 한창 청년인 예수는 불쌍하게도 사형을 당하셨습니다. 갖은 수치와 욕을 다 당하셨습니다. 가시관, 끔찍한 가시관을 쓰셨읍니다. 우리가 죽을 일에 주가 피를 흘리셨읍니다. 전신의 피를 다 쏟아 넣었읍니다.[48]

여기 보면 예수의 고난은 숙명적인, 다시 말하면 불가피한, 것으로 나타나 있다. 예수께서 하나님과의 관계를 말하자 곧 죽음의 위협이 따른다는 것이 요한복음의 독특한 설정이다. 예수의 사랑과 죽으심과의 본질적 관계가 거기 있다. 예수의 Missio가 논리적으로 전개되지 않았을 때의 예수의 사건(event)은 아픔이라는 것이다. 여기 또 하나의 문제가 벌써 등장한다. 이용도는 예수의 모습을 어떤 존재론적인 사유에서 보고, 신성(神性), 인성(人性)이니 하는 희랍철학적 유형에서 떠난다. 떠난다느니 보다 전혀 새롭게 본다. 그래서 예수의 본질을 어떤 성질(*ουσια*)로 보지 않고 "아픔"으로 본다. 신성(神性) 속죄의 문제와는 관계없이 다만, 이 아픔, 십자가, 그 굴욕에 모든 신비와 모든 해결이 있다고 본다. 그것으로써 문제는 전부이다. 다시 말하면 십자가의 앞도 뒤도 없다.

그런데 그에게는 이 아픔과 사랑과의 변증법적인 속죄론적 차원이 설명되어 있지 않다. 기독교적인 의미의 사랑은 한 번 직접적인 데서 배반을 당하고, 그것이 바로 매개되고 지양된 사랑이다. 부정(否定)을 부정한 사람은 고난의 단계를 경과한다는 말과 같다. 이것이 부활의 의미이다. 그런데 이용도에게는 이 부활이 전혀 표현되어 있지 않다. 이 말은 그의 고난이 직접성에서 설명된다는 뜻이 되고, 사실 그의 시대적인 상황 때문에 온 일종의 생태적인 심리의 위축을 반증하는 것이라고 볼 수도 있을 것이다. 이러한 직접성의 위험은 신비적 경험의 낭만성을 초래할 위험이 있다. 여기에는 사랑과 아픔만이 있지, 그것이 구속론적으로 설명될 부활의 과정과 수반하는 사랑이 없다.

이 말은 동시에 그의 신비주의가 의인(義認)의 교리에 통하지 않고 끝난다는 말도 된다. 의인(義認)은 언제나 미완결(未完結)로 보고 개방된 것으로 보지 않으면 안 된다. 어거스틴은 "죄는 Rebellat et Mortuum,[49] 곧 반역하고 동시에 죽어 있다"는 말을 했다. 죄는 죽어서도 반역한다는 말이다. 이 반역의 심각성과

48) *Ibid.*, pp. 90-91. 그는 요한복음 5장, 7장, 8장, 10장, 19장을 특히 좋아했다.

49) *Contra. Jul.*, pp. 9, 32.

사랑의 관계는 그에게 전혀 문제시 되지도 않았다.

b. 그의 신비주의의 특징

그의 신비주의는 예수에 대한 사랑이 압도적이라는 것은 전술한 바와 같다. 그는 『신앙생활』지에 기고하면서 "예수보다 더 귀한 존재 나에게 없다." "부하거나 죽거나 사랑할 이 오직 예수 뿐이다"[50]와 같은 말들을 되풀이 해 쓰고 있다. 그런데 이 사랑은 미래의 축복이나 의인(義認), 위로 때문이 아니라, "아무 조건 바라지 않는 사랑"[51]이다. 이 사랑, 그것이 곧 천국의 기쁨이요, "지옥도," "주의 손에 채찍이 있어도,"[52] 그 사랑을 안 할 수 없다. 그래서 다만 "주님만 소유하도록, 다만 그만을 구할 것이라" 고백하고 명상한다. 신앙과 고백이 의식되지 않고 소박하게 직접적으로 "사랑"하는데 그의 신비주의의 특징이 있다.

> 기도가 있든 없든, 참회의 눈물이 있든 없든, 우러러 쳐다만 보라. 이 앙모(仰慕), 전부를 다 바치고 다만 우러러만 보는 생활, 이는 가장 진실한 영교(靈交)의 생활이니라.[53]
>
> 모든 것을 다 주에게 뺏긴 자되어 아주 가난함을 이루라. 그리고 시시(時時)로 앙모하여 한 잔 생명의 잔을 마시고 한 줄기 한 줄기 사랑의 광선에 직면하라.[54]

여기 강조돼 있는 것은 물론 비전(Vision)이다. 신비주의 특유의 시각적 명상이다. 그러나, 얼마나 그의 사랑이 예수의 모습에 집중되어 있는가 하는 것이 더 현저하게 나타나 있다. 그런 실례는 얼마든지 있다. 그것이 상징적으로는 거의 성애적(性愛的) 요소로까지 표현된다.

---

50) 1932. 11월호.

51) 『서간집』, p. 154

52) 『일기』, p. 95. Cf. A. Monod, "Whether it concerns life and wisdom, strength and resistance to sin, this world or the other, all is in Christ, having Christ, we possess all things, but deprived of him we have absolutely nothing." Paris, *Les Adieux d'Alphe Monod*, . 1929, p. 200.

53) 『서간집』, p. 43

54) *Loc.cit.*

주의 입술에 그대는 입 맞추라.[55]

옷을 벗고 ... 그런 것들이 당신과 나와의 사이를 막을 것입니다. 당신의 소곤거리는 소리가 안 들릴 것입니다.[56]

당신의 손이 나를 만지매 내 가슴은 기쁨의 도(度)를 잃어, 이로 형용할 수 없는 소리를 발하옵니다." [57]

이러한 말들이 가장 현저하게 그의 성애적(性愛的) 수사(修辭)들로 표현된 것들이요, 더 노골적인 것은

사랑의 유방[58]

오 주여 주는 신랑, 나는 신부. 주여 침방에서 사귀는 사랑의 사귐의 때를 허락하소서, 오 주여.[59]

그대는 주소(晝宵: 밤낮)로 염염사지(念念思之)하여 주님의 사랑을 찾고 찾으라! 그리하여 저 깊은 사랑의 내전(內殿)에까지 찾아 들어가라. 그 곳은 애(愛)의 지성소(至聖所)니라. 거기서 그대는 주의 정체를 포옹하리라. 고요히 고요히 그 품안으로만 기어 들어가시라 하노라." [60]

안성결(安聖結)에게 보낸 서간 일부의 글들이다. 여기에 예수를 향한 전인적인 투사와 애모의 활활 타는 열정이 움솟고 있다. 예수의 모습을 앙모하고 그와 하나 되어 자기를 잊어 미치고 말, 그런 심도(深度)를 이 사랑은 가지고 있다.

그런데 예수는 "고난"의 모습으로만 이해된다는 데 문제의 핵심이 있다. 그 고난도 세상에 보내진 구속자의 고난의 측면보다는 못이 박히는 십자가의 수난, 거기에 대해 우리가 견딜 수 없이 가지는 죄책감 거기서 이해되는 고난이다. 주의 고난을 우리가 가져다 준다는 처절한 우리의 아픔, 그것이 강도 높게

55) *Ibid.*, p. 44.

56) 『일기』, p. 214.

57) *Ibid*, p. 211.

58) *Ibid.*, p. 205.

59) 『서간집』, p. 106.

60) *Ibid.*, p. 173.

반영된 그런 고난이다. 주께서 우리 위해 돌아가신 의미보다, "우리가 못 박아 돌아가게 한" 의미가 더 크다. 이것이 기막힌 현실감을 가지고 그에게 압도돼 왔다. 이것은 반드시 감사에 통할 수 없는 무엇을 그 체험 속에 가지게 한다. 그래 결국 그 고난이 어떤 형태로든 우리의 것이라는 감정을 낳게 한다. 여기 이용도 신비주의의 남다른 모습이 있다.

> (나는) 다만 골고다로만 주의 뒤를 따라갑니다. 주께서 우시매 나도 그 눈물의 자취를 따라갑니다. 나는 눈물이 주님의 그것같이 뜨겁지는 못해도 ... 오! 주의 모든 것은 나의 모든 것이 되어지이다.[61]

여기 그 핵심이 들어 있다. 이것이 저절로 끌어 오는 문제가 몇 가지 있다. 우선 주의 모든 것이 나의 모든 것이 된다는 고난 체험의 나와의 합일은 자기 자신을 고난의 그리스도와 동일시하는 위험을 가져온다는 사실이다. "골고다의 길이 나의 길"[62]이라는 말이라든가, 예수의 아픔을 그대로 복사된 "내 마음이 심히 민망하여 죽게 되었읍니다"[63]라는 말들은 다 자기가 곧 주 자신임을 비스듬히 비치는 말들이다. "조선의 양은 누구를 보고 주를 생각하고, 누구의 생활을 통해 주를 이해할 수 있나"하는 문제를 던지면서, 그는 저 유명한 그의 고별사 비슷한 그의 산문시를 시작했던 것이다. 곧 "겟세마네는 어디 있어 나를 기다리누. ... 그 길 밟을 나 여기 있습니다. ... 내 살과 내 피 마신 후에야 (세상은) 나를 알리라. 나를 땅 위에 보내신 자는 오직 내 아버지이시니라."[64]

둘째로 이것은 "모든 것"이라는 말의 의미를 심각하게 생각하게 한다. 가령 슈바이처(A. Schweitzer, 1875-1965)가 해석한 바울의 신비주의에는 종말론적인 의미가 내포되어 있고, 따라서 내세의 열복(悅福)에 대한 참여의 길로서 그리스도와 함께 죽고 다시 사는 신비주의가 있었다.[65] 또 매큐엔(J. S. McEwen) 교수의

61) 『서간집』, p. 10. Cf. p. 63.

62) *Ibid.*, p. 202.

63) *Ibid.*, p. 211.

64) *Ibid.*, p. 189f.

"존 녹스의 신비주의적 요소"에 대한 분석에도 요컨대 그리스도—신비주의가 어떤, 보다 더 큰 목표에 이르는 한 과정처럼 묘사되고 있다. 바르트 계의 신학에서 신비주의를 공격할 때 언제나 문제시되었던 것은, 이 신비주의가 그리스도까지도 열복(悅福)과 신성(神性) 참여에의 한 교량으로 인정하고 지나간다는 데 있었다. 신비주의를 지고의 "실재자에 대한 합일을 경험으로 인도하는 방법"[66]이라고 이해한다면, 이러한 말들은 다 타당한 말들이 된다. 매큐엔 교수는 *The Faith of John Know* 속에서, 만일 녹스에게 어떠한 타입의 신비주의가 있었다고 한다면, 그것은 그리스도 중심적인 "요한의 신비주의"[67]라고 단정하고 있었다. 매큐엔은 존 녹스의 예정론을 분석하면서, 녹스에게는 하나님의 선택의 직접적인 대상이 우리 사람이 아니라 그리스도라고 하는 신앙이 현저하다는 것을 발견했다. 우리 사람이 하나님의 선택에 참여하는 것은 그리스도가 우리를 부르는 소명에 의해서 그리스도와 성례적(Sacrament)으로 한 몸을 이루는 신비적 융합을 통해서만 가능하다고 보았다는 것이다. 하나님의 선택은 우리와는 직접관계가 없고, 오직 그리스도를 통해서 간접적으로 주어진다는 것이다. 다시 말하면 그리스도와의 신비적 융합은 그 자체로서의 의미는 찾을 길 없고, 다만 그것이 언제나 하나님과의 관계를 지어 준다고 하는 한도 내에서만 의의가 있다는 것이다. 매큐엔 교수의 논리에는 삼위일체적 신관의 강한 반영을 보이고 있고, 더구나 그것이 요한의 그리스도 중심적인 신비주의로써 차지하는 성례론으로 자연 발전한다는 것을 누구나 알 수 있다.

앞서 보아온 분석에서 우리들은 신비주의라는 것이 그 자체에서나 그 대상 이해에 있어서 항상 중간적인 과도적 가치밖에 주거나 시인치 않고 있다는 점을 살폈고, 사실 그것이 신학적으로는 칼 바르트 중심의 신 정통신학에서 기독론에의 해독이라 보아 공격한 까닭을 볼 수 있었다. 그러나 이용도에게 있어서는 그것이 색다른 의미에로 퍼져간다. 그리스도와 신비적으로 융합해

65) A. Schweitzer, *The Mysticism of St. Paul the Apostle*, London, A. & C. Black, 1956, p. 22.

66) W. M. Thomas, Jr., The Truth of Mysticism, *The Journal of Religion*, ed. by G. B. Smith, Vol. IV(1924), pp. 63-64.

67) J S. McEwen, *The Faith of John Knox*, 한역 , pp. 120-121.

그 아픔을 내 것으로 느껴서 환희와 희열에 임하는 체험은 그에게 그것 자체로써 궁극적 의미가 있었고, 그 이상이어서는 안 되었다. 그리스도와 만나 그 속에 깊이 들어가 "나 잊고," "미쳐서," 그와 한 몸이 되는 것, 그것만이 이용도에게는 "모든 것의 모든 것"이었다. 그리스도를 통해서 영복을 누린다든가, 죄 사함의 은총에 인도된다든가 하는 데 대해서는 오히려 점잖은 냉소까지 보낸다. 어디 가나 어떤 궁지에 처하거나, 예수와 하나가 되어 함께 있는 것, 그것이 지상의 갈망이요 열정이었다. 어느 기독교 신앙이 이런 감격을 가지지 않으리오마는 그리스도 그 분에의 애착은 계시나 구속의 섭리까지도 소외된다는 데 전통적인 신앙과의 거리를 볼 수 있을 것이다. 그것이 이용도의 "아픔을 함께 당하는 예수의 신비주의"였다. "예수다. 우리의 신앙의 초점은 예수다."[68] 여기 의인론(義認論)과 구속론, 그리고 삼위일체론, 이런것이 다 결여돼 있다. 틸리히(P. Tillich, 1886-1965)가 그렇게 분명히 해석한 "자기 구원"으로서의 신비주의[69]는 이용도에게 없었다. 실로 신비주의라면 서슬이 시퍼렇게 철저히 부정적이던 알버트 리츨(A. Rotschl, 1822-1889)을 경솔하다고 까지 공격하면서, "그리스도—신비주의"의 위대한 전통이 바울에게서 비롯되었다고 인정(認定)한 틸리히는 논리적으로 이용도의 신비주의를 그 나름대로 인정 했으리라 믿는다. 물론 틸리히도 이런 신비주의가 자기 구원의 위험에 늘 걸려 있다고 경고하는 일을 잊지 않고 있었다.

c. 자기 방기(放棄)의 문제와 고난

이용도는 예수의 생의 핵심을 그 고난에서 보고, 자기와 그리스도와의 합일은 이 고난에의 참여에 있다고 믿고 있었다. 그러나 그리스도와 함께 죽고 사는 사건 사이에 아무 연속성이 없는 것이 그의 독특한 면이다. 다시 말하면 그리스도와 함께 고난당하는 날을 "완성의 날"로 보고 있는 것이다.

---

68) 『서간집』, p. 121. 『일기』, p. 102.
Cf. S. Rutherford, *Letters of*, ed. by T. Smith, Edinburgh, 1875, p. 206. "I want nothing at all but real possession of Christ."

69) P. Tillich, *Systematic Theology*, Vol. Ⅱ, Chicago, 1957, pp. 83-84.

우리는 비통하게 십자가의 벌거벗은 몸으로 최후를 마치신 그 예수를 따라갈 뿐입니다. 하여간 우리의 피 한 방울이 떨어지는 날이라야 우리의 일은 다 이루어지는 것입니다. 나 자신이 십자가에서 예수와 함께 죽는 날에 우리의 완성은 있는 것입니다.[70)]

이 완성이란 말은 지금까지 살펴온 그의 경건의 특징을 다시 보여 준다. 허나 여기 또 다른 심각한 문제가 잠재하고 있다. 신비주의는 일반적으로 자기 추구를 부정하는 의지이 강하게 표현돼 있다. 저 유명한 독일신비주의자 하인리히 수소(H. Suso)의 "Ceasing To Be"[71)]라든가, 프랑스 정숙주의의 경건에 나타난 "정숙"[72)] 같은 것들이 다 이런 것들이다. 인간적인 것에 대한 부정과 이 세상적인 것에 대한 포기의 과정이 따라온다는 말이다. 리츨이 그의 엄격한 도덕신학에서 신비주의를 용서 없이 내려 깐 까닭이 바로 이러한 포기 방기 무관이었다. 소위 현대신학에서의 정치신학이나 참여의 신학의 결여 말이다. 만일에 신학이 그 강조하는 면만 두고 본다면, 신비주의나 현대신학이 함께 판단 받아야 할 흠은 많다고 본다.

이용도에게 이 요소들은 현저하다. 강정숙에게 보낸 서한 속에서 그는 "다 버리소서, 모두 끊어 버리소서, 모든 이상 모든 포부 모든 인간적 설계로부터 모든 지식, 물질, 인물들까지도 다 마음에서 끊어버려 없게 하소서"[73)] 호소했다. 옥어진(玉於眞)에게는 "세상의 사랑과 모든 조건에서 완전히 독립한 자가 아니면 하늘의 사랑, 그리스도의 사랑에 목욕할 수 없기 때문에 모든 것을 초개와 같이 버리고서 그리고 세상의 저버림까지 받아야 합니다"[74)] 했던 것이다. 더 이상 자상한 인용이 필요 없다.

그런데 이 자기 방기와 둔세(遁世)가 반드시 그 말과 꼭 같은 동기를 그 속에

---

70) 『서간집』, pp. 63-64. 『일기』, p. 228.

71) H. Suso, Quoted by F. Heiler, *Prayer*, p. 138.

72) R. V. Vaughan, *Hours with The Mystics*, 8th ed., Book VII, London, George Rufledge &. Co., p. 229.

73) 『서간집』, p. 178.

74) *Ibid.*, pp. 182-183.

함축하고 있지는 않다. 신비주의자가 관조적인 초연한 자세에 빠지거나, 자기들이 버렸다고 생각하는 세상의 욕정과 허영에 오히려 빠지기 쉬운 까닭이 여기 있다. 이용도에게서 우리는 이 불행한 왜곡을 본다. 그는 자기가 한없이 미천하고 또 죄와 과오를 수없이 저질렀다고 술회한다. 그러나 예수께서는 수없이 많은 준마(駿馬)들이 있음에도 불구하고, 약하고 또 빌어먹는 나귀 새끼인 자기를 불러 쓰기 위해 타주시고 일부러 먹이니 거기서 더 큰 영광이 없다고 자처한다. 이 말로써 끝났으면 거기에 복음적인 경건 이외 아무 것도 발견할 수 없을 것이다. 그러나 그는 거기서 한 걸음 더 나아가, 주님이 자기와 같은 말을 탄 것은 "당신의 편리나 영광을 위해서가 아니라, 오직 무용한 나귀 새끼에 영광을 입히시기 위함이었음을 알고 있다"고 써 놓고 있다.[75] 앞서 말한 죄니 과오니 하는 말들과 침통한 아픔의 갈망 같은 것과, 여기 있는 말들과의 불연속성 때문에 우리는 잠시 당황하지 않을 수 없다. 이러한 심리상태가 쉬바이처의 "바울의 신비주의"에는 없었다. 그것은 바울의 신비주의는 언제나 종말론적인 성격을 띤 것이었기 때문에 앞으로 다가올 천국에 대한 중간기로서의 미완성에 있다는 것을 시사하고 있었다.[76] 그러나 이용도는 달랐다. 그는 한 번 속죄와 회개의 필요성에 대해 자문한 적이 있었다. 그러나 그는 가장 훌륭한 복음서라 생각하고 모든 비밀과 진리를 가지고 있다고 말한 요한복음서를 살펴보았더니 그런 것은 찾아볼 수 없더라고 단언한다.[77] 그가 "완성"이라고 쓴 까닭을 이제 밝히 알게 된 셈이다. "주와 하나이 되는 곳이면 음부와 사망의 고통이라도 받을 수밖에 없는 나, 나는 포로입니까."[78] 이용도의 진실이 이 이상의 언어로 압도할 수 있으랴.

아직 미결의 문제가 하나 있다. 이 "완성"이 어째서 자기 방기의 이면을 거쳐 자기실현에로 기울어져 들어갔는가 하는 문제가 그것이다. 이용도는 "다" 버린다고 하면서도 밖에서 오는 힘, 곧 계시나 은총에 의하지 않고 자기가

75) *Ibid.*, p. 200.

76) A. Schweitzer, *op.cit.*, pp. 3, 15, 21, 25 등.

77) 『일기』, p. 142

78) 『서간집』, p. 236.

다 해낸다고 믿었다. 이것은 자기 방기(放棄)가 곧 자기만족과 자기실현에 끝난다는 말이 된다. 왜냐하면 자기 증오나 방기가 자기의 지배력 내부에 있기 때문에 다 자기를 즐기는 데 쓰여지고 만다. 일종의 자기 향락으로 전락되고 만다. 초대 교회의 순교자 중에 이러한 사람이 여럿 있었다. 사실 초대교회는 엄격한 심사를 통해서 자기실현의 방법으로 자학적으로 순교의 터에 나가는 "비정상기(非正常氣)"의 사람들을 의인의 반열에서 제외시키고 있었다. 이러한 자기 향락은 사실 더 연속적이요 강력할 수 있다. 육의 쾌락이 영의 쾌락으로 넘어가는 취미의 교체가 있을 뿐, 거기 장엄한 신앙의 순종이 없다. 언더힐(E. Uuderhill)이 "신비주의의 길은 영이 그 근원(根源 Source)에 기울여 들어가는 내적 경향을 의도적으로 육성 촉진시키는 것"[79]이라 했을 때, 정말 하고자했던 말은 자기 안에 침잠하는 신비주의 본래의 모습을 드러낸 데 있다고 볼 수 있겠다. 자기 증오의 참 길은 어떤 초월적인, 나 아닌 매개에 인도되어서 비로소 가능한 것이다. 아픔은 실로 거기서만 체험된다. 자기 힘대로 지배되지 않는 것에 의한 아픔이 아닌 것은 조작 아니면 재롱일 뿐이다. 이러한 의미에서 신비주의는 Antithese가 아닌, Hetero-these가 필요한 것이다. 이 Hetero-these는 실로 하나님의 분노의 현실로서 경험되고 실현된 창조 질서인 것이다. 이것만이 우리 손으로는 도저히 처리할 수 없는 지배권 밖의 현실인 것이다. 우리에게 참 아픔과 상처를 주는 것은 신의 노여움이지 우리 자신의 경건한 조작은 아니다. 여기서 비로소 자기애의 죄는 종지부를 찍을 수 있다.

3-6. 그의 선교와 전도

시무언(是無言)을 말하던 이용도에게 선교(Mission)가 있었는가 하는 문제는 그의 부흥회적인 열정과 함께 검토되지 않으면 안 될 것이다. 선교는 본래 왜 선교를 하지 않으면 안 되는가 하는 질의에서 취급되어야한다. 하나님이 모든 사람의 구제를 원하신다는 것이 이전까지 주어졌던 해답이다. 그러나 구제는 기독교만의 전유언권(專有言權)이 아니다. 그렇다면 자연 문제는 달라진

79) E. Underhill, *Mysticism*, London, Methuen Co., 1960, p. 428.

다. 왜 인류를 구속하시려는 것인가. 그 구제의 근거를 외칠 권리는 어디 있는가. 여기 Missio Dei와의 연결이 불가피하게 등장한다. 이 Missio Dei의 목표는 하나님 나라이다.[80] 그러면 하나님이 대결해야 할 세상 곧 이 선교의 역사가 이루어지는 곳은 어디인가. 여기 하나님의 역사의 상대로서의 인류 세계를 생각지 않을 수 없다.

하나님은 세계와 인류를 창조하셨다. 이것이 신의 vis-a-vis다. 세계는 신성의 유출에서 형성된 것도 아니고, 따라서 신의 일부도 아니다. 이원론(二元論)이나 연속성(連續性)이란 여기 없다. 타종교에서는 이 말들이 친숙하다. 그러나 기독교는 창조를 말한다. 이 신과 vis-a-vis와의 관계는 자세의 문제지 동질재합(同質再合)의 문제는 아니다. 따라서 기독교의 구원은 신성에의 재귀(再歸)가 아니고, 하나님에의 정상한 태도에의 재귀로 이해된다. 타락도 이런 구도에서만 설명할 수 있다. 신성(神性)의 유출이었다면 신에의 거역을 범했다는 말이 어불성설(語不成說)이요, 따라서 신상(神像)의 상실을 말할 수는 없는 것이다. 타종교에 심각한 죄의 신학이 없는 까닭이 이것이다. 거기서 죄는 기껏해야 신성을 거슬려 하는 행동의 오류(誤謬)요, 그것이 해(害)라는 가책에 그친다. 죄가 참으로 체험되어 회개하게 되는 곳은 하나님이 창조신으로 고백되는 곳뿐이다. 여기 선교의 본의(本義)가 있다. 이러한 구도 속에서 비로소 하나님이 인류의 구원을 위해 하시는 일이 다 선교인 것을 알게 된다. 피조성과 원죄라는 것이 하나님이 인류를 구원하실 수밖에 없는 전제가 된 것이다. 그런데 하나님이 이 일을 할 이를 직접 보내신다. 따라서 이 "보내심"이라고 하는 것이 선교론의 핵심을 이룬다.

보내심을 받은 자는 하나님의 아들 예수이다. 하나님은 말씀을 보내시사, 자신을 계시하신다. 여기서 하나님은 보내신 자요 아울러 보내심을 받은 자이다. 계시자요 아울러 계시 자체이다. 그의 아들(聖子)과 그의 성육신을 통해서 하나님은 그 보내심의 내용, 그것이 되신 것이다.

그런데 이용에게는 이러한 "선교"의 이해가 기초로 돼 있지 않았다. 경건주의적인 이교(異教人)인에의 컴패션도 없었다. 그의 주요 관심은 의식되지는 않

80) G. F. Vicedom, *The Mission of God*, Saint Louis, Concordia Publishing House, 1965, pp. 12ff.

았으나, 한국의 기존교회에 대한 성화의 불길을 던지는 데 있다고 보았다. 이교인에의 전도와 동정에서 시작한 감상적인 경건주의의 자부없이, 다만 기성교인의 진실한 회개를 외치고 그리스도의 사랑과 교리의 경화(硬化)에서 생명을 잃은, 형해만 남은, 그런 교회를 갱신코자 하는 데 집중하고 있었다. 그것은 근본적으로 선교의 동기가 아니었다. 갱신과 혁신의 사명이었다. 비기독교인을 상대로 한 말의 부재는 인상적이다.

> 조선교회의 영들을 살펴주소서.
> 머리속에 교리와 신조만이 생명 없는 고목같이 앙상하게 뼈만 남았고, 저희들의 심령은 생명을 잃어 화석이 되었으니, 저희의 교리가 어찌 저희를 구하며, 저희의 몸이 교회에 출입한다고 하여 그 영에 어찌 무슨 힘과 기쁨을 얻을 수 있사옵니까.[81]

그는 복음의 선교에 무관했다. 기독교를 전제한 상태에서 그 생명 있는 삶을 불러일으키려 했을 따름이다. 동기는 선교보다도 부흥이었다. 회개였다. 부흥회의 생리는 여기 그 원형을 보인다. 참된 신앙의 원형이 이 교회 내에서 위축되어 내려왔다는 고민은 역학적으로 진실한 신앙의 피해 의식과 연결되고, 따라서 거기 고난 받으시고 십자가에서 아픔 당하는 예수의 모습이 떠오르게 게 된다. 그래서 "고난의 예수"에 압도된다. 예수의 모습은 그의 글들 속에서 예외 없이 비극적으로 묘사돼 있다. 그것이 그로 하여금 부흥의 길에 지체없이 쉴 사이 없이 나서게 한 동력 노릇을 했다. 세상 속에 들어오시는 성육신 그리고 보내심의 그리스도의 모습은 전혀 찾아볼 길이 없다. 다만 세상 속에서, 아니 교회 속에서 버림받고, 내쫓기는 모습만이 구구절절 흐느껴지도록, 비통스러운 필치로 다듬어져 표시돼 있다.

> 예수의 모든 아름다운 성격은 그의 십자가에 모두 집중되었읍니다. 그 피에 모였읍니다.[82]
> 오, 사랑의 주시여 저를 보시나이까. 하루 종일 욕을 먹고 핀잔을 당해, 내 작은

81) 『일기』, p. 222.

82) *Ibid.*, p. 65.

마음은 상하여 피가 흐르고, 내 약한 눈에는 눈물이 흘렀읍니다.[83)]

지금은 당신과 마주 앉아서 고요하고 넘치는 한가 속에 생명을 바치는 노래를 부릅니다. 이 작은 꽃을 따 가십시오. 주저 마시고요, 손수 꺾어만 주시어도 영광이 되겠나이다." [84)]

기독교문학의 정수가 이 이상 더 고울 수가 없을 것이다. 이런 깊은 경험 없이 신앙은 영감과 소망을 사실 주기 어려울 것이다. 우리 다 이런 시정(詩情)에 젖은 고백이 없어 흠이라면 흠일 것이다.

그런데 문제는 이 한 사람 예수에게 대한 애모가 전혀 삼위일체론적으로 이해되어 있지 않고, 보내신 하나님과 보내심을 받은 성자의 구속사적 연관이 전혀 없기 때문에, "예루살렘에서 죽은 예수" 외에는 성부가 들어와 차지할 여지가 전혀 없고, 그래서 그것은 선교의 부재를 의미하게 된다. 유럽의 어린애들이 전통적으로 부른다는 노래 "I love jesus, but I hate God"는 사실 이러한 경향의 유치한 표현일 것이다.[85)] 더구나 성육신의 신학이 결여됨으로써 "몸 되신" 인간성의 차원이 퇴색하고, 선교에 고조되는 휴머니티의 관심이 제외되고 만다.

이용도의 부흥회 설교는 근본적으로 선교론적인 의미를 가지고 있지 않았다. 사크라멘트와 인카네이션이 없는 십자가의 사랑은 그에게는 다만 감상적인 사랑으로 시종되었고, 그리스도의 유일회성적(唯一回性的)인 주성(主性)과 계시가 고백돼 있지 않았다. 이런 의미에서 그에게는 기독론도 없었다. 네스토리안 사상과 근대 시(近代詩)의 드라마, 거기에 1930년대의 한국교회의 비애를 다 한자리에 펴놓고 보면 이용도의 신비주의는 곧 이해된다.

83) *Ibid.*, p. 87.

84) *Ibid.*, p. 213.

85) R. A. Knox, *Enthusiasm*, Oxford, 1950, p. 580.

3-7. 그의 신비주의적 사랑

이용도가 조선교회에서 완전히 출교를 당하고 좌절과 비탄 속에 빠져 있을 때, 이영은에게 보낸 편지 속에서, "오늘날 신도가 읽어야 할 책은 요한복음"[86] 이라고 강조하면서 여러 번 그런 말을 되풀이한 적이 있었다. 그러나 그 훨씬 이전인 1926년, 그가 신학교를 졸업하고 교회생활을 시작하던 때도 꼭 같은 말을 하고 있었다. 곧 "성경은 요한복음을 읽으시오"[87]란 말이 그것이다. 그런데 그가 요한복음에 대해서 남 다른 애착을 기울이게 된 까닭을 그의 말들 속에서 다시 찾아내지 않으면 안 된다. 그는 주님을 사랑할 수 있는 길"[88]이 거기 있기 때문이라고도 했으며, 말세에 읽어야 할 책은 그것 밖에 없다고 단언하고 있었다. 그리고 이와 같은 말을 하고 난 다음에 바로 그의 신비주의적 요소가 가장 잘 표현되는 말들이 몇몇 나온다. "사랑으로 주와 하나이 되었을 때 나의 행하는 것이 주의 행하는 것이 되고, 나는 주님 속에 주님은 내 속에 계셔 신앙의 완성이 오고, 그때가 바로 완성의 때"[89]라고 하는 말이 여기 나온다. 이용도는 이것이 신앙과 생활의 공식이라고 말하고 있다. 여기 그의 사랑의 신비주의를 이해할 수 있는 단서가 있다고 본다.

아현 성결교회에서 부흥회 도중 축출 당했을 때(1931. 10. 2.), 이호빈(李浩彬) 목사에게 다음과 같은 글을 써 보낸다. "믿음이란 교리의 승인이나 신조의 묵인에도 있지 않고, 예배의식을 집행함에도 있지 않고, 연설에나 기도에도 있지 않고, 할렐루야 아멘 하는 데도 있지 않고, 다만 그리스도의 마음이 내 마음이 되고 그 신이 나의 신이 되어서 ..."[90] 라는 글을 쓴다. 여기 "믿음"이라는 말을 문자 그대로 받아 들여서는 안 된다. 이 말들의 핵심에는 사랑, 곧 주와 나와의 합일이라는 대목이 강조되어 있기 때문이다.

---

86) 『서간집』, p. 216f.

87) 『일기』, p. 90.

88) *Ibid.*, p. 209.

89) *Ibid*, p. 210.

90) 『서간집』, p. 59. Cf. pp. 89-90, 102.

이 의미를 더 잘 밝혀 줄 글이 여기 있다. 곧 "잘 사랑하는 자, 그는 곧 잘 믿는 자올시다."[91] 그리고 "사랑으로 시작되어지지 아니한 신앙은 허위의 신앙이요, 이는 사람을 죽이는 신앙"이라고 잘라 말하고, 사랑은 곧 생명이요 사랑 없는 신앙은 생명 없는 신앙이라"[92]고 단언하고 있었다. 여기서 사실 우리는 신앙과 사랑의 일체보다는 그 간격을 보는 것이 옳을 것이다. 가령 그는 "전도도 기도도 나의 본업이 아니며, ... 신앙만이 우리 소유의 총체"[93]라고 하면서도

> 어떤 때는 영의 움직임이 강하여 간절히 부르짖는 그 기도가 나의 신앙 전부가 되기도 하고, 주를 그리워하는 눈물이나 나의 죄악을 참회하는 눈물이 나의 신앙의 전부도 되기는 하지만, 하여간 기도가 있든지 없든지, 참회(懺悔)의 눈물이 있든지 없든지 우러러만 보라. 쳐다만 보라. 이 앙모 전부를 다 바치고 다만 우러러만 보는 생활, 이는 가장 순진한 영교(靈交)의 생활이니라.[94]

그리스도가 만져주실 것이요, 그리스도의 입맞춤이 둘도 없는 환희라는 글들이 여기 잇닿아서 나타나고 있다. 그렇다면 그는 기독교의 생활을 말할 때 신앙생활이라고 막연하게 말하고 있을 뿐, 그 내용은 사랑으로 체험하고 있음이 분명하다.

신앙을 사랑의 의미에서 썼다고 하는 증거가 또 하나 있다. 그는 "신앙은 생명의 역환(易換)이다. 나의 죄 된 생명과 하늘에 사는 예수의 생명과 바꾸어지는 것"[95]이라고 말하고 있다. 그런데 이 말은 확실히 생명의 신비적 교환을 설명하는 말로써 이해해야 한다. 그는 같은 편지 속에서 "생명의 역환(易換)"이 없으면 믿는다 해도 사망에 있는 것이요, 기도도 이 역환(易換) 없이 다 헛수고라고 분명히 지적하고 있다. 그런데 그는 사랑이 곧 생명이라 보았던 것이다. 이 점은 이미 살펴보았다. "다 잃고 주와 영이 합해지는 것" 말고 그에게 딴

91) *Ibid.*, p. 130.

92) 『일기』, p. 218

93) 『서간집』, p. 27.

94) *Ibid.*, p. 43.

95) *Ibid.*, p. 82.

기쁨과 의미가 없었다. 신뢰와 확신으로써 주님을 모시고 사는 생활로서는 이용도의 섬세한 마음의 안정이 제자리에 서지 못했던 것이다. 예수와 하나이 되었고, 그 생명이 그리스도의 생명과 바뀌어졌다는 생생한 체험만이 그에게는 값비싼, 몸 바쳐 얻어야 할 보물이었다.

이 신비적인 융합 곧 생명의 역환을 그는 "주님과의 혈관적(血管的) 연결"[96] 이라든가, "나의 심장 속에 끓어 올라오는 당신의 피"[97]로, 간곡하고 절실하게 표현하고 있다. 여기서 그의 논리는 철저하다. 이 피는 사랑이다.[98] 또 하나의 전형적인 표현은 예수의 영과 그의 영과의 접촉과 거기서 일어나는 "애의 전광(電光),"[99] 그리고 그것이 영향 주는 "생명 전체"라 말하고 있다. 거기서 자기 자체를 찾지 못할 경지에 들어가야 한다고 본다.

신비주의의 언어 불신(不信)의 원인에 대하여서는 언어의 능력 한계라는 것을 들고 있었다. 부쉬넬(H. Bushnell)은 신비주의자가 "감추어진 비밀이 언어나 기구나 역사적인 형태가 못 미치는 곳에 있다고 보는 사람들"[100]이라 정의한 바 있다. 대개 이런 계통의 사상은 쉽게 찾아볼 수 있다. 고드윈(G. Godwin)도 "만일 알고 있는 데 어떻게 아는지 설명을 못할 때, 그것을 신비주의적이라 부른다"[101]고 정의한 바 있다. 기독교 신비주의가 역사적으로는 대개 지적인 운동으로 나타났었다고 갈파한 잉그(W. R. Inge)도 신비적 체험은 무형이기 때문에, 직접적인 언어나 사고에서의 표현은 불가능하다고 보고 있다.[102] 상징을 쓰는 이유가 거기 있다고 본다. 베르쟈예프는 더 충격적인 해석을 내렸다. 곧 우리가 앞서 본바와 마찬가지로 그는 신비주의자가 "신비적인 경험을 신학의 용어로 번역하고자 하자마자 이단사설의 규탄을 면치 못하게 된다"[103]고

---

96) *Ibid.*, p. 150.

97) *Ibid.*, p. 158.

98) *Loc.cit.*

99) *Ibid.*, p. 113.

100) R. D. Baird, Horace Bushnell, A Romantic Approach to the Nature of Theology, *The Journal of Bible and Religion*, Vol. XXXII, No. 3, 1965, p. 233.

101) G. Godwin, *The Great Mystics*, London, The Thinker's Library, Watts &, Co., 1945, p. 2.

102) W. R. Inge, *Christian Mysticism*, 1899, p. 5.

하면서, 그 까닭은 이들의 용어가 일반적인 추리(推理)의 정상적인 소통언어(疏通言語)일 수가 없기 때문이라고 밝히고 있었다.

그러나 이용도의 μυεῖν은 독특한 용법으로 쓰인다. 언어표현을 반성적(Reflective)으로 쓰려는 단계에 채 오기도 전에, 신비적 일치의 그 순간에 이 문제가 제기되는 것으로 보고 있다. 이미 앞서 인용한 바도 있으나, "거룩하신 당신의 손이 나를 만지시매 나의 조그마한 가슴은 기쁨의 도를 잃어, 이루 형언할 수 없는 말을 발합니다."[104] 이런 표현을 한 일이 있다. 그는 종교라고까지 예찬하는 노래로 읊어 보려고도 애쓴다. 그러나 아무리 애써도 소리가 나질 않는다. "내가 말로 하려 하오나 말이 곡조를 이루지 못하며, 나는 어쩔 줄 몰라 소리쳐 울 뿐입니다. 오오 주여, 당신이 나의 말을 당신의 끝 모르는 그 물 속에 잡아 넣으셨읍니다."[105] 신비주의 문학의 탑 속에 이 이상의 기막힌 정수와 그 표현의 날센 필치를 볼 수 없다 해도 과언이 아니다. 언어의 불신이 아니라 그 언어까지 포함한 나의 전부가 "당신의 끝 모르는 그 물속에" 까마득히 가라앉았기 때문이란다. 가상 심묘하게 신비적 체험을 썼다는 중세의 대신비주의자 크라이보의 버나드의 글을 여기 옮겨 보아 그 필치의 우열(優劣)을 잠시 견주어 보자. 그의 말은 이렇다.

> Even though it were given to me to have that experience (mystical union), how can you think it possible that I should explain that which is incapable of being put into words."[106]

이 버나드의 글은 아직 반성되는 단계에서 쓰여진 자욱이 역력하다. 언어까지도 투입되는 그 경지의 상황 묘사는 이용도의 절필(絶筆)이 아닐 수 없다.

그러나 그는 그의 사랑의 깊이에 대해서 늘 회의를 품고 있었다. 그는 예수에 대한 사랑의 심도를 알 수 없음이 한이라고 고백하고 있었다. 가장 소중한

---

103) N. Berdyaev, *Spirit and Reality*, pp. 119-120.

104) 『일기』, p. 211.

105) *Ibid.*, p. 212.

106) St. Bernard, *Canticle*, LXXXV, 12.

사랑을 그만큼 해 내기 위해서다. 사랑의 "캄캄한 때"와 "닥쳐오는 저녁"[107]이 전율하도록 무서웠다. 그는 그의 사랑의 깊이를 오리겐(Origen, 185c.-254)에게서 비롯해 버나드를 타고 모노드(Monod)를 걸친 성애적(性愛的) 사랑의 상징을 원용(援用)할 길밖에 없었던 것으로 보인다. "사모의 정도가 밀(密)해서 열(熱)하여 지면 영과 영은 접근합니다"[108]고 하는 말에서, 그는 벌써 성애적(性愛的)이요 야희적(夜戱的)인 신비주의를 암시해 가고 있었다. 우리는 여기 대해서 이미 상당한 분량 살펴보고 지나왔다. 그래 연장할 마음은 없으나, 다만 그와 같은 사랑의 상념(想念)이 "당신만 있으면 나는 전부를 가지고 있습니다."[109]하는 그것 이외(以外) 아무것도 사실 바라지 않는 그 낭만을 내보이고 지나가면 되리라고 생각한다.

이 말은 결국 사랑은 사랑 그 자체가 벌써 한 동기요 목표라는 점을 시사한다. 그가 무차별의 사랑을 말하다가 한준명의 해괴한 방언(放言)을 변명하는 글을 썼을 때도 사실은 이 사랑이 그 속에 배어 있었다. 사랑은 사랑을 위한 것이었다.[110] 이용도 그는 이렇게 해서 사랑의 신비에 이르렀던 것이다. 주와 함께 있는 내전(內殿)의 행복이 구원보다 낫고 은총보다 고마웠다.

3-8. 결언

우리는 이용도에게서 파낼 숱한 광맥들을 그대로 남겨둔 채 마지막 글을 쓰게 되었다. 그러나 그의 신비주의를 그 자체로써 분석해 사랑과 고난의 신비주의를 형태적으로 밝히고 앞으로의 연구에 한 이정표 노릇을 하게 했다는

---

107) 『서간집』, p. 20.

108) *Ibid.*, p. 84.

109) 『일기』, p. 2.

110) Cf. Bernard, "Love is sufficient by itself, it pleases by itself, and for its own sake. It is itself a merit, its own recompenses. Love seeks neither cause nor fruit beyond itself. Its fruit is its use.
Cantiche, IXXXV, 12. Quoted by D. C. Butler, *Western Mysticism*, Arrows Books Dublin, Cahill & Co., 1951, p. 173.

자부만 가지고 글을 맺을 수밖에 없다. 우리가 손 못 댄 것들은 손댄 것보다 많다. 가령 성서와 계시의 문제라든가 교회론의 문제, 그리고 가장 중요한 기도의 문제 같은 것들이 크게 잡았을 때 아쉬운, 못 취급한 대목들이다. 요한복음에 애착하고 난 다음에도 교회를 갈라 나갈 수 있었던 사람은 없었으리라. 요한복음은 사랑의 복음서라고도 하지만 그리스도의 몸의 사크라멘트와 화해에 일관한 책이다. 그러나 문제는 신비주의자가 그의 영의 사랑의 대상만을 생각하기 때문에 외적인 교회나 교리에 당돌하게 대결한다는 생리가 없다는 바르트적인 면이 없지도 않았을 것이다. 이용도는 신조에의 고착(固着)을 매섭게 내려깠음에도 불구하고 새 교회 분립을 한사코 반대하다 떠났다.

"체험인가 계시인가." 이렇게 질문한 이용도는 벌써 계시의 유일회성(唯一回性)에 냉담했다. 도적과 음부(淫婦)에게서도 주님을 만날 수 있다고 했을 때, 그것은 예수의 성육신적 선교론의 차원에서 이해하지 않았다는 점을 간과하지 말아야 한다. "진리는 그리스도 한 사람만의 계시도 아니요,"[111] "성경의 말씀이 성경에 있는 까닭으로 진리가 아니라, 인간의 심령 생활의 사실이기 때문에 진리다."[112] 이런 말을 했을 때 그는 아슬아슬하게 종교적인 곡예를 하고 있었다. 예수 그리스도를 복음(message) 그 자체로 보지 않았다는 사실이 주목된다.

아쉬운 것은 역시 기도를 연구치 못해서이다. 기도는 신비주의의 품질설명서와 같다. 변종호(邊宗浩) 목사는 이용도를 용도(湧禱)라[113] 별명을 붙쳤다. 저명한 『샤프 헬로그 백과사전』은 "기도는 신비주의의 특색이다. 그런데 그 기도는 엄격하게 내면적이다. 말없이 주님을 향해 속에서 복받치는 사랑과 동경으로 갈구하는 경건이 신비주의다"[114]라고 쓰고 있다. 신비주의에 동정적인 하일러(F. Heiler, 1892-1967)는 그의 신비주의 연구서를 간행할 때에 *Prayer*라는 제목을

111) 『서간집』, p. 5.

112) *Ibid.*, p. 18.

113) 『전기』, 부록, p. 34.

114) *The New Schaff-Herzog Encyclopaedia of Religious Knowledge*, New York, 1910, Vol. VIII, p. 69. Cf. D. C. Butler. *op.cit.*, p. 188.

붙이고 있었다. 이용도의 기도 연구는 다음에 미룰 수밖에 없다.

이용도는 서럽게 죽어갔다. 성숙한 신앙이 없었던 것, 그래서 신학적 표현에 미비했던 것은 그만이 아니었다. 신비주의자는 본래 신학에는 맹아(盲啞)여서 그 정교한 표현과 체계성 그리고 정확성에서 언제나 뒤진다. 그때의 한국교회도 그랬다. "교회"에 대한 애착은 눈물겨웠다. 사랑하는 까닭에 엉엉 소리 내 호소하다 변성(變聲)한 분노의 비난 용어들을 우리는 모르지 않는다. 이용도의 비신학적 신앙은 아쉬운 데가 많다. 역사 연구의 한계에서는 더욱 그렇다. 신비적 경건의 과열도 비난의 대상이 되어 마땅할 정도에 가 있지 않다. 성품의 오류라면 루터나 칼빈에게인들 없었으랴. 당당하고 장기간에 걸친 저작이나 일기 속에 남겨 놓은 글들은 당시 글 쓸 줄 몰랐던 한국교회의 소위 교회인에 떳떳한 반론을 펴기에 손색이 없을 정도로 그 문향(文香)이 중탁하였다. 사실 그의 동기의 순수성이라든가, 그 성실한 그리스도에 대한 그야말로 헌신적인 사랑의 연연한 앙모는 우리가 오늘날 없어서 서운해 하는 정도를 훨씬 앞서고 있었다. 기도와 생활에서 그는 이 사랑과 고난의 실천, 체험을 리얼리스틱하게 내걸고 살아온 것이다.

이용도의 소위 "완성"의 신념 때문에 가져온 논리적 결함을 탓하는 데 인색할 필요가 없다. 은총론의 전개가 있을 수 없는 그의 사랑이 윤리적 차원에 부연되지 못한 것이기 때문에 그것은 불가피했다. 그러나 방종과 완전주의의 병폐는 없었다. 소등문제(消燈問題)만 해도 세상은 너무 이용도를 백안시하여 이를 스캔들로 처리하는 편견을 드러낸 데 불과했다. 성애적(性愛的) 요소도 언제나 오리겐의 경우처럼 알레고리에 깨끗이 끝나고 있었다.

그의 신비주의에 고난과 사랑이 있었다고 하면, 그것은 기독교 신비주의의 한 영광으로 돌려보내야 마땅할 것이다. 이 점은 나이그렌(A. T. S. Nygren, 1890-1978)도 훌륭히 시인하고 있다.[115] 일원론적인 종교와 범신론적인 신비주의가 기독교 밖에도 물론 있다. 마이스터 에크엑하르트 같은 사람의 예외가 있기는 있다.[116] 그러나 일반적으로 이 판단은 맞는다. 사랑은 사랑하는 자와

115) A. Nygren, *Agape and Eros*, chapter on St. Paul, and on Luther.

116) R. C. Zaehner, *Mysticism, Sacred and Profane*, Oxford, 1961, pp. 188-192.

사랑받는 실체 간에 비로소 가능하다. 혼합돼 뭉겨진 사랑은 이미 사랑이 아니다. 한없는 간격이 하나를 갈망하는 사랑에는 언제나 남는다. 여기 고난과 아픔이 있다. 이용도에게 사랑이 줄줄 넘치면서도, 언제나 기조(基調)에 울먹이는 아픔이 있는 까닭은, 이 사랑하는 자와 사랑받는 자의 간격을 지시하고 있는 것이다. 그의 신비주의가 이 간격의 신학적 용어인 계시나 은총, 구속의 복음적 깊이를 흐리게 했다는 비난을 그치지 말자. 하지만 그는 한국교회사의 독자적인 최초의 신앙 임상기에 고고히 이 압도적인 사랑과 고난의 신비주의를 그 전체에서부터 꼭 붙잡고, 내내 심각하고도 경건하게 지켜온 모습을 찬양해 마지않는다. 이용도는 다시 높게 연구해야 할 한국교회 최초의 신앙 실험자이다. 그런데 그것이 예수-신비주의로 나타났다는 사실이 이제 한국교회의 신앙고백이나 선교전략에 주는 의미가 가늘게 보인다고 말할 수 있으리라.

"기독교의 말씀이냐, 신비주의냐"고 따진 브루너(E. Brunner, 1889-1966)도 기독교회사에 기복했던 여러 그리스도 신비주의자의 이름에 놀랐던 것이다. 신비주의라는 말이 하도 애매해서 제멋대로 쓰든지, 아니면 아예 당초 쓰지 않든지 둘 중의 하나를 해야 할 것이라고 망설였던 레이몬드 조지(R. George)도 "참 신비주의는 최선의 기독교 경건의 한 요소"117)라고 말한 적이 있었으나 거기 조건이 하나 붙어 있었다. 기독교의 신비주의는 직접성이란 말의 의미가 들어있지 않고, 성례적인 신비주의어야 한다는 것이었다. 다시 말하면 성례에 대해서 우리는 신비적 합일을 경험하고 그것이 매개 되어서 하나님을 예배한다는 것이다. 바울의 신비주의가 정확하게는 이런 형태의 신비주의였다. 그리고 만일에 이 성례를 그리스도와 말을 바꾸었을 때, 그것이 곧 이용도의 신비주의가 되는 것이다. 그것은 형태상으로는 매큐엔 교수의 "요한의 신비주의"와 꼭 같은 것이다.

교회 간의 대화를 말하는 세상이다. 로마 가톨릭과 프로테스탄트와의 대화가 그 전형적인 실험으로 계속 추구되고 있다. 하르낙이 말한대로 가톨릭 교회가 "신비주의적"이고 버틀러(Dom C Butler)의 연구처럼 서방 가톨릭의 대교부들이 골고루 신비주의자였다면118), 보와이에(L. Bouyer) 식의119) 시도를 필두로

117) R. George, *Communion with God in New Testament*, London, The Epworth, 1953, p. 8.

118) Dom C Butler, *op.cit.*, pp. 79ff

해서 이 신비주의를 채널로 한 대화도 꼭 필요하리라 본다. 신학적인 대화도 꼭 필요하리라 본다. 신학적인 대화보다 이것이 앞서야 할 것이다. 그리고 타종교에 대한 선교의 구상에도 이러한 시도가 구현되어야 할 것이다. 그것은 헨드릭 크레머의 저작에서 벌써 언급된 바 있다고 진술한 바 있다.

한 마디 남았다. 기독교의 세속화 세계 안에서의 현존이라는 말들이 소리 높이 고조되는 것이 현대이다. 이것들은 요컨대 기독교의 지평화이다. 신앙의 윤리화요, 교회의 사회 기구화다. 반박할 것이 여기에 있을 리 없다. 그러나 생각나는 것이 있다.

리츨(A. Ritschl)이 이러한 경향을 손짓한 근대의 최초의 신학자다. 그런데 그가 가장 아니꼽게 본 것이 신비주의였다. 지평화가 아니고 "수직화"하기 때문에 나쁘다고 본 것이다. 사회화하지 않고 개인화했으니 고약하다는 것이다. 납득이 간다.

그런데 한 가지 서운한 것이 있다. 하늘을 우러러 보는 기도와 경건과 예배가 여기 없어서 그렇다. 세상이 평균화하고 무명화하고 기동화했으니 신앙생활도 세상에서 "사람답게 살게 하는데" 선교의 의의를 찾는다고 볼 수 있을 것이다. 그러나 어둡고 조용한 밤에, 길 걷다가도, 한적한 곳에서 오로지 하늘만을 우러러 세상을 잊고 정말 그리스도의 정체에 접촉해 마지않는 순간을 가지고 싶은 마음이 신앙인에게는 한 시도 떠날 수 없다. 이용도의 생애에 이 열의와 갈망이 표본처럼 복받쳐 나왔던 것이다.

어떻게 신앙생활을 하는 것이 현명한 것인지 잘라 말하기는 어렵다. 그러나 이용도의 "고난 받으시는 그리스도의 신비주의"와, "사랑" 넘치는 "기도"의 영상을 한 번은 알고나 지나가야할 것이다. 현대 기독교회에 이 적은 글이 할 일이 있다면 바로 그것일 것이다.

그러나 한마디도 의견은 붙이지 않았다. 역사가는 그것을 하지 않는다. 충실한 사실의 제공과 그 영상에 힘썼을 뿐이다. 한국교회의 한 신앙인을 바로 보여 주고 싶었기 때문이다.

---

119) L. Bouyer, *The Spirit and Form of Protestantism*, London, The Harvill Press, 1955, Chapters I-VI.

4. 김교신의 무교회주의와 "조선적" 기독교

4-1. 문제의 출발

한국 민족교회 형성사를 분석하는 과정에서 눈에 띄는 아까운 현상은 그것이 처음 반선교사적 기치를 들고 출발했다가 동양적 기독교라는 토착성을 강조하면서 불가피하게 친일적인 경향을 풍기는 타락으로 끌려갔던 비극이라 하겠다. 한국교회의 구형기(構形期) 자체가 묘하게 일본 제국주의의 한국 통치기와 중복되기 때문에 자연히 기독교의 동서 분리와 토착의 역학적 관계가 그런 방향을 잡지 않을 수 없었던 것으로 보인다. 한국 민족교회의 형성 계보가 종파사의 범주 안에 놓이는 이유가 바로 여기 있다. 이것은 물론 일제 말기의 국책인 신사참배의 총회 가결 이전의 사실을 두고 하는 말이다.

그런데 민족교회의 야무진 전제를 또렷이 깔고 펴나가면서 깊은 성서적 의의의 연장에 따라 구속사적 심각성을 "조선"에 두면서 그 사명에 외경으로 충실하고 반일, 반선교사의 정확한 노선을 끝내 유지하며, 겨레의 무궁한 미래를 바라보다가 종전 4개월 전에 세상을 떠난 한 사람이 있었다. 그는 세상에 무교회주의자로 알려져 있는 김교신(金敎臣, 1901-1945)이란 사람이요, 그의 영향 밑에 뼈를 굳힌 인물들로 함석헌(咸錫憲, 1901-1989), 성두용(宋斗用), 유달영(柳達永), 노평구(盧平久), 김정환(金丁煥), 고병려(高秉呂) 등, 헤아릴 수 없는 규모 바른 엄격한 기독자들이 있었다. 역사적 측면에서 그들을 연구하자니 자연히 무교회라는 말을 쓸 수밖에 없다. 하지만 그의 무교회주의 자체가 민족교회의 보편적 전제인 반서양선교사, 내지는 토착화하지 못한 당시의 교회군(群)를 망라해서 그 비(非)를 탓하노라 반대 개념으로 성립했던 개념이니 만큼, 만일 그의 본래적인 "조선"에의 복음 그것을 중추로 했던 그의 신앙을 바로 분석한다면, 지체 없이 민족교회론을 그의 위치로 잡을 수밖에 없다고 본다. 교회라는 말을 그가 쓰지 않았던 이유 바로 그것이 일제 말 한국교회가 비민족적인 교회였기 때문이다. 이런 까닭으로 해서 김교신이야말로 우리교회 사상 그 유례를 다시 찾아보기 어려운 독보적인 공헌을 민족교회 형성과정에 남기고 간, 위대한 인물이었다고 단언할 수 있다. 그의 글이 다시 읽혀지고, 그의 모습이 생생하게 이날에 재현되는 기쁨 속에 우리 교회 진취의 기상과 토착적인 민족교회 신앙의 윤곽이 혈맥처럼 떠 솟아오르리라 믿는다.

4-2. 그의 무교회론의 핵심

1936년 김교신은 묘한 말을 하나 남겼다. 곧 "내가 우치무라 간조(內村鑑三) 선생에게서 배운 것은 무교회주가 아니요, 성서의 진리였다."[1] 만일 이 말이 그의 인품의 신실과 함께 음미된다면, 그의 무교회주의의 본바탕이 무엇인가 하는 것을 엄격하게 따져 분석해놓지 않으면 안 될 것이다. 더욱이 그가 무교회 자체를 교회 공격을 위한 부정적 입장에서만 보는 사람들에게 반발하기 시작하는 것이 1936년 말부터라고 한다면, 그런 변화를 일으키게 한 사실도 함께 살펴보지 않을 수가 없을 것이다.

그가 일본에서 처음 무교회주의의 집회에 나가기 시작한 것은 1920년 동경고등사범학교에 다니기 이전의 일이다. 그는 처음 성결교회에 입신(入信)했다가 교회의 내분에 실망하고, 우치무라의 문하에 들어간 것이 그의 일생을 결정하여 그의 신앙적 입장을 무교회주의자로 일컫게 한 계기가 되었다. 더욱이 1927년 송두용, 함석헌 등 한국인 여섯과 함께 『성서조선(聖書朝鮮)』을 서울에서 창간하여 1942년까지 계속 간행하면서 그의 입장은 이런 범위 안에 있다는 인상을 굳혀 갔다. 1936년 그는 모 인사의 질문에 이런 서면 답변을 한다. "무교회주의가 무엇인가 하는 문제는 본지(本誌) 기간(既刊) 86권 매권에 논한 바이오며, 미간 종간호까지 논할 문제입니다. ... 실상인즉 본지 전체가 목차에서 광고란까지 무교회신앙의 덩어리인 것을 간취(看取)하여야 할 것입니다."[2] 따라서 그 자신이나 남들이 한결같이 그와 그의 동료들을 무교회주의자로 인정해 온 것이 사실이다.

그러면 그가 말하고 있었던 무교회란 것은 무엇인가. 그는 1935년 스스로

---

1) 『성서조선(聖書朝鮮)』, 1936년 9월호.

2) 『김교신신앙저작집』, 노평구 편(盧平久編), 서울, 제일출판사, 1964, 제Ⅱ권, p. 29

『성서조선』의 간행 취지를 밝힌 일이 있었다. 곧

> 조선에 기독교가 전래한 지 약 반세기(約半世紀)에 이르렀으나 아직까지는 선진 구미(歐美) 선교사 등의 유풍(遺風)을 모방하는 지경을 벗어나지 못하였음을 유감으로 알아, 순수한 조선산(朝鮮産) 기독교를 해설하고자 하여 『성서조선(聖書朝鮮)』을 발간(發刊)한 것입니다. 원컨대 조선에서 기독교의 능력적(能力的)인 교훈을 전달하고 성서적인 진리의 기반 위에 영구 불멸할 조선을 건립하고자 하는 소원이 있을 뿐입니다.[3)]

하지만 그 창간사에는 더 명백한 그의 입장이 밝혀져 있었다. 1927년 7월의 일이다.

> 다만 우리 염두(念頭)의 전폭(全幅)을 차지하는 것은 "조선(朝鮮)" 이자(二字)이고 애인(愛人)(겨레)에게 보낼 최진(最珍)의 선물은 성서 일권(一卷)뿐이니 양자(兩者)의 일(一)을 버리지 못하여 된 것이 그 이름 『성서조선(聖書朝鮮)』이었스습니다. ...
>
> 『성서조선』아, 너는 우선 이스라엘 집집으로 가라. 소위 기성신자(既成信者)의 손을 거치지 말라. 그리스도보다 외인(外人)을 예배하고 성서보다 회당을 중시(重視)하는 자의 집에는 그 발의 먼지를 털지어다.
>
> 『성서조선』아, 너는 소위 기독교신자보다도 조선혼(朝鮮魂)을 가진 조선 사람에게 가라. 시골로 가라. 산촌으로 가라. 거기에 나뭇군 한 사람을 위로함으로 너의 사명을 삼으라.[4)]

이 두 글귀가 의미하는 것이 있다고 한다면, 그것은 참 한국 사람의 교회, 교리와 교회당에 매달린 교조주의의 신앙이 아닌 민족의 기독교, 그것이 바로 무교회주의가 추구한 철저한 목표였다는 사실이 밝혀진다.

물론 이러한 용어의 사용 속에 교권적인 체제나 신경(信經)의 무생명, 조직의 횡포에 대한 반발이 그 기조가 되어 있음을 부인하기 어려울 것이다. 개념 자체가 "무(無)"로 시작한 까닭에 부정적인 전략과 소극성이 문제 안 되는 것이

---

3) 『신앙저작집)』, 제Ⅱ권, p. 351.

4) *Ibid.*, pp. 20-21.

아니다. 그러나 김교신은 이런 점에 대해서 밝히는 것이 둘 있었다. 하나는 무교회주의의 본령이 "소극적으로 대립 항쟁함에 있지 않고 적극적으로 진리를 천명하며 복음에 생활하는 데 있다"[5]고 한 사실이다. 그는 한 걸음 더 나아가 무교회가 교회와만 싸울 것으로 알고 있을 때 "승려적(僧侶的) 편협[6]에 빠진다고 경고한 일까지 있었다. 싸운다면 진리를 거슬리는 자가 교회 안에 있든지 밖에 있든지 선전포고한다는 것이다. 그런 의미에서 그는 그의 무교회주의를 "기독교라고 부르는 이외에 적당한 칭호가 없다"고 결론을 내릴 도리밖에 없었다.

> 나의 무교회주의(無教會主義)란 것은 극히 광의(廣義)로, 또 정신적으로 해(解)합니다. 구 신약성서를 관통(貫通)한 정신, 그리스도, 바울, 루터의 정신, 기독교의 정신, 과연 우주에 꽉 찬 정기(正氣)라고 해(解)합니다. 나에게는 무교회주의(無教會主義)란 것은 진정한 기독교를 의미하는 것이요, 무교회주의자(無教會主義者)란 것은 진정한 크리스찬을 의미하는 것입니다. 교회의 유무(有無), 세례의 유무(有無), 그런 것은 하등 관계 없습니다. 무교회주의 곧 복음, 무교회주의자 곧 신자인 것입니다. 나의 무교회주의란 이런 것이요, 이 무교회주의야말로 내가 내촌(內村) 선생에게서 배운 바 최선(最善), 최미(最美), 최고의 것이요, 이것이야말로 그리스도 자신의 정신이라고 확신합니다. ... 구원은 그리스도에게 있다는 것을 명백히 하는 것이 무교회주의의 사명입니다." [7]

그는 이어 무교회가 스스로 곧 "교회"와 마찬가지로 아무 생명도 없는 것이요, 애착할 것도 없는 것이라고 했고, 한 걸음 더 나아가 "우리도 예수를 믿는 사람이지 결코 무교회를 신봉하는 자가 아니다."[8]라고 단언할 수 있었다. 따라서 무교회를 운위하게 된 까닭은 "교회가 그리스도의 정도(正道)에서 탈선하였을 때에 바른 기독교를 말하려니 "무교회"라는 말을 하는 데 불과했다"고 피력하였다.

---

5) 『성서조선』, 1936 년 11월호.

6) 『신앙저작집』, 제 1권, p. 297

7) 『성서조선』, 1937년 6월호.

8) *Ibid.*, 1936년 10월호.

그가 밝힌 다른 하나의 사실은 무교회란 말을 쓰게 된 까닭이 종교적 직업 근성을 배제하는 데 있다는 점이었다. 그는 스스로 문외한, 내지는 소인(素人), 그래서 결국 통상인간으로 자처하면서 신앙의 직업화에 반발하였다. 그의 통념 속에는 교회가 특히 현실 교회가 생명과 열정이 없이 직업적인 루틴 속에 타성화한 것으로 단정하는 의식이 배어 있었던 것 같다. 따라서 그의 신앙은 훨씬 역사적 의식에 사로잡혀 있었다고 보아야 할 것이다. 이것이 바로 역사적 의식을 거의 무시하는 신비주의적 명상이나 부흥회적 열정에 대해서 그가 모진 반발을 하게 되었던 까닭이다. 그의 입장이 역사적으로 구형(構形)되고 있었다는 사실이 실상 그가 민족교회라고 하는 말을 입 밖에 못 내면서도 결국 이 민족 구원의 교회만을 위해 살다가 종당에는 현실 교회, 곧 1930, 1940년대의 한국교회와의 혈연적 인연을 느끼는 과정에까지 가게 한 기본적인 동인이었다. 이 점은 상당히 중요한 것이고 따라서 나중에 가서 훨씬 더 자세히 언급할 것이다. 그것이 이 글의 핵심이기 때문이다.

이런 그의 의식은 자연히 놀랄 만한 "유희(遊戱)의 신학"으로 그를 이끌고 갔다. 하비 콕스(H. Cox)의 이론이 다듬어지기 40여 년 전의 일이요, 요한 호이징거의 "호모 루텐스"(유희인)가 나오기 10년 전의 일이었다. 이론상 접근은 이들 사이에 경탄할 만하다.

4-3. 유희의 신학

김교신이 이런 말을 하게 된 동기는 그와 한때 동지지간이었던 최태용(崔泰瑢, 1897-1950)이 복음교회를 조직하고 나가면서 교회화하고, 옛 친구 김교신을 두고 "은퇴주의자"[9]라고 공격하며 무교회주의를 정면 도전하면서 한 말에 수긍하면서 하게 된 말이다. 최태용이 『성서조선』을 가리켜서 "서생(書生)의 유희"라 핀잔 준 일이 그 발단이었다.

하지만 그가 유희를 그의 무교회의 한 유형적 신학으로 착상하게된 것은 1933년 3월의 일이었던 것 같다. 그 때 장로교 김인서(金麟瑞, 1894-1964)가 『성서

9) 『영과 진리』, 최태용 편(崔泰瑢 編) Vol. 90 (1936. 9.), p. 248. Cf. Vol. 86 (1936. 5), p. 133

조선』이 "고등유희"에 불과하다는 말을 한 일이 있었다. 한데 김교신 자신의 말에 의하면, 그는 1927년 창간 시에 벌써 그런 평을 들은 것으로 돼 있다.[10] 그런데 1933년 그는 그가 하는 일과 신앙이 유희란 사실을 인정하기 시작했다. "고등인지 하등인지는 모르나 유희는 과연 유희였다. 의식(衣食)을 얻으려고 직업적으로 한 것도 아니요, 목사 장로의 가정에 났거나 선교회나 신학교와의 관계가 있어서 체면상 의리상 부득이하여 한 것도 아니었으니" 유희라는 것이 적절한 표현에 틀림없다는 것이었다. 그는 주님의 거룩한 경륜에 무릎을 꿇고 있었다. 그러면서 그 경륜에 거슬림이 없을까 하여 떨면서, 구원에 참여되었다는 저 딴의 확증이 없이 다만 성서 앞에서 그것을 떠나지 못해 붙들고 탐독하고 감격해 신앙을 고백하는 일이 유희로 보일 수밖에 없었다는 것이다. 이것은 확실히 신앙 생성기의 그의 입장이었다. 다만 이런 유희를 끝까지 계속하겠노라는 확신만은 가지고 있었다.

이런 착상이 성숙한 때가 1935년 5월의 일이다. 그는 "전업(專業)에 장(長)이 있으나 그 폐(弊)가 없지 못하며, 유희에 약함이 있으나 무사(無邪)가 있다"고 외쳤다.[11] 더우기 그는 최태용이 『성서조선』을 "서생(書生)의 유희"라고 공격한 것을 받아, 서생이 또한 유희의 개념과 상통한다고 보았다. 나으리도 영감도 선생도 목사도 아니요, "다만 학이시습(學而時習)하면서 무한을 향하여 발전하고만 있는" 낭만이 거기 있다고 본 것이다.[12] 그는 여기서 교회의 목사가 가는 전문화의 경화를 본 것이다. "세상에 가소로운 것은 신학생되어 버린 신학생과 교역자화하여 버린 목사이니, 저들은 오직 그 형(型)이 잔존할 뿐이요, 일개의 인간은 아닌 자이다. 우리는 일개 서생이요, 일개 인간이다."[13]

소박함에 대한 낭만이 넘친 이 글에서 대개 우리들은 섹트적 환상과 같은 순수성을 본다. 유희는 섹트적 생애에서만 가능한 것이 아닐까. 성년(成年)된 이에게 젊음의 순정은 다 갔으되 그에게 실제성과 노숙함에서 오는 관용의

10) 『성서조선』, 1933년 3월호.

11) 『신앙저작집』, 제Ⅱ권, p. 245.

12) 『성서조선』, 1935 년 5월호.

13) *Loc.cit.*

폭이 쓸모없는 공간으로만 보아 버릴 수 있을까. 유희의 신학이 이런 소박한 로맨티시즘에 인간의 오랜 제도적 타성에 대한 화살을 품은 것은 2세대가 오기 이전의 섹트의 종파적 신선감과 방불한 데가 있다고 보겠다. 그것은 뚫고 나갈 힘은 줄 것이다. 하지만 세계 속에 살아가야 하는 숱한 중인(衆人)들의 멘탈리티는 고려하지 않았다는 귀족성은 비난받을 것이다.

하지만 김교신은 그런 정열과 예지를 이 교회에 남긴 분이었고, 또 그가 살던 시대는 그런 것이 긴박하던 때였다.

> 유희(遊戲)란 것처럼 유쾌한 것은 없습니다. 유희는 체조가 아니요, 경기가 아니요, 물론 직업도 아닙니다. 유희에 의하여 이(利)를 탐하고자 함이 아니요, 당세(黨勢)를 확장하고자 함도 아닙니다. 도리혀 신체의 피로(疲勞)를 초래할 수 있고 피복(被服)의 손상(損傷)을 받을 수 있을지라도 무아중(無我中)에 일심열중(一心熱中)하여 마지않습니다. 그럼으로 우리는 영구히 "서생(書生)의 유희"를 계속할 것입니다.14)

그의 유희의 신학은 기성 체제화한 교회나 목사에 대한 반발이었고, 한 걸음 더 나아가 인간의 원시적 소박성에 대한 도달 못할 향수, 그리고 인간의 막혀진 역사적 제도에 대한 샘솟는 생명력의 호소, 그래서 엘랑 비탈(Elan Vital)의 혼백이 거기 있었다고 보아도 좋을 것이다. 1937년 5월 그는 다시, "오직 성패도 불원(不願)하고 이해(利害)도 도외시하고 영욕(榮辱)을 관심치 않고" 걸어온 과거를 회상하면서 유희의 노정을 계속하기로 다짐하고 있었다.

4-4. 그의 민족교회론

김교신을 가리켜 어떤 형태로든지 교회론을 운운하는 것은 그의 비위에 거슬릴지 모른다. 하지만 앞서 잠깐 언급한 것과 마찬가지로, 교회가 성도들의 코뮤니온이란 점을 그 자신 시인하고 있음을 보아,15) 그가 공격하는 것이 이

---

14) 『신앙저작집』, 제 Ⅱ권, p. 246.

15) 『성서조선』, 1936년 3월호. 다만 그는 기구교회를 나무라는 나머지 세례, 성찬도 거부하고 있다.

교회가 아니라, 교회지상주의라고 하는 일종의 시대적 산물임을 알 수 있기 때문에 그런 말을 쓰는데 지장이 없다고 믿는다. 하지만 민족교회라는 것을 민족 구원의 공동체라고 한다면, 그 이상 그의 신학에 맞아 들어가는 범주가 따로 없다고 단언해 과언이 아닐 것이다.

1) 반선교사적 민족교회론

이미 살펴본 바와 마찬가지로 그의 신학은 시종 반선교사적 색채로 차 있었다. "외인을 예배하는 기성교회"라는 말을 서슴지 않고 거듭 사용할 정도로 그의 반발은 컸다. 1930년 평양신학교의 『신학지남(神學指南)』 제 12권 제 4호에 실린 김인서(金麟瑞, 1894-1964)의 "무교회주의자 내촌감삼씨(內村鑑三氏)에 대하여"라는 논문에 언급된 자기의 입장을 배양론자(排洋論者)로 정의함에 수긍하지 않았던 그는 최태용(崔泰瑢)만큼의 격론자가 아님을 변명했을 뿐이었다.[16] 최태용은 선교사들을 "자본주의자, 달러상인"이라 공격하고 "선교사 제군이여, 군등(君等)은 지금 조선인에게 복음을 주고 잇ᄂᆞ뇨 돈을 주고 잇ᄂᆞ뇨. 복음의 선교사냐 달러의 선교사냐. 아, 이 본말이 전도된 세상을 엇지할고"[17]하며 힐난하고 있었다.

김교신의 반선교사적 태도는 처음에는 기관지 발행이 혹시나 외국인의 원조에 의해서 되는 것이 아닌가 하는 의문에 대한 해명에서 나타나기 시작하였다.[18] 그러나 그의 원대한 원칙은 역시 1935년 10월에 와서 명백히 밝혀진 것이다. 50여년 교회사의 한국에서 서양교회의 모방이 있을 뿐 조선산 기독교가 아직 존재하지 아니한다는 통분이 그에게 있었다. 하지만 그에게 한국 종파사(史)의 여러 형태에서 볼 수 있는 격렬한 선교사 공격은 없었다. 자주성을 제한한다든가 치리(治理)에 전횡(專橫)한다든가 하는 공박이 전혀 없다. 다만 자성하

---

16) 최태용(崔泰瑢)은 1929년 1월 13일에 서울 중앙기독청년회관(中央基督靑年會館)에서 행한 "다시 우리는 프로테스트한다"라는 강연에서 격렬한 반선교사론(反宣敎師論)을 편 바 있다.

17) 『천래지성(天來之聲)』, Vol. 8 (1926. 1), pp. 21-22. 이것 역시 YMCA에서 1925년 12월 6일에 한 강연.

18) 『신앙저작집』, 제 Ⅱ권, p. 353.

듯 우리 딴의 민족 기독교에 이르지 못한 나태성이나 그 자각의 부재를 탓하고 있을 뿐이었다. 가령 그는 구 찬송가 (1908년 발행) 72장에 있는 "샘물과 같은 보혈은 임마뉼 피로다"하는 찬송을 제거하고, 1931년 감리교 아펜젤러(H. G. Appenzeller, 1858-1902)를 위원장으로 한 개정 위원회에서 남궁억 (南宮檍, 1863-1939)의 "삼천리 반도 금수강산"을『신정(新訂) 찬송가』제 219장에 넣은 사실을 통탄한 바 있었다. 전자를 부를 때 "영혼 속으로서 심장 속으로, 아니 머리털 끝과 손톱 발톱 끝에서 우러나오고 솟아오르는 눈물"이 있기 때문이었다.[19] 김교신은 "삼천리 반도 금수강산"의 찬송이 경박하고 사업적인 데 반해서 "샘물과 같은 보혈" 하는 것은 영계(靈界)의 것이요, 신앙의 것으로 보았으며, 이 오래된 찬송가가 우리 조상들의 영과 신앙을 넘치는 감격으로 이끌었던 점을 보아서, 이 신정(新訂)이 개정(改正)이 아닌 "개오(改誤)"라고 한탄하며, "조선반도의 영계가 한심,"[20]하다고 뇌였다. "조선말 모르는" 선교사들의 졸렬을 그는 한심하다고 생각했던 것이다.

2) 시민적 중산층의 신앙 생리

일본에서 무교회주의자들은 대개 무서울 정도의 고답적인 지식인들로 구성돼 있으며, 동경대학 계와 육군 계에도 상당한 인맥이 있었던 것으로 보인다. 이런 실정은 한국 무교회주의자들의 경우도 예외가 아니었다.『성서조선』의 창간동인들이 전부 당시의 일본에 유학한 대학교나 전문학교 학생, 아니면 그 졸업생들이었다. 따라서 이것은 예수교 장로회가 그 당시 신학교육을 "성신 충만한 사람"의 수준에 머물게 하여 그 향상을 억제하면서 언필칭 교인들과의 거리감 형성을 막는다 하면서, 외국 유학생이나 그들의 교회 출입을 경계하던 것과는 퍽 대조적이다. 아직도 이들은 높은 지적 훈련을 그 엄격한 생활의 규모와 함께 특징으로 가지고 있다.

김교신은 우선 합리성과 지성에 크게 기울어져 있었다는 인상이다. 그는

---

19) 찬송가(讚頌歌)의 변혁(變革,『성서조선』, 1933년 6월호.

20) *Loc.cit.*

한국교회가 "냉수를 끼얹어 열을 식히면서 학도적 양심을 배양하며, 학문적 근거의 신앙을 재건할 시대에 처하였다"[21]고 갈파하여, 한국교회사의 시대적 전환을 측정하였다. 과거 50여 년의 "성신 타입"의 신앙에서 "학구 타입"의 신앙으로 전환해야 할 것을 다짐하고 있었다. 그는 묘하게도 여기에서 장차 닥쳐올 순교의 세대에 능히 견뎌 나갈 힘이 제공된다고 확신하고 있었다.

이런 의미에서 그의 신앙 생태는 확실히 브르조아적 중산층적(中産層的)이라도 할 수 있었다. 그가 부흥회적 열정에 관해 보인 냉대는 폭이 컸다. 1930년 중엽의 원산(元山) 계 접신파(接神派)[22]에 대해서 김교신은 1907년 대부흥과의 연결을 찾는 대담한 분석을 내렸는데 곧 "1907년의 대부흥이 원산에서 시작하여 평양에 파급하였던 것처럼, 근대의 사이비한 성신역사도 원산으로부터 평양에 만연하게 되었다"[23]고 비판하였다. 그는 이런 신앙형태를 경계할 시대가 되었다고 본 것이다. "자칫하면 평일의 성도까지 무녀(巫女)와 같은 여선지의 슬하에 자복하여 버리니 이는 성신이라는 미명의 열만 돋우고 이성(理性)의 상궤(常軌)를 억압한 데서 발생하는 일종의 유행성 열병"[24]이라, 이를 물리쳐야 한다는 것이었다.

그는 한 때 여기 관여된 백남주(白南柱?-1948)와 이용도와 친근감을 느낀 일이 있었기는 하다. 가령 백남주는 원산신학산(元山神學山)의 원장으로 한때 한국교회의 접신파벌(接神派閥)의 거물로 행세한 바 있으나, 일본의 무교회 연구지 『성서지연구(聖書之硏究)』(Vol. 315)에 심원한 감상문을 실은 일이 있어, 김교신과 피차의 관계를 엿보이게 해주고 있었다. 또 이용도에 대해서는 그가 "교리와 신조를 초월하고 성서로 돌아가자. 교회를 초월하고 그리스도로 돌아가자" 등의 몇 글을 읽고 동감된 바 있음을 고백한 일이 있었다.[25]

---

21) 『성서조선』, 1936년 2월호.

22) 유명화나 한준명 등의 접신극 파를 말함

23) 『신앙저작집(信仰著作集』, 제 I 권, p. 123.

24) *Loc.cit.*

25) *Ibid.,* 제 I 권, p. 293.
이용도는 1932년경, 인천(仁川) 내리교회(內里敎會)에 사경회 하러 가는 길에 「『성서조선』을 박정수(朴晶水)라는 여인에게 소개하여 읽히게 한 일이 있다.

그러나 그는 부흥회를 여취여광(如醉如狂)이라 단정하고, “이왕 날 율곡(栗谷)이나 퇴계(退溪) 선생 문하에 부급(負笈)하던 태도로 나아가, 성서 가르치는 사람은 이왕 날 서당 훈장처럼 매 채를 잡고 앉으면 우리 조선 사람이 기독교를 연구하는 태도가 천진스러울 줄 압니다”[26]라고 권고하였다. 『성서조선』이 취한 길이 바로 그것이었다. 곧

> 『성서조선』의 필자들은 개인적 신비한 체험을 말하거나 글쓰기를 즐겨하지 않습니다. 그러므로 『성서조선』 지상(誌上)에는 산다싱이나 스웨던붉 같은 이들의 선경(仙境)소식을 전함이 희귀할 뿐더러 차라리 그 이름들까지 경원(敬遠)하는 바이니, 이는 저러한 성도들을 무시하여서 그러함도 아니요, 단지 『성서조선』의 어찌할 수 없는 경향이 그렇달 것 뿐이외다.[27]

하지만 이것이 곧 신학적인 완숙한 체계의 형성과 전달이란 것은 아니었다. 오히려 그는 그런 것 마저 기피하였다.

> 같은 기독교로서도 혹자는 기도생활의 법열(法悅)의 경(境)을 주창하며 혹자는 영적 체험의 신비세계를 역설(力說)하며, 혹자는 신학지식의 조직적 체계를 애지중지(愛之重之)하나, 우리는 오직 성서를 조선에 주고자 합니다.[28]

그의 중산층적인 신앙은 하류층에 대한 불신 같은 곳에서도 나타나 있었다. 그는 이들 유한층(流汗層) 직인(職人)에게서 상심을 경험하고, 기왕에 이들에 소망을 두었던 사실을 후회하였다. “책임 회피술은 정치가보다 불하(不下)하며, 주효(酒肴)를 탐하기는 도시의 교육자들과 상등하니, 취하면 태평이요, 깨면 불평”[29]이라고 이들을 나무랐다. 그는 이들 근성이 가공가탄(可恐可嘆)하다고 술회하셨다. 그에게 마르틴 루터(Martin Luther, 1483-1546)가 농민들을 맹공한

26) *Ibid*., p. 278.

27) 『성서조선』이 전하는 복음, 『성서조선』, 1935년 5월호.

28) 『저작집』, 제Ⅱ권, p. 22.

29) 직인(職人)의 근성, 『성서조선』, 1936년 6월호.

만큼의 방불함은 없으되, 그 방향은 같았다고 해서 과언이 아닐 것이다. 이들의 종교 심리가 만약에 정적(情的)이라면 그의 지(知) 치중의 신앙이 그 상통점을 찾기는 어려웠을 것이다. 이런 의미에서 그는 "신사로서 처세함에 털끝만큼의 가감이 없을 것은 정한 일"[30]이라고 자처하였다.

이렇게 본다면 그의 신앙 입장은 확실히 장로교적인 경세관(經世觀)에 있다고 말할 수 있다. 그 섭리론에 상통하는 일련의 단면이 있다고 볼 수 있다. 현실 생활에서의 성육적 신앙의 구현이 바로 그것이다. 어떤 문학청년에게 "무릇 건전한 생활과 평행할 수 없는 문학은 문학이 아니라"고 갈파했던 그는 "30여 세에도 독립생활을 못할 만한 자거든 다시 성령을 논치 말고, 성서를 의(議)치 말라. 논의치 않는 것이 하나님께 대한 최대 봉사니라,"[31]고 단언하기까지 했던 것이다. 한갓 방종 안일의 생활을 일삼으면서 복음의 진수를 파악한 듯이 자변 자위하는 자가 그에게는 한심한 일로 밖에는 보이지 않았던 것이다. 여기에 칼비니즘이 근대 사회에 끼쳤던 자본주의적 정신의 핵심이 알알이 깔려 있었다. 이것은 물론 "기독교를 현세 살림에 이용하여 윤택을 가하려는" 하류층적 수복(壽福) 사상과는 거리가 멀었다. 다만, 신부(神賦)의 직책에 대한 예정론적 정진의 정신이 거기 있었다. 엄격한 규모나 율법적 강경을 환기시킬 만한 이들의 생활의 철저함이 이런 사회의식에서 솟아났다고 보아야 할 것이다. 이런 강직이 언어의 강조에 따라서, "종교신자가 되기 전에 정직한 학도가 되고 충실한 시민이 되라"[32]는 투로 전개되었다. 새로운 형태의 종교론이 여기 있었다. 이것은 사회과학적인 신앙해석이다. 삶에서 풍겨 나는 복음의 선포의 차원 그것만이 이 시대의 선교라고 본 데 그의 놀라운 예지가 있었다. 성수주일의 거의 율법주의적 엄격성,[33] 생활의 모진 규칙성,[34] 심각성 그대로 몸에 배인 생활들이 그나 그를 따르던 이들에게 역력히 보였다. 김교신은 『성서조선』에

---

30) 『저작집』, 제 I 권, p. 263

31) 현실생활과 신앙, 『성서조선』, 1938년 1월호.

32) 유희세, 선생의 신앙, 노평구 편, 『김교신과 한국』, 서울 제일출판사, 1972, p. 264.

33) 『저작집』, 제 II 권, pp. 196f, 460.

34) 정진(精進) 또 정진, 『성서조선』, 1939년 5월호.

원고를 쓸 때에는 한두 자를 쓰더라도 항상, 더우나 추우나 밖에서 몸을 씻고, 골방에 오래 앉아 기도를 드린 후, 한 글 두 글 써내려갔다고 한다. 이러한 품에서 나온 글에 수정 같은 순결과 폭포 같은 힘이 용출하지 않을 수 없는 것이다. 조지훈(趙芝薰)과 정인보(鄭寅普)의 글과 함께 김교신의 맑은 글은 오래 오래 읽혀질 것이다.

> 선생의 문장은 Pure Style이라 할 수 있을 만큼 Purity가 있는 문장이다. 사상가로서 이 같은 문장을 쓸 수 있었다는 것은 그의 사고와 생활이 그만큼 순수했다는 것을 증명하는 것이라 할 수 있습니다.[35]

영문학자 이현원(李鉉元)의 말이었다. 노평구(盧平久)의 말대로 김교신의 이상이 도덕입국의 원대한 한국 기독교의 재가(裁可)라고 한다면, 그의 신앙은 확실히 시민적 윤리의 가치 범주 안에 있었다 해도 과언이 아닐 것이다.[36]

그런데 중대한 것은 이러한 시민적 중산층적 지식인의 종교의식에서 비로소 민족의식 드높은 신앙의 구조가 양성(釀成)될 소지를 넉넉히 가지고 있었다는 사실이다. 그의 민족교회 신학은 이런 바탕이 넓혀진 공간에서 저절로 움솟았을 수 있었다.

3) 민족과 교회: 구원의 민족적 차원

김교신은 대놓고 민족의식이나 민족주의를 언급한 일이 없었다. 오히려 교회의 일각에서 민족주의 경향이 짙어 가는 모습을 보고, "민족의식 고취에는 가장 실제적인 보천교(普天敎)나 천도교에 한 걸음 양보하는 것이 온당 할까 싶다"[37]라는 말을 하고 있을 정도였다. "내가 예수교를 믿는 것은 천당 가는 것만이 목적"[38]이요, "안식"을 얻음에 있고,[39] "죽음을 이기는 일"[40]에 있었다는 것이

---

35) 이현원(李鉉元), 퓨어 스타일, 『김교신과 한국』, p. 278.

36) 노평구(盧平久)는 "민족의 높은 도덕생활의 추진"으로 민족 부흥 500년 앞을 바라보며 산 인물로 김교신을 꼽고 있었다. 『김교신과 한국』, p. 74.

37) 나의 예수교, 『성서조선』, 1932년 12월호.

그의 소박한 신앙이었다.[41] 따라서 만일 그가 "조선적" 기독교와 민족 구원을 늘 말하였다고 하면, 그것은 민족을 위해 무슨 일을 하다가 기독교가 그 에너지 동원 체제로 원용되었다는 뜻이 결코 아니고, 오히려 참 복음적 신앙에 우선 깊이 들어가 세상 사노라니, 겨레에 대한 구속적(救贖的) 사명을 느꼈다는 선교론의 전개가 거기 있었기 때문이라 할 수 있었다. 따라서 그의 민족 교회론은 그의 깊은 신앙의 자연스러운 외연(外延)이었다고 말할 수 있다. 이것은 확실히 1930년대의 문화계몽이나 사회 개혁적 의도의 인사들이 교회의 문을 두드렸던 것과는 천양지차가 있는 자세요, 따라서 그의 민족 구원의 열망의 순수성을 여기서 다시 한번 찬탄으로 바라보지 않을 수 없다. 경건한 신앙인들의 선교론의 결여가 곧 민족교회론의 부재를 초래 했었다는 논리는 이래서 타당하다.

일본 무교회주의의 거두 가운데 하나였고 제 2차 대전 이후 동경대학 총장을 지낸바 있는 야나이하라 다다오(矢內原忠雄, 1893-1961)는 김교신의 죽음을 애통하는 글에서, "그 승천(昇天)은 바로 신조선의 정초식"[42]이었다고 술회한 바 있었다. 그의 말은 김교신의 모습을 투시(透視)하는 글로 이어졌다.

> 김교신씨(氏)는 참 조선인이었습니다. 씨는 조선을 사랑하고 조선민족을 사랑하고 조선말을 사랑했습니다. 그러나 씨의 민족애(民族愛)는 고루한 배타적인 민족주의와는 달랐습니다. 씨는 그리스도의 복음에 의해 신생(新生)한 조선인이었습니다. 온유, 근면 등 조선인으로서의 생래(生來)의 도덕이 씨에게는 믿음에 의해 한층 순화되어 있었습니다. 씨는 그리스도에 있어서 자기 백성을 사랑하고 그리스도를 전하는 것으로 자신의 애국을 삼았습니다. 미국식의 천박한 기독교가 아니고, 불신앙의 소련 공산주의도 아니고, 더욱 세속적인 민족운동도 아니고, 권력자에 대한 영합(迎合), 협조도 아니고, 순수한 무교회의 복음신앙에 의해 조선인의 영혼을 신생시키고, 이를 자유와 평화와 정의의 백성되게 하기 위해 씨는 그 귀한 일생을 바친 것이었습니다.[43]

---

38) *Loc.cit.*

39) 기독교도의 이상, 『성서조선』, 1938년) 9월호.

40) 우리 신앙의 본령, *ibid.*, 1938년 5월호.

41) 김교신씨를 추억함 (1945. 9.), 『김교신과 한국』, p. 117.

42) *Ibid.*, p. 116.

김교신의 빛나는 모습이었다. 송두용(宋斗用)은 김교신이 "예수보다도 그의 조국인 조선을 더 사랑"[44]했다고 했으나 확실히 이는 지나친 말이었다. 하지만 기백을 따져 거기까지 한 말을 나무랄 수는 없을 것이다.

"조선 형제여, 우선 회개합시다."[43] 그는 이처럼 외치면서 그의 삶 속의 선교에 첫발을 내디뎠다. 민족의 종교 신앙과 진리에 의한 도덕적인 회개를 위해 바친 그의 일생은 이렇게 시작되었다. 그의 생각을 다듬어 총괄할 수 있는 글이 『성서조선』의 창간사에 찬연히 뿌려져 있었다. 곧

> 아무리 한데도 너는 조선인이다.
>
> 아. 어찌 이보다 더 무량(無量)의 의미를 우리에게 전하는 구(句)가 달리 있으랴. 이를 해(解)하야 만사휴(萬事休)요, 이를 해(解)하야 만사성(萬事成)이로다. 이에 시선은 초점에 합함을 얻었고, 대상은 하나임이 명확하여지도다. 우리는 감히 조선을 사랑한다고 대언(大言)치 못하나 조선과 자아와의 관계에 대하여 겨우 무엇을 지득(知得)함이 있는 줄 믿노라. ...
>
> 다만 동일한 최애(最愛)에 대하여서도 그 표시의 양식이 각이(各異)함은 부득이한 사세(事勢)이라. 우리는 다소의 경험과 확신으로써 오늘의 조선에 줄 바 최진 최절(最珍最切)의 선물은 신기치도 않은 구 신약성서(舊新約聖書) 일권(一卷)이 있는 줄 알 뿐이로다. ...
>
> 『성서조선』아, 너는 조선혼을 가진 조선 사람에게 가라.[45]

그는 얼마 지나서 『성서조선』지(誌)를 해명하는 글에서 다음과 같은 글을 남겼다.

> 오직 우리는 성서를 조선에 주어 그 골근을 세우며, 그 혈액을 만들고자 합니다. 우리는 다만 성서를 주고자 미력을 다하는 자입니다.[46]

---

43) 김교신과 한국의 무교회, 『김교신과 한국』, p. 27

44) 조선인의 소원(所願), 『성서조선』, 1938년 11월호.

45) 『저작집』, 제Ⅱ권, p. 20.

46) *Ibid.*, p. 22.

확실히 성서와 조선은 그에게서 피차 떼 놓을 수 없는 일체였다. 그래서 "성서의 편구일어(片句一語)씩이라도 조선 것으로 만들고자 하며, 국한된 분야에서 성서를 일반 조선인의 책이 되도록"[47]하려고 하였다. 그의 이러한 민족애는 민립대학의 성립 실패의 경험에서 심화돼 갔다. 그 때 한국인들은 주초비(酒草費)로 1년에 매인당(每人當) 6원 50전을 소비하고 있었다. 하지만 일인당 1원씩의 기성을 약속했던 대학 설립이 실패된 것이 재정 문제가 아니요, "조선민족 이천만 중에 1원 가치의 신실을 가진 자가 1인도 없었다는 것을 증명한"[48] 그 구슬픈 허실성에 있었다고 했다. 그래서 그는 확신하고 있었다. 김교신은 한국인의 영혼과 정신의 독립, 그 뚜렷한 정립을 성서에 의해서 구성할 길밖에 없다고 보았던 것이다. 여기서 비로소 그의 선교론의 특수성이 새삼 부각된다. 한국의 희망이 신학이나 전도와 같은 직설적 전도에 있지 않다고 본 것이다. "양돈(養豚)과 양계(養鷄)에라도 하나님의 창조의 원리를 헤아리며 산란(産卵)의 일자와 계보(系譜)의 정렬(正劣)을 속이지 말면서 성전(聖前)에서 행하는 일이면, 다 거룩한 일이요, 희망이 전족(全族)에게 임하는 대사업"[49]이라 확신한다고 했을 때 그의 진심은 비통으로 흐르는 눈물을 억누르지 못하고 있었다. 그의 구원은 이 떳떳한 한 사람, 정직하고 성실한 "조선인"의 조선인다움에서 기약되어 있다고 믿고 있었다.

김교신은 나라 사랑의 진정을 이 강산의 수려(秀麗)함에서 찾고, 그 땅의 정기(精氣)에서 찾았다. 옛날 이 나라를 찾았던 선교사 중의 한 사람인 귀츨라프(K. F. A. Gutzlaff, 1803-1849)가 1832년 서해안을 살피고 가면서, 복음과 강산의 부흥개발이 밀접히 연결돼 있음을 간파한 일이 있었다.[50] 김교신이 동경고등사범의 영문과에서 미구에 박물과로 전과했다는 사실은 이 강산을 사랑하는 그의 마음의 간절함 때문이었다고 해서 좋을 것이다. 그는 양정학교 교사로

47) 유희세(劉熙世), 선생의 신앙, 『김교신과 한국』, p. 269.

48) 영원의 긍정, 『성서조선』, 1930년 10월호.

49) 조선의 희망, *Ibid.*, 1937년 3월호.

50) K. Gutzlaff, *The Journal of Three Voyages along the Coast of China, in 1881, 1882, & 1883 with Notices of Siam, Corea and Loo-Choo Island*, London, Fredrick Westlry & A. H. Davis, 1834, p. 356.

재직시 박물시간에 한국의 지리를 말하면서 가끔 눈물을 지었다는 이야기들이 전해지고 있다. 정릉 아리랑 고개를 넘으면서 그 언덕을 상현(想峴)이라 했다든가, 정릉 집 앞 벽계수를 가리켜 여퇴천(慮退川)이라 하면서 자연을 사랑했던 그에게는 "산곡에 자약(自若)한 일지(一枝)의 백합화에 무한한 생명의 경이"[51]를 느끼지 않을 수 없었다. "고향 산천에 대한 감사의 념(念)과 자부지심이 그 의 마음 바탕에 깊이 반거(盤據)"[52]하였던 까닭이다. 나라 사랑! 그것은 내 땅에 대한 사랑이었다

왕자(王者)의 요람이라 일컷는 백두산과 개마대지(蓋馬臺地)를 형성한 관모산(冠帽山), 북수백산(北水白山) 및 남해에 우뚝 솟은 한라산과 어간에 뚜렷한 묘향산(妙香山), 지리산(智異山), 금강산(金剛山) 등의 수봉(秀峰)을 가진 우리는 서대문외(西大門外)의 독립문이 빈약함을 부끄러워할 법은 있어도 반도의 산악이 평탄(平坦)한 것을 회한(悔恨)할 것은 없습니다. 하물며 산세(山勢)와 평야(平野)의 배열균형의 미(美)를 논할진댄 거장(巨匠) 레오날드 다빈치의 성화(聖畵)에나 비할까.

낭림산(狼林山) 머리 위에 하늘을 향한 좌완(左腕)을 백두산 저편까지 높이 뻗치고 장산곶(長山串) 끝까지 우완(右腕)을 드리어 어루만지려는 듯, 우각(右脚)의 태백산은 거제까지 굽혀 올리고 좌각(左脚)의 소백산은 진도(珍島)까지 뻗쳐 디딘 듯. 지구대(地溝帶)는 허리에 잘룩하고 금강산은 가슴에 드리운 노리개인 듯, 몸을 가리운 능라(凌羅)가 동풍에 나붓기어 녹색평야(綠色平野)를 이루었으니 엷고도 가볍다. 선녀 바야흐로 구름 위로 솟아 오르려는 자태인가, 혹은 자유의 여신이 대륙을 머리 위에 이고 일어서려고 허리를 펴는 형상인가.[53]

내 강토를 애착과 눈물로 껴안고 망망 찬미하는 그의 음성은 시미(詩美)를 넘어 찬란하고 고맙다. 하지만 그의 탐미(耽美)는 찬양과 함께 역사를 더듬어 간다.

이 반도가 암흑하고 있을 수 없는 처지(處地)에 위치하였습니다. 동양의 범백(凡百) 고난도 이 땅에 집중되었거니와 동양에서 산출해야할 바 무슨 고귀한 사상,

51) 『성서조선』, 1929년 10월호.

52) 조선지리소고(朝鮮地理小考), *ibid.*, 1934년 3월호.

53) *Loc.cit.*

동반구(東半球) 반만년의 총량(總量)을 대용광로(大熔鑛爐)에 달이어 낸 정소(精素)는 필연코 이 반도에서 찾아보리라.[54]

그는 이 한국의 지형과 그 역사적 대역을 나누어 생각할 수 없었다. 함석헌(咸錫憲)이 『성서적 입장에서 본 조선역사』를 써낸 영향력의 발상은 그래 김교신이었다. 이런 자각은 묘하게도 호암(湖岩) 문일평(文一平, 1888-1936)의 정신과 과정상 같았다. 김교신은 문일평에 대하여 "커다란 촉망과 적지 않은 사모"를 품어 왔었다.[55] 호암(湖岩-文一平)이 "고(古)로 불교문화와 근(近)으로 기독교 문화를 많이 입은 조선에서 양교의 깊은 조예(造詣)가 없이 조선사를 학구한다는 것이 망(妄)이었다"한 말에 그는 부복 감탄했던 것이다.[56]

4) 일제말기 민족애의 불길

김교신의 애국은 기독교의 복음에 의해서 의식 구성된 것이었고, 개화기 민족교회의 형성에 열 바쳤다가 일제 한국병합으로 해서 그 실현이 중단되었던, 그 원류의 꽃다운 계승과 그 절정을 이루는 마무리였다. 그는 창씨개명을 안할 수 없었던 가혹한 시련에도 굴하지 않고, 끝까지 "김교신(金敎臣)"으로 살다 죽었으며, 일본 육군의 고위장교였던 친구 카타야마 토오루(片山徹)에게 1938년에 보낸 글에서 일본 관리들을 바보놈들이라 호칭한 것은 고하간에, 총독을 개, 돼지의 총독이라고까지 부를 정도로[57] 대담했던 인물이다. 더욱이 신사참배 문제나 총독정치 등 "현실을 성서로서 증명, 찬미하고 아첨하라는 강압에는 참을 수도 없고 또 연구도 할 수 없으므로, 도리혀 옥쇄(玉碎)할 것을 택"[58]하기로 결심했던 충성스러운 신앙인이었다.

그는 이런 기백의 보존이 어렵게 된 세태를 구슬픈 눈망울로 바라보고 있었

54) 『저작집』, 제Ⅱ권, pp. 68-69.

55) 운주(雲柱)와 화주(火柱), 『성서조선』, 1939년 5월호.

56) *Loc.cit.* Cf. 문일평(文一平), 『한국의 문화』, 을유문고(乙酉文庫), 서울 을유문화사, 1974.

57) 김교신 서간, 『김교신과 한국』, p. 421.

58) *Ibid.*, p. 422.

다. 겨레의 미래는 그 운명이 뻗어 갈 곳에 약속의 표를 가지고 있는가. 여러 애국자들의 변질에 그는 더욱 쓸쓸했다. "사상은 유동하고 주의는 변절되어 석일(昔日)에 사자 같던 저들도 이제는 너나없이 앞을 다투어 전향하여 사상보국(思想報國)의 제일선에 나서서 방가(邦家)를 위하여 분투하게 되었다 하니 이는 실로 경하할 일이다. 이렇게 우(右)편에 천인, 좌편에 만인이 거꾸러지는 동안, 본지(本誌)는 창간호부터 130호에 이르기까지 시종일관하여 주 그리스도와 십자가의 복음을 증거"[59]하고 있다고 했을 때, 그의 감회는 웅지(雄志)와 함께 일말의 애수를 금하기 어려웠다. 무교회주의 동료들도 그 때는 여럿 결별(訣別)하고 있었고, 일본인 무교회주의자들도 한국에서 김교신 등의 신앙은 부적(不適)이라고 비난하고 있었던 것이다. 그도 이용도와 마찬가지로 그 형극의 길에서 엎디어 파루대곡(破淚大哭)하고 싶었을 것이요, 고난의 십자가의 피와 그 고통에서 그 영혼을 가르고 지나가는 신앙의 격류와 그 치솟는 감격을 기다릴 수밖에 없었을 것이다. 더욱이 일제의 박해는 극심하였다. 일경(日警)은 "성서조선사건"을 일러, "이 일당이야말로 팔딱팔딱하며 결사나 꾸미는 민족주의자나 공산주의자 이상 더욱 조선민족의 백년 아니 오백년 후를 계획하는 최악질들"[60]이라 해서 그 박멸을 획책하고 있었다. 5백년 후를 바라본 김교신! 몇 달 앞을 못 보아 아첨 변질했던 그런 교회의 모습들이 반드시 인간의 연약함에 돌려질 만큼 소박한 것이었을까. 확실히 그의 민족애는 "신앙고백이요, 진리에 대한 충성이요, 민족 양심의 표명"[61]이었다.

그가 이렇게까지 고고한 민족사의 증언자로 남을 수 있었던 위대한 동력이 과연 어디에 있었을 것인가. 오백 년 후를 보는 그의 신앙, 그 희망에 있었다. 그는 외친 일이 있었다. "기독교의 기반은 부활이라는 사실이라"[62]고. 부활에만 희망이 있기 때문이다. 그는 한국교회가 신사 참배를 가결하던 1938년, 교회 이질화[63]가 극에 다달았던 해에 땅을 치고 싶었다. 하지만 그에게는 환한 웃음

59) 우인(愚人)의 기탄없는 망령, 『성서조선』, 1939년 11월호.

60) 노평구(盧平久), 내가 생각하는 김선생(金先生), 『김교신과 한국』, p. 71.

61) *Ibid.*, p. 83.

62) 『저작집』, 제 I 권, p. 187.

이 하늘처럼 밝았고 그의 기개는 암벽처럼 억셌다.

참 기독교는 기뻐 뛰노는 약동의 생명에 넘쳐 사는 것이 그 참 모습입니다. 주위 환경의 여하에 불구하고, 참말 천국을 소유한 자에게는 기쁨이 있습니다. 파선, 질병, 가난, 핍박, 오해, 훼방, 옥중(獄中)에서도 저는 천국발견자(天國發見者)의 기쁨에 넘쳤고, 또한 능히 타인(他人)까지도 기뻐하게 하였습니다." 64)

그의 희망은 섭리에 따라 원대했다. 그는 마침내 민족사에 대한 이렇듯한 불멸의 희망 때문에 일제에게서 『성서조선』의 폐간을 지시받았고, 동시에 영어(囹圄)의 몸이 되었던 것이다. 발행 158호에 햇수 16년의 일이었다. 1942년 3월, 3월호였기 때문에 권두언은 "부활의 춘(春)"으로 잡았다. 상징적인 그의 언사에 돋힌 가시가 날카로왔다.

먼저 겨울보다 지난겨울이 너 춥고 더 깊었던 것 같습니다. 강과 산과 땅과 하늘까지 언 것 같을 때는 다시 봄이 올 것 같지 않았었습니다. 입춘을 지난 후로 추위가 더 심해졌을 때는 영구한 겨울만이 남은 것 같기도 했습니다. 그러나, 그러나, 드디어 봄은 돌아왔습니다." 65)

그러나 폐간까지 몰고 온 그의 글은 "조와(弔蛙)"라는 권두언 때문이었다. 정릉 뒷산에 올라가 새벽마다 기도하던 곳에 담(潭)이 하나 있었고, 거기 개구리들이 여럿 있어서 그의 내왕과 기도에 모여 들던 일이 있었다. 한데 겨울 얼음이 얼자 이들과의 교섭도 끊겨 그 행방을 알 수 없어 "격조(隔阻)"가 오랬다. 한데 봄에 이르러 얼음이 풀렸는데 죽은 개구리 시체가 담(潭) 꼬리에 떠 있었다. 짐작컨대,

지난 겨울의 비상(非常)한 혹한(酷寒)에 적은 담수(潭水)의 밑바닥까지 얼어서 이 참사(慘事)가 생긴 모양이다. 예년(例年)에는 얼지 않았던 데까지 얼어붙은 까닭인 듯.

63) 졸문(拙文), 일제말기 한국교회의 생태, 『기독교사상』, 1974년 8월호 참조.

64) 천국(天國)은 어떤 것인가, 『성서조선』, 1938년 3월호.

65) *Ibid.*, 1642년 3월호.

그래서 동사(凍死)한 개구리 시체들을 모아서 다 매장하여주고 다시 담저(潭底)를 기웃했다. 그 때,

> 아직 두어 마리 기어 다닌다.
> 아, 전멸(全滅)은 면(免)했나 보다![66]

그는 "혹한" 속에서 "격조"된 겨레가 비록 시련을 겪으나 빛나는 부활의 미래가 있음을 "성서적"으로 믿고 있었다. 불멸의 겨레에 대한 소망은 성서적 신앙에서밖에 한국에서는 주어지지 않고 있었다.

5) 반일과 교회: 그의 무교회주의가 가야 했던 길

김교신은 무교회주의의 핵심이 복음에 있다고 해서 그것을 출발점으로 했든지,[67] 혹은 교회에 대한 본질적 부정을 위해서 했든지, 어쨌든 그가 한국의 현실 교회를 공격하면서 그의 신앙을 성립해 나간 것은 확실했다.

한데 이 태도에 변화가 오기 시작하였다. 1935년 봄부터의 일이다. 그 해는 한국교회 사상 미증유의 혼란이 겹치던 해였다. 적극신앙단의 문제),[68] 『아빙돈 단권주석』에 대한 장로교의 이단 정죄, 연합공의회에서의 장로교의 탈퇴에서 오는 장감(長監)의 실질적 적대 행위, 찬송가 사용의 각 교파환원, 경중노회(京中老會)의 심각한 분열 위기,[69] 성결교에서의 총회장 경질 문제와 그 분열 위기, 거기다 일제 말기의 단말마적인 교회 박멸의 독소, 이런 것들이 견디기 어렵게 다가서 조이고 있었다. 이 때 그의 본심이 통흔(痛痕)을 벗기고 터져 나왔다. 한국교회, 그것을 사랑해야지, 그는 다지고 있었다.

---

66) *Ibid.*, p. 2.

67) 내가 내촌선생(內村先生)에게서 배운 것은 무교회주의가 아니요, 성서의 진리였다, 『저작집』, 제 1권. p. 289.

68) 김교신은 여기 대해서 사뭇 비판적이었다. 『저작집』 제Ⅱ권, p. 322, 365, 455.

69) 함태영(咸台永), 전필순 계(全弼淳系)에서, 차재명 계(車載明系)의 친서배책(親西北策)에 반발했던, 장로교, 분열 위기 현상, 1938년 말에 마무리되었다.

무슨 독심(毒心)으로서 일격(一擊)을 더하랴.[70]

그는 "교회 내에 경애할 만한 성도가 존재함"을 시인하게 되었고, 다만 교회 전체를 볼 때 그 정리와 부흥이 "현실교회 내의 두령들의 심리" 때문에 가능하지 못해, 개혁 운운의 심사를 버리고 성서의 진리에 이르고자 하는 것뿐이라고 밝혔다. 그는 이것이 무교회가 아닐지도 모른다는 옛 벗들의 비난이 있을 것을 알고 있었다. "이래도 무교회주의라고 부르고 싶거든 부르라."[71] 그는 이것이 당돌함을 시인했다. "까닭에 모순이라면 명백하고 중대한 모순"[72]이라고 말하지 않을 수 없었다. 하지만 그런 모순이 예수에게도 있었다는 점을 그는 지적하였다.

여기서 김교신은 "교회라는 관념이 세상 것과 우리 것과는 판이한 바 있음"[73]을 말했던 것이다. 이제 그의 본심이 무교회 그것에 있지 않음은 명백해진 셈이다. 그러면 그가 참으로 서 있다고 스스로 생각한 처지가 무엇이었을까. 우리는 서슴없이 그것이 "민족교회"라고 단언한다.

그는 우선 무교회의 항쟁성(抗爭性)에 반발했다. "오늘날 조선교회를 공격함에는 용기가 필요치 않습니다. 각자 교파의 내분에 빈사의 상처 입은 조선교회들을 추궁함이 통상 인간인정으로서 쾌사가 아닙니다. 무교회는 교회와 싸울 것으로만 알아먹은 데에 승려적(僧侶的) 편협이 있습니다."[74] 이 글은 처음에 한 번 인용한 바가 있다. 이런 생각은 다음 해에 가서 더 격화되었다.

> 무교회(無敎會), 무교회를 밤낮 연창(連唱)함이 마치 나무아미타불을 연호(連呼)하는 속승(俗僧) 같은 분도 보게 되며, 교회 공격을 일삼던 상습(常習)으로서 무교회자(끼리 상극불식(相剋不息)하는 모습을 보게 될 때에 우리는 무교회주의자라는 범주 안에 우리를 구류(拘留)하려는 모든 세력과 유혹에서 자신을 해방하여야 할 것을 절감하였습니다.[75]

---

70) 나의 무교회(無敎會), 『성서조선』, 1936년 9월호.

71) *Loc.cit.*

72) 교회에 대한 우리의 태도, 『성서조선』, 1935년 4월호.

73) 『저작집』, 제 I 권, p. 265.

74) 대립 항쟁(對立抗爭)의 대상(對象), 『성서조선』, 1936년 11월호.

그의 본심이 심지어 무교회에까지 있지 않았고, 하필 그 이름이 아니라도 그를 범주로 잡을 단위가 따로 있다는 단정을 여기서 찾지 않을 수 없다. 그것은 결국 "조선 기독교회", 그것에 대한 그의 궁극적 사랑 때문에 진행된 변화였다. 1937년 1월, 김교신은 "창간 10년에 180도의 전향"[76]을 내세웠다. 그리고 그 전향이 성숙, 곧 "의(義)에 따르는 사랑의 성숙"[77] 때문이라고 밝혔다.

『성서조선』은 과연 과거 10년, 지식 자랑도 있었고, 교만하기도 하였습니다. 그러는 10년을 자란 새해부터는 의(義)에 따르는 사랑의 성숙기입니다. 지식보다도 사랑을, 공격보다도 엄호(掩護)를, 지상(誌上)의 논쟁보다도 갈한 자에게 냉수한 잔을 주기를 기도(企圖)합니다.

아무에게도 악의를 품을 것이 아닌데, 어찌 그리스도의 이름에 관련된 개인이나 단체에 대하여 악감을 품어내겠습니까. "아이들아, 서로 사랑하라" (사도 요한).[78]

그는 이 한국의 민족교회, 그것을 위해 일해 왔으나, 이제 그것이 여러 방면에서 모색되던 옛 과는 달리, 아픔에 시달려, 다만 함께 뭉쳐 엇섞이는 혈액의 결속에서밖에는 도달하지 못하는 황무지에 선 것을 알았다. 그에게 감상(感傷)이 있다고 보지 말자. 그는 별명이 "양(洋)칼"이었다. 그는 복받쳐 흐느껴 울고 있었다.

그리스도인, 그 일원으로서 이 교계 혼돈의 책임의 일부를 느낍니다.

더우기 반선교사의 기치도 내렸던 김교신은 할 말이 많았다.

퇴각하는 저들(선교사들)을 향하여 어찌 공격의 일시(一矢)로서 전송하며, 퇴각하는 저들은 물러 갈 곳이나 있어서 가거니와, 반도와 운명을 함께 하여야 할 우리 그리스도인에게 어찌 걸머질 바 책임이 없다고 하랴.[79]

---

75) 재출발, *Ibid.*, 1937년 2월호.

76) 새해의 기도(企圖), *Ibid.*, 1937년 2월호. 최태용은 이것을 "괴이(怪異)한 반성(反省)"이라 비꼬았다.

77) *Loc.cit.*

78) 『저작집』, 제Ⅱ권, p. 457.

79) *Ibid.*, p. 456.

1937년은 김교신의 심오한 민족교회적 원천이 넘쳐 용출(湧出)했던 역사적인 해였다. 언젠가는 그의 이 본연의 모습이 현장화하였을 것이다. 하지만 그 해의 내외(內外) 사건들이 그 출현을 재촉하고 있었다.

그가 이런 계기를 거치는데 영향을 주었을 인물들이 눈에 띈다. 김창제(金昶濟, ?-1929), 박승봉(朴勝鳳, 1871-1933),[80] 김정식(金貞植, 1862-1937),[81] 이승훈(李昇薰, 1864-1930),[82] 전계은(全啓殷, 1869-1942)[83] 등이 문일평(文一平)과 함께 있었다. 특히 전계은 목사와 이승훈에게 받은 영향은 적지 않았다. 소위 그의 사랑의 성숙은 전계은에게서 비롯되었다 해서 과언이 아니다.

이래서 김교신은 "조선교회"를 그의 신앙의 터로 알고 살아왔음을 긍정적으로 발표하기 시작했다. "동내에 있는 장로교회에 출석하며, 부근 장로교 감리교회에서 설교도 하고, 그 건축비의 일부도 부담하였고, … "[84] 또 『성서조선』지우(誌友)들도 다 교회 출석을 잘하는 데 그것이 "자연스러운 일"[85]이라 장담하고 있었다.

현실 교회에 대한 백지주의(白紙主義) 이상의 "동정 협조의 심정"[86]을 그렇게 표현한 그의 신학은 가능한 교회와의 접촉을 생각해 본 일도 있었다. 장도원(張道源) 목사가 교회를 도와 달라는 여러 차례의 계획안을 받고서 그의 마음은 동요한 일이 있었다.[87] 하지만 『성서조선』을 소개했던 손양원(孫良源, 1902-1950) 목사와 같은 이들이 그 교회에서 이단(異端)으로 몰리어 핍박받는 모습을 보았을 때 그의 동요는 한결 더 심해졌던 것이다.[88] 그는 김우현(金禹鉉,

---

80) 『저작집』, 제Ⅰ권, p. 317.

81) 구(舊) 한국 고관으로 후에 YMCA에서 활약. *Ibid.*, 제Ⅱ권, p. 321.

82) 『김교신과 한국』, pp. 253, 428, 그의 서거시(逝去時), 『성서조선』은 특집을 냈다. 1930년 6월호.

83) 전계은선생(全啓隱先生)의 부음(訃音), 『성서조선』, 1942년 4월호.
"이 충성(忠誠)하고 용감한 노전도자(老傳道者)"라고 격찬.

84) 『저작집』, 제Ⅰ권, pp. 262-263.

85) *Ibid.*, p. 263.

86) *Ibid.*, 제Ⅱ권, p. 455.

87) *Ibid.*, 제Ⅰ권, pp. 266-269.

1895-1989)이나 전영택(田榮澤, 1898-1968) 및 이창호(李昌鎬)와 같은 여러 목사들의 애착에도 불구하고 "무교회주의자(無教會主義者)인 골수(骨髓)를 드러내 보이고야"[89] 말게 된다. 이것은 언필칭 무교회의 생태로의 환원 확인이 아니라, 우리가 살펴온 바와 마찬가지로, 참 민족적 교회의 길은 결국 그의 본연의 노정(路程)을 따라서 가능한 것이지, 현실 교회와의 기구적 협조나 그 연관에서 성취되는 것이 아니라는 조짐이었다. 높은 차원의 민족교회 형성론이었다.

4-6. 결언

1930년 한국교회는 신학과 경건 및 정체에서 한국적인 것을 모색 중이었다. 그것은 반서양, 반서북, 반일의 여러 갈림길을 거쳐 가면서 따로따로 모색 추구되었다. 신학에서는 최태용이나 김교신, 그리고 경건에서는 이용도계에서, 그리고 정체에서는 여러 종파적 성격의 운동, 곧 이만집(李萬集, 1875-1944)이나 적극신앙단계에서 각각 그 단서들을 포착하고 있었다. 한데 이러한 여러 자극과 행동에서 김교신이 결정적인 원초적 영향을 끼쳐 주고 있었다.[90] 따라서 장로회총회 같은 데서도 그 계보를 잘 파악 못해서 이들을 다 묶어 "이사벨의 무리"로 통칭해버린 일이 있었다. 또 신비주의계에서도 실상 자파와 김교신파와의 획별에 신중하지 못해 당황한 일이 없지 아니하였다. 이것은 실상 계보상의 혼란도 문제였지만, 실제로는 김교신의 영향 범위의 넓이를 시사하는 것이라 판단하는 것이 옳을 것이다.

김교신은 아깝게 일제 말기, 해방을 넉 달 앞두고, 세상을 떠났다. 해방 이전의 그의 역할과 사명을 극대화 하기 위한 섭리였을 것이다. 그래서 그가 남긴

---

88) 藤澤武雄는 "김교신선생을 생각하며"에서, "손목사(孫牧師)가 김교신과 교제가 있은 관계로 동파로부터 제명되어 형무소 전도도 중지하게 되었다" 했으나, 제명된 일은 없었다. 『김교신과 한국』, p. 140.

89) 건드리지 말라, 『성서조선』, 1940년 5월호. Cf. 나는 무교회주의자(舞教會主義者), 1941년 8월호.

90) 여기 대해서는 졸문(拙文), "한국교회의 종파의 계보연구", 『신학사상(神學思想』, 제 Ⅳ권. 1974년, pp. 5-33 참조.

유산은 크다. 규모와 엄격에 사는 수많은 그의 추종자들의 행렬이 그 하나지만, 그가 이 "겨레의 교회"에 남긴 흔적은 찬란하고 고귀하다. 그가 없었다면 이 교회사의 줄기에 암벽처럼 솟은 큼직한 대목이 꺾여, 미끈한 평탄, 무의미한 난류로 보잘 것 없는 말류의 교회로 끝났을지 모른다. 하지만 김교신은 우리가 첫 날부터 그 역사를 이끌 민족교회의 원형을 제공하되, 진실과 완전, 엄격과 건전을 무엇과도 비교할 수 없는 유산으로 했으며, 그 스스로 빛나고는 단정한 신앙의 일상으로 그것 자체가 이 교회의 모습으로 현시되는 실험으로 살다 갔다. 변함없었던 애국의 지성, 눈물 속에서 외친 예언자의 날카로운 음성, 김교신만이 펴 휘둘러 보여준 겨레의 무궁한 구속사적 미래와 소망의 신앙, 그것들을 남이 대신 줄 수 없는 이미지요 메시지였다.

1930년대 한국교회의 혼란기에 그가 결백과 엄격의 모습으로 무대에 섰던 하늘의 섭리를 우리는 안다. 남은 문제는 그가 교회를 공격 안 할 수 없었던 당시의 정황을 바로 보고, 그래서 그가 환원될 위치를 잡아, 교회가 민족의 교회로 가야 할 역사적 위치를 그를 위해서, 그가 그렇게 절실하게 원하는대로, 알아주고 밝히는 일이다.

하지만 그에게 다른 한 흔적이 있는 것을 보고 우리 옷매를 여민다. 기성화해서는 무교회조차도 고갈한다는 그의 섹트적 생리는 기성 체제의 여러 단면에 대한 현대의 도전 앞에 되살아나야 할 고귀한 자극이 된 것 때문이다.

5. 김인서의 에큐메니즘
- 1932~1938년을 중심으로 -

5-1. 서론: 문제와 연구방법

김인서(金麟瑞, 1894-1964)가 활동하던 시대는 한국교회가 미증유의 시련을 겪던 때였다. 외적인 공격의 요소로서 공산주의나 무신론의 교회 공격이 갑자기 날카로워졌고, 또 세속문명의 도덕적 퇴폐현상도 가중하고, 아울러 경제적 황잡이 휩쓸던 때로서 조선농민의 궁핍화가 그 절정에 이르렀을 무렵이었다. 조선교회 일각에서는 이 도전에 대한 응답으로 사회과학적인 사회의식의 정립과 그 실천이 뒤따랐지만, 기껏해야 시은적(施恩的)인 인도주의적 감상(感傷)에 멈춘 인상이었고, 따라서 반동적 세력에 대한 근본적인 응전과 대결은 수행되지 못하고 있었다. 이러한 경향의 반응은 대개 비서북(非西北) 곧 경기도와 충청도 지역의 교회군(群)에 의해서 주도되고 있었다.

하지만 서북지역과 그 대세의 장로교회는 이러한 난시의 교회 대응자세 자체를 교회 내부의 영적 동력의 고갈로 인식하고, 교회가 현대의 도전에 수평적 대치만을 의도하는 몰신앙성을 비판하면서 신앙 보수를 외치며, 초대교회적 순수 신앙에의 회귀를 그 목전의 과제로 제시하고 있었던 것이다. 이러한 경향은 평양신학교의 보수 지향적 서양선교사들 특히 사무엘 모페트(S. A. Moffett, 1864-1939)나 레이놀즈(W. D. Reynolds, 1867-1951) 및 독립 장로교 선교부 파송의 하밀톤(F. E. Hamilton), 헌트(B. F. Hunt, 1903-1992) 및 홀드크로프트(J. G. Holdcroft, 1878-?)가 대표하였고, 조선교회 안에서는 이정심(李淨心, 1901-1947), 채정민(蔡廷敏, 1872-1953) 목사가 그 선봉에 서 있었다.

이러한 교회 대치의 양극성이 벌써 교회가 심각한 불협화와 갈등을 내적으로 경험하고 있었다는 사실을 지시하는 것이고, 따라서 교회사 반세기에 즈음한 조선기독교의 심각한 약체화를 강요하고 있었다. 이러한 불협화적 자세는 향후 모든 면에서 그 연쇄적 효력으로 작용하지 않을 수 없었다.

김인서(金麟瑞) 등장과 활동의 배경이 바로 이런 것이었다. 그는 스스로 "남은 종"으로 자처하였고, 자기에게 맡겨진 독특한 사명감에 따라 고발하고 예언하였다. 그는 1932년 1월에 월간 『신앙생활(信仰生活)』을 간행하기 시작하여 1941년 5월까지 계속하였고, 6·25사변 때, 곧 1951년 12월 부산에서 다시 속간하여 1956년 3-4월호까지 이르렀던 것이다. 이 『신앙생활』 속에는 한국교회 역사의 편모를 적나라하게 살필 수 있는 원자료들이 망라돼 있고, 더구나 김인서 자신의 신학적 비젼과 민족교회론적 에큐메니즘의 골격이 도시되어 있었다. 우리는 이 『신앙생활』을 중심으로 한 문헌적(文獻的) 분석 연구에 치중할 것이며, 검토할 시기는 1932년부터 1938년까지로 잡았다. 까닭은 김인서의 문서활동이 교회 문제를 목표해서 시작된 것이 바로 1932년이고, 비록 1941년까지 그 문서간행은 계속되었지만, 1938년은 조선 예수교 장로회총회나 감리교회 등에서 신사참배를 가결하여 이미 조선교회로서의 정직한 자세 정립과 고백이 불가능하였을 뿐만 아니라, 일본 소화특별고등경찰(昭和特別高等警察)의 핍박 아래서 그 생존자체가 심각하게 위협받던 때였기 때문이다. 그리고 실질적으로 1938년대에 이르면 이미 1932년부터 대두하던 여러 문제들이 조선교회 안에서 보류되어 해방 후로 넘겨지는 정지적 현상이 일어나고 있어서, 1938년에서 1945년까지의 교회사는 일본기독교단사(史)의 한 분류사로서의 소극적 면밖에 가지고 있지 않기 때문에 1938년까지로 한정한 것이다.

5-2. 김인서 활동 때의 교회내적 배경

김인서가 활동하던 배경은 조선교회 선교 50년 희년(禧年)이란 기념도 있었지만, 혼란과 갈등이 중첩하던 때로서 새로운 방향이나 그 교회의 구조력(構造力)의 참신한 전개가 강력하게 주문되던 때였다.

우선 1920년대부터 민중의 궁핍과 불운을 해방한다고 나선 사회 공산주의계의 도전이 도처에서 호소력을 발휘하고 있었다. 공산주의자들은 1920년대 후반에 벌써 기독교는 백인의 서구문명의 하나에 불과하다고 가치 절하하여, 국내의 『동아일보』나 『조선일보』와 같은 4대 신문의 동조를 얻었고, 1926년의 미국선교사 대거 비행 노출을 기화로 삼아, 대대적인 반미선교사운동을 전개하고 있었다.[1] 당시 이동휘(李東輝, 1873-1935)계의 이론공산주의자 박진순(朴鎭淳)은 1920년에 그때까지 기독교회가 조선 역사에서 해오던 일을 이제 공산주의자들이 해내어야 할 때가 왔다고 선전하고 있었다.[2] 더구나 여러 차례의 공산당 사건 때문에 검거되어 고문을 받고 희생된 공산주의자들의 초췌한 모습들은 "전조선인에 대한 공동의 적에 대한 엄격히 훈련된 자세"로[3] 비쳐져서 전국인에게 심원한 영향력을 발휘할 수 있었다. 김인서가 남·북만주에서 1920년대부터 희생당하고 순교하기 시작한 조선교회 교직자들에 대한 애틋한 비탄을 영송(咏頌)하고 전도의 대의를 고조하면서 조선교회 일치의 실현을 호소한, 한 까닭이 여기 있었다. 그 위협 앞에서의 분열과 갈등의 무모가 가슴을 아프게 하였던 것이다.

다음 그 활동의 직접적 배경은 보수주의 신학과 소위 신 신학, 근대주의 신학과의 대결이었다. 1929년 미국의 프린스톤신학교가 자유화했다고 판단한 극우적 보수주의 신학자 그레샴 메첸(J. G. Machen, 1881-1937)은 1931년 결국 거기서 분열해 나와서 웨스트민스터신학교라는 강경 보수노선의 신학교를 설립했던 것이다. 이단검찰의 사명으로 조선교회 희년 후기를 줄잡아 해방이후 소위 고려파(高麗派), 조신파(朝神派), 통합파(統合派) 등을 계속 단죄하되 서북교회의 다수파 교권의 옹호를 받던 박형룡(朴亨龍, 1897-1978)이 바로 그 직계였고, 박윤선(朴允善, 1905-?)이 그와 동계에 속했다. 실질상으로 조선 내 메첸파 선교사는 열세에 시달려, 한때 그 본부를 해주에 따로 설립 운영할 계획까지 세우고 있었다.[4] 하지만 이들의 보수주의 주창은 명분이 사뭇 뚜렷하여, 한때 대세를 잡은 형편이었다. 김재준(金在俊, 1901-1987)이 1935년 1월호의 『신학지남(神學指南)』에서 박형룡(朴亨龍)에게 정식 도전하여 향후 항상 수세에 몰린 까닭이 여기 있었다. 그러나 이 신학적 대결의 깊은 뿌리는 교권의 강요와 치리(治

---

1) 『조선일보』, 1926년 1월 4일, 3월 5일, 16일, 6월 28일, 7월 4일, 8일자 등 참조. 『동아일보』, 1926년 3월 5일, 7일, 16일자 참조.

2) Suh Dae Sook, *The Korean Communist Movements, 1918-1948*, Princeton University Press, 1967.

3) *Ibid.*, p. 132.

4) 김인서, 『김인서저작전집』, 서울, 신망애사(信望愛社), 1973, I, p. 334 『신앙생활』, 1936년 12월호.

理)로 일시 침묵하긴 했으나 그 잠재적 폭발력은 더욱 압축되고 있을 뿐이었다.

다음 배경은 이용도 계의 신비신령주의였다. 1932년부터 전국 교회를 석권하듯 부흥회와 신비적 경건으로 새 신앙의 분위기를 조성하던 이용도는 장로교와 감리교 양 교회의 정죄 때문에 비극적인 종말을 맞아야한다. 하지만 그 일파가 백남주(白南柱)라는 평양신학교 출신의 천재적 어학자에 의해 "예수교회", 그리고 철산(鐵山)에서의 김성도(金成道) "새주교회" 등으로 준동하면서 교회는 시련을 겪어야 했다.

다음 심각한 문제로서는 경성노회(京城老會)의 문제였다. 그전의 경기노회가 1933년 9월 총회의 지시에 따라 경기, 경성 양 노회로 분립해야 할 때,[5] 새문안교회가 분립을 반대하고 경기노회와의 잉속(仍續)을 고집한 일이 있었다.[6] 수세에 몰린 경성노회파가 1935년 5월 경중노회(京中老會)를 분립하여 조선교회의 남북총회(南北總會) 분열위기 사태까지 몰고 가다가 1938년에 가서야 일시적인 부분적 화해가 이루어 졌을 뿐이었다.

이런 문제와 엇섞여서 결국 조선교회 서북의 장로교와 비서북의 장로교와 감리교 연합전선과의 갈등이 심화돼 갔고, 그것이 1935년의 장로교의 연합공의회 탈퇴, 적극신앙단 단죄, 장감 공동 사용 찬송가의 폐지, 『아빙돈 단권주석(單卷註釋)』의 이단성 판결로 잇닿아 악재로퍼져 나갔던 것이다. 여기에 길선주(吉善宙, 1869-1935)가 오래 시무하던 평양 장대현교회의 분립이 있었고, 감리교 변성옥(邊聖玉, 1892-1950)의 만주 조선기독교회 설립, 하나님의 교회의 분파적 성립, 성결교의 내분, 이런 것까지 다 겹쳐 한국교회가 온통 그 격돌 속에 말려들어 들어가고 있었다는 인상이다.

조선교회의 다지적(多枝的) 분열혼란기, 그것이 김인서가 활동하던 배경이다. 그는 이 위기에 한 처방을 내려 그 치유와 건설을 정통 회복의 신학적 방법론보다 민족단일교회론과 외향적 선교, 곧 Mission과 Unity, 거기에 Nation을 포섭한 민족교회론적 에큐메니즘으로 지향했던 것이다. 이념과 사상의 중요성이 간과되지 않았지만 일치의 필요와 피해서는 안 될 선교의 사명에서 이

5) 조선예수교장로회 제 21회 『총회』.

6) 새문안교회 『당회록』, 1933년 10월 1일.

1930년대의 난국을 타결하려 했던 그의 정신이 여기 연구되어져야 할 것이다.

5-3. 김인서의 생애와 신앙

"남은 종" 김인서는 1894 갑오 4월 21일 함경남도 정평군(定平郡) 광덕면(廣德面) 인흥리(仁興里), 8대 자작농가 김관엽(金觀燁)을 부친으로, 그리고 이근내(李根內)를 모친으로 하고, 장자로 출생하였다. 유교적 전통의 가정에서 자란 그는 1910년 여름 초에 성제(誠齊) 이동휘(李東輝, 1973-1935)의 설교 "죄 값은 사망"이란 외침에 감동되어 교회에 나가기 시작하였다. 후 임시정부 주석과 고려공산당 창당의 이동휘가 품은 항일민족적 기골의 바탕이 그에게 민족주의적 신앙을 일단 숙고하게 한 배경이 되었을 것이다. 하지만 그는 기도 중에서 "하나님 믿고 교회를 의지하라"는 영감을 받았다고 확신하였고, 이것이 1907년의 평양 대부흥의 청교주의적 경건 신앙의 주류와 일치하여 비민족화의 신앙정화에로 일단은 굳어진 듯하였다.

김인서는 1911년 봄에 캐나다 전교사 던컨 맥크래(Duncan MacRae: 馬具禮, 1868-1949)에게서 세례를 받았고, 1912년 가을에는 서울 경신학교 3학년에 편입하여 1914년 4월에 이를 졸업하였다. 그는 졸업하자 곧 경신학교 기독학생회의 파송을 받아 경기도 파주군 문발리(文發里)에서 개척 전도에 착수했던 것이다. 그리고 뒤이어 1915년에는 함북 회령(會寧) 소재의 선교부 경영 보통학교의 교사로 부임하였고, 동시에 그곳 교회 전도사로 봉사하였다.

1919년 3·1운동 이후 상해임시정부의 지령을 받아 함북연통제(聯通制)의 책임비서로 활약하다가[7] 1920년 1월 2일 청진(淸津)에서 체포되어 나남경찰서(羅南警察署)에 압송되었고, 거기서 5년형의 언도를 받고 청진(淸津), 서울 서대문, 함흥 감옥에서 옥살이를 하였다. 연통제의 조직은 도에 통감부(統監府), 군에 총감부(總監部), 면에 사감(司監) 등이 있었고, 그 활동은 일본 군사 기밀의 정탐보고, 독립 군인을 모집하여 보내는 일, 독립자금의 모금 및 상해임시정부에의 탁송 등이었다.[8]

7) 함남연통(咸南聯通)의 책임비서는 허헌(許憲)이었다.

8) 『전집』, V, p. 369.

감옥에서 과격한 공산주의자들이나 민족주의자들과의 토론을 통해서 김인서는 민족의 장래가 이들의 애국운동에 달려 있지 아니함을 깨닫고, 십자가의 복음을 전파하는 것만이 자신의 사명이라고 확신하게 되었다. 1923년 가을 출옥한 김인서는 경성(鏡城)에 돌아가 그곳 교회에 잠시 전도사로 일하면서 동인지(同人誌)『신건설(新建設)』을 창간하였다. 그러나 그것은 2호로 끝나고 말았다. 이때부터 그는 "하나님의 서기"로서 문서전도에 필생의 힘을 다하기로 다짐하였던 것이다.[9] 1926년 그가 32세의 나이로 평양신학교에 입학, 1931년 제26회로 이를 졸업하였지만, 1930년에는 동교의『신학지남』편집을 담당하면서 본격적인 문서전도에 투신하게 되었던 것이다. 그 때 그 간행지에는 김재준(金在俊)이나 송창근(宋昌根)이 자유로이 기고하였으리만큼 신학적 사상의 표현 논단이 광활하였다.

전술한 바 있는『신앙생활』은 1932년 1월 창간이었는데, 그 발행이 월 3,200부를 계속한, 당대 최다부수의 정기간행 신앙지였다.『신앙생활』창간의 취지와 의도는 창간호의 "선언"에 이렇게 나타나 있다.

> 그리스도의 내재(內在)를 체(體)하고 그리스도화(化)를 용(用)으로 하는 신앙생활의 반석은 우리 주 예수 그리스도이시니, 우리를 죄악과 사망과 사탄에게서 구원하심을 복음이라 이르고, 이 신앙생활을 완성함은 그리스도로 말미암아 강림(降臨)하신 성령의 위화(爲化)에 있나니 이를 영화(靈化)라 이르고, 신앙생활을 사람과 사람끼리 서로 실행함은 "너이가 서로 사랑하기를 내가 너희를 사랑하듯 하라" 하신 예수의 새 계명을 준행함에 있나니, 이를 인화(人和)라 일러, 복음신앙, 영화운동(靈化運動), 인화주의(人和主義), 이 셋을 신앙생활의 삼대강령이라 하노라.
>
> 여배(餘輩), 이 신앙생활의 삼대강령을 스스로 체험하고 이를 이웃에게 증거하여 왔도다. ... 우리는 신앙생활의 철저를 기하기 위하여는 형식주의를 초월하고 그리스도의 실체에 직속(直屬)하야 생명의 약동에 진출하며, 신학적임보다 성령의 지시에 직접하야 진리자체를 내세우며 번쇄(煩瑣)한 이론을 버리고 십자가하(十字架下)에 정립(正立)하야 신앙의 사실에 출동할 것을 약속하노라.[10]

---

9) *Ibid.*, V, p. 367.

10) 선언(宣言),『신앙생활』, 1932년 1월호, pp. 1-2.

그의 지표는 결국 복음적 영화와 인화란 것이 여기 천명되었고, 신비주의적 그리스도 실체직속과 성령 직접, 그리고 십자가 신앙의 열의가 그 바탕이란 입장이 선언되고 있다. 따라서 그의 조선교회 내 활동의 성격은 그리스도 신비주의적인 근원적 영감과, 교회의 일치 곧 인화가 그 두 정점으로 자리 잡는 타원형이 될 것이다. 그런데 그 타원형의 공간은 조선교회"를 장(場)으로 가지고 있었다. "나는 내 주와 내 주의 조선교회를 사랑하는 외에 아무 이심(異心)도 없노라."[11] 이것이 그의 충심이었다. 여기 김교신의"성서"와 "조선"과의 상통점을 간과하기 어렵다. 김인서가 만일 무교회주의자로서의 오해를 받았다면,[12] 그의 기성교회의 교권적 전횡을 공격한 상통성 이외에 이러한 조선적 기독교 열망을 그 원인으로 하나 들 수 있지 않을까 생각한다.

여기서 잠시 언급하였지만 김인서는 "교회내의 비 진리 경향에 대하여 권고를 진(陳)하고 일부 교권자의 태만에 대하여 상부(相扶)의 편달을 가한" 까닭에 무교회주의자로 몰려 고통을 당한 적이 있었다.[13] 그는 이런 태도에 대해서 "싀기와 중상, 그리고 무리한 탄압"이라 반격하였지만 그의 고독한 입장을 탄식하지 않을 수 없었다.

그런데 그가 이 『신앙생활』 때문에 겪기 시작한 난경은 실상 평양기도단이란 것 때문에 비롯되고 있었다.

> 주님이시여,
> 당신의 천한 종 김인서는 이 『신앙생활』이란 전도문서를 당신의 제단 앞에 드리어 동포에게 보내나이다. ...
> 주여, 당신의 양들이 여위었사옵고, 당신의 교회가 병들었으되 어찌할 바를 아지 못하는 천한 종은 예배당 모퉁이에서 통곡(痛哭)함이여, 내 눈물이 땅 위에 떨어지도다.[14]

11) 교회를 위하여 일언, 『신앙생활』, 1932년 5월호. Cf. 눈물의 기적, *ibid.*, 1932년 2월호.

12) 『전집(全集)』, I, pp. 27, 33.

13) 신앙운동(信仰運動), 『신앙생활』, 1932년 11월호.

14) 눈물의 기적, *ibid.*, 1932년 2월호.

이러한 비장한 결의가 간행 때마다 수반해야만 했다. 이만한 고통을 주었던 평양기도단이란 무엇인가. 이 기도단은 김인서를 중심하여 1931년부터 평양 서문밖교회에 모이기 시작한, 한 그룹 운동이다. 대개 알려진 인물로는 김지영(金志永), 김익선(金益善), 김영선(金永善), 김예진(金禮鎭, 1898-1950), 이조근(李肇根), 김인서로 처음은 7인기도단이라 불렀다. 여기에 후에 이용도 계 인물 몇이 가담하고 있었다. 이 기도단의 후원인물로서는 길선주(吉善宙), 김선두(金善斗 1876-1946), 임종순(林鐘純,1875-1947) 목사 등을 들 수 있었다.[15] 다 한국교회 정통의 인물들이었다.

한데 이 기도단이 문제되기 시작한 배경은 1926년의 장대현교회 목사 길선주의 배척 운동에서부터 검토해야 하게 돼 있다. 당회가 길선주 배척을 가결하자 일반 교인들의 길선주 지지와 충돌하게 되었고, 길선주가 사면하게 되자 일반 교인들이 1932년 길선주 목사 복무론(復務論)을 펴게 되었던 것이다. 한데 당회파에서는 이 복무론자들 중에 평양기도단의 5, 6인 관계된 것을 알고, 그들이 당시 이미 교회의 이단시로 궁지에 몰리던 이용도계 인물이라는 사실을 알아내고는, 그 위법을 고발하게 되었던 것이다. 그래서 평양노회는 남궁혁(南宮爀, 1882-1950), 채필근(蔡弼近, 1885-1973), 고려위(高麗偉), 변인서(邊麟瑞), 이인식(李仁植) 목사들로 조사위원회를 결성하고, 1932년 4월 7일의 평양노회 제22차 회의에서 "기도제한법"을 통과시키게 되었던 것이다. 기도는 "은밀 조용히 할 일"이란 것이 그 핵심이었지만, 동시에 이용도파에 대한 경계가 그 골자이기도 하였다. 김인서는 이 기도제한령에 항의하다가 필화(筆禍)를 만나 평양노회의 경고를 받게 되었던 것이다. 김인서로서는 이용도와의 관계를 친밀로 자처하던 때였으니 만큼, 이용도의 이단성을 차후 매섭게 공격한 것으로 보아 잘못이 그에게 있지 않았는가 추리된다. 『신앙생활』로 곤궁을 만나게 된 다른 한 원인은 그가 1933년 정주(定州)의 부흥회에서 흥사단의 교권 내 침투를 공격하였기 때문이었다. 정통을 자처하던 김인서의 서북 내 안주가 늘 불안하였다.

15) 후에 김인서의 곤우동(困友洞) 자택에서 모인 기도회 회원은 김예진, 박윤선(朴允善), 이유택(李裕澤), 이정심, 김진홍(金鎭鴻), 방지일(方之日), 김상철(金尙喆), 주상수(朱祥秀), 박기환(朴基煥) 등이었다.

그는 1948년 월남해서 1954년 3월 경남노회에서 목사 안수를 받았고, 1964년 4월 2일 서몰(逝沒)하기까지 부산의 북성교회(北星敎會)[16]를 시무하였다. 1951년 12월부터 1956년 3월까지는 『신앙생활』을 다시 속간하고 있었다.

> 오, 나의 명일(明日)은 다만 주님께 맡기나이다. 이 자리에서 골고다에 향하지 아니하면 이 자리에서 지옥에 떨어지나이다.
>
> 오, 주님, 예수여, 나를 붙들어 주시옵소서. 이 자리에서 나를 골고다에 이끌어 주시옵소서.[17]

그의 『신앙생활』 종간호(終刊號)의 마지막 기도가 이것이었다. 이런 신앙으로 살아간, 고독한 예언자 "남은 종" 김인서는 조선교회의 일치, 그것만을 외치다 간, 신실한 주의 종이었다.

5-4. 교회분열에 대한 그의 해석과 경고

1930년대의 교회분열의 원인에 관해서 김인서는 대개 다음과 같은 광범위한 역사적 원인을 주목하고 있었다.

> 기미 이후(己未以後)의 교회를 보자. 영(靈)보다 지식을 위주하고 신앙보다 사업을 떠들었습니다. 교회야 어찌되든지 교인을 끌고 정치운동도 해야 하고, 무슨 사업도 하여 보는 때입니다. 이 무슨 내부에 고장이 잠재한 것이나 아니었는가. ...
>
> 교회 비록 외측(外側)의 조직이 완비하다 할지라도, 내용에 고장이 생겼는지라, 부패의 추효(醜酵)가 비롯하고 교인에게 영적 윤택이 없는지라 쌀쌀한 경위와 뻗뻗한 교권이 맞닿는 대로 이 교회 저 교회에서 싸움 소리가 높아졌나니, 이것이 만근(輓近) 십여 년동안 추문과 분쟁으로 기록되는 불명예의 교회사였습니다.[18]

이런 내적 빈곤을 그는 "교회의 내허(內虛)"라 진단하고, 모든 분열의 근원을

16) 후 대성교회.

17) 성만찬, 『신앙생활』, 1956년 3-4월호.

18) 조선교회의 새 동향, 『신앙생활』, 1933년 3월호, pp. 4-5.

여기에 귀속시켰다.[19] 여기에 외적으로는 북의 사회주의, 남의 무교회주의가 각각 침투하면서 신·구 단층의 대결이 가열하기 시작했다고 본 것이다.[20]

1) 분열, 한 민족의 문제

조선에 대한 사랑 때문에 이동휘에게 끌리고, 함북 연통제까지 책임지며, 평양신학교 때에도 조선교회를 특별히 역사적으로 연구하였던 김인서였지만,[21] 민족성 속에서 적출되어 나타난, 한 분열의 성향에 대하여 그는 비극적 자성을 금할 수 없었다.

> 조선인의 혈관 속에 오백 년 이래의 당쟁의 악혈을 예수의 피로서 씻어 버리지 못하면 영영 멸망하고 말리라.[22]

김인서는 1935년을 정점으로 한 교회 분열 위기 앞에서 결국 그 파국의 위험이 민족성의 한 폐단이 아닐까 하는 자기성찰에 유도될 수밖에 없었다.

> 합(合)할 수 없는 백성아, 네 이름이 조선사람이로구나.[23]

이 말들은 물론 자학적 푸념이 아니다. 신앙으로써 구원을 선포하는 교회의 민족적 사명 망각에 대한 가슴 아픈 반격의 한 형태였다. 장차 그의 교회일치론이 민족교회적 범주에서 논의되는 토양이 여기 마련되고 있었다.

---

19) 조선교회의 난맥, *ibid.*,, 1933년 5월호, p. 4.

20) 서수론(西守論), *ibid.*, 1934년 8월호, p. 1.

21) 전도40주년 (三), 『전집』 V, p. 266.

22) 총회분열문제, 『신앙생활』, 1934년 8-9월호, p. 7.

23) 서수론(西守論), *ibid.*, 1934년 8-9월호, p. 1.

2) 분열의 교회 내적 동인 분석

a. 선교사적 요인

미국의 프린스톤 신학교가 언필칭 자유화하여서 메첸박사가 1935년 웨스트민스터신학교를 설립하여 나간 사건 때문에 조선교회 내의 미국 장로교 선교사들이 프린스톤 배후의 장로교 해외선교부에 그대로 남게 되자, 자연 이들에게는 메첸파로부터 신 신학이란 비판이 가해지게 되고, 박형룡(朴亨龍, 1897-1978)과 박윤선(朴允善, 1905-?) 등 메첸파는 보수 수호의 기치를 들어 조선 장로교의 대세를 장악하려는 필사의 노력을 경주하기 시작하였다. 특히 미국에서의 정통주의를 표방한 신학교 분열이란 사태는 정통에 대한 예민한 신경증적 방어의식을 동반하여 조선 내에도 그 긴장감이 정통의식분자들 사이에서 한 투쟁심리로 가동되고 있었다. 1935년 간행한 박형룡의『근대기독교신학난제선평(近代基督敎神學難題選評)』이 이단 검찰지침으로 등장한 것이 그 한 표현이다. 묘하게 같은 해에 감리교의 류형기(柳瀅基,1897-?)가 신생사(新生社)를 통하여『아빙돈 단권주석(單卷註釋)』을 번역 간행하게 되면서, 신 구 양 신학의 대결은 그 그 범위나 심도에 있어서 가장 치열한 최초의 회전(會戰)으로 전개되었던 것이다. 여기 김인서의 예안(銳眼)이 사태의 핵심을 찌른 것이다. 곧 "병균은 멀리 기독교의 내원지(來源地)인 서양으로부터 왔다."[24)]

> 신교(新敎) 여러 교파의 조선교회가 명의(名義)로는 독립의 체면을 가지고 있다 할지라도 실제에 있어서는 물적(物的) 내지 정신적으로 미국교회의 원조 내지 지배하에 있는 것이 사실이라 하겠고, ... 신학사상에 있어서도 전혀 미국 박래(舶來)라고 하여 과언이 아닙니다. ... 미국에 이렇게 심절(深切)한 영향을 받고 있는 조선교회![25)]

하지만 그에게는 선교사들에 대한 비난의 기색은 추호도 나타나고 있지 않았다. 김재준(金在俊, 1901-1987)이나 김교신과 같은 조선적 신학이나 조선적 기독교의 수립을 외치던 동기의 신앙인들에게 나타났던 모진 선교사 비판은

---

24) 조선교회의 난맥, *ibid.*, 1933년) 5월호, p. 5.

25) 미국교회와 조선교회,『「전집』, Ⅱ, pp. 116-117 (1934년 2월).

전혀 찾아볼 수 없다. 그것은 김인서가 결국 서북교회 신학의 보수적 선교사들에게 인간적으로 은혜를 받은 관계에 있었다는 짐작을 가능하게 할런지 모르지만, 실상 문제의 핵심을 조선인의 교회 내에서 찾아내게 되어 있기 때문이다.

b. 조선적 신학의 부재

1935년 예수교 장로회 총회가 "우리 장로회의 도리(道理)에 불합(不合)한 고로"[26] 그 구독을 금한 바 있었던 『아빙돈 단권주석』은 1930년 미국 아빙돈출판사가 간행한 주석서였고, 여기에 장로교 번역자로 한경직(韓景職, 1902-2000), 송창근(宋昌根, 1898-1950), 채필근(蔡弼近, 1885-1973)이 관여하고 있었다. 김인서는 당장 이 주석의 "복음적이면서도 전통에 구애되지 아니한다"는 서문(序文)을 주목하여, 이를 절충 신학설이라 단정하였다.[27] "신신학설을 정통화하려하고 정통적 교리를 현대화 하려는 이중신학"이라 비판하면서, 필경 회색신학이라고까지 혹평하였다.

그러나 그의 비판 그 핵심은 이 주석서 자체에 있지 않았다. 그가 존경하던 길선주가 1935년 10월 평양노회에서 그 주석서의 이단성을 공격하였을 때의 노회원의 침묵에도 있지 아니하였다.[28] 그는 그 주석서 문제로 조선교회가 장로교 안에서 신 구로 갈리되, 더구나 장로교 감리교가 분쟁하는 몰주체성에 참을 수 없는 모멸을 느낀 것이다.

> 류주석(柳註釋)도 번역, 박(朴)(형룡)주석(註釋)도 번역, 현대파도 번역신학, 보수파도 번역신학입니다. 유주석도 미국 돈으로 발행, 박주석도 미국 돈으로 발행하는 것이니, 신 신학도 고용신학(雇用神學), 정통신학(正統神學)도 고용신학(雇用神學)입니다.
>
> 번역신학과 고용신학에서 조선의 영이 움직일 활력이 나오기 어렵습니다. 정통이라 할지라도 조선인 신앙정신에서 쏟아져 나오는 조선 독창의 신학, 조선인의 손으로 발행하는 조선인 독립의 신앙이라야 조선의 영을 움직일 수 있습니다.[29]

---

26) 조선예수교장로회총회 제 24회 『총회록』(1935년 9월), 정치부 보고, p. 19.

27) 아빙돈 주석문제, 『전집』, 1935년 11월호, p. 7.

28) 『신앙생활』, 1936년 1월호, p. 30.

김인서는 1933년 2월에 벌써 다음과 같은 설교를 하고 있었다. 곧

> 조선교회가 선교사에게 배우는 것은 마땅하나, 미국을 너무 의뢰하는 것은 불가합니다. 조선교회 일은 조선신자의 짐이요, 내 교회의 일은 교인 각각의 의무입니다. 외국인에게 의지하지 말지어다. 작으나 크나 나의 신앙으로 감당하여야 합니다.[30]

외국신학의 고용이 열정부재(熱情不在)로도 비판되었지만, 역시 그것은 조선혼에의 접촉불능(接觸不能)이란 성격 때문의 비판이었다.

> 박래신학(舶來神學)이나 고용신학에 정열 있기를 바랄 수도 없고 조선 혼을 움직일 생명열이 있을 수도 없습니다. 간절함이 없는 종교는 죽은 종교입니다.
>
> 품팔이군의 번역신학과 어름 강대(講臺)의 냉수설교(冷水說敎)는 언제 끝이 나고, 낡은 조선혼을 용해(鎔解)하여 그리스도의 새 조선혼을 지을 불덩어리는 언제나 이 땅에 떨어질 것입니까.[31]

서양의 교파주의적 병균과 신학적 갈등의 영향이 그대로 작용하도록 돼 있는 교회의 몰주체성은 판단과 확신의 방향 없이 분열과 분립을 거듭하는 비극의 수치를 김인서는 조선교회를 향하여 외쳤던 것이다.

c. 당시 교권의 몰신앙성(沒信仰性)과 수법결애(守法缺愛)

개념상 당시의 교권이란 것은 서북의 장로교세를 그 거점으로 하고 있는 총회의 상설기구, 곧 종교교육부와 총회 임사부 및 임원의 교회정치적 체제를 의미한다. 한데 이러한 교권은 당시 비서북계 교회의 끈질긴 저항에 노출되어 왔고, 따라서 소위 교회의 남북대결이란 지역적 의식의 구도에서 그 힘의 크기가 측정되고 있었다. 여기에 묘하게도 한편으로는 이승만(李承晩, 1875-1965)계

---

29) 아빙돈 주석문제, *ibid.*, 1935년 11월호, pp. 9-10.

30) 예수 찾는 어머니, *ibid.*, 1933년 2월호, p. 24.

31) 신앙청년 아불로, 『전집』, Ⅳ, pp. 65-66 (1933년 5월).

의 국내 민족주의 단체인 동지회(同志會)에 소속되거나 그 영향권과 연결되는 비서북의 교회 인물들과, 다른 한편으로는 도산(島山) 안창호(安昌浩, 1978-1938)의 흥사단(興士團)에 소속되거나 관련된 서북계의 교권자들, 이들 사이에 묘하게 남북 범주의 구분선이 중첩하여 지벌(地閥)의 배치와 함께 이 정치적 배후의 상반된 역학이 교회 일치의 원초적 조건 조성을 방해하고 있었다.[32] 따라서 문제가 명분에서는 신학과 신앙의 정사(正邪) 식별에서 시작했다 할지라도, 위에서 말한 비신학적 요인들의 강력한 작용에 동요되지 않을 수 없었다. 한데 상황을 더욱 미묘하게 만든 것이 언필칭 서북의 교권자들에게 정통 보수의 대의가 항상 장악되고 있었다는 점이다. 따라서 이 교권의 문제에는 지역적인 남북의 갈등, 민족주의 단체, 그리고 정통논쟁이란 3대 요소가 종횡, 판단 접근을 흐리면서 작용한 셈이었다.

이 지역적 의식의 갈등의 하치장(荷置場)이 되었던 경기노회의 구획 분리문제(1933)나, 경중노회(京中老會)의 분립(1935), 그리고 적극신앙단(1932), 곧 동지회계(同志會系) 장로교 및 감리교 목사나 그 지도급 인사의 교회 내 조선적 신앙 형성지향 단체로서의 내력과 그 전개에 대해서는 이미 일단 연구된 바 있기 때문에 여기서는 그 상술을 피한다.[33] 다만 여기서는 이들이 끼친 부정적 기능을 김인서가 분석한 대로 정리하고자 한다.

김인서는 교권상의 헌법이나 기구 자체를 무시하는 무교회주의적 입장을 피력한 일이 없었다. 신앙생활이 독선과 고답(高踏)으로 오히려 훼손될 수 있고, 또 골방의 개인 신앙의 미흡을 갈파하고 있었기 때문에 "복수적 윤리관계의 원만"을 주장하고 교회와 헌법의 필수를 오히려 소리높이 외치고 있었다.[34] 1935년 교회 분열의 위기가 전국교회를 불안하게 하고, 따라서 교권의 남용 가능성을 들어 공격하던 김인서였지만, 그 해 5월에는 "교회지도이론"을 피력하여, 조직과 헌장의 권한을 변론하고 있었다. "상회(上會)는 교권에 의하야

32) 여기 대해서는 졸저(拙著), 『한국민족교회형성사론』, 연세대학교 출판부, 1974, 참조.

33) 졸저, 『새문안85년사』, 새문안교회, 1973. 『한국민족교회형성사론』, 1974. 『경성노회약사』(1935-1945), 부록, 서울노회 『회의록』, 서울노회, 1975 등 참조.

34) 헌법, 『전집』, I, p. 40 (1933년 8월호).

비판하는 결정권이 있다"는 것은 그의 복음주의적인 입장에서도 가능하였다.[35] 총회가 성서공부나 신앙고백으로 그쳐야 한다고 볼 만큼 낭만적이 아님을 스스로 밝힌 셈이다. 1934년 장대현교회 분열 때에도 "교권이란 무거운 명예뿐만 아니라 필요한 것임을 알아 상회를 돕기 바란다"고 권고하였던 것이 바로 그 자신이었다.[36]

하지만 그는 역시 신비적 복음주의자로 교권에도 그 정신 곧 사랑을 원칙으로 삼아야 한다고 부르짖고 있었다. 교권 위에 "성유(聖油)를 부어 그 마음을 협흡(浹洽)하게 하는 것"이 그리스도의 진의란 것이 바로 그것이었다.[37] 교권에 대한 그의 정직한 견해는 바로 이런 것이었다. 곧

> 교권은 예수의 내의(內衣)에 불과합니다. 교권다툼은 예수의 옷을 제비 뽑는 일입니다. 오 형제여, 우리는 언제까지 종교의 의상만 붙들고 왈시왈비(曰是曰非) 하고 있겠습니까. 우리 주님은 우리를 위하여 십자가위에서 피를 흘리고 계신데, 우리는 언제까지 그 의복을 가지고 다투고 있겠습니까. 예수의 의복이라면 존중히 보관할 것도 있겠지만, 우선 예수의 생명(生命)에 삶을 받아야 하겠습니다. 의복은 산 사람에게 필요한 것처럼 형식(形式)은 산 종교에만 필요합니다.[38]

1934년 11월, 남북 감정의 격화로 분열 위기가 다가오자, 그 모면을 위해서 미국 남 북장로교, 호주장로교 및 캐나다 연합교회의 선교부 주최로 조선목사 19인과 선교사 30인이 청주(淸州)에 함께 모인 일이 있었다. 이 때 분열 요소로서 경성노회의 분쟁과, 정인과(鄭仁果, 1890-1972) 장로교 종교교육부 총무와 신흥우(申興雨, 1883-1959) YMCA 총무와의 불화가 거론되었다. 김인서는 곧 이 분쟁들이 "거두들의 장난"[39]이라 단정하고, 이들을 "파쇼적 당세를 가진 지도자들"[40]이라 혹평하였다. 조선교회를 남북으로 갈라놓을 일들은 "총회에 출입하

---

35) 교회지도이론, 『전집』, I, p. 52 (1935년 5월호).

36) 장현교회 수 분열호(遂分裂乎), *ibid.*, Ⅱ, p. 144 (1934년 6월호.

37) 성유(聖油)의 교훈, *ibid.*, I, p. 32 (1932년 8-9월호).

38) 종교와 의상(衣裳)과 내용, *ibid.*, I, pp. 47-48 (1934년 6월호).

39) 청주회의(淸州會議), *ibid.*, I, p. 53 (1935년 1월호).

는 영웅들"이 저지르고 있다고 보았기 때문이다.[41] 1935년이나 1936년의 분열 위기가 다 이 "영웅목사들" 때문에 야기된 것이었다고 보았다. 이들은 지반 확고를 도모하는 자기의 명예와 이익추구에 이끌려서,[42] 교회의 순일을 저버리게 되고,[43] 평신도들의 영적 갈망이 지도 부재로 간혹 오도되었을 때, 먼저 영적 지도의 책임을 다하지 아니하고, "헌법 책을 펼쳐 놓고 이자(異者)는 일도직할(一刃直割) 베혀 내고"[44] 마는 경직성에 빠졌던 것이라고 보았던 것이다.

> 화 있을진져, 교권 지배가 있으되 영적 감화가 없는 시대여, 헌법에 밝으되 눈물이 없는 교회는 상랭하열(上冷下熱), 상혹하광(上酷下狂)의 난맥(亂脈)에 빠지지 아니치 못하나니, 불행하게도 이는 중태입니다.[45]

평신도들과 대다수 목회 목사들의 소박한 복음적 신앙을 해치는 비행을 그는 기도단사건에서 통절히 느껴 왔었음에 틀림없다. "하열(下熱)"의 진실성을 그는 확신하고 있었다. 정서적 부흥회적 신앙의 서민층적 천년왕국 환상에 기구와 교권은 언제나 외면한다. 이러한 상반현상은 김인서에게는 "중대사에 직면하거나 신앙운동이 일어나는 유사시에 더욱" 심화되는 것으로 인식되었다.[46] 그것은 탁견이었다.

신앙과 사랑의 기독교적 원칙을 돌아보지 아니하는 경화(硬化)는 "조선총회 분열의 진원지"로 간주된 경성노회에서 목사지간에 그대로 나타났다. 적극신앙단 문제로 함태영(咸台永, 1873-1964), 전필순(全弼淳 1897-1977), 권영식(權英湜), 최석주(崔錫柱) 등이 1935년 경중노회를 분립하여 그 청원을 총회에 제출하였는데도 불구하고, 서북 대세의 경성노회가 이들의 처벌 요구를 관철하고자 할

---

40) 조선교회의 난맥, 『신앙생활』, 1933년 5월호, p. 5.

41) 남북화합의 건(鍵), 『全集』, I, p. 303 (1935년 6월호).

42) 근우(謹憂) 25총회, 『신앙생활』, 1936년 8-9월호, p. 3.

43) 적극단문제를 추(推)하야 당벌문제(黨閥問題)를 논함, 『전집』, I, p. 176 (1935년 4월호)

44) 조선교회의 난맥(亂脈), *op.cit.*, p. 6.

45) *Loc.cit.*

46) 이인(二人)의 력(力), 『전집』, I, p. 99 (1938년 7월호).

때, 김인서는 이들에게서 "수법결애(守法缺愛)"의 교권발동을 목격하였다.[47] 이 분립을 해결하기 위하여 총회의 별위원회(別委員會)가 1936년 11월 5일에서 10일까지 로버츠(S. L. Robetst: 羅富悅, 1881-1946)을 위원장으로 경성(京城-서울)에서 모여 조사 작정한 해결안 제 9조에 이런 글이 들어 있었다. "경성노회는 그 처사가 법칙에는 무위(無違)하나 사랑의 태도에는 원만치 못함을 깊이 자성(自省)할 사(事)." 이 해결안에 양파가 불응한 것을 보고 김인서는 이런 글을 남겼다.

> 경성노회는 수법결애(守法缺愛)의 교회요, 경중노회는 위법결애(違法缺愛)의 교회입니다. ... 피차에 하나님 앞에서 자복하여 조선교회의 평화를 회복하고 총회분열의 책임을 면하라. ... 금일 결애(缺愛)의 교권이 교회를 파상하지 않을런지.[48]

이런 호소에 반영이 없이 1년이 지났을 때 김인서는 다시 총회를 향하여 경중노회(京中老會)의 승인을 읍소(泣訴)하면서 이런 글을 남겼다.

> 오인(吾人)은 경중노회의 비(非)를 책하는 자입니다. 그러나 유위(有爲)의 청년 형제들이 매장되고, 앞날이 불원한 노인이 우리에게서 끊어지는 것을 보고는 눈물을 금하기 어렵읍니다. 어찌하여 우리에게는 다수당 이용의 엄한 규칙이 있으되 형제 베냐민의 멸절을 통곡하는 눈물은 없읍니까. 이때가 서로 물고 찢을 때입니까. 이때가 형제를 매장할 때 입니까. 필지어차(筆至於此) 체루불금(涕淚不禁)이로소이다. 평도(平徒) 감히 총회 앞에 누소(淚訴)하오니 우리에게서 멸절하는 형제 베냐민을 불상히 여기소저. 이것이 예수의 헌법이요 하나님의 뜻이외다.[49]

만우(晩雨) 송창근이 산정현교회에서 해직되기 얼마 전에 한 말이 있었다. "갓흔 조선 사람끼리 남놈 북놈하야 스사로 갈등을 일삼으니 이 엇지함인가. 북놈이 쩌꾸러지고 남놈이 승한다 해도 결국은 조선교회가 망하는 것 외에 소득이 업슬터인데 ... 50년 희년(禧年)인가 50년 희년(噫年)인가."[50] "대체 분규하

---

47) 경성노회는 깊이 자성(自省)하라, 『신앙생활』, 1936년 12월호, p. 36.

48) *Ibid.*, pp. 36-37

49) 경중노회(京中老會) 승인을 총회에 누소(淚訴)함, *ibid.*, 1937년 8-9월호, p. 45.

50) 송창근(宋昌根), 새 생명의 전제, 『신학지남』, 평양, Vol XXVII, No. 1(1935. 1), p. 2.

는 제씨(諸氏)의 눈에는 예수는 아니 보입니까."[51] 김인서의 아픔이었다.

김인서는 외로운 사람이었다. 경중노회파가 그에게 치사(致謝)한 증거가 없고, 총회가 그에게 경청한 흔적이 없다. 일은 그해 말 경중노회의 사과로 결말이 나고 말았던 것이다. "예수의 헌법"이라는 것은 교회정치의 혼잡 속에서는 너무나 비현실적인 정신이 아니었을까하는 질문은 계속 남을 것이다. 그러나 "사랑은 율법을 초월합니다. 눈물은 헌법을 초월합니다" 외친 그의 음성은 숭고하고 진실하였다. 그리고 그의 그 음성은 우리 교회사에서 그 진실 그대로 잊혀 질 날이 없을 것이다. 정신은 크고 현실은 그 연역이어야 하기 때문이다.

d. 정통 명분의 문제

김인서가 칼 바르트(K. Barth, 1886-1968)의 신학이 "조선에서도 어서 소개되기를 기다린다"고 하였을 때에는 그것이 "인도주의로 타락한 현대 기독교를 반정(反正)하는 데 막대한 효과가 있을 것으로 믿었기" 때문이다.[52] 바르트가 위험시되던 때에 이만한 대담성을 가지고 그의 신앙을 고백할 수 있었던 것은 그의 성실을 입증한다. 오히려 그는 바르트의 초월적 신관이 조선심에 덕이 되지못할는지 모른다고, 그것을 질문하고 있을 정도였다. 그러나 그의 바르트에 대한 공명은 역사적 동기가 더 컸다고 보아야한다. 조선의 왕성한 신앙운동은 스위스의 바르트에서 대두된 신앙운동과 "고성독수(孤城獨守)의 비통중(悲痛中)에서의 형제의 소식"을 나눌 수 있는 정의(情誼)로 호소해 왔기 때문이다.

어쨌든 김인서는 철저한 정통의 신앙자, 정복음주의자, 보수주의자로 자처하고 있었다. 보수적인 선교사에 대한 그의 성실은 전술한 바 있지만 메첸류(流)의 정통에서 일호의 물러섬도 없었다.[53] 김인서는 시세에 예민하여 신학의 세계적 동향에 눈감지 않았다. 정통 관념의 역사적 변천도 잘 알고 있었다. 그러나 그는 "세계야 어찌되어 가든지 우리는 성경 계시대로 믿어 조선은 세계 참 정통 중심지가 되기를 기원하고" 있었다. 우리 신자는 세계 대세를 좇을

51) 경성노회의 재분규, 『신앙생활』, 1935년 8-9월호, p. 42.

52) 칼 바르트 신앙운동의 세계적 대두, 『전집』, Ⅱ, p. 50 (1932년 7월호).

53) 메첸파와 조선선교사, 『신앙생활』, 1936년 12월호, p. 33

것이 아니라 성경을 좇을 것이요, 권위 있는 학자에게 배울 것이 아니라 정신에 순종할 것"을 역설하고 있었다.[54] 더구나 그는 메첸이 서거하자 "오호, 정통 진영의 장성은 떨어졌도다" 비통해 하고, "오인(吾人)은 신앙전선에 순(殉)한 메첸 박사를 조(吊)하여 웨스트민스터주의의 후계자들을 위로하고 배전 분전하기를 격려하노라"[55]고 확언한 바 있었다. 이런 자세는 김인서가 자신의 신앙적 입장을 정복음주의라 천명하고 "예수의 십자가를 믿으면 구원 얻는다"는 "묵은 소리" 밖에 말할 것이 없음을 선언한[56] 정신에 메첸이 상통한다고 보았기 때문이다. 김인서 만큼의 정통 보수를 자처할 신앙인이 조선교회에서는 채정민(蔡廷敏, 1872-1953), 이정심(李淨心, 1901-1947), 길선주(吉善宙) 이외 다시없었을 것이다. 서북교회가 조선교회 정통의 중심이라 해서 "서수론(西守論)"을 계속 주창한 까닭도 바로 여기 있었다.[57]

그럼에도 불구하고 그는 1932년 초, 벌써 기도단 문제로 정통교권이 평양노회를 시비(是非)한 까닭에 교권자들이 그를 "무교회주의자"[58]라 지목한 변을 당하면서, 정통주의에 대한 비판을 삼가지 않았다. 더구나 그는 미국 장로교회에서 메첸이 분립하고 난 다음, 조선 주재 미국 선교사들이 2, 3인을 제외하고는 다 프린스톤 계에 그대로 남아 있으면서 계속 정통을 자처하고, 또 미국 유학에서 신 신학을 공부하고 돌아온 신진 학자들이 오히려 "장중(腸中) 신 신학에 구두(口頭) 정통으로 이중신조"[59]로 투생(偸生)하는데 충격을 받지 않을 수 없었다. "근년 조선교회에서 교리 투쟁을 시작한 자는 진격(眞格)한 정통 신앙의 노(老)선배들이 아니라, 신진제성(新進諸星)들이다. 현대적 색채가 농후하던 신진제성(新進諸星)들이 최근에 아연 태도를 돌변하여 함부로 이단 토벌의 법봉(法棒)을 두다리기 시작하였다."[60] 『아빙돈 단권주석』 동인계, 적극신앙단

54) 세계 신학 대세에 감(鑑)하여, *ibid.*, 1936년 5월호, p. 8.

55) 세계적 정통신학자 메첸박사를 조(吊)함", *ibid.*, 1937년 3월호, p. 4.

56) 정복음주의(正福音主義)의 선전(宣戰), 『전집』, I, p. 54 (1935년 1월호).

57) 서수론(西守論), 『신앙생활』, 1934년 8월호, pp. 1-2.

58) 교회를 위하여 일언(一言), 『전집』, I, p. 27 (1932년 2월호).

59) 미국교계의 전망, *ibid.*, Ⅱ, p. 117 (1934년 2월호).

관계자 중에서 이단 공벌(攻伐)이 먼저 시작되었다는 것이다.[61] 김인서는 이런 정통주의자들이야말로 붕당상벌(朋黨相伐)의 세력 다툼, 교리 구실의 세력 싸움의 말류지폐(末流之弊)로 화를 초래하는 "인정통(人正統)"배(輩)들이라고 대갈하였다. 이런 자들의 동기의 불순은 간과하기 어려웠다. "저들의 소위 정통 신앙이란 생명의 맥박이 끊어져 버린 것이다. 소의 정통신학이라는 것은 이름만이요 실상은 죽었도다."[62] 김인서는 갈파하였던 것이다. 이러한 극우파적 자만이 교회 통일과 신덕을 방해하고 있었기 때문이다. 그래서 그는 단언할 수밖에 없었다.

> 이단에만 폐해가 있는 것이 아니라, 정통에도 해독이 있습니다.[63]

정통과 그 정신은 있어야 했다. 그러나 극단과 동기의 불순, 그리스도의 사랑의 부재는 나무라서 마땅하였다. "심심(深甚)한 근신(謹愼)"이 없으면, 진리 옹호란 미명하에 도리어 교회 분열과 진리 모독을 범할 수 있기 때문이었다.[64] "일보를 오(誤)하면 교리상인(教理傷仁)의 위험"[65]이 있기 때문이었다. 그래서 그는 필경 "방 이단(防異端), 조 정통(操正統)"을 기치로 들 수밖에 없었다. 근신이란 이때 자제와 조심이었다. 그렇게 하여야 할 이유가 둘 있었다. 하나는 보수파 독천하(獨天下)인 조선"[66]이기 때문에 관용이 필요하였기 때문이요, 다른 하나는 신앙심 역시 "이 시대의 공기를 호흡하는 현대인"임을 양해하여 교리 강제보다는 신앙 감화가 선행해야 한다고 보았기 때문이다.[67] 이단치죄의 대권은 하나님에게 있고, 따라서 그 대권침해가 정통의 오류가 된다고 본 김인서

60) 교리 투쟁의 진정신(眞精神)이 나변(那邊)에 재(在)한가, *ibid.*, Ⅱ, p. 207 (1935년 12월호)

61) 이들이 누구인지 분명하지 않으나 채필근(蔡弼近)만은 확실하다.

62) 사데교회의 백의신자(白衣信者), *ibid.*, Ⅳ, p. 293 (1937년 2월호).

63) 상원노목사서(上元老牧師書), *ibid.*, p. 226 (1936년 5월호). Cf. *ibid.*, p. 208.

64) 교권투쟁의 진정신이 나변에 재한가, *op.cit.*, p. 7.

65) 『전집』, Ⅱ, p. 118 (1934년 2월호).

66) 교리 투쟁의 진정신이 나변에 재한가, *op.cit.*, p. 8.

67) 세계신학 대세에 감(鑑)하야, *ibid.*, p. 8.

는 “예수의 훈(訓)”에의 충성만을 외쳤던 것이다.[68]

3) 분열의 교회 외적 요소

조선교회의 분열이 선교 때부터 이식된 독특한 형태의 프로테스탄티즘, 곧 교회론 취약의 선교에 원초적으로 기인한다는 것이 김인서의 판단이었다. 개신교의 복음 신앙 자체 안에 벌써 교회론적인 결함이 잠재하였다고 보았다. 곧 “성경에 중(重)하고 교회에 경(輕)하였던 것”[69]이 분열에서 수치보다 영광을 찾는 형태의 화를 초래했다는 것이다. 그래서 결국 그는 “교회의 권위를 성경의 권위와 동일히 받들어 교회의 존엄을 보존하지 않으면 안 된다”[70]고 외쳤던 것이다. 그는 1937년까지의 대소 국내 새 교파들, 곧 김장호(金庄鎬, 1881-?)의 조선기독교회, 이만집(李萬集,1875-1944)의 기독교회, 이호빈(李浩彬)의 조선예수교회, 최태용(崔泰瑢, 1897-1950)의 복음교회, 송태용(宋台用, 1906-1950)의 하나님의 교회, 백남주(白南柱, ?-1948)의 성주교회(聖主敎會), 변성옥(邊聖玉, 1892-1950)의 북만(北滿) 조선기독교회, 강문석(姜文錫)의 신장로교회를 “교회위일(敎會爲一)을 선탁(宣托)하신 예수”[71]에 대한 죄로 단정하였을 뿐만 아니라, “성교회(聖敎會)의 권위 앞에 순종의 덕을 결한 오합지중”의 난잡(亂雜)으로 고발하였던 것이다.

그런데 문제는 이들이 “무슨 신학체계를 갖춘 일가견의 내용”이 전혀 없이 일종의 “기현상(奇現象)”으로 남는다는 데 있었다.[72] 이 기현상(奇現象)이란 의미에 대한 해석을 김인서는 1937년에 가서 수행하였다. 곧 신학적 특색이 아닌 “어떤 특색”을 가지기 위하여 열파(裂派)들은 “입류(入流), 접신(接神), 순육(純肉) 등(等) 괴설(怪說)을 창(唱)하게 되고, 원교회(元敎會)와의 경쟁을 위해서는 야비한 전도방법을 취하게 되고, 교세 유지를 위해 양을 훔쳐야 하고, 끌고 나온

68) *Ibid.*, p. 9.

69) 교파남조(敎派濫造)를 계(戒)함, 『신앙생활』, 1937년 12월호, p. 3.

70) *Loc.cit.*

71) *Ibid.*, p. 2.

72) 원산과 평양의 이단문제, 『신앙생활』, 1933년 2월호, p. 30.

교인의 이탈을 막기 위해서는 그들에게 원교회(元敎會)에 대한 적개심의 독액(毒液)을 주사해야했다"는 것이다.[73] 따라서 이들에게 영성의 기형화는 불가피하였다는 것이다.

교파 남조(濫造)에 대한 김인서의 분노는 한 마디로 "남의 양떼를 탈취하는 것"[74]이었다. "하특(何特) 기성교회의 파송을 받아 가지고 간 곳에서 새 교파를 세우는 것은 남의 터 위에 세우는 일을 지나쳐 남의 양을 탈취하는 것이다."[75] 김인서는 1935년 2월 북만(北滿)에서 조선기독교회를 창설한 변성옥이 감리교 선교회 파송 선교사였던 점에 놀라, 이를 가리켜 "부도덕한 야심"이라 힐책해 마지않았던 것이다. 열파(裂派)가 여기저기 서면 양떼가 방황하게 되는데 이것을 교란(敎亂)이라 보았기 때문이다.[76] 그는 열파의 오류는 예수와 교회에 대한 불순종 이외 그 전도 도덕의 파탄에 있다고 단언했던 것이다.

5-5. 에큐메니즘과 민족교회

교회 분열의 요소들에 대해 분석과 경고로 일관해 온 김인서의 하나의 교회론, 곧 에큐메니칼 일치론은 전술한 분열의 동인 분석에서 이미 작업 전제로 그 지도원칙이 수립되고 있었다. 따라서 여기에서는 그 원칙들을 다시 확인하는 형식이 될 것이다.

1) 선교와 일치

김인서의 전도 도덕론은 잠깐 접촉한 일이 있지만, 교회 일치론을 전도와 나누어서 생각할 수 없다는 확신이 그의 입장이었다. 1936년 11월, 그는 이런 말을 소리 높여 외쳤다.

---

73) 교파남조(敎派濫造)를 계(戒)함, *op.cit.*, p. 3.

74) 전도도덕, 『신앙생활』, 1936년 2월호, p. 3.

75) *Loc.cit.*

76) 교란(敎亂)에 깨진 전도도덕(傳道道德), 『전집』, I, p. 359 (1917년 12월호).

금일(今日) 조선 신자는 새 총회나 새 교단을 남조(濫造)할 때가 아니라, 백만 명 천만 명을 목표하고 전도할 때입니다.[77]

겨레의 구원에 대한 선교의 사명을 생각하면 일치 부재의 가책은 심각하였다. "이(교파 분립자)는 동포의 영혼을 불쌍히 여기지 아니함이 심한 자이오"[78]라는 말은 채정민이 한 말이었으나 김인서의 정신이었다. "전교인의 물질, 제신자(諸信者)의 정력, 교회의 총역량을 직접 전도 전선에 집중하라."[79] 이것이 그의 근원적 사명의 표시였다. "교회를 파하는 힘으로 원교회(元敎會)를 섬겨보라"[80] 한 말은 교회동력의 정량성(定量性)을 의미했다. 그는 1936년 2월에 서울 연동교회에 갔을 때 그 교인의 수가 1/3 감하여진 사실을 보고, "분쟁 중의 경성교회상(像)"[81]을 비탄의 눈으로 바라볼 수밖에 없었다. 분쟁은 선교 몰락의 근원적 요소였다. 따라서 선교의식이 강렬한 곳에 분열은 그 역학상 개재할 수 없다고 본 것이다. 더구나 그는 선교의 "때"란 역사의식 때문에 그 촉박성에 예민할 수밖에 없었다. "비상시기"[82]란 그의 반복되는 억양 속에 그 긴장이 압축돼 있는 말이었다. "차시(此時) 오인(吾人)이 분열을 일삼을 때인가!"[83] 채정민(蔡廷敏)이 이런 말을 한 일이 있었다. 곧

하가(何暇)에 지방 싸움을 일삼고 파쟁에 열중하고 신파 제조에 몰두하고 이단 창조에 영예를 두랴는가. ... 전도의 대외 진출에 출(出)하지 아니하는 결과에 생기는 내면부패가 이것입니다.[84]

김인서는 1932년 초, 총회 만주 파견 전도목사 김창덕(金昌德)과 평양교회 파견

77) 총회 분립 문제(總會分立問題)에 대하여, *ibid.*, Ⅱ, p. 254 (1936년 11월호).

78) 조선교회의 당면 문제, 『신앙생활』, 1934년 7월호, p. 9.

79) 이때는 전도의 때, 『전집』, Ⅱ, p. 260 (1936년 12월호).

80) 교파남조(敎派濫造)를 계(戒)함, *op.cit.*, p. 4.

81) 1936년 전도기(傳道記), 『신앙생활』, 1937년 2월호, p. 26.

82) 상원로 목사서(上元老牧師書), *ibid.*, 1936년 5월호, p. 33.

83) 위네 쓔렌넬파(派) 조선 하나님의 교회에 대하여, *ibid.*, 1937년 1월호, p. 3.

84) 채정민(蔡廷敏), 조선교회의 당면 문제, *ibid.*, 1934년 7월호, p. 9.

재만동포 위문사 이창호(李昌浩) 목사의 보고를 들을 때부터 만주에 있는 주민 동포 60만에 대한 선교를 호소하기 시작한 것이다.[85] 이들은 병란, 빈곤, 그리고 공산당의 핍박 때문에 수난으로 지새고 있었던 것이다. "발 밑에 천지가 없고 수중에 촌철(寸鐵)이 없이 오직 호미 한 가닥으로 생존권을 유지하는 백의인의 고통"에 대하여 그는 하고 싶은 한마디가 있었다. "조선 사람아, 예수를 믿자."[86]

이 간곡한 동포애는 선교에서 실현되어야했다. 그곳 교회들의 수난은 1936년 2월 송창근의 시찰보고에서 비통하게 전해졌다. "우리는 어찌 무심하랴."[87] 김인서의 아픈 호소였다. 만주가 조선의 고토(故土)라는 그의 민족의식이 여기 겹쳤다.

> 목단강(牧丹江) ... 송화강(松花江) 연안은 천리대야(千里大野)로 이 벌판의 동경성(東京城)은 천여 년 전 우리 조상 발해국(渤海國) 태조(太祖) 대조영(大祚榮)의 옛 서울 터입니다. ... 여기 조선사람이 성경 한권 호미 한가락을 손에 들과 공산당과 비족과 한위(寒威)로 더부러 싸우면서 조상의 땀에 걸은 만주 벌을 개척하고 있습니다.[88]

하지만 김인서는 "한갓 조선 영고(榮枯)의 문제만을 운위(云謂)함이"[89] 아니었다. 구미 선교사와 그 자본주의 진출에 수반했던 잘못을 발견한 그는 대동전도(大東傳道)의 사명이 조선인의 어깨에 지워졌다는 인식을 가지게 되었던 것이다. "우리는 만주에 예수도(道)로 터를 놓아야 합니다. 만주 전도는 조선인의 운명을 결정하는 대사업입니다"[90] 이것이 겨레에 맡겨진 하나님의 사명이라 본 것이다. 따라서 일치된 교회의 힘으로 여기 전도해야만 했다.

---

85) 신앙청년의 출동할 때, 『전집』, Ⅱ, p. 22 (1932년 2월호).

86) 다시 만주교회에 대하여, *ibid.*, p. 59 (1932년 11월호).

87) 북만주교회에 나타난 하나님의 섭리, *ibid.*, p. 219 (1936년 4월호).

88) *Ibid.*, p. 218

89) 영국인의 대죄악과 조선인의 대동전도사명(大東傳道使命)", *ibid.*, p. 222

90) *Ibid.*, p. 221.

우리의 전도지역이 이렇게 넓은데 교파 제조로 영웅(英雄)내기를 하고 있겠는가. 만주에서는 순교의 피를 흘리고 있는데, 안에서는 교권 다툼과 교리 싸움으로 세월을 보내겠는가.[91]

하지만 선교의 시계는 더 넓어지고 있었다. 그는 1916년부터 몽고에서 자비로 전도한 이현태(李賢泰) 목사를 1935년 5월에 곤우동(困友洞) 자택에서 만나고 나서, "조선인의 복음적 사명"을 절감하였던 것이다.

조선청년이여, 이를 감(感)하지 아니한가. 복음을 지고 만주로 중국으로 몽고로 인도로 나가세. 동방제족(東方諸族) 전도의 대사명에 나가세.[92]

2) 민족교회 일치론

전도 여행 중 처음 의주(義州)에 갔던 김인서 1933년 3월 압록강변 통군정(統軍亭)에 올라, 고구려의 옛 강토 요령평야의 역대지(歷代地)를 조망하면서 나라 사랑에 사무친 일이 있었다.[93] 그는 국내나 만주 여러 곳을 누비며 전도에 다닐 때마다 도처 조선 역사의 입김에 끌려, 겨레에 대한 구원 선포의 소명에 스스로 감격하곤 하였던 것이다. 동래(東萊)에서는 임진 순절(殉節) 송상현(宋象賢)의 피 흘린 자리를 생각하였고, 전주 완산칠봉(完山七峰)의 고움과 다가천(多佳川)의 순한 물결에 혹(惑)한 그는 하나님 지으신 조물의 미려에 음찬하면서 "부르짖고 외치는" 복음 전파의 사명에 가슴 부풀고 있었다. 위화도(威化島)에서는 회군(回軍)의 통분에 젖어 그 섬을 영화도(靈化島)라 불러 성전(聖戰) 군병의 요동선교를 환상으로 불태우던 김인서였다.[94]

여기에서 요동평야를 바라보고 말머리를 돌리던 고려(高麗)의 불벌군(北伐軍)도 못난 사내들이다. 고남자(古男子)들의 화군(回軍) 터라마는 그리스도의 군병들은

---

91) *Ibid.*, p. 220.

92) 몽고 전도는 조선교회(朝鮮教會)의 책임, 『전집』, Ⅱ, p. 187 (1935년 7월호). Cf. I, p. 68.

93) 의주부흥회(義州復興會, 『전집』, V, p. 189 (1933년) 6-7월호.

94) 북하동집회(北下洞集會), *ibid.*, p. 206.

전진의 북을 울리라. 위화도(威化島)가 영화도(靈化島)가 되기까지 천하가 예수화(化) 하기까지 전진 우(又) 전진의 북을 울리라![95]

그는 만주 심양(瀋陽) 벌에 섰을 때는 고구려가 못다한 일을 선교로 채운다는 포부에 격동하고 있었다.

옆에다 대륙을 두고 압록강변 이내에서 큰 숨을 쉬어 보지 못한 근고(近古) 천년에 조선에 사나이들이 있었던가.[96]

그는 가슴을 치고 싶었다. 고구려 발해의 구비치는 대륙 저 벌판에 말 달리던 거대민족 우리 조상들의 한 일을 우리 근세 천 년 전부터 시들게 한 것이 무엇이었던가. 그는 사나이의 기백으로, 그런 기개로, 아세아대륙의 선교를 하자는 것이었다. 1935년 9월, 조선 장로교 총회가 분열의 위난에서 헤맬 때, 김인서는 심해선(瀋海線)을 타고 무순(撫順)을 지나 산성진(山城鎭)을 향하고 있었다. 그 때 그는 차창 밖에 백의의 구부린 농경의 모습들에 눈물을 흘리면서 기도하고, 차창 밖 벼이삭이 패인 논을 보면, "호미만 가지고" 이 땅에 밀려온 백의, 내 겨레를 위해 목메 기도했던 것이다. 그리고 번다(煩多)한 겨레의 힘이 심양(瀋陽)벌에 넘칠세라 조선여자의 산복(産福)을 "나의 하나님, 조선 사람의 하나님"에게 기도하고 있었다.[97]

조선 사람들아, 두 발 세울 땅이 없다고 낙망하지 말라. 손에 검(劍)이 없다고 떨지 말라. 오직 대의(大義)를 장(杖)하여 대지(大地)에 입(立)할거니.[98]

그가 만주 선교에 대해서 말할 때의 그의 글에는 신이 들린 듯하였다. 그의 문장력에는 언제나 힘이 있고 날카로운 칼날과 같은 쪼개는 예기(銳氣)가 번쩍

95) *Loc.cit*

96) 심양(瀋陽)벌에서, *ibid.*, p. 216.

97) *Ibid.*, p. 217.

98) 장대의입대지(杖大義立大地), *ibid..* p. 219.

이고 있었다. 하지만 만주선교에 대한 글에서는 그것은 하늘을 가르고 지나는 듯한 감도가 촉각처럼 저리게 흐르는 어떤 활기가 뜨겁다. 우리 심혼을 후비는 격류의 감동이 스친다. 힘과 생기가 있다. 그 이상의 문장이 다시 있을까 하는 경탄이 솟는다. 만주 선교와 그 사명의 깊이와 무게에 대한 그의 혼백을 뚫는 자세가 그런 힘을 내게 한 것이 확실하였다.

하지만 이 모든 것들이 결국은 그의 조선 사랑에 있었다. 그의 조선 사랑의 깊음이 저만하였다. 그렇지만 필경 그 사랑은 조선교회에 대한 사랑에 상통하였다. "조선천지의 것이라면 일수일석(一樹一石)인들 사랑스럽지 않은 것이 있으랴 마는 조선의 것 중에도 나의 최애(最愛)의 것은 주님의 교회일세."[99] 이것이 그의 진심이었다.

> 민가(民嘉), 지가(地嘉), 문가(文嘉), 이것이 조선의 삼가(三嘉)이다. 가민혜(嘉民兮), 하나님이 지으신 가지(嘉地)에 예배당 짓고 하나님을 찬송하세. 가민혜(嘉民兮) 선인(先人)이 지어준 가문(嘉文)으로 성경을 읽자.[100]

그렇지만 그는 자기가 결코 민족주의자가 아님을 천명한다. 함북연통제책(責)으로 인한 청진(清津)감옥의 경험에서 민족주의를 떠났던 점을 그는 재삼 확언하였다.[101] 그가 복음주의와 민족주의의 피차 상용(相容)할 수 없음을[102] 일언지하에 단언할 수밖에 없었던 까닭이 있었다. 전술한 바 있지만, 그가 서수론(西守論)을 말할 때 그 동기 중의 하나가 서북에 민족주의 세력이 교회에 깊이 침투하고 있기 때문에 서북교회를 그런 동력권에서의 영향력 확대에서 지켜야 한다는 판단 때문이었다.[103] 이런 글을 쓰고 난 다음 그의 입장은 수세난경이었다. 그가 서북의 민족주의계 기독자를 지목한 것은 물론 홍사단을 두고 한 말이었다. 장로교 총수격이던 정인과를 비롯한 교권주의자들이 홍사단에 밀집돼

99) 의주(義州)에서 정주(定州) 평양(平壤), 『전집』, V, p. 205.

100) 조선의 사가(四嘉), *ibid.*, I, p. 79 (1937년 3월호).

101) 홍사단 급(及) 동지회와 조선교회와의 관계, 『전집』, Ⅱ, p. 151 (1934년 10월호).

102) 복음주의와 민족주의, *ibid.*, p. 171 (1935년 4월호).

103) 서수론(西守論), 『신앙생활』, (1934년 8-9월호), p. 1.

있다는 고발이 무난할 수는 없었다. 성직과 당무의 혼잡을 피하고 “교회 내 잡세력을 청결”하기 위해, 그리고 교회가 망하지 않기 위해서는 민족주의 세력의 제거가 긴요하다고 본 것이 김인서였다.[104] 그는 또 기청(畿淸)의 동지회 계 적극신앙단에 대해서도 꼭 같은 비판적 자세를 가지고 있었다. 흥사단(興士團)과 동지회(同志會) 간의 파쟁이 심각하던 찰나에 교회 내 당벌(黨閥)세력의 부식이 교회의 순일을 깨친다고 고발하였다면 그는 양편에서 다 공격을 받는 협공에서 피할 길이 없었다.[105] 그는 실로 외로운 존재였다.

이런 민족주의자에의 공격이 한 때 친일로 그를 몰고 가 협박한 때도 있었다.[106] 심지어 총독부의 기밀비를 받고 있다는 중상까지 입은 일이 있었다.[107] 우리는 여기서 비록 친일과 반민족주의와의 상관을 추적하지 않는다손 치더라도, 그의 시세적 용일성의 일단은 간과할 수 없음을 지적하여야만 한다. 그는 가끔 “일본의 힘의 위대”라든가 “황국의 지도는 동아공영(東亞共榮)의 동복(同福)을 증진”한다든가 하는 일련의 발언을 한 일이 있었다.[108] 일제치하에서 일상적으로 쓰던 말들을 관념상 따로 별 생각없이 사용한 말일 수 있다. 또 일제 말 1941년의 일이었고, 따라서 그 당시 문서 전도의 가능한 생존이란, 그런 엄연한 현실을 시인하고 그의 말들을 판단해야 옳다. 그는 교회의 순일 위한 예언자였고, 따라서 그의 조선 사랑은 민족주의 동류의 것이 아니었다.

> 무궁화 삼천리를 연호(連呼)하는 자가 민족주의자이냐. 누가 조선사람을 사랑하노라 자랑하는가. 나는 예수의 복음으로서 조선을 사랑하는 자로다.[109]

여기 민족주의자가 아닌 복음주의적 민족교회론자의 면목이 웅장하게 펼쳐

---

104) 흥사단 급 동지회와 조선교회의 관계, *op.cit.*, pp. 152, 154.

105) 적극단 문제를 추(推)하야 당벌(黨閥)문제를 논함, 『전집』, Ⅱ, pp. 173-177 (1935년 4월호).

106) 흥사단 급(及) 동지회와 조선교회와의 관계, *op.cit*,, pp. 10, 152.

107) 후기(後記), 『신앙생활』, (1936년 8-9월호), p. 42.

108) 1939년 전도기(傳道記), 『전집』, V, pp. 248, 252.

109) 흥사단 급 동지회와 조선교회와의 관계, *op.cit.*, p. 151.

지고 있다. 이 바탕 위에 조선교회 위일(爲一)의 경륜과 방향이 제시되었던 것이다.

그는 우선 조선의 단일민족교회 형성에서 인물에 대한 사랑과 소중을 호소하였다. 그와 이용도와의 관계 변천의 분석은 따로 마련되어야 하겠지만, 1932년 봄 평양기도단에서 함께 기도하면서 돈독해진 둘 사이는 깊어 갔다. 하지만 이용도가 원산신학산의 접신녀 유명화(劉明花)에게 굴복한 1932년 말부터는 우선 그곳 백남주를 공격하다가 이용도 서거 후 1934년 갑자기 이용도를 이단으로 공격한 일이 있었다. 그렇다고 하더라도 1932년 김인서는 평양노회나 감리교 경성지방회가 이용도를 심문할 때 "사람 그리운 조선에서 한 사람이라도 매장하는 것보다, 무덤에 들어간 자라도 일으켜 내는 것이 필요"하다고 강조한 일이 있었다.[110] 1934년 평양 장대현교회가 분열할 때의 심정도 같았다. 길선주 복무론파(復務論派)가 치리될 때, 김인서는 "저들이 내 형제요, 싸워도 우리 형제인 이상"[111] 사랑으로 관용하기를 상회(上會)에 호소하였던 것이다. 그러나 그의 충심은 1935년 장로교총회가 분열의 위협 아래에서 『아빙돈 단권주석』 번역자들과 여권론자(女權論者) 김춘배(金春培, 1900-?)를 이단으로 치죄(治罪)할 때 처절하게 나타났다. 그는 자신이 정통 보수자임을 피력하였다 그러나 "(아빙돈) 서(書)를 금하고 인(人)을 애(愛)함"[112]이 기독교의 정신임을 갈파하였다. 더구나 그 주석서가 감리교의 간행이었던 만큼 그 정죄가 자칫 장 감 구의(舊誼)의 폐기가 될세라 근심하고, 필경 그것이 자체 파열까지 초래한다고 걱정하였던 것이다. 문제는 사람 아끼자는 것이었다. 그것은 사랑의 동기에서만 가능하였다.

> 저는 여목사론(女牧師論)을 반대합니다. 그러나 여권론자(女權論者)를 고소하는 일은 혹(酷)하다고 봅니다. 저는 아빙돈서(書)를 극히 싫어합니다. 그러나 그 저자들을 아낍니다. 저는 정교리(正敎理)로서 나를 엄히 다스립니다. 그러나 인(人)의

---

110) 원산 평양교회의 이단문제, 『신앙생활』, 1932년 2월호, p. 33.

111) 장현교회 수 분열호(遂分裂乎), *ibid.*, 1934 년 6월호, p. 4.

112) 상 원로목사서, *ibid.*, (1936년 5월호), p. 32.

신조(信條)에는 관(寬)합니다. 저는 진리 수호의 싸움을 피치 못합니다. 그러나 인(人)을 핍박하지 아니합니다.[113]

조선의 첫 신학 교수 남궁혁이 『신학지남』사(社)에 김재준을 채용하고 채필근과 송창근 및 박형룡의 글을 싣던 때를 회고하고, "그리운 평양신학! 하나의 대장로교를 길러낸 어머니"[114]라 외치던 김인서의 마음에 냉담한 객관성은 조심해야할 가치였다.

이러한 사랑은 마침내 조선민족 기독자에 대한 존경과 긍지에서 나타나게 되었다. 1932년 2월 그는 이용도를 경성 독립문 외(外) 사저(私邸)에서 만나고 그의 성현(聖賢)에 놀랐다.

내 주여, 이 땅에는 영웅도 가고 위인(偉人)도 없나이다. 그러나 이 땅에 의인(義人)만은 보내 주셔야 하겠나이다. 행(幸)여 당신이 보낸 사람을 보았사오니, 내 주는 저와 함께 하소서.[115]

길선주에 대한 그의 존경과 긍지도 대단하였다. "유(儒)에 취(就)하에 문(文)과 인(仁)을 배우고, 불(佛)에 취(就)하여 참선(參禪)을 배우고, 선(仙)에 입(入)하여 해빈(亥牝)을 오(悟)한 선생(先生)의 신학(神學)"에 "동방적 색소가 농후한" 사실을 밝히 보고 그는 이런 말을 남겼다. 곧

웅심(雄深)한 선생의 신학은 영미국(英美國)이나 어느 외국의 대가(大家)에게 배운 것이 아니요, 선생 독특의 신학이었읍니다. 그런고로 선생의 신학 즉 조선 독특의 신학입니다.[116]

---

113) *Ibid.*, p. 34.

114) 전도 40주년, 평양신학교, 『전집』, V, p. 267.

115) 이용도 목사 방문기, *ibid.*, V, p. 185 (1932년 5월호).

116) 영계선생소전(靈溪先生小傳), *ibid.*, p. 65. Cf. p. 70 길선주의 말세론은 일문(一門)의 신학을 개기(開基)한 것으로 "조선신학"으로 크게 추어주었다.

1934년 김인서는 김익두(金益斗, 1874-1950) 전기를 집필하면서 그 동기가 "조선사람 중에도 기념각리(記念閣裡)에 추존(追尊)을 받는 외국 선교사들만 못지 아니한 전도자" 있음을 후세에 계승하고자 함이라 하였다.[117] 여기 기념각이라 한 것은 1934년 이른 가을 평양에 모페트(S. A. Moffett) 선교 40주년의 기념관이 세워진 것을 두고 하는 말이었다. 그는 낙성식(落成式)이 끝난 후 돌아오면서 울고 있었다.

> 조선교회에 길선주나 김익두 같은 조선인 제(諸) 선배의 공적도 결코 선교사의 공보다 적지 않습니다. 선교사를 위하여 동상을 세우고 기념관을 짓는다면, 우리 선배를 위하여서도 하다못해 초가삼간이라도 지어드려야 옳습니다. ... 선교사는 대궐 같은 주택에 있고, 동상과 기념관을 겸하되, 우리의 공로자에게는 주택이 없고 양식이 떨어집니다.
>
> 우리 조상이 기자묘(箕子墓)를 수축(修築)하면서 단군묘(檀君墓)나 동명왕릉(東明王陵)이 어디인줄 몰랐으니, 그의 자손 우리 또한 선교사의 기념관은 건축할 줄 알되, 조선인 공로자는 한지(寒地)에 버려두거나 박대로 관(冠)을 씌우지 아니합니까.[118]

여기 김인서의 민족교회의 깊은 정신과 그 구도 기초가 잡혀지고 있었다. 그가 『아빙돈』주석문제를 둘러싸고 고용신학과 조선신학의 부용성(附庸性)을 비난한 사실은 이미 살펴보았다. 정사 간(正邪間)에 우선 조선신학의 수립을 선창한 것은 조선혼의 생동과 그 구원이란 과제 때문이었다. 그는 1933년 초에 외국 선교사에 대한 지나친 의존을 힐책하고 "조선교회 일은 조선신자의 일"이라 다짐한 바 있었다.[119] 그러고 나서 "낡은 조선혼을 용해(鎔解)하여 그리스도의 새 조선혼을 지을 불덩어리"의 조선신학을 절망(切望)하게 되었던 것이다.[120] 그는 1936년 6월 "조선심에 각성하는 이들의 조선적 기독교" 형성 요청을 주목하였고, 따라서 "조선심의 각성에 의한 종교적 민족적 특색"의 구형(構

117) 김익두목사 전기 편집, 『전집』, I, p. 283 (1934년 12월호).

118) 마포박사(馬布博士)의 기념관, *ibid.*, p. 282 (1934년 12월호).

119) 예수 찾는 어머니, 『저작집』, IV, p. 5, (1933년 2월호).

120) 신앙청년 아불로, *ibid.*, p. 66 (1933년 5월호).

形)을 희망하고 있었다.[121] 그러나 그는 1938년 인도 마드라스에서 열렸던 국제선교협의회(International Missionary Conference)의 의안에 토착교회론이 논의된 것을 보고는 토착교회 자체의 가능한 오류의 여지를 예민하게 분석하였다. "근래에 함부러 제조하는 동양적 기독교나 조선적 신학 등 등의 시대적 부산물은 위종교(僞宗敎)를 면치 못하나니 부자연한 토색(土色)은 도리혀 기독교 본색을 흐려 버리는 위험"[122]이 있다고 보았기 때문이다. 김장호계의 조선적 기독교, 신흥우, 이대위 (李大偉, 1896-1982) 계의 동양적 기독교가 불가피하게 기울어졌던 친일성을 두고 한 말이었을 것이다. 조선 기독교, 그것은 형성되어 지는 것이지, 형성하는 것이 아니라는 단언이었다.

> 조선인이 성의껏 예수를 믿으면 서양종교를 흉내 내는 것이 아니요, 그것은 참 조선종교요, 동양심으로써 진실로 성경을 연구하면 거기에는 자연 동양토색(東洋土色)의 신학이 나오는 것입니다
> 먼저 복음을 믿으십시요. 성(誠)의 신학을 거짓 없이 고백하면 이것이 조선적 기독교입니다. 먼저 성경을 읽으십시요. 동양화(東洋化)에 각(覺)한 바를 동양형식으로 발표하면 이것이 동양적 신학입니다. 여배(餘輩)의 조선토색신학(朝鮮土色神學)은 이러합니다.[123]

이러한 조선 민족교회론의 의식 안에서는 일치와 선교의 외연(外延)밖에 나올 것이 없었다. "서도사람이 세력이 있건, 서울사람이 세력이 있건, 다 같은 조선놈끼리 그다지 싸울 것이 무엇이냐"[124] 하는 비판은 그래서 자연스러웠다. 교리의 정확성에 선행하는 사랑, 사람 없는 나라에서의 인물의 존중, 분열의 교권적 지방적 요소의 제거, 한 민족으로서의 고백적 신앙, 나라 안팎에 퍼져야 할 복음, 여기 기독교의 한국적 사명이 있고, 따라서 불가피한 일치가 있다고 믿었던 것이다.

---

121) 수도원의 필요를 제언함, 『신앙생활』, 1936년 6월호, p. 9.

122) 마드라스회의의 정통적 결안(決案)을 환영함, 『전집』, Ⅱ, p. 329 (1939년 12월호).

123) *Ibid.*, p. 329.

124) 경성노회(京城老會)의 재분요(再紛擾), *ibid.*, I, p. 315 (1935년 8-9월호).

3) 에큐메니즘의 문제

그의 웅대한 민족교회론적 일치의 신앙은 통속 초교파주의가 아님을 시사했다. "여(余)는 칼빈주의 장로교에 속한 기독자입니다."[125] 하지만 자기 교회를 사랑하는 마음으로 타 교회를 사랑하면 그것이 초교파란 포용을 동시에 나타내는 것이라 보았다. 그는 신앙에 있어서의 중용을 크게 나무랬다. "불랭불열(不冷不熱)의 토물(吐物)"이라[126] 보았기 때문이다. 그는 초교파주의를 외치던 자들의 교파 분열을 여럿 목격하고는 그 오류를 비성실로 비난하게 되었다.[127] 최태용의 복음교회, 이용도의 예수교회가 그런 경우였다. 언필칭 교파연합과 초교파였다. 더구나 중용 단합이란 미명 하에서 정복음(正福音) 이좌(以左)의 사람들이 용납되되 각 교회 기관에서 세력을 잡게 되고, 정복음(正福音) 이우(以右)의 사람들이 오히려 탈락되어 용신(容身)할 수 없는, 다른 한 형태의 편협도 비판하였다.[128] 그는 또 외적인 교파 연합 운동도 반대하였다. 공사공철(共邪共轍)하고 선악이 동류(同流)하는 태도가 불실로 보였기 때문이다.[129] 결국 그는 장로교인이기 때문에 칼빈 교리를 믿는 것이 아니라, 성경을 신봉하기 때문에 칼빈 교리와 합치되어 장로교인이 되었다는, 신앙고백적 주체성의 교파 교인이 되고, 그것이 "소속교파나 소속교회"에서의 에큐메니즘이 한 운동으로서 가능한 태도라고 보았다.[130]

---

125) 주필의 고언(告言), 『신앙생활』, 1937년 5월호, p. 37.

126) 중용파(中庸派)의 특징, 『전집』, I, p. 335 (1935년 12월호).

127) 신교(新教)의 화(禍), *ibid.*, p, 351 (1937년 7월호).

128) 미국교계의 전망, *ibid.*, Ⅱ, p. 120 (1934년 2월호).

129) 신앙 운동의 삼강령(三綱領), 『신앙생활』, 창간호.

130) 주필의 고언(告言)", *op.cit.*, p. 80.

5-6. 결언

1930년대는 조선교회로서 그 창립 희년(禧年)에 해당하기도 하였지만, 우리 교회는 심각한 내적, 그리고 사회적 도전에 시달리고 있었다. 사회공산주의의 공세에 서구 세속문명의 회의론이 펴지고, 문단(文壇)에 허무주의 기상이 뒤덮고, 교회 안에는 영적 감동의 파장이 시들고, 문화적 사업적 프로그램이 대체되면서 기왕의 정신적 숭고성이 아쉽게 사라져간 때였다. 거기에 조선적 기독교를 표방한 여러 종파의 준동이 겹치고, 영적 지도력 상실의 기성교회가 교권으로 사태를 통제하려는 모순이 축적되는데, 더하여 일제의 신사참배, 국체명징(國體明徵)의 국책에 의한 기독교의 비국민성 혐의 탄압이 조직적으로 교회의 생존을 위협하고 있었다. 더구나 농민의 궁핍화 과정은 심각하여서 이민과 몰락의 비탄이 더없는 심도로 민족 전체를 휩쓸고 있었다. 조선 기독교가 서 있는 자리가 이 만큼 질고와 혼란으로 동요되고 있었다.

김인서가 나타나 활동한 시기가 1932년에서 1941년이었기 때문에, 때의 증언치고 그 이 이상의 적격자가 없었다. 그의 『신앙생활』은 그 시기의 유일한 체계적 증언(證言)이었고, 교회의 가능한 한 응전의 형태였다. 신비주의적 둔세에의 초청이나 사회운동의 실험, 심지어 동양적 의식 중추의 친일적 교회형성 지향도 없지 않았던 시기였다. 하지만 김인서의 남다른 공헌은 민족사적 시각에서의 상황 인식과, 여러 상반된 현상들을 포괄한 기독교의 처방을 제시하고, 거기 기독교의 복음과 사랑을 원동력으로 하는 민족교회론을 제시한 데 있었다. 한 겨레이기에 그 구원을 비원(悲願)하면서 선교를 시대적 사명으로 알고 순일(純一)의 민족교회를 외치다 간 김인서는 그 때는 고독하였다. 그러나 그 비전의 흔적은 우리 유산으로 계속 창달될 것임에 틀림없다.

대세로는 복음의 진수에서 소외되고 체제에서 분립된 1930년대의 조선교회, 그를 사랑하여 순일(純一)을 호소하면서 "합할 수 없는 백성아, 네 이름이 조선 사람이로구나" 한 격정은 우리 교회가 하나의 진실한 그리스도의 교회가 될 때까지 고발처럼, 그리고 비탄처럼 계속 울려 퍼질 것이다. 그는 1932년 말 우연히 자기의 기술이란 것이 있다면, 석공(石工)이라고 말한 일이 있었다.[131]

거친 암석(岩石)을 깨어 한국 민족교회를 꾸며 쪼다 간 김인서, 그의 진실이 다음 글에서 보다 더 잘 나타나기는 어려울 것이다.

> 포도원의 망대 같은 조선교회의 병이 고쳐지지 아니하면 나의 병도 낫지 못할 것이니, 오, 나의 애인 조선교회, 사람을 인하여 병든 나를 버릴 것이면 병든 나의 종생(終生), 이 산에서 울고 지고. 이 산의 소나무, 후일 만일 내 마음 묻는 사람 있거든 그대의 천추대절(千秋大節)을 보여 줄거나.[132]

복음주의와 민족교회론, 그것이 김인서 필생의 작업 중핵(中核)이었다.

131) 회고1년(回顧一年), 『전집』, I, p. 35 (1932년 12월호).

132) 산거사(山居辭), *ibid.*, p. 38 (1933년 2월호).

6. 한국교회와 민족주의운동, 그 계보(系譜)의 상관성
- 1930년대를 중심으로 -

6-1. 문제의 시작

한국교회의 신앙 유형이나 교파 생성의 계보 설명에서 다른 방법도 여럿 있겠지만 지역적으로 서북(西北), 다시 말하면 황해도나 평안도 지방과 비서북(非西北), 곧 경기도와 충청도, 그리고 함경도 지역을 망라한 지방으로 나누어서 분석하려는 기도가 1930년대에 나타난 일이 있었다. 호남과 영남은 선교 정책상 그 신앙 행태에서는 서북(西北)과 상통한 것이 많았다. 이러한 시도를 한 사람들이 만우(晩雨) 송창근(宋昌根, 1898-1950)과 김인서(金麟瑞, 1894- 1964)였다. 만우(晩雨)는 이런 글을 남기고 있었다.

> 요즘 천하 공지(共知)하는 바에 조선교계에도 무슨 당이 있다, 누구의 파가 있다 하야, 서로 놀여 보고 못 밋업어 하는 터이요, 게다가 갓흔 조선 사람으로써 핏줄이 서로 다은 내 동족인데도 남놈 북놈하야 스사로 갈등을 일삼으니 이 엇지함인가. 북놈이 잘되고 남놈이 잘못되어도 조선이 망하는 것이오, 북놈이 쪄우러지고 남놈이 승(勝)한다 해도 결국은 조선교회가 망하는 것 외에 소득(所得)이 업슬터인데 그래도 피차(彼此)의 성찰(省察)이 부족한 듯하니 50년 희년(禧年)인가, 50년 희년(噫年)인가.[1]

함북 웅기(雄基) 출신으로 1931년 서북교회의 핵심 교회인 산정현(山亭峴)교회에 부임하여 1936년 봄, 거기서 남천(南遷)하여 부산에 내려가기 5년, 그런데 1934년 말에 벌써 이런 글을 썼던 송창근은 “남북절충의 안전판”[2]이라 불러졌었고, 따라서 남북 완충의 소임을 기대 받던 인물이다.

때를 맞추어 김인서 역시 경성노회의 분규 문제가 한참일 때 그것이 조선교

---

1) 송창근, 새 생활의 전제, 『신학지남』, 평양 장로회신학교, (1935. 1), p. 12. (원고- 1934년 12월).

2) 김인서, 송박사(宋博士)의 남천(南遷), 『신앙생활』, 1936년 6월호, 『김인서저작전집』, 서울, 신망애사, 1973, 1, p. 71

회 분열의 "진원(震源)"[3]이라 진단하면서 동조의 글을 이렇게 남겼다.

> 서도(西道) 사람이 세력이 있건, 서울 사람이 세력이 있건 다 같은 조선(朝鮮)놈끼리 그다지 싸울 것이야 무엇인가. ...
> 대체 분요(紛擾)하는 제씨의 눈에는 서도(西道) 사람, 경성(京城) 사람만 눈에 보이고, 예수는 아니 보입니까.[4]

여기 교회 안의 남북(南北) 대립이 적출되면서 그 배후에 어떤 "당(黨)"의 맥(脈)까지 개재 한다는 암시가 나타나기 시작한 것이다.

6-2. 교회 내 서북교권 기능의 형성

장로교의 경우 서북, 비서북의 교권기능, 도전기능의 갈등이나, 신앙 형태의 정사(正邪)를 판가름하는 투쟁에서 생성된 것으로 대개 정론이 되어 있는 기독교장로회(基督教長老會)와 예수교장로회의 분립에 대해서 기장(基長)은 대개 그 원인 소급을 1927년에까지 더듬어 올라간다.[5] 박승명(朴承明)목사사건이란 것이 그것이다.[6]

1) 박승명 사건의 배후

박승명(朴承明)의 이름이 기록에 오르기는 1902년의 일이다. 경기도 안성(安城)에 교회 하나가 있었는데 선교사 피에터스(A. A. Pieters: 彼得, 1872-1958)가 시무하다가 조사(助師) 박승명(朴承明)에게 이를 맡겨 전도하게 한 일이 있었다. 그런데 교세(教勢),

---

3) 『경성노회약사』, 1935-1945, 부록, 서울노회 『회의록』, 대한예수교장로회총회 교육부, 1975, pp. 213ff.

4) 경성노회의 재분요(再紛擾, 『신앙생활』, 1935년 8～9월호, 『전집』, II, p. 315.

5) 대한기독교장로회 호헌사(護憲史), 대한기독교장로회총회 제 44회 『회록』, 1960, 부록(附錄), p. 95.

6) 박승명(朴承明)은 평양신학교 제 18회(1925) 졸업, 1926년 『종교변론』저술, 1919년 10월, 대한국민회(大韓國民會)의 통곡운동(痛哭運動)을 주동.

전진(前進)의 망(望)이 파백(頗百)하더니 악마의 작희(作戱)로 기괴(奇怪)한 사건이 생(生)하야 조사(助師)는 송환(送還)되고 교회난 해산의 상태에 재(在)하더니 ...[7]

자못 백여 명이 넘었던 교세였으나 "악마의 작희"로 기괴한 사건이 일어났고, 결국 이로 인해 조사는 송환되고 교회는 해산될 상태에 놓였다는 기록이다. 이 "악마의 작희로 기괴한 사건"이 정확하게 무엇인지, 여기서는 밝혀져 있지 않으나, 이 교회에 박승명 부임 전 "약간 부녀 기인(幾人)이 잔존약무(殘存若無)하다가 ..." 한 글귀로 미루어 본다든가, 그 이후의 박승명(朴承明)의 행태(行態)로 보아서, 그것이 일종의 남녀관계였음을 쉽게 짐작할 수 있다.

이러한 인물이 마산교회에 부임해서 다시 남녀관계에 연루된 사건을 범했던 것이다. 그의 사건이 총회에서 문제된 것이 1927년인데, 그의 마산 부임이 1924년 12월 30일이고,[8] 또 당회, 시찰회, 노회를 거쳐 총회에까지 상고되는 시간을 아무리 짧게 잡아도, 이 불미한 사건은 부임 즉시 자행되었다는 사실을 부인하기 어렵다.

한데 총회의 처리는 박승명(朴承明) 옹호의 인상이 짙었다. 경남노회가 박승명을 치리한 데 대해서 "불법한 뎜이 불무함으로" 그 재심을 명령하며 "1개월 내에 갱사개졍"을 요구하였기 때문이다.[9] 더구나 "윤덕이"란 여인의 고소 사실 자체를 부인하고, 그 여인에 대한 재판 자체를 "비합법"으로 무산시키려 하였고, 한 걸음 더 나아가 경남노회가 문제를 고의로 확대, 혼란을 야기시켰다고 비방한 것이다. 그리고 그 모든 소란이 다 "교회의 테면을 오손케 함"이라 힐책하였다.[10] 문제의 완결 모색이라 해서 총회가 특별위원 함태영(咸台永, 1873-1964), 김석창(金錫昌, 1876-1950), 모페트(S. A. Moffett: 馬布三悅, 1864-1939), 홍종필(洪鍾弼, 1887-1935), 김화식(金化湜, 1894-1947) 등 5인(人)을 마산에 급파한 것이 이때였다.

---

7) 『조선예수교장로회사기』, 상, 차재명(車載明) 편, 서울, 신문내교회당, 1928, p. 95

8) *Ibid.*, 하, 한국교회사학회, 1968, p. 247.

9) 죠션예수교쟝노회총회 뎨 16회 『회록』, 1927, 원산, p. 54.

10) 재판부 보고, *ibid.*, p. 54.

한데 이 특별위원의 보고는 경남노회 옹호의 경향이 짙었다. 경남노회장 이자익(李自益, 1882-1961)은 사건의 재심이란 장로교 헌법상 불가하다고 단언하면서도, "샹회를 어듸까지 슌죵하난 뜻으로"11) 지시에 응한다 했을 때 거기 벌써 사태의 변모가 시사되고 있었다. 특별위원들은 간음 미수 피소(被訴) 자체는 설사 "증거 불충분"으로 보류된다손 치더라도 "관할상(管轄上) 처리"로서 박승명의 목회 타당성을 물어, 그를 권고 사직시켰음을 밝히고, 오히려 박승명의 "교회에 대한 비판 공격과 반문셔 제츌", "위언(僞言), 및 노회 모욕 등 행위"를 힐책하는 형편이었다.12) 여기 경남노회와 특별위원회가 박승명 치죄파였고, 총회가 박승명 옹호파임이 드러났다.

박승명이 다시 항고한 것은 총회를 기댄, 한 저항과 교회 정치의 한 혼란을 노출시킨 셈이었다. 1928년의 장로교총회는 오히려 함태영(咸台永)의 마산교회 보고를 기각하고,13) 함태영(咸台永)과 김화식(金化湜)을 특별위원직에서 해임하고 말았다.14) 여기 반발한 함태영(咸台永)이 교회사 검열위원(檢閱委員), 수양관위원(修養館委員), 재판국원(裁判局員) 등 직책의 사임을 요구했지만 총회는 이를 "불허"하였던 것이다.15)

마산교회는 이렇게 한국교회 최초의 지역감정 동기의 분열사가 기록된 불운의 고장이 된 것이다.16) 서북인 박승명을 옹호하고 비서북(非西北) 경남노회와 총회 안 특별위원을 박승명 치상(致傷)으로 처리하려던 장로교총회에 한국교회 지역 동력의 한 구슬픈 맥이 짚어지고 있었다. 여기 서북 주도권 형성의 문제가 제시된다.

---

11) 특별 부록, 경남노회 보고, 별위원보고, *ibid.*, pp. 121-122.

12) *Ibid.*, p. 122.

13) 죠션예수교 쟝노회 총회, 뎨 17회 『회록』 (1925), p. 29.

14) *Ibid.*, p. 30. 함가룬, 김영옥이 대체임명됨.

15) *Ibid.*, p. 43.

16) 이 사건의 계속 및 그 추이에 대해서는, *Ibid.*, 뎨 18회 『회록』(1929), pp. 10 참조.

2) 서북 장로교의 성장과 발전

서북의 장로교 주도권 형성은 우선 그 교세의 수적 우세에 있었다. 그것이 다음 도표에서 쉽게 판독된다.

한국교회 교세표 (1924년 2월)

	교인 수	교회 수	교역자 수
장 로 교	194,037	2,097	1,396
감 리 교	67,969	987	843
성 공 회	4,534	61	67
동 방 정 교 회	559	6	5
천 주 교	96,411	243	86
구 세 군	8,224	155	68
안 식 교	953	54	44
성 결 교	1,833	27	61
회 중 교	3,608	27	23
일 본 인 교 회	3,305	28	18
기 타	1,481	17	24
합 계	382,889	3,702	2,635

※ 기독신보(基督申報) 1924년 2월 6-13일자 의거.

이것을 1925년의 통계에서 장로교와 감리교만 따로 살펴보면 다음과 같다.

한국교회 (장로교 감리교) 교세 통계표 (1925년)

	장로교	북감리교	남감리교	합계
교회 수	2,309	648	492	3,449
목사 수	315	114	31	460
전도인 수	779	475	156	1,410
교인 수	193,823	45,066	22,591	261,580
주일학교 수	4,663	498	448	5,609
주일학교 학생 수	206,913	31,337	14,793	253,043

※ 조선야소교연합공의회 제 2회 회록(1926) 의거

이 도표에 의하면 장로교는 대개 감리교에 대해서 교세 3배 가량의 강세를 보이고 있었다. 그런데 이 장로교의 교세는 또 북장로교 관할 지역, 더구나 서북에 편기되고 있었다. 다음 그림에 그것이 역력히 드러나 있다.

장로교 지역별 교세표 (1925년(年)

	직원 수	교인 수	교회 수	결산 예산액(圓)
서 북	6,140	100,737	2,001	530,972.38
경기 · 충청	815	9,414	337	46,308.02

※ 죠션 예수교 장로회 총회 뎨14회 회록 의거

※ 여기 직원(職員) — 목사, 강도사, 장로, 장립집사, 조사, 전도사, 영수 등을 망라.
교회당(敎會堂) — 미조직교회, 부속기도실, 포교소 등을 포함.

이것은 다만 서북과 기청(畿淸- 경기 충청)간의 대비를 분석하였지만, 영남이나 호남이 각각 남 북 미국 장로교의 선교 관할 지역이란 사실까지 합산한다면, 이 서북 형태의 신앙 주도력의 크기가 얼마나 했던가 하는 것은 쉽게 판단할 수 있다.[17] 서북 장로교회의 교권 기능 확립은 한 실재였다.

이러한 구조의 전개가 보수주의 신앙과 선교사 주도로 다시 형태화하면서 교권기능을 굳혀 갔고, 이러한 기능 발휘 영향을 심지어 감리교에 대해서까지 행사하려는 심리적 자세로 발전한 일도 있었다.[18] 따라서 함경도나 기청의 장로교와 전국의 감리교는 도전기능(挑戰機能)의 위치에 서게 되고, 한걸음 더 나아가 이들 상호 간의 맹우(盟友)의식으로까지 발전하면서 한국 에큐메니칼 운동의 한 성격 형태가 잡혀져 가게 되었던 것이다. 그리고 서북의 선교사 주도라는 조건 때문에 비서북계의 "조선적" 주체적 교회의 형성 모색이라는 동기가 더불어 상승 작용하고 있었다.[19]

---

17) 가령 1938년 한국교회의 전 신도수 50만, 그중에서 35만이 장로교인, 그 35만 중에서 5분의 4가 평남(平南)에 몰려 있었다.
松山常大郎, 神社問題と基督教, 神社問題とキリスト教, 日本近代キリスト教史資料, I, 東京, 新教出版社, 1976, p. 323.

18) 가령 1935년, 감리교회 신생사(新生社) 간행『아빙돈주석』의 이단 정죄라든가, 류형기(柳瀅基)목사의 1936년 7월부터의 세계주일학교대회 대표권 거부 태도가 그 일부이다.

19) 서북과 비서북 대치를 형성한 사회경제적 요인에 대해서는 본서, 제 III편 2장 참조.

6-3. 한국교회와 민족운동

그 수적 대세를 자신한 장로교의 서북교회들은 교권의 정착을 누려, 한 때 총회 총대를 교인 200명에 목사 장로 한 명씩 한다는 의산노회(義山老會)의 헌의를 적극 추진하였지만,[20] 비서북 경성노회 함북노회들의 반대로 각 노회 매 20당회 단위로 목사 장로 각각 한 사람씩 한다는 안을 노회에 수의(垂議)하고 있었다.[21]

그런데 그런 교세의 판도에 민족주의 운동의 맥락이 관통되고 있다는 분석이 한때 이동휘(李東輝, 1873-1935)의 민족주의에 끌려서 상해임시정부의 국내 연통제(聯通制) 함북책임자(咸北責任者)로 있다가 "극단의 민족주의와 복음주의는 양립하지 못 한다"[22]고 해서 거기서 떠단 김인서(金麟瑞, 1894-1964)에게서 모질게 나타났다.

> 조선교회는 황해도 이서(以西)에 반 이상이 있습니다. 따라서 조선교회의 주력이 서부에 있는 것입니다. ... 하여튼 재래의 조선교회 대소사(大小事)를 서부교인이 지배한다는 것이 남현격의 원인이 되었습니다. 더구나 서방(西方)에 근거를 둔 정당적 모 단원(某團員)들이 교회 기관을 잡고 당파심을 조장하는 이상 남서(南西)의 감정은 조화되지 않을 것입니다. ... 장대(掌大)의 조선에서 이 남(南)이니 서(西)이니 하는 못된 관념은 근저(根底)조차 제멸(除滅)되지 않으면 아니 됩니다. 그리고 모단원(某團員)들도 총회의 직접기관에서 양퇴(讓退)하여 교권 농단의 수단을 버리고 사단(私團)과 교회의 관계를 명백히 하지 않으면 안 됩니다.[23]

분석이 아니라 혹독한 비판의 가락이 강렬한 글이다. "민족주의 단체들이 교회 내에 세력을 부식(扶植)하면 후일 조선교회에 화근이 될 염려까지 있다"고 해서 1930년부터 계속 이를 경계해 왔던 그였기 때문이다.[24] 따라서 이러한

---

20) 조선예수교장로회 총회 제 23회 『회록』(1934), p. 51.

21) *Ibid.*, 제 24회 『회록』(1935), p. 51.

22) 복음주의와 민족주의, 『신앙생활』, 1935년 4월호. 『전집(全集)』, Ⅱ, p. 171. Cf. 『한국독립운동사』, III, p. 46. 연통제 공판(公判).

23) 이십삼총회의 등정 문제(登程問題), 『신앙생활』, 1934년 8~9월호, pp. 5-6.

24) 김인서, 흥사단 급 동지회와 조선교회와의 관계, *ibid.*, 1934년 10월호, p. 30.

비판은 보수주의를 자처한 김인서와 같은 층의 경건주의적 저항 세력이 서북 교회 안에도 실재하였고, 실상 이러한 동력이 신 구의 갈등이라든가 신학 방법론상의 차이로 교파 분열에까지 치솟은 한국교회의 외형사(外形史) 배후에, 한국교회의 정통으로 계승되어야 할, 한 원점으로 지속되어 온 사실을 웅변적으로 시사하고 있다. "예수의 복음(福音)으로써 조선 사람을 사랑하는"[25]것이 참된 민족교회의 정도이기 때문이었다.

1930년대에 이르면서 그 상태가 뚜렷해진 기독교와 관련된 민족주의 운동 단체는 수양동우회(修養同友會) 곧 흥사단(興士團)과 혁명동지회(革命同志會) 곧 동지회(同志會)로 크게 둘로 나눌 수 있었다. 한데 전자가 막강의 서북 교세를 장악한 교권에 연결돼 있었던 것이고, 후자가 도전적 기청(畿淸) 교회의 다변적 교회 활동에 맥(脈)을 함께 하고 있었던 것이다.

25) *Ibid*., p. 31.

6-4. 교회와 민족주의운동의 계보

1) 동우회와 동지회

동우회, 곧 흥사단의 설립과 그 전개 및 구성은 대개 다음과 같았다. 곧 흥사단은 1913년 5월 안창호(安昌浩, 1878-1938)에 의해서 상해에서 발기되고, 1914년 5월 로스앤젤레스에서 창단된 단체였다.[26] 이것이 국내에서는 1922년 2월 춘원(春園) 이광수(李光洙, 1892-1950) 조직의 서울 수양동맹회(修養同盟會), 같은 해 7월 김동원(金東元, 1884-1950) 등의 평양 동우구락부(同友俱樂部)였다.[27] 이 양자가 1926년 1월 통합해서 수양동우회(修養同友會)라고 칭하고 범민족적 세력의 규합으로 전개되었던 것이다. 흥사단(興士團)과 수양동우회(修養同友會)가 통합해서 동우회(同友會)가 된 것은 1929년 11월의 일이었다.

그런데 일제는 1937년 6월, 소위 불온(不穩) 계획의 확증을 얻었다 해서 동우회 회원의 일제 검거에 나섰는데, 서울 55명, 평양 선천에서 93명, 안악에서 33명 등 모두 181명이 구금되었다. 여기서 주목되는 것은 서북계가 전체의 70%를 차지하고 있다는 사실이다. 이들 중 기소되어 1940년 8월 실형을 선고 받았던 42명 가운데, 기독자는 대개 서울의 주요한(朱燿翰), 이용설(李容卨), 김윤경(金允經), 이대위(李大偉), 이윤재(李允宰) 등이 있고, 평안도의 김동원(金東元), 백영엽(白永燁), 정인과(鄭仁果), 김성업(金性業), 김선양(金善亮), 김항복(金恒福), 김하현(金夏鉉), 한승곤(韓承坤), 한승인(韓承寅), 함북(咸北)의 송창근(宋昌根) 등이 있었다.[28] 이 동우회가 묘하게 교회의 주도권을 장악했던 서북 장로교와 밀착돼 있었던

---

26) 자세한 것은 주요한 편저, 『안도산 전서』, 서울, 삼중당, 1971, pp. 143ff., 433ff. 참조.

27) 강동진(姜東鎭)은 이광수가 이때 이미 도산(島山)을 만난 것은 확실하나, 조선통치정책의 사이토(齊藤實) 총독 자문이던 京城日報社長 아베(阿部充家)와 수양동맹회 설립에 관해 사전 협의하였고, 그 규약(規約)이 총독에게 제출되었고, 따라서 그 동맹회 형성이 총독부와의 사전 협의 아래 이루어진 것으로 해석. 그의 『일제의 한국침략정책사』, 서울, 한길사, 1980, pp. 404-405.
더구나 강동진은 이광수의 민족개량주의가 실은 일본 식민주의자의 정치적 도구로서 독립운동을 부정하는 이데올로기로 이용당한 데 지나지 않았다고 본다. *Ibid.*, p. 399

28) 김인서는 흥사단의 교회 내 세력을 "수백인"으로 추산하고 있었다. "적극단문제를 추(推)하야 당벌문제(黨閥問題)를 論홈", 『신앙생활』, 1935년 4월호, p. 9.

것이다. 서울 새문안교회가 지리적으로는 서울에 위치하였으되, 이 서북교권권(西北教權圈) 속에 계속 동참하고 있었다는 사실은 그곳 장기 시무의 목사 차재명(車載明, 1887-1947)의 흥사단 관계, 정인과(鄭仁果, 1890-1972)의 동사목사직, 그리고 경성시찰(京城視察) 계 노회와의 끝없는 불화같은 데서 쉽게 설명된다.[29] 다만 동우회원 중 송창근만이 서북, 비서북 절충에 나섰다가[30] 필경 서북의 비위를 건드린 일이 있었다.

다른 한편 동지회는 뚜렷한 국내 조직 결정의 경로를 아직 추적하기가 어렵다. 다만 해외의 독립운동 단체인 체미 이승만(李承晩, 1875-1965)의 혁명동지회가 국내에서 신흥우(申興雨, 1883-1959)의 발기 아래 1921년 범태평양조선협회, 1922년 흥업구락부, 1925년 태평양문제연구회, 1926년 기독교연구회[31]를 거치거나 병행해서 1932년 적극신앙단으로 발전 전개된 사실만이 뚜렷하게 노출돼 있다. 신흥우 주도로서의 국내 동지회계의 활동이란 전제에서 본다면 조선체육회, 조선상공회, 중앙진흥회 등이 있었던 것으로 볼 수가 있다.

우리는 이러한 양대 민족주의 국내 운동이 반드시 대치(對峙)나 경쟁의 계보상 이질적 운동으로만 단정할 만한 갈등에 시달렸다는 근거에서만 관찰할 수 없다. 그들 피차 간의 왕복이나 인물의 중첩이 간혹 있기 때문이다. 그런데 관계가 그렇게 전개된 곳이 있었다. 교회 안의 역학관계가 그것이다. 신앙의 원리적 엄격성 때문에, 그렇지 않으면 그대로 지나갔을 잠재한 요소의 예각화(銳角化)가 자극되어서 그러했는지는 모르지만, 교권기능의 집행 단계에서 그것이 불가피하게 폭발되었던 것 같다. 이를 직시한 김인서의 말은 그 핵을 저리게 찌르고 있었다.

> 종교교육부(長老會總會의)는 안창호(安昌浩)를 중심한 흥사단에 중진인 정인과씨(鄭仁果氏)가 주재하고,[32] 농촌부는 조만식씨(曺晩植氏)를 중심한 농우회(農友會)의 중진인 배민수씨(裵敏洙氏)가 맞고, 면려회(勉勵會) 역시 흥사의 이대위씨

29) 여기 대해서는 『새문안85년사』, 새문안교회, 1973, pp. 144f., 148f., 151f., 156ff., 등 참조.

30) 송창근, 조선인의 신앙을 논하야 성서적 신앙에 급(及)함, 『만우(晩雨) 송창근』, 송창근선생기념사업회, 1978, p. 243

31) 전택부, 『인간 신흥우』, 서울, 기독교서회, 1971, pp. 246, 257.

(李大偉氏)가 채배(彩配)하고 ... 기독청년회(Y.M.C.A.)는 이승만씨(李承晩氏)를 중심하는 동지회(同志會)의 중진 신흥우 박사(申興雨博士)가 주무(主務)하고 잇습니다. 이황(以況) 흥사단과 동지회의 파쟁을 교회안에 끄을고 드러와서 계속함이랴. 우황(又況) 흥사단은 교내(敎內)에서 적지 안은 세력을 부식(扶植)하고 잇음이랴.

이렇게 사당(私黨)의 중진들이 교회 직접기관을 잡고 있는 금일임에 ... 교회의 중기(重器)가 또한 어느 사단사당(私團私黨)의 손에 들에 가지 아니할가 하는 염려가 업지 아니합니다. ...붕당(朋黨)들이 각각 영분내(領分內)에서 조선을 위하야 활동하는 것은 조흔 일이나, 민일 우리 주의 교회를 이용하는 일이 잇으면 어데까지 항거합니다.[33]

민족주의 운동의 맥과 교권의 선은 이만큼 엇섞이고 있었다.

다른 한 가지 우리가 조심해서 유념해야 할 점은 일제의 식민통치라는 상황 아래에서 이들 국내 민족운동이 겪어야 했던 한계, 그리고 거기 대한 우리의 이해이다. 종교활동으로서 엄연한 전국적 조직을 구성해 가지고 있는 기독교회에 이들 운동이 기착하게 된 동기 자체가 한 역사적 필연이고, 따라서 국외에서 진행시킨 것과 같은 대일(對日) 타협에 대한 철저한 반대와 무장 투쟁화와 같은 과격 노선은 착수될 수가 없었던 것이다. 따라서 국내에서는 역시 실력 양성의 점진주의적 민족주의가 그 한계를 이루고, 전통적 기독교의 비폭력 이상과 연결되면서 서바이블 형의 민족의식 계발운동에 머무를 도리밖에 없었다. 일제의 침략정책이 문치(文治)나 무단(武斷)으로 엇섞인 1920년대와 1930년대 전반을 통해서 변태적 경험을 제거할 수 없었던 운동이란 점에서도 이 한계는 시인되어야 한다. 따라서 이런 역사의 정황을 "반일운동의 진정화(鎭靜化)를 노린 안전판"[34] 역할에의 타락이라든가, "독립불능론(獨立不能論)의 논리적 전제"[35] 그리고 국내 민족단체의 전개 과정에서 그 "정체를 알 수 없다"[36]

32) 정인과(鄭仁果)는 1919년 4월 13일 상해 임시의정원(上海臨時議政院) 미주대의사(美洲代議士), 동 30일 의정원(議政院) 교통위원장 재무위원회 이사, 동 9월에 외무차장 역임.

33) 평교인(平敎人)이 본 목사대회, 『기독신보』, 1934년 8월 1일자.

34) 강동진, *op.cit.*, p. 384

35) *Ibid.*, p. 385.

36) *Ibid.*, p. 404.

운운하는 판단은 지나친 것이 아닌가 하는 생각이 든다. 일제 통치하의 국내 조직으로서 합법성을 획득해야 하는 필연 전부가 타협이었다는 생각이라면, 국내에서의 민족적 단위의 애국활동이 그 지하성이라는 것으로도 성립할 수가 없었던 시기에 대한 지나친 몰이해가 문제가 된다.

2) 동지회와 기청(畿淸)의 교회들

1934년 7월 1일, 장로회 목사대회가 총회 상설 종교교육부와 농촌부 주최로 개최되었을 때, 거기 강사들이 서북교권계 일색이었다.[37] 기청(畿淸) 교회의 반응이 원만할 수 없었다. 묵인목사(默忍牧師)란 필명의 반서북계 인사가 『기독신보』에 감상문을 발표한 것은 1934년 7월 18일의 일이다. 여기 동지회계의 교회들과 동우회계 서북 교회의 갈등이 하나 노출된 셈이었다. 장로교회에서 총회를 남북 대회(Synod)로 분립하자는 기청계(畿淸系) 노회의 운동이 활발하던 것도 이때였다.[38]

1934년이 한국교회 희년이었지만 암운은 짙게 깔려 있었다. 장로교의 평서(平西), 황해 2대 노회가 한국 유일의 에큐메니칼 교회기관인 조선예수교연합공의회 탈퇴안, 평북노회의 동 해소안까지 제출되던 분열 위기의 해였다. 그때의 NCC가 기청계(畿淸系)에 장악되어 있지 않았다손 치더라도 그 조종이 쉽지 않았기 때문이다.[39] 일제도 판단하고 있었듯이 동지회가 "의연히 소극적 활동"에 머물고 있었기 때문에[40] 그와 밀착된 열세의 기청(畿淸) 장로교나, 감리교의 지역 내 협력 의욕이 자극되어 NCC의 성향이 남북 대표권 동수란 논리로 굳혀져 간 것이 서북

37) 정인과(鄭仁果), 박형룡(朴亨龍), 백락준(白樂濬), 김화식(金化湜), 채필근(蔡弼近), 배민수(裵敏洙), 배은희(裵恩希), 차재명(車載明), 염봉남(廉鳳南), 장홍범(張弘範), 김관식(金觀植), 남궁혁 제씨(南宮爀諸氏), 『기독신보』, 1934년 6월 27일자.

38) 조선예수교장로회총회 제 23회 『회록』 (1934), p. 9.

39) 조선기독교연합공의회 헌법에 의하면, 구성단체 14개 중에서 서북(西北)계는 5개 기관에 불과했다. 동 제 7회 『회의록』(1930), pp. 24-25
그 회원도 장로교 20인, 감리교 20인 동수로 함으로써 서북(西北)의 불만(不滿)이 컸었다. *Ibid.*, pp. 26-27. 그 분포 역시 총대수(總代數) 66인중, 서북계가 33인으로 꼭 반수에 이르도록 돼 있었다.

40) 최근의 조선치안상황 9) 민족주의운동, 『한국독립운동사』, V, p. 307.

의 반발을 촉발시켰던 것이다. 한국 에큐메니칼 운동의 이러한 지정학적 공감 획득 경로가 바로 그 후 극복했어야 했던 연합 운동의 암적 유산이었다.

기청 교회가 조선적 교회의 형성을 기약하면서 형성했던 운동이 적극신앙단(1932)이란 것이었다.[41] 그런데 1935년 흥사단계의 재경 기독교유지회 김정식(金貞植, 1862-1937) 외 11인의 건의에 의해서[42] 장로회총회가 이 적극신앙단을 이단으로 규정했던 것이다.[43] 전남노회가 "신성한 교회에 교역자로서 타 단체(당)에 가입하야 신성한 교회에 모순된 파문을 일으킴은 사실이온즉 이것을 일절 엄금하여 주시되 가담한 교역자는 스사로가 결정하도록 하여 주심을 바람"[44]이란 헌의(獻議)는 "문구가 미분명함으로 반려"한다 결의하면서도, 적극신앙단 만은 "용납치 않기로" 하였던 것이다. 사태의 핵심은 명백했다. 흥사단계는 단체 가입이란 사실의 용인으로 교회 내 활동이 인정되고, 적극신앙단은 "그 신앙 선언 검토"로서 정죄되었기 때문에 단체 활동이 문제시되지 않고 신앙 자세가 문제된다는 해결책이었다. 하지만 우리는 적극신앙단의 선언이 "흥사단의 무실역행(務實力行)의 수양개조를 배웠다 할 만큼 비슷한 수양개조"란 사실이 걸린다. 따라서 적극신앙단만이 당심리(黨心理)와 자당 보호로 유해하고 흥사단은 무해란 논법이 거슬린다. "대당(大黨) 합세로 다만 소당(小黨) 타도의 편거(偏擧)에 출(出)하니 시하괴사(是何怪事)뇨."[45] 김인서의 송곳같은 말이다.

감리교회는 1935년 1월 신흥우를 YMCA 총무직에서 떠나게 하고, 4월에 세 연회(年會)에서 총회가 승인치 아니하는 단체에 교직자가 가입할 수 없다고 결의하여 적극신앙단 활동을 봉쇄한 바 있었다.

장로교 목사로 이 적극신앙단에 가입한 것으로 돼 있었던 함태영(咸台永), 권영식(權英湜), 전필순(全弼淳), 박용희(朴容羲), 최석주(崔錫柱) 등 5인에게는 탈

---

41) 여기 대해서는 졸서, 『한국민족교회형성사론』, 서울, 연세대학교 출판부, 1974, 제 4장 참조.

42) 예수교장로총회 제 24회 『회록』 (1935), p. 9.

43) *Ibid.*, p. 54.

44) *Ibid.*, pp. 9, 52.

45) 김인서, 적극단 문제를 추(推)하야 당벌문제(黨閥問題)를 논함", 『신앙생활』, 1935년 4월호, p. 10.

당 명령이 내려지고,[46] 여기 불복(不服)한 이들 중심의 경중노회(京中老會) 분립과 남선대회의 구성 촉진이 부산하던 1935년 10월 7일자 『기독신보』가 한 성명서를 대대적으로 게재하였다. 총회 조사의 불법을 따지는 함태영 외 4인의 글이었다.

> 선교사 스테이션회(會)에서 행한 월권적 간섭과 그의 응(應)하야 차재명씨(車載明氏) 등 수인(數人)이 탈선적 성명을 공개함에 기인하야 악화된 것이며, 기만의 수단으로 노회의 직권을 아서가지고는 별사(別事)를 연출하야 허위로 상회(上會)를 현란(眩亂)케 하며 경성사회와 교회를 어지럽게 하는 등 ....[47]

이 글은 경중노회 사건을 둘러 싼 혼란을 취급하면서 적극신앙단 연루에 대한 신상 발언의 성격을 띤 글이었다. 그러나 1915년부터 선교사 주도의 기독교서회 간행의 기관지가 『기독신보』라 생각할 때, 이런 총회 노회 탄핵의 글이 거기 실리는 데 곡절이 없을 수 없었다. 더구나 한 신도의 "장로회총회를 보고서"[48]나, "경성노회의 분열은 무엇을 원인하는가,"[49] "경중노회 수(遂) 조직,"[50] 박영식(朴永植)의 "을해잡감(乙亥雜感)"[51]과 같은 글들은 총회에 대한 정면 반기요, 적극신앙단에 대한 변호 격려의 표현들이었다. 이 미문(迷問)의 실마리가 1935년 9월 18일의 사설에서 풀린다. "완전히 따로 서면서!"

> 본보의 선교사의 기관인 동회(예수교서회)에 대하야 종래 가지고 있든 약간의 관계를 떠나서 사옥(社屋)을 따로 하고,[52] 순연히 조선사람의 손, 우리의 마음으로 천여(天與)의 사명을 다하려고 하는 바이니,

---

46) 조선예수교장로회총회 제 24회 『회록』 (1935), pp. 53, 58.

47) 『기독신보』, 1935년 10월 16일자.

48) *Ibid.*, 1935년 10월 23일자.

49) *Ibid.*, 11월 27일자.

50) *Ibid.*, 12월 18일자.

51) *Ibid.*, 12월 25일자.

52) 수송동(壽松洞)이었고, 거기서 실제로 수송교회가 따로 모이고 있었다.

편집 겸 발행인은 전필순(全弼淳, 1897-1977)이었다.[53] 문제된 5인중의 하나였다. 장로교 총회가 1935년 9월 이사 파송을 보류했다가,[54] 1936년 헌의부(獻議部)의 안건 상정을 거부하고 "『기독신보』는 개인의 것인즉 총회가 간섭할 필요가 업는 것"[55]이라 한 것이 이 때문이었다. 서북의 흥사단계 거두 정인과(鄭仁果)는 총회 상설 종교교육부 총무로서 1932년 창간의 『종교시보(宗教時報)』를 개제, 1936년 1월부터, 『기독신보』 대신 『기독교보(基督教報)』를 편집 발행하게 된 것이 이런 배후를 가지고 있었다.[56]

동지회와 관련된 기독청년운동은 두말할 것 없이 신흥우가 총무(1920-1935.1.7.)로 있었던 YMCA였다. 기독교연구회나 적극신앙단 같은 것이 다 여기 밀접한 관계를 형성하고 있었는데, 거기 관련된 인사들은 전술한 5인의 장로교 목사와 감리교의 홍종숙(洪鍾肅), 박희도(朴熙道), 박동원(朴東元), 김활란(金活蘭), 유각경(兪珏卿), 홍병선(洪秉璇), 홍병덕(洪秉德), 정춘수(鄭春洙), 유억겸(兪億兼), 신공숙(申公淑), 김인영(金仁泳), 박연서(朴淵瑞), 엄재희(嚴載熙), 김태원(金泰源), 정성채(鄭聖采), 이건춘(李健春), 구자옥(具滋玉), 김영섭(金永燮) 등이었다. 여기 서북계 인사의 현상적 부재가 눈에 띄인다. 김양선(金良善)이 "안창호계의 흥사단이 기반을 굳히고 있는 서북 지방을 제외한 중부 이남의 교회들을 기반"[57]으로 YMCA가 발전했다는 판단은 아래 도포에서는 그대로 드러난다.

53) 기독교서회는 1932년에 이미 경영난으로 전필순에게 발행권, 경영권을 양도한 바 있으나, 1935년 기독교서회가 간섭하려 하자 이런 조치를 취했다. "을해잡감(乙亥雜感)", 『기독신보』, 1935년 12월 25일자.

54) 예수교장로회총회 제 24회 『회록』, p. 52.

55) *Ibid.*, 제 25회 『회록』 (1936), p. 11. 항목 24, 25.

56) 가령, 총회분열운동의 내막일부, 『기독교보』, 1937년 4월 13일자에는 함태영(咸台永)일파의 기독교장노회 조선총회 형성 획책을 통박하고 있다.

57) 한국기독교사, 개신교사, 『한국문화사대계』, IV, 고려대학교, 민족문화연구소, p, 668

Y.M.C.A. 지역별 활동 상황 (1925년)

	중앙	함흥	선천	평양	대구	광주	원산	전주	신의주
직 원 수	19	3	3	2	2	7	1	1	1
회 원 총 수	1,603	172	303	200	230	123	108	113	62
기 본 재 산	391,653	1,000	3,155	–	600	1,470	–	50	–
회 비 수 입	3,820	500	228	300	300	167	58	228	85
회우활동 참가자	16,820	70	4,358	200	300	50	–	–	–
체육활동 참가자	37,030	1,100	1,540	4,000	20	–	–	–	–
종교집회 참가자	28,470	300	3,265	2,000	500	250	–	–	–

※ (–)표(標)는 불명(不明)한 것을 뜻함.

※ 조선기독교청년회연합회 정기대회 제 5회 회록(1926) 부표(附表) 의거

그런데 기청(畿淸) 교회나 YMCA에 밀접히 관련돼 있으면서도 반(反) 신흥우의 태도를 결국 나타내고, 그 파벌적 편향에서 떨어져 있었던 사람들이 있었다. 윤치호(尹致昊, 1864-1945) 양주삼(梁柱三, 1879-1950)이 그들이다. 이들은 감리교회의 원로 중핵 인물들로서, 적극신앙단과 같은 조직이 비밀 결사의 성격을 띠고, 1934년 감리교 연회까지 점령하려 한 팟쇼단이라 힐책하고 있었다.[58] 더구나 윤치호는 신흥우가 조선총독부 학무국장 시오바라의 권유에 따라 적극신앙단을 조직한 것이라고 확신하고 있었다.[59] 신흥우를 "타고난 음모가"라는 말도 서슴치 않았다.[60] 물론 우리는 "105인 사건"으로 인한 감옥생활 이후의 윤치호의 일종 탈정치적(脫政治的)인 행태를 염두에 두지 않으면 안 된다. 따라서 신흥우가 "그 본질에 있어서 다름없는 정치인"이요, "YMCA총무가 된 것도 나라의 독립과 자유를 찾기 위한 하나의 정치적 도구로 택"[61]하였던 것이 사실이라면, 양주삼이나 재경유지회(在京有志會)의 김정식과 함께 YMCA 총무직을 사퇴하게 한 일련의 동기가 포착된다. 그것은 윤치호가 친서북이었기 때문에 그런 것은 아니었다. 따라서 윤치호의 입장은 이 분석 연구에서 제외되어야 한다.

---

58) 『윤치호일기, 1916-1943』, 역사비평사, 2001, pp. 414, 417. B. P. Barnhart's *Report*, Feb., 23, 1935,.

59) *Ibid.*, p. 370.

60) *Loc.cit*

61) 전택부, 『인간 신흥우』, pp. 254-255.

이러한 동지회계 활동은 연농사(硯農社)(1930), 중앙진흥사(中央振興社)(1933) 등으로 일부 전개도 되었지만, 가장 현저한 핵심적 운동은 역시 범태평양조선협회(1923)[62] 창설의 배경이었던 흥업구락부(1922)였다. 비밀 결사적 성격을 가진 이 운동이 일제에 적발된 것은 1938년 2월 서대문 경찰서에서였고, 그때 그 전모가 밝혀졌던 것이다. 일경(日警)도 이 흥업구락부가 "이승만이 통솔하는 재미 동지회의 국내지부로서 안창호의 동우회가 국내 민족운동의 2대 파벌의 서북파에 속하는 데 반하야 기호파에 속한다"[63]고 단정하고 있었다. 여기 관계된 기독자로서는 역시 YMCA계의 신흥우를 비롯해서, 유억겸(兪億兼), 유성준(兪星濬), 장두현(張斗鉉), 정춘수(鄭春洙), 신홍식(申洪植), 신석구(申錫九), 구자옥(具滋玉), 홍병덕(洪秉德), 이건춘(李健春) 등 주로 감리교계 인사였고, 비기독자로서는 최두선(崔斗善), 김준연(金俊淵), 이관구(李寬求)와 같은 이들이 있었다.

3) 서북교회와 동우회

적극신앙단 문제를 척결하면서 장로교총회도 마땅히 민족주의 운동 조직에 대한 교회 내 연결을 견제한다는, 총괄적인 결의안을 내려야만 했다. 다시 말하면 흥사단에 대해서도 적극신앙단에 대한 것과 같은 포괄적 성격의 단안을 내려, 법 집행이나 행정의 정도를 시위해야만 했다.

하지만 앞서 잠깐 살핀 바도 있지만, 전남노회와 전북노회가 "교역자(敎役者)로서 다른 단체에 가입함은 불가한즉 탈회(脫會) 또는 자진 성명케 하자는 건"은 "교역자 개인이 교리에 관계없는 단체에 가입된 것을 본 총회가 간섭할 수 없는 것"[64]이라 하여 반려한 보고를 접수하였던 것이다. 두 노회는 "동지회, 적극신앙단, 흥사단, 기타 사상 단체" 일괄 척결을 주장했으나 "이단이 아니면 간섭키 난(難)"[65]하다 해서, 이미 이단으로 판결한 적극신앙단 가입만을 금지한

62) 전택부, 『한국기독교청년회운동사』, 서울, 정음사, 1978, pp. 412ff.

63) 최근의 조선 치안 상황, 『한국독립운동사』, V, p. 307. 흥업구락부가 혁명동지회의 3대 정강 및 공약삼 장 의 지도정신에 의한다는 것도 지적되었다. *ibid.*, p. 308.

64) 조선예수교장로회총회 제 25회 『회록』, pp. 11, 15.

65) *Ibid.*, p. 15.

묘한 판결을 내놓았던 것이다.

여기 한편에서는 재야 김인서가, 다른 한편 총회 안에서는 최대진(崔大珍) 등 5인이 여기 반발하였다. 우선 김인서는 "만일 당벌(黨閥)의 해독을 간파하였거든 교내(敎內) 불용당(不容黨)이란 불편(不偏)의 거(擧)에 출(出)하야 공평히 일률(一律)로서"[66] 다스려야 할 터인데, 그것이 없다 공박하였다. 다음 최대진(崔大珍) 등은 총회가 단체 가입건을 부결한데 대해 항의서를 제출하여 교역에의 방해, 정치 원리에의 위반, 성경 도리에의 배치, 교회 통일에의 장해, 불원한 장래에서의 위험 초래 등, 다섯 항목의 이유를 들어 그 비위를 지적하였다.[67] 여기 대하여 장로회총회는 차상진(車相晋)을 답변 위원장으로 해서 다음과 같이 천명하였다. 곧

1. 동회(동우회, 흥사단)는 다만 수양하는 단체로서, 수양하는 일로 교회에 방해가 없음.
2. 동회의 강령 규약이 교회 정치 원리 8개 조항에 비추어 하등 저촉됨이 없음.
3. 동회 규약 급 회원의 의무가 성경 도리에 어기는 행동이 아님으로 하등의 배치될 것이 없음.
4. 동회는 교회의 이외의 단체일뿐더러 정치와 교리에 하등 간섭이 없는 단체임으로 교회 통일에 하등 지장이 없음.
5. 이상과 같이 개인이 자유로 동회에 가입하였더라도 교역에나 정치 원리에나 성경 도리에 배치되거나 교회 통일에 하등 지장이 없은즉 장래에도 위험을 초래할 일이 아님.[68]

장로교 교권권(敎權圈) 안에 흥사단의 입김이 이만하였다. 그 답변이 동문서답식이요, 핵심 도피식이다. 1933년 총회가 "자금 이후로는 전선(全鮮) 교역자를 본위로 하야 수양강좌를 개최케 하라고 부탁"[69]하면서 그 예산을 재정부에

66) 김인서, 적극단 문제를 추(推)하야 당벌문제(黨閥問題)를 논흠, 『신앙생활』, *op.cit.*, pp. 9-11.

67) 조선예수교장로회총회 제 25회 『회록』 (1936), p. 73.

68) *Ibid.*, pp. 86-87.

69) *Ibid.*, 제 22회 『회록』 (1933), p. 38.

책정하도록 한 것과 같은 것은, 하필이면 수양동우회의 글자를 따서 "수양" 강좌라 하겠느냐 하는 평판을 면하기 어려울 것이다.

한데 이러한 교권의 핵심이 장로교 총회 상설 종교교육부 총무 정인과(鄭仁果)의 손에 있었음은 공인된 사실이었다. 하지만 그에게 대내 대외의 압력이 높아 갔다. 대내에서는 불신자로서 동우회 중진인 이광수가 작사한 찬송가를 『신편(新編) 찬송가』에 넣으려 한 무모와 개인적 부덕[70] 때문에 제동이 걸리기 시작, 마침내 1937년 "사고로 얼마 동안 시무치 못하게" 되었다.[71] 하지만 이 "사고"는 대외적 압력이었음이 확실하고, 이를 곧 상술하겠다.

서북계와 밀접한 관련을 가졌던 다른 한 형태의 민족주의 운동은 조선기독교 농촌연구회[72]라는 것이었다. 평양신학교와 숭실전문학교 학생들을 중심해서 기독교 사회주의 실현을 표방했던 이 운동은 조만식(曺晩植, 1882-1950)과 배민수(裵敏洙, 1896-1968), 유재기(劉載奇, 1905-1949) 등이 주도하여 전국 각지에 협동조합, 신용조합과 같은 단체를 결성하고 이를 통하여 농촌 생활환경을 개선하고 더 나아가 농민 각층에 의식화 운동을 추진한 조직이었다.[73]

한편 장로교총회는 사회변화와 그 의식변화 및 조선 농민의 궁핍화 과정 때문에 거기에 대한 선교 사명에 자극받아 1928년 조선예수교 농우회(農友會) 발기총회장의 청원을 수리하여, 총회 안에 농촌권업부(農村勸業部)를 설치하고,[74] 각 노회에도 이를 설치하도록 하였던 것이다. 그런데 정인과가 1929년 그 총회 농촌부장으로 들어앉는 동시에 그 사무국장으로 취임하게 되었다.[75] 흥사단 세력과의 제협이 현상화한 것은 이때부터였겠지만, 그 실질적인 표현

1927년의 총회는 금강산에 수양관(修養館)을 짓기로 했고, 그 이후 이를 건축한 일이 있다.

70) 본서, 제 3편 제 2장 참조. 장로교총회 제 25회 『회록』, pp. 15, 75.

71) 조선예수교 장로회 총회 제 26회 『회록』, (1937) p. 19.

72) 농우회(農友會)라고도 불려진다. 그 별칭 내용, 경로는 아직 불분명.

73) 평양 산정현교회 주기철(朱基徹)목사도 한때 이 조직에 연루된 것으로 돼 검거(檢擧)된 일이 있다.

74) 조선예수교장로회총회 제 17회 『회록』 (1925), pp. 11, 39.
그 부원은 염봉남, 정인과 윤산온(尹山溫), 최병은, 전필순, 안명군, 김원매. p. 410.

75) *Ibid.*, 제 18회 『회록』 (1929), p. 410.

은 1933년 농촌부에 상설사무국을 설치하면서부터일 것이다. 그 때 총회는 배민수가 내놓은 6,860원[76]의 의연금을 기금으로 삼으면서 그를 그 총무로 위임하였던 것이다. 그런데 이 의연금의 출처가 문제였다.[77] 언제나 통찰과 정론(正論)으로 교회를 살펴 글 쓰던 김인서의 말에 그 일단을 엿보인다.

> 농촌부(農村部) 자금은 배민수씨(裵敏洙氏)가 미국서 엇어 가지고 온 돈으로 물론 정재(淨財)이겟지만 ... 전례에 의하여 후일 모당(某黨) 회원이라도 나도 돈을 엇어 왓으니 총회 하하부(何何部)를 설(設)하여 주시오, 기독정신의 상업부(商業部), 기독주의의 공업부를 세워 달라면 허락 아니할 수 없습니다.[78]

묘하게도 이 농촌부 역시 정인과가 종교 교육부 총무를 사직하던 1937년 "더 설치하여 둘 필요가 없으므로"[79] 폐지되고, 배민수 역시 해직되었던 것이다. 1937년은 이렇게 해서 교회 내 민족주의 맥이 끊기던 해요, 돌이켜 성회(聖會)의 순결이 확인된 때라 볼 수 있었겠다.

하지만, 커다란 문제가 하나 남는다. 1937년은 그 5월에 면려청년회(勉勵青年會) 사건이 터지면서 6월는 수양동우회사건이 터져, 정인과, 이용설(李容卨, 1895-?), 이대위 등이 체포되고 있었고, 같은 달 농우회 사건으로 역시 배민수가 검거되고 있었다. 그리고 다음 달 7월에 저 중일전쟁이 유발되었던 것이다. 정인과의 퇴진, 농촌부의 폐지, 이런 것들이 대내적으로 서북 보수 복음주의 인사들의 교회 정화 추진과 타이밍이 중복된 것은 역사의 한 섭리로 돌려야 할 것이다.

다른 하나, 동지회에서 YMCA의 대세를 가름할 만큼 거기 깊이 관여하고

76) 1933년 경성노회의 당해 년도 교역자 봉급총액이 6,792원이었다. 그리고 동년도 총회 총예산액이 9,410원.

77) 일제 역시 이 자금이 흥사단 출처의 것이라 판단하고 있었다. 제 73회 日本帝國議會 說明資料,『한국독립운동사』, V, p. 493.

78) 평교인이 본 목사대회 문제,『기독신보』, 1934년 8월 1일자.

79) 조선예수교장로회총회 제 26회『회록』(1937), p. 42.
평서노회(平西老會)는 1935년에 벌써 농촌부 폐지안을 제출한 일이 있다. *Ibid.*, 제 24회『회록』, p. 51

있었던 데 반해서, 면려청년회(Christian Endeavour)는 동우회계 인사가 차지하고 있었음이 다음 두 사실에서 확증된다.

하나는 면려청년회가 장로교총회 기관으로 자리를 굳힌 사실이다. 장로교 총회는 1921년 면려청년회의 규약을 채용하면서 청년회 활동을 거기서 일괄하도록 결의하였던 것이다.[80] 그 규칙에는 면려회부가 "장로교 총회의 결의에 의하여 조직"[81]하는 것으로 돼 있고, 장로교 내 면려회 사업을 관리 장려함이 그 목적이었다. 1933년 총회는 동우회계의 이대위를 총무로 위촉하고 협동총무에는 안더손(W. J. Anderson: 安大善, 1890-1960)을 위임한 바 있었다.[82] 같은 해에 정인과와 배민수가 역시 각각 종교교육부, 농촌부에 총무로 들어앉아, 실질상 장로교회 상설기구 총무 직은 다 동우회의 막강한 인사들로 해서 장악된 셈이었다.

다른 하나는 수양동우회 사건의 발단, 곧 그 단서 문제이다. 실상 그 발단은 1937년 5월 그해 6월 12일부터 있을 기독교청년면려회가 금주(禁酒) 절제운동을 위해 각 지회에 격문을 발송하였는데, 그 중에 "멸망에 함(陷)한 민족을 구출하는 기독교인의 역할"이란 소위 불온문구가 들어 있다 해서 종로경찰서에서 취체를 하기 시작한 데 있었다. 한데 일경(日警)은 면려청년회의 조선연합회 서기 이량섭(李良燮)을 취조하면서, "동회의 우이(牛耳)를 집(執)하는 이용설, 정인과, 이대위, 주요한(朱耀翰, 1900-1979), 류형기(柳瀅基) 등은 누구나 다 영년(永年) 당국에서 민족주의운동의 비밀 결사의 용의로서 주의 중인 동우회의 간부인 것이 판명"[83]되었다고 하고, 수양동우회 사건이란 것을 취체하였던 것이다. 여기 일단 면려회와 동우회와의 계보 상 관계가 밝혀진 셈이었다.

면려청년회가 YMCA와 대비되는 서북교회 대세의 청년운동이었음은 아래 통계표에 의해서 여실히 드러난다.

---

80) *Ibid.*, 제 10회 『회록』(1921), pp. 25, 56. Cf. 제 22회 『회록』(1933), pp. 30, 31.

81) *Ibid.*, 제 22회 『회록』, pp, 97-98.

82) *Ibid.*, p. 29.

83) 동우회사건의 검거상황, 『한국독립운동사』, V, p. 325

전국면려청년회 정세표 (1936년)

지역 / 수	서울 경기	황해	평안	만주	함경	충청	경상	전라	제주	일본	합계
회 수	32	148	491	65	90	27	248	92	14	16	1,323
회 원 수	652	4,2177	13,356	1,874	3,481	502	7,802	4,967	244	250	37,345
소년CE	4	51	215	35	14	9	53	59	3	–	442

※ 기독교보, 1937년 2월 2일자 의거

기청(畿淸)에서는 서북의 14분의 1 정도의 활동분량에 미치고 있을 따름이었다.

그러면 도대체 동우회와 서북 기독교와의 접속은 어떻게 형성되었는가. 그 접속의 형성 매개가 기독신우회(基督信友會)였음이 밝혀진다. 수양동우회와 흥사단이 국내에서 통합하여 동우회로 발족한 것이 1929년 11월이었다. 한데 다섯 달 전 6월에 서울에서 기독신우회란 것이 발기되었다. "기독교의 신앙상 동력을 사회세력으로 화"하고, "아모스 선지와 갓치 하나님씌 번제(燔祭)와 찬송을 드리기 몬져 인간사회에 정의와 공도가 강과 갓치 흐르도록"하기 위해 창립한다는 것이 그 선언이었다.[84] 이것은 교회 인사들의 사회의식 발현과 그 운동에 대한 정초적 출발이요, 당시 교회의 사회 운동에 대한, 새 신학적 방향을 지시하는 것이었다.[85]

그런데 그 발기인 명단이 주목을 끈다. 1930년대에 가서야 비서북에 정착한 전필순(全弼淳), 박용희(朴容羲)를 제외한 88인이 다 서북계 인물들이었기 때문이다. 그 이사(理事)는 조병옥(趙炳玉), 정인과, 김인영(金仁泳), 이용설, 이대위, 이시웅(李時雄), 전필순 7인이요, 평의원은 이승훈(李昇薰), 백남훈(白南薰), 황치헌(黃致憲), 배덕영(裵德榮), 오화영(吳華英), 정춘수(鄭春洙), 장리욱(張利郁), 조만식(曺晩植) 8인이었다. 국내에서의 동우회계 인사들의 한 유기적 결속이 여기서 일단 규합되었다고 볼 수 있었다. "인격개조"라든가, "복무충실(服務忠實)", "단결력"과 같은 말들이 풍기는 흥사 이데올로기는 간과하기 어렵다. 한국교회가

---

84) 『기독신보』, 1929년 6월 12일자에 그 선언서 전부가 일면에 걸쳐 전재돼 있다.

85) 강동진(姜東鎭)은 종교적 사회운동이 종교에 몸담고 있는 민족주의를 밀어내는 방법으로서 사이토(齊藤實) 총독이 성안(成案)하였던 것으로 간주하고 있다. 강동진, *op.cit.*, pp. 389, 392.

그 민족교회로서 1930년대 사회운동에 임할 때, 초기의 행동 윤곽의 이념이 흥사단의 실력 양성이라든가, 단체 매개의 활용이란 점에서 흥사단과 교섭하였으리라는 것은 쉽게 추적된다.

4) 보수주의와 민족주의운동의 관계

장로교 교권권(教權圈)과 보수주의층과의 관계는 미묘하였다. 그때의 교권권이 반드시 보수주의층과 일치하지 않을 뿐더러, 보수주의계 오히려 소외되었다고 서운해 할 정도였기 때문이다. 당시 보수주의의 거두 채정민이 청년운동이나 농촌부 설치를 공박한 글[86]에 대해서 면려회 조선연합회 부회장 김건(金鍵)은 "참으로 곤란을 겪지 않을 수 없는 문제이니 인개왈(人皆曰) 자아가 정통이라 한다" 혹평하고, "우리는 원만한 입장에서 불편불의(不偏不依)하야 중도를 밟아야 하겠다"[87]고 주장한 것이 그 불협화의 한 실례이다. 따라서 서북 교권층이 기청계에 모질게 정죄적 태도로 임한 것은 정통노선의 수호라는 이념에서 보다는 한 형태의 정치적 투쟁이요,[88] 거기 민족운동 이념의 배후 역학 작용이 있었다는 말이 된다.

교회 내의 당벌문제에 늘 극렬한 비판적 태도를 취했던 김인서가 교권권과 흥사단원들에게서 친일파로 몰렸던 까닭도 이런 시각에서 보아야만 이해가 된다. 가령 일경(日警)은 서북교회와 동우회와의 관계를 이렇게 분석하고 있었다. 곧

> 특히 (동우회) 관계 목사들은 전국에 20여만을 옹(擁)하는 북장로교파 내에 공고(鞏固)한 지반을 확보하며, 평양 및 선천지방에서의 기독교의 실권은 동우회원이 장악(掌握)하는 바이다.[89]

---

86) 조선의 정통신앙, 『신앙생활』, 1937년 1월호, pp. 26-35.

87) 김건(金鍵), 조선 C.E.운동의 재인식, 『기독교보』, 1937년 2월 2일자.

88) 여기 대해서는 본서, 제 4사편 5장 참조.

89) 최근의 조선치안상황, 『한국독립운동사』, V, pp. 254, 325.

한데 김인서 역시 이보다 앞서 4년 전에 이미 이런 글을 남겼던 것이다.

교회 내 각 기관에서 상당한 지위를 점하고 있는 홍사단원(興士團員).[90]

하나는 경찰용어요, 다른 하나는 "교내의 잡(雜) 세력을 청산"코저 한 보수 신앙자의 비판이다. 일경의 분석은 어쨌든 교회의 막강한 힘과 그 조직력 제거를 위한 검거용(檢擧用) 변수 처리로서, 정치적 색채의 구실이 필요했던 것이다. 하지만 김인서의 분석이 그 형태상 일경과 동일하였기 때문에 "위정 당국에 매수된 자"[91]란 억울한 비방을 받아야 했다. 이것은 한국 기독교회사 전반, 곧 1945년 이전 보수주의 층이 그 경건주의적 정교분리의 신앙 유형 때문에 겪어야 했던, 보편적인 수모를 상징하고 있었다. 실제 총회에서 보수군(群)의 계속적인 반격으로 농촌부, 종교교육부, 면려회부의 상설총무들이 해임된 순간이 일제가 이들 세 총무의 민족주의 운동 연루로 검거하던 때였다는 교묘한 타이밍이 한 아이러니처럼 역사에 남는다. 이 때 보수주의 층의 반응은 충족과 허탈, 그 갈등의 깊은 번민이었을 것이다.

5) 그 이후의 전개

1938년 한국교회가 교회 내 민족 세력의 탕진 이후 격증된 탄압에 못 이겨 신사참배를 가결하고 나서부터는, 어떤 형태의 민족주의 운동도 국내에서는 잠적될 수밖에 없었다. 더구나 조직이나 운동을 통해서 수행되던 모든 활동은 해체나 붕괴과정을 거쳐 전향에로까지 강제 견인될 수밖에 없었다. 일제말기, 특히 1940년부터의 전향군(群)이 교회의 외형적 활동권에 있었던 인사들에게서 대개 포괄되었던 까닭이 여기 있었다. 서북의 교회에서도 비록 그 자장(磁場)이 보수주의였지만 상당한 전향이 눈에 띄었다. 특별한 예외는 조만식이었다. 숨거나 낙향하였기 때문이다. 따라서 최후까지 신앙 양심을 지킬 수 있었던 사람

90) 홍사단 급(及) 동지회와 조선교회와의 관계, 『신앙생활』, 1934년 10월호, p. 32.

91) *Ibid.*, p. 30.

들은 보수 경건주의자들로서 교회 정치의 전면에 나서지 아니하였던 인사들이었다. 더구나 그들은 총독정치 하에서 민족운동과 같은 정치적 활동에 나서지 않았었기 때문 그런 구실에 의한 소위 비국민 취조에서는 손닿지 않는 곳에 있었다는 말이 된다.

해방 이후에 이러한 계보의 연장이 교파분열의 계보와 그대로 상응하는 형태로 전개되었다. 대개 기청계(畿淸系)는 기독교장로회, 감리교의 호헌파(護憲派) 그룹으로 형태화하고, 서북교회는 예수교장로회로 섰다가 통합파와 합동파로 다시 따로 정립되고, 감리교는 총리원파(總理院派) 혹은 재건파로 집합되었다.

6-5. 결언

한국교회가 그 선교 첫날부터 민족의 생존을 위한 강력한 에너지의 동원체제였음은 여기 재론할 여지도 없다. 하지만 일제치하에서는 민족주의 운동 자체의 문화적 차원으로의 불가피한 전환 때문에, 종교의 비교적 공인된 활동 공간과 일제의 헌법의 용인 아래에서 이 민족 운동은 교회 안으로서의 변형적 제협을 끈질기게 추구해 나갔던 것이다. 1928년 제 3차 공산당 사건으로 민중을 동원 체계화하는 폭력적 투쟁의 한계를 인식한 민족운동은 기왕 1922년 조직의 흥업구락부와 같은 문화적 민족운동 단체나 1929년 교회계 인사들로서의 전국적 결속 단체로서 기독신우회(基督信友會)를 결성하고, 복음의 사회화라는 강력한 외연적 운동을 표방하였던 것이다. 이런 변화가 조선총독 사이토 마코도(齊藤實, 1858-1936)의 문화정치 방향에서 성안된 1920년의 "종교의 사회화" 정책과 병행하면서 외연전개의 채널을 교회가 포착했었다고 봄이 옳을 것이다.

그런데 신흥우가 YMCA 총무 직을 맡고 범태평양조선협회를 결성하며 1932년 적극신앙단을 조직하면서 비서북계 동지회 인사의 교회 외적 기관에서의 위치가 굳혀지고, 조선기독교연합공의회(N.C.C.)를 통한 장감(長監) 에큐메니즘으로 서북에 도전하며, 구데타식으로 앗아간 『기독신보』로 교회 여론을 주도하면서, 동지회계의 기청(畿淸)교회 내 세력은 확립된 셈이었다.

반면 서북교회에서는 1933년 장로교 총회 상설의 종교교육부, 농촌부, 면려회부에 동우회계 인사가 다 총무로 취임되면서 그 기반이 확보되었고, 『기독교보』로써 『기독신보』의 논조에 대항하고 있었다.

그런데 동지회계는 1938년의 흥업구락부사건으로 교회의 민족주의 맥이 단절되었고, 동우회계 1937년의 면려회 사건, 동우회사건, 1938년의 농우회(農友會) 사건, 이런 것으로 그 상설부처 총무들의 검거 때문에 교회 민족운동 맥락이 단절된 것이었다. 이러한 상황은 묘하게도 1907년 대부흥 때의 상황전개와 대동소이하였다. 한국교회의 애국적 활동에 대한 보수 선교사군(群)이나 국내 경건주의 교회인들의 반발과, 그 정치적 활동 정화(淨化)로서의 부흥운동, 그리고 일제의 한국교회에 대한 정신 도덕 기능에의 복귀 종용, 이런 것들이 동시에 터지면서, 밖에서는 어쩐지 통치권과 결탁된 듯한 인상을 주었던 비극이 재현된 셈이었다.

한국교회의 신앙, 민족운동, 식민 제국주의, 이 세 동력의 엇섞인 긴장과 그 엉뚱한 함수 역학에 시달려 온 한국교회의 역사가 해방 이후의 교회 발전에 얼마나 심각한 영향을 주고 있었던가 하는 것은, 아직도 교회가 정치적 문제를 일제 하에서와 같은 구조 이해 그대로 관찰하려는 일종의 피해 콤플렉스 속에서 쉽게 적출해 낼 수 있다.

한국교회와 민족주의운동의 계보

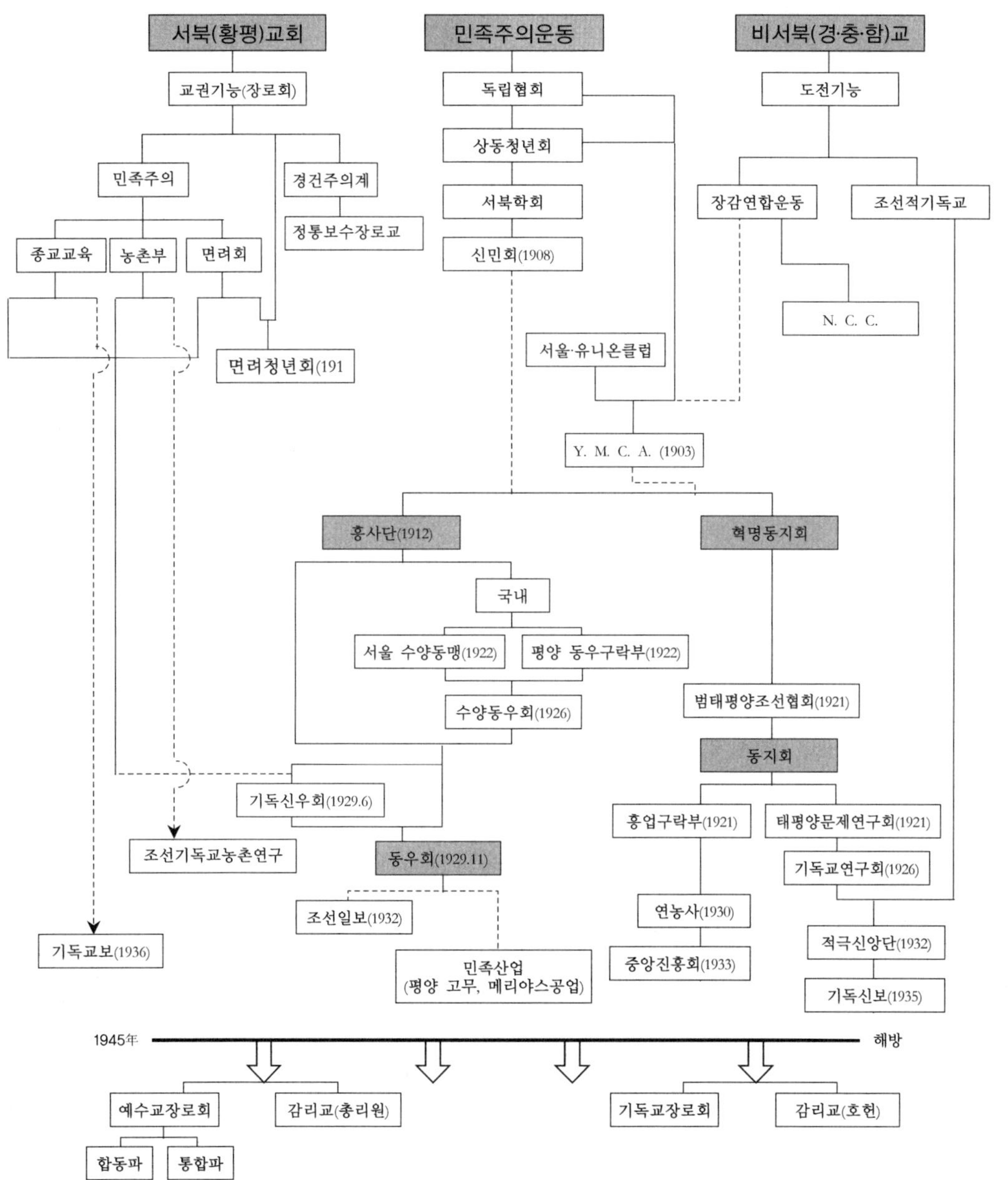

5

1940년대 기독교회의 시련

1. 일제 말 기독교인의 최후 저항 - 저항의 현상학 -
2. 일제 말 한국기독교회의 생태 - 일본의 대(對) 한 기독교정책을 중심으로 -

제 5부
1940년대 기독교회의 시련

1. 일제 말 기독교인의 최후 저항
- 저항의 현상학 -

1-1. 문제의 초점

일제하 한국 기독교회의 저항, 특히 신사참배 거부와 그 박해의 양상에 대해서는 해방의 감격이라는 상황 변화에서 자극된 승리감에서 수없이 회고 서술되었고, 또 최근에 와서는 그 거부의 생리 분석에 대한 격론까지 거쳤다. 석사논문이나 박사학위 논문에서 이런 것을 주제로 한 글들도 이제 수십 편에 이르고 있는 실정이다.

이런 의미에서 본 소론은 문제의 포착 방향을 전혀 새롭게 하지 않는 이상 그 의미가 없어지게 되는 것이고, 따라서 일독이 가능한 초점 전개를 그 사명의 하나로 삼고자 한다.

그 초점이란 한마디로, 일제하의 저항에 의도적인 점이 있었음에도 불구하고, 그 핵심은 현상학적인 판단에 의해서 더 분명히 밝혀진다는 사실이다. 다시 말하면 "저항"이라는 것이 "저항의 의도"로 착수되고 전개된 것이 아니라, 신앙의 본연에 충실하고 그 범주적 성실에 이르렀을 때, 일제라는 저쪽 입장에서는 강력한 항거의 에너지로 보여지는 현상화, 그에 따라 그 박멸과 박해로 나올 수밖에 없었다는, 그러한 과정의 이해이다. 이런 의미에서 우리는 기독자 현존의 동력성과 선교의 기초 이론 확립을 수행할 수 있다고 본다. "하는 것"이 아니라 "되어지는 것," 그 원형의 탐색이 일제치하 말기의 한국교회에서 더욱 분명히 밝혀지기 때문이다. 교회는 그러한 "힘"의 정점이라는 인식이 현재의 우리에게도 그 자세 정립을 위한 기본적인 방향 제시를 하여 주리라고 믿는다. "힘"의 내실이 상대방에게는 "공격"으로 보여지는 정신세계의 원리, 그리고 그 상대방이 이 "힘"을 향해 파괴적 공세를 일종의 공포증을 가지고 수행한다는 공학의 원리, 그것이 역사의 교훈이다.

1-2. 일제의 기독교 적대시의 내력

우선 일제가 한국교회를 삼제(芟除)해야 할 적대적 요소로 간주하게 된 동기는, 기독교가 근대 시민의식의 형성을 추진하면서 의식분자로 등장하고, 그것이 양심의 발언자가 되면서 민족 감정의 통로, 그리고 그 조직적 동원 체제가 되어 간 데에 있었다. 식민과 침략 수행에 이 민족 에너지의 동원 기구가 가로막는 것은 큰 위협이 아닐 수 없었다. 기독교의 민족적 성격은 바울의 말 가운데 역력히 드러나 있었다.

> 나는 혈육을 같이하는 내 동족을 위해서라면, 나 자신이 저주를 받고 그리스도와의 관계가 끊길지라도 조금도 한이 없겠습니다" (공동번역 로마서 9:3).

한국교회의 경우는 식민자(植民者)가 서구의 기독교 국가들이 아니고 이교적인 일본이었다는 데서 성서적 신앙이 그 가장 순수한 모습으로 전개될 수 있었던 여건 아래 놓여 있었다. 민족정기의 결속과 그 발로, 통로로서의 전통은 우리 교회 본래의 한 유산으로 굳혀진 것이다. 데라우찌 마사다케(寺內正毅, 1851-1919) 총독 암살음모사건이란 것은 여기에 대한 일제의 신경증적인 환상

반응이었다.[1)]

다음으로 일제는 한국교회가 그 배후에 미국이라는 강대국을 신앙이나 정신의 동맹으로 가지고 있다는 것을 불안하게 여기고 있었다. 무슨 사건이 있을 때마다 한국이나 한국교회에 대한 일제의 비행(非行)과 비인도적 처사는 자료로서 미국에 전달되고, 아울러 세계 여론에 즉각 공람되었다. 이것은 한국 기독교가 가지고 있었던 다른 하나의 강력한 배경이었던 셈이다. "105인 사건"이나 3·1운동에 관계된 문서나 사진 등 일체의 자료는 교회의 손을 거쳐, 세계의 양심과 정도(正道)에 호소되었고, 실록(實錄) 형식의 문서로 발표되어 필경 일본을 그 정면에서 정의와 양식의 이름으로 위압할 수 있었다.

다른 하나의 원인은 교회의 성육적(成肉的) 신앙 그것 때문이었다. 한국에서 복음은 영적 구제나 위로의 소식으로 끝났던 것이 아니다. 그것은 통틀어 민족사적 사건이었고, 문화나 정치 경제 등에 대한 광범위하고도 구체적인 참여와 그 구원을 핵심으로 갖추고 있었다.[2)] 교육의 근대적 전개가 교회에 빚진 바 컸음은 통감부(統監府)도 시인한 바 있었고, 한글의 어문법화와 그 창달 보존에 남긴 업적은 이미 널리 알려진 사실이다.

그러나 정치에의 성육적 참여는 이토오 히로부미(伊藤博文, 1841-1909)로 하여금 일종의 이원론적 분화를 구실로 하게 하여, 도덕의 정화나 정신의 정려(精麗)는 종교가 맡고, 정치와 산업 경제의 차세적(此世的) 과업은 일본이 맡되, 양자 피차 그 경계선의 침범이 없게 하자는 말을 했을 때, 이미 현실이 되고 있었다.[3)] 산업에서도 교회는 눈을 돌리지 않고 있었다. 근대적 주식회사의 효시가 된 평양 마산동의 자기회사(磁器會社)는 도산(島山) 안창호(安昌浩, 1878-1938)과 남강(南岡) 이승훈(李昇薰, 1864-1940)이 설립한 것이었고, 국채보상이나 시장세 철폐 투쟁과 같은 일련의 참여와 민족산업 진흥에 대한 서북계(황해도 평안도)의 강력한 추진은 다 그 신앙의 성육적 측면을 시위하기에 넉넉하였다. 안중근(安重

1) S. McCune, *George Shannon McCune and the Korean Conspiracy Case of 1910-1913*, M.S. read before Soong Jun University. 1976, 참고.

2) 가령, 이광수, 야소교(耶蘇敎)의 조선에 준 은혜, 『이광수전집』, 제 17권, 서울, 삼중당 1962, 참조.

3) G. T. Ladd, *In Korea with Marquis Ito.*, New York, Charles Scribners'. 1968, pp. 388, 395.

根, 1879-1910)이나 이동휘(李東輝, 1873-1935) 및 도인권(都寅權, 1880-1969) 등에게서 볼 수 있는 군사적 참여 및 초기 미션계 학교에서의 군사훈련은 다른 국면의 신앙 구체화였다.[4] 모름지기 한국 전통의 신앙 유형은 강력한 역사 신앙이요, 경세(經世)의 신앙이요, 참여와 성육의 신앙이었다. 일제가 신앙의 본령이라고 한 피안적 형이상학적 신앙은 적은 수의 신비주의자들에게도 호소력이 없었다. 구원은 영과 문화, 영과 몸의 양자를 다 포함해야 하고 그것이 우리 교회사에서 입증되고 있었다.

다음, 일제는 국민들의 충성의 분열을 원치 않았기 때문에 유일신(唯一神)과 초월적 신앙에 대한 적의를 품지 않을 수 없었다. 일본의 전체주의적 체제는 천황(天皇)을 정점으로 모든 충성이 여기에 모아져야 했다. 그것은 신성불가침이고, 이의를 용납하지 못하며, 국민생활의 전역에 걸쳐 공사 간에 절대적 규제로 압박해 오고 있었다. 그 이외에 충성의 정점이란 있을 수 없고, 그것이 종교적 신앙에서의 궁극적 관심이라고 할지라도, 언어상의 의미 제한과 겹쳐서 개념상 용납 못하거나, 용납을 하지 않게 돼 있었다. 일제는 이 개념상의 혼란을 막기 위하여서 그들의 헌법을 기초로 하여 1939년 "종교법안"을 통과시켜 정치적 언어와 종교적 언어의 개념 차이를 제거하고 말았다. 곧 종교도 국가 안의 한 생활이요 그 제약 아래 있고, 따라서 이와 차원이 다른 언어의 구사는 용납하지 않겠다는 것이었다. 충성이란 곧 천황에의 충성밖에 없고, 다른 것은 그것이 종교적이든 예술적이든 있을 수 없다는 것이었다.

그런데 한국 기독교회는 그 신앙의 영역을 이 "종교법안"의 개념 아래 놓을 수 없다는 것을 시위하는, 근본적인 신앙의 위치를 보존하였던 것이다. 그것이 일제의 국체변혁모반으로 "현상화"한 것이다. 여기서 신사참배 문제에 연결되는 우리 교회의 형극의 길이 열린 것이다. 우리의 신앙의 정점은 여호와 하나님이었기 때문이다. 일제와 한국교회는 이 정점의 대결로 치닫는 운명의 결전을 예고하고 있었다. 우리의 최후의 충성은 하나님에게만 바쳐지고, 그 분만을 예배한다는 것은 신앙의 사활(死活)을 거는 문제였다.

---

4) 전영택(田榮澤), 내가 본 안도산(安島山), 『새벽』, 1954. 9월호, 주요한 편, 『안도산 전서』, 서울, 삼중당, 1971, p. 82.

1-3. 신사참배 강요의 역사

신사참배의 형식이 강요되기 시작한 역사는 멀리 합병 직후까지 거슬러 올라간다. 일제는 경축일 같은 날에 천황의 소위 어영(御影)에 대한 최경례를 요구하고 있었던 것이다. 신사에 대한 강제 참배는 1924년에 벌써 현실이 되고 있었다. 그해 11월 충남 강경에서는 그곳 보통학교의 교사 김복희와 학생 57명이 신사참배를 하지 않았다는 이유로 총독부 학무국의 경고가 있었고 마침내 그 교사는 면직을 당하는 일이 있었다.[5] 이것이 1930년대에 이르러서는 신사에 대한 기독교학교 전체의 참배 강요로 나타났던 것인데, 1932년 9월 평양의 서기산(瑞氣山)에서 거행된 "만주출정전몰장병위령제"에 미션계 학교 학생들의 참례를 교회가 막았을 때, 그 대대적인 체계적 강요가 착수되기 시작했던 것이다.[6] 이 때 평안남도 지사 야스타케 다다오(安武直夫)는 이 참례가 국헌상(國憲上)의 문제로서 신도(神道)는 종교의 문제를 초월한 국민의례의 도(道)요, 그 충성의 표시라고 하는 강력한 지시문을 각 교회에 발송하였던 것이다.

이때를 전후하여 전국의 교회가 총회에 문의를 하게 되었다. 장로교는 1932년 제 21회 총회에서 "교회학교 학생이 신사 및 제 제식(諸祭式)에 참배할 수 없다는 것을 총독부 당국에 교섭할 것"을 제안, 의결하여 유억겸(兪億兼) 및 모페트(S. A. Moffett: 馬布三悅, 1864-1939) 두 사람을 그 교섭위원으로 선출하였던 것이다.[7] 그러나 이들의 노력은 미치지 못하였고 마침내 1934년 12월 총회장 이인식(李仁植)이 직접 청원서를 제출하려 했으나 좌절되고 말았다. 이러다가 1938년 9월의 총회에서 저 불명예의 신사참배 가결안을 통과시키고 말았던 것이다. 감리교나 천주교는 교회적으로 신사참배의 국민의례적 성격을 처음부터 양해하여 별 시련이 없었고, 구세군이나 침례교 및 성결교, 재림교는 다 같이 그 재림사상 때문에 해산을 당하고 있었다.

일제는 신사가 하나의 종교라는 입장을 1920년대 까지는 지켜왔다. 그런데

5) 신사에 불배(不拜)하고 면직을 당해, 『활천』, 1924년 12월호, pp. 45-46.

6) 평양기독교학교 위령제(慰靈祭) 불참배 건 전말,『기독신보』, 1932년 12월 14일자.

7) 죠션예수교장로회총회 뎨 21회 『회록』 (1932. 9. 평양), p. 34.

1930년대에 들어서면서 그것이 종교의 영역을 넘어 하나의 국민적 국체적(國體的) 근본 원리라고 주장하기 시작하였다. 일본의 오야마 후미오(小山文雄)는 총독의 위촉으로 『신사와 조선』이라는 저술을 남겨 이 점을 확실히 하였다.[8]

그의 논점을 약술하면 다음과 같다. 곧 황실(皇室)에 대한 존숭(尊崇)은 조상과 조상신(祖上神)에 대한 신앙이요, 그것이 천황 현인신론(現人神論)의 기초이다. 이러한 국민적 신앙이 만세일계(萬世一系)의 천황제를 낳았다. 이것이 바로 "종교"이고, 이로써 세계에 유례가 없는 위대한 종교가 되었다. 이제 내선(內鮮)[9]은 일의대수(一衣帶水)의 땅으로서 양자 관계는 심원하다. 조선에도 예로부터 신지(神祇)가 있었으나 한때 미약했고, 그들에의 참배는 조선에 있어서의 옛 신들의 부활이라는 그런 뜻이었다. 내선일체(內鮮一體)와 태고의 환원을 일치시켜, 동화정책과 신사참배의 유기적인 관계를 공공연히 밝혔다는 점에서 이 책은 우리의 주목을 끌었다. 일제가 1912년부터 조선 안에 신사 조영(造營)을 위하여 매년 막대한 예산을 투입하고, 1925년 서울(京城)의 조선신사(朝鮮神社) 완공, 같은 해의 신궁(神宮) 승격, 그리고 그 이후 전국 각 면에까지 신사를 건립하기까지, 이들은 국민정신 총동원의 국민적 정점을 신사를 중심으로 해서 굳혀갔던 것이다. 따라서 신사에의 참배는 필경 한국적 정신의 최후의 거점을 겨냥한, 우리 쪽에서 보면 민족 사활의 일대 결전이 되지 않을 수 없었다. 교회로서는 이를 두말할 것도 없었다. 1937년 제국의회(帝國議會)에 제출된 조선총독의 "특수 중요사건"이라고 하는 보고문에는 신사가 종교적 차원을 넘어선 국가의 핵심임을 천명하면서 거기에 반대한 기독교회를 비국민(非國民)으로 단죄하고, "절대로 묵과할 수 없다"는 단호한 입장을 밝히고 있었다. 여기서 길은 하나밖에 없었다. 기독교인이든가, 아니든가 하는, 택일 뿐이었다. 그러나 역사는 더 핵심에 이르고자 한다. 그것은 조선인으로 계속 살아남느냐, 아니면 조선인임을 포기하고 일본인으로 동화하느냐 하는 필연적 문제와 곧장 직결

---

8) 小山文雄, 『神社と朝鮮』, p. 196.
여기 대해서는, 戸村政博 編, 『神社問題とキリスト教』, 東京, 新教出版社, 1976, pp. 239ff. 참조.

9) 일본 본토와 조선이라는 뜻.

되었다. 총독부가 노린 것이 바로 이 논리의 불가피성에 있었다. 겨레의 사라지지 않는 얼의 보루로 지속되어 온 교회의 역사에 철퇴를 가하여 반국가행동을 구실로 그 박멸을 꾀하려는 획책이었다. 한국 기독교가 다만 민족운동이나 겨레의 미래에 대해서 끊임없이 보여주었던 찬란한 희망과 힘의 불꽃은 그 신앙의 외연(外延)이었지만, 이제는 그 외연(外延)이 외연이 아닌 본질 그것으로 동일시되고 마는 처지에 막 바로 몰려가 서게 된 것이다.

1-4. 행동적 저항이란 것이 있었는가

1938년 조선총독부는 전국의 노회에서부터 총회에 이르기까지 신사참배 가결을 마무리할 셈으로 교회에 대한 시정방침을 결정하고 시달하였다. 이렇게 해서 총회가 열리기 전까지 전국 23개 노회가 참배를 가결할 수밖에 없었다. 자발적 결의를 위장한 악랄한 강요였다.

이런 것이 공적 기관의 결의이기는 했지만, 교회의 저변에는 강력한 조직적 행동적 저항 운동이 나타나기 시작하였다. 1930년 초에 들어서면서 그 현상은 굳어갔다. 평북, 평남 그리고 경남에서 활약한 이들이 바로 이기선(李基宣)과 이주원(李朱元), 한상동(韓尙東, 1901-1976)이었다.

우선 이기선 목사는 "신사 불참배운동"을 전개하기 위해서 목회하던 의주(義州)의 북하동(北下洞)교회를 사임하고 채정민(蔡廷敏, 1872-1953)과 함께 "악마가 조직한 현존 여러 국가는 불원(不遠) 그리스도 재림과 함께 멸망"할 것을 확신하고, "신사참배 종용과 같은 진리에 위배되는 당국의 정책에는 죽음으로써 대항하여 순교하기로 하고 이를 위하여 각지에 그리스도의 참 계명을 전도하여 동지를 획득할 것"을 다짐하였던 것이다.[10] 이렇게 해서 그는 강서(江西)를 비롯하여 개천(价川), 영변(寧邊), 강계(江界), 위원(渭源), 신의주(新義州), 선천(宣川), 안동(安東), 평양(平壤), 황주(黃州), 봉산(鳳山), 재령(載寧), 해주(海州) 등지를 편력하면서 성서적 신앙의 준수, 신사 참배교회에 대한 불신(不信)을 역설하고,

10) 예심종결서, 평양지방법원, 안용준, 『태양신과 싸운 이들』, 서울, 세종문화사, 1972, p. 261f.

아울러 신령한 교회 출현의 소지(素地) 마련을 위해 여럿과 협의하며 왕래하였다.

1940년 그는 만주의 안동시(安東市)에서 최룡삼(崔龍三), 김형락(金瀅樂), 박의흠(朴義欽, ?-1941), 계성수(桂成秀), 김성심(金聖心)과 함께 저항의 태도를 굳히고 그 방법을 결정하고 구체적 방안을 채택하였다. 그것에 의하면 영적 간음인 신사참배의 결사반대, 신사참배를 하는 현재 학교에의 자녀 입학 거절, 현재 교회에의 출입 금지, 불참배 동지들만의 가정 내 신령예배 준수가 강조되고 있었다. 그는 1940년 초여름에 선동과 금품 공여, 불경죄, 불온 언론 및 치안 방해로 구금되기에 이르렀다. 김인희(金麟熙, 1908-1950), 김형락(金瀅樂), 박신근(朴信根), 김화준(金化俊), 김흥봉(金興鳳), 서정환(徐廷煥), 장두희(張斗熙), 양대연(楊大緣)도 이기선과 연루되어 구속되었다.

경남의 한상동 역시 같은 노선과 방법을 따랐다. 그는 마산교회 재직 시 신사 문제로 사직을 종용받아 부산에 갔다가 밀양 상남(上南)의 마산리교회를 목회하면서 대대적인 저항운동을 전개하였다. 그는 1938년 10월 24일 이약신(李約信, 1898-1957) 목사가 시무하던 초량교회에서 약 400명이 넘는 교인들에게 "현 (일제)정부는 정의와 신의(神意)에 위배되는 우상인 신사참배를 강요하니 오등(吾等)은 굴하지 말고 이것에 절대로 참배해서는 못 쓴다"는 정면 도전의 설교를 하였던 것이다. 더구나 그는 그 해 3월 6일 마산 문창교회(文昌敎會)에서 "3대 탄식"이라는 제목아래 설교하면서 "신(神)이 선의로 창조한 만물을 국가가 악의로 사용하기 때문에 모든 만물이 탄식한다"는 고발을 서슴지 않았다. 그는 그해 8월경에 이르러 순수한 새 교회 "재건"의 운동 방침을 구상하기에 이르렀다. 현존교회를 "도괴(倒壞)하게 된 건물"이라 하면서 "부패 극도에 달했다"하여 불신하고 있었다. 이 때 그의 마음은 참담하기 그이 없었다. 그는 그해 11월 마산리교회에서 이주원(李朱元)과 만난 자리에서 저항운동의 기본전략을 다음과 같이 세웠다. 그 자리에는 이인재(李仁宰)가 있어서 평안도 지방 신자들의 저항 실황을 상세히 보고하고 있었다. 구체적 전략이란 것은 대기 다음과 같았다.

① 신사참배를 시인하는 노회원을 노회에 출석 못하게 하고 노회 부담금도 바치지 말고 그래서 노회를 파괴하도록 한다.
② 신사 불참배주의자들로 새로운 노회를 조직케 한다.
③ 신사참배를 하는 목사에게서 세례를 받지 않게 한다.
④ 신사 불참배 동지의 상호원조를 도모한다.
⑤ 가정예배 및 가정기도회 개최를 장려하고 계속 동지 획득을 위해 노력한다.

이런 결의였다. 그는 경남 부인전도회의 임원 개선에 관여하여 신사불참배 신도를 임원에 선출케 한다든가 하는 작은 일에서부터, 서북동지들과의 계속적인 연락을 취하면서 이 운동을 전국적 규모로 확대하기 위하여 심혈을 기울였다. 총독정치를 경고하기 위한 진정서나 각 지사(知事)에게 보내는 신사 불참배 시인 요망 진정서의 제출도 한 때 생각하고 있었다. 이러한 방향에서 함께 일한 사람들이 주남선(朱南善), 조수옥(趙壽玉), 이현속(李鉉續), 김덕지(金德支), 최덕지(崔德支), 손명복(孫明復), 채정민(蔡廷敏), 안이숙(安利淑), 방계성(方啓聖), 오윤선(吳潤善), 황철도(黃哲道), 최상림(崔尙林), 박성근(朴聖根), 한영원(韓英源), 강찬주(姜贊柱) 등이었다.

보다도 적극적인, 어떤 의미에서는 드라마틱한 저항은 박관준(朴寬俊), 안이숙(安利淑)의 경우에서 볼 수 있다. 이들은 1939년 3월에 74차 중의원(衆議院)에 들어가 종교법안이 심의되려는 찰나에 박관준이 "여호와 하나님의 대사명(大使命)이다"라고 크게 소리를 외치면서 진정서가 든 뭉치를 의석을 향해 뿌린 일이 있었다.[11] 이들은 이에 앞서 동경에 가서 전 총독 우가키 가즈시게(宇垣一成)를 비롯한 정계, 군계의 거물들을 방문하면서 신사참배의 부당성을 설득하기도 하였던 것이다. 안이숙의 자서전『죽으면 죽으리라』에 의하면 이들의 호소가 꽤 공감을 얻었던 것으로 나타났고, 최소한 일본 정계가 이들로 말미암아 조선 내의 실정을 알게 된 것만은 사실인 것 같았다. 김양선(金良善)은 이들의 운동을 "합법적" 신사참배 반대운동이라고 지적한 바 있다.[12]

---

11) 朝鮮人 基督教の衆議院 議場に 建議書 投下事件,『昭和特高彈壓史』, 6, 東京, 太平出版社, 1976, p. 251f.

12) 김양선,『한국기독교사연구』, 서울, 기독교문사, 1971, p. 194.

이러한 유형으로서는 김선두(金善斗, 1876-1949) 목사의 경우가 또 있었다. 그는 1938년 8월 윤필성(尹弼聖), 박형룡(朴亨龍)과 함께 동경에 가서 정계의 거물 기독교인인 마츠야마 츠네지로(松山常次郞), 세키야 데이사브로(關屋貞三郞) 등을 만나 교회 수난을 의논하고, 그들과 함께 귀국할 수 있었다. 이 일본 정치인들이 당시의 총독 미나미 지로(南次郞, 1874-1955)를 만난 일까지 있었으나, 필경 다음 달의 총회 결의는 자행되고 말았던 것이다. 김선두(金善斗)를 비롯해서 이문주(李文主), 김익두(金益斗,1874-1950), 장홍범(張弘範), 강병주(姜炳周, 1882-1955) 등은 오히려 구속되어 옥고를 겪어야 했다.

우리는 여기까지 와서 한번 되돌아보며 심사숙고할 문제가 하나 있다고 본다. 그것은 소위 이 행동적 "저항"이란 것이 이만큼 조직적이고 체계적이었겠느냐 하는 문제다. 정서적 상통은 천국에 편재해 있었을 것이다. 새 노회에 대한 갈망도 불탔을 것이다. 그러나 그것을 조직적 저항이라고 볼 수 있을까. 문제는 우리들에게 교회의 문서나 그들 자신의 소박한 일기적 고백적 문헌이 없다는 점이요, 주요 자료가 일제 측의 재판기록이나 해방 이후의 감동적인 미담식 회고록인데, 이들 양자의 경우는 그 동기는 전혀 상반된다 할지라도 과장 아니면 과소평가의 현상이 수반되지 않을 수 없었다는 점이 일치한다. 한 가지 실례로 이들 신사참배 반대자들이 "여호와 신은 기독을 세상에 재림케 하여 일본제국을 포함한 현존 각 국가조직을 모조리 붕괴시킨 후에 이 지상에 기독교리를 통치제도로 하는 무죄악, 무차별, 무압박의 절대 평화인 이상적인 지상신국, 소위 천년왕국을 건설하여 이를 통치하고, 국가 관념과 국민감정을 교란시켜 현존질서의 혼란 동요를 유발하면서 궁극에 있어서 현 질서를 붕괴하여 아(我) 일본제국 국체 변혁까지도 필연 초래할 소위 기독독재의 천년왕국 건설을 실현시키도록 기망(冀望), 실천운동으로 해서" 운운한 일제 측의 예심종결서(豫審終結書)를 자세히 들여다 볼 필요가 있다.[13] 관념과 언어의 차이에 대해서는 전술한 바 있어서 생략하지만, 우선 눈에 띄는 것이 한국 기독교인을 일제가 환상적인 국가이상주의자로 간주, 경멸한 사실이고, 다음에는 이 신앙

13) 안용준, *op.cit.*, pp. 249ff.

운동을 국체변혁(國體變革) 음모로 간주한 사실이다. 물론 "필연 초래할"이라는 조심성 있는 글귀가 있기는 하지만, 정치에 관한 치안 방해 죄목으로 다스리려고 한 것만은 분명하다. 이들의 저항 그것으로 볼 때 그것이 국체 변혁과 심지어 반란 음모로까지 "비쳐진" 까닭이 어디 있었을까.

우리의 눈길이 가 닿을 곳이 있다. 이 악의에 찬 재판 문서에서도 이들의 행동반경이 순전히 교회 내적 활동임을 알 수 있다. 곧 성서에 절대 권위가 있고 거기서 조금도 나올 수 없었다는 점, 신사참배 교회에 대한 불신과 그 성례의 무효성 지적, 순수한 교회 재건을 위한 기망과 교권교회를 멀리한 가정예배, 그리고 고생 뒤에 올 내세에 대한 소박한 종말론, 그리고 신사에 대한 강력한 우상 단정, 이것들이다. 우상 문제도 정치적인 함축에서보다는 성서적 진리에 대한 준행이 그 주요 동기였다. 이런 것들이 다 치안 유지법의 선동죄로 처단된 것이다. 그러나 평양법원도 그 마지막 부분에서 "모두가 이를 인정할 수 있는 범죄 혐의는 없으나" 전시공판(前示公判) 사실과의 연속범이기에 면소(免訴) 언도를 하지 않는다고 밝히고 있었다.

여기서 밝혀진 것이, 기독교의 내연(內燃) 그것이 솟아 외연(外延)하게 되는데, 그 외연이 밖에서는 위협과 음모로 "비쳐지게" 된다는, 이 엄연한 사실이다. 정치적 발언은 하나도 없었다. 신앙에만 일관되게 충실코자 하였을 뿐이다. 그것을 위협으로 보는 어떠한 기구도 정의와 선(善)의 명령에서는 거리가 멀었다.

1-5. 현존적 저항

1940년까지 일제는 300여 명의 목사와 전도사 및 신도들을 검속하였고, 이들을 교회의 교직에서 해직시키고 있었다. 이 사람들 가운데 신앙 때문에 순교한 이들이 많았다. 최봉석(崔鳳奭, 1869-1944), 박관준(朴寬俊, 1875-1945), 박의흠(朴義欽, ?-1941), 이영한(李榮漢), 전치규(田穉珪, 1878-1944), 손갑종, 최대현, 주기철(朱基徹, 1897-1944) 등이었다. 이 중에서 주기철의 항거와 순교는 우리 교회의 빛나는 유산으로 길이 남아 있어 마땅하다.

그는 1931년 경남노회에 신사참배 반대 안을 앞질러 제출하여 결의케 한 일이 있을 만큼, 한국교회 앞날의 수난을 예견하고 있었다. 그는 1936년 평양의 산정현교회에 부임하고 2년 후인 1938년 교회 헌당식 날 구속되면서, 출옥 석방을 거치면서 통산 4년 반을 감옥에서 지냈다. 그러다가 1944년 4월 21일 밤 47세를 일기로 순교의 면류관을 썼던 것이다. 그는 처음 석방을 받았을 때 이유택(李裕澤, 1905-1949), 김화식(金化湜, 1894-1947)과 함께 묘향산과 대성산에서 기도와 금식으로 지내다가 내려온 일도 있었고, 손양원(孫良源, 1902-1950)과 함께 일본 기독교단의 도미타 미츠루(富田滿, 1883-1961)가 신사참배가 성서에 위배되지 않는다고 할 때, 그 자리에서 면전 반박하며 신앙을 증거한 일도 있었다.[14] 주기철은 이미 순교에 대한 준비를 하는 듯 "일사각오"라든가 "다섯 가지 기도"와 같은 절박한 설교를 남기고 있었다.

하지만 주기철은 한상동과는 다른 방향을 잡고 있었다. 그것은 그의 고난에 대한 기본적인 자세 때문이었다. "순교할 수 있게 도와주소서" 기도하던 그는 고문과 아픔 때문에 절개가 꺾일 것을 염려하고, 승리로 십자가에 이르게 되기를 기도하고 있었다.[15] 그는 고문을 받고 난 다음에는 항상 옷을 빨고 찢어진 곳을 꼬매고 떨어졌던 단추를 달았다고 한다. 주님 앞에 언제 갈지 모르는데 그때는 맑고 깨끗하고 단정한 모습으로 가고 싶었다. 주님 앞에 고운 신부로 서고 싶었던 것이다.

> 소나무는 살았을 때 찍어야 푸르고 백합화는 피었을 때 꺾어야 향기롭습니다.

그것은 고난이 가진 구속적(救贖的) 의미보다는 예수에 대한 거의 신비주의적 사랑을 그 기조로 가지고 있었다. 그의 이러한 순교에의 자세는 그가 평양노회에서 목사 사면 권고를 받았을 때, 현실교회에 대한 비통한 마음이 복받쳤으리라고 생각된다. 이 교회가 그리스도의 교회인데 이제 일본제국의 사주(使嗾)에 시달려 상처받은 모습을 보았기 때문이다. 이 때문에 그는 한상동이 불만을 가지고 새 노회 결성을 추진하려 할 때 그 기획이 "시기상조"라고 우선

14) 戶村政博, *op.cit.*, p. 303f.

15) 김충남, 『순교가 주기철목사 생애』, 서울, 백합출판사, 1971, p. 253.

거절할 수밖에 없었다. 그의 신사참배 반대의 신앙은 그것대로 힘이었지, 정치적 운동으로 전개될 것이 아니라고 보았기 때문이요, 교회에 대한 그의 사랑은 한 번도 공개적으로 현존교회를 한상동(韓尙東)처럼 "음녀(淫女)의 집"이라고 말한 일이 없음을 보아 짐작할 수 있다. "나, 하늘나라에 가면 이 수난의 겨레 위해 기도하오리다." 이것이 그가 순교하기 이틀 전 그의 아내에게 남긴 말이었다. "주님, 나 위해 십자가에 돌아가셨는데 내 어찌 죽음을 무서워 주님을 모르는 체하오리까. 일사각오만 있을 뿐이외다." 순교자는 영웅이 아니었다. 다만 주님의 사랑에 대한 감사와 감격에서 한 발자국도 빗나가지 못하는 어쩌면 연약한 인간이었다.

이 신앙이 어째서 일제에게는 "국체변혁"으로 나타났을까. 주기철은 애국운동을 한 일이 없었다. 다만 성서적 진리에 순절을 지켰을 뿐이었다. 기독교의 진리는 불의자(不義者)에게 스스로 도전한다는 것, 이것을 보여주고 그는 세상을 떠났던 것이다. 2천여의 신도가 투옥되고 50여의 교역자들이 순교했을 때 그들은 신앙에 순절을 지켰던 것이지, "불온"과 "정치 음모"에 연루되었던 것은 아니다. 이런 구실 조작은 일제가 저지른 다른 하나의 범죄였다.

1-6. 인퇴적(引退的) 저항

병법의 청야법(淸野法)과 같은 저항 양식이 바로 인퇴적 저항이다. 신사참배 강요에 대해서 우리 교회는 교육에서의 대거 인퇴와 교직자들의 하야낙향(下野落鄕)으로 항거하였다.

우선 교육에서의 인퇴는 장로교의 경우 철저하게 진행되었다. 선교사들의 관여가 컸던 교육기관에서 1936년의 미국 선교부 실행위원회가 인퇴를 가결한 것은 한국의 총회가 이미 그 자율성을 상실해 가고 있었기 때문에, 단독 결행의 형식으로 수행될 수밖에 없었다.[16] 정신(貞信), 숭실(崇實), 연희(延禧), 그리고 숭일(崇一), 수피아, 영흥(永興), 정명(貞明), 매산(梅山), 신흥(新興) 등이 폐쇄되거나 자진 폐쇄했지만, 그것은 신사참배 반대의 끈질긴 운동에서 이미 예상하고

16) 『기독신보』, 1937년 1월 13일자.

있었던 일종의 인퇴적 성격을 가진 저항이었다. 평양신학교의 폐쇄도 다 같은 경우였다.

일제 말기의 단말마적인 형극이 겹치면서 한국교회의 신실한 신앙인들과 교직자들은 지하로 숨거나 이미 몰수되고만 예배당에서 떠나 사라지지 않은 소망으로 그들의 신앙을 더 강렬하게 불태우며 살아갔다. 6·25 때 산정현교회의 목사로 순교의 길을 갔던 정일선(丁一善, 1883-1950)의 경우가 이런 것이었다. 그는 안악(安岳) 두메골에 숨어 살면서 그 신앙을 보존하고 있었던 것이다. 이러한 인퇴적 저항의 문제는 비극적인 부역군상(附逆群像)의 출현에 대한 저항의식의 한 표현이기도 하였다. 조선기독교연합회[17]라든지 황도선양연맹(皇道宣揚聯盟), 조선임전보국단(朝鮮臨戰報國團)에 타의와 자의로 징용되어 사상지도니 군지원을 해야 했던 기독교인 일군(一群)의 고충을 후세는 심판하기 쉽다. 그러나 시련의 때는 당시와 후대 사이에 경험될 수 없는 간격을 안고 있는 법이다. 다만 그들의 본의 소재 규명이 필요할 뿐이다.

그러나 더러는 박형룡처럼 해외로 망명하였고, 그리고 더러는 정인과처럼 상처받은 교회, 예수의 이름이 금이 간 교회일망정, 붙들고 끝까지 교회를 지킨 이들도 있었다. 물론 전향하여 일제에 협력한 부역군도 있었다.

1-7. 결언

한국교회 전체의 역사가 묘하게 항거의 역사처럼 보이는데, 그 구형기(構形期)와 형성기가 온통 일제의 한국강점기와 겹치고 있기 때문에 그 인상은 더구나 절실하다. 교회사 첫날, 을미사변(乙未事變)(1895) 때부터 벌써 한국교회와 일제와의 대결이란 구도가 굳혀지기 시작하였고, 필경 조선 얼의 연수(淵藪)로 지목된 교회를 삼제하려는 총독부의 책략은 그 막강한 예산의 힘과 함께 기독

17) 1938년 5월 8일 조직. 그 선언문은 다음과 같다. 곧, "현하아국시국(現下我國時局)의 중대성에 감(鑑)하야 국시(國是)를 체(體)하며 국민정신의 진작(振作)을 도(圖)함은 가장 긴급사임을 인(認)하고, 자(玆)에 조선에 있는 기독교신도는 단결협력하여 동포의 정신작흥(精神作興)에 자(資)하고 일층전도에 정진하야 황국신민(皇國臣民)으로서의 보국(報國)의 성(誠)을 치(致)하기를 기함".

교회의 불모화, 일본화, 내지는 재래 종교의 부흥, 이런 것들을 통해서 기독교회의 수세화(守勢化)를 거쳐 붕괴로 끌고 가고자 하였고, 필경은 사립학교령을 통한 기독교 교육의 무용화(無用化)와 후속 세대의 차단으로까지 밀리게 하는 압박으로 내내 그 궤멸을 획책하여 왔다. 그러나 1930년대 중엽부터는 신사참배를 강요하여 내선일체의 구실로 민족을 영원히 말살하고, 그 종교적 차원에서는 기독교의 비국민성, 반역성까지 시험하면서 그 근절을 결정적으로 단행하려고 하였던 것이다.

한국민족 시련의 마지막 날에 기독교는 실로 실질적인, 파악 가능한 한국적 생명의 거점으로 지목되어, 그 극심한 시련에 시달렸다. 그러나 교회는 신앙의 핵심에 올바로 그대로 내연(內燃)해서 곧게 서 있었고, 그것이 "저항"으로 현상화해서 일제에게 비치던 날 국체변혁 음모와 치안소요의 선동죄와 천황에의 불경죄(不敬罪)로 모진 체형을 겪어야 했다.

일부 행동적인 저항의 움직임도 있었다. 그러나 그것은 교회론에 대한 인효론적(人効論的) 신학에 기울어져 필경 해방 후 고려파(高麗派) 장로교의 분열을 낳는 동기가 되게 하였고, 따라서 반드시 단일한 평가만을 못하게 하는 결과를 가져오고 말았다.

우리는 일제 말기의 기독교인의 최후 저항이 "현존적"이었음을 살펴보았다. 그것은 성서적 신앙에 투철한, 즉 불의와 부정의 눈에는 그것이 곧 임박하는 압도적 위협으로 작용한다는 역사였다. 따라서 일제의 부정과 악정이 심각해지면 질수록 교회의 저항이 밀집되고 격렬하게 되었다고 현상적으로 판단된 까닭은 신앙의 역학상 필연적이었다고 볼 수밖에 없다. 저항은 교회에서 적게 혹은 크게 하지 않았다. 일제의 죄악성과 그 발악성의 정도가 그런 힘에 감응(感應)하고 외연된 한국기독교 신앙의 예민도를 측정하는 계기(計器)로 작용하고 있었을 뿐이었다.

2. 일제 말 한국기독교회의 생태
- 일본의 대(對) 한국기독교정책을 중심으로 -

2-1. 문제의 시작

한국교회 역사의 형성기나 그 구형(構形) 및 발전의 대부분이 일제의 한국통치 시대와 중첩되었다고 하는 사실은, 현재의 교회가 일본에 대해서 가장 오래고도 근본적인 불신을 그 기조로 삼고 있는 현실과 함께, 한국교회사 이해의 대종을 이룬다는 것을 의미한다. 한국교회 특유의 전통적인 신앙 양식인 경건주의가 그 근간을 형성하기에 필연적인 무대 역할을 한 배경이나, 세속적인 권세에 대한 뿌리 깊은 생리적 항거 자세와 그 신학적 성찰이 조정된 바탕이 다 이 일제의 통치가 점했던 시기 그 자체의 중요성을 지시하고 있는 것이다.

일제가 한국 기독교회의 적으로 시종 현존했던 사실이 주목을 끈다. 신사참배로 결국 그 최후의 핍박을 끝고 가던 일본의 한국교회에 대한 적대행위는 실상 1909년에 소급한다. 그것은 처음 소위 일장기(日章旗) 교게(交揭) 강요에서 나타났다. 순종(純宗) 순행(巡幸) 때의 일이다. 서북(평안도 황해도)지방에서는 다음과 같은 사건이 있었다.

> 금번(今番) 대가서순(大駕西巡)에 연로노지방관리(沿路地方官吏)가 순검(巡檢)을 대발(大發)하야 제조한 일본기(日本旗) 기만개(幾萬個)를 대(帶)하고 시부(市府)와 여항(閭巷)에 횡행(橫行)하며 태극기 방(傍)에 일본기를 교차(交叉)하고 일성이성(一聲二聲)에 성성대갈(聲聲大喝)하였으되 피일반인민(彼一般人民)이 개이위(皆以爲) 아(我)의 두상(頭上)에는 사천재창창불변(四千載蒼蒼不變)한 대한제국천(大韓帝國天)을 대(戴)하며 아(我)의 족하(足下)에는 삼천리 망망불양(茫茫不壤)한 대한제국토(大韓帝國土)를 이(履)하고 양안(兩眼)에는 대한제국 일월(日月)을 첨앙(瞻仰)하며 일신(一身)에는 대한제국(大韓帝國) 우로(雨露)를 첨피(沾被)한 세세생생(世世生生)의 ... 아배(我輩) 민중(民衆)이 당당한 아대한국기(我大韓國旗)만 게(揭)할지니 ... 장재(壯哉)라 동포의 국가적 정신이여.[1]

1) 『대한매일신보』, 1909년 1월 11일자.

순종이 서북지역을 순행할 때 지나가는 곳의 지방관리가 일장기 수만 개를 미리 만들어 태극기와 함께 교차하여 걸도록 여러 차례 지시했으나 대한제국의 창창한 하늘을 머리 위에 올려놓고, 대한제국의 흙을 밟고, 두 눈에는 대한제국의 해와 달을 바라보며, 몸으로는 대한제국의 비와 이슬을 맞으며 살아가는 모든 일반 인민들은 오직 대한국기만 걸리라는, 그런 장담이었다.

개성(開城)의 한영서원과 각 교회에서 일본기 교게를 반대하면서 이 물결은 서북지역에 가서 그 절정에 이르렀다. 길선주(吉善宙, 1869-1935), 김성탁(金聖鐸, 1875-1939), 안봉주(安鳳周, 1870-1938), 박치록(朴致祿)과 같은 쟁쟁한 기독교 지도자들이 여기 반대하면서 오히려 위국기도회를 거행하고 있었다. 그래서 그때 통감부의 경무국장 마츠이(松井)는 "특히 야소교열(耶蘇敎熱)이 성(盛)한 의주, 선천, 정주 지방에서는 일한국기(日韓國旗)를 게출(揭出)하는 것을 일반적으로 좋아하지 않는 경향"이라고 보고하고 있었다.

그런데 문제는 일제가 이러한 충성의 시험으로 처음부터 교회와 대결하려 한 데 있었다. 일제는 "한국인의 아 제국기(我帝國旗)에 대한 불경행위는 일한양국의 친선을 저해하는 것으로 인정하여 당국자의 처결을 촉구하며 통감정치의 쇄신을 기함"이라는 입장을 강력하게 밀고 나가게 되었던 것이다.

여기 이토오 히로부미(伊藤博文, 1841-1909)까지도 건너 선, 폭압의 징조가 보였다. 1910년 합병 이후에 초대 총독으로 부임한 데라우찌 마사다케(寺內正毅, 1852-1919)는 반기독교적 정책을 처음부터 거침없이 밀고 나갔다. 무슨 축제일마다 일본 천황의 사진에다 대고 경례를 하도록 강요한 것인데,[2] 여기 교회가 이를 우상숭배라 해서 당장 불복했던 것이다. 소위 현인신(現人神)이라고 하는 천황은 우상 이외 아무것도 아니라고 교회는 단정했던 것이다. 1911년의 "105인 사건" 때 그 중의 한 사람은 다만 천황의 생일에 그 사진에 경례하지 않았다는 혐의 하나만으로 7년 형을 언도 받고 있었다.

2) F. A. MacKenzie, *Korea's Fight for Freedom*, Yonsei University Press (reprinted), Seoul, 1969, p. 211.

2-2. 일제 말기의 대(對) 한국교회 정책

국가나 그 상징에 대한 최경례나 최고의 충성의 요청은 일제가 물리적 강압과 박해로 한 민족을 변화시킬 수 없다는 3·1운동의 교훈 때문에 그 정책을 정신과 교육에서의 기조 변혁을 수행하여야 하겠다는 판단에서 더욱 가혹하게 추진되었다. 1919년, 3·1운동이 있은 지 5개월이 못 되어 일제는 각령(閣令) 12호로서, "아마데라스 오오미카미(天照大神)와 메이지(明治)천황을 제신(祭神)으로 하는 관폐대사(官弊大社) 조선신궁(朝鮮神宮)을 서울 남산에 건립한다"고 발표하고, 이를 1925년 10월까지 준공해서 군국 일본의 정신적 요새를 구축했던 것이다. 일본 통치의 원형은 이제 그 동력을 여기서 받아 파급하도록 하게 된 것이다.

이 시련이 교회에 닥쳐 온 것은 1932년 9월의 일이었다. 그러나 1935년 11월, 한국교회의 유력한 중심지인 평양에서 숭실(崇實), 숭의(崇義) 학교가 신사참배 강요를 최후로 통첩 받으면서, 학교의 존속 여부가 여기 달렸다는 경고를 받았을 때, 한국교회는 결정적인 위기에 다다르고 있었다. 이제 종교와 국가의 문제에 대한 교회의 최종 결단이 연기될 시간이 없었기 때문이다.

하지만 그 정책적 방향과 정신이 이때만 해도 명백하게 개념화하고 있지는 않았다. 그것은 지금까지의 군국적 정신의 한 직접적인 표현에 불과하였다. 그것이 섬세한 정치의 체계로 다듬어져 이념화할 때가 온다. 1936년 8월에 부임한 미나미 지로(南次郎, 1874-1955) 총독이 그 구상의 인물이었다.

그는 부임하면서 한국인의 민족의식과 주체성을 마비시키고 마침내 허구화시켜 그 빈 마음의 자리에 일본 정신을 거침없이 퍼부어, 실질상의 민족 말살을 획책하는 일에 착수했다. 소위 황민화(皇民化) 정책이 그것이지만, 그 방법과 과정에서 국체명징(國體明徵), 교학진작(教學振作) 따위의 표어를 지침으로 삼았다. 특히 그의 시정 연설에서 그는 국체명징의 의미를 천명하면서, "민족주의적 편견에 기울고 또 공산주의자의 운동이 있음을 유감으로 알아 이를 근절시켜야 하며, 황도선양(皇道宣揚)에 매진하여 국체 관념을 명징케 하며, 신사참배의 여행(勵行), 황거요배(皇居遙拜), 국기 게양의 장려, 국가(國歌)의 존중 내지

국어[3] 보급의 권장"을 강조하고 있었다.

이것은 한 마디로 민족말살정책이었다. 그 구실은 한일 민족의 동조동근설(同祖同根說)이었고, 그래서 언필칭 내선일체의 미명이었다. 백제와의 일본 황실 친연을 들어 부여신궁(扶餘神宮)을 짓고, 창씨개명제를 실시하고, 일본말을 항상 계속 쓰게 함으로써 겨레의 장구한 전통을 무너뜨리고 사람을 백지로 만들어, 그 신체를 일본의 영구한 용역으로 삼고자 하였다.

2-3. 그 실현의 과정들

한국의 얼의 파탄을 획책한다는 것은 그 얼의 연수(淵藪)인 교회의 박멸을 의미했다. 일제는 한국교회를 종교나 신학의 이단시로 공박한 일이 없었다. 더구나 신도(神道)라는 종교와 기독교와의 대결이라는 선교적 차원의 관계로 그 개종을 강요한 일도 없었다. 1939년 1월의 종교단체법에 의하면, "신도는 절대의 도(道)로서 국민 모두가 다 준수하지 않으면 안 되고, 차(此)는 종교가 아니고, 오히려 종교를 초월하는 우리나라(日本) 고유의 교(敎)와 일치하는 것"이라 공포하고 있었다.[4] 따라서 신사에 대한 참배는 일본에 대한 충성의 국가적 성질을 띠고 있었다. 그렇다면 한국교회가 이 신사 때문에 시련을 겪었다는 것은 교회가 교회 그것 때문이 아니라, 한국교회가 그 도입 첫날부터 체질 속에 피처럼 엉켜 온 이 겨레, 그 운명의 샘이었던 민족교회적 삶 때문이었다고 보아야 할 것이다. 이것은 교회의 현존이 어떤 특수한 역사의 상황 아래에서는 민족사를 망라할 만큼 포괄적인 성육적 구체적 실체임을 입증하는 것이 된다. 교리의 단편적인 고립적 한계는 본질상 기독교에는 없는 것이다.

신사참배가 만일 이러한 목표로 강행된 것이라면, 일제 말기, 이 나라에 이 겨레의 골수로 그 뼈마저 꺾이듯 질고에 시달린 상징적 백의(白衣)는 교회 그 한 곳에서 밖에 는 찾을 곳이 없었다는 말이 될 것이다. 그렇다면 미나미(南) 총독의 신사참배 강행은 결국 일본의 군국정신과 한국기독교회와의 엄숙하고

3) 여기서는 일본어.

4) 『日本基督敎團史』, 日本基督敎團史編纂委員會, 東京, 敎團出版部, 1967, pp. 88-89에서 인용.

도 명예로운 대결이었다고 해도 과언이 아니다. 한 나라와 다른 민족의 대결은 다른 여러 형태의 대결과 마찬가지로 국력과 정치 능력의 싸움이 아니라, 신앙과 이념의 고요하고도 결정적인 기초적 투쟁이기 때문이다.

1937년 7월 7일, 중국 노구교(蘆溝橋)에서 중일전쟁이 터지자, 그 달 13일 미나미 총독은 묘한 제스처를 하나 했다. 그는 서울 시내의 각 기관장과 중추원(中樞院) 참의들과 조선군 사령관과 함께 시국회의를 끝맺고 난 다음에 신사에 참배하고, 곧 이어 각 종교단체들이 참배할 것을 강력히 요구하고 나섰다. 이때를 기해서 교회에서 참배 반대에 대한 문제가, 평양의 미션계 학교의 문제와 함께 표면화하기 시작한 것이다.

다른 한편, 총독은 측면에서 기독교 세력의 결정적 약체화를 위해서 엉뚱한 종교 정책을 하나 더 썼다. 사교군(邪教群)의 옹호나 분립 종파들에 대한 은밀한 장려가 그것이었다. 그래 그 수가 한 때 백 여를 헤아리고 있었다.[5] 이것은 1920년대 이만집이나 김장호와 같은 이들이 소위 "조선적 기독교"를 표방하면서 반선교사적 종파를 형성할 때 보였던 총독부의 깊은 관심과 상통하는, 분해공작의 한 전형이었다.

2-4. 교회의 비극적인 이질화 현상

이광수(1892-1950)와 같은 고등 지식인들도 이른바 사상 전향을 해야만 했던 형극의 날에, 교회가 굴절된 일련의 자기 배반을 한 사실을 수치스러우나 언급을 안 할 수가 없다. 그 당시의 살벌한 분위기를 상기한다면 심판의 자세에 앞서 역사 이해의 통절한 현실감을 한 여유로 가지지 않을 수 없을 것이다. 더구나 여기 밝힐 사실의 대부분이 당시의 문서에 의존할 수밖에 없는 형편이기 때문에, 그 전향과 이질화에 대한 현상 분석에 상당한 가감을 해야 마땅하다는 이론도 있어야 할 것이다. 하지만 참배 항거로 순교한 이들과 옥고를 겪은 신도들의 행렬이 오히려 장엄했던 사실을 견주어 모름지기 이 이질화에의 길을 그 나름대로 비극적이라 보지 않을 수가 없다.

5) 문정창, 『군국일본 조선강점36년사』, 서울, 백문당, 1966, 하권, p. 340.

1) 소위 황민화의 길과 신사참배

교회가 당한 것이 아니라 제가 나서서 황민화(皇民化)의 길을 간 것처럼 보여야 일제에도 그 편법의 보편화를 위해서 유리했을 것이다. 그래서 교회 스스로가 신사참배에 나설 것을 결의하는 책동을 썼다. 그 첫 사례가 청주군 안의 80여 예수교 각파의 결의서 채택이었다.

1938년 5월 5일경, 청주에 있는 장로교, 천주교, 성공회 및 성결교 등이 아래와 같은 결의를 한 것이다.

> 우리는 황국신민(皇國臣民)의 본분을 자각하고 전투체제 거국일치(擧國一致)를 완성키 위하야 종래 고집하던 신사 불참배 급 신사 경내(境內)에서 거행하는 무운장구(武運長久) 기원 기타 각종 기원 급(及) 보국제(報國祭)에 불참가한 불상사를 자(玆)에 확인하고 ... 차등(此等) 행사 솔선 참가하여서 일치단결 인고(忍苦) 단련하야 황도(皇道)를 선양하며 기독교신도의 입장으로 국가를 위하야, 황실(皇室)을 위하야, 기원 보국(報國)하기를 결의함.[6]

충청노회장 박상건(朴相健)이 "국민정신 총동원, 총후보국강조주간(銃後報國强調週間)에 산하 교회의 참가"[7]를 시달한 것은 한 주일 후의 일이었다.

노회가 신사참배를 가결하기 시작한 것 역시 이때부터였다. 전북노회는 1938년 6월8일 서문밖교회에서 회집하여 참배를 결의하고, 교역자 150여 명이 노회장 김세렬 목사의 인솔로 전주신사 참배 행렬에 나섰던 것이다.[8]

이런 대세를 타고, 그 해 9월 9일 평양에서 장로교총회가 소집되고, 그리고 그 다음날 한국 민족사와 함께 그 고락을 함께 해서 그 넋의 샘으로 골격을 다듬어 왔던 교회가 신사참배를 결의하고 만 것이다. "아등(我等)은 신사참배가 애국적 국가의식임을 자각하며, ... 이에 솔선 여행하고, ... 총후(銃後) 황국신민(皇國臣民)으로서 적성(赤誠)을 다하기로 기함"이라 했을 때, 문맥은 완전히 자발적이었다. 실상 이승길(李承吉, 1887-1965)이나 김일선(金一善, 1895-?), 홍택기(洪澤

6) 『매일신보』, 1938년 5월 8일자.

7) *Ibid.*, 5월 14 일자.

8) *Ibid.*, 6월 9일자.

麒, ?-1950)와 같은 간부들의 내심이 그랬었는지는 모른다. 총회장이던 홍택기가 해방 이후 이북에서 통회 자복기도회를 할 때 출옥 성도를 향하여 자기도 어렵게 일제 말기의 교회 유지에 진력했고, 따라서 심판은 하나님만이 하신다는 말을 했다고 하면, 이를 짐작하기 어렵지 않다. 더구나 총회 기간 중 12일에 부회장 김길창(金吉昌, 1897-1977) 목사가 총회에 아래와 같은 건의안을 제출한 것 역시 이런 점을 암시해 준다. 곧 몇 가지만 들면,

1. 당국과 조선교회와 선교사단과의 삼각적 관계의 원만을 도모할 일.
2. 총후보국(銃後報國)에 물자 헌납 운동은 물론 우선 정신 동원의 일부로서 내지(內地) 교회와의 연락을 위한 친선 사절을 보낼 일.
3. 국방헌금은 교회가 일정한 시일에 애국예배를 보는 동시에 국방 헌금대(袋)로서 조직할 일.
4. 신사 참배는 4대절에 일반 시민과 같이 참배하도록 당국과 교섭할 일.[9)]

그해 12월 12일에 홍택기, 김길창, 감리교의 양주삼(梁柱三, 1879-1950), 김종우(金鐘宇1883-1939), 그리고 성결교의 이명직(李明稙, 1890-1973) 목사가 신사의 본산격인 이세다이묘(伊勢大廟)나 가시와바라진구(橿原神宮)에 참배코자 사절로 서울을 출발하였다면, 이들의 내심의 진실의 한계가 반드시 강제로만 경계 지을 수 없는 곡절을 안고 있는 것이 틀림없다.

그러나 이 모든 생태의 신비를 풀어 줄 한 단서가 일본 측의 문서에 나타나 있다. 그해 8월 28일에 전국 고등경찰 외사과장(外事課長) 회의가 열린 것이다. 이 경찰관 회의는 교회 관계와 방첩을 현안으로 제시하고 있었다.[10)] 더구나 『매일신보(每日新報)』에 의하면 "조선 예수교장로회총회에 관한 문제"가 논의된 것으로 나타나 있다.[11)] 이런 사실이 공개 보도될 정도라면 그 배후에서 얼마나 오래 전부터 이 총회에 대한 대책이 미리 엄밀 주도하게 짜여져 왔을까

---

9) *Ibid.*, 9월 13일자.

10) *Ibid.*, 8월 28일자.

11) 9월 3일에도 총회에 대처하여 고등과장회의가 열렸다.

하는 것은 짐작하고도 남는다. 총대 193명에 97명의 경관이 틈틈이 끼여 앉아 진행시킨 총회의 모습은 이미 그 기능의 마비가 현상화하고 있었다. 이 일제 경찰들의 무서운 간섭이 사실이라는 것이 드디어 나타났다. 1938년 10월 1일에 평남 경찰부(警察部)는 도합 89명의 종로 경찰서 경찰관을 "신사참배 문제 해결"의 공로로 표창했다는 기사가 『매일신보』에 실렸고, 그 명단까지도 보도되었다. 한 두 사람의 난행배교(亂行背敎)가 없지 않았을 것이다. 하지만 이 공개된 사실을 알고도 이들을, 더구나 총회를 당장 단죄할 수는 없을 것이다. 정신적 폭행이 이에서 더 처참할 수 있으랴.

"따라서 이번 총회의 성명과 참배의 단행은 기독교에 있어 역사적 중대 의의를 가지고 있는 것이라 한다"[12]는 일본경찰의 말은 아이러니였다. "의의"라는 말은 실상 한국교회의 기능마비를 의미하고 있었기 때문이다. 전국교회가 이 때로부터 성탄절을 폐지해야 했고,[13] 마침내 1941년부터는 주일을 폐지하고 아울러 교회당을 내놓아야 했다. 신의주, 선천지방의 교회는 "시국의 중대성을 인식하고 금후는 주일에도 휴업을 하지 않고 ... 생업에 정진하기로"[14] 했으며, 더구나 신의주에서는 "예배당을 직장으로 사용하게 되었다는, 실로 신체제에 적합한 운동이"[15] 일어났다는 것이다. 성서나 찬송가의 일부 폐지도 이 때 있었다. 주일을 휴일로 부르는 것도 낯설다.

그런데 감리교는 이 신사문제에 대해서 처음부터 공적으로는 어려움 없이 지났다. 신사참배 문제와 관련해서 기독교학교의 폐지가 잇닿던 때에도 감리교계의 학교는 무난히 해방까지 존속할 수가 있었다. 1938년 양주삼 총리사는 그 연회 기간 중 미나미 총독의 축사까지 들으면서, "우리는 기독교의 신자면서 동시에 국가의 신민(臣民)인 것을 망각해서는 아니 됩니다"[16]라는 말을 하고 있었다. 이날 미나미 총독은 다음과 같은 고사를 하고 있었다. 곧

---

12) 『매일신보』, 9월 13일자.

13) 원주, 횡성 등 강원도에서 시작. *Ibid.*, 12월 20, 23, 24일자 등 참조.

14) 『매일신보』, 1941년 1월 20일자.

15) *Ibid.*, 2월 6일자.

16) 기독교조선감리회 제 3회 『회록』, p. 68.

일본 국민된 자는 종교여하를 불문하고 천황폐하(天皇陛下)께 존숭을 바치고 조선(祖先)의 신을 존경하며 국가에 충성을 다 하여야 한다. 신교의 자유는 이 일본 신민된 본분을 지키는 범위안에서 이를 인(認)하는 것이요, 이에 배반되는 것은 일본제국 내에서는 그 존립을 불허하는 바이다.

감리교의 홍병선(洪秉璇, 1888-1967) 목사는 "황국신민으로 국가의 원조를 숭배하는 신사참가, 곧 예배하는 것이 당연한 일"[17]이라 하는가 하면, 장로교의 강백남(姜白南, 1882-1955)은 "신사참배 하는 일을 우상 숭배라고 한다면, 차(此)는 불경죄에 가깝다고 말하여 둡니다"[18]했다.

천주교에서는 역시 참배에 대해서 시련 없이 지낼 수 있었다. 교황청에서 일본 주교를 통하여 참배를 시인하고 있었기 때문이다.[19]

2) 일본적 기독교 형성론

1938년 4월 25일에 서대문경찰서에 주로 감리교계의 지도급 목사 여럿이 모였다. 유형기, 최석모(崔錫模, 1890-1950), 장정심(張貞心, 1898-?), 박연서(朴淵瑞, 1893-1950), 김응조(金應祚, 1876-?), 김유순(金裕淳, 1882-1950), 김종우(金鐘宇) 등이 그 일부였다. 이들은 이 날 선언문을 채택하면서 일본적 기독교의 형성을 표방하고 나섰다. 이때부터 한국교회는 비서양적인, 동양적 내지는 일본적, 기독교의 형성에 끌려가게 된 것이다.

그런데 교회의 일본화의 경향이 중일전쟁을 통하여 그 형성의 의도가 표면화되기 시작한 것이 확실했다. 홍병선은 이 전쟁을 가리켜서 "동양인의 동양을 건설하는 대(大)이상의 성전(聖戰)"이라 말하고, "이번 기회에 내선일체의 완벽을 이루어야" 하는데 그러기 위해서는 "참으로 황국 신민 됨을 기뻐"해야 한다고[20] 쓴 일이 있었다. 여기에 묘하게도 일본적 기독교회를 표방하는 도식 전부

---

17) 기독교도와 시국, 『청년』, 1938년 7월호, p. 7.

18) 조상숭배는 우상이 아님, 『청년』, 1939년 3월호, p, 8.

19) 최석우(崔奭祐) 신부는 이것을 "오점(汚點)"이라 시인한다. 『주간기독교』, 1972년 11월 5일자.

20) 국민정신 총동원과 총후(銃後) 후원, 『청년』, 1938년 6월호, p. 7.

가 역력히 깔려 있다.

이러한 방향은 우선, 여기 나타난 바와 마찬가지로, 일본의 교회나, 국내의 일본 교회와의 연결 제협이 그 첫 단계로 진행되었다. 이런 형태의 한일교회 협동은 1935년 6월 5일 함흥에서 처음 실현되었다. 각 교파의 우선 합동과 다음 일본교회와의 연합이 그것이었다. 실무에는 그 곳 청년회 간사 이순기(李舜基, 1890-1948)가 일하고 있었다. 다음이 그 해 6월 3일의 대구 기독교 연합회였다. "내선일체의 구현과 "기독교의 일본 정신화"가 그 표어였다.[21] 이어서 목포, 춘천, 충주, 홍천, 부여, 수원, 회령 등지로 그 조직이 확산되어 갔다.

이것이 전국연합기관으로 조직된 것이 조선기독교연합회였다. 1938년 7월 7일[22] 각 교파나 일본 교회와도 연합을 그 마지막 목표로 삼는 이 회는 "국시(國是)를 체(體)하며 국민정신의 진작(振作)을 기함은 가장 긴급임을 인(認)하고, 자(玆)에 조선에 잇는 기독교신도는 단결협력 하에 동포의 정신작흥(精神作興)에 자(資)하고 일층 전도에 정진하야 황국신민으로서 보국(報國)에 성(誠)을 다하기로 기"[23]한다고 선언한 것이다. 여기에는 정춘수(鄭春洙, 1875-1951), 김종우(金鐘宇), 김우현(金禹鉉, 1895-1989), 차재명(車載明1887-1947), 장홍범(張弘範), 원익상(元翊常, 1876-1947), 이명직(李明稙), 윤치호(尹致昊, 1864-1945), 구자옥(具滋玉, 1891-1950) 등이 임원진에 참여하고 있었다. 이것이 1940년 9월에 이르러서는 장로교, 감리교, 구세군, 성결교 등 대교파의 실질적인 연합을 모색하게 되었는데, 그 목적은 "별 다른 종래의 교리로부터 떠나 순수한 일본주의에 의한 기독교로" 세우는 데 있었다.[24]

이런 사태의 발전은 각 교회의 소위 전향이 우선 다짐되지 않으면 안 되었다. 일제는 역시 한국교회의 자발적 조치인 것처럼 각 교파의 전향을 대거 보도하기 시작했다. 그 해 장로교는 총회에 중앙상치위원회(中央常置委員會)를 설치하

---

21) 『매일신보』, 동 일자.

22) 이 날짜에 대해서 『청년』, 1938년 3월호, p. 18이나 임종국의 『친일문학론』, 1966, p. 352. 5월 8일로 돼 있으나 오기(誤記). 그 준비가 7월 초에 진행.

23) 『청년』, 1938년 3월호, p. 18 및 『매일신보』, 동년 7월 8일자에 전재.

24) 『매일신보』, 1940년 9월 12일자.

면서 일본적 기독교로의 발족을 다짐하였다.[25] 1940년 제 29회 장로교총회 결의에 준해서 장로회 지도요체를 발표한 글 속에는, 일본적 기독교의 순화 갱정을 위한 노력이 다짐되었으며, 외인 선교사 후퇴의 요청, 구미 의존에서의 이탈 등 과거의 민주주의적 교단의 일대 혁신을 기하고 있었다. 당시 총회장 곽진근(郭瑱根, 1897-1941)은 "성명보다 실천"을 외치고 있었다.

천주교도 그 해 11월 10일에 신 체제를 성명했고, 구세군도 조선구세단이라 개명하여 그 혁신을 표방했고, 12월 12일에는 성공회가 역시 같은 비운의 길을 밟았다.

그런데 감리교는 이보다 앞서 그해(1940) 10월 2일에 "외국인의 기반(羈絆)을 이탈하여 일본적 기독교를 창건코자 일본 메소지스트교와 합동할 것"을 결의한 바 있었다. 서양 기독교의 탈을 완전히 벗어버리고 내선일체의 근본정신을 철저히 인식했기 때문에 군사교련에 힘써 신도들 안에서 지원병을 다수 참가하게 신 체제를 갖추겠다는 혁신안이 다져졌다. 이 일에 관여했던 당시의 감독 정춘수 목사는 "종교는 국민의 사상을 선도하는 중요한 역할을 가진 만큼, 제국의 이상 달성에 맡은 바 책임 다 하자"고 말했고, 신흥우(申興雨, 1883-1959)는 "기독교가 지금까지는 박래품(舶來品)에 지나지 않았으나 이제는 동양화한 기독교의 실을 보게 되었으니, ... 우리의 바라는 것은 이 동양의 기독교가 멀지 않은 앞날에 서양에까지 뻗치어 세계 기독교를 지배할 날이다"[26]라는 소감을 피력했던 것이다.

하지만 이들이 말하는 일본적 기독교가 그 신학이나 교리나 교회정치가 어떤 것인가에 대한 구체적 설명은 일언반구 없이 언필칭 일본적 기독교라 하였으니 말만 무성했던 셈이다.

25) 1939년에 벌써 총회에는 국민정신총동원 조선야소교장로회연맹이 결성된 바 있다.

26) 동양화 완성, 『매일신보』, 1940년 10월 3일자.

3) 세계교회와의 단절

만일 이런 것이 소위 토착화라고 한다면 그 오류의 극심함을 당장 고발하지 않을 수 없다. 그러나 그것이 마땅한 길이라 여겨졌던 때가 한때일망정 있었다는 것이 서러울 뿐이다. 이런 일본화 관념에 세계 교회와의 단절이 필경 수반되지 않을 수 없었다.

1938년 6월 7일 YMCA는 세계 YMCA에서 탈퇴하고 일본 Y에 예속되어, 실질상 그 활동에 종식이 왔고, 6월 8일에는 YWCA 역시 세계 YWCA와의 인연을 끊었다. 김활란(金活蘭, 1899-1970)은 비통에 젖어 "당연한 대세의 순응"이라고 실망하고 있었다. 일 주일 후의 16일에는 주일학교연합회가 세계 조직에서 단절하고 일본 연합회에 가입하게 되었다.

선교사들과의 단절도 오고야 말았다. 선교사의 재산 동결령이 내린 것은 1941년 8월의 일이었으나, 그보다 앞서 2월에 경성노회는 다음과 같은 공문을 하회(下會)에 발송했던 것이다. 곧

> 선교사가 총회 상치위원회(常置委員會)의 성명과 경성노회의 성명에 순응하기로 기함. 단 차(此)에 불응하는 시는 자연 회원권이 상실됨을 인(認)함." [27]

선교사들이 전원 한국교회와 인연이 끊긴 것은 필연적이었다. 가장 통분했던 것은 한국 초대선교사 언더우드(H. G. Underwood, 1859-1916)의 기념비석이 제거된 경로이다. 새문안교회는 일제의 강요에 못 이겨 "본 교회당 내에 총회에서 건립한 고 원두우 목사의 기념비석을 총회에 대해 내년 5월 말까지 제거하여 가라고 통고하고, 그 기일이 경과하면 본 당회에서 자유로 처분하겠다고 하는 지(旨)를 발송"[28]하고, 그리고 1942년 6월 13일 이를 철거하고 말았던 것이다. 이렇게 해서 한국교회는 함께 시련 속에서 울고 동고하던 선교사들, 그리고 항상 멀리 눈망울을 적시며 관심과 찬양으로 바라보던 세계 교회와의 관계를 끊고, 그 목숨을 노리는 원수의 손에 억지로 맺는, 온통 비극의 가시밭길을 갈 수밖에 없었다.

---

27) 새문안교회 『당회록』, 1941년 2월 28일자에 전재.

28) 『새문안85년사』, 1973, pp. 169-177.

4) 일본적 기독교의 교회 외적 표현

일본의 악랄은 형언키 어려웠다. 기왕의 저명한 기독교 인사로서 민족주의적 교회 형성에 앞장섰던 분들은, 일제의 강압과 그 살기를 다 동원하여, 반선교사적 기독교의 일본화를 역설케 하였다. 1939년 1월, 3·1운동 당시 33인 중의 하나였던 박희도(朴熙道, 1888-1951)는 "내선일체의 실천강화를 목표"[29]하는 『동양지광(東洋之光』이라는 월간지를 간행하기 시작하였고, 1942년에는 "미영타도(米英打倒) 좌담회"를 열어, 신흥우, 전필순, 이용설, 정춘수, 정인과, 김인영, 최동, 한석원, 양주삼, 윤치영, 박희도, 윤일선, 박인덕, 최순주, 이훈구 제씨와 같은 저명한 교회인들을 망라하여, "미영인의 종교"를 배격케 한 일이 있었다. 그 해 징병제 실시에 대해서 박희도는 "동방을 복배(伏拜)하고 감루(感淚)하에 흐느껴 운다"[30]했을 때, 한국교회 이질화의 모습이 어느 지경이었는지 짐작하게 하고 있었다.

여기에 실린 신흥우의 글은 지나치고 있었다. "우리의 위대한 구주 예수는 먼저 그 나라를 사랑하라 가르치셨다. 우리의 나라는 대일본제국이다. 우리는 종교인이기 전에, 조선인이기 전에 먼저 제일로 일본인이란 것을 잊어서는 안 된다. 천황폐하의 충성한 적자(赤子)로서 다만 일본을 사랑하라. 이것이 우리들 조선 기독교도에 주어진 하나님의 명령이다. 나는 감히 이렇게 확신한다."[31] 뒤의 귀절은 왜 덧붙였던고.

채필근(蔡弼根, 1885-1973)도 이런 마음을 가지고 있었다. 곧 "금일과 같이 우리에게 국민정신 총동원이 필요한 시절에는 어떤 종교의 신자든지 이례(異例)가 없이 국가에 충성하지 않으면 안 된다"는 것이었다. 그는 이런 말이 이단으로 들릴 사람이 있음을 시인하고, 그런 부류의 사람들이 오히려 이단이라고까지 단정하고 있었다.[32]

이런 입장에 섰던 이들이 기독교황도선양연맹(基督敎皇道宣揚聯盟)(1938. 5.

---

29) 『동양지광(東洋之光)』, 창간호, 1939년 1월, 편집 후기.

30) 징병제실시(徵兵制實施)에 대해서, *ibid.*, 1942년 6호, p. 2.

31) 조선기독교도의 국가적 사명, 『동양지광)』 1939년 2호, p. 74. 원문은 일본어.

32) 종교와 동양, 『청년』, 1938, 4월호, p. 6.

10.), 황도문화관(皇道文化館), 황도학회(皇道學會), 임전보국단(臨戰報國團), 국민총력 조선연맹(1940. 10. 16.)과 같은 기관에의 참여 강제를 받으면서, 교회 그 마지막 잔영을 형태상 보존하는 모습으로 진통하고 있었다.

5) 일본적 기독교화의 다른 한 구실: 반공

일본적 기독교의 형성론이 반공(反共)을 반서양 선교사만큼 표면에 세웠던 사실이 주목된다. 우리 교회가 1920년경부터 공산당의 잔악에 시달려 북만이나 시베리아 등지에서 순교자를 수없이 냈는데도 불구하고, 교회는 교리적으로 공산주의에 대해서 반박할 입장에 와 있지는 않았다. 공산주의가 무신론자라는 비판이 없지는 않았다. 하지만 당시의 국내 공산주의자들이 철학적 이념적 체계나 신념의 확인에서보다는 한국의 독립이라는 운동 전개 과정에서 그 힘과 도움의 원천 모색에 공산주의나 사회주의가 짊어졌다는 사실 이외, 확신과 참여의 과정이 별로 없었다 해서 과언이 아니었기 때문이다. 어쨌든 중국의 경우와 마찬가지로 그 때는 공산주의도 반제 반일을 기치로 투쟁하던 때였으니 만큼, 전통적인 반일의 한국교회가 공산주의를 문제 그것으로 취급할 역사적 단계에까지는 채 와 있지 않았다고 봄이 마땅할 것이다.

그런데 일제는 국민정신총동원 조선연맹의 강령과 실천 요목에서 "공산적화의 사상이 인류 공통의 적으로 아국풍(我國風)과 절대로 불합"[33]이라고 천명하고 있었다. 여기 일본적 쇼비니즘을 말하던 자들이 인류 공통 운운하는 것부터가 망발이지만, 기독교 섬멸을 노리는 처지에 교회의 협력을 구한 것 같은 인상은 더욱 역설적이다.

『매일신보』는 관영지였는데, 1938년 10월 8일자의 사설에서 실로 묘한 말을 써 놓고 있었다.

> 금반(今般) 지나사변(支那事變)의 근거가 공산주의를 방지하야 일본 제휴(提携)로 동아의 성업을 건설하는 데에 그 대의가 있는 점에 대하야 일반 기독교인으로서는 숙연히 성찰(省察)하야 종교보국(宗教報國)에 더욱 매진할 것이다. 공산주의

---

33) 『청년, 1938년 7월호, p. 10에 전재.

가 인류의 적으로서 그 마수가 뻐치는 곳에 도처에 인간도살(屠殺)의 참극을 연출하는 중에도 특히 인류의 정신생활을 인도하는 종교에 대하야는 구수시(仇讐視)하고 박해를 하는 것이다. ... 지나(支那)의 공비(共匪)가 얼마나 만히 기독교회 및 교도를 박해하였는가를 우리의 안전(眼前)에서 실지로 목도하는 바이다. ... 그럼으로 금일의 기독교도의 종교보국(宗敎報國)은 사상 국방의 일익적(一翼的) 임무를 마튼 바이다.

기가 막힌 일이다. 공산주의에 대한 이들 말에 공감이 가지 않을 수 없을 정도로 일구 일절이 진실이다. 교회의 적수는 공산주의가 가장 무섭다는 것을 우리는 역사에서 생생하게 벌써 배워왔다. 치가 떨리는 잔혹에 시달려 왔기 때문이다. 그런데 이 혐오와 적의를 한국교회 박멸을 서서히 모질게 수행해 나가는 과정에 있는 일제가 동감했다는 말을 들었을 때 치가 떨려 가늠을 못한다. 이것이 악마의 수법이라는 것인가.

2-5. 결언

글이 너무 장황했으나, 무너져 가는 교회의 일각에서 순교와 유혈로 교회의 순수성 보존을 위해 싸웠던 이들의 행렬에 눈을 돌리지 못했다. 하지만 그들의 사적은 다른 곳에 자세히 잘 설명되어 있다고 보아, 여기서는 다만 일제의 교회 정책에 따라 굴욕과 강제의 끈에 매여 허우적거리며 그 명맥 보존에 끌려갔던 교회와 교회인의 생태를 그리는 데 그쳤다. 일본 안의 일본교회들도 이런 시련을 겪었으나, 자책이 있는 한편, "동포와 꼭 같은 고난에 동참하기를 바라, 동포와 떠난 행동을 하고 다른 길을 갈, 그런 생각을 못했다"[34]고 담담히 회고하고 있다. 분쟁 이전의 그들 교회의 긴박감에 대해서 좀 더 자세한 분석이 있고 나서 말해야 마땅하겠으나, 우선 그런 처지에 수긍이 안 가지는 않는다.

그러나 우리 경우는 달랐다. 이민족을 위해 동화되고, 신앙의 유산까지 근본적으로 박탈 당하면서 형극의 질고의 길을 가야 했던 그날을 수욕과 혐오로 돌아볼 수밖에 없다. 그것은 한국교회가 그 골격을 꾸며 온 민족 신앙사에

34) 『日本基督敎團史』, p. 174.

대한 모반의 형태로 나타났었기 때문이다.

우리 한국교회는 그 초창기부터 강력한 반일 애국의 민족교회로 그 정묘한 순수 신앙을 굳혀 왔고, 1920년대부터는 6·25의 비극과 함께 매서운 반공의 교회로 그 틀을 잡아 왔다. 그리고 이것들은 다 역사 속에서 숨을 쉬면서 터득하고 몸에 밴 체질이었다. 일제 말의 한국교회는 장차 이 교회가 전체주의적인 군국주의나 공산주의, 그 어느 하나도 철저한 경계와 대항에서 벗어나게 하지 않고, 더구나 어느 하나가 교회를 빌어 다른 하나에 대적케 하는 술책에 끌려가지도 않고, 어디까지나 스스로 그 현존의 힘으로 이 양자를 경계해야 한다는 교훈을, 이렇게 아프게 남겨주었다.

6

해방과 한국

1. 한국교회에서의 세계성과 민족성 상관사(史) - 해방 30년의 교회사적 성격 -

2. 북한의 기독교

제 6 부
해방과 한국

1. 한국교회에서의 세계성과 민족성 상관사(史)
- 해방 30년의 교회사적 성격 -

1-1. 서언

해방 30년이면 한국교회사 90년 중에서 정확하게 그 3분의 1에 해당하는 기간이다. 만일 1910년 한일합병 때까지의 교회사를 그 형성기로 본다면, 그 이후 일제하 한국교회의 36년과 함께 해방 30년의 교회사 역시 어떤 뚜렷한 성격을 가진 역사이어야 할 것이다.

한데 1945년에서부터 1975년까지의 한국교회사에서 단일한 성격을 가진 실체를 모색한다는 것은 쉬운 일이 아닌 것으로 나타난다. 그것은 광범위한 여러 실험의 시기일 것으로 보여지기도 하고, 이미 구성된 한국적 신앙의 구체적인 표현 단계로서 그것이 다만 논리적 정연성을 찾는 수확의 시기인 것처럼 보이기도 한다. 더구나 그 어간의 상황 변화가 국제적으로나 국내 사회 및 사상적으로 급격하고 또 혼잡하였기 때문에, 그 반응에 급격하면서 차라리 역설적으로 과거 30여년의 한국교회가 근간을 마련하지 못한 채, 다만 물량적 확대, 아니면 정서적 격류에 몰렸다는, 그런 인상마저 주기도 한다.

우리는 이런 과정에서 가치의 표준을 측정하거나, 토착성의 여부를 가리거나 그 찬란한 감격의 장(章)들을 발굴하고자 하는 관념을 우선 제거하고, 이 역사를 그 자신이 말하도록 일임해야 하겠다는 생각이 든다. 만일 역사가 현실을 어떤 운동과 과정의 정점으로 보아야 한다고 한다면, 이런 생각이 더 깊이 몰려들지 않을 수가 없다.

2000년의 한국교회는 실제로 100여년 역사의 그 교회가 와 있어야 할 그런 곳에 와 있다고 판단할 수 있겠는가. 물론 현상과 내용의 구별을 역사적 안목이 다짐하고, 언필칭 정신과 내용의 역사를 웅장하게 표현해야 한다고 일러 충고할 사람들이 있을 것이다. 하지만 역사의 표면은 그 저류만큼 중요하다는 것은, 한국교회에서는 바로 들어맞는 말이 된다. 1975년의 교회, 그것은 현상적으로 수적 거대화에 대한 자만, 아니면 거기 대한 의존도, 그리고 안보, 반공의 교회로 정의될 수 있었다. 그것이 그렇게 된 것이 과거 한국교회사의 정점으로 설명되어 마땅한 것인지, 살펴보지 않을 수 없다.

1-2. 민족주의와 민주주의의 공존

한국교회의 민족사적 전통은 둘 있었다. 하나는 보편성을 근거로 가진 민주주의의 훈련과 그 유산의 토착화이다. 한국 기독교의 공헌이 실상 그 교육, 문화, 의료 등에 걸쳐 심원했다는 말의 전제와 그 규범으로, 이 민주주의적 유산의 구체화에 끼친 공헌을 들지 않을 수 없을 것이다. 다른 하나는 민족주의의 특수한 구형(構形)과 그 성격 구성이다. 근대적 시민사회에의 전향기에 그것은 기독교의 막강한 지지를 받으면서, 반일, 그리고 심지어 반선교사의 열정까지 마다하지 않을 만큼, 강력한 민족주의의 정신적 바탕을 형성해 왔던 것이다. 이것은 민주주의가 보편성 내지는 세계적 연대성을 기조로 한 데 반해서, 개성적이요, 특수적이요, 그리고 간혹 배타적일 수 있었다.

이러한 양면성, 곧 민주주의와 민족주의의 불가피한 대차성에도 불구하고, 그것은 상당히 오랜 동안 묘한 랑데뷰를 계속할 수 있었다. 이것은 한국교회사

이해를 위해서는 아주 중요한 전제가 된다. 그러한 절묘한 조화를 풀어줄 신비는 기독교의 한국 도입이 척사위정(斥邪衛正)의 유학자군(群)이나 쇄국적인 대원군류(流)의 척양파(斥洋派)들을 제외하고는, 개화파나 보수파, 모름지기 다 함께 열렬한 환영을 받으면서 진행되었다는, 독특한 역사에 기인한다. 개화파의 김옥균, 박영효, 유길준, 윤치호, 이승만, 박승봉, 유성준, 김정식, 이상재 등이 그러했고, 민영익(閔泳翊, 1860-1914)이 보수파로되 장로교나 감리교의 한국 선교 착상 환기자라는 사실 때문에, 이 랑데뷰가 가능하였던 것이다. 물론 서북의 황해도 평안도와 남쪽 경기 충청도의 기독교 수용 자세에 충군과 입헌의 국부적 대결이 예리하였던 때가 없지는 않았으나,[1] 그것은 한일합병이란 전 민족 포괄의 비운 때문에 역학상 해소되는 행운이 있었다.

이렇게 민주주의와 민족주의의 공통한 에너지 제공, 내지는 그 각성 및 지탱으로서의 한국교회는 일제 36년에 그 계속적인 내적 결속과 반일 애족의 신앙적 투쟁을 지속하면서 해방을 맞이할 수 있었다. 3·1운동에서 이 랑데뷰는 실상 그 클라이막스에 이르고 있었다. 그것은 절대 단위의 민족의 독립과, 그런 정신이나 시세 판단에서 보여준 기독교인들의 넓은 역사의식과 그 정신의 발표 및 세계적 공동체가 앞뒤에서 뒤 밀어준다는 의식의 복합동기에서 성사되고 있었다.

1-3. 민족주의의 해체 과정

해방이 되면서 이 조화가 깨져 나간 것이다. 너무 오래, 이 거의 불가능했던 랑데뷰가 계속할 수 있었다는 우회적 단정도 가능하지 않은 것은 아니다. 묘하게 식민제국 일본이 우리의 민족적 압제자인 데다가 신도(神道)라는 일본 국민국가종교의 정신으로 제정일체적(祭政一體的) 정치로 일관해 왔었고, 또 2차 세계대전에서 민주와 자유의 연합군과 대결하였다는 사실들 때문에, 우리의 민족주의적 열망이 민주주의적 이상의 관념과 무리 없이 연결될 수 있었다.

---

1) F. A. MacKenzie, *Korea's Fight for Freedom*, Yonsei University Press, (영인본), 1969, p. 208. Cf. 『윤치호일기』, 국사편찬위원회, 1973, IV, p. 320f.

하지만 이 양자의 결합은 언젠가 균열의 과정을 거치고, 이 교회 역시 어느 한쪽을 결단해서 선택하지 않으면 안 될, 그런 심각한 번민의 때가 오리라 예상한 사람들이 없지 아니하였다.

이 랑데뷰의 파국, 그것부터 우리 역사의 기막힌 상흔(傷痕)을 쑤시기 시작했지만, 문제는 민주주의와 민족주의, 이 유구한 한국교회의 골육과 같은 유산을 그 어느 하나에 단을 내려치고, 다른 하나에 부착하여야 하는 필연적인 역사적 요청 때문에 번민하지 않을 수 없었다는 데 있었다.

이 불행한 체험은 해방 이후의 남북 분단에서 즉시 제기되었다. 북한의 공산주의와 남한의 민주주의와의 대치상황은, 두말할 것 없이 교회 발전의 토양이 남한 곧 대한민국밖에 없다는 사실을 실제적으로 보여주었다. 공산주의와의 대결은 1920년대 만주에서 침례교, 감리교 및 장로교의 교직자들이 공산당원들에게 순교의 면류관을 쓰던 날부터 시작되었다. 이념적으로 민주주의는 전체주의인 공산주의와 대결하는 체계로 서 있고, 따라서 한국교회는 민주주의적 유산의 계승에 기울어진 입장에 서도록 돼 있었다. 그 날부터 이 교회는 반공의 교회로 그 체질이 자동적으로 형성되었던 것이다. 유물론이라든가 유신론의 철학적 전개는 실상 역사적으로는 문제시된 일은 거의 없었다. 공산주의자 박헌영(朴憲永, 1900-1956)은 기독교가 미제의 앞잡이, 자본주의의 경찰견(犬), 미신과 허위의 선전자, 자본주의확장을 위한 악마적 침략자라는, 이런 악의의 공격을 치닫는 분노와 증오로 하고 있다.[2] 따라서 이 공산주의와의 대결은 한 실존적 체험과 역사의 문제였고, 이념적 토론의 성격은 처음부터 형성되지도 않고 있었다.

그러나 이 남북의 대립 상황에서 모든 문제는 상징적으로, 그리고 현상적으로 전부 제시된 셈이었다. 반공과 민주주의적 유산의 확보에서 벌써 민족주의적 유산은 그 중량이 차치(且置)되기 시작한 것이다. 더구나 북한 사람들도 결국은 "한국인"이라는 사실에서, 이것은 더 논란될 여지도 없이 문제의 범위 밖으로 밀려나고 만 것이다. 민족주의 초극의 교회가 서서히 모습을 드러내기 시작한 것이다. 해방 이후의 세계 긴장과 기독교적인 미국의 승리, 이런 여러

2) 박현영, 역사상으로 본 기독교의 내면, 『개벽』, 1925년 11월호, pp. 64ff.

조건 아래서 보편성을 띤 민주주의의 찬양이 한국교회의 신분처럼 되어 간 것이다.

남 북한이 하나의 민족이라는 경험이 제 자리로 형질화하기 전에 그 대결 양상은 점차 격화 심화되고 있었다. 그러나 비극이 하나 있었다. 그것은 이런 상황의 발전에 대한 문제 소재의 성격에 대해서 누구도 심각하게 지각하고 있지 않았다는 인상이다. 뭐가 주변에서 진행되는지, 그것도 모르고 있는 사이에 이 중대한 사건이 둔중하게 변모해 가고 있었다. 해방되었다는 기쁨의 긴 열광 속에 한국교회사, 그 핵심체의 타원형 중심점 둘이 일체가 되는 과정을 지각하지도 못하고 있었다는 사실이 심각하였다. 그 자각이 있었다면 그 이후의 역사는 훨씬 다른 양상을 띠고 전개되었을 것이다.

1-4. 6·25사변과 교회 분열

이 미지각의 불행은 6·25동란의 참화 속에서, 아니 그런 것이 있는데도 불구하고, 졸지에 진행되고 있었다. 신학과 역사의식이 없는 교회의 수치를 한국교회에서 찾고자 함이 아니다. 그것은 실상 자체 안에서 의식된 감정 중추로 나타나지 않고 있었다. 그 불행 속에서 정신없이 진행시킨 교회분열의 열광 속에서 역설적으로 징벌처럼 나타나고 있었다.

6·25! 얼마나 아팠던가!

남과 북은 적국을 상대로 하는 정도의 갈등으로 그 적대감이 누진되기 시작하더니 마침내 6·25사변에서 피차 엄청난 전 민족적 참화의 사상자를 내고 말았다. 곧 사상자 한국군 32만 명, 미군 14만 명, 유엔군 1만 6천명(미군별도), 북한군 63만 명, 중공군 92만 명; 그리고 인적 손해는 남한 만간인 99만 명, 북한 민간인 200만 명, 남북 이산가족 1000만 명에 이르고 있었다. 여기 보면 전사자들이 총 2백 2만 6천 명이고, 민간인 사상자는 3백만 명으로, 군인 민간인 합계가 총 520만 명이다.[3] 거기다 이산가족이 1천만 명이면, 온 겨레가 여기다 살상 피살로 산정되고 있음이 들어난다

3) 이 기록은 전쟁기념관 자료임

적룡(赤龍)의 철퇴(鐵槌)에서 육개성상(六個星霜), 일일천추(一日千秋)의 골짜구니에서 헤메나니다. 삼천제단(三千祭壇)이 무너지고 수백(數百)의 제사장(祭司長)이 혈제(血祭)를 드림이여, 수만(數萬)의 성도(聖徒) 목숨을 드렸나니다. 삼천이(三千里) 강산(江山)이 초토화(焦土化)됨이여, 백만우백만(百萬又百萬)의 동포가 쓰러졌나니, 나라는 기울어지고 민족(民族)은 위태(危殆)하나니다.

오, 세기의 심판(審判), 민족(民族)의 말일(末日)에 서서 나는 우나니다. 소리쳐 우나니다.[4)]

부산 한 모퉁이에서, 피난 갔던 김인서는 이렇게 눈물을 흘리고 있었다. 누구라 이 전란에서 피를 흘리지 아니하였으며, 공산주의자들의 만행과 그 민족적 반역 행동에 치를 떨지 아니한 사람이 있었으랴. 그러나 교회는 그 감도가 훨씬 처절하였다. 내 겨레에게서 겪었기 때문이다. 숱한 수난 골짜기에서 생존하였기 때문이다.

그런데 묘했다. 6·25사변 때 적치(赤治) 하에서 한국교회인들은 대부분이 정치적 반동이라든가, 친미분자로 몰려 희생되거나 납치당하였다. 이 핍박의 와중에서 실지로 교직자가 신앙의 명분으로 해서 순교한 경우는 많지 아니하였다. 다들 강요와 위장에 의한 반동분자 처단의 명분이었다.

역사의 교훈은 실로 깊은 데가 있다. 반기독자는 기독교의 신앙 자체를 오류라고 규탄하는 일은 지극히 드물었다. 언제나 그 신앙인이 세상에서 겪는 생활의 일면을 그들 행동규범의 기준과 연결시켜 모반과 반혁명, 반동, 그리고 심지어 때로는 몰염치와 스캔달로 낙인을 찍어 치죄(治罪)해 왔다. 친미의 구실이 한국교회 그 당시 척결의 가장 흔한 명분이었다. 이런 불명예로 뒤집어씌우는 날조의 비극은 공산당의 포악이라는 부분은 차치하고라도, 그야말로 우리 교회로서는 치욕의 극이었다고 단언하지 않을 수 없다. 기독교와 미국은 같은 것이 아닌 것을 보여주어야 했다. 그리고 그런 일을 그 때 못하였으면 언젠가는 꼭 해야만 했다.

그런데 이 기막힌 시련 속에서 이 교회는 해야 할 일이 하나 있었다. 민족주의에의 영감과 그 확립을 남 북에 호소하거나, 그것이 공산당의 비인간적 악마

---

4) 김인서, 기도, 『신앙생활』, 1951년 3월호. 『김인서저작전집』, 1, 서울, 신망애사, 1973, p. 253.

성 때문에 불가능하였으면, 그 분열과 민족 골육상쟁의 순간에 다만 사랑과 용서 및 화해의 원동력을 동원하는 샘이 되어, 그것을 때의 긴요한 원칙으로 민족사에 제공하는 의식과 책임은 걸머져야만 했다. 그런데 그런 생각은 전란의 긴장과 흥분 때문이었는지 모르지만 떠오르지를 않고 있었다. 내적 단합의 호소력에 대한 사명감도 그렇지만 영감도 따로 없었다. 오히려 전장 터에 있은지라, 교회도 매사에 싸움 기질에만 휘말려 들어간 것 같았다. 시세에 대한 심판과 지도가 아니라, 시세에 끌려가고 대세에 밀려가고 만 것이다. 그 이후의 역사는 이런 시련기에마저도 그런 모양을 하고 지낸 그 무거운 타성 때문에 차라리 "과도기" 교회, 아니면 전쟁 중의교회라는 양해를 받고 있었던 형편이다.

> 높은 망대 위에서 이 민족의 절박한 현실을 보고, 경고의 나팔을 높이 불어야 할 민족의 파수군인 교회는 지금 어떠합니까. 우리의 교회는 그동안 너무 많은 수면제를 복용하였습니다.[5)]

이렇게 해서 교회분열이 민족분열사의 무대 6·25의 타이밍 속에서 비슷한 대사를 읽으며 병행하고 있었다. 형제 교인에 대한 저주와 정죄 그리고 피차 속(俗)과 비(卑)로 고발하다가 엉뚱하게도 상상 못할 단죄까지 하고야만 것이다. 한 교회가 다른 교회를 향해서, 공산당의 살상과 모욕에서 신음하는 형극 속에 있는 교회더러 "용공(容共)"이라 쏘았다!

여기에서 우리는 뭐가 어느 만큼 깨져 나간 것인지조차 모를 정도로 헤아릴 수 없이 많은 것을 잃었다. 이 때 잃은 것을 이 교회가 언제 회복하고 치료할 수 있을런지, 아직은 아무도 모른다. 뉘우치는 자가 있어도 그 상처는 회복이 되기 어려울 것이다. 교회가 피차 민족 말살의 이데올로기로 미친 그 집단의 이름을 내놓고 정죄할 때 빠진 깊이, 그것은 분쟁보다 더 혐오할 만한 파탄이었기 때문이다.

우리는 스스로에게 물어야 한다. 왜 하필 그 때, 그 전쟁의 참화 속에서, 교회가 고려파, 기장파, 그리고 예장파로 갈라졌던가, 그렇게 물어야 한다. 하

---

5) 강원룡, 민족의 파수꾼, 『강원용전집』, III, 서울, 서문당, 1979, p. 124.

구 한날 왜 하필 민족이 갈라져 총칼을 겨누고 5백만이 죽던, 그 전쟁 중이던가. 가슴이 멍들게 쳐도 끝이 없을 일이 아니던가.

그래서 그날 불리어진 찬송가가 있다. 아니 고백시가 있다. 1952년 작사한 것인데 석진영의 것이다. 온 겨레가 교회를 향해서 창백한 손 높이 뻗어 갈망하고 있었다. 이 전란의 참담한 비극의 와중에서 교회가 할 일을 해달라는 것이었다. 그러나 교회는 내장한 힘이 없었다. 텅 비어 있었다.

> 눈을 하늘 보라 어두워진 세상 중에 외치는 자 많건마는
> 생면수는 말랐어라
> 죄를 대속하신 주님 선한 일꾼 찾으시나 대답할 이 어디 있나
> 믿는자 여 어이할꼬. (찬송가 제 256장)

교회는 그 생명수가 말라 있었다. 외치는 자들의 음성이 저렇게 갈급하건마는 교회는 그들에게 줄 아무것도 없었다. 한데 그것은 선한 일꾼 찾으시는 주님의 음성에도 대답하지 못하는 무능하고 무력한 존재 이전에 죄지은 자의 모습이었다. 교회가 더 참담하게 갈라지고 있지 않았던가. 교회 안에도 이데올로기가 있던가.

이 때 교회는 민족사적인 전통과 그 높은 유산, 민주주의도 민족주의도 다 그 손에서 놓쳐 버리고, 그리고 그것이 왜 떨어져 나갔는지도 모르는, 지극히 치기(稚氣)와 몽매에 뒤덮인, 그래서 상처받은 교회로 저 멀리 서 있었다.

그 때 감행된 분열의 범위 확대를 다시 여기에 또 반복해 쓸 필요가 없다. 기장, 고신, 그리고 예장의 분열에다가 감리교와 성결교의 여러 분열, 그 계보 분류 구성이 난삽한 수치의 분열, 그것이 이후 10년에 지리멸렬할 정도로 진행된 과정은 잊혀지지 않아 빨리 그 망각을 재촉하고 싶은 사건들이다.

민족주의가 이렇게 엄청난 시련기를 거치는 동안, 이런 비극의 와중에서 민족주의와 세계주의와의 연결 모색이 있었다. 장로교의 분열에 민족주의의 오랜 전통의 각주(脚註)를 달려고 한 일련의 맥이 엿보였다. 하지만 그것은 우연이었을 것이다. 가령 김재준(金在俊, 1901-1987) 목사는 조선신학교의 설립(1940)에 대해서 이런 말을 남기고 있었다.

이것은 조선교회 50년 사상(史上)에 처음되는 기록적 사건이었다. 이날부터 참된 의미의 조선교회가 시작된 것이었기 때문이다.[6]

이렇게 출발한 기장(基長)은 1953년 그 총회를 별도로 소집하고 법통총회로 자처하면서, 그 이전 한국교회의 존재마저 부정하고 말았다. 그런데 그 출범을 다짐하는 호헌(護憲)의 강령 속에는 "에큐메니칼 세계교회 정신의 철저한 목표"를 다짐하는 글이 또 하나의 주축을 이루고 있었다. 여기 "조선"과 "에큐메네"가 피차 연결된 차원은 기장(基長) 고유의 논리에 기초하고 있었음에 틀림없다. 하지만 일제치하처럼, 가령 민주주의와 민족주의가 랑데뷰할 수 있었던 대상, 그런 것이 없이 민족 자주의 국민 생활에서 정통이나 법통을 민족과 세계에 함께 배타의 체험 없이 묶을 수 있었던 논리의 명료화 추진작업은 착수되지 않고 있었다.

예장의 경우는 그 반대였다. 박형룡(朴亨龍 1897-1978) 목사는 한국교회 신학사상의 모습을 1953년 이렇게 표현하였다. 곧 한국의 신학이란,

결코 우리가 어떤 체계를 창조함이 아니나라, 사도적 정통의 정신앙(正信仰)을 그대로 보수하는 신학, 우리 교회가 70년 전 창립되던 당시에 받은 신학을 우리 교회의 영구한 소유로 확보함을 이룸이다.[7]

"선교사들에게서 받은 신학을 영구히 소유"하겠다던 박형룡의 정통신앙이었지만 그도 1959년 봄, 합동파(合同派)에 가담하면서 선교사와의 관계 단절을 그의 반에큐메니칼 노선과 연결시켜 한국교회의 자립을 소리 높이 외친 일이 있었다. W.C.C.와의 단절이 이행된 것이 이 때였다. 그의 초기의 사도적 세계성과 이때의 민족적 교회 주장 사이에 우리는 일반의 논리적 일관성을 찾지 못한다. 물론 한국적 특성에 철저해야 세계성에 이를 수 있다는 사실과, 그런 경로에 대한 확인절차를 여기에서 보아야 한다는 논박이 있음을 안다. 하지만

---

6) 김양선, 『한국교회해방10년사』, 대한예수교장로회 종교교육부, 1956, p. 195에서 인용.

7) *Ibid.*, p. 263.

논박할 이들은 그가 항상 한쪽 말을 할 때 예외없이 배타적으로 말한 사실을 주목해야 한다. 그것은 그 논리의 모순을 증명해 주기 때문이다.

1-5. 휴전과 신흥종교의 등장

휴전이 조인되었을 때, 민족 생활은 여러 모로 허탈감에 쌓여 있었다. 세계성과 민족성, 곧 민주주의의 영감과 민족주의의 기맥을 함께 상실한 교회는 역사상 미증유의 공백기에 위치하고 있었다.

그런데 이 공백기를 날카롭게 감지한 이들이 출현하기 시작한 것이다. 이런 것은 분파적 내지는 신흥종교적인 예민성에서 밖에는 포착이 안 되는 국면을 가지고 있었다. 허탈과 좌절은 민생의 깊은 골짜기에서 신앙의 차원에 관통해 흐느끼듯 흐르고 있었다. 그것은 삶과 신앙, 생업과 열복의 자연스러운 연결을 시인하는 섹트적 감각과 직관에서만 포착이 가능하였다. 이 말은 아울러 전래된 종교의 신앙 부재 확인과 함께 그 태도도 의미하고 있었다. 피난과 인간 소망의 상실, 삶의 자산과 그 터를 전화에 상실했다는 구슬픈 폐허감, 그 뒤에 교회들의 몰역사적 격돌과 분쟁, 그 단편들이 마침내 열정적 신령주의와 내재적 직접 신앙에의 초대로 범주적으로 주어진 것이다. 박태선(朴泰善)의 천년성이나 문선명(文鮮明)의 세계기독교통일신령협회가 그 대표적인 것들이지만, 이 이외에도 수를 가를 수 없는 종파나 수도원(修禱園)의 계보가 밝혀지기 시작했다.

문선명의 통일교는 그 창설이 1954년이지만 1970년 중반 현재 그 교세가 40여 개국에 파급돼 있는 것으로 알려져 있다.[8] 그 『원리해설』에 통일교 설립 당시의 배경이 심리적으로 이렇게 분석되고 있었다.

> 6·25의 동란을 거친 한민족은 육에 속한 모든 것을 다 잃어버리고 이제 남은 길은...[9]

그 남은 길이 통일교가 제시하는 길인 것은 두 말할 것 없었다. 한데 문제는

---

8) 탁명환, 『통일교의 실상과 허상』, 상권, 서울, 국제종교문제연구소, 1979, pp. 108, 251.
9) 『원리해설』, 세계기독교통일신영협회, 4판, 1962, p. 414.

이들 신흥종교가 구원의 터, 곧 세계 구원의 터를 이 "한국"으로 잡고 있다는 데에 있다. 여기에는 피차 명료성의 차이는 약간 있다손 치더라도 이들에게는 공통한 작업 전제였다. 다시 말하면 선민주의적(選民主義的) 요소에 대한 호소가 그 기조가 되어 있다는 사실이 중요하다.

> 보라! 이제 육천 년이나 굳게 닫혔던 이(천국) 문이 한반도로부터 열릴 것이니, 우리는 최후의 한 숨을 줄기차게 들여 쉬고 이 문을 향하여 돌진함으로써 이스라엘 민족이 다하지 못한 사명을 우리 한민족이 기필코 이루어 드리자.[10]
>
> 과연 동방에 오시는 주님은 이곳을 떠나 계실 다른 지역은 없으리라고 보여지는 것이다.[11]

구원은 바로 여기 있다는 현실감에의 호소, 구세주와 "한국"의 인연에 대한 민족의 선민적 긍지, 이것이 1960년을 거쳐 오늘에 이르는 이들의 철저한 입장이다.

1-6. 에큐메니즘과 한국적 신학

한국의 기성교회들도 전술한 공백을 출발점으로 했고, 그리고 역시 강력한 민족주의 에너지와 그 영감에서 새 출발을 하게 되었던 것이다.

그러나 그 양상은 복잡하였다. 결국 한국교회는 그 본래의 유산인 세계성과의 접촉 모색에 대한 강력한 촉발을 그 역사의식에서 찾지 않을 수 없었다. 섹트적 신흥 종교와의 차이는 역시 이렇게 기성교회가 과거의 고귀한 전통의 연속이라는 가치를 긍정할 어떤 보증아래 있었다는 사실에 있었다. 그것이 세계성, 곧 에큐메네와 민주주의 정신에로 귀속하려는 의지가 압도적으로 주도하였다는 곳에 한국교회사의 남다른 의의가 있었다. 그러나 그것은 물론 1960년대의 일이다. 그 내력은 대개 다음과 같았다.

우선 그것은 세계 여러 신학의 소개와 수용의 과정에서 보여진, 과도한 주체

---

10) *Loc.cit.*

11) *Ibid.*, p. 405.

성 망각에 대한 고발의 형식에서 나타났다. "한국 역사의 주체 또는 민족성이나 가치관, 또는 종교 등의 주체에 대한 문제에의 무관심"[12]이 비판된 것이 이때였다. 이 몰주체성은 곧 한국교회가 "당시의 세계의 신학적 이슈에 편승"한 데서 나타났다고 본 것이다.

이런 "편승"에 대한 반발은 그 형식이 다양했지만 결국 한 방향에서 일치하였다. "한국적 신학"의 모색이란 것이 그것이었다. "한국적 신학"이란 논단이 활발해지면서, 그 종교적 토양의 이해를 위한 한국 종교의 연구가 병행하였다. 토착화된 기독교의 성립이 어느 때보다도 역사적으로 심각한 교회의 사명으로 부각된 듯하였다. 거기에는 뚜렷한 신학적 명제의 체계화는 돼 있지 않았지만 방향은 잡힌 셈이었다.

한데 이 특수화의 방향이 교회 밖과의 관계에 섰을 때 수정을 해야 하는 것과 같은 입장에 처하게 되었다. 1960년대 초기부터 교회는 한국의 일본과의 국교 재개를 서두르는 정부에 대해서 구국의 기치를 높이 들면서, 해방 이후 그 격렬성에 있어서 처음으로 정치에 막바로 깊숙이 파고드는 정치참여에 임하게 되었던 것이다. 거기에는 복합적인 동기가 있었다. 곧 하나는 일본에 대한 민족주체성의 확립이 위협을 받을 수 있다는 가능성에 대한 도전이었고, 다른 하나는 제 3공화국에 대한 기본적인 대결 의식의 표현이었다. 다시 말하면 정부가 예언자적 발언과 정의 실현에 대한 국민 의사의 표현 양식 접수가 공정하지 못하다는 생각에서, 뭔가 보편적인 기본적 인권문제가 정도(正道)에서 벗어나 있다는 고발이었다. 이 두 번째 경향은 3선 개헌의 과정에서 깊어 갔다.

여기서 한국교회는 대외적인 문제에 대한 발언에서 내적으로 분열하는 비극을 겪어야 했다. 신앙의 예언자적 참예를 외치는 자의 저편에 보수계에서는 주로 NAE계를 중심해서 정치에 중립을 고수하자는 표어를 내세웠다가, 박정희대통령 3선을 위한 개헌의 지지를 표명하는 제스처를 취하였다. 일제 때에는 소위 자유주의 신학계에서 일본 황국화에 동조했다고 반발하던 보수계가 이제는 자유신학자들이나 예수교장로회 통합 측의 용공성(容共性)을 말하다가,

---

12) 안병무(安炳茂), 한국신학의 회고와 전망, 『장로회보』, 기독교장로회, 1976. 1. 1, 166호, p. 3.

거기 비록 연결의 의도는 전혀 없었다손 치더라도, 정치 참여의 한 다른 형태를 스스로 취하는 과정에 이르고 만 것이다.

이것이 묘하게도 에큐메니칼 운동의 전개 양상과도 일맥상통하였다. "사람 사는 곳은 다"라고 하는 광범위한 세계성은 지리적 관념에서 시간적 관념으로 전개 확대되어 "사람 사는 생활권 전역"이라는 데로 확대되었다. 인간 문제 치고 하나님의 심판이 가 닿지 않을 곳이 없다는 신앙이었다. 그것은 이제 교리나 교권 및 제도의 일치 이상의 것이라는 생각이 강조되기 시작했던 것이다. 에큐메니즘과 "한국적" 신학의 형성 촉구가 같은 시대, 같은 부류의 교회층에 의해서 추진된 데 의의가 있었다.

이것은 한국교회사 전통의 본연의 모습에로의 회귀를 상징하였고, 그 보존과 계승을 딴은 의미하고 있었다. 세계성과 민족성과의 랑데부가 다시 진행되어야 했기 때문이다.

한데 1970년대에 들어서면서 상황은 달라지기 시작하였다. 그것은 바깥쪽에서 교회 안에 밀고 들어오는 힘 때문에 전개된 변화였다. 함태영(咸台永) 목사의 아들인 주미대사 함병춘(咸秉春)이 한국 안에서의 교회의 사회 참여가 지나치다고 말하다가 미국 신문에 내고 그것을 비난하였던 것이다. 생존권과 인권과의 관계를 안보라는 차원에서 정립하려는 과정에서 이렇게 표현한 것이다.

생존권! 그것은 나라나 개인에게도 관계되고, 그리고 인권문제와 핵 문제로 세계공동체의 비판과 불안의 대상이 되고 있는 북한의 호시탐탐 아래 있는 이상, 어쩔 수 없는 중대한 문제로 등장할 수밖에 없었다.

1-7. 반공과 민족교회

북한 공산당의 점증하는 위협은 "한국인"의 종교나 정치 경제에 걸친 모든 활동의 무시 못 할 전제가 되어 갔다. 그 전제는 6·25의 참극에서 피부로 공산주의자들의 만행에 시달린 겨레에게는 일추의 촌각을 보류할 여유도 없이 시종 우리 국민적 삶의 한 뚜렷한 전제점이 되고 있었다. 교회에서 민족의 국가적 주체성이 강조된 것이 이 때였다.

한국교회는 이 민족의 건전한 주권의식 구조의 형성을 위해 무거운 선교적 사명을 다해야 하겠습니다.[13]

이러한 태도는 비교적 보수적인 한국기독교지도자협의회의 "한국교회 선언문"에도 나타났다.

우리는 오늘의 현실에서 대한민국의 주권 없이는 이 땅에 교회도 있을 수 없음을 인정하고 현 시국 하에서는 신앙수호와 국가안보를 우리의 제일차적인 과업으로 간주한다.[14]

하지만 이 민족사적 전제 때문에 교화 안에 있는 비리가가 어떤 형태에서든 도전받아서는 안 된다는 생각을 교회는 쉽게 납득하지 않았다. 그 전제 때문에 더욱 우리는 교회의 사회적 도덕성이 한층 도 확보되어야 하다고 믿었다. 안보는 다만 민족의 생존이나 국가의 생활, 그 보호만이 아니나라, 공산주의가 나쁘기 때문에, 우리는 "하나님의 모습"을 인간 존엄의 기초로 삼는 민주주의의 정신을 무기로 그들과 대결한다는 신념의 안보도 되어야 한다고 본 것이다.

여기 한국교회는 1970년대 세계성과 민족성의 불가피한 통전(統全)을 호소하였던 것이요, 그것은 과거 교회사가 필연으로 그렇게 되었던 상황과는 대조를 이루는 것이었다. 이 통전을 "민중(民衆)"이란 개념을 매개로 해서 실현할 수 있다고 본 이들이 몇 있었다. 가령 안병무(安炳茂)는 "민중 없는 민족이란 허구의 개념이며, 민중이란 곧 민족의 주체성"[15]이란 해석을 하고 있었다. 다시 말하면 민중이란 민족의 실체라는 것이었다. 이것은 민중이란 개념 속에서 민족의 실체를 찾으면서 동시에 그 "눌림 받는 계층"의 어떤 탈민족적 개념까지 포괄하려 한 기도였다. 하지만 역시 핵심은 "민족"에 있었다.[16]

---

13) 김형태, 민족의 주체의식과 교회의 사명, 시론, 『크리스찬신문』, 1973. 8. 11일자.

14) 한국교회 선언문, 『복음신문』, 1975. 8. 15일자.

15) 안병무, 한국신학의 회고와 전망, *op.cit.*, p. 3.

16) *Ibid.*, p. 4.

민중이라고 할 때 그것은 민족형성의 주체로서의 민중입니다. 구미에는 "네이션"은 있어도 우리가 지닌 역사나 문화 또는 감정에서 느끼는 민족 또는 민족의식은 없습니다. 그러나 우리는 민족형성의 숙원을 안고 있습니다.

그런데 묘하게 때를 맞추어 한국교회는 그러지 않아도 철저한 반공기구인데도, "이제 교회는 반공을 위해 행동 노선을 잡아야 한다"는 강신명(姜信明) 목사의 성명을 신문을 통해서 보고, 라디오나 텔레비전을 통해서 듣게 되었다. 때를 같이 해서 백낙준(白樂濬), 김옥길(金玉吉) 같은 이들이 안보의 중요성을 민족 지고의 과제로 외치고 있었다. 기왕에 정치 불간여를 외치던 교회군(群)에서도 이 소리는 높아갔다. 안보의 "민족"은 결국 민족보다는 민주주의 수호의 민족으로서의 세계성을 말하고 있었던 셈이다. 동포인 북한을 제외하고 한 말임이 분명했다.

1975년, 해방 30년의 교회는 민족성, 그것을 사상 처음으로 압도적으로 표면에 내세운 교회였다. 민족교회는 이럴 때 민족교회라고 하지 않는다. 참 민족교회는 한국 민족교회사 정통을 되살려야 하는데, 그것은 이 교회에서는 세계성과 민족성이 겹쳐 통전을 이룰 때, 가능한 것이다. 민족을 하나님의 창조의 질서 속에 수준화(水準化)시킬 때 비로소 가능한 것이다.

한데 2006년대에 이르러 노무현정부의 대 북한접근이 거의 반미수준을 웃돌 정도로 치닫고 있었다. 북한의 핵 발사실험 이후의 국제사회의 대북 불신은 그 최고조에 이렀는데도 불구하고, 유엔의 북한 제제 PSI에 우리가 참여를 보류한다든가, 한미연합사령부에서의 작전권 환수를 요구한다든가 하는, 그런 급격한 정치적 반전이 국민들을 불안하게 하는 데까지 가고 있었다. 협력과 동맹이 자주권의 상실로 비추어지는 것은 최소한 현대에서는 통하지 않는 이념이다. 그런데 자주를 단절과 고립에서 찾는 것은 무모이다. 이런 변화는 한 편으로는 막강한 선군정치의 북한을 바로 옆에 둔 독자 작전의 군사적 경제적 능력문제를 제기할 수밖에 없게 만들었고, 다른 한편으로는 한국을 6·25전란의 와중에서 희생적으로 돕고, 또 그 폐허에서 세계 10위권의 나라로 부상시키는데 음으로 양으로 도운 우방 미국과 유엔에 대한 배은적 자세로 안팎의 비판에 맞부닫치기도 하였다. 말로서야 언필칭 한미동맹의 유지를 말하면서 실상은 반미의 정서를 부추기는 일련의 정치적 제스츄어는 한국의 세계적 위상을 위협하는 것이며, 중국과 일본에게서마저 외면당하는, 역사의 아이로니를 스스로 겪고 있다.

한국교회는 역시 주류의 전통적 친미 이미지 보수의 터전이기는 하지만, 한 때 500 여 명 이상을 헤아리고 있었던 선교사들의 헌신적 공헌이 종교계에서뿐만 아니라 사회 전체에 미쳤던 과거를 고의로 만각하거나, 6·25전쟁 체험을 모르는, 그런 세대의 교회 내 인구도 확대일로에 있어서 여러 섹터에서 반미의 프랑카드를 보게 되는 시대가 온 것이 현실이다. 확실히 2000년대 초반은 한국교회가 그 민족성이 바로 세계성이 되게 하였던 그런 상황을 재현할 수 있을는지 지켜보지 않을 수 없게 만드는 무대가 된 것이다. 그런 것이 바로 우리 교회가 세계적 교회로 부상하면서도 민족의 교회로 굳혀져서 그 역사에 이바지하였던 고귀한 유산이기 때문이다.

1-8. 결언

세계지도, 그리고 아시아 지도를 펴 놓고 한국을 본다. 사방이 중국에 직접 간접으로 윙크를 보내고 있다. 인도지나 반도의 공산화, 대만에서의 미국 군사력의 철수, 그리고 동남아 여러 나라의 중국과의 친린외교, 그런데 교회적으로나 국가적으로 서방세계와의 친밀이 혈맹처럼 돈독한 곳이 한국이다. 그것은 6·25전란 중에 유엔이 우리의 동맹으로 함께 북한 공산주의자들과 싸우고 많은 희생자를 낸 데에서 확인된다. 종교적으로도 한국은 다른 아시아 나라들이 다 동양적 종교 위에 그 전통을 부흥하는 열기와 대조를 이루어, 기독교적 강세의 문화를 끌고 가고 있을 뿐만 아니라, 미국이나 유럽의 교회들 심지어 로서아나 동구권의 교회들도 한국교회의 지도를 바라고 있는 실정이다. 이제 한국교회는 세계적 교회로서의 대형화와 그 선교열로 세계를 주도하고 있다는 말이 실증되는 시대가 온 것이다.

2. 북한의 기독교

2-1. 서언

최근 북한의 기독교 정황에 대해서는 정확한 자료가 별로 없다. 그러나 최근에 들어서면서 북한에 관계된 몇 가지 인상적인 소식이 전해졌다.

그 하나는 서울의 극동방송(HLKX)의 기독교 방송[1]을 송림에서 청취했다는 한 필리핀 외항선원의 보고가 그 하나이고,[2] 다른 하나는 그 방송국의 해외방송과장이었던 이스터브룩크(Paul Easterbrook)가 평양을 방문하였던 1979년 7월에 평양 시내에서 "극동방송" 프로를 아주 명확하게 청취했다는 보고이다. 이것은 평양 주변은 말할 것도 없이 북한 전역에서 복음의 전파가 전해지고 있다는 증거요, 지하에 숨어 있을 것으로 여겨지는 수많은 신도들이 여기 경청하고 있으리라는 추측을 가능하게 한다.

다음은 중국 동북이나 간도에서의 우리 동포기독교인들의 기독교방송 청취와 거기 대한 감격적인 반응의 국내 전달이다. 1979년 3월 12일 발 심양 거주 고진형(高鎭亨)의 편지에 의하면, 중국에서의 종교 상황 변천을 이렇게 쓰고 있었다.

> 사인방(四人幇)의 종교박해로 인하야 흑암의 시대에 처하였던 중 현 화국봉주석과 등소평(鄧小平) 부총리(副總理) 정책에 의하야 지금은 종교자유를 얻어 각처에 숨어 있던 신자들이 계속 소집회로 예배하며, 신앙이 노상에 상정(上呈)되오니 먼저 하나님의 뜻이 이 땅위에 이루어지는 것을 무한히 감사불금(感謝不禁)이옵니다.

그에 의하면 심양지구에만도 한국교인이 6개 예배처소에 한 200명이 출석하는 것으로 돼 있었다. 이들은 매 화요일마다 서울 김장환목사의 방송설교 청취 집회를 가지고 있다고 한다.

또 흑룡강성(黑龍江省)의 치치하루시(市)에서 김이중이란 한국인 교인이 기독

1) "모든 민족(民族)에게 그리스도를" 프로그램.

2) Mario A. Asual. 파나마 국적의 M/S Vuna-1 선원. 1979. 5. 12일자에 HLKX에 편지.

교 방송을 청취하기 시작한 것은 1973년 5월부터의 일이라 하면서, 자신은 목단강(牧丹江) 일대와 도문, 연길 등지에 순회전도를 한다는 뜻을 전해왔다. 그는 방송국에서 "나 예수 위해 싸우는 십자가 용사"라는 찬송가를 "등불을 밝히며"라는 프로 시간에 방송해 달라는 청탁까지 하고 있었다. 한데 이들은 다 성서가 없어서 문제라고 하면서 성서의 송부를 호소하고 있는 실정이었다. 1979년 6월 22일 고진형은 일본을 통해 성서 2권을 받은 사실을 "극동방송"에 편지하면서 "이 지구에 다섯 분의 장로가 있지만 공포 중에서 개인 신앙만 지킵니다. 그러나 천부(千部)성서운동만 해결된다면 각 교회회 신도들이 불 일 듯할 것입니다"란 예상을 피력하고 있었다.

"극동방송"의 전파를 통한 복음전파의 방법은 실효가 커가고 있다는 증거이다. 1979년 3월까지 여기에 입수된 반응의 편지는 3,700통에 이르고 있으며 그것이 월 평균 500통에 이르고 있었다.[3)]

더구나 북한선교회가 5.5cm×8cm의 신약성서를 표지의 타이틀 없이 만들어 풍선으로 이북에 보낸 일이 있으며, 그것이 혜산진에까지 갔다는 보고가 있었다고 하는 말까지 들렸다. 이성서가 북한의 기독교인들에게 하나도 입수되지 않았다고 보기는 어려울 것이다.

한데 우리는 북한에서의 기독교현황을 알 길이 없다. 다만 1972년 정치적 선전을 위해 위장 등장시킨 조선기독교도연맹 중앙위원회가 대남 비방의 한 방편으로 이용된 사실을 알고 있고, 따라서 그 이외의 소식은 알 길이 막혀 있다. 그러나 문제가 있다. 이 어용 위장 단체가 종교적인 신앙인들의 협회의 성격을 가지지 아니한 것은 의심할 여지도 없는 것이고, 따라서 참된 신앙인들의 동태에 대해서는 확증을 가지고 말할 길이 없다는 것이다. 탈북자들의 보고는 그 정황관찰의 의도가 없었던 것이기 때문에 산만한데, 그나마 분명한 것은 종교 형태로서의 교회 교인들은 외형적으로 멸절된 상태에 있다고 단언할 수 있는 것이다. 다만 우리는 그 곳 기독교회가 지금껏 거쳐 와야 했던 일들을 힘껏 더듬어 보고 북한이 기독교에 대해서 가져온 공식적 태도를 분석하고 또 종교말살정책에 내세운 현실적 이론적 구실들을 검토하여서 기독교의 북

3) 1979년 10월 20일 HLKX 심의실장 유하원씨(劉夏元氏)와의 대담.

한 내 현존의 문제와 그 양상의 가능한 모습을 진단해 보고자 한다.

2-2. 북한에서의 기독교회사(1945년 이후)

1945년 11월 14일 평양에서는 평안도 함경도 및 황해도의 노회 대표들이 참석해서 잠정적으로나마, 총회를 대행할 기관의 설립을 추진하였다. 그것이 이북 5도연합노회라는 것이었다. 이 연합노회는 그 직속 신학교의 운영과 해방 기념전도와 같은 적극적 발전책을 수립하고 있었다.

한데 북한의 공산주의자들은 이 기관의 구체적 행동에 경계를 하게 되었다. 더구나 한경직(韓景職, 1902-2000) 목사 등을 중심한 기독교사회민주당과 같은 정치적 활동에 교회가 발을 내딛고, 또 신의주 학생의 봉기가 있자, 교회의 세력을 부르조아 잔재라 단정하면서 그 근절을 획책하게 되었던 것이다. 하지만 김일성의 "20개조 강령"(1946), 그리고 "노동당 강령"[4] 제 8항 등에 신교의 자유 보장이 공인되어 있었기 때문에 직접적인 박해에 나서기는 어려웠다.

그런데 박해의 구실이 마련되게 되었다. 북한은 그 정부 수립을 위해 1946년 11월 3일 주일에 총선거를 시행 한다고 발표하였다. 연합노회는 즉각 공식적인 태도를 밝혀 주일에 행하는 어떤 행사에도 참여할 수 없다고 밝혔다. 곧

> 북한의 2천 교회와 30만 기독교신도들은 신앙의 수호와 교회의 발전을 위하여 다음 5개조의 교회행정의 원칙과 신앙생활의 규범을 결정 실시 중에 있사온 바 자(玆)에 귀 인민위원회의 적극적인 협조를 바라마지 않는 바입니다.

그런데 그 5개조 항목 중에는 주일에는 예배 이외의 여하한 행사에도 불참한다는 것, 정치와 종교의 엄격한 구별, 교회당은 예배 이외의 목적에 사용할 수 없다는 것, 현직교역자가 정계에 종사할 때에는 목사직을 사면해야 한다는 것, 그리고 교회는 신앙과 집회의 자유를 확보한다는, 그러한 내용이 들어 있었다.

---

4) 1946년 8월 제정.

북한 공산주의자들은 이러한 교회의 대담한 도전을 예기한 듯했고 이 반응에 따라 투옥과 강제노동으로 교회 탄압을 감행하기 시작하였다. 그리고 다른 한편 1946년 11월 28일에는 기독교도연맹[5]을 조직해서 기왕의 유명한 부흥사 김익두(金益斗, 1874-1950), 중국선교사였던 박상순(朴尙純, 1887-?)과 같은 저명한 목사들을 감언 공갈로 가맹시킨 다음, 김일성의 외척 강양욱(康良煜) 목사의 지도 아래 교회를 공산주의의 선전에 악이용하기 시작했던 것이다.

이것이 북한에서의 교회사의 법통의 전부요, 다음 시기는 박해와 저항, 지하신앙의 비밀 비공개 신앙사로 점철될 따름이다. 이런 두 형태 이외의 북한의 기독교연맹사는 이미 종교적 성격은 완전 제외된 정치이용의 한 부분사일 따름이다.

2-3. 기독교 말살정책의 배경과 이론

1) 기독교 박해와 말살정책

북한에서 김일성 독재체제 구축을 위한 폭압과 숙청 중에서 "종교인에 대한 탄압과 숙청은 그 유례를 찾아볼 수 없을 만큼 잔인하고 포악"[6]하였다. 공산주의자들은 1946년 3월 5일 토지개혁을 단행하여 종교활동의 토대가 되는 재산을 박탈하였는데 1만 5,195정보의 종교재단이 이렇게 해서 빼앗겼던 것이다.

이것은 몰수 토지의 1.5%에 해당되는 분량이었다. 그리고 그해 8월 10일는 "중요사업 국유화에 대한 법령"으로 모든 종교단체의 재산을 역시 몰수 해버리고 말았다. 이러고 나서 종교시설의 단계적 접수에 착수했던 것이다. 이렇게 해서 1954년부터는 교회당을 몰수하여 탁아소, 병원, 공회당, 창고, 사무실, 민주선전실, 정미소, 유치원, 심지어 극장으로까지 사용한 것이다. 6·25전란 중에 파괴된 교회가 많았는데 여기 대해서는 일체 복구가 허용되지 아니하였고, 따라서 전용된 경우와 더불어 "현재 북한에는 단 하나의 종교적 의식이 거행되

5) 기독교도연맹은 기독교회연맹이나 교회협의회가 아닌 점을 주목해야 한다. 교도들의 연맹이다.

6) 『북괴대사전』, p. 1058.

는 교회당은 없게"[7]된 것이었다.

북한을 방문하였던 한 일본인은 그의 안내원이 하던 말을 이렇게 옮겨 놓고 있었다.

> 전국 어디를 가도 단 하나의 교회도 찾아볼 수 없어요. 조선에는 기독교나 불교가 금지되고 있지 않습니다. 신앙의 자유는 보장돼 있지요. 그러나 김일성 수상의 지도 밑에서 열심히 일한다면 양식, 의복 및 주택의 걱정은 조금도 없어집니다. 그러므로 기독교를 믿는 사람이 없어진 것은 아주 당연한 일이지요.[8]

여기서는 물질적 혜택의 보장이 종교 신앙을 몰아낸 까닭으로 해석하고 있었지만, 강양욱(康良煜)은 남북조절위원회 서울 측 대표들에게 교회당이 하나도 없는 까닭을 6·25전란 중의 미군기 폭격 때문이라는 궤변을 떨고 있었다. 여기 북한공산주의자들의 부정직과 기만성이 그대로 노출되어 있고, 따라서 정치의식의 근본적 왜곡을 보게 된다. 종교 말살의 본상을 숨기는 까닭은 그것이 공개 못할 잔인성, 정치적 부덕성, 비인도성을 숨겼기 때문이라고 단정하지 않을 수 없다.

북한 당국이 어느 정도 종교를 철저하게 말살하였는가하는 것은 6·25 전란 중의 헤아릴 수 없는 순교자들을 보아서도 알 수 있지만, 휴전 후에도 공식적 예배가 없어져 개인 형태의 기도나 심지어 가정에까지 잠복근무하여 덮쳐 연행해서, 반당(反黨), 반정부분자, 심지어 간첩으로 몰아 강제노동으로 행방도 모르게 끌고 간 사실로도 알 수 있다. 기독교인들은 노동당이나 공직에서 추방되어 적대계층으로 낙인 찍혀 강제노동의 지옥 같은 아오지 탄광에서 소식 없이 죽어가기 일쑤였다.[9] 기독교인에 대한 처우로서는 1958년이나 1960년까지 대개 여행, 진학, 장학금수여의 불리, 사회생활과 공직에서의 부자유, 적대계층시, 노동당가입 불가능 등이 있었지만, 그 이후에는 투옥, 추방, 이주, 공개

---

7) *Ibid.*, p. 234.

8) 和田洋一, 北朝鮮の印象, 『朝鮮研究月報』」, 東京, No. 14, p. 22. 『북한문화론』, p. 517에서.

9) 『북한 이질화 실태조사』, 국토통일원, 서울, 1975, p. 574.

적 감시, 사회진출 제재, 아오지 탄광에의 이송, 학살 등이 있었다.[10]

이러한 박해양상 변화에서 전환점을 이루는 때를 분석하여 시기를 나누어 본다면, 대개 해방에서 6·25사변까지, 휴전에서 1958년까지, 1959년에서 1972년 남북대화 시작까지, 그리고 1997년부터 현재까지의 시기로 구분할 수 있을 것이다. 실상 1958년까지 북한은 기독교에 대한 신앙 자체의 이유로 노골적인 박해를 감행한 일은 드물었다. 선거반대니 소시민인텔리 성분의 해독성, 적극성 부재 등을 든 외연적(外延的) 이유를 내세운 제재였다.

한데 1958년 북한이 사회주의 혁명을 표방하고 노동당 중앙위원회의 집중지도를 실시할 때, 그들은 기독교를 공개적으로 박해하였고, 정하철이 그 때(1959)『우리는 왜 종교를 반대하여야 하는가』라는 반종교 정책논문을 발표하였던 것이다. 더구나 1960년에 주민등록 사업을 철저히 하면서 배경과 성분의 체계적 분석을 통해 기독교인이 정확히 적출됨으로서 기독교인들의 지하 신앙생활이나 그 경력 때문에 신분 은폐가 어려워지고, 따라서 혹심한 핍박을 받아 실질상의 교회 흔적은 땅위에서 사라지게 되었던 것이다.

2) 기독교 말살의 이론적 근거 제시

북한은 1946년 김일성의 "20개조강령"과 "노동당강령"에서 신교의 자유를 공언했을 뿐만 아니라, 1948년 소위 조선민주주의인민공화국을 수립할 때의 헌법 제 14조에도 "모든 인민은 신앙 및 종교적인 활동의 자유를 가진다"고 규정하고 있었다. 하지만 이 때 벌써 종교적인 행사의 자유뿐만 아니라, "그러지 않을 자유"란 개념을 부가 해석하고 있었다.[11]

이러한 이면의 개념이 구체화한 것이 1972년 수정 채택된 "사회주의헌법"이다. 거기 제 54조에 의하면, "공민은 신앙의 자유와 반종교선전의 자유를 가진다"는 것이 명언되고 있다.[12] 반종교 선전의 자유란 헌법명문이 이런 문맥에

---

10) *Ibid.*, pp. 578-579.

11)『북한문화론』.

12) *Ibid.*, p. 516에 의하면, 이 조목은 "모든 인민은 신앙의 자유와 종교를 반대할 자유를 가진다"로 돼 있다.

사용된 경우는 다시없을 것이다. 따라서 우리는 소위 저들의 "종교 신앙 자유"란 문구가 다만 겉치레, 요컨대 현대 국가의 한 대외적 명분을 위한 기만적 구색에 불과하다는 사실을 곧 판독하지 않을 수 없다. 다시 말하면 기독교를 "신앙"할 수는 있다는 것이다. 그러나 "선정" 곧 선교는 반종교의 경우에만 자유롭고, 허용된다는 뜻이다. 북한 공산당이 가진 신학적 지식에 놀란다. 기독교는 선교 없이는 생존 못한다는 것을 안 것이다. 신앙이 입을 다물고 있을 때에는 그 신앙의 역사적 의미는 없어지고 마는 것이다. 그 신앙은 당대로 끝나고 마는 것이다.

다만 여기 밝히고 지나가야 할 것은 김일성 외척의 기독교 관련이다. 그의 모친 강반석(康盤石)이 기독교인인 것은 확실하다. 그 반석이란 이름은 저 "베드로"라는 성서인명으로 기독교인이 아니고서는 쓸 수 없는 것이요, 또 외조부가 강돈욱(康敦煜)이고 그 아우가 강양욱(康良煜, 1904-1983)인데 그는 전직 목사였다. 그는 조선민주당과 기독교도연맹의 위원장 직을 맡아 왔다. 이 강문(康門)의 신앙의 동기나 형태는 다시 연구되어야 하겠지만, 그런 집 안에서 세기의 반기독교 광란의 박해자가 나왔다는 것은 실로 아이러니가 아닐 수 없다.

그것은 김일성이 그의 개인숭배사상이나 공산주의를 하나의 종교적 형태로 굳히려고 한 열광주의로 발전시킨 배경이 되었는지 모른다. 그런데 북한에서의 기독교 내지는 종교 일반에 대한 적대와 그 말살에 이론적 기초를 제공한 글이 전술한 1959년 간행 정하철 저술의『우리는 왜 종교를 반대하여야 하는가』란 책자이다.[13)]

이 글은 "종교는 과학과 진보의 적이며 우리 인민의 사회주의 공산주의 건설을 위한 자각적이고 의식적인 투쟁을 방해하는 큰 장애물"[14)]이란 전제를 가지고 쓰기 시작한 글이다. 따라서 첫눈에 확실한 것은 북한정치에서 종교는 본질상 그리고 기본적으로 양립할 수 없는 관념 및 사상 잔재(殘滓)로 정면 처리되고 있다는 사실이다. 따라서 이 사실을 이제 후술할 김일성의 현실적 종교말살

---

13) 물론 북한의 사회과학연구원, 정치용어 사전연구소 편찬의『정치용어사전』같은 곳에도 글이 나오지만, 내용이 대동소이하기 때문에 본 책자에만 주로 참조한다.

14)『북한문화론』.

이유가 하나의 구실에 불과했고, 따라서 그 희생이 얼마나 비극적이었느냐 하는 사실을 여실히 입증하고도 남는다.

우리교회는 일제 하에서는 일제의 천황제도에 정명 대결되는 비국민성으로 본질상 없어져야할 존재로 맹타를 당하더니, 북한에서도 역시 본질상 존재하지 못할 적성(敵性) 실체로 타진(打盡)된 것이다.

우선 북한 공산주의자들은 종교가 곧 미신, 곧 비과학적이라 단죄 한다. 따라서 우리는 이들 논리의 유치성과 황당함을 여기 반론의 필요조차 없다고 느끼며, 다만 그들의 망상적 반종교관만을 분석하고자 한다. 다음 이들은 종교를 고대 시대의 한 원시적 생활 형태의 하나로 고정화시킨다. 원시인들의 자연에 대한 공포감 때문에 초자연적인 힘이 있다고 미신하게 되었다는 것이다. 시대가 좀 발전해서 계급사회가 되면 피착취계급이 착취하던 "주인"들을 반대하여 싸우게 되고, 그것이 무력하기 때문에 좌절했을 때 "어디다 하소연하고 의지할 곳 없어 하늘을 우러러 보며 거기에다 자기를 구제해 줄 힘이 있을까 하는 환상"을 가지게 되는데, 그것이 종교라는 것이다.[15] 실증철학의 3시대설(종교-철학-과학)을 그대로 모방한 것이다.

여기서 이들은 종교에 대하여 두 가지 편견과 오해를 가지게 된 것을 알 수 있다. 그것은 곧 인간의 무력성의 소산이 종교며, 또 종교는 "착취계급들이 근로자들을 억압하고 착취하는 유력한 정신적 도구로 이용되고, 근로자들의 의식적인 사회 개조 의욕을 무산"한다는 것이다.[16] 그래서 종교가 아편이라는 결론이 나온다.

공산주의자들은 이러한 이론적 허구를 가지고 현대종교가 제국주의와 제협하게 되고 거기 이용된다는 발상을 하게 된 것이다. 제국주의자들이 종교 선교를 통해서 "근로자들을 더 용이하게 착취 억압하며 근로자들의 계급적 의식, 혁명적 투쟁정신을 마비시키고 지배자들의 온건한 종으로 만들려는 데 목적"을 두고 있었다는 것이다. 약소국가 침략의 중요한 무기로서 이용되었다는 것 역시 이들의 종교 반대의 핵심이다.

---

15) *Ibid.*, p. 659.

16) 『북한문화론』.

여기 문제가 있다. 하나는 그러면 재래 종교라는 것은 제국주의나 침략과 관계 없는데 어떻게 된 것인가 하는 질문이다. 유교, 불교, 동학계에 대한 그들의 탄압은 어떤 설명을 해야 할 것인가. 둘째 문제는 결국 이들의 종교에 대한 적의는 "선교사에 의해서 전달된 기독교"에 집중해야 할 터인데, 실상 한국 침략자는 일제였다. 일제는 이 기독교의 박멸이 총독정치 전 기간의 숙제였다. 그렇다면 이 제국주의와 기독교와의 제협 전제가 한국 역사에서 어떻게 구명되어야 할 것인가에 대해서 이들은 고의적인 침묵을 지킨 셈이 된다.[17] 김일성 역시 그의 글 가운데에서 그것이 일제치하에 씌워진 것임에도 불구하고 계속 미제(美帝)에 대한 분노만을 거듭 다짐하고 있다. 제국주의 운운하지만 일제에 대한 언급이 전혀 그 글 속에 나타나 있지 않음을 보고 놀란다. 따라서 이들은 민족주체사관은 팔아먹고 이 종교 이해에 있어서 레닌과 같은 이국인의 철학을 맹목적으로 도입한 이단으로 정리되어야 마땅하다. 실상 한국 근세 정치사는 침략정치 상황 아래에서의 기독교 이해 없이 불가능한데, 바로 그 사실을 은폐하고 침략과 미국 그리고 여기 기독교를 연결시킨 것은 곡필(曲筆)치고는 착란 이상이다.

다음 공산주의자들은 종교가 현실생활에 대해서 무관심과 현실 도피적인 망상을 품게 하기 때문에 배척되어야 한다고 한다. 한데 이들은 종교가 "어려운 생명"을 보존하면서 공산주의 사회건설을 위한 전진에 "각 방면"에서 방해한다고 지적한다. 곧 "일부 종교인들은 우리의 사회주의 건설을 방해하기 위하에 갖은 술책을 다하였다"는 것이다.[18] 여기 논리의 모순은 끝없다. 가령 농업협동화 정책에 대한 저항운동 공동축적금(蓄積金)의 탕진이니 선진영농방법(營農方法)의 도입 비방 등의 반대운동을 전개하였다는 것이다. 언제는 기독교가 무관심해서 나쁘다고 하더니, 언제는 저항이라 해서 나쁘다고 한다. 이 무관심과 저항이 같은 신념에서 나올 수는 없을 것이다. 이것을 보아도 저들은 종교에 대해 악랄한 음모와 정치적 박해로 시종하며, 때 따라 편법을 함부로 구사한다는 것을 알 수 있다.

---

17) *Ibid.*, pp. 661-663. Cf.『김일성선집』, 제 1권, 1954, p. 645.

18) *Ibid.*, p. 664.

공산주의자들의 종교박멸 방법도 이 책에 자세히 체계화되어 있다. 우선 이들은 상술한 조건에서 종교가 퍼져 나갈 수 있는 사회적 지반과 여건의 청산을 다짐하여 종교가 설 자리가 없게 되었다고 장담한다.[19] 한데 이들은 종교가 조장될 수 있는 "다른 요인들의 작용"을 염려한다. 이것이 중요하다. 이 "다른 요인"이란 무엇인가. 그것을 공산주의자들도 무시할 수는 없었다. 종교는 다만 사회적 물질적 조건에만 관련된다는 유물론적 해석의 한계를 그들 역시 자인한 셈이다. 정신적, 인간적, 도덕적 차원은 인간 생활에서 그런 식으로 제거될 수는 없는 것이다. 그런 것을 그들은 "종교적인 관념도 포함하여 사람들의 의식이 생활조건이 달라졌다고 하여 즉시 변화되거나 소멸되는 것이 아니다"[20]고 쓰고 있다. 여기서 정하철도 불가피하게 북한에서의 종교 생존을 시인하지 않을 수 없었다는 말이 된다. 곧 "우리 사회에 비록 부분적이나마 종교 미신적인 잔재와 편향들이 남아 있다"는 것이었다.

그럼에도 불구하고, 실상 그런 까닭에 공산주의자들은 "종교가 계속 남아 있으며 조장될 수 있는 제 요인의 극복을 위한 반종교투쟁의 기본과업"을 외친다. 이들은 강력한 사상투쟁과 꾸준한 교양을 통해서 종교적 요소들을 간단히 청산할 수 있다고 믿고 있다. 그 간단한 정도가 어느 정도냐 하면 "일반지식수준을 인민학교(초등학교) 또는 초중졸업 정도 이상으로 높이며, 모두가 한 가지 이상의 기술을 소유할 때"[21] 가능하다는 망상에까지 가 있다. 그것은 이들이 인간의 능력을 무궁무진한 것으로 오판한 때문일 것이고, 그렇지 않으면 종교에 대한 근본적인 그야말로 이해가 가지 않을 정도로 천박하다는 데 그 이유를 둘 수 있을 것이다. 세기의 과학자 아인스타인(A. Einstein, 1879-1955) 는 "종교 없는 과학은 불구(不具)(lame) 요, 과학 없는 종교는 맹목(盲目)"[22]이라 한 적이 있다. 한데 이들 공산주의자들이 제시하는 구체적인 방법의 전제는 "과학적인 마르크스—레닌주의 사상과 반동적인 종교사상은 서로 양립할 수 없다"는 데

19) *Ibid.*, p. 667.

20) *Loc.cit*

21) *Ibid.*, p. 668.

22) 현우식, 『과학으로 기독교 새로 보기』, 연세대학교 출판부, 2006, p. 18에서.

있다. 여기 북한에서의 모든 전시적 문구들, 곧 신교의 자유 운운한 것들이 얼마나 위선적이며 음흉한 배후를 가지고 있는 용어들이었는가 하는 것을 당장 파악할 수 있다. 따라서 이들은 "당과 이러한 종교미신과는 철두철미 비타협적이다"란 내심을 노출시키지 않을 수 없었다. 따라서 종교 말살을 꾀하는 과정에서 "강요적인 방법이나 결정으로써 일거"에 해결할 방향을 지향하면서 "꾸준한 설복(說服)과 교양, 그리고 사회적인 실천 활동을 통한 극복"을 표방한 사실은 대개 두 가지 방면에서 이해해야 하리라고 믿는다. 그 하나는 그들 자신이 시인하는 것처럼 "없애야겠다고 생각하는 것만으로 스스로 없어지는 것이 아니"다. 종교 그렇게 인위적으로 쉽게 소멸할 수 있는 것이 아님을 그들 역시 시인하지 않을 수 없었던 것이다. 하지만 다른 하나는 종교를 이러한 장구한 기간에 걸쳐 박멸 획책하면서 그동안 계속 그 이용도(利用度)를 검토한다는 자세임이 확실하다. 종교의 현존을 그들 헌법에서 규정한대로 시위하면서, 박멸의 외형적 명분은, 조작이라는 과정을 거치더라도, 뚜렷해야 하기 때문이다.

종교 근절에 대한 그들 이론의 마지막 기만성은 소위 "당의 정책과 제도를 적극 지지하며 혁명의 승리를 원하는 종교인"과 "사회주의 건설을 파괴하려는 반혁명적 음모를 창발(創發)하는 일부 종교인"을 명백히 갈라놓고, 후자에 대해서 엄격한 제재를 가한다는 논법이다. 그들의 이론 전후를 보아서 종교가 종교의 본 영역에서 신앙의 차원을 지킬 때 그것은 "사회주의 건설을 파괴하는 반혁명적 음모"가 된다. 따라서 종교의 참된 정도를 가는 자들이 아닌 "당의 정책과 제도를 지지"하는 종교인들은 이미 전향한 무리들, 아니면 위장 종교인들이란 그들 확신이 밝혀진다. 종교는 어떤 당을 위해서 있을 수 없고, 어떤 체제를 지지하면서 생존 근거가 합법화되는 기구도 아니라고 보기 때문이다.

공산주의자들의 종교말살 이론의 핵심은 결국 다음의 글 속에 그 흉계와 내막이 그대로 노출되었다고 볼 수 있을 것이다. 곧

> 우리는 우리 당을 따르고 우리의 사회주의 건설을 지지하는 종교인들은 꾸준히 계몽교양하에 점차 사물에 대한 옳은 인식을 가지고 종교를 스스로 버리도록 방조를 주어야할 것이다.[23]

공산당과 사회주의 건설을 지지할 기독교인이란 이 세상에는 없다. 한데 설사 그렇다 할지라도 필경은 종교를 버리도록 된다는 그런 음흉한 내막의 전술이다. 종교와 공산주의와의 비타협을 단언한 저들이 기독교인의 현존자체를 어떠한 당적 평가에도 불구하고 마침내 말살 한다는 논리는 당연하고도 명백한 일이 되고 만 것이다.

그런데 정하철은 그의 글에서 이론적이라기보다는 "실제적"인 종교 박멸의 한 근거에 대하여 언급한 일이 있었다. 그것은 기독교가 미국의 앞잡이요, 선교사들은 "정탐행위"를 일삼지 않는 사람은 하나도 없다는 발광적 독단이다.

대동강에서 1866년 순교한 로버트 토마스, 그리고 1885년 입국한 언더우드(H. G. Underwood, 1859-1916)나 아펜젤러(H. G. Appenzeller, 1858-1902)가 다 스파이요, 언더우드의 아들 원한경(H. H. Underwood: 元漢慶, 1890-1951) 역시 스파이로 1939년 박헌영(朴憲永, 1900-1956)을 미국의 고용간첩[24]으로 매수했다는 왜곡이다. 더구나 토마스의 아들이 해방 후 남한에서 간첩학교 고문으로 활동했다는 날조는 정치 사기로서는 유치하기까지 하다.[25] 이렇게 그들은 미국과 기독교선교를 연결시키며, 또 6·25 당시의 미군 행위를 조작 악선전하고 있었다. 따라서 이들은 미국과 친선관계에 있는 남한의 기독교회 발전을 고의로 곡해하고 이 기독교의 영향이 북한에도 "음으로 양으로 미칠 것은 두말할 것도 없다"하여, 기독교를 필경 방해자로 간주한다는 배경을 설정해 놓았다. 따라서 교회박해는 이제 적을 몰아낸다는 명분마저 지니게 된 것이다. 이런 시각에서 저들은 교회에 대한 박해의 실제적 근거를 찾기 시작한 것이다. 김일성은 이 기독교 박멸의 실제적 근거들을 그의 선집 속에서 몇몇 밝혀 놓고 있다.

---

23) *Ibid*., p. 669.

24) 공산당의 가공할 만한 음모가 여기 보인다. 박헌영은 해방이후 남한에서 남노당 활동으로 목숨을 바쳤던 인물인데 미국의 고정 간첩으로 처형. 권력 다툼의 추악한 모습으로서, 정적을 간첩명의로 처단한 실례.

25) R. J. Thomas의 신혼부임은 Caroline Godfery로서 1864년 3월 24일 상해도착 후 곧 세상을 떠났고, 그때 유복자(遺腹者)는 물론 없었으며, 토마스는 독신으로 있다가 1866년 9월 3일 순교. 아들이 있을 리 없다.

3) 말살의 소위 실제적, 현실적 근거 제시

김일성은 1954년 이런 말을 하고 있었다. 곧 "현 단계에 있어서 우리 당과 조선인민 앞에 나선 기본 임무는 미국의 식민지화 책동을 물리치고" 통일적인 공화국 건설을 하겠다는 데 있다고 하였다.[26] 한데 이 미국이 선교사들을 한국에 보내서 예배당을 짓고 선교하면서 "장차 조선을 지배하기 위한 준비사업을 수십 년 동안 진행"하였다는 것이다. 그는 한국의 기독교인들이 이 미국에 대하여 숭미(崇美)사상을 가지고 있다고 비난했다.[27] 그러면서도 김일성의 적화통일을 위한 소위 전 민족적 과업에 "신앙의 차이"를 막론하고 전력하여 싸우자는 호소를 하고 있었다. 여기 다시 그의 기독교 이용 국면의 흉계가 노출되고 있다. 따라서 그는 종교란 "제 나라와 제 인민을 위하여 사업하는" 한에 있어서 존립할 수 있다는 입장을 명백히 밝혀 놓았다. 기독교 세계관의 민족 주체로의 축소요 종속이다. 그는 북한에서의 총선거를 앞두고 기독교인의 저항이 있을 것을 예상하였음인지, 기독교인의 선거 참여를 강요하면서 이런 말을 했고, 따라서 "종교의 전통과 교리를 구실삼아" 선거 참가를 반대한다면 이는 곧 간첩에 매수되었거나 국가 파괴활동, 그 어느 하나일 것이라고 협박하였던 것이다.[28]

이 문맥의 뚜렷한 내용은 기독교가 전통이나 교리 곧 그 핵심적 입장을 포기하고, 공산당이 하라는 일을 하지 않으면 간첩이요 반역자가 된다는 것이었다. 한데 더욱 악랄한 것은 이러한 목사 장로들이 있을 경우에는 교인들 자신이 폭로 배척하라는 가공할 만한 내적 분열과 불신, 그리고 고발의 선동이었다. 자기 파멸로 실체를 종식시킨다는 전략이다. 이런 피차의 불신과 의구가 초래한 비극은 적지 아니하였다.

다음, 김일성은 기독교가 인민대중을 속인다는 궤변으로 기독교의 반체제성을 공격하였다.[29] 이 속인다는 뜻이 무엇인지 정의돼 있지 않기 때문에 단언

---

26) 『북괴대사전』.

27) 이 문맥은 실상 조선민주당을 공격하면서 이런 부류들이 민주당에 잠입해 있다는 배경에서 공격한 것임.

28) *Ibid.*, pp. 118, 237.

하기는 어렵지만, 그것이 사상 의식이나 문화수준의 급격한 상승으로 어렵게 되었다는 말과 연결돼 있는 것을 보아 기독교와 미국의 등식(等式)이라는 데서 밖에는 교회를 이해할 다른 범주가 없는 것 같다.

이 밖에도 김일성은 조선민주당 안에 있는 기독교인들의 저항을 중요시하고, 이들의 참여형식을 지식 인텔리의 정치의식과 연결시켜 암암리에 근로대중의 적이라는 정죄를 굳혀가고 있었다. 또 김일성의 기독교 공격이 소위 북한의 선거에 대한 기독교의 불참을 이유로 한 동기가 컸던 것으로 보아, 다 기독교의 정치참여 형식에 대한 반발의 성격을 띠고 있었던 때도 있었다. 또 김일성 그룹은 한국교회의 강력한 바탕이었던 서북계에 자리 잡게 되었기 때문에 그 세력에 대한 위협을 제거하려 한 것이 확실하고, 월남한 기독교인이나 남한 기독교의 대북 영향력의 간접적 침투에 전전긍긍해서 다시 이를 방첩의 구실로 탄압하며 철저히 감시 통제하고 있었던 것이 확실하다.[30]

하지만 한 마디로 김일성 그 일인독재의 체제를 굳히려는 과정에서 온갖 환상적 기적과 신비의 비과학적 날조를 통해 그의 혁명 항일 활동의 과거를 신화화한다든가, 그의 생가를 성역화하고 김일성대학습당처럼 대성당을 방불케 하는 현란한 회당을 건축한다든가 또는 어린이들은 밥 먹을 때마다 김일성의 은혜를 감사하는 의식을 지키게 하는 등, 종교화의 과정을 밟아가고 있었던 것을 주시해야 할 것이다.[31] 더구나 1970년대에 들어서면서 지도이념의 확립을 위해 소위 김일성주의를 구도화해 나갈 때, 황장엽(黃長燁)과 같은 공산주의 이론가는 말할 것도 없이 정책 수립자나 심지어 종교학자들까지 동원하여 1973년에 이를 완성하였다고 전문되고 있었다. 이 김일성주의가 현대에 있어서 마르크스-레닌주의를 초극한, 가장 효율성이 있는 정치지도이념이라고 선전하고 그 주의에 대한 사이비 종교적 위엄을 위장하려고 하였음이 분명하다. 북한의 공산주의자들이 기독교가 우상숭배에 대해 철저한 심판을 선포하는 종교임을 알기 때문에[32] 여기 대해 광적인 박멸 정책을 구사하지 않을 수

---

29) *Ibid.*, pp. 170, 241.

30) 『북괴대사전』, p. 1058.

31) 이 공산주의 국가의 사이비종교화에 대해서는 J. A. Mckay, *Ecumenics*, Prentice Hall, 참조.

없었다. 한 인간의 신격화 노선은 기독교에 대한 반역적 정죄로 일관하지 않을 수 없었던 것이다.

2-4. 기독교의 박해 및 저항사(史)

북한에서의 교회 박해는 해방되자마자 곧 시작되었다. 그 첫 시련이 전술한 바 있지만 1946년 11월의 총선거 때의 일이었다. 그해 북한 기독교도연맹이 조직되면서부터는 이 어용 단체에 가담하지 아니한 교역자들에 대한 박해가 심하여 졌고 주일의 통례적 예배를 방해하기 위해 꼭 그날에 무슨 대회니, 회를 열어 신도들의 예배 참여를 불가능하게 하는 방식을 썼다. 이렇게 해서 공산당 집회에 불참하는 신도들에 대해서는 곧 반동분자, 민족반역자로 구금하고, 사회적 제재를 가했던 것이다. 한데 기독교 탄압과 저항의 사례들은 현재 알려진 것으로 다음과 같은 것들이 있다.

1) 평양 장대현교회 사건

1946년 3월 해방되었을 때 북한 지역의 교회들은 감격으로 차 넘치고 있었다. 일제 때 "105인 사건"이니 해서(海西)교육총회사건이니 해서 그 세력 때문에 교회는 일제가 민족적 동력의 근거지로 박멸을 집중했던 대상이었고, 따라서 해방의 감격을 더 절실히 느꼈기 때문이었다. 한데 평양의 장대현교회는 옛날 길선주 목사가 목회하던 교회로 유명하고 또 1905-7년의 대부흥 진원지로 잘 알려진 한국의 대표적인 강력한 교회였다. 공산당들은 이 교회를 한 모델케이스로 잡아 박멸하면 그 영향이 전국교회에 미치리라 믿어 그 파괴공작을 착수하였던 것이다. 마침내 1946년 3월 이 교회 근방에 있었던 공산당의 중앙학교 교무주임 김창수가 주동이 되어, 적위대를 동원해서 교회당에 잠입시켜 예배가 시작되자 일제히 문을 안에서 잠그고 교인들 전부를 마구 구타하고 짓밟아 폭행했던 것이다. 공산당원들의 노골적인 교회 박해로서 이것은 그 첫 사례였다.

---

32) 한국기독교사는 일제의 천황이나 신사참배에 대한 저항으로서 이미 영광된 전통을 가지고 있는 역사로 평가되고 있다.

2) 동란 중의 종교인 집단학살사건

6·25동란 중에 북한군이 패퇴하면서 저지른 기독교인에 대한 학살은 천인공노할 지경에 이르고 있었다. 그 전형적인 예가 황해도 신천(信川)지역의 집단학살이다.

신천 지역에는 폐광된 동굴들이 도처에 널려 있었다. 그런데 공산주의자들이 1956년에 이르러 과수원 면적을 확장한다는 구실로 야산 개발에 농민을 동원한 일이 있었다. 그때 동원된 농민들이 폐광된 야산을 일구다가 도처에서 집단학살 된 시체들을 발견하게 되었던 것이다. 이 시체들은 신천 지역에서 행방불명되었던 수많은 기독교인들의 시체였다. 공산군들은 이들을 끌어다가 동굴에 쳐 밀어 넣고 그 출입구를 폭발시켜 생매장시켰던 것이다. 이런 사례는 신천 역시 기독교 세력이 컸던 곳이니 만큼 한 실례로 들어본 데 불과하지만 도처에서 발견되고 있었다.

3) 이만화(李萬化) 목사사건

평남 용천(龍川)에서 있었던 이 사건은 실로 "공산독재제도에 항거한 종교인들의 슬기롭고 용감한 투쟁의 귀감"[33]이라 할 수 있는 것이었다.

때는 1957년, 북한에서 제 2기 최고인민회의 대의원 선거 때 이 용천에서 2천여 명의 투표 기권이 드러났던 것이다. 항상 99.9% 이상의 투표율을 선전하던 공산당으로서는 당황하지 않을 수 없었다. 그들은 곧 3백 여의 비밀경찰을 동원해서 진상 조사에 나서서, 3개월이 지난 다음에야 한 단서를 잡을 수가 있었다. 그것은 용천(龍川)에 과거 기독교인들이 많았다는 사실과 군내(郡內) 협동농장의 출근부에 주일 결근자가 많다는 사실에 주목하게 된 것이다. 그래서 어느 주일 결근한 사람의 집을 가 본 결과 몸이 불편하다는 이유로 결근한 사람들이 부재임을 발견하였다. 외출한 행선지를 추적했을 때 비밀경찰은 외딴집 또는 인적 드문 한적한 곳에 3~5명씩 모여 앉아 있는 무리를 발견하였던 것이다. 취조한 결과 그 모임이 예배의식임을 발견해 냈고, 그 배후를 조사한 결과 이만화목사가 중심이 되어 비밀 종교 소조직(小組織)이 3~5명으로 편성되어 있다는 사실이

---

33) 『북한전서』, 극동문제연구소, p. 235.

드러났다. 그리고 이들은 서로 횡적 연락은 없고, 다만 그 대표가 그 위에 있는 선과 연락을 취하게 하고 그 목사만이 하부선을 통하여 지도하도록 세밀히 조직돼 있음을 밝혀냈던 것이다. 이들은 이런 식으로 예배를 보면서 선거 때에는 기묘한 방법으로 투표 거부라는 저항을 전개했던 것이다.

1957년 8월 27일 현재로 용천군에는 이러한 소조(小組)가 약 500에 이르고 있었으며 교인은 2천여 명에 이르고 있었다. 비밀경찰이 그렇게 사찰을 엄하게 하는 곳에서 이런 대규모의 소조직들이 산재 있었다는 것은 실로 이들의 간곡한 신앙의 열정이 아니고서는 설명이 안 되는 일이다.

이만화 목사를 비롯한 10여 명의 간부들은 공개 처형되었던 것이다.

4) 찬송가사건

평북 박천군(博川郡)의 한 인민학교 여교사가 주일마다 자기 집에서 아동들의 학습을 지도하고 있었다. 그리고 수시로 노래도 가르쳤던 것이다. 그는 독실한 기독교 신자로 주일학교 형태를 따라 이렇게 어린이들을 지도하면서 곡조는 찬송가인 노래들을 가르쳤던 것이다. 그 여선생은 모범교원이었다. 따라서 아무런 의심도 처음에는 받지 않고 있었다. 음악의 가락은 그 가사가 아무리 김일성을 찬양하는 것이었다 하더라도, 심금에 호소하고 아울러 종교적 정서를 영혼 깊이에서 울리게 하는 찬송가였다. 이 찬송가 사건은 공산당원들이 찬송가의 곡조에 그만큼 무식했었다는 말이 되고, 동시에 신앙생활의 보존은 말할 것도 없이, 전도의 형태가 극비리에 진행되고 있었다는 증거가 된 셈이다. 그 여교원은 물론 희생되었다.

5) 개성 여의사 김정옥 사건

6·25사변 이후 개성에는 유명한 여의사로 김정옥(金貞玉)이란 독실한 신도가 개업하고 있었다. 한데 그는 밤중마다 불을 끄고 기도를 드렸는데, 그의 명성을 질시하던 다른 의사들의 고발로 적발되어 간첩으로 몰려 자남산정에서 인민재판에 회부되어 처형되었던 것이다. 그 50세가 넘는 여의사는 죽을 때 기독교

인이 된 잘못이 무엇인가 묻고, 자신은 기독교 정신에 입각하여 사상과 이념을 초월한 인술을 베풀어 왔었노라고 고백했다고 한다.

이 이외에도 사례들이 얼마든지 있을 것이다.[34] 하지만 이 몇 가지 경우만 보아도 북한에서의 기독교는 이제 완전히 표면에서 사라지고, 따라서 기구적 교회는 형적이 없게 되었으며 종교의식과 전통의 계승도 교리 상으로는 어렵게 되었지만, 지하로 숨어 소외된 한 지역에서 개인단위의 경건으로 그 신앙을 지키는 사람들이 많다는 사실을 시사해 주었다고 믿는다. 더구나 북한의 공산주의자들은 이런 신앙인을 발견했을 때는 정치적 음모로 무서운 치벌(治罰)로써 그 근절을 꾀한다는 사실도 밝혀졌다. 묘한 것은 항상 공산당들은 기독교인들에게 그 신앙이 구실이 아니라, 그 신앙의 외연형태를 지적하여 "해독", "파괴", "저항" 등으로 다스린다는 사실이다.

2-5. 대외용 기독교 전시 과정

북한에서 기독교가 공산주의의 이론적 측면에서, 그리고 정치적인 실제 측면에서 협공을 받아 거의 말살되었다는 사실은 이미 우리가 살펴본 바와 같다. 숨은 한 사람의 신앙마저도 찾아 내 간첩으로 처형하는 땅에서 그 생존은 기대할 수도 없는 것이다.

그럼에도 불구하고 현재 북한에는 조선기독교도연맹 중앙위원회라는 기관이 어엿이 존재해서 대외적인 정치 공세를 노동당 어용 기관으로 해내고 있는 것이다. 우리는 여기에서 이 대외 전시용 내지는 정치선전용 기관의 형태들을 한번 살펴보기로 한다.

전술한 바도 있지만 북한에서는 1946년 11월 28일에 북한기독교도연맹이 조직되었다. 이것이 그들 총선거에 대한 교인들의 동원을 감찰하기 위한 것이었다는 것은 이미 살펴보았다. 그리고 나서 1947년 2월 24일에 기독교민주동맹

34) 가령 1968년 6월의 박목사 사건, 1974년의 배태운 사건, 1975년의 용강(龍江), 강서(江西)의 성서 발견 등.

이 각각 조직되었고, 그것들은 1960년경부터 잠적하고 있었다.

그런데 1972년 남북대화가 시작되자 이 어용단체들이 다시 머리를 들면서 이번에는 1974년 2월 4일에 조선기독교도연맹 중앙위원회라는 것이 전면에 요란하게 나타나기 시작했다. 이 기관은 다만 상부구조만 있을 뿐, 그 하부의 조직이 전무할 뿐만 아니라 그들이 주장하는 만큼의 성원교회도 전무하다. 한 가지 주목을 끄는 것은 이들이 "교도"라는 개인자격을 명칭으로 삼았다는 사실이다. 그것은 기독교회들의 협의적 집권적 성격이 아니라는 사실을 입증하는 것이고, 동시에 그들의 정치 구호를 선전하는 대변기구로서 당에 순종하는 일부 사이비 교인 혹은 위장교인들의 집단이란 것을 폭로하는 것이 된다. 이 기관들은 실질상 아무것도 없이 다만 성명서를 내는 일만 하고, 그것을 작성하는 자들은 다 노동당의 골수분자들인 것이다.

한데 이 노동당 외곽 기관인 기독교도연맹 중앙위원회 같은 것은 처음부터 노동당 정책의 성명 선전을 일삼아 왔다. 가령 1948년 3월 25일의 "남한 단독정부수립을 반대하는 남한 정당사회단체에 고함"이라든가, 1974년 2월 27일의 "남한 종교인과 해외 한국인 종교단체와 세계 각국 종교단체들에게 보내는 편지", 이런 정치적이요 선동적인 성명을 채택하는 일만을 해 왔다. 또 같은 해 2월 27일에는 서해 어선납북사건과 관련해서 대남 비난 성명서를 냈으며, 6월 3일에는 "6.3사태 기념" 사회단체 연합성명에 참가하고, 7월 15일에는 민청학련사건과 관련 대남비난 성명을 내고 있었던 것이다.[35] 여기서도 밝혔지만 이 중앙위원회는 북한의 대남 비방이 한참이던 1974년에 이렇듯 성명서를 대량 내보냈고, 따라서 그 정치이용도가 당장 포착된다.

이러한 와중에서 곧 1974년 8월 2일에 북한 기독교도연맹이 세계교회협의회(W.C.C.)에 가입 신청을 냈던 것이다. 이것은 현대 세계에서 한 국가로 종교의 자유가 있다는 선전을 노린 것과 아울러 세계적인 기독교 활동 무대에서 정치적 선전을 해보려던 악랄한 동기가 작용하고 있었다. 한데 W.C.C.는 북한 내의 교회 상황과 교역자 신자의 수적 상황 등 전혀 파악되고 있지 않다는 점과, 또 한국어를 사용하는 한국의 교역자 간부가 일단 북한에 파견되어 신자 수나

35) 종교활동, 『내외통신』, 1978. 1. 25.

활동상황을 조사한 후에 가입신청을 심의한다는 조건으로 그 신청을 기각 보류했던 것이다.[36)]

다음은 1975년 1월 9일부터 14일까지 인도의 케라리주(州) 꼬타얌에서 모인 아세아기독교평화회의(A.C.P.C.)에 북한에서 대표가 참석한 사건이 있다.[37)] 이 때의 대표단은 북한기독교도연맹 중앙위원회 부위원장 김성률과 허성익, 김광일 그리고 현지 공관의 영어통역 정성자 힌두어 통역 전성명 등 5인이었다. 이 회의에서 김성률은 집행위원 정치분과위원회 부위원장, 성명서 문안 작성 위원 등으로 활약하고 있었다.

한데 우리는 이 회의의 성격을 밝히고 지나가야 하겠다. 1957년 폴란드의 수도 프라하시(市)에서 동구의 저명한 신학자 조셉 로마드카(J. Lhomadka)가 중심이 되어 "동구사회주의 안에서의 기독교인의 증언과 친교"를 목적으로 설립되었던 세계기독교평화회의(C.P.C.)란 것이 있었다. 그런데 실상 그 배후에는 소련의 세계 평화 공존 선전을 위한 위장 종교적 기능 수행의 동기가 작용하고 있었다. 이것이 한때는 세계교회협의회(W.C.C.)와의 대치 가능성도 보였으나, 그 위기를 극복하고 한때 소규모의 왕래가 있었던 것 역시 사실이다.

한데 이 평화회의는 1950년 중반의 중소(中蘇)긴장 때문에 강대국 헤게모니의 다툼이 여기까지 밀려 들어와 난맥을 보여 파탄지경에 이른 바 있었다. 더구나 소련군의 프라하 진주로 로마드카가 레닌상을 반환하고 맹공격함으로써 위기에 빠져[38)] 그 회의 장소를 모스크바로 옮겨야만 하리만큼 사태가 심각했다. 따라서 이 회의는 소련이 차차 주도권을 장악하게 되고, 지역조직까지 서둘러 결국 1973년 5월 모스크바에서 "아세아 기독교평화회의"가 결성되게 되었던 것이다. 이때부터 일본의 오가와 케이지(小川圭治)는 이 회의에 핵심정신은 빠지고, 따라서 본래의 소임은 끝이 났다고 비판하기 시작하여 결국 여러

36) 여기 대해서는 김흥수 엮음, 『WCC도서관 소장 한국교회사 자료집, 조선그리스도련맹편』, 한국기독교사 연구소, 2003, pp. 16ff 참조

37) 22개국, 100여 대표참석.

38) 그는 1968년 웁살라 세계교회협의회에서 "나의 낙관은 깨졌다. 경말 공산주의국가 안에서는 인간의 정신, 인간의 존엄성을 추구할 만한 기반이 있을 수 없음을 느꼈다"고 실토. 『기독교사상』, 1968. 4.

회원국의 비난을 면할 수 없게 되었던 것이다.

북한이 여기 대표를 보내게 된 것은 사실상 소련의 외교정책의 일환에 호응한 인상이고, 인도 역시 중국과의 사이에서 소련에 친해야 했기 때문에 회의 장소를 제공하는 등 적극적 자세를 보였던 것이다.

그런 의미에서 이 회의에는 동구 내의 기독교 증언이란 본래의 정신은 다 무산되고, 신학적 문제 제기는 전혀 하지 않으면서, 다만 성명서만 내는 정치 선전에 일관하고 있었다. 여기에 북한의 김성률이 활약하였던 것이다.

이 회의에서는 "조선에 관한 성명"과 "조선에 관한 결의"라는 것을 채택하였는데[39] 대개 대남 비방, 미군철수, 비상사태 국가보안법 비방, 북한당국이 제시한 "통일의 3대 원칙", "평화통일 5대 방법"의 지지, "남한 국민들의 투쟁"에 대한 혼란 조성 등이 그 골자로 돼 있었다.

1976년 11월 25일부터 28일까지 체코의 부르노에서 개최되었던 세계기독교 평화회의의 "정치 경제 토론회"에도 다시 김성률이 참석하였고, 그때에도 예외없이 "조선에 관한 질의 및 성명"과 결의문을 채택하고 있었다.[40]

2-6. 결언: 문제와 전망

현재로서는 북한에 참된 의미의 기독교의 자취는 없다는 것이 공통된 관찰이요 정보이다. 1988년에 공산주의자들이 성역으로 생각하는 만경대 구역 안에 400여 석의 봉수교회가 건립되고 1992년에는 김일성 생모의 이름을 딴 반석교회(현 칠곡교회) 가 건립되었다. 그러나 이들 교회 교인들은 다들 대남사업 요원이라는 판단이 우세하다.[41] 더구나 2004년에는 "우리 민족 성령 100주년 기념"으로 『HS100 성경전서 찬송가』가 "우리 민족교류협회"에 의해서 발간되었다. 여기에는 "우리민족 성령100주년 대회 집행위원장"인 북한 그리스도교 도연맹 위원장 강영섭이 발행 환영사를 싣고 있었다. 그 환영사에서 강영섭은

---

39) 김영국(金永國), 북한의 종교정책 — 최근의 동향, 『현대사조』, 1979년) 6월호, pp. 193ff.에 대개 자세히 실려 있다.

40) *Ibid*., p. 197 참고.

41) 여기 대해서는 kidok.net 및 ndsan@naver,com 참고.

"그리스도교인들이 민족 간 화해 협력의 모범"이 되어야 한다고 주장하고 있었다. 최근 북한의 "우리 민족끼리" 발언과 다름이 없다.

이런 상황까지 오는데 대개 북한의 기독교는 크게 네 단계의 시기를 거친 것 같다. 첫째는 해방 때부터 1958년까지인데, 물론 해가 갈수록 박해의 극렬도가 심화되어 가기는 했지만, 대개 공산주의사회 건설의 추진 과정에서 기독교가 방해가 된다는 생각과, 남한을 의식한 정치 이념의 설정과정에서 기독교의 박멸을 획책한 시기이다. 이때의 말살책은 수동적이었다고 할 수 있을 것이다.

한데 둘째 시기 곧 1958년부터 1972년까지는 적극적인 목적적 말살기였다고 할 수 있다. 이때부터 기독교는 실질상 적성층(敵性層)으로 간주되고 그 근절의 위기를 겪었던 것이다. 다시 말하면 북한 공산주의자들은 이때부터 노동당 중앙위원회 제 1일차 집중지도를 한다고 하면서 북한의 사회주의 혁명을 완성하고, 사회주의 재개조를 추진해 나가며, 반혁명분자와의 투쟁 강화를 다짐하였던 것이다. 정하철이 전술한 체계적 반종교이론을 마무리했던 것이 1959년이었음도 다 그 까닭이었다.

한데 셋째 시기는 1972년부터이다. 남북대화의 기운이 익어가던 찰나에 그들은 대외정치 선전공세, 그리고 그들이 제시한 "4개항"의 적화통일 방법 중 소위 전민족회의 참여 단체의 수를 위해서 유명무실한, 성명만 내는, 노동당 외각기구 기독교도연맹 중앙위원회를 내세우면서 기독교가 남아 있는 것처럼 선전하기 시작했다. 마르크스—레닌주의조차도 지나간 유물이라 해서, 현시대에 가장 잘 들어맞는 공산주의 이론으로 김일성주의를 외치는 과정에서 온갖 방법과 술책을 다해 대외 전시를 하고 있는 그들로서는 전시 선전 양자를 위한 유령 기독교 단체의 조작이 필요했던 것이다.

노동당이 기독교를 박해하는 이론적 명분은 첫째 기독교가 사회주의 건설에 방해 및 해독이 된다는 것이요, 둘째는 인민의 창조적 자각적 의식적 활동에 무력감을 준다는 것이요, 셋째는 묘하게도 둘째 이유와 모순되게 기독교가 "참여"로서 협동화운동이니 선거를 반대한다는 것이었다. 한데 김일성의 말을 살펴보면, 그 말살책의 실제적 구실은 조선민주당 내에서의 정치활동, 선거반대, 그리고 미국을 위해서 일했다는 이유 등이었다.

이렇게 해서 이들은 기독교가 본질상 마르크스—레닌주의와 양립할 수 없다고 해서 원칙상 그 파괴를 정당화했고, 그 말살방법으로서는 사상투쟁과 과학적 세계관의 교양강화를 들었는데, 인민들이 중고등 정도의 교육만 받아도 종교를 버리게 된다는, 그러한 낙관을 하고 있었다. 그들은 이렇게 해서 그들의 목표인 사회주의가 건설되면 종교인은 스스로 그 종교를 버리게 된다고 결론을 내림으로써, 결국 북한 사회 내에서의 기독교의 근절과 부재를 합리화시켰던 것이다.

넷째 시기는 1998년경부터의 일인 것 같다. 대북지원 사업이 활발해지던 때가 이때인데, 교회도 눈에 띄게 대량 지원과 협력에 나서고 있었다. 2007년에 이르면 1907년 대부흥 백주년 기념대회를 대대적으로 평양 장대현교회 터에 세운 "우리민족교류센터" 에서 진행한다는 부픈, 꿈과 같은, 계획도 남북 교회 사이에서 보혁(保革)의 벽을 넘어 진해 중에 있었다. 그러다가 2006년 10월 9일, 세계의 기대를 한꺼번에 짓밟는 북한의 핵실험이 감행되었던 것이다. 북한을 지원한 모든 것들이 결국 이 실험을 위한 직접 간접의 지원이 되었다는 혐의를 풀 길은 없어보였다.

북한사회에 정말 기독교는 없어졌는가. 1970년대 조사 분석한 통계에 의하면 종교인구는 10만 가구 45만 명이라는 집계가 나왔다 한다. 1972년 현재 최고인민회의 대의원 정당별을 보면 거기 전체 대의원 541명 중 천도교 청우당(靑友黨)이 4명, 불교도연맹이 1명이요, 기독교계는 위장 기관 출신의 경우라 할지라도 전무한 상태이다.[42] 전체적으로 보았을 때, 이 종교인구 통계는 천도교나 불교의 정치적 단체에 대한 분석과정에서 얻어진 결론이 아닐까 생각한다. 이제 기독교는 사회의 잊혀진 소외지역에서 개인에 의해서 보존되고 있는 형태에 있으리라고 믿는다.

현재로서는 북한의 기독교에 대하여 두 가지 전망을 동시에 품을 수 있다.

그 하나는 기독교의 실질적 말살이다. 김일성주의란 것이 선전되면서 그에 대한 신격화가 여러 모로 진행되고 있고, 또 종교의식에 방불한 경건마저 요구되고 있다. 평양에는 김일성을 위한 대학습당이 웅장하게 꾸며져 있고, 심지어

---

42) 유완식, 김태서, 『북한30년사』, 현대경제일보사, 1975, p. 459.

리 단위마다 김일성 혁명역사 연구실이 마련돼 있어서, 보고 온 사람의 전문에 의하면 종교의식 집행 장소 처럼 "신성한 분위기"조차 감돌게 하고 있다는 것이다. 더구나 매일 아침 김일성 초상 앞에서 합장하고 선서를 하게 한다거나 하는 의식은 종교적이라 단언해서 좋으리라 본다. 김일성이 한 때 외조부 강양욱(康良煜)의 아들에게 "네 아버지처럼 믿으려면 조선의 하늘을 믿으라"고 했다는 교시학습의 내용은 기독교적 토착문제 같은 것이 아니고, 실상은 김일성 신격화에 대한 표현이었다고 보아야 옳을 것이다.

하지만 다른 한 전망이 있고 그리고 그것은 근거 뚜렷한 전망이다. 곧 기독교 복음의 전파가 계속 북한에 울려 퍼지고 있고 중국 동북부, 연변, 중국의 교포 기독교인들이 그 신앙이 오히려 튼튼해져서 최근 중국 내의 서서히 열리는 종교자유화의 분위기를 따라 신앙 부흥의 조짐이 뚜렷한 것을 볼 때, 지하에서 귀를 기울이고 기도하던 북한의 기독교인들도 정세변화 여하에 따라서 영광의 재현 부흥을 다짐할 날이 있으리라 전망이다.

마지막으로 우리는 하나의 기독교인으로서 자기비판적인 말을 몇 가지 해 볼 수 있지 않을까 생각한다. 북한의 기독교가 이제 "없다"는 상태에까지 간 까닭에는 공산주의자들의 유례없는 비인도적 야만적 박해 그리고 대부분 기독교인들의 월남이라는 것들이 주요인이 되었을 것이라는 생각을 할 수 있다. 그러나 기독교회나 교인의 입장에서 스스로 비판해 보아야 할 점은 없었을까. 가령 공산독재국가 안에서 내세지향적 침례교나 보수적 감리교가 생존한 경우를 생각할 수 있다. 이것은 곧 기독교가 특성 체제 아래에서만 존재할 수 있다는 생각을 극복하게 할 것이다.

교회는 특정한 정치 아래서 그 보호를 받지 못하면 멸절한다는 선례를 남겨서는 안 될 것이다. 이것은 동시에 기독교가 한 계층에만 관계를 가지고 존속해도 안 된다는 말이 될 것이다. 가령 좀 심하게 말하면 북한에서 기독교인들 일부는 조선민주당이요 기독교사회민주당이요 해서, 해방 직후 막 바로 정당을 통한 정치활동을 시작하였고, 그것이 결국 한 특수 계층 곧 가령 부농(富農)이나 지식인과 같은 유산층과의 관계를 굳히게 되었기 때문에 박해를 혹 자초하지 않았던가 하는 생각이다. 교회는 오히려 사회성분에 대한 예리한 비판을 가하고 성서적 사랑을 실현하여 스스로 가난하고 곤궁한 무산층과 함께 길을 간다는 용기를 나타내었어야 했을 것이다. 북한의 교회는 처음부터 예민한 신학적 사고를 깊이 하면서 정치적 수준에서 지나친 대결을 피하고 오히려 종교적 차원에서의 존립을 획득할 수 있어야만 했다. 투옥이나 순교가 이렇게 한다 해서 면제되지는 않을 것이다. 하지만 전멸은 없어야 했다. 이렇게 볼 때 교회는 어느 체제나 사회 안에서 "포도나무"처럼 생존 결실할 수 있어야 한다. 교회는 항상 보호받고 따라서 그것 때문에 부패하기 쉬운 처지에서만 살아남도록 돼 있는 것은 아니기 때문이다.

찾아보기

ㅁ

ㅈ